高等院校会计与财务管理系列教材

审 计 学

（第三版）

上官晓文 主 编
吕颖菲 郭 萍 黄 松 副主编

上海财经大学出版社

图书在版编目(CIP)数据

审计学/上官晓文等主编．—3版．—上海：上海财经大学出版社，2018.9
（高等院校会计与财务管理系列教材）
ISBN 978-7-5642-3091-3/F·3091

Ⅰ.①审…　Ⅱ.①上…　Ⅲ.①审计学-高等学校-教材
Ⅳ.①F239.0

中国版本图书馆CIP数据核字(2018)第189771号

□ 责任编辑　施春杰
□ 封面设计　杨雪婷

审　计　学
（第三版）

上官晓文　主　编
吕颖菲　郭　萍　黄　松　副主编

上海财经大学出版社出版发行
（上海市中山北一路369号　邮编200083）
网　址：http://www.sufep.com
电子邮箱：webmaster @ sufep.com
全国新华书店经销
上海叶大印务发展有限公司印刷装订
2018年9月第3版　2021年8月第3次印刷

787mm×1092mm　1/16　21印张　538千字
（练习册　7.75印张　198千字）
印数：17 001—18 000　定价：55.00元

第三版前言

“审计学”是注册会计师专业基础理论课，也是会计、财务管理等经济管理类专业必修的专业基础课。相关专业学生和审计从业人员应全面系统地掌握审计的基本理论、基本方法和基本技能。

本书以 2017 年审计准则为指导，以风险导向审计为基础，重视对审计学科发展状况的关注，理论与实务相结合，结构新颖，内容充实，力求深入浅出，适应培养应用型审计人才的需要。

本书共十四章。第一章至第六章介绍审计的基本概念、审计证据、审计风险、审计程序、审计方法、审计计划、审计目标、审计工作底稿、风险评估和风险应对等；第七章至第十一章介绍审计实务，包括销售与收款循环审计、采购与付款循环审计、生产与存货循环审计、筹资与投资循环审计和货币资金审计；第十二章介绍完成审计工作和审计报告；第十三章介绍内部控制审计；第十四章阐述审计职业道德和独立性。

本书由上官晓文主编，负责全书提纲拟定和全书定稿前的修改、补充、总纂。其中，第一章、第三章、第四章、第十二章、第十三章由上官晓文执笔，第二章、第七章、第八章由吕颖菲执笔，第五章、第六章、第十一章由郭萍执笔，第九章、第十章、第十四章由黄松执笔。

为了配合教学需要，培养读者的实际操作能力，编写了与主教材配套的《审计学练习册》，以供读者学习参考。

在编写过程中，上海财经大学会计系王霞老师给予了大力支持，自始至终关心本书的编写进度和质量，在此，我们全体编写人员表示衷心的感谢。

编　者

2018 年 7 月

第三版前言

目　录

第一章

审计概述

学习目标

通过本章的学习，了解审计的产生与发展；熟悉审计的基本概念、审计证据；掌握审计风险和审计程序。

第一节 审计的产生与发展

一、审计产生的基础

审计是一种社会经济现象，它是为满足社会需要而产生和发展的。随着社会生产力的提高和社会经济的发展，当财产所有者不能直接管理和经营其所拥有的财富时，就有必要授权或委托他人代为管理和经营，这就引致了财产所有权和经营权的分离，从而也就产生了委托与受托代理之间的经济责任关系。

在委托代理早期，委托人授予代理人的主要是财产的管理权，代理人所要承担的受托责任主要是保护财产的安全和完整，使财产保值。随着委托代理制度在经济社会中的日益普遍，受托责任的内容也得以扩大，代理人除了获得财产的管理权外，更主要的是获得了财产的经营权，此时的代理人就可以支配运用和处置所管理的财产，进行营利性的开发活动，他们不但要使财产保值，更重要的是要使财产增值。财产所有者为了维护自身的经济利益，需要对其管理和使用情况进行有效监督；同时，财产经管人受托经管财产所有者的财产后，需要向委托人证明自己有效管理和使用财产的情况，以得到相应的报酬或解脱自身的经管责任，这都需要有一个具有相对独立身份的第三者加以检查和评价。于是便产生了对代理人受托责任履行情况的监督问题，审计就是在这样的经济背景下产生的。

因此，审计是基于经济监督的客观需要而产生的。受托经济责任关系的建立是审计产生的前提条件，也是审计产生与发展的客观基础。

二、我国审计的发展历程

我国是世界上较早产生审计的国家之一，审计在我国经历了漫长的发展过程。

审计的最初形态是政府审计。根据《周礼》一书的记载，我国政府审计最早产生于西周，其主要标志是“宰夫”这一官职的出现，西周是我国审计的萌芽时期。秦汉时期的审计发展，主要表现在三个方面：一是初步形成了审计制度与监察制度相结合的统一审计模式；二是“上计”制度的日趋完善;三是审计地位的提高、职权的扩大。秦汉时期是我国审计的确立时期。隋朝在刑部下设"比部"对账册簿籍进行稽查。唐朝沿用隋制,在刑部下设"比部";唐朝的"比部"是独立于财会部门之外的专门性质的审计机构。宋太宗淳化三年,设"审计院",审查财政收支,这是我国首次出现的以"审计"命名的审计机构,从此"审计"一词便成为财政经济监督的专门用语。所以说,隋唐宋时期是我国审计的日臻健全时期。元明清各朝,君主专制日益强化,审计虽有发展但总体上停滞不前,可以说元明清各朝是我国审计的衰弱时期。民国时期是我国审计的演进时期,辛亥革命后,开始有了国会,同时建立了审计制度。1912 年,在国务院下设审计处,1914 年改"审计处"为"审计院",同年颁布了《审计法》和《审计法实施规则》。这是我国正式颁行的第一部《审计法》。新中国改革开放后是审计的振兴时期。从中华人民共和国成立至中共十一届三中全会这 20 多年间,我国没有设立独立的审计机构,审计的监督职能分别由财政、税务等专业监督部门执行。党的十一届三中全会后,我国开始恢复审计工作,并进入规范化、法制化的发展时期。1982 年第五届全国人民代表大会第五次会议通过的《中华人民共和国宪法》明确提出要建立政府审计机构,实行审计监督;1983 年中华人民共和国审计署正式成立;1985 年发布了《国务院关于审计工作的暂行规定》;1988 年颁布了《中华人民共和国审计条例》;1994 年 10 月发布了《中华人民共和国审计法》,以后相继制定和颁布了"审计规范""中华人民共和国审计署令第 1 号至第 6 号"。审计法规的实施和审计机关的建立,标志着我国政府审计有了法律保障和组织保障,确立了我国政府审计工作的地位。2006 年 2 月,全国人大常委会对《审计法》进行了修正。

注册会计师审计(也称社会审计、外部审计)最早产生于西方经济发达的国家,我国注册会计师审计出现较晚。1918 年北洋政府农商部颁布了我国第一部注册会计师法规——《会计师暂行章程》,并于同年批准著名会计学家谢霖先生为中国的第一位注册会计师,谢霖创办的中国第一家会计师事务所也获批准成立。1930 年国民政府颁布了《会计师条例》,确立了会计师的法律地位。1925 年在上海成立了"全国会计师公会"。1933 年,又成立了"全国会计师协会"。党的十一届三中全会后开始陆续设立会计顾问处。1980 年,财政部颁布了《中华人民共和国中外合资经营企业所得税法实施细则》,同年,财政部颁布了《关于成立会计顾问处的暂行规定》,标志着我国注册会计师行业开始复苏。1981 年,"上海会计师事务所"宣告成立,成为新中国第一家由财政部批准独立承办注册会计师业务的会计师事务所。1984 年,财政部印发《关于成立会计咨询机构问题的通知》,明确了注册会计师应该办理的业务。1985 年实施的《中华人民共和国会计法》规定:"经国务院财政部门批准组成会计师事务所,可以按照国家有关规定承办查账业务。"这是中华人民共和国成立以来第一次通过法律形式对注册会计师的地位和任务所作的规定,有力地推动了注册会计师审计的发展。1986 年,国务院颁布《中华人民共和国注册会计师条例》。1988 年财政部领导下的中国注册会计师协会正式成立。1996 年,中国注册会计师协会加入亚太会计师联合会,并于 1997 年亚太会计师联合会第四十八次理事会上当选为理事。同年,国际会计师联合会(IFAC)全票通过,接纳中国注册会计师协会为正式会员,同时成为国际会计准则委员会的正式成员。1991 年恢复了全国注册会计师统一考试。1993 年,第八届全国人大常委会第四次会议审议通过《中华人民共和国注册会计师法》。经财政部批准,中国注册会计师协会自 1994 年开始起草独立审计准则,至 2003 年,先后分 6 批制定了独立审计准则。2006 年,中国注册会计师协会拟定了《中国注册会计师鉴定业务基本准则》,修订了《中国注册会计师审计准则第 1142 号》等 26 项准则。2010 年 11 月,中国注册会计师协会又修订了《中国注册会计师审计准则第 1101 号——注册会计师的总体目标和审计工作的基本要求》等 38 项准则，自 2012 年 1 月 1 日起施行。为了保持我国审计准则与国际准则的持续全面趋同，2016 年 12 月中国注册会计师协会又拟订了《中国注册会计师审计准则第 1504 号——在审计报告中沟通关键审计事项》等 12 项准则（以下统称本批准则），要求：①对于 A＋H 股公司供内地使用的审计报告，应于 2017 年 1 月 1 日起执行本批准则；②对于 A＋H 股公司供境外使用的审计报告，如果选择按照中国注册会计师审计准则出具审计报告，应于 2017 年 1 月 1 日起执行本批准则；③对于 H 股公司的财务报表审计业务，如果选择按照中国注册会计师审计准则出具审计报告，应于 2017 年 1 月 1 日起执行本批准则；④对于股票在沪深交易所交易的上市公司（即主板公司、中小板公司、创业板公司，包括除 A＋H 股公司以外其他在境内外同时上市的公司）、首次公开发行股票的申请企业（IPO 公司），其财务报表审计业务，应于 2018 年 1 月 1 日起执行本批准则；⑤对于股票在全国中小企业股份转让系统公开转让的非上市公众公司（新三板公司）中的创新层挂牌公司、面向公众投资者公开发行债券的公司，应视同上市公司，其财务报表审计业务，应于 2018 年 1 月 1 日起执行本批准则；⑥对于其他实体的财务报表审计业务，暂不要求执行本批准则中仅针对上市实体审计业务的规定；⑦对于本批准则中的其他规定，应于 2018 年 1 月 1 日起执行；⑧允许和鼓励提前执行本批准则。

我国内部审计的萌芽可以追溯至西周时代，几乎与政府审计同步。西周的司会掌管政府会计工作，不仅负责宫廷账簿记录的管理，同时也负责对宫廷记录的稽核。进入封建社会以后，地方各级政府向朝廷承担着完成地方税赋的经济责任。此时的宫廷审计具有内部审计和外部审计的双重性质。进入中世纪和近代以后，内部审计有了进一步的发展，其主要标志是出现了独立的内部注册会计师。我国现代内部审计是伴随政府审计的恢复和重建而产生和发展起来的。1983 年，我国恢复政府审计监督制度的同时，审计署开始筹划我国的内部审计工作。1985 年，国务院和审计署先后发布《内部审计暂行办法》《关于内部审计若干规定》。从此，我国内部审计事业得以快速发展。1987 年，中国内部审计协会成立，同年 12 月加入国际内部审计师协会。1995 年 7 月，审计署颁布《关于内部审计工作的规定》，明确了我国内部审计的任务、职责、权限、机构设置、审计范围、审计程序及职业道德标准等，进一步规范了我国的内部审计工作。2003 年起，我国正式施行《内部审计基本准则》等一系列内部审计准则体系。2013 年中国内部审计协会对《内部审计基本准则》等一系列内部审计准则进行了修订，并要求自 2014 年 1 月 1 日起施行。

三、西方审计发展历程

西方政府审计的起源可以追溯到公元前 5 世纪左右。当时的古埃及、古罗马和古希腊就有了官厅审计机构及政府审计。到公元前 3 世纪左右，“双人记账制”“专人核账制”已十分普及，并形成了一种定期的会计稽核制度。到中世纪，西方国家的封建王朝大多设有审计机构和审计官员，对国家的财政收支进行审计监督。法国在资产阶级大革命之前就设有审计厅，在资产阶级大革命后，拿破仑创建了审计法院。欧洲的许多国家于 19 世纪在各自的宪法和特别法令中都规定了审计的法律地位。美国虽然只有 200 多年的历史，但它重视经济管理，这就促成了美国经济的迅速发展。1919 年，经众、参两院建议组成预算特别委员会把政府的账目审计从财政部的业务中分离出来。1921 年，美国公布了《预算和会计法》，建立了美国的最高审计机关——总会计局，美国总会计局是世界上最典型的隶属于国会的审计机关。英国的审计具有悠久的历史，是近代审计的发源地。1215 年，英国颁布了《大宪章》，奠定了英国政府审计产生和发展的政治基础。1785 年，根据《更好检查和审计国王公共账目的法案》，取消了国库审计官一职，组建五人审计委员会，执行政府审计监督。1834 年颁布了修订审计制度的法案，改建国库审计部。1866 年《国库和审计部法案》在伦敦会议上通过。1984 年起施行《政府审计法》，取消国库审计部，成立了政府审计署。除英、美之外，加拿大的审计长公署也属于国家立法部门的独立审计机关。法国、德国的政府审计机关隶属于司法系统，中国、苏联及北欧一些国家的政府审计机关隶属于行政系统。日本则是另外一种类型，它的最高政府审计机关是会计检察院，直接对天皇负责。

注册会计师审计最早出现在英国。以 1720 年英国"南海公司"舞弊案为起点，英国议会聘请会计师查尔斯·斯耐尔(Charles Snell)对南海公司的会计账目进行审查。1721 年，斯耐尔以"会计师"的名义出具了一份确认该公司存在虚假会计记录、进行舞弊的查账报告书，从而宣告了注册会计师的诞生，揭开了注册会计师审计走向现代的序幕。查尔斯·斯耐尔是世界上第一位注册会计师，其所撰写的查账报告是世界上第一份审计报告。1844 年，英国政府颁布《公司法》。1845 年，英国又对《公司法》进行了修订，促进了注册会计师审计业务的迅速发展，职业会计师队伍迅速扩大。1853 年在苏格兰爱丁堡创立了世界上第一个注册会计师的专业团体——爱丁堡会计师协会。该协会的成立标志着注册会计师职业的正式诞生。20 世纪初，全球经济发展中心逐步移向美国。1886 年，纽约公布了《公证会计师法》。1887 年，"美国公共会计师协会"正式组建；1916 年，改组为"美国会计师协会"；到 1957 年发展为"美国注册会计师协会"(AICPA)，成为世界上最大的注册会计师审计专业团体。第二次世界大战后，世界经济空前繁荣，经济发达国家通过各种渠道推动本国企业向海外拓展，跨国公司得到了空前发展。国际资本的流动带动了注册会计师审计的跨国界发展。

约公元 1000 年起，英国首先出现了一种独特的审计形式：行会审计——内部审计。18 世纪产业革命以后，西方股份公司大量涌现，企业所有权与经营权发生了分离。面临经济活动日趋复杂的情况，企业内部审计机构开始担负起双向服务的责任，即既要向股东提供企业财务状况及其盈利情况，同时也要向董事会、经营管理人员提供企业内部经营管理信息和市场信息，近代内部审计开始产生并发展。英国议会在 1844 年制定的《公司法》中，明确要求企业设立监事一职，进行内部审计，从而初步确立了近代内部审计制度。1941 年，维克多·Z. 布瑞克(Victor Z. Brink)出版了第一本内部审计著作《内部审计学》，宣告了内部审计学科的诞生；约翰·B. 瑟斯顿(John B. Thurston)联合一些有识之士在美国纽约创立了"内部审计师协会"。20 世纪 60 年代，管理审计开始与经营审计合二为一，70 年代又相继出现环境审计、社会审计等新形式。当今西方社会，内部审计已经成为企业内部经济运行的一种重要约束机制。

第二节 审计的基本概念

一、国内外关于审计的典型表述

审计含义是对审计实践的科学总结，是对审计这一客观事物特有属性的揭示。随着审计业务的持续发展和审计目的的不断演变，审计含义也随之变化。审计一词最初的含义是查账，而今查账早已不是审计的全部。目前，关于审计的定义，国内外主要有以下典型表述。

(一)我国典型表述

《中华人民共和国审计法实施条例》(1997 年 10 月 21 日中华人民共和国国务院令第 231

号公布，2010 年 2 月 2 日国务院第 100 次常务会议修订）第 2 条对审计所下的定义是：“审计是审计机关依法独立检查被审计单位的会计凭证、会计账簿、会计报表以及其他与财政收支、财务收支有关的资料和资产，监督财政收支、财务收支真实、合法和效益的行为。”

我国审计理论和实务工作者普遍认为，“审计是由专职机构和人员，依法对被审单位的财政、财务收支及其有关经济活动的真实性、合法性、效益性进行审查，评价经济责任，用以维护财经法纪，改善经济管理，提高经济效益，促进加强宏观调控的独立性经济监督活动”。

（二）美国典型表述

美国会计学会在 1972 年的《基本审计定义公告》中对审计的定义是：“审计是指为了查明有关经济活动和经济现象的认定与所制定标准之间的一致程度，而客观地收集和评估证据，并将结果传递给有利害关系的使用者的系统过程。”同年，美国审计总局对审计下的定义是：“审计一语，包括审查会计记录、财务事项和财务报表，但就审计总局的全部工作来说，它还包括如下内容：①查核各项工作是否遵守有关的法律和规章制度；②查核各项工作是否经济和有效率；③查核各项工作的结果，以便评价其是否已有效地达到了预期的结果（包括立法机构规定的目标）。”

美国密歇根州立大学阿尔文 · A. 阿伦斯（Alvin A. Arens）等在《审计学——一种整合方法》（*Auditing—An Integrated Approach*）一书中对审计的定义是：审计是为了确定与报告某一经济实体的可计量信息与既定标准之间的一致程度而进行的证据收集和评价。

（三）日本典型表述

日本著名审计学者三泽一教授在《审计基础理论》一书中为审计所下的定义是：“审计是具有公正不伪立场的第三者，就一定的对象的必须查明的事项进行批评性的调查行为及报告调查结果。”

二、审计的基本要素

综合审计含义表述，审计主要包含以下五个基本要素：

（一）审计主体

执行审计的一方称为审计主体。审计主体是指专职机构或专业审计人员。审计人员不仅在形式上而且在实质上必须保持独立的态度。

（二）审计客体

接受审计的一方称为审计客体，具体指特定经济实体。执行审计时，审计的范围一定要明确。大多数情况下，特定经济实体与法人实体是一致的，比如公司、单位等。但在某些情况下，经济实体也可能是公司中的一个部门甚至是个人。

（三）审计方法

审计的基本方法是收集、评价证据。收集充分、有力的审计证据是审计工作的核心。从一定意义上讲，审计就是有目的、有计划的收集评价证据的过程。

（四）审计依据

审计依据是既定标准，包括国家的法律、法规、政策、会计准则等。与既定标准的符合程度是审计目标。

（五）审计性质

审计是有组织并遵循一定逻辑顺序的系统经济监督过程。

三、审计职能

审计的职能是审计自身所具有的内在功能,是审计本质的体现。审计职能不是一成不变的,它是随着经济的变化而发展变化的。一般认为审计具有三种职能:经济监督、经济鉴证、经济评价。

(一)经济监督职能

经济监督职能,是指过审计,监察和督促被审计单位的经济活动在规定的范围内是否沿着正常轨道健康运行;监察和督促有关经济责任人履行经济责任情况,借以揭露违法违纪、稽查损失浪费、查明错误弊端、判断管理缺陷进而追究经济责任。经济监督是审计的基本职能,仅国家审计具有经济职能,社会审计和内部审计都具有经济监督职能。

(二)经济鉴证职能

经济鉴证职能,是指审计机构和审计人员对被审计单位会计报表及其他经济资料进行检查和验证,确定其财务状况和经营成果是否真实、公允、合法、合规,并出具书面证明,以便为审计的授权人或委托人提供确切的信息,并取信于社会公众的一种职能。审计的经济鉴证职能,包括鉴定和证明两个方面。

(三)经济评价职能

经济评价职能,是指审计机构和审计人员对被审计单位的经济资料及经济活动进行审查,并依据一定的标准对所查明的事实进行分析和判断,肯定成绩,指出问题,总结经验,寻求改善管理、提高效率与效益的途径。审计的经济评价职能,包括评定和建议两个方面。评价的过程,也是肯定成绩、发现问题的过程,其建议往往是根据存在问题提出的,以利于被审计单位克服缺点、纠正错误、改进工作。

四、审计的分类

按照各种标志审计可以划分为不同的类别。研究审计类别有利于从各个不同角度加深对审计的认识,有效地组织各类审计活动,充分发挥审计的作用。

(一)按审计主体分类

按审计主体,可以将审计划分为政府审计、注册会计师审计和内部审计。

1. 政府审计

政府审计是由政府审计机关依法进行的审计,在我国一般称为国家审计。我国国家审计机关包括国务院设置的审计署及其派出机构和地方各级人民政府设置的审计厅(局)两个层次。国家审计机关依法独立行使审计监督权,对国务院各部门和地方人民政府、国家财政金融机构、国有企事业单位以及其他有国有资产的单位的财政、财务收支及其经济效益进行审计监督。

政府审计的主要特点是法定性和强制性。拥有和管理国有资产的单位,都必须依法接受政府审计的审计。

2. 注册会计师审计

注册会计师审计,也称民间审计,是指由会计师事务所实施的审计。会计师事务所是注册会计师依法成立的组织。会计师事务所根据承办业务双方签订的审计业务约定书,对被审计单位的财务报表及其有关资料进行独立审查和鉴证,并出具审计报告。

注册会计师审计的主要特点是双向独立性、受托性和有偿性。

3. 内部审计

内部审计是指由本单位内部专门的审计机构和人员对单位内部收支和经济活动实施的独立审查和评价，审计结果向本单位主要负责人报告。其目的在于帮助本单位健全内部控制，改善经营管理，提高经济效益。

内部审计的主要特点是具有内向性、广泛性和及时性。

本书主要阐述注册会计师审计。

(二)按审计内容分类

按审计的内容可以将审计划分为:财政财务审计、财经法纪审计和经济效益审计。

1. 财政财务审计

财政财务审计是指对被审计单位财政财务收支活动进行的审计。其目的是检查财政财务收支的真实性、合法性和合规性。其中，财政审计是指由国家审计机关对本级财政预算执行情况和下级政府财政预算执行情况以及决算与预算外资金的管理和使用情况的真实性、合法性所进行的审计监督;财务审计是指由国家审计机关、内部审计机构和社会审计组织对各级政府部门、金融机构、企事业单位的财务收支及有关经济活动的真实性、合法性所进行的审计监督。

2. 财经法纪审计

财经法纪审计是指国家审计机关和内部审计部门对某单位严重违反财经法纪的行为进行的专项审计。对被审计单位的一般经济舞弊行为，可在财政财务审计中进行审查提出审计意见，但是对于金额大、情节严重使国有资产遭受严重损失以及严重危害社会经济建设或对社会风气造成恶劣影响的违法行为，则需要专门立案审计。这种立案审计的项目属于财经法纪审计。

3. 经济效益审计

经济效益审计是指由审计机构对被审计单位经济活动的效率、效果和效益状况进行的审计和评价。其目的是促进被审计单位提高人、财、物等各种资源的利用效率，增强赢利能力，实现经营目标。

(三)按审计实施时间分类

按审计实施时间相对于被审计单位经济业务发生的前后分类，审计可分为事前审计、事中审计和事后审计。

1. 事前审计

事前审计是指在被审计单位经济业务实际发生以前进行的审计。一般对计划、预算的编制及对经济事项的预测和决策进行的审计均属事前审计。

开展事前审计，有利于被审计单位进行科学决策和管理，保证未来经济活动的有效性，避免因决策失误而遭受重大损失。一般认为，内部审计组织比较适合从事事前审计，内部审计强调建设性和预防性，能够通过审计活动充当决策和控制的参谋。内部审计组织熟悉本单位的活动，掌握的资料比较充分，且易于联系各种专业技术人员，有条件对各种决策、计划等方案进行事前分析比较，做出评价结论，提出改进意见。

2. 事中审计

事中审计是指在被审计单位经济业务执行过程中进行的审计。例如，对费用预算、经济合同的执行情况进行审查。通过这种审计，能够及时发现和反馈问题，尽早纠正偏差，保证经济活动按预期目标合法合理和有效地进行。

3. 事后审计

事后审计是指在被审计单位经济业务完成之后进行的审计。大多数审计活动都属于事后审计。事后审计的目标是监督经济活动的合法合规性,鉴证企业会计报表的真实公允性,评价经济活动的效果和效益状况。

(四)审计的其他分类

1. 按审计主体与被审计单位的关系分类

按审计主体与被审计单位的关系分类,可以分为外部审计和内部审计。

外部审计是指由独立于被审计单位之外的审计组织实施的审计。政府审计机关和会计师事务所所实施的审计都属于外部审计。外部审计强调审计组织必须独立于被审计单位。内部审计是由部门或单位内部的审计部门所进行的审计。内部审计主要监督本单位的财务收支和经济活动。内部审计强调审计组织隶属于被审计单位。

2. 按审计范围分类

按审计范围分类可以分为全面审计、局部审计和专项审计。

全面审计又称全部审计,是指对被审计单位一定时期的全部经济活动及相关资料进行的审计。其优点是审查详细彻底,有利于被审计单位改善经营管理;但审计工作量大,花费时间多,审计成本较高。全面审计一般仅适用于规模较小、业务量不多的企事业单位。局部审计又称部分审计,是指对被审计单位一定时期的部分经济活动或部分资料进行的审计。局部审计的优点是针对性强、效率高、成本低。但由于审计范围不全面,审计结论往往容易出现遗漏甚至错误。

3. 按审计的执行地点分类

按审计的执行地点分类可以分为就地审计和报送审计。

就地审计是指审计人员直接到被审计单位进行的审计。就地审计的优点是可以减少被审计资料往返传递的时间,保证审计资料的安全,并且有助于审计人员深入现场,迅速获取审计证据,保证审计质量。就地审计是一种普遍采用的审计方法。报送审计是指审计人员在审计组织所在地对被审计单位报送的资料进行的审计。报送审计的优点是省力省时,但难以从报送资料中发现问题。

4. 按审计动机分类

按审计动机分类可以分为法定审计和任意审计。

法定审计是指根据国家法律规定,必须执行的带有强制性的审计。法定审计是按照审计机关的审计计划进行的,不管被审计单位是否愿意接受审计都应依法进行。任意审计是指根据被审计单位自身的需要,要求审计机构对其实施的审计。一般会计师事务所接受委托人的委托,按照委托人的要求对其进行的审计属于任意审计。

五、审计目标

(一)审计目标的演变

审计目标是指在一定历史环境下,人们通过审计实践活动所期望达到的境地或最终结果。审计目标也具有一定的层次性,审计目标可以分为审计的总目标以及审计的具体目标两个层面。

审计目标是随着社会经济环境的改变而改变的,审计目标的发展经历了一个不断演变的过程。最原始的审计目标就是查错防弊,审计目标的正式提出,可以追溯到 1905 年在美国由

R. H. 蒙哥马利出版的《迪克西审计学》，该书将审计目标总结为检查舞弊、检查技术错误和检查原理错误三个方面，其中检查舞弊是审计的基本目标。

1940～1980年期间审计目标则是强调重点应放在确定财务报表的真实性和公正性上，查错防弊这一目标依然存在但已退居第二位，审计功能从防护性发展为公正性。在20世纪60年代，美国审计程序委员会的观点是审计目标只是确认财务报表的陈述是否公正，有时对舞弊行为进行调查也是因为它会影响财务报表陈述的公正性。

20世纪80年代以后，审计目标不再局限于查错防弊和历史财务信息公正，而是向管理领域有所深入和发展，风险意识有所加强，审计工作比较有规律，形成了一套较完整的理论和模式。

(二)审计总体目标

1. 总体目标

上述审计目标的演进，指的是审计总目标。尽管审计的总目标发生了变化，审计的重要职责之一却始终是对被审计单位财务报表进行审计。财务报表审计是审计相关业务的基础，其他性质的业务从某种意义上讲都是财务报表审计的延伸和发展。财务报表审计的目标是审计人员通过执行审计工作，对财务报表的下列方面发表审计意见：

(1)合法性：财务报表是否按照适用的会计准则和相关会计制度的规定编制。

评价财务报表编制的合法性时，审计人员应当考虑：①选择和运用的会计政策是否符合适用的会计准则和相关会计制度，并适合于被审计单位的具体情况；②管理层做出的会计估计是否合理；③财务报表反映的信息是否具有相关性、可靠性、可比性和可理解性；④财务报表是否做出充分披露，使财务报表使用者能够理解重大交易和事项对被审计单位财务状况、经营成果和现金流量的影响。

(2)公允性：财务报表是否在重大方面公允反映被审计单位的财务状况、经营成果和现金流量。

在评价财务报表的公允反映时，审计人员应当考虑：①经管理层调整后的财务报表，是否与审计人员对被审计单位及其环境的了解一致；②财务报表的列报、结构和内容是否合理；③财务报表是否真实地反映了交易和事项的经济实质。

2. 缘由

财务报表使用者之所以希望审计人员对财务报表的合法性和公允性发表意见，主要有以下四个方面的原因：

(1)利益冲突。财务报表使用者往往有着各自的利益，且这种利益与被审计单位管理层的利益大不相同。出于对自身利益的关心，财务报表使用者常常担心管理层提供带有偏见、不公正甚至欺诈性的财务报表。为此，他们往往向外部审计人员寻求鉴证服务。

(2)财务信息的重要性。财务报表是财务报表使用者进行经济决策的重要信息来源，在有些情况下，还是唯一的信息来源。在进行投资、贷款和其他决策时，财务报表使用者期望财务报表中的信息可靠，并且期待审计人员确定被审计单位是否按公认会计原则编制财务报表。

(3)复杂性。由于会计业务的处理及财务报表的编制日趋复杂，财务报表使用者因缺乏会计知识而难以对财务报表的质量做出评估，所以他们要求审计人员对财务报表的质量进行鉴证。

(4)间接性。绝大多数财务报表使用者都远离客户，这种地域的限制导致财务报表使用者不可能接触到编制财务报表所依据的会计记录，即使使用者可以获得会计记录，也往往由于时间和成本的限制，而无法对会计记录进行有意义的审查。在这种情况下，使用者有两种选择：

一是相信这些会计信息的质量；二是依赖第三者的鉴证。显然，使用者喜欢选择依赖第三者的鉴证。

（三）审计具体目标

审计具体目标是审计总目标的进一步具体化，一般来说，审计具体目标是根据被审计单位管理层认定和审计总目标来确定的。

1. 管理层认定

所谓管理层认定，是指被审计单位管理层对其财务报表各组成要素的确认、计量、列报做出的明确或隐含的表达。审计具体目标其实就是对被审计单位管理层对其报表认定的验证，从而确定被审计单位管理层的认定是否有理由。

（1）交易和事项的认定。

审计人员对所审计期间的各类交易和事项运用的认定通常分为下列五类：

①发生：记录的交易和事项已发生，且与被审计单位有关。

②完整性：所有应当记录的交易和事项均已记录。

③准确性：与交易和事项有关的金额及其他数据已恰当记录。

④截止：交易和事项已记录于正确的会计期间。

⑤分类：交易和事项已记录于适当的账户。

（2）期末账户余额的认定。

审计人员对期末账户余额运用的认定通常分为下列类别：

①存在：记录的资产、负债和所有者权益是存在的。

②权利和义务：记录的资产由被审计单位拥有或控制，记录的负债是被审计单位应当履行的偿还义务。

③完整性：所有应当记录的资产、负债和所有者权益均已记录。

④计价和分摊：资产、负债和所有者权益以恰当的金额包括在财务报表中，与之相关的计价或分摊调整已恰当记录。

（3）列报相关的认定。

审计人员对列报相关的认定通常分为下列几类：

①发生以及权利和义务：披露的交易、事项和其他情况已发生，且与被审计单位有关。

②完整性：所有应该包括在财务报表中的披露均已包括。

③分类和可理解性：财务信息已被恰当地列报和描述，并披露内容表述清楚。

④准确性和计价：财务信息和其他信息已公允披露，并金额恰当。

2. 具体审计目标

当审计人员了解管理层的认定后，应根据认定把审计目标具体化，进一步确定每个项目的具体审计目标，并以此作为评估重大错报风险及设计和实施进一步审计程序的基础。

（1）与各类交易和事项相关的审计目标。

①真实性：由发生认定推导的审计目标是确认已记录的交易是真实的。例如，企业在购货日记账中记录了一笔并未发生的采购业务，则违反了该目标。发生认定主要与财务报表组成要素的高估有关，审计人员需要确定管理层是否将那些未曾发生的项目列入财务报表。

②完整性：由完整性认定推导的审计目标是确认已发生的交易确实已经记录。例如，企业如果实际发生了销售交易，但没有在销售明细账和总账中予以记录，则违反了该目标。发生和完整性两者强调的是相反的关注点。发生目标针对潜在的高估，而完整性目标则针对漏记交

易(低估)。

③准确性:由准确性认定推导的审计目标是确认已记录的交易是按正确金额反映的。例如,如果在销售交易中,发出商品的数量与账单上的数量不符,或是开账单时使用了错误的销售价格,或是账单中的乘积或加总有误,或是在销售明细账中记录了错误的金额,则违反了该目标。

④截止:由截止认定推导的审计目标是确认接近于资产负债表日的交易记录于恰当的期间。例如,企业故意将本期交易推迟到下期记录,或将下期交易提前到本期入账,均属违反了截止目标。

⑤分类:由分类认定推导的审计目标是确认被审计单位记录的交易经过适当分类。例如,将现销记录为赊销,将出售经营性固定资产的收入记录为营业收入,就是交易分类错误,违反了分类目标。

(2)与期末账户余额相关的审计目标。

①存在:由存在认定推导的审计目标是确认记录的金额确实存在。例如,企业在应收账款明细表中列入了实际并不存在的某顾客的应收账款,就违反了存在性目标。

②权利和义务:由权利和义务认定推导的审计目标是确认资产归属于被审计单位,负债属于被审计单位的义务。例如,将他人寄售商品列入被审计单位的存货中,就违反了权利目标;将不属于被审计单位的债务记入账内,则违反了义务目标。

③完整性:由完整性认定推导的审计目标是确认已存在的金额均已记录。例如,如果存在某顾客的应收账款,在应收账款明细表中却没有列入对该顾客的应收账款,则违反了完整性目标。

④计价和分摊:资产、负债和所有者权益以恰当的金额包括在财务报表中,与之相关的计价或分摊调整已恰当记录。

(3)与列报相关的审计目标。

①发生及权利和义务:将没有发生的交易、事项,或与被审计单位无关的交易和事项包括在财务报表中,则违反了该目标。例如,企业未在其财务报表中说明权利已受到限制的抵押固定资产,即违反了权利目标。

②完整性:如果应当披露的事项没有包括在财务报表中,则违反该目标。例如,检查关联方和关联交易,以验证其在财务报表中是否得到充分披露,即是对列报的完整性认定的运用。

③分类和可理解性:财务信息已被恰当列报和陈述,且披露内容表述清楚。例如,检查存货的主要类别是否已披露,是否将一年内到期的长期负债列为流动负债,即是对列报的分类和可理解性认定的运用。

④准确性和计价:财务信息和其他信息已公允披露,且金额恰当。例如,检查财务报表附注是否分别对原材料、在产品和产成品等存货成本核算方法做了恰当说明,即是对列报的准确性和计价认定的运用。

第三节　审计证据

一、审计证据的含义

审计证据是指审计人员为了得出审计结论、形成审计意见而使用的所有信息。

审计证据包括构成财务报表基础的会计记录所含有的信息和其他信息。

(一)会计记录中含有的信息

主要包括：

(1)原始凭证；

(2)记账凭证；

(3)总分类账和明细分类账；

(4)支票存根；

(5)银行对账单、银行存款余额调节表；

(6)成本分配计算表；

(7)存货盘点表；

(8)考勤卡、工薪单、其他工时记录；

(9)销售发运单、顾客对账单、顾客的汇款通知单；

(10)附有验货单的订购单、购货发票、对账单；

(11)合同、协议等。

上述会计记录是编制财务报表的基础，构成审计人员执行财务报表审计业务所需获取的审计证据的重要部分。这些会计记录通常是电子数据，因而要求审计人员对内部控制予以充分关注，以获取这些记录的真实性、准确性和完整性。将这些会计记录作为审计证据时，其信赖程度取决于被审计单位内部控制的强度。

(二)其他信息

会计记录中含有的信息本身并不足以提供充分的审计证据作为对财务报表发表审计意见的基础，审计人员还应当获取用作审计证据的其他信息，主要包括：

(1)被审计单位会议记录；

(2)内部控制手册；

(3)询证函的回函；

(4)分析师的报告；

(5)与竞争者的比较数据；

(6)审计人员检查存货获取的数据；

(7)审计人员编制的各种计算表、分析表等。

以上两类信息共同构成了审计证据，两者缺一不可。如果没有前者，审计工作将无法进行；如果没有后者，可能无法识别重大错报风险。只有将两者结合在一起，才能将审计风险降至可接受的低水平，为审计人员发表审计意见提供合理基础。

必要审计证据的性质与范围取决于审计人员对何种证据与实现审计目标相关做出的职业判断。这种判断受到重要性评估水平、与特定认定相关的审计风险、总体规模以及影响账户余额的各类经常性或非经常性交易的影响。

在确定报表公允表达时，注册审计人员必须将不同来源和不同性质的审计证据综合起来考虑，这样能够反映出结果的一致性，从而佐证会计记录中记录的信息。如果审计证据不一致，而且这种不一致可能是重大的，审计人员应当扩大审计程序的范围，直到不一致得到解决，并针对账户余额或各类交易获得必要保证。

二、审计证据的充分性与适当性

审计人员应当保持职业怀疑态度,运用职业判断,评价审计证据的充分性和适当性。

(一)审计证据的充分性

审计证据的充分性是对审计证据数量的衡量,主要与审计人员确定的样本量有关。例如,对某个审计项目实施某一选定的审计程序,从200个样本中获得的证据要比从100个样本中获得的证据更充分。获取的审计证据应当充分,足以将与每个重要认定相关的审计风险限制在可接受的水平。

审计人员需要获取的审计证据的数量受其对重大错报风险评估的影响(评估的重大错报风险越高,需要的审计证据可能越多),并受审计证据质量的影响(审计证据质量越高,需要的审计证据可能越少)。然而,审计人员仅靠获取更多的审计证据可能无法弥补其质量上的缺陷。

例如,审计人员对某电脑公司进行审计,经过分析认为,受被审计单位行业性质的影响,存货陈旧的可能性相当高,存货计价的错报可能性就比较大。为此,审计人员在审计中,就要选取更多的存货样本进行测试,以确定存货陈旧的程度,从而确认存货的价值是否被高估。

(二)审计证据的适当性

审计证据的适当性,是对审计证据质量的衡量,即审计证据在支持审计意见所依据的结论方面具有的相关性和可靠性。相关性和可靠性是审计证据适当性的核心内容,只有相关且可靠的审计证据才是高质量的。

1. 审计证据的相关性

审计证据的相关性是指用作审计证据的信息与审计程序的目的和所考虑的相关认定之间的逻辑联系。用作审计证据的信息的相关性可能受测试方向的影响。例如,如果某审计程序的目的是测试应付账款的计价高估,则测试已记录的应付账款可能是相关的审计程序。另一方面,如果某审计程序的目的是测试应付账款的计价低估,则测试已记录的应付账款不是相关的审计程序,相关的审计程序可能是测试期后支出、未支付发票、供应商结算单以及发票未到的收货报告单等。

特定的审计程序可能只为某些认定提供相关的审计证据,而与其他认定无关。例如,检查期后应收账款收回的记录和文件可以提供有关存在和计价的审计证据,但未必提供与截止测试相关的审计证据。类似地,有关某一特定认定(如存货的存在认定)的审计证据,不能替代与其他认定(如该存货的计价认定)相关的审计证据。但另一方面,不同来源或不同性质的审计证据可能与同一认定相关。

2. 审计证据的可靠性

审计证据的可靠性是指证据的可信程度。例如,审计人员亲自检查存货所获得的证据,就比被审计单位管理层提供给审计人员的存货数据更可靠。

审计证据的可靠性受其来源和性质的影响,并取决于获取审计证据的具体环境。审计人员在判断审计证据的可靠性时,通常会考虑下列原则:

(1)从外部独立来源获取的审计证据比从其他来源获取的审计证据更可靠。从外部独立来源获取的审计证据未经被审计单位有关职员之手,从而减少了伪造、更改凭证或业务记录的可能性,因而其证明力最强。此类证据包括银行询证函回函、应收账款询证函回函、保险公司等机构出具的证明等。相反,从其他来源获取的审计证据,由于证据提供者与被审计单位存在经济或行政关系等原因，其可靠性应受到质疑。此类证据包括被审计单位内部的会计记录、会议记录等。

(2)内部控制有效时内部生成的审计证据比内部控制薄弱时内部生成的审计证据更可靠。如果被审计单位有着健全的内部控制且在日常管理中得到一贯的执行，会计记录的可信赖程度将会增加。如果被审计单位的内部控制薄弱，甚至不存在任何内部控制，被审计单位内部凭证记录的可靠性就大为降低。例如，如果与销售业务相关的内部控制有效，审计人员就能从销售发票和发货单中取得比内部控制不健全时更加可靠的审计证据。

(3)直接获取的审计证据比间接获取或推论得出的审计证据更可靠。例如，审计人员观察某项内部控制的运行得到的证据比询问被审计单位某项内部控制的运行得到的证据更可靠。间接获取的证据有被涂改及伪造的可能性，降低了可信赖程度。推论得出的审计证据，其主观性较强，人为因素较多，可信赖程度也受到影响。

(4)以文件、记录形式(无论是纸质、电子或其他介质)存在的审计证据比口头形式的审计证据更可靠。例如，会议的同步书面记录比对讨论事项事后的口头表述更可靠。口头证据本身并不足以证明事实的真相，仅仅提供了一些重要线索，为进一步调查确认所用。如审计人员在对应收账款进行账龄分析后，可以向应收账款负责人询问逾期应收账款收回的可能性。如果该负责人的意见与审计人员自行估计的坏账损失基本一致，则这一口头证据就可成为证实审计人员对有关坏账损失判断的重要证据。但在一般情况下，口头证据往往需要得到其他相应证据的支持。

(5)从原件获取的审计证据比从传真件或复印件获取的审计证据更可靠。审计人员可审查原件是否有被涂改或伪造的迹象，排除伪证，提高证据的可信赖程度。而传真件或复印件容易是篡改或伪造的结果，可靠性较低。

审计人员在按照上述原则评价审计证据的可靠性时，还应当注意可能出现的重要例外情况。例如，审计证据虽然是从独立的外部来源获得的，但如果该证据是由不知情者或不具备资格者提供，审计证据也可能是不可靠的。同样，如果审计人员不具备评价证据的专业能力，那么即使是直接获取的证据，也可能不可靠。

3. 充分性与适当性之间的关系

充分性和适当性是审计证据的两个重要特征，两者缺一不可，只有充分且适当的审计证据才是有证明力的。

审计人员需要获取的审计证据的数量也受审计证据质量的影响。审计证据质量越高，需要的审计证据数量可能越少。也就是说，审计证据的适当性会影响审计证据的充分性。例如，被审计单位内部控制健全时生成的审计证据更可靠，审计人员只需获取适量的审计证据，就可以为发表审计意见提供合理的基础。

需要注意的是，尽管审计证据的充分性与适当性相关，但如果审计证据的质量存在缺陷。那么审计人员仅靠获取更多的审计证据可能无法弥补其质量上的缺陷。例如，审计人员应当获取与销售收入完整性相关的证据，实际获取到的却是有关销售收入真实性的证据，审计证据与完整性目标不相关，即使获取的证据再多，也证明不了收入的完整性。同样的，如果审计人员获取的证据不可靠，那么证据数量再多也难以起到证明作用。

4. 评价充分性和适当性时的特殊考虑

(1)对文件记录可靠性的考虑。

审计工作通常不涉及鉴定文件记录的真伪，审计人员也不是鉴定文件记录真伪的专家，但应当考虑用作审计证据的信息的可靠性，并考虑与这些信息生成和维护相关控制的有效性。

如果在审计过程中识别出的情况使其认为文件记录可能是伪造的，或文件记录中的某些条款已发生变动，审计人员应当做出进一步调查，包括直接向第三方询证，或考虑利用专家的工作以评价文件记录的真伪。例如，如发现某银行询证函回函有伪造或篡改的迹象，审计人员应当做进一步的调查，并考虑是否存在舞弊的可能性。必要时，应当通过适当方式聘请专家予以鉴定。

(2)使用被审计单位生成信息时的考虑。

审计人员为获取可靠的审计证据，实施审计程序时使用的被审计单位生成的信息需要足够完整和准确。例如，通过用标准价格乘以销售量来对收入进行审计时，其有效性受到价格信息准确性和销售量数据完整性与准确性的影响。类似地，如果审计人员打算测试总体(如付款)是否具备某一特征(如授权)，若选取测试项目的总体不完整，则测试结果可能不太可靠。

如果针对这类信息的完整性和准确性获取审计证据是所实施审计程序本身不可分割的组成部分，则可以与对这些信息实施的审计程序同时进行。在其他情况下，通过测试针对生成和维护这些信息的控制，审计人员也可以获得关于这些信息准确性和完整性的审计证据。然而，在某些情况下，审计人员可能确定有必要实施追加的审计程序。

在某些情况下，审计人员可能打算将被审计单位生成的信息用于其他审计目的。例如，审计人员可能打算将被审计单位的业绩评价用于分析程序，或利用被审计单位用于监控活动的信息，如内部审计报告等。在这种情况下，获取的审计证据的适当性受到该信息对于审计目的而言是否足够精确和详细的影响。例如，管理层的业绩评价对于发现重大错报可能不够精确。

(3)证据相互矛盾时的考虑。

如果针对某项认定从不同来源获取的审计证据或获取的不同性质的审计证据能够相互印证，与该项认定相关的审计证据则具有更强的说服力。例如，审计人员通过检查委托加工协议发现被审计单位有委托加工材料，且委托加工材料占存货比重较大，经发函询证后证实委托加工材料确实存在。委托加工协议和询证函回函这两个不同来源的审计证据互相印证，证明委托加工材料真实存在。

如果从不同来源获取的审计证据或获取的不同性质的审计证据不一致，表明某项审计证据可能不可靠，审计人员应当追加必要的审计程序。上例中，如果审计人员发函询证后证实委托加工材料已加工完成并返回被审计单位，委托加工协议和询证函回函这两个不同来源的证据不一致，委托加工材料是否真实存在受到质疑。这时，审计人员应追加审计程序，确认委托加工材料收回后是否未入库或被审计单位收回后予以销售而未入账。

(4)获取审计证据时对成本的考虑。

审计人员可以考虑获取审计证据的成本与所获取信息的有用性之间的关系，但不应以获取审计证据的困难和成本为由减少不可替代的审计程序。

在保证获取充分、适当的审计证据的前提下，控制审计成本也是会计师事务所增强竞争能力和获利能力所必需的。但为了保证得出的审计结论、形成的审计意见是恰当的，审计人员不应将获取审计证据的成本高低和难易程度作为减少不可替代的审计程序的理由。例如，在某些情况下，存货监盘是证实存货存在性认定的不可替代的审计程序，审计人员在审计中不得以检查成本高和难以实施为由而不执行该程序。

第四节 审计风险

一、审计风险的含义

审计风险,是指当财务报表存在重大错报时,审计人员发表不恰当审计意见的可能性。

审计风险是一个与审计过程相关的技术术语,并不是指审计人员执行业务的法律后果,如因诉讼、负面宣传或其他与财务报表审计相关的事项而导致损失的可能性。

审计风险取决于重大错报风险和检查风险。

二、审计风险模型

为了控制审计风险,审计人员职业界使用审计风险模型来衡量审计风险。审计风险包括重大错报风险、检查风险两个要素。即:

审计风险=重大错报风险×检查风险

这个公式就是审计风险模型。可见,检查风险与重大错报风险的反向关系,在既定的审计风险水平下,可接受的检查风险水平与重大错报风险的评估结果呈反向关系,评估的重大错报风险越高,可接受的检查风险越低;评估的重大错报风险越低,可接受的检查风险越高。

例如针对某一认定,审计人员将可接受的审计风险水平设定为5%,审计人员实施风险评估程序后将重大错报风险评估为25%,则根据这一模型,可接受的检查风险=审计风险/重大错报风险=5%÷25%=20%。

实务中,审计人员不一定用绝对数量表达这些风险水平,而是选用“高”“中”“低”等文字进行定性描述。

审计人员应当根据确定的可接受检查风险,合理设计审计程序(包括审计性质、时间安排和范围),并有效执行审计程序,以控制检查风险。

三、重大错报风险

重大错报风险是指财务报表在审计前存在重大错报的可能性。重大错报风险与被审计单位的风险相关,且独立于财务报表审计而存在。

根据《审计准则第1211号——通过了解被审计单位及其环境识别和评估重大错报风险》对审计人员评估财务报表层次和认定层次的重大错报风险提出的要求,审计人员在设计审计程序以确定财务报表整体是否存在重大错报时,应当从财务报表层次和各类交易、账户余额和披露认定层次方面考虑重大错报风险。

(一)财务报表层次的重大错报风险

财务报表层次重大错报风险与财务报表整体存在广泛联系,可能影响多项认定。此类风险通常与控制环境有关,如管理层缺乏诚信、治理层形同虚设而不能对管理层进行有效监督等;但也可能与其他因素有关,如经济萧条、企业所处行业处于衰退期等。此类风险难以界定于某类交易、账户余额和披露的具体认定;相反,此类风险增大了认定层次发生重大错报的可能性,与审计人员考虑由舞弊引起的风险尤其相关。

(二)认定层次的重大错报风险

认定层次的重大错报风险与特定的某类交易、账户余额、披露的认定相关。例如被审计单位存在复杂的联营或合资，这一事项表明长期股权投资账户的认定可能存在重大错报风险。

审计人员在考虑财务报表层次重大错报风险的同时应考虑各类交易、账户余额和披露认定层次的重大错报风险，考虑的结果直接有助于审计人员确定认定层次上实施的进一步审计程序的性质、时间安排和范围。

审计人员在各类交易、账户余额和披露认定层次获取审计证据，以便能够在审计工作完成时，以可接受的低审计风险水平对财务报表整体发表审计意见。《审计准则第 1231 号——针对评估的重大错报风险采取的应对措施》对审计人员如何应对评估的两个层次重大错报风险，提出了详细的要求。

认定层次的重大错报风险又可以进一步细分为固有风险和控制风险。

1. 固有风险

固有风险是指在考虑相关的内部控制之前，某类交易、账户余额或披露的某一认定易于发生错报(该错报单独或连同其他错报可能是重大的)的可能性。

某些类别的交易、账户余额和披露及其认定，固有风险较高。例如，复杂的计算比简单计算更可能出错；受重大计量不确定性影响的会计估计发生错报的可能性较大。产生经营风险的外部因素也可能影响固有风险，例如，技术进步可能导致某项产品陈旧，进而导致存货易于发生高估错报(计价认定)。被审计单位及其环境中的某些因素还可能与多个甚至所有类别的交易、账户余额和披露有关，进而影响多个认定的固有风险。这些因素包括维持经营的流动资金匮乏、被审计单位处于夕阳行业等。

2. 控制风险

控制风险是指某类交易、账户余额或披露的某一认定发生错报，该错报单独或连同其他错报是重大的，但没有被内部控制及时防止或发现并纠正的可能性。

控制风险取决于与财务报表编制有关的内部控制的设计和运行的有效性。由于控制的固有局限性，某种程度的控制风险始终存在。

3. 固有风险与控制风险的交织性

由于固有风险与控制风险不可分割地交织在一起，有时无法单独进行评估，本书通常不再单独提到固有风险和控制风险，而是将两者合称为“重大错报风险”。但这并不意味着审计人员不可以单独对固有风险和控制风险进行评估。相反，审计人员既可以对两者进行单独评估，也可以对两者进行合并评估。具体采用的评估方法取决于会计师事务所偏好的审计技术和方法及实务上的考虑。

四、检查风险

检查风险是指如果存在某一错报，该错报单独或连同其他错报可能是重大的，审计人员为将审计风险降至可接受的低水平而实施程序后没有发现这种错报的风险。

检查风险取决于审计程序设计的合理性和执行的有效性。由于审计人员通常并不对所有的交易、账户余额和披露进行检查，以及其他原因，检查风险不可能降低为零。

其他原因包括审计人员可能选择了不恰当的审计程序、审计过程执行不当，或者错误解读了审计结论。这些因素可以通过适当计划、在项目组成员之间进行恰当的职责分配、保持职业怀疑态度以及监督、指导和复核项目组成员执行的审计工作得以解决。

五、审计的固有限制

(一)影响审计固有限制的因素

审计的固有限制主要源于财务报告的性质、审计程序的性质、及时性和成本效益的权衡三方面。

1. 财务报告的性质

(1)需要判断。管理层编制财务报表,需要根据被审计单位的事实和情况运用适用的财务报告编制基础的规定,在这一过程中需要做出判断。

(2)需要估计。许多财务报表项目涉及主观决策、评估或一定程度的不确定性,并且可能存在一系列可接受的解释或估算。因此,某些财务报表项目的金额本身就存在一定的变动幅度,这种变动幅度不能通过实施追加的审计程序来消除。例如,某些会计估计。

2. 审计程序的性质

审计人员实施审计程序获取审计证据,受到实务和法律上的限制。比如:

(1)管理层或其他人员可能有意或无意地不提供与财务报表编制相关的或审计人员要求的全部信息。因此,即使实施了旨在保证获取所有相关信息的审计程序,审计人员也不能保证信息的完整性。

(2)舞弊可能涉及精心策划和蓄意实施以进行隐瞒。因此,用以收集审计证据的审计程序可能对于发现舞弊是无效的。例如,舞弊导致的错报涉及串通伪造文件,使得审计人员误以为有效的证据实际上是无效的。审计人员没有接受文件真伪鉴定方面的培训,不应被期望成为鉴定文件真伪的专家。

(3)审计不是对涉嫌违法行为的官方调查。因此,审计人员没有被授予特定的法律权力(如搜查权),而这种权力对调查是必要的。

3. 及时性和成本效益的权衡

审计人员需要在合理的时间内以合理的成本完成审计,所以需在信息的可靠性、成本、时间之间进行权衡。信息的相关性及其价值会随着时间的推移而降低,要求审计人员处理所有可能存在的信息是不切实际的;信息存在错误或舞弊除非能够提供反证的假设而竭尽可能地追查每一个事项也是不切实际的。

(二)审计固有限制的因果

(1)由于审计存在固有限制,审计人员据以得出结论和形成审计意见的大多数审计证据是说服性而非结论性的。

(2)由于审计存在固有限制,审计人员不能对财务报表不存在由于舞弊或错误导致的重大错报获取绝对保证。

(3)由于审计存在固有限制,审计人员不可能将审计风险降至零。

(三)审计人员的考虑

(1)审计准则要求审计人员特别考虑在适用的财务报告编制基础上会计估计是否合理,相关披露是否充分,会计实务的质量是否良好(包括管理层判断是否可能存在偏向)。

(2)为了在合理的时间内以合理的成本对财务报表形成审计意见,审计人员有必要:①计划审计工作,以使审计工作以有效的方式得到执行;②将审计资源投向最可能存在重大错报风险的领域,并相应地在其他领域减少审计资源;③运用测试和其他方法检查总体中存在的错报。

(3)审计的固有限制并不能作为审计人员满足于说服力不足的审计证据的理由。

第五节 审计程序

风险导向审计模式要求审计人员在审计过程中,以重大错报风险的识别、评估和应对作为工作主线。相应地,审计程序大致可分为以下几个阶段:

一、接受业务委托

会计师事务所应当按照执业准则的规定,谨慎决策是否接受或保持某客户关系和具体审计业务。在接受新客户的业务前,或决定是否保持现有业务或考虑接受现有客户的新业务时,会计师事务所应当执行有关客户接受与保持的程序,以获取如下信息:①考虑客户的诚信,没有信息表明客户缺乏诚信;②具有执行业务必要的素质、专业胜任能力、时间和资源;③能够遵守相关职业道德要求。会计师事务所执行客户接受与保持的程序的目的,旨在识别和评估会计师事务所面临的风险。例如,如果审计人员发现潜在客户正面临财务困难,或者发现现有客户曾做出虚假陈述,那么可以认为接受或保持该客户的风险非常高,甚至是不可接受的,会计师事务所除考虑客户的风险外,还需要考虑自身执行业务的能力,如当工作需要时能否获得合适的具有相应资格的员工,能否获得专业化协助,是否存在任何利益冲突,能否对客户保持独立性等。

审计人员需要做出的最重要的决策之一就是接受和保持客户。一项低质量的决策会导致不能准确确定计酬的时间或未被支付的费用,增加项目合伙人和员工的额外压力,使会计师事务所声誉遭受损失,或者涉及潜在的诉讼。

一旦决定接受业务委托,审计人员应当与客户就审计约定条款达成一致意见。对于连续审计,审计人员应当根据具体情况确定是否需要修改业务约定条款,以及是否需要提醒客户注意现有的业务约定书。

审计业务约定书的详细内容将在本书第三章介绍。

二、计划审计工作

计划审计工作十分重要。如果没有恰当的审计计划,不仅无法获取充分、适当的审计证据,影响审计目标的实现,而且还会浪费有限的审计资源,影响审计工作的效率。因此,对于任何一项审计业务,审计人员在执行具体审计程序之前,都必须根据具体情况制订科学、合理的计划,使审计业务以有效的方式得到执行。一般来说,计划审计工作主要包括:在本期审计业务开始时开展的初步业务活动;制定总体审计策略;制订具体审计计划等。需要指出的是,计划审计工作不是审计业务的一个孤立阶段,而是一个持续的、不断修正的过程,贯穿于整个审计过程的始终。

计划审计工作的详细内容将在本书第三章介绍。

三、评估重大错报风险

审计准则规定,审计人员必须实施风险评估程序,以此作为评估财务报表层次和认定层次重大错报风险的基础。风险评估程序是指审计人员为了解被审计单位及其环境,以识别和评估财务报表层次和认定层次的重大错报风险(无论该错报是由于舞弊或错误导致的)而实施的审计程序。风险评估程序是必要程序，了解被审计单位及其环境为审计人员在许多关键环节做出职业判断提供了重要基础。了解被审计单位及其环境实际上是一个连续和动态地收集、更新与分析信息的过程，贯穿于整个审计过程的始终。一般来说，实施风险评估程序的主要工作包括：了解被审计单位及其环境；识别和评估财务报表层次以及各类交易、账户余额和披露认定层次的重大错报风险，包括确定需要特别考虑的重大错报风险（即特别风险）以及仅通过实施实质性程序无法应对的重大错报风险等。

风险评估程序的详细内容，将在本书第五章介绍。

四、应对重大错报风险

审计人员实施风险评估程序本身并不足以为发表审计意见提供充分、适当的审计证据，还应当实施进一步审计程序，包括实施控制测试（必要时或决定测试时）和实质性程序。因此，审计人员在评估财务报表重大错报风险后，应当运用职业判断，针对评估的财务报表层次重大错报风险确定总体应对措施，并针对评估的认定层次重大错报风险设计和实施进一步审计程序，以将审计风险降至可接受的低水平。

有关应对重大错报风险的内容，将在本书第六章介绍。同时，本书第七章至第十一章介绍对各业务循环的控制测试和实质性程序。第二章“审计方法”的第四节“审计抽样”将对控制测试和实质性程序的范围展开讨论。

五、编制审计报告

审计人员在完成进一步审计程序后，还应当按照有关审计准则的规定做好审计完成阶段的工作，并根据所获取的审计证据，合理运用职业判断，形成适当的审计意见。

本书的第十二章将对完成审计和编制审计报告展开讨论。

复习思考题

1. 简述审计的基本概念。
2. 审计主要包含哪几个基本要素？
3. 审计具有哪几个职能？
4. 审计是如何分类的？
5. 审计的总体目标是什么？
6. 审计的具体目标是什么？
7. 如何理解审计证据的充分性与适当性的关系？
8. 如何理解审计风险模型？
9. 审计人员在设计审计程序以确定财务报表整体是否存在重大错报时，应如何考虑重大错报风险？
10. 认定层次的重大错报风险如何细分？

第二章

审计方法

学习目标

通过本章的学习，了解审计的基本方法，熟悉审计方法的适用性，掌握各种审计方法的应用，尤其是函证、穿行测试、审计抽样的应用。

第一节　审计方法概述

一、审计方法的含义

审计方法是指审计人员为了获取充分适当的审计证据，以对财务报表发表审计意见，在审计过程中实施的专门的手段方法。

审计方法可以单独实施也可以组合实施，审计人员应当根据实际需要科学选择审计方法及其组合，提高审计效率。

二、审计方法的种类

审计方法的种类主要包括：检查、观察、询问、函证、重新计算、重新执行、分析、穿行测试、审计抽样等。

(一)检查

检查是指审计人员对被审计单位内部或外部生成的，以纸质、电子或其他介质形式存在的记录和文件进行审查，或对资产进行实物审查。检查记录或文件可以提供可靠程度不同的审计证据，审计证据的可靠性取决于记录或文件的性质和来源，而在检查内部记录或文件时，其可靠性则取决于生成该记录或文件的内部控制的有效性。将检查用作控制测试的一个例子是，检查记录以获取关于授权的审计证据。

(二)观察

观察是指审计人员察看相关人员正在从事的活动或实施的程序。例如，审计人员对被审计单位人员执行的存货盘点或控制活动进行观察。观察可以提供执行有关过程或程序的审计证据，但观察所提供的审计证据仅限于观察发生的时点，而且被观察人员的行为可能因被观察而受到影响，这也会使观察提供的审计证据受到限制。

(三)询问

询问是指审计人员以书面或口头方式，向被审计单位内部或外部的知情人员获取财务信息和非财务信息,并对答复进行评价的过程。作为其他审计程序的补充,询问广泛应用于整个审计过程中。

(四)函证

函证是指审计人员为了获取影响财务报表或相关认定披露的信息,通过直接来自第三方对有关信息和现存状况的声明,获取和评价审计证据的过程。

函证的内容通常涉及下列账户余额或其他信息:银行存款;借款(包括零余额账户和在本期内注销的账户);交易性金融资产;应收票据;其他应收款;预付账款;由其他企业代为保管、加工或销售的存货;长期股权投资;可供出售金融资产;委托贷款;应付账款;预收账款;保证、抵押或质押;或有事项;重大或异常的交易、与金融机构往来的其他重要信息。详细内容将在第二节展开。

(五)重新计算

重新计算是指审计人员以人工方式或使用计算机辅助审计技术,对记录或文件中的数据(如折旧、某一账户明细账合计数)计算准确性进行核对。

审计人员在进行审计时,往往需要对被审计单位的凭证、账簿和报表的数字进行计算,以验证其是否正确。审计人员通过计算只能验证计算结果本身是否正确,但不能说明据以计算的基础数据本身是否准确,审计人员需要采用其他审计方法来验证这些基础数据的真实性。

(六)重新执行

重新执行是指审计人员以人工方式或使用计算机辅助审计技术,重新独立执行作为被审计单位内部控制组成部分的程序或控制。例如,审计人员根据被审计单位的期末银行存款日记账和银行对账单重新编制银行存款余额调节表,以验证被审计单位银行存款余额调节表的编制是否存在异常。

(七)分析

分析是指审计人员通过分析不同财务数据之间以及财务数据与非财务数据之间的内在关系,对财务信息做出评价的一种审计方法。分析方法还包括在必要时对识别出的、与其他相关信息不一致或与预期值差异重大的波动或关系进行调查。详细内容将在第三节展开。

(八)穿行测试

穿行测试是指追踪某笔交易从发生到最终被反映在财务报表中的整个处理过程。审计人员在实施穿行测试时往往综合运用询问、观察、检查相关文件记录和重新执行等方法。

(九)审计抽样

审计抽样(即抽样)是指审计人员对具有审计相关性的总体中低于百分之百的项目实施审计程序,使所有抽样单元都有被选取的机会,为审计人员针对整个总体得出结论提供合理基础。详细内容将在第四节展开。

三、审计方法的适用性

(一)基本思路

(1)检查、观察、询问、分析这四种方法通常应用于风险评估程序。

(2)检查、观察、询问、重新执行、穿行测试这五种方法通常应用于控制测试。

(3)检查、观察、询问、函证、重新计算、重新执行、分析、审计抽样这八种方法通常应用于实质性程序。

(4)在实施审计程序过程中,审计人员应根据具体情况选择适用的审计方法单独使用或组合起来使用。

（二）穿行测试的应用

1．适用情形

穿行测试通常是评价控制设计的有效性以及确定控制是否得到执行的有效方法。

2．需实施穿行测试的情况

在下列情况下，审计人员通常应当实施穿行测试：

（1）存在较高固有风险的复杂领域。

（2）以前年度审计中识别出的缺陷（需要考虑缺陷的严重程度）。

（3）由于引入新的人员、新的系统，收购和采取新的会计政策而导致流程发生重大变化。

（4）首次接受委托需测试重要流程。如审计人员首次接受委托，通常会对重要流程实施穿行测试。

穿行测试涵盖交易生成、授权、记录、处理和报告整个过程，以及识别出的重要流程中的控制，包括针对舞弊风险的控制。

3．穿行测试实施要点

（1）综合运用相关方法。在实施穿行测试时往往综合运用询问、观察、检查相关文件记录和重新执行等方法。

（2）重要流程的穿行测试。对于每个重要流程和关键控制节点，审计人员应询问相关人员对既定程序和控制规定的了解，并确定相关人员是否根据其设计的原意及时执行这些处理程序或控制。审计人员应当关注那些不符合既定程序和控制规定的例外事项。一般而言，对每个重要流程，选取一笔交易或事项实施穿行测试即可。如果被审计单位采用集中化的系统为多个组成部分执行重要流程，则可能不必在每个重要的经营场所或业务单位选取一笔交易或事项实施穿行测试。

（3）应当使用相同的信息。审计人员应当使用与被审计单位人员使用的相同的文件和信息技术对业务流程实施穿行测试，并向参与该流程或控制重要方面的相关人员进行询问。为此，审计人员可能需要通过不止一次的访谈，询问参与该流程中重要程序和控制的人员。在制订访谈计划时，审计人员要考虑与相关人员会面的顺序，以适当跟踪交易过程。

（4）可借助内部人员。为佐证穿行测试中各个测试节点的信息，审计人员可以请内部相关人员描述其具体处理或控制活动的过程，并演示具体操作。

（5）询问应不断深入。审计人员在询问中还应提出更深入的问题，以便于识别无效控制或舞弊迹象。

（6）应亲力亲为。审计人员应当亲自执行能够实现目标的方法，或对提供直接帮助的人员的工作进行督导。

第二节　函　证

一、函证决策

审计人员应当确定是否有必要实施函证，以获取认定层次的充分、适当的审计证据。决策时，审计人员应当考虑以下因素：

(一)评估的认定层次重大错报风险

(1)评估的认定层次重大错报风险水平越高,审计人员对通过实质性程序获取的审计证据的相关性和可靠性的要求越高。在这种情况下,函证方法的运用对于提供充分、适当的审计证据可能是有效的。

(2)评估的认定层次重大错报风险水平越低,审计人员需要从实质性程序中获取的审计证据的相关性和可靠性的要求越低。

(3)如果审计人员实施的其他工作(包括必要时进行的控制测试)表明借款的条款没有改变,并且这些工作使得未偿还借款余额发生重大错报风险被评估为低水平时,审计人员实施的实质性程序可能只限于测试还款的详细情况,而不必再次向债权人直接函证这笔借款的余额和条款。

(4)如果认为某项风险属于特别风险,审计人员需要考虑是否通过函证特定事项以降低检查风险。

(二)函证所审计的认定

(1)函证可以为某些认定提供审计证据,但是对不同的认定,函证的证明是不同的。在受托供销时,函证可能为存在性和权利与义务认定提供相关可靠的审计证据,但是不能为计价认定提供证据。

(2)对特定认定,函证的相关性受审计人员选择函证信息的目标的影响。例如,在审计应付账款完整性认定时,审计人员需要获取没有重大未记录负债的证据。相应地,向被审计单位主要供应商函证时,即使记录显示应付金额为零,此时检查金额大的应付账款更有效。

(三)实施其他审计方法的考虑

针对同一项认定可以从不同来源获取审计证据或获取不同性质的审计证据。审计人员应当考虑被审计单位的经营环境、内部控制的有效性、账户或交易的性质、被询证者处理询证函的习惯做法及回函的可能性等,以确定是否应用函证方法、如何应用函证方法(包括函证的内容、范围、时间和方式,例如,如果被审计单位与应收账款存在性有关的内部控制设计良好并有效运行,审计人员可适当减少函证的样本量),以提高审计效率。

二、函证的内容

(一)函证的对象

1. 银行存款、借款及与金融机构往来的其他重要信息

审计人员应当对银行存款(包括零余额账户和在本期内注销的账户)、借款及与金融机构往来的其他重要信息实施函证程序,除非有充分证据表明某一银行存款、借款及与金融机构往来的其他重要信息对财务报表不重要且与之相关的重大错报风险很低。如果不对这些项目实施函证程序,审计人员应当在审计工作底稿中说明理由。

2. 应收账款

审计人员应当对应收账款实施函证程序,除非有充分证据表明应收账款对财务报表不重要,或函证很可能无效。如果认为函证很可能无效,审计人员应当实施替代审计程序,获取相关、可靠的审计证据。如果不对应收账款函证,审计人员应当在审计工作底稿中说明理由。

3. 函证的其他对象

函证的对象还包括:①交易性金融资产;②应收票据;③其他应收款;④预付账款;⑤由其他单位代为保管、加工或销售的存货;⑥长期股权投资;⑦应付账款;⑧预收账款;⑨保证、抵押

或质押;⑩或有事项;⑪重大或异常的交易。

(二)函证实施的范围

函证实施的范围通常包括:总体中的特定项目、根据需要在总体中选取适当的样本项目。

1. 特定项目

根据对被审计单位的了解、评估的重大错报风险以及所测试总体的特征等,审计人员可以确定从总体中选取特定项目进行测试。选取的特定项目可能包括:①金额较大的项目;②账龄较长的项目;③交易频繁但期末余额较小的项目;④重大关联方交易;⑤重大或异常的交易;⑥可能存在争议、舞弊或错误的交易。

2. 选取样本时的要求

如果采用审计抽样的方式确定函证的范围,无论采用统计抽样方法还是非统计抽样方法,选取的样本应当足以代表总体。

(三)函证的时间

审计人员通常以资产负债表日为截止日,在资产负债表日后适当时间内实施函证。如果重大错报风险评估为低水平,审计人员可选择资产负债表日前适当日期为截止日实施函证,并对所函证项目自该截止日起至资产负债表日止发生的变动实施实质性程序。

三、询证函的设计

(一)设计询证函需考虑的因素

在设计询证函时,审计人员应与考虑所审计的认定以及可能影响函证可靠性的因素,这些因素主要包括以下方面:

(1)函证的方式。函证的方式有两种:积极式函证和消极式函证。不同的函证方式,其提供审计证据的可靠性不同。

(2)以往审计或类似业务的经验。在判断实施函证程序的可靠性时,审计人员通常会考虑来自以前年度审计或类似审计业务的经验,包括回函率、以前年度审计中发现的错报以及回函所提供信息的准确程度等。当审计人员根据以往经验认为,即使询证函设计恰当,回函率仍很低,应考虑从其他途径获取审计证据。

(3)拟函证信息的性质。信息的性质是指信息的内容和特点。审计人员应当了解被审计单位与第三方之间交易的实质,以确定哪些信息需要进行函证。

(4)选择被询证者的适当性。审计人员应当向对所询证信息知情的第三方发送询证函。函证所提供的审计证据的可靠性还受到被询证者的能力、独立性、客观性、是否有权回函等因素的影响。

(5)被询证者易于回函的信息类型。询证函所函证信息是否便于被询证者回答,影响到回函和所获取审计证据的性质。

(二)询证函的方式

询证函通常有两种方式,即积极式函证和消极式函证。审计人员可选择使用,也可结合使用。

1. 积极的函证方式

如果采用积极的函证方式,审计人员应当要求被询证者在所有情况下必须回函,确认询证函所列示信息是否正确,或填列询证函要求的信息。

积极的函证方式又分为两种格式:

(1)在询证函中列明拟函证的账户余额或其他信息。这种询证函要求被询证者确认所函证的款项是否正确。通常认为,对这种询证函的回复能够提供可靠的审计证据。但是,其缺点是被询证者可能对所列示信息根本不加以验证就予以回函确认。审计人员通常难以发觉是否发生了这种情形。

(2)在询证函中不列明账户余额或其他信息。这种询证函,在询证函中不列明账户余额或其他信息,而是要求被询证者填写有关信息或提供进一步信息。这种询证函避免了第一种询证函的缺点,但由于这种询证函要求被询证者做出更多的努力,可能会导致回函率降低,进而导致审计人员执行更多的替代程序。

在采用积极的函证方式时,只有审计人员收到回函,才能为财务报表认定提供审计证据。审计人员没有收到回函,可能是由于被询证者根本不存在,或是由于被询证者没有收到询证函,也可能是由于询证者没有理会询证函,因此,无法证明所函证信息是否正确。

2. 消极的函证方式

如采用消极的函证方式,审计人员只要求被询证者仅在不同意询证函列示信息的情况下才予以回函。

对消极式询证函而言,未收到回函并不能明确表明预期的被询证者已经收到询证函或已经核实了询证函中包含的信息的准确性。因此,未收到消极式询证函的回函提供的审计证据,远不如积极式询证函的回函提供的审计证据有说服力。如果询证函中的信息对被询证者不利,则被询证者更有可能回函表示其不同意;相反,如果询证函中的信息对被询证者有利,回函的可能性就会相对较小(例如,被审计单位的供应商如果认为询证函低估了被审计单位的应付账款余额,则其更有可能回函;如果高估了该余额,则回函的可能性很小)。因此,审计人员在考虑这些余额是否可能低估时,向供应商发出消极式询证函可能是有用的程序,但是,利用这种程序收集该余额高估的证据就未必有效。

3. 函证方式的选择

(1)通常审计人员选择积极函证方式较多。

(2)只有当同时存在下列情况时,审计人员才考虑采用消极的函证方式:①重大错报风险评估为低水平;②涉及大量余额较小的账户;③预期不存在大量的错误;④没有理由相信被询证者不认真对待函证。

(3)两种方式的结合使用。在实务中,审计人员也可将这两种方式结合使用。例如,当应收账款的余额是由少量的大额应收账款和大量的小额应收账款构成的时,审计人员可以对所有的或抽取的大额应收账款样本采用积极的函证方式,而对抽取的小额应收账款样本采用消极的函证方式。

四、函证的实施与评价

(一)函证实施过程的控制

1. 发出和收回询证函的相关控制

当实施函证时,审计人员应当对选择被询证者、设计询证函以及发出和收回询证函保持控制,采取的措施通常包括:

(1)将被询证者的名称、单位名称和地址与被审计单位有关记录核对。

(2)将询证函中列示的账户余额或其他信息与被审计单位有关资料核对。

(3)在询证函中指明直接向接受审计业务委托的会计师事务所回函。

(4)询证函经被审计单位盖章后,由审计人员直接发出。

(5)将发出询证函的情况形成审计工作记录。

(6)将收到的回函形成审计工作记录,并汇总统计函证结果。

(7)审计人员还应当考虑回函是否来自所要求的回函人。

2. 以电子形式回函时的处理

对以电子形式收到的回函(如传真或电子邮件),由于回函者的身份及其授权情况很难确定,对回函的更改也难以发觉,因此可靠性存在风险。审计人员和回函者采用一定的程序为电子形式的回函创造安全环境,可以降低该风险。如果审计人员确信这种程序安全并得到适当控制,则会提高相关回函的可靠性。电子函证程序涉及多种确认发件人身份的技术,如加密技术、电子数码签名技术、网页真实性认证程序。

另外,审计人员还应将收到的口头答复记录于工作底稿。如果口头答复中的信息很重要,审计人员应要求相关方就此重要信息直接提交书面确认文件。

3. 积极式函证未收到回函时的处理

如果采用积极的函证方式实施函证而未能收到回函,审计人员应当考虑与被询证者联系,要求对方做出回应或再次寄发询证函。如果未能得到被询证者的回应,审计人员应当实施替代审计程序。所实施的替代程序因所涉及的账户和认定而异,但替代审计程序应当能够提供实施函证所能够提供的同样效果的审计证据。例如,对应付账款的存在性认定,替代审计程序可能包括检查期后付款记录、对方提供的对账单等;对完整性认定,替代审计程序可能包括检查收货单等入库记录和凭证。

4. 对不符事项的处理

审计人员应当调查不符事项,以确定是否表明存在错报。

询证函回函中指出的不符事项可能显示财务报表存在错报。当识别出错报时,审计人员需要根据《审计准则第1141号——财务报表审计中与舞弊相关的责任》的规定,评价该错报是否表明存在舞弊。不符事项可以为审计人员判断来自类似的被询证者回函质量及类似账户回函质量提供依据。不符事项还可能显示被审计单位与财务报告相关的内部控制存在缺陷。

某些不符事项并不表明存在错报。例如,审计人员可能认为询证函回函的差异是由于函证程序的时间安排、计量或书写错误造成的。

第三节　分　析

一、分析的含义

分析,是指审计人员通过分析不同财务数据之间以及财务数据与非财务数据之间的内在关系,对财务信息做出评价的一种审计方法。分析方法还包括在必要时对识别出的、与其他相关信息不一致或与预期值差异重大的波动或关系进行调查。

二、分析的适用性

(1)适用于风险评估程序,以了解被审计单位及其环境。

(2)当使用分析方法比细节测试能更有效地将认定层次的检查风险降至可接受的水平时,分析方法可用作实质性程序。

(3)适用于在审计结束或临近结束时对财务报表进行总体复核。

以下一一展开。

三、用作风险评估程序

审计人员在实施风险评估程序时,应当运用分析方法,以了解被审计单位及其环境。

(一)目的

在实施风险评估程序时,运用分析方法的目的是了解被审计单位及其环境并评估重大错报风险;识别那些可能表明财务报表存在重大错报风险的异常变化。

(二)具体要求

(1)在风险评估阶段运用分析方法是强制性要求。

(2)审计人员可以将分析方法与询问、检查和观察程序结合运用,以获取对被审计单位及其环境的了解,识别和评估财务报表层次及具体认定层次的重大错报风险。

(3)在运用分析方法时,审计人员应重点关注关键的账户余额、趋势和财务比率关系等方面,对其形成一个合理的预期,并与被审计单位记录的金额、依据记录金额计算的比率或趋势相比较。如果分析方法的结果显示的比率、比例或趋势与审计人员对被审计单位及其环境的了解不一致,并且被审计单位管理层无法做出合理的解释,或者无法取得相关的支持性文件证据,审计人员应当考虑其是否表明被审计单位的财务报表存在重大错报风险。

(三)特点

风险评估程序中运用分析方法的主要目的在于识别那些可能表明财务报表存在重大错报风险的异常变化。因此,所使用的数据汇总性比较强,其对象主要是财务报表中账户余额及其相互之间的关系;所使用的分析方法通常包括对账户余额变化的分析,并辅之以趋势分析和比率分析。

与实质性分析方法相比,在风险评估过程中使用的分析方法所进行比较的性质、预期值的精确程度,以及所进行的分析和调查的范围都并不足以提供很高的保证水平。

四、用作实质性程序的分析

审计人员应当针对评估的认定层次重大错报风险设计和实施实质性程序。实质性程序包括对各类交易、账户余额和披露的细节测试以及实质性分析方法。

(一)适用性

(1)当使用分析方法比细节测试能更有效地将认定层次的检查风险降至可接受的水平时,审计人员可以考虑单独或结合细节测试,运用实质性分析方法。

(2)鉴于实质性分析方法提供的精确度受到种种限制,评估的重大错报风险水平越高,审计人员越应当谨慎使用实质性分析方法。

(3)在对同一认定实施细节测试的同时实施实质性分析可能是适当的。

(二)实施实质性分析方法时应考虑的因素

在设计和实施实质性分析方法时,无论单独使用或与细节测试结合使用,审计人员都应当:

(1)考虑针对所涉及认定评估的重大错报风险和实施的细节测试(如有),确定特定实质性分析方法对这些认定的适用性。

(2)考虑可获得信息的来源、可比性、性质和相关性以及与信息编制相关的控制,评价在对已记录的金额或比率做出预期时使用数据的可靠性。

(3)对已记录的金额或比率做出预期,并评价预期值是否足够精确以识别重大错报(包括单项重大的错报和单项虽不重大但连同其他错报可能导致财务报表产生重大错报的错报)。

(4)确定已确定记录金额与预期值之间可接受的,且无须要求进一步调查的差异额。

(三)对使用数据可靠性的要求

数据的可靠性受其来源和性质的影响,并取决于获取该数据的环境。因此,在确定数据的可靠性是否能够满足实质性分析程序的需要时,下列因素是相关的:

(1)可获得信息的来源。数据来源的客观性或独立性越强,所获取数据的可靠性将越高;来源不同的数据相互印证时比单一来源的数据更可靠。

(2)可获得信息的可比性。实施分析程序使用的相关数据必须具有可比性。

(3)可获得信息的性质和相关性。

(4)与信息编制相关的控制。

(四)评价预期值的准确程度

分析程序的有效性很大程度上取决于审计人员形成的预期值的准确性。预期值的准确性越高,通过分析程序获取的保证水平越高。

在评价做出预期的准确程度是否足以在计划的保证水平上识别重大错报时,应考虑下列主要因素:

(1)对实质性分析程序的预期结果做出预测的准确性。通常预期各期的毛利率更具有稳定性。

(2)信息可分解的程度。通常,数据的可分解程度越高,预期值的准确性越高,审计人员将相应获取较高的保证水平。

(3)财务和非财务信息的可获得性。在设计实质性分析程序时,审计人员应考虑是否可以获得财务信息(如预算和预测)以及非财务信息(如已生产或已销售产品的数量),以有助于运用分析程序。

(五)对可接受的差异额的考虑

(1)考虑重要性和计划的保证水平。可接受的差异额越小,可容忍错报率越低,计划的保证水平越高。

(2)考虑更多的审计证据。可接受的差异额越小,审计人员需要收集越多的审计证据,以尽可能发现财务报表中的重大错报,获取计划的保证水平。

五、用于总体复核

1. 目的

用于总体复核分析的目的是确定财务报表整体是否与其对被审计单位的了解一致。审计人员应当围绕这一目的运用分析方法。

2. 时间

用于总体复核分析的时间,是在审计结束或临近结束时。

3. 要求

审计结束或临近结束时运用分析方法是强制性要求,即审计人员在这个阶段应当运用分析方法。

第四节 审计抽样

一、审计抽样概述

(一)审计抽样的含义

审计抽样(即抽样),是指审计人员对具有审计相关性的总体中低于百分之百的项目实施审计程序,使所有抽样单元都有被选取的机会,为审计人员针对整个总体得出结论提供合理基础。其中,总体是指审计人员从中选取样本并期望据此得出结论的整个数据集合。

(二)审计抽样的作用

审计抽样能够使审计人员获取和评价有关所选项目某一特征的审计证据,以形成或有助于形成有关总体的结论。

(三)审计抽样的特征

审计抽样应当具备三个基本特征:

(1)对总体中低于百分之百的项目实施审计程序。

(2)所有抽样单元都有被选取的机会。

(3)可根据样本项目测试结果推断出有关总体的结论。

(四)审计抽样的适用性

(1)风险评估程序通常不涉及审计抽样。

(2)如果审计人员在了解控制的设计和确定控制是否得到执行的同时计划和实施控制测试,则可能涉及审计抽样,但此时审计抽样仅适用于控制测试。

(3)当控制的运行留下轨迹时,审计人员可以考虑使用审计抽样实施控制测试;对于未留下运行轨迹的控制,不宜使用审计抽样。

(4)实质性程序包括对各类交易、账户余额和披露的实质性测试,以及实质性分析方法。在实质性测试时,审计人员可以使用审计抽样获取审计证据,以验证有关财务报表金额的一项或多项认定(如应收账款的存在性),或对某些金额做出独立估计(如陈旧存货的价值)。在实施实质性分析方法时,审计人员不宜使用审计抽样。

二、审计抽样的种类

审计抽样按照抽样决策的依据,可分为统计抽样和非统计抽样两种类型。审计人员在运用审计抽样时,既可以使用统计抽样方法,也可以使用非统计抽样方法,这取决于审计人员的职业判断。

(一)统计抽样

统计抽样是审计人员运用概率论与数理统计原理,遵循随机原则,从审计对象总体中抽取一定量的有效样本进行审查,并以样本的审查结果来推断总体特征的抽样方法。统计抽样在确定样本规模、抽取样本以及评价抽样结果时,都要求使用一个一致而有序的方法。

统计抽样按审计抽样所针对的总体特征,又可分为属性抽样与变量抽样。

1. 属性抽样

根据控制测试的目的和特点所采用的审计抽样,通常称为属性抽样。通常属性抽样是为了测定总体特征的发生频率而采用的一种方法。

但实际上,在实质性程序中最常用的金额加权选样方法(即通过估计总体每货币单位的偏差率来估计总体的错报金额)也是属性抽样的一种。

2. 变量抽样

根据实质性测试的目的和特点所采用的审计抽样,称为变量抽样。通常变量抽样是用来估计总体金额而采用的一种方法。当然这里不包括前述的金额加权选样方法。

一般所讲的属性抽样与变量抽样的划分是习惯性地根据两种抽样所各自常被采用的审计测试阶段来进行的,并不是严格的、绝对的,也不是包罗万象的。例如,实务中常会存在同时进行控制测试和实质性程序的情况,这时所采用的审计抽样被称为双重目的抽样,按一般定义它就既不属于属性抽样,也不属于变量抽样。

(二)非统计抽样

在非统计抽样中,审计人员没有将抽样风险量化,而是根据审计人员的判断选择样本项目,并得出关于总体的结论。由于这一原因,采用非统计抽样的方法选择样本有时也被称为判断抽样。统计抽样与非统计抽样的区别是统计抽样运用了数学方面的概念,将抽样计划和评价结果阶段的抽样风险量化。

三、抽样风险和非抽样风险

在使用审计抽样时,审计风险既可能受到抽样风险的影响,又可能受到非抽样风险的影响。抽样风险和非抽样风险通过影响重大错报风险的评估和检查风险的确定而影响审计风险。

(一)抽样风险

1. 抽样风险的含义

抽样风险,是指审计人员根据样本得出的结论,与对总体全部项目实施与样本相同的审计程序得出的结论存在差异的可能性。

2. 抽样风险的类别

(1)控制测试中的抽样风险。

控制测试中的抽样风险包括信赖过度风险和信赖不足风险。

①信赖过度风险。

信赖过度风险是指推断的控制有效性高于其实际有效性的风险,也即尽管样本结果支持审计人员计划信赖内部控制的程度,但实际偏差率不支持该信赖程度的风险。

信赖过度风险与审计的效果有关。如果审计人员评估的控制有效性高于其实际有效性,从而导致评估的重大错报风险水平偏低,审计人员可能不适当地减少从实质性程序中获取的证据,因此审计的有效性下降。对于审计人员而言,信赖过度风险更容易导致审计人员发表不恰当的审计意见,因此更应予以关注。

②信赖不足风险。

信赖不足风险是指推断的控制有效性低于其实际有效性的风险。也即尽管样本结果不支持审计人员计划信赖内部控制的程度,但实际偏差率支持该信赖程度的风险。

信赖不足风险与审计的效率有关。当审计人员评估的控制有效性低于其实际有效性时,评估的重大风险水平高于实际水平,审计人员可能会增加不必要的实质性程序。在这种情况下,审计效率可能降低。

(2)细节性测试中的抽样风险。

细节性测试中的抽样风险包括误受风险和误拒风险。

①误受风险。

误受风险是指审计人员推断某一重大错报不存在而实际上存在的风险。如果账面金额实际上存在重大错报而审计人员认为其不存在重大错报，审计人员通常会停止对该账面金额继续进行测试，并根据样本结果得出账面金额无重大错报的结论。

与信赖过度风险类似，误受风险影响审计效果，容易导致审计人员发表不恰当的审计意见，因此审计人员更应予以关注。

②误拒风险。

误拒风险是指审计人员推断某一重大错报存在而实际上不存在的风险。

与信赖不足风险类似，误拒风险影响审计效率。如果账面金额不存在重大错报而审计人员认为其存在重大错报，审计人员会扩大细节测试的范围并考虑获取其他审计证据，最终审计人员会得出恰当的结论。在这种情况下，审计效率可能降低。

3. 抽样风险对审计工作的影响

表 2—1　　抽样风险对审计工作的影响

审计测试的种类	影响审计效率	影响审计效果
控制测试	信赖不足风险	信赖过度风险
细节测试	误拒风险	误受风险

无论在控制测试还是在细节测试中，抽样风险都可以分为两种类型：一类是影响审计效果的抽样风险，包括控制测试中的信赖过度风险和细节测试中的误受风险；另一类是影响审计效率的抽样风险，包括控制测试中的信赖不足风险和细节测试中的误拒风险。

4. 降低抽样风险的对策

无论是控制测试还是细节测试，审计人员都可以通过扩大样本规模降低抽样风险。抽样风险与样本规模反方向变动：样本规模越小，抽样风险越大；样本规模越大，抽样风险越小。如果对总体中的所有项目都实施检查，就不存在抽样风险，此时审计风险完全由非抽样风险产生。

（二）非抽样风险

1. 非抽样风险的含义

非抽样风险，是指审计人员由于任何与抽样风险无关的原因而得出错误结论的风险。

2. 可能导致非抽样风险的原因

（1）审计人员选择的总体不适合于测试目标。

（2）审计人员未能适当地定义误差（包括控制偏差或错报），导致审计人员未能发现样本中存在的偏差或错报。

（3）审计人员选择了不适于实现特定目标的审计程序。

（4）审计人员未能适当地评价审计发现的情况。例如，审计人员错误解读审计证据可能导致没有发现误差；审计人员对所发现误差的重要性的判断有误，从而忽略了性质十分重要的误差，也可能导致得出不恰当的结论。

（5）其他原因。

3. 降低非抽样风险的对策

采取适当的质量控制政策和程序，对审计工作进行适当的指导、监督和复核，仔细设计审计程序，对审计实务进行适当改进，审计人员可以将非抽样风险降低至可接受的水平。

四、审计抽样的步骤

在使用审计抽样时，审计人员的目标是，为得出有关抽样总体的结论提供合理的基础。审计人员在控制测试和细节测试中使用审计抽样方法，主要分为三个阶段进行：第一阶段是样本设计阶段，旨在根据测试的目标和抽样总体，制订选取样本的计划。第二阶段是选取样本阶段，旨在按照适当的方法从相应的抽样总体中选取所需的样本，并对其实施检查，以确定是否存在误差。第三阶段是评价样本结果阶段，旨在根据对误差的性质和原因的分析，将样本结果推断至总体，形成对总体的结论。

(一)样本设计阶段

在设计审计样本时，审计人员应当考虑审计程序的目的和抽样总体的特征。审计抽样中样本设计阶段的工作主要包括以下几个步骤：

1. 确定测试目标

审计抽样必须紧紧围绕审计测试的目标展开，因此确定测试目标是样本设计阶段的第一项工作。一般而言，控制测试是为了获取关于某项控制运行是否有效的证据，而细节测试的目的是确定某类交易或账户余额的金额是否正确，获取与存在的错报有关的证据。

2. 定义总体与抽样单元

(1)定义总体。在实施抽样之前，审计人员必须仔细定义总体，确定抽样总体的范围。总体可以包括构成某类交易或账户余额的所有项目，也可以只包括某类交易或账户余额中的部分项目。例如，如果应收账款中没有单个重大项目，审计人员直接对应收账款账面余额进行抽样，则总体包括构成应收账款期末余额的所有项目，如果审计人员已使用选取特定项目的方法将应收账款中的单个重大项目挑选出来单独测试，只对剩余的应收账款余额进行抽样，则总体只包括构成应收账款期末余额的部分项目。

审计人员应当确保总体的适当性和完整性。①适当性。审计人员应确定总体适合于特定的审计目标，包括适合于测试的方向。②完整性。在实施审计抽样时，审计人员需要实施审计程序，以获取有关总体的完整性的审计证据。审计人员应当从总体项目内容和涉及时间等方面确定总体的完整性。

(2)定义抽样单元。抽样单元，是指构成总体的个体项目。抽样单元可能是实物项目，如支票簿上列示的支票信息、银行对账单上的贷方记录、销售发票或应收账款余额，也可能是货币单元。在定义抽样单元时，审计人员应使其与审计测试目标保持一致。审计人员在定义总体时通常都指明了适当的抽样单元。

3. 分层

如果总体项目存在重大的变异性，审计人员可以考虑将总体分层。分层，是指将总体划分为多个子总体的过程，每个子总体由一组具有相同特征(通常为货币金额)的抽样单元组成。分层可以降低每一层中项目的变异性，从而在抽样风险没有成比例增加的前提下减小样本规模，提高审计效率。审计人员应当仔细界定子总体，以使每一个抽样单元只能属于一个层。

分层后的每层构成一个子总体且可以单独检查。对某一层中的样本项目实施审计程序的结果，只能用于推断构成该层的项目。如果对整个总体得出结论，审计人员应当考虑与构成整个总体的其他层有关的重大错报风险。例如，在对某一账户余额进行测试时，占总体数量20%的项目，其金额可能占该账户余额的90%。审计人员只能根据该样本的结果推断至上述90%的金额。对于剩余10%的金额，审计人员可以抽取另一个样本或使用其他收集审计证据的方法，单独得出结论，或者认为其不重要而不实施审计程序。

如果审计人员将某类交易或账户余额分成不同的层，需要对每层分别推断错报。在考虑错报对该类别的所有交易或账户余额的可能影响时，审计人员需要综合考虑每层的推断错报。

4. 定义误差构成条件

审计人员必须事先准确定义构成误差的条件，否则执行审计程序时就没有识别误差的标准。在控制测试中，误差是指控制偏差，审计人员要仔细定义所要测试的控制及可能出现偏差的情况；在细节测试中，误差是指错报，审计人员要确定哪些情况构成错报。

审计人员定义误差构成条件时要考虑审计程序的目标。清楚地了解误差构成条件，对于确保在推断误差时将且仅将所有与审计目标相关的条件包括在内至关重要。

5. 确定审计方法

审计人员必须确定能够最好地实现测试目标的审计程序组合。例如，如果审计人员的审计目标是通过测试某一阶段的适当授权证实交易的有效性，审计方法就是检查特定人员已在某文件上签字以示授权的书面证据。审计人员预计样本中每一张该文件上都有适当的签名。

(二)选取样本阶段

1. 确定样本规模

样本规模是指从总体中选取样本项目的数量。在审计抽样中，如果样本规模过小，就不能反映出审计对象总体的特征，审计人员就无法获取充分的审计证据，其审计结论的可靠性就会大打折扣，甚至可能得出错误的审计结论。相反，如果样本规模过大，则会增加审计工作量，造成不必要的时间和人力上的浪费，加大审计成本，降低审计效率，就会失去审计抽样的意义。

影响样本规模的因素主要包括：

(1)可接受的抽样风险。可接受的抽样风险与样本规模成反比。审计人员愿意接受的抽样风险越低，样本规模通常越大。反之，注册会计师愿意接受的抽样风险越高，样本规模越小。

(2)可容忍误差。可容忍误差是指审计人员在认为测试目标已实现的情况下准备接受的总体最大误差。

在控制测试中，它指可容忍偏差率。可容忍偏差率，是指审计人员设定的偏离规定的内部控制程序的比率，审计人员试图对总体中的实际偏差率不超过该比率获取适当水平的保证。换言之，可容忍偏差率是审计人员能够接受的最大偏差数量；如果偏差超过这一数量则减少或取消对内部控制程序的信赖。

在细节测试中，它指可容忍错报。可容忍错报，是指审计人员设定的货币金额，审计人员试图对总体中的实际错报不可超过该货币金额获取适当水平的保证。实际上，可容忍错报是实际执行的重要性这个概念在特定抽样程序中的运用。可容忍错报可能等于或低于实际执行的重要性。

当保证程度一定时，审计人员运用职业判断确定可容忍误差。可容忍误差越小，为实现抽样的保证程度所需的样本规模越大。

(3)预计总体误差。预计总体误差是指审计人员根据以前对被审计单位的经验或实施风险评估程序的结果而估计总体中可能存在的误差。预计总体误差越大,可容忍误差也应当越大;但预计总体误差不应超过可容忍误差。在既定的可容忍误差下,当预计总体误差增加时,所需的样本规模越大。

(4)总体变异性。总体变异性是指总体的某一特征(如金额)在各项目之间的差异程度。在控制测试中,审计人员在确定样本规模时一般不考虑总体变异性。在细节测试中,审计人员确定适当的样本规模时要考虑特征的变异性。总体项目的变异性越低,通常样本规模越小。审计人员可以通过分层,将总体分为相对同质的组,以尽可能降低每一组中变异性的影响,从而减小样本规模。未分层总体具有高度变异性,其样本规模通常很大。最有效率的方法是根据预期会降低变异性的总体项目特征进行分层。在细节测试中分层的依据通常包括项目的账面金额,与项目处理有关的控制的性质,或与特定项目(如更可能包含错报的那部分总体项目)有关的特殊考虑等。分组后的每一组子总体被称为一层,每层分别独立选取样本。

(5)总体规模。除非总体非常小,一般而言,总体规模对样本规模的影响几乎为零。审计人员通常将抽样单元超过 5 000 个的总体视为大规模总体。对大规模总体而言,总体的实际容量对样本规模几乎没有影响。对小规模总体而言,审计抽样比其他选择测试项目的方法的效率低。

表 2—2 列示了审计抽样中影响样本规模的因素,并分别说明了这些影响因素在控制测试和细节测试中的表现形式。

表 2—2 **影响样本规模的因素**

影响因素	控制测试	细节测试	与样本规模的关系
可接受的抽样风险	可接受信赖过度风险	可接受的误受风险	反向变动
可容忍误差	可容忍偏差率	可容忍错报	反向变动
预计总体误差	预计总体偏差率	预计总体错报	同向变动
总体变异性	—	总体变异性	同向变动
总体规模	总体规模	总体规模	影响很小

使用统计抽样方法时,审计人员必须对影响样本规模的因素进行量化,并利用根据统计公式开发的专门的计算机程序或专门的样本量表来确定样本规模。在非统计抽样中,审计人员可以只对影响样本规模的因素进行定性的估计,并运用职业判断确定样本规模。

2. 选取样本

选取样本的基本方法,包括使用随机数表或计算机辅助审计技术选样、系统选样和随意选样。

(1)使用随机数表或计算机辅助审计技术选样。使用随机数表或计算机辅助审计技术选样又称随机数选样。使用随机数选样需以总体中的每一项目都有不同的编号为前提。审计人员可以使用计算机生成的随机数,如电子表格程序、随机数码生成程序、通用审计软件程序等计算机程序产生的随机数,也可以使用随机数表获得所需的随机数。

随机数选样不仅使总体中每个抽样单元被选取的概率相等,而且使相同数量的抽样单元组成的每种组合被选取的概率相等。这种方法在统计抽样和非统计抽样中均适用。由于统计抽样要求审计人员能够计量实际样本被选取的概率,这种方法尤其适用于统计抽样。

(2)系统选样。系统选样也称等距选样,是指按照相同的间隔从审计对象总体中等距离地选取样本的一种选样方法。采用系统选样法,首先要计算选样间距,确定选样起点,然后再根据间距顺序地选取样本。选样间距的计算公式如下:

选样间距=总体规模÷样本规模

例如,如果销售发票的总体范围是652～3 151,设定的样本量是125,那么选样间距为20[(3 152－652)÷125]。审计人员必须从0～19中选取一个随机数作为抽样起点。如果随机选择的数码是9,那么第一个样本项目是发票号码为661(652＋9)的那一张,其余的124个项目是681(661＋20),701(681＋20)……以此类推,直至第3 141号。

系统选样方法的主要优点是使用方便,比其他选样方法节省时间,并可用于无限总体。此外,使用这种方法时,对总体中的项目不需要编号,审计人员只要简单数出每一个间距即可。但是,使用系统选样方法要求总体必须是随机排列的,否则容易发生较大的偏差,造成非随机的、不具代表性的样本。为克服系统选样法的这一缺点,可采用两种办法:一是增加随机起点的个数;二是在确定选样方法之前对总体特征的分布进行观察,如发现总体特征的分布呈随机分布,则采用系统选样法,否则可考虑使用其他选样方法。

(3)随意选样。在这种方法中,审计人员选取样本不采用结构化的方法。尽管不使用结构化方法,审计人员也要避免任何有意识的偏向或可预见性(如回避难以找到的项目,或总是选择或回避每页的第一个或最后一个项目),从而试图保证总体中的所有项目都有被选中的机会。在使用统计抽样时,运用随意选样是不恰当的。

3. 对样本实施审计程序

审计人员应当针对选取的每个项目,实施适合具体目的的审计程序。对选取的样本项目实施审计程序旨在发现并记录样本中存在的误差。

如果审计程序不适用于选取的项目,审计人员应当针对替代项目实施该审计程序。例如,如果在测试付款授权时选取了一张作废的支票,并确信该支票已经按照适当程序作废因而不构成偏差,审计人员需要适当选择一个替代项目进行检查。

(三)评价样本结果阶段

样本结果的评价分为三步:分析样本误差、推断总体误差以及形成审计结论。

1. 分析样本误差

审计人员应当调查识别出的所有偏差或错报的性质和原因,并评价其对审计程序的目的和审计的其他方面可能产生的影响。无论是统计抽样还是非统计抽样,对样本结果的定性评估与定量评估一样重要。即使样本的统计评价结果在可以接受的范围内,审计人员也应对样本中的所有误差进行定性分析。

2. 推断总体误差

当实施控制测试时,审计人员应当根据样本中发现的偏差率推断总体偏差率,并考虑这一结果对特定审计目标及审计的其他方面的影响。当实施细节测试时,审计人员应当根据样本中发现的错报金额推断总体错报金额,并考虑这一结果对特定审计目标及审计的其他方面的影响。

3. 形成审计结论

审计人员应当评价样本结果，以确定对总体相关特征的评估是否得到证实或需要修正。

(1)控制测试中的样本结果评价。在控制测试中，审计人员应当将总体偏差率与可容忍偏差率比较，但必须考虑抽样风险。

①统计抽样。如果估计的总体偏差率上限低于可容忍偏差率，则总体可以接受。这时审计人员对总体得出结论，样本结果支持计划评估的控制有效性，从而支持计划的重大错报风险评估水平。

如果估计的总体偏差率上限大于或等于可容忍偏差率，则总体不能接受。这时审计人员对总体得出结论，样本结果不支持计划评估的控制有效性，从而不支持计划的重大错报风险评估水平。如果估计的总体偏差率上限低于但接近可容忍偏差率，审计人员应当结合其他审计程序的结果，考虑是否接受总体，并考虑是否需要扩大测试范围，以进一步证实计划评估的控制有效性和重大错报风险水平。

②非统计抽样。在非统计抽样中，抽样风险无法直接计量。审计人员通常将样本偏差率(即估计的总体偏差率)与可容忍偏差率相比较，以判断总体是否可以接受。

如果样本偏差率大于可容忍偏差率，则总体不能接受。如果样本偏差率低于总体的可容忍偏差率，审计人员要考虑即使总体实际偏差率高于可容忍偏差率时仍出现这种结果的风险。如果样本偏差率大大低于可容忍偏差率，审计人员通常认为总体可以接受。如果样本偏差率虽然低于可容忍偏差率，但两者很接近，审计人员通常认为总体实际偏差率高于可容忍偏差率的抽样风险很高，因而总体不可接受。如果样本偏差率与可容忍偏差率之间的差额不是很大也不是很小，以至于不能认定总体是否可以接受时，审计人员则要考虑扩大样本规模，以进一步收集证据。

(2)细节测试中的样本结果评价。当实施细节测试时，审计人员应当根据样本中发现的错报推断总体错报。审计人员首先必须根据样本中发现的实际错报要求被审计单位调整账面记录金额。将被审计单位已更正的错报从推断的总体错报金额中减掉后，审计人员应当将调整后的推断总体错报与该类交易或账户余额的可容忍错报相比较，但必须考虑抽样风险。

①统计抽样。在统计抽样中，审计人员利用计算机程序或数学公式计算出总体错报上限，并将计算的总体错报上限与可容忍错报比较。计算的总体错报上限等于推断的总体错报(调整后)与抽样风险允许限度之和。如果计算的总体错报上限低于可容忍错报，则总体可以接受。这时审计人员对总体得出结论，所测试的交易或账户余额不存在重大错报。如果计算的总体错报上限大于或等于可容忍错报，则总体不能接受。这时审计人员对总体得出结论，所测试的交易或账户余额存在重大错报。

②非统计抽样。如果调整后的总体错报大于可容忍错报，或虽小于可容忍错报但两者很接近，审计人员通常得出总体实际错报大于可容忍错报的结论。也就是说，该类交易或账户余额存在重大错报，因而总体不能接受。如果对样本结果的评价显示，对总体相关特征的评估需要修正，审计人员可以单独或综合采取下列措施：提请管理层对已识别的错报和存在更多错报的可能性进行调查，并在必要时予以调整；修改进一步审计程序的性质、时间安排和范围；考虑对审计报告的影响。

综上所述，审计抽样步骤可以用图2—1表示。

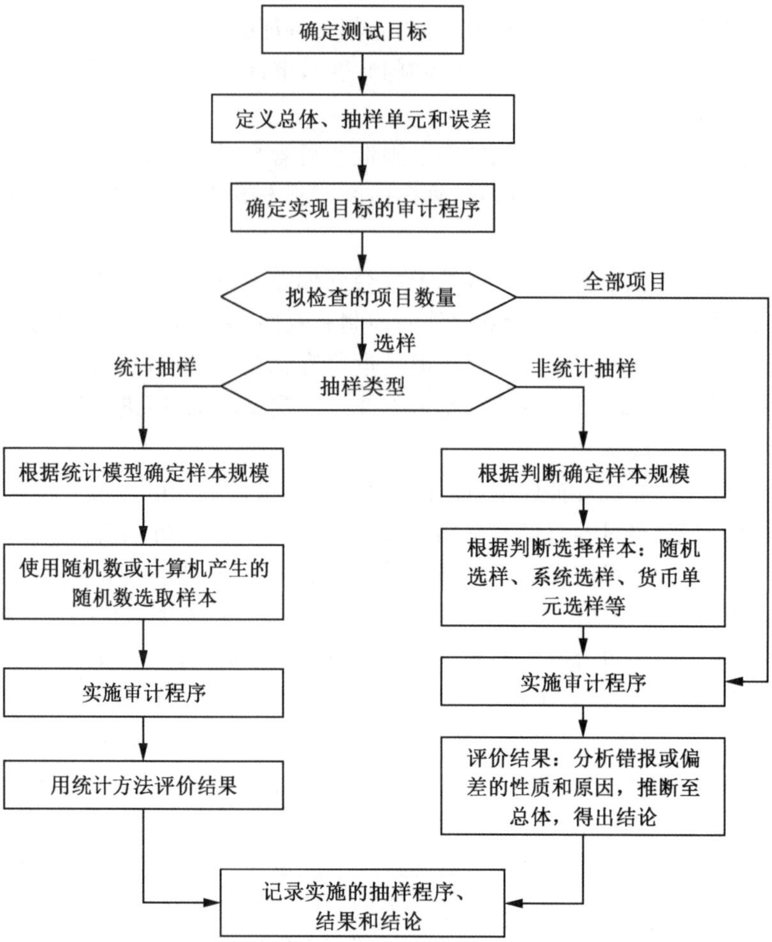

图 2—1　审计抽样流程

五、控制测试中运用属性抽样的步骤

第一步:定义抽样目标、样本单元、总体、误差。样本单元定义了组成样本的总体项目的特征。

第二步:设置参数,包括预计的误差率、可容忍误差率、可接受的审计风险。

第三步:确定样本规模。

第四步:随机抽取样本。

第五步:检查样本的误差。

第六步:评价抽样结果,确定偏差率和总体偏差率上限。将样本中发现的偏差数量除以样本规模,就可以计算出样本偏差率。在实务中,审计人员通常使用公式、表格或计算机程序直接计算在确定的信赖过度风险水平下可能发生的偏差率上限,即估计的总体偏差率与抽样风险允许限度之和。

$$\text{总体偏差率上限}=\frac{\text{风险系数}}{\text{样本量}}$$

比较总体偏差率上限和可容忍误差,如果总体偏差率上限小于等于可容忍误差,就降低对控制风险的评估；如果总体偏差率上限大于可容忍误差，就保持控制风险水平不变或增加其评估值。

第七步：设计实质性测试方案。

第八步：制订实质性测试的抽样方案。

【例】 审计人员为发现未得到授权的现金支付，将所有已支付现金的项目作为总体。并且把抽样单元定义为现金支付单据上的每一行，误差被定义为没有授权人签字的发票和验收报告等证明文件的现金支付。

本例中，审计人员确定的可接受信赖过度风险为10%，审计人员预期现金支付授权控制运行有效，确定的可容忍偏差率为7%，审计人员根据上年测试结果和对控制的初步了解，预计总体的偏差率为1.75%。在本例中，现金支付业务数量很大，因而审计人员认为总体规模对样本规模的影响可以忽略。

1. 确定样本规模

本例中，如前所述，审计人员确定的可接受信赖过度风险为10%，可容忍偏差率为7%，预计总体偏差为1.75%，预计总体偏差率的交叉处为55，即所需的样本规模为55。表2—3提供了在控制测试中确定的可接受信赖过度风险为10%时所使用的样本量表。

表2—3　　控制测试统计抽样样本规模——信赖过度风险10%

（括号内是可接受的偏差数）

预计总体偏差率	可容忍偏差率										
	2%	3%	4%	5%	6%	7%	8%	9%	10%	15%	20%
0.00	114(0)	76(0)	57(0)	45(0)	38(0)	32(0)	28(0)	25(0)	22(0)	15(0)	11(0)
0.25	194(1)	129(1)	96(1)	77(1)	64(1)	55(1)	48(1)	42(1)	38(1)	25(1)	18(1)
0.50	194(1)	129(1)	96(1)	77(1)	64(1)	55(1)	48(1)	42(1)	38(1)	25(1)	18(1)
0.75	265(2)	129(1)	96(1)	77(1)	64(1)	55(1)	48(1)	42(1)	38(1)	25(1)	18(1)
1.00	*	176(2)	96(1)	77(1)	64(1)	55(1)	48(1)	42(1)	38(1)	25(1)	18(1)
1.25	*	*	*	*	64(1)	55(1)	48(1)	42(1)	38(1)	25(1)	18(1)
1.50	*	*	*	*	64(1)	55(1)	48(1)	42(1)	38(1)	25(1)	18(1)
1.75	*	*	*	*	88(2)	55(1)	48(1)	42(1)	38(1)	25(1)	18(1)
2.00	*	*	*	*	88(2)	75(2)	48(1)	42(1)	38(1)	25(1)	18(1)
2.25	*	*	*	*	88(2)	75(2)	48(1)	42(1)	38(1)	25(1)	18(1)
2.50	*	*	*	*	110(3)	75(2)	65(2)	42(2)	38(2)	25(1)	18(1)
2.75	*	*	*	*	132(4)	94(3)	65(2)	58(2)	38(2)	25(1)	18(1)
3.00	*	*	*	*	132(4)	94(3)	65(2)	58(2)	52(2)	25(1)	18(1)
3.25	*	*	*	*	153(5)	113(4)	82(3)	58(2)	52(2)	25(1)	18(1)
3.50	*	*	*	*	194(7)	113(4)	82(3)	73(3)	52(2)	25(1)	18(1)
3.75	*	*	*	*	*	131(5)	98(4)	73(3)	52(2)	25(1)	18(1)
4.00	*	*	*	*	*	149(6)	98(4)	73(3)	65(3)	25(1)	18(1)
5.00	*	*	*	*	*	*	160(8)	115(6)	78(4)	34(2)	18(1)
6.00	*	*	*	*	*	*	*	182(11)	116(7)	43(3)	25(2)
7.00	*	*	*	*	*	*	*	*	199(14)	52(4)	25(2)

注：*表示样本规模太大，因而在大多数情况下不符合成本效益原则。本表假设总体为大总体。

2. 抽取样本并进行审计

可采用随机选样、系统选样。按照定义的偏差属性对选取的样本进行审查。

3. 评价抽样结果

假定在本例中,审计人员对56个项目实施了既定的审计程序,且未发现偏差,则在既定的可接受信赖过度风险下,根据样本结果计算总体最大偏差率如下:

$$总体偏差率上限=\frac{风险系数}{样本量}=\frac{2.3}{56}=4.1\%$$

其中的风险系数根据可接受的信赖过度风险为10%,且偏差数量为0,在表2—4中查得为2.3。表2—4列示了在控制测试中常用的风险系数。

表2—4　　控制测试中常用的风险系数

样本中发现偏差的数量	信赖过度风险	
	5%	10%
0	3.0	2.3
1	4.8	3.9
2	6.3	5.3
3	7.8	6.7
4	9.2	8.0
5	10.5	9.3
6	11.9	10.6
7	13.2	11.8
8	14.5	13.0
9	15.7	14.2
10	17.0	15.4

这意味着,如果样本量为56且无一例偏差,总体实际偏差率超过4.1%的风险为10%,即有90%的把握保证总体实际偏差率不超过4.1%。由于审计人员确定的可容忍偏差率为7%,因此可以得出结论,总体的实际偏差率超过可容忍偏差率的风险很小,总体可以接受。也就是说,样本结果证实审计人员对控制运行有效性的估计和评估的重大错报风险水平是适当的。

如果在56个样本中有两个偏差,则在既定的可接受信赖过度风险下,按照公式计算的总体偏差率上限如下:

$$总体偏差率上限=\frac{风险系数}{样本量}=\frac{5.3}{56}=9.5\%$$

这意味着,如果样本量为56且有两个偏差,总体实际偏差率超过9.5%的风险为10%。在可容忍偏差率为7%的情况下,审计人员可以得出结论,总体的实际偏差率超过可容忍偏差率的风险很大,因而不能接受总体。

此外,审计人员也可以使用样本结果评价表评价统计抽样的结果。表2—5列示了可接受的信赖过度风险为10%时的总体偏差率上限。

本例中，审计人员应当选择可接受的信赖过度风险为10%的表(即表2—5)评价样本结果。样本规模为56，审计人员可以选择样本规模为55的那一行。当样本中未发现偏差时，应选择偏差数为零的那一列，两者交叉处的4.1%即为总体的偏差率上限，与利用公式计算的结果4.1%相等。

表2—5　　控制测试中统计抽样结果评价——信赖过度风险10%时的偏差率上限

样本规模	实际发现的偏差数										
	0	1	2	3	4	5	6	7	8	9	10
20	10.9	18.1	*	*	*	*	*	*	*	*	*
25	8.8	14.7	19.9	*	*	*	*	*	*	*	*
30	7.4	12.4	16.8	*	*	*	*	*	*	*	*
35	6.4	10.7	14.5	18.1	*	*	*	*	*	*	*
40	5.6	9.4	12.8	16.0	19.0	*	*	*	*	*	*
45	5.0	8.4	11.4	14.3	17.0	19.7	*	*	*	*	*
50	4.6	7.6	10.3	12.9	15.4	17.8	*	*	*	*	*
55	4.1	6.9	9.4	11.8	14.1	16.3	18.4	*	*	*	*
60	3.8	6.4	8.7	10.8	12.9	15.0	16.9	18.9	*	*	*
70	3.3	5.5	7.5	9.3	11.1	12.9	14.6	16.3	17.9	19.6	*
80	2.9	4.8	6.6	8.2	9.8	11.3	12.8	14.3	15.8	17.2	18.6
90	2.6	4.3	5.9	7.3	8.7	10.1	11.5	12.8	14.1	15.4	16.6
100	2.3	3.9	5.3	6.6	7.9	9.1	10.3	11.5	12.7	13.9	15.0
120	2.0	3.3	4.4	5.5	6.6	7.6	8.7	9.7	10.7	11.6	12.6
160	1.5	2.5	3.3	4.2	5.0	5.8	6.5	7.3	8.0	8.8	9.5
200	1.2	2.0	2.7	3.4	4.0	4.6	5.3	5.9	6.5	7.1	7.6

注：*表示超过20%。本表以百分比表示偏差率上限；本表假设总体足够大。

当样本中发现两个偏差时，应选择偏差数为2的那一列，两者交叉处的9.4%即为总体的偏差率上限，与利用公式计算的结果相近。

六、细节测试中运用变量抽样的步骤

(一)样本设计

1. 测试目标

在细节测试中，抽样通常用来为有关财务报表金额的一项或多项认定(如应收账款的存在)提供特定水平的合理保证。

2. 总体

(1)适当性。

审计人员应确定总体适合于细节测试的审计目标，包括适合于细节测试的方向。例如：①测试应付账款的高估，审计人员应将应付账款明细表定义为总体；②测试应付账款的低估，审计人员可以将后来支付的证明、未付款的发票、供货商的对账单、没有销售发票对应的收货报告，或能提供低估应付账款的审计证据的其他总体定义为总体，而不是将应付账款明细表定义为总体。

(2)完整性。

审计人员应当从总体项目内容和涉及时间等方面确定总体的完整性。

(3)实物总体。

审计人员必须详细了解代表总体的实物，确定代表总体的实物是否包括整个总体。

3. 抽样单元

在细节测试中，抽样单元可能是一个账户余额、一笔交易或交易中的一项记录，甚至是每个货币单元(PPS抽样)。

4. 分层

(1)分层是指将总体划分为多个子总体的过程，每个子总体由一组具有相同特征(通常为货币金额)的抽样单元组成。

(2)如果总体项目存在重大的变异性，审计人员可以考虑分层。

(3)分层可以降低每一层中项目的变异性，从而在抽样风险没有成比例增加的前提下减小样本规模，提高审计效率。

5. 错报

在细节测试中，误差是指错报，实际审计工作中常常采用错报金额(元)的表现形式。

(二)选取样本

1. 确定样本规模

审计人员在细节测试中确定的样本规模受到表2—6所示的因素的影响。

表2—6　　影响细节测试样本规模的因素

细节测试	与样本规模的关系
可接受的误受风险	反向变动
可容忍错报	反向变动
预计总体错报	正向变动
总体变异性	正向变动
总体规模	影响很小

2. 选取样本的方法

(1)使用随机数表或计算机辅助审计技术选样。

(2)系统选样。

(3)随意选样。

3. 对样本实施审计程序

(1)对样本实施审计程序通常与审计抽样(无论是统计抽样还是非统计抽样)无关。

(2)针对细节测试的每个样本项目选择审计程序。比如，为了测试应收账款总金额中是否存在高估错报，审计人员采用函证程序。

(3)针对选取样本实施细节测试的目的是为了发现并记录样本中存在的错报。

(三)评价样本结果

1. 分析样本误差

审计人员运用职业判断,对样本结果进行定量评估和定性分析。

2. 推断总体错报

在细节测试中,通过样本错报推断总体错报金额。

3. 形成审计结论

在统计抽样中,判断的原则:

(1)总体错报上限低于可容忍错报,不存在重大错报,总体可以接受。

(2)总体错报上限大于或等于可容忍错报,存在重大错报,总体不可以接受。

在非统计抽样中,判断的原则:

(1)调整后的总体错报大于可容忍错报,存在重大错报,总体不能接受。

(2)调整后的总体错报低于可容忍错报但两者很接近,存在重大错报,总体不能接受。

(3)调整后的总体错报远远小于可容忍错报,不存在重大错报,总体可以接受。

(4)调整后的总体错报小于可容忍错报但两者之间的差距不大不小,考虑能否接受,并考虑是否扩大细节测试范围。

复习思考题

1. 审计的基本方法有哪些?
2. 审计方法的选用需要遵守哪些原则?
3. 什么是抽样风险?什么是非抽样风险?它们有何区别?
4. 什么是统计抽样?什么是非统计抽样?它们有何区别和联系?
5. 审计抽样的一般程序是什么?

第三章

审计计划

学习目标

通过本章的学习，了解审计初步业务活动；熟悉总体审计策略、具体审计计划；掌握审计重要性。

合理的审计计划有助于审计人员关注重点审计领域、及时发现和解决潜在问题并恰当地组织和管理审计工作，以使审计工作更加有效。在计划审计工作时，审计人员需要进行初步业务活动、制定总体审计策略和具体审计计划。在此过程中，需要做出很多关键决策，包括确定可接受的审计风险水平和重要性、配置项目人员等。

第一节　初步业务活动

一、初步业务活动的内容

审计人员开展初步业务活动有助于确保在计划审计工作时达到下列要求：审计人员已具备执行业务所需要的独立性和专业胜任能力；不存在因管理层诚信问题而影响审计人员保持该项业务意愿的情况；与被审计单位不存在对业务约定条款的误解。

审计人员应当在本期审计业务开始时开展下列初步业务活动：针对保持客户关系和具体审计业务实施相应的质量控制程序；评价遵守职业道德规范的情况，包括评价独立性；及时签订（或修改）审计业务约定书（就业务约定条款与被审计单位达成一致理解）。

（一）针对保持客户关系和具体审计业务实施相应的质量控制程序

审计人员在确定是否接受客户之前，应当考虑会计师事务所审计质量控制方面的规定，并初步了解业务环境。

1. 审计质量控制方面的考虑

（1）接受审计业务的考虑。

在确定客户关系和具体审计业务的接受与保持是否适当时，项目负责人应当考虑下列主要事项：被审计单位的主要股东、关键管理人员和治理层是否诚信；项目组是否具有执行审计业务的专业胜任能力以及必要的时间和资源；会计师事务所和项目组能否遵守职业道德规范，特别是独立性和专业胜任能力方面的规定。如果项目负责人认为上述三个方面存在问题，项目组应当向会计师事务所内部或外部其他专业人士进行适当的咨询，并记录问题如何得到解决。

(2)变更会计师事务所的考虑。

如果被审计单位变更了会计师事务所,按照职业道德规范和审计准则的规定,后任审计人员应当与前任审计人员进行必要沟通,并对沟通结果进行评价,以确定是否接受委托。后任审计人员应当提请被审计单位以书面方式允许前任审计人员对其询问做出充分答复。如果被审计单位不同意前任审计人员做出答复,或限制答复的范围,后任审计人员应当向被审计单位询问原因,并考虑是否接受委托。后任审计人员向前任审计人员询问的内容应当合理、具体,通常包括:是否发现被审计单位管理层存在诚信方面的问题;前任审计人员与管理层在重大会计、审计等问题上存在的意见分歧;前任审计人员与被审计单位治理层沟通的管理层舞弊、违反法规行为以及内部控制的重大缺陷;前任审计人员认为导致被审计单位变更会计师事务所的原因。在征得被审计单位书面同意后,前任审计人员应当根据所了解的事实,对后任审计人员的合理询问及时做出充分的答复。如果受到被审计单位的限制或存在法律诉讼的顾虑,决定不向后任审计人员做出充分答复,前任审计人员应当向后任审计人员表明其答复是有限的,并说明原因。如果得到的答复是有限的,或未得到答复,后任审计人员应当考虑是否接受委托。

(3)续聘时的考虑。

在决定是否接受原有客户的续聘时,项目负责人应当考虑本期或上期审计中发现的重大事项,及其对保持该客户关系的影响。

2. 业务环境方面的考虑

审计业务环境通常包括下列内容:

(1)业务约定事项。

在财务报表审计业务中,业务约定事项通常是资产负债表、利润表、所有者权益(股东权益)变动表、现金流量表以及附表和附注信息的审计。

(2)审计对象特征。

在财务报表审计业务中,审计对象(即某一被审计单位的财务状况、经营成果和现金流量)的特征需要结合被审计单位的行业状况、以前年度审计信息等进行确定。

(3)使用的标准。

在财务报表审计业务中,使用的标准主要是财政部公布的企业会计准则、审计人员协会公布的审计准则等。

(4)预期使用者的需求。

在财务报表审计业务中,预期使用者通常包括股东、税务机关、银行、潜在投资者等。其中,股东通常较为关注的是被审计单位的赢利能力(如每股收益);税务机关则重点关注增值税、所得税等税种的计算、缴纳情况;银行如果是企业的债权人,较为关注的是反映偿债能力的指标,如流动比率、利息保障倍数等。

(5)责任方及其环境的相关特征。

在财务报表审计业务中,责任方通常是被审计单位管理层。

(6)其他事项。

其他事项包括可能对审计业务产生重大影响的事项、交易、条件和惯例等。例如,被审计单位即将发行债券、股票或者即将进行资产重组。

在了解了审计业务环境之后,审计人员只有在确定审计业务符合下列所有标准的情况下才能考虑接受客户的委托:审计对象适当;使用的标准适当且预期使用者能够获取该标准;审计人员能够获取充分、适当的证据以支持其结论;审计业务具有合理的目的。

(二)评价遵守职业道德规范的情况

职业道德规范要求项目组成员恪守独立、客观、公正的原则,保持专业胜任能力和应有的关注,并对审计过程中获知的信息保密。质量控制准则要求会计师事务所应当制定政策和程序,以合理保证会计师事务所及其人员(包括聘用的专家和其他需要满足独立性要求的人员)保持职业道德规范要求的独立性。

(三)及时签订(或修改)审计业务约定书

审计业务约定书是指会计师事务所与被审计单位签订的,用以记录和确认审计业务的委托与受托关系、审计目标和范围、双方的责任以及报告的格式等事项的书面协议。

审计人员应当在审计业务开始前,与被审计单位就审计业务约定条款达成一致意见,并签订审计业务约定书,以避免双方对审计业务的理解产生分歧。

二、审计的前提条件

(一)财务报告编制基础

承接鉴证业务的条件之一是《中国审计人员鉴证业务基本准则》中提及的标准适当,且能够为预期使用者获取。标准是指用于评价或计量鉴证对象的基准,当涉及列报时,还包括列报与披露的基准。适当的标准使审计人员能够运用职业判断对鉴证对象做出合理一致的评价或计量。就审计准则而言,适用的财务报告编制基础为审计人员提供了用以审计财务报表(包括公允反映,如相关)的标准。如果不存在可接受的财务报告编制基础,管理层就不具有编制财务报表的恰当基础,审计人员也不具有对财务报表进行审计的适当标准。

1. 确定财务报告编制基础的可接受性

在确定编制财务报表所采用的财务报告编制基础的可接受性时,审计人员需要考虑下列相关因素:

(1)被审计单位的性质。

例如,被审计单位是商业企业、公共部门实体还是非营利组织。

(2)财务报表的目的。

例如,编制财务报表是用于满足广大财务报表使用者共同的财务信息需求,还是用于满足财务报表特定使用者的财务信息需求。

(3)财务报表的性质。

例如,财务报表是整套财务报表还是单一财务报表。

(4)法律法规的考虑。

法律法规是否规定了适用的财务报告编制基础。

按照某一财务报告编制基础编制,旨在满足广大财务报表使用者共同的财务信息需求的财务报表,称为通用目的财务报表。按照特殊目的编制基础编制的财务报表,称为特殊目的财务报表,旨在满足财务报表特定使用者的财务信息需求。对于特殊目的财务报表,预期财务报表使用者对财务信息的需求,决定适用的财务报告编制基础。《CAS 第 1601 号——对按照特殊目的编制基础编制的财务报表审计的特殊考虑》规范了如何确定旨在满足财务报表特定使用者财务信息需求的财务报告编制基础的可接受性。

2. 通用目的编制基础

如果财务报告准则由经授权或获得认可的准则制定机构制定和发布，供某类实体使用，只要这些机构遵循一套既定和透明的程序（包括认真研究和仔细考虑广大利益相关者的观点），则认为财务报告准则对于这类实体编制通用目的财务报表是可接受的。这些财务报告准则的例子有：国际会计准则理事会发布的国际财务报告准则；国际公共部门会计准则理事会发布的国际公共部门会计准则；某一国家或地区经授权或获得认可的准则制定机构，在遵循一套既定和透明的程序（包括认真研究和仔细考虑广大利益相关者的观点）的基础上发布的会计准则。

在规范通用目的财务报表编制的法律法规中，这些财务报告准则通常被界定为适用的财务报告编制基础。

3. 法律法规规定的财务报告编制基础

法律法规可能为某类实体规定了在编制通用目的财务报表时采用的财务报告编制基础。通常情况下，审计人员认为这种财务报告编制基础对这类实体编制通用目的财务报表是可接受的，除非有迹象表明不可接受。

（二）就管理层的责任达成一致意见

按照审计准则的规定执行审计工作的前提是管理层已认可并理解其承担的责任。管理层应认可并理解其承担的责任一般包括：

1. 按照适用的财务报告编制基础编制财务报表

大多数财务报告编制基础包括与财务报表列报相关的要求，对于这些财务报告编制基础，在提到"按照适用的财务报告编制基础编制财务报表"时，编制包括列报。实现公允列报的报告目标非常重要，因而在与管理层达成一致意见的执行审计工作的前提中需要特别提及公允列报，或需要特别提及管理层负有确保财务报表根据财务报告编制基础编制并使其实现公允反映的责任。

2. 设计、执行和维护必要的内部控制

管理层设计、执行和维护必要的内部控制，以使编制的财务报表不存在由于舞弊或错误导致的重大错报。由于内部控制的固有限制，无论其如何有效，也只能合理保证被审计单位实现其财务报告目标。审计人员按照审计准则的规定执行的独立审计工作，不能代替管理层维护编制财务报表所需要的内部控制。因此，审计人员需要就管理层认可并理解其与内部控制有关的责任与管理层达成共识。

3. 向审计人员提供必要的工作条件

向审计人员提供必要的工作条件，包括允许审计人员接触与编制财务报表相关的所有信息，向审计人员提供审计所需要的其他信息，允许审计人员在获取审计证据时不受限制地接触其认为必要的内部人员和其他相关人员。

审计准则并不超越法律法规对这些责任的规定，独立审计的理念要求审计人员不对财务报表的编制或被审计单位的相关内部控制承担责任，并要求审计人员合理预期能够获取审计所需要的信息（在管理层能够提供或获取的信息范围内）。因此，管理层认可并理解其责任，这一前提对执行独立审计工作是至关重要的。

（三）确认的形式

审计人员应当要求管理层就其已履行的某些责任提供书面声明，包括审计人员需要获取针对管理层责任的书面声明、其他审计准则要求的书面声明，以及在必要时需要获取用于支持其他审计证据(用以支持财务报表或者一项或多项具体认定)的书面声明。

如果管理层不认可其责任,或不同意提供书面声明,审计人员将不能获取充分、适当的审计证据。在这种情况下,审计人员承接此类审计业务是不恰当的,除非法律法规另有规定。如果法律法规要求承接此类审计业务,审计人员可能需要向管理层解释这种情况的重要性及其对审计报告的影响。

三、审计业务约定书

审计业务约定书是指会计师事务所与被审计单位签订的,用以记录和确认审计业务的委托与受托关系、审计目标和范围、双方的责任以及报告的格式等事项的书面协议。会计师事务所承接任何审计业务,都应与被审计单位签订审计业务约定书。

(一)审计业务约定书的基本内容

审计业务约定书的具体内容和格式可能因被审计单位的不同而不同,但应当包括以下主要内容:

(1)财务报表审计的目标与范围。

(2)审计人员的责任。

(3)管理层的责任。

(4)指出用于编制财务报表所适用的财务报告编制基础。

(5)提及审计人员拟出具的审计报告的预期形式和内容,以及对在特定情况下出具的审计报告可能不同于预期形式和内容的说明。

(二)审计业务约定书的特殊考虑

1. 考虑特定需要

如果情况需要,审计人员还应当考虑在审计业务约定书中列明下列内容:

(1)详细说明审计工作的范围,包括提及适用的法律法规、审计准则,以及审计人员协会发布的职业道德守则和其他公告。

(2)计划和执行审计工作的安排,包括审计项目组的构成。

(3)说明由于审计和内部控制的固有限制,即使审计工作按照审计准则的规定得到恰当的计划和执行,仍不可避免地存在某些重大错报未被发现的风险。

(4)管理层同意向审计人员及时提供财务报表草稿和其他所有附带信息,以使审计人员能够按照预定的时间表完成审计工作。

(5)管理层同意告知审计人员在审计报告日至财务报表报出日之间注意到的可能影响财务报表的事实。

(6)管理层确认将提供书面声明。

(7)管理层确认收到审计业务约定书并同意其中的条款。

(8)对审计涉及的内部审计人员和被审计单位其他员工工作的安排。

(9)在某些方面对利用其他审计人员和专家工作的安排。

(10)在首次审计的情况下,与前任审计人员(如存在)沟通的安排。

(11)说明对审计人员责任可能存在的限制。

(12)收费的计算基础和收费安排。

(13)对审计业务结果的其他沟通形式。

(14)审计人员与被审计单位之间需要达成进一步协议的事项。

(15)向其他机构或人员提供审计工作底稿的义务。

2. 组成部分的审计

如果母公司的审计人员同时也是组成部分审计人员，需要考虑下列因素，决定是否向组成部分单独致送审计业务约定书：

(1)组成部分审计人员的委托人。

(2)母公司占组成部分的所有权份额。

(3)组成部分管理层相对于母公司的独立程度。

(4)是否对组成部分单独出具审计报告。

(5)与审计委托相关的法律法规的规定。

3. 连续审计

对于连续审计，审计人员应当根据具体情况评估是否需要对审计业务约定条款做出修改，以及是否需要提醒被审计单位注意现有的条款。

审计人员可以决定不在每期都致送新的审计业务约定书或其他书面协议。然而，下列因素可能导致审计人员修改审计业务约定条款或提醒被审计单位注意现有的业务约定条款：

(1)有迹象表明被审计单位误解审计目标和范围。

(2)需要修改约定条款或增加特别条款。

(3)被审计单位高级管理人员近期发生变动。

(4)被审计单位所有权发生重大变动。

(5)被审计单位业务的性质或规模发生重大变化。

(6)法律法规的规定发生变化。

(7)编制财务报表采用的财务报告编制基础发生变更。

(8)其他报告要求发生变化。

(三)审计业务约定条款的变更

1. 变更审计业务约定条款的要求

在完成审计业务前，如果被审计单位或委托人要求将审计业务变更为保证程度较低的业务，审计人员应当确定是否存在合理理由予以变更。

下列原因可能导致被审计单位要求变更业务，如：①环境变化对审计服务的需求产生影响；②对原来要求的审计业务的性质存在误解；③无论是管理层施加的还是其他情况引起的审计范围受到限制。上述第①和第②项通常被认为是变更业务的合理理由，但如果有迹象表明该变更要求与错误的、不完整的或者不能令人满意的信息有关，审计人员不应认为该变更是合理的。

如果没有合理的理由，审计人员不应同意变更业务。如果审计人员不同意变更审计业务约定条款，而管理层又不允许继续执行原审计业务。审计人员应当：①在适用的法律法规允许的情况下，解除审计业务约定；②确定是否有约定义务或其他义务向治理层、所有者或监管机构等报告该事项。

2. 变更为审阅业务或相关服务业务的要求

在同意将审计业务变更为审阅业务或相关服务业务前，接受委托按照审计准则执行审计工作的审计人员，除考虑上述①中提及的事项外，还需要评估变更业务对法律责任或业务约定的影响。

如果审计人员认为将审计业务变更为审阅业务或相关服务业务具有合理理由，截至变更日已执行的审计工作可能与变更后的业务相关，相应地，审计人员需要执行的工作和出具的报告会适用于变更后的业务。为避免引起报告使用者的误解，对相关服务业务出具的报告不应提及原审计业务和在原审计业务中已执行的程序。只有将审计业务变更为执行商定程序业务，审计人员才可在报告中提及已执行的程序。

第二节　总体审计策略

审计人员应当为审计工作制定总体审计策略。总体审计策略主要用以确定审计范围、报告目标、时间安排、所需沟通、审计方向和审计资源等，并指导制订具体审计计划。

一、审计范围

在确定审计范围时，审计人员需要考虑下列事项：

(1)编制拟审计的财务信息所依据的财务报告编制基础，包括采用的会计准则、相关会计制度以及是否需要将财务信息调整至按照其他财务报告编制基础编制。

(2)特定行业的报告要求，如某些行业监管机构要求提交的报告。

(3)预期审计工作涵盖的范围，包括应涵盖的组成部分的数量、所在地点及其组成部分的审计范围。

(4)母公司与集团组成部分之间存在的控制关系的性质，以确定如何编制合并财务报表。

(5)拟审计的经营分部的性质，以及是否需要具备专门知识。

(6)外币折算，包括外币交易的会计处理、外币财务报表的折算和相关信息的披露。

(7)除为合并目的执行的审计工作之外，对个别财务报表进行法定审计的需求。

(8)内部审计工作的可获得性及其可信赖程度。

(9)被审计单位使用服务机构的情况，及审计人员如何取得其相关证据(例如，被审计单位的内部控制建设外包，审计人员如何取得设计和运行有效性的证据)。

(10)对利用在以前审计工作中获取的审计证据(如获取的与风险评估程序和控制测试相关的审计证据)的预期。

(11)信息技术对审计程序的影响，包括数据的可获得性和对使用计算机辅助审计技术的预期。

(12)协调审计工作与中期财务信息审阅的预期涵盖范围和时间安排，以及中期审阅所获取的信息对审计工作的影响。

(13)与被审计单位人员的时间协调和相关数据的可获得性。

二、报告目标、时间安排、所需沟通

为计划报告目标、时间安排和所需沟通，审计人员需要考虑下列事项：

(1)被审计单位对外报告的时间表，包括中间阶段和最终阶段。

(2)与管理层和治理层举行会谈，讨论审计工作的性质、时间安排和范围。

(3)与管理层和治理层讨论审计人员拟出具的报告的类型和时间安排以及沟通的其他事项(口头或书面沟通)，包括审计报告、管理建议书和向治理层通报的其他事项。

(4)与管理层讨论预期就整个审计业务中对审计工作的进展进行的沟通。

(5)与组成部分审计人员沟通拟出具的报告的类型和时间安排，以及与组成部分审计相关的其他事项。

(6)项目组成员之间沟通的预期的性质和时间安排，包括项目组会议的性质和时间安排，以及复核已执行工作的时间安排。

(7)预期是否需要与第三方进行其他沟通，包括与审计相关的法定或约定的报告责任。

三、审计方向

总体审计策略的制定应当考虑影响审计业务的重要因素，以确定项目组的工作方向，具体包括确定适当的重要性水平，初步识别可能存在较高的重大错报风险的领域，初步识别重要的组成部分和账号余额，评价是否需要针对内部控制的有效性获取审计证据，识别被审计单位所处行业、财务报告要求及其他相关方面最近发生的重大变化等。

在确定审计方向时，审计人员需要考虑下列事项：

(1)重要性。

(2)重大错报风险较高的审计领域。

(3)评估的财务报表层次的重大错报风险对指导、监督及复核的影响。

(4)项目组人员的选择(在必要时包括项目质量控制复核人员)和工作分工，包括向重大错报风险较高的审计领域分派具备适当经验的人员。

(5)项目预算，包括考虑为重大错报风险可能较高的审计领域分配适当的工作时间。

(6)如何向项目组成员强调在收集和评价审计证据过程中保持职业怀疑必要性的方式。

(7)以往审计中对内部控制运行有效性评价的结果，包括所识别的控制缺陷的性质及应对措施。

(8)管理层对内部控制建设重视程度的相关证据。

(9)业务交易量规模，以基于审计效率的考虑确定内部控制依赖程度。

(10)影响被审计单位经营的重大发展变化，包括信息技术和业务流程的变化，关键管理人员变化，以及收购、兼并和分立。

(11)重大的行业发展情况，如行业法规变化和新的报告规定。

(12)会计准则及会计制度的变化。

(13)其他重大变化，如影响被审计单位的法律环境的变化。

四、审计资源

审计人员应当在审计策略中清楚地说明审计资源的规划、调配。

(1)具体审计领域资源调配策划，包括向高风险领域分派有适当经验的项目组成员及其时间估算、复杂问题利用专家工作情况、分派到重要地点进行存货监盘的项目组成员的人数、在集团审计中复核组成部分审计人员工作的范围等。

(2)调配资源的时间规划，包括是在期中审计阶段还是在关键的截止日期调配资源等。

(3)资源管理、指导、监督策划，包括召开项目组预备会和总结会、项目合伙人和经理的复核、是否需要实施项目质量控制复核的规划等。

【附件】

总体审计策略参考格式

被审计单位：　　索引号：
项目：总体审计策略　　财务报表截止日/期间：
编制：　　复核：
日期：　　日期：

一、审计范围

报告要求	
适用的财务报告编制基础	
适用的审计准则	
与财务报告相关的行业特别规定	如：监管机构发布的有关信息披露法规、特定行业主管部门发布的与财务报告有关的法规等
组成部分的范围	如：单独出具报告的子公司范围等
……	……

二、审计时间安排

（一）报告时间要求

审计工作	时　间
1. 提交审计报告草稿	
2. 签署正式审计报告	
3. 公布已审计的报告、审计报告	
……	

（二）执行审计工作的时间安排

审计工作	时　间
1. 制定总体审计策略	
2. 制订具体审计计划	
3. 执行具体审计计划	
(1)执行存货监盘	
……	

（三）沟通的时间安排

沟　通	时　间
与管理层的沟通	
与治理层的沟通	
项目组会议（包括预备会和总结会）	
与审计人员专家的沟通	
与组成部分审计人员的沟通	
与前任审计人员的沟通	
……	

三、影响审计业务的重要因素

（一）重要性

重要性	索引号
财务报表整体重要性	
特定类别的交易、账户余额重要性	
实际执行的重要性	
错报的临界值	

（二）可能存在较高重大错报风险的领域

可能存在较高重大错报风险的领域	索引号

（三）识别重要组成部分

（四）识别重要的交易、账户余额和披露

四、人员安排

（一）项目组主要成员

姓　名	职　级	主要职责

(二)质量控制复核人员

姓　名	职　级	主要职责

五、对专家或其他第三方工作的利用

(一)对专家工作的利用

主要报表项目	专家名称	主要职责及工作范围	索引号

(二)对内部审计工作的利用

主要流程/报表项目	拟利用的内部审计工作	索引号

(三)对组成部分审计人员工作的利用

组成部分审计人员名称	利用其工作的范围及程度	索引号

(四)对被审计单位使用服务机构的考虑

主要报表项目	服务机构名称	服务机构提供的相关服务及其审计人员出具的审计报告意见及日期	索引号

六、其他事项

第三节　具体审计计划

总体审计策略一经制定，审计人员应当针对总体审计策略中所识别的不同事项，制订具体审计计划。具体审计计划比总体审计策略更加详细。

一、具体审计计划的内容

具体审计计划应当包括风险评估程序、计划实施的进一步审计程序和其他审计程序。

（一）风险评估程序

按照《CAS 第 1211 号——通过了解被审计单位及其环境并评估重大错报风险》的规定，为了充分识别和评估财务报表重大错报风险，审计人员计划实施的风险评估程序的性质、时间和范围。

（二）进一步审计程序

按照《CAS 第 1231 号——针对评估的重大错报风险实施的程序》的规定，针对评估的认定层次的重大错报风险，审计人员应当计划实施进一步审计程序的性质、时间安排和范围。进一步审计程序包括控制测试和实质性程序。

控制测试和实质性程序的具体内容将在本书第六章进一步阐述。

（三）其他审计程序

根据 CAS 的规定，具体审计计划应当包括审计人员针对审计业务需要实施的其他审计程序。计划的其他审计程序可以包括上述进一步程序的计划中没有涵盖的、根据其他审计准则的要求审计人员应当执行的既定程序。例如，期后事项审计、或有事项审计、持续经营审计等。

风险评估程序、进一步审计程序、其他审计程序相关的具体审计计划需要在不同时段制订。通常情况下，审计人员首先制订风险评估程序的具体审计计划，然后再根据实施风险评估程序的结果制订进一步审计程序和其他审计程序的具体审计计划。

二、审计过程中对计划的更改

计划审计工作并非审计业务的一个孤立阶段，而是一个持续的、不断修正的过程，贯穿于整个审计业务的始终。由于未预期事项、条件的变化或在实施审计程序过程中获取的审计证据等原因，审计人员应当在审计过程中对总体审计策略和具体审计计划做出必要的更新和修改。

审计过程是一个前后紧密衔接的过程，前面阶段的工作成果是制订后面阶段工作计划的基础和依据，而前面阶段的工作毕竟是在当时了解到的情况下完成的，在后面阶段的工作过程中可能就会发现新的情况，这就需要对已制订的相关计划进行相应的更改。这些更改涉及比较重要的事项。例如，对重要性水平的修改，对某类交易、账户余额和列报的重大错报风险的评估和进一步审计程序（包括总体方案和拟实施的具体审计程序）的更改等。例如，某审计人员接受乙公司委托审计其 20××年度的财务报表，该审计人员在完成初步业务活动后，开始制定总体审计策略和具体审计计划。该审计人员通过对乙公司存货相关控制的设计与实施的了解和评估，认为存货相关的控制设计合理且得以执行，并将其评价为低风险领域，计划执行控制测试，但在对存货执行控制测试时，发现存货盘点结果与账面数量差别较大，存货盘点人员并没有认真盘点，因此，该审计人员决定将存货的风险从低风险调整为高风险，并据以修改具体审计计划,采用控制测试与实质性程序相结合的方法。

三、指导、监督与复核

审计人员应当制订计划,确定对项目组成员的指导、监督以及对其工作进行复核的性质、时间安排和范围。项目组成员的指导、监督以及对其工作进行复核的性质、时间安排和范围主要取决于下列因素:

(1)被审计单位的规模和复杂程度。

(2)审计领域。

(3)评估的重大错报风险。

(4)执行审计工作的项目组成员的专业素质和胜任能力。

审计人员应在评估重大错报风险的基础上,计划对项目组成员工作的指导、监督与复核的性质、时间安排和范围。当评估的重大错报风险增加时,审计人员通常会扩大指导与监督的范围,增强指导与监督的及时性,执行更详细的复核工作。在计划复核的性质、时间安排和范围时,审计人员还应考虑单个项目组成员的专业素质和胜任能力。

第四节 重要性

一、重要性的含义

重要性是一个涉及专业判断的词汇,通常采用是否影响决策作为判断标准。《中国注册会计师审计准则第 1221 号——重要性》第三条界定了重要性的含义,指出:重要性取决于在具体环境下对错报金额和性质的判断。如果一项错报单独或连同其他错报可能影响财务报表使用者依据财务报表做出的经济决策,则该项错报是重大的。因此,重要性可视为财务报表中包含错报能否影响财务报表使用者对财务报表全面反映的整体理解的“临界点”,超过该“临界点”,就会影响其做出正确判断或决策。因此,对于重要性水平的判定,是审计人员的一种专业判断,不同的审计人员对同一财务报表的重要性的判断就可能存在差异。

重要性概念可以从以下几个方面来理解:

第一,重要性概念中的错报包含漏报。财务报表错报包括财务报表金额的错报和财务报表披露的错报。

第二,重要性包括对数量和性质两个方面的考虑。一般而言,金额大的错报比金额小的错报更重要;一些情况下,某些金额的错报在数量上并不重要,但在性质上可能是重要的。

第三,重要性概念是针对财务报表使用者决策的信息需求而言的。重要性的定义强调了根据财务报表做决策的使用者,因此,审计人员必须了解客户财务报表的可能使用者和他们所要做出的决策。但是,不同层次的使用者,有不同的知识水平和能力,而同一层次中不同个人在考虑数据对他们的合理行动或决策的重要性时,也有不同的看法。于是,各种公告和学者的意见,就把使用者描述为“一个谨慎的投资者”“一个理性投资者”“一个财务报表的有见地的读者”。但是,这些概念都较模糊,需要审计人员进行专业判断。我国的审计准则指南中提出,在通用目的的财务报表审计中,审计人员对重要性的判断是基于将财务报表使用者作为具有一定的理解能力并能理性地做出相关决策的一个集体来考虑的。审计人员难以考虑错报对具体的单个使用者可能产生的影响,因为他们的需求千差万别。如果审计人员对特殊目的审计业务出具审计报告，在确定重要性时，需要考虑特定使用者的信息需求，以实现特殊审计目标。

第四，重要性的确定离不开具体环境。由于不同的被审计单位面临不同的环境，不同的报表使用者有着不同的信息需求，因此审计人员确定的重要性也不相同。某一金额的错报对某个被审计单位的财务报表来说是重要的，而对另一个被审计单位的财务报表来说可能并不重要。

第五，对重要性的评估需要运用职业判断。影响重要性的因素很多，审计人员应当根据被审计单位面临的环境，并综合考虑其他因素，合理确定重要性水平。不同的审计人员在确定同一被审计单位财务报表层次和认定层次的重要性水平时，得出的结果可能不同。

二、重要性水平的确定

在进行审计工作时，审计人员应当确定一个合理的重要性水平，以发现在金额上重大的错报。审计人员在确定计划的重要性水平时，需要考虑被审计单位及其环境、审计的目标、财务报表各项目的性质及其相互关系、财务报表项目的金额及其波动幅度。

（一）财务报表整体的重要性

财务报表审计目标是审计人员对财务报表发表审计意见，为了得出财务报表是否公允反映的结论，审计人员应当考虑财务报表整体的重要性，在制定总体审计策略时，应当确定财务报表整体的重要性。确定重要性需要运用职业判断，通常先选定一个基准，再乘以某一百分比作为财务报表整体的重要性。

1. 选择基准时考虑的因素

在选择基准时，需要考虑的因素包括：

(1)财务报表要素，如资产、负债、所有者权益、收入和费用。

(2)是否存在特定会计主体的财务报表使用者特别关注的项目，如为了评价财务业绩，使用者可能更关注利润、收入和净资产。

(3)被审计单位所处行业、经济环境、性质 、生命周期阶段。

(4)被审计单位的所有权结构、融资方式。

(5)基准的相对波动性。

适当的基准取决于被审计单位的具体情况，比如：被审计企业的盈利水平保持稳定，选择的基准可能是经常性业务的税前利润；企业近年来经营状况大幅度波动，或者盈利和亏损交替发生，或者由正常盈利变成为微利或微亏，或者本年度税前利润因情况变化而出现意外增加或减少，选择的基准可能是过去3～5年经常性业务的平均税前利润或亏损（取绝对值），或其他基准（如营业收入）；企业为新设企业，处于开办期，尚未开始经营，目前正在建造厂房及购买机器设备，选择的基准可能是总资产；企业处于新兴行业，目前侧重于抢占市场份额、扩大企业知名度和影响力，选择的基准可能是营业收入；开放式基金致力于优化投资组合、提高基金净值、为基金持有人创造投资价值，选择的基准可能是净资产；国际企业集团设立的研发中心、主要为集团下属各企业提供研发服务并以成本加成的方式向相关企业收取费用的企业，选择的基准可能是成本与营业费用总额；公益性质的基金会，选择的基准可能是捐赠收入或捐赠支出金额。

审计人员为被审计单位选择的基准在各年度中通常会保持稳定，但是并非必须保持一贯不变。审计人员可以根据经济形势、行业状况和被审计单位具体情况的变化对采用的基准做出调整。例如：被审计单位处在新设立阶段时，审计人员可能采用总资产作为基准；被审计单位处在成长期时，审计人员可能采用营业收入作为基准；被审计单位进入经营成熟期后，审计人员可能采用经常性业务的税前利润作为基准。

2. 确定百分比时考虑的因素

为选定的基准确定百分比需要运用职业判断。百分比与选定的基准之间存在一定的联系，如经常性业务的税前利润对应的百分比通常比营业收入对应的百分比要高。例如，对以营利为目的的制造行业实体，审计人员可能认为总收入或费用总额的1%是适当的。百分比无论是高一些还是低一些，只要符合具体情况，都是适当的。

在确定百分比时，影响审计人员对百分比选择的因素主要包括：

(1)是否为上市公司或公众利益实体。

(2)财务报表使用者的范围。

(3)是否由集团内部关联方提供融资或是否有大额对外融资，如债券或银行贷款。

(4)财务报表使用者是否对基准数据特别敏感，如具有特殊目的财务报表的使用者。

审计人员在确定重要性水平时，不需考虑与具体项目计量相关的固有不确定性。例如，财务报表含有高度不确定性的大额估计，审计人员并不会因此而确定一个比不含有该估计的财务报表更高或更低的财务报表整体重要性。

(二)特定类别交易、账户余额或披露的重要性水平

根据被审计单位的特定情况，下列因素可能表明存在一个或多个特定类别的交易、账户余额或披露，其发生的错报金额虽然低于财务报表整体的重要性，但合理预期将影响财务报表使用者依据财务报表做出的经济决策：

(1)法律法规或适用的财务报告编制基础是否影响财务报表使用者对特定项目(如关联方交易、管理层和治理层的薪酬)计量或披露的预期。

(2)与被审计单位所处行业相关的关键性披露(如制药企业的研究与开发成本)。

(3)财务报表使用者是否特别关注财务报表中单独披露的业务的特定方面(如新收购的业务)。

在根据被审计单位的特定情况考虑是否存在上述交易、账户余额或披露时，了解治理层和管理层的看法和预期通常是有用的。

(三)实际执行的重要性

1. 实际执行重要性的含义

实际执行的重要性，是指审计人员确定的低于财务报表整体重要性的金额(一个或多个)，旨在将未更正和未发现错报的汇总数超过财务报表整体的重要性的可能性降至适当的低水平。如果适用，实际执行的重要性还指审计人员确定的低于特定类别的交易、账户余额或披露的重要性水平的金额(一个或多个)。

仅为发现单项重大的错报而计划审计工作将忽视这样一个事实，即单项非重大错报的汇总数可能导致财务报表出现重大错报，更不用说还没有考虑可能存在的未发现错报。

确定财务报表整体的实际执行的重要性（根据定义可能是一个或多个金额)，旨在将财务报表中未更正和未发现错报的汇总数超过财务报表整体的重要性的可能性降至适当的低水平。

与确定特定类别的交易、账户余额或披露的重要性水平相关的实际执行的重要性，旨在将这些交易、账户余额或披露中未更正与未发现错报的汇总数超过这些交易、账户余额或披露的重要性水平的可能性降至适当的低水平。

2. 确定实际执行重要性应考虑的因素

确定实际执行的重要性并非简单机械的计算，而是需要审计人员运用职业判断，并考虑下列因素的影响：

(1)对被审计单位的了解(这些了解在实施风险评估程序的过程中得到更新)。

(2)前期审计工作中识别出的错报的性质和范围。

(3)根据前期识别出的错报对本期错报做出的预期。

通常而言，实际执行的重要性通常为财务报表整体重要性的50%～75%。

3. 计划重要性与实际执行重要性的关系

审计准则要求审计人员确定低于财务报表整体重要性的金额(一个或多个)作为实际执行的重要性，审计人员无须通过将财务报表整体的重要性平均分配或按比例分配至各个报表项目的方法来确定实际执行的重要性，而是根据对报表项目的风险评估结果，确定如何确定一个或多个实际执行的重要性。例如，根据以前期间的审计经验和本期审计计划阶段的风险评估结果，审计人员认为可以以财务报表整体重要性的75%作为大多数报表项目的实际执行的重要性；与营业收入项目相关的内部控制存在控制缺陷，而且以前年度审计中存在审计调整，因此考虑以财务报表整体重要性的50%作为营业收入项目的实际执行的重要性，从而有针对性地对高风险领域执行更多的审计工作。

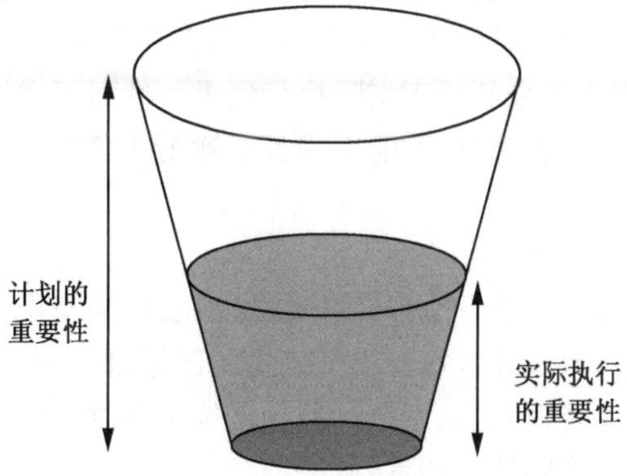

图3—1　计划重要性与实际执行重要性的关系

4. 较低实际执行重要性的选择

如果存在下列情况，审计人员可能考虑选择较低的百分比来确定实际执行的重要性：

(1)首次接受委托的审计项目。

(2)连续审计项目，以前年度审计调整较多。

(3)项目总体风险较高，例如处于高风险行业、管理层能力欠缺、面临较大市场竞争压力或业绩压力等。

(4)存在或预期存在值得关注的内部控制缺陷。

5. 较高实际执行重要性的选择

如果存在下列情况，审计人员可能考虑选择较高的百分比来确定实际执行的重要性：

(1)连续审计项目，以前年度审计调整较少。

(2)项目总体风险为低到中等，如处于非高风险行业、管理层有足够能力、面临较低的市场竞争压力和业绩压力等。

(3)以前期间的审计经验表明内部控制运行有效。

(四)审计过程中修改重要性

如果发生下列情况之一,审计人员可能需要修改财务报表整体的重要性和特定类别的交易、账户余额或披露的重要性水平:

(1)审计过程中情况发生重大变化,如决定处置被审计单位的一个重要组成部分。

(2)获取新信息。

(3)通过实施进一步审计程序,审计人员对被审计单位及其经营所了解的情况发生变化。

例如,审计人员在审计过程中发现,实际财务成果与最初确定财务报表整体的重要性时使用的预期本期财务成果相比存在着很大差异,则需要修改重要性。

(五)实际执行重要性的作用

实际执行的重要性在审计中的作用主要体现在以下几个方面:

1. 确定进一步审计程序的范围

审计人员在计划审计工作时可以根据实际执行的重要性确定需要对哪些类型的交易、账户余额和披露实施进一步审计程序,即通常选取金额超过实际执行的重要性的财务报表项目,因为这些财务报表项目有可能导致财务报表出现重大错报。但是,这不代表审计人员可以对所有金额低于实际执行的重要性的财务报表项目不实施进一步审计程序,这主要出于以下考虑:①单个金额低于实际执行的重要性的财务报表项目汇总起来可能金额重大(可能远远超过财务报表整体的重要性),审计人员需要考虑汇总后的潜在错报风险;②对于存在低估风险的财务报表项目,不能仅仅因为其金额低于实际执行的重要性而不实施进一步审计程序;③对于识别出存在舞弊风险的财务报表项目,不能因为其金额低于实际执行的重要性而不实施进一步审计程序。

2. 确定进一步审计程序的性质

运用实际执行的重要性确定进一步审计程序的性质、时间安排。

例如,在实施实质性分析程序时,审计人员确定的已记录金额与预期值之间的可接受差异额通常不超过实际执行的重要性;在运用审计抽样实施细节测试时,审计人员可以将可容忍错报的金额设定为等于或低于实际执行的重要性。

三、错报

(一)错报的含义

错报,是指某一财务报表项目的金额、分类、列报或披露,与按照适用的财务报告编制基础应当列示的金额、分类、列报或披露之间存在的差异;或根据审计人员的判断,为使财务报表在所有重大方面实现公允反映,需要对金额、分类、列报或披露做出的必要调整。

(二)明显微小错报

1. 明显微小错报的含义

审计人员可能将低于某一金额的错报界定为明显微小错报。审计人员应当在审计工作底稿中记录设定的某一金额,低于该金额的错报视为明显微小错报。

确定明显微小错报的临界值时,审计人员需要结合职业判断,并考虑以下因素:

(1)以前年度审计中识别出的错报(包括已更正和未更正错报)的数量和金额。

(2)重大错报风险的评估结果。

(3)被审计单位治理层和管理层对审计人员与其沟通错报的期望。

(4)被审计单位的财务指标是否勉强达到监管机构的要求或投资者的期望。

2. 明显微小错报不需要累积

审计人员认为明显微小错报的汇总数明显不会对财务报表产生重大影响，因此对这类错报不需要累积。

3."明显微小错报"不等同于"不重大错报"

明显微小错报的金额的数量级，无论单独或者汇总起来、无论从规模性质或其发生的环境来看都是明显微不足道的。"明显微小错报"与"不重大错报"是不等同的。

4. 明显微小错报不超过财务报表整体重要性的10%

明显微小错报可能是财务报表整体重要性水平的3%～5%，一般不超过财务报表整体重要性的10%。除非审计人员认为有必要单独为重分类错报确定一个更高的临界值。

(三)累积识别出的错报

审计人员在审计过程中累积识别出的错报主要包括事实错报、判断错报和推断错报三种类型，如表3—1所示。

表3—1 **累积识别出的错报类型**

序号	错报类型	具体情形	举　例
1	事实错报(毋庸置疑的错报)	(1)被审计单位收集和处理数据的错误 (2)对事实的忽略或误解 (3)故意舞弊行为	审计人员在审计测试中发现购入存货的实际价值为15 000元，但账面记录的金额却为10 000元。因此，存货和应付账款分别被低估了5 000元，这里被低估的5 000元就是已识别的对事实的具体错报
2	判断错报	(1)管理层对会计估计做出不合理的判断 (2)不恰当地选择和运用会计政策	审计人员认为管理层选用会计政策造成错报，管理层却认为选用会计政策恰当，导致出现判断差异
3	推断错报	(1)通过测试样本估计出的总体的错报减去在测试中发现的已经识别的具体错报 (2)通过实质性分析程序推断出的估计错报	应收账款年末余额为2 000万元，审计人员测试中发现样本金额有100万元的高估，高估部分为样本账面金额的20%，据此审计人员推断总体的错报金额为400万元(即2000×20%)，那么上述100万元就是已识别的具体错报，其余300万元即推断误差

(四)导致错报发生的事项

(1)收集或处理用以编制财务报表的数据时出现错误。

(2)遗漏某项金额或披露。

(3)由于疏忽或明显误解有关事实导致做出不正确的会计估计。

(4)审计人员认为管理层对会计估计做出不合理的判断或对会计政策做出不恰当的选择和运用。

(五)对审计过程识别出的错报的考虑

1. 错报可能不会孤立存在

错报可能不会孤立发生，一项错报的发生还可能表明存在其他错报。

2. 累积错报应汇总考虑

抽样风险和非抽样风险可能导致某些错报未被发现。审计过程中累积错报的汇总数接近确定的重要性，则表明存在比可接受的低风险水平更大的风险，即可能未被发现的错报连同审计过程中累积错报的汇总数，可能超过重要性。

3. 对管理层的要求

审计人员可能要求管理层检查某类交易、账户余额或披露，以使管理层了解审计人员识别出的错报的发生原因，并要求管理层采取措施以确定这些交易、账户余额或披露实际发生错报的金额，以及对财务报表做出适当的调整。

(六)评价未更正错报的影响

1. 未更正错报的定义

未更正错报是指审计人员在审计过程中累积的且被审计单位未予更正的错报。

2. 考虑审计程序的性质、时间安排和范围的适当性

如果审计人员对重要性水平进行的重新评价导致需要确定较低的金额，则应重新考虑实际执行的重要性和进一步审计程序的性质、时间安排和范围的适当性，以获取充分、适当的审计证据，作为发表审计意见的基础。

3. 定性评估错报是否重大

(1)错报对遵守监管要求的影响程度。

(2)错报对遵守债务合同或其他合同条款的影响程度。

(3)错报与会计政策的不正确选择或运用相关，这些会计政策的不正确选择或运用对当期财务报表不产生重大影响，但可能对未来期间财务报表产生重大影响。

(4)错报掩盖收益的变化或其他趋势的程度。

(5)错报对用于评价被审计单位财务状况、经营成果或现金流量的有关比率的影响程度。

(6)错报对财务报表中列报的分部信息的影响程度。

(7)错报对增加管理层薪酬的影响程度。

(8)相对于审计人员所了解的以前向财务报表使用者传达的信息，错报是重大的。

(9)错报与涉及特定机构或人员的项目的相关程度。

(10)错报涉及对某些信息的遗漏。

(11)错报对其他信息的影响程度，这些信息与已审计财务报表一同披露，并被合理预期可能影响财务报表使用者做出的经济决策。

复习思考题

1. 审计人员在本期审计业务开始时应当开展哪些初步业务活动？
2. 审计的前提条件是什么？
3. 审计业务约定书的基本内容有哪些？
4. 在确定审计范围时，审计人员应考虑哪些事项？
5. 在确定审计方向时，审计人员应考虑哪些事项？
6. 具体审计计划的内容有哪些？
7. 如何理解重要性概念？
8. 审计人员在确定计划的重要性水平时，需要考虑哪些因素？
9. 审计人员在确定实际执行重要性时应考虑哪些因素？
10. 导致错报发生的事项有哪些？

第四章

审计工作底稿

学习目标

通过本章的学习，了解审计工作底稿的概念、作用、存在形式；熟悉审计工作底稿包含的内容、审计工作底稿的归档要求；掌握审计工作底稿要素、审计工作底稿的编制要求。

第一节 审计工作底稿概述

一、含义

审计工作底稿，是指审计人员对制订的审计计划、实施的审计程序、获取的相关审计证据，以及得出的审计结论做出的记录。审计工作底稿是审计证据的载体，是审计人员在审计过程中形成的审计工作记录和获取的资料。它形成于审计过程，也反映整个审计过程。

二、编制目的

审计工作底稿在计划和执行审计工作中发挥着关键作用，它提供了审计工作实际执行情况的记录，是形成审计报告的基础。审计工作底稿也可用于质量控制复核、监督会计师事务所对审计准则的遵循情况，以及第三方的检查等。在会计师事务所因执业质量而涉及诉讼或有关监管机构进行执业质量检查时，审计工作底稿能够提供证据，证明会计师事务所是否按照《中国注册会计师审计准则》(以下简称审计准则)的规定执行了审计工作。

因此，审计人员应当及时编制审计工作底稿，以实现下列目的：

(1)提供充分适当的记录，作为出具审计报告的基础。

(2)提供证据，证明审计人员已按照审计准则和相关法律法规的规定计划和执行了审计工作。

三、编制的作用

编制审计工作底稿至少有下列作用：

(1)有助于项目组计划和执行审计工作。

(2)有助于负责督导的项目组成员按照《中国注册会计师审计准则第 1121 号——对财务报表审计实施的质量控制》的规定，履行指导、监督与复核审计工作的责任。

(3)便于项目组说明其执行审计工作的情况。

(4)保留对未来审计工作持续产生重大影响的事项的记录。

(5)便于会计师事务所实施质量控制复核与检查。

(6)便于监管机构和审计人员协会根据相关法律法规或其他相关要求,对会计师事务所实施执业质量检查。

四、包含的内容

审计工作底稿通常包括:

(1)总体审计策略。

(2)具体审计计划。

(3)分析表。一般情况下,分析表主要是指对被审计单位财务信息执行分析程序的记录。例如,记录对被审计单位本年各月收入与上一年度的同期数据进行比较的情况,记录对差异的分析等。

(4)问题备忘录。问题备忘录一般是指对某一事项或问题的概要的汇总记录。在问题备忘录中,审计人员通常记录该事项或问题的基本情况,执行的审计程序或具体审计步骤,以及得出的审计结论。例如,有关存货监盘审计程序或审计过程中发现问题的备忘录。

(5)重大事项概要。

(6)询证函、回函和声明。

(7)核对表。核对表一般是指会计师事务所内部使用的、为便于核对某些特定审计工作或程序的完成情况的表格。例如,特定项目(如财务报表列报)审计程序核对表、审计工作完成情况核对表等。它通常以列举的方式列出审计过程中审计人员应当进行的审计工作或程序以及特别需要提醒注意的问题,并在适当情况下索引至其他审计工作底稿,便于审计人员核对是否已按照审计准则的规定进行审计。

(8)有关重大事项的往来函件(包括电子邮件)。

(9)被审计单位文件记录的摘要或复印件(如重大的或特定的合同和协议)。

(10)业务约定书。

(11)管理建议书。

(12)项目组内部或项目组与被审计单位举行的会议记录、与其他人士(如其他审计人员、律师、专家等)的沟通文件及错报汇总表等。

但是,审计工作底稿并不能代替被审计单位的会计记录。

审计工作底稿通常不包括:已被取代的审计工作底稿的草稿或财务报表的草稿、反映不全面或初步思考的记录、存在印刷错误或其他错误而作废的文本,以及重复的文件记录等。由于这些草稿、错误的文本或重复的文件记录不直接构成审计结论和审计意见的支持性证据,因此,审计人员通常无须保留这些记录。

五、存在形式

审计工作底稿可以以纸质、电子或其他介质形式存在。

无论审计工作底稿以哪种形式存在,会计师事务所都应当针对审计工作底稿设计和实施适当的控制,使得:审计工作底稿清晰地显示其生成、修改及复核的时间和人员;在审计业务的所有阶段,尤其是在项目组成员共享信息或通过互联网将信息传递给其他人员时,保护信息的完整性和安全性;防止未经授权改动审计工作底稿;允许项目组和其他经授权的人员为适当履行职责而接触审计工作底稿。

在实务中，为便于会计师事务所内部进行质量控制和外部执业质量检查，审计人员可以将以电子或其他介质形式存在的审计工作底稿通过打印等方式，转换成纸质形式的审计工作底稿，并与其他纸质形式的审计工作底稿一并归档，同时，单独保存这些以电子或其他介质形式存在的审计工作底稿。

第二节　审计工作底稿的编制要求

一、基本要求

审计人员编制的审计工作底稿，应当使未曾接触该项审计工作的有经验的专业人士清楚地了解：

(1)按照审计准则和相关法律法规的规定实施的审计程序的性质、时间安排和范畴。

(2)实施审计程序的结果和获取的审计证据。

(3)审计中遇到的重大事项和得出的结论，以及在得出结论时作重大职业判断。

有经验的专业人士，是指会计师事务所内部或外部的具有审计实务经验，并了解审计过程、审计准则和相关法律法规的规定，被审计单位所处的经营环境，与被审计单位所处行业相关的会计和审计问题的人士。

二、确定审计工作底稿的格式、要素和范围时考虑的因素

在确定审计工作底稿的格式、要素和范围时，审计人员应当考虑下列因素：

(1)被审计单位的规模和复杂程度。通常来说，对大型被审计单位进行审计形成的审计工作底稿，通常比对小型被审计单位进行审计形成的审计工作底稿要多；对业务复杂被审计单位进行审计形成的审计工作底稿，通常比对业务简单被审计单位进行审计形成的审计工作底稿要多。

(2)拟实施审计程序的性质。通常，不同的审计程序会使得审计人员获取不同性质的审计证据，由此审计人员可能会编制不同的审计工作底稿。例如，审计人员编制的有关函证程序的审计工作底稿(包括询证函及回函、有关不符事项的分析等)和存货监盘程序的审计工作底稿(包括盘点表、审计人员对存货的测试记录等)在内容、格式及范围方面是不同的。

(3)识别出的重大错报风险。识别和评估的重大错报风险水平的不同可能导致审计人员实施的审计程序和获取的审计证据不尽相同。例如，如果审计人员识别出应收账款存在较高的重大错报风险，而其他应收款的重大错报风险较低，则审计人员可能对应收账款实施较多的审计程序并获取较多的审计证据，因而对测试应收账款的记录会比针对测试其他应收款记录的内容多且范围广。

(4)已获取的审计证据的重要程度。审计人员通过执行多项审计程序可能会获取不同的审计证据，有些审计证据的相关性和可靠性较高，有些质量则较差，审计人员可能区分不同的审计证据进行有选择性的记录，因此，审计证据的重要程度也会影响审计工作底稿的格式、内容和范围。

(5)识别出的例外事项的性质和范畴。有时审计人员在执行审计程序时会发现例外事项，由此可能导致审计工作底稿在格式、内容和范围方面的不同。例如，某个函证的回函表明存在

不符事项，如果在实施恰当的追查后发现该例外事项并未构成错报，审计人员可能只在审计工作底稿中解释发生该例外事项的原因及影响；反之，如果该例外事项构成错报，审计人员可能需要执行额外的审计程序并获取更多的审计证据，由此编制的审计工作底稿在内容和范围方面可能有很大不同。

(6)当从已执行审计工作或获取审计证据的记录中不易确定结论或结论的基础时，记录结论或结论基础的必要性。在某些情况下，特别是在涉及复杂的事项时，审计人员仅将已执行的审计工作或获取的审计证据记录下来，并不容易使其他有经验的审计人员通过合理的分析，得出审计结论或结论的基础。此时审计人员应当考虑是否需要进一步说明并记录得出结论的基础(即得出结论的过程)及该事项的结论。

(7)审计方法和使用的工具。审计方法和使用的工具可能影响审计工作底稿的格式、内容和范围。例如，如果使用计算机辅助审计技术对应收账款的账龄进行重新计算，通常可以针对总体进行测试，而采用人工方式重新计算时，则可能会针对样本进行测试，由此形成的审计工作底稿会在格式、内容和范围有所不同。

考虑以上因素有助于审计人员确定审计工作底稿的格式、内容和范围是否恰当。

审计人员在考虑以上因素时需注意，根据不同情况确定审计工作底稿的格式、内容和范围均是为达到审计准则中所述的编制审计工作底稿的目的，特别是提供证据的。例如，细节测试和实质性分析程序的审计工作底稿所记录的审计程序有所不同，但两类审计工作底稿都应当充分、适当地反映审计人员执行的审计程序。

三、审计工作底稿要素

审计工作底稿通常包括下列全部或部分要素：审计工作底稿的标题、审计过程记录、审计结论、审计标识及其说明、索引号及编号、编制者姓名及编制日期、复核者姓名及复核日期、其他应说明事项。

(一)审计工作底稿的标题

每张底稿应当包括被审计单位的名称、审计项目的名称及资产负债表日或底稿覆盖的会计期间(如果与交易相关)。

(二)审计过程记录

在记录审计过程时，应当特别注意以下几个重点方面：

1. 具体项目或事项的识别特征

在记录实施审计程序的性质、时间安排和范围时，审计人员应当记录测试的具体项目或事项的识别特征。

(1)识别特征的概念。

识别特征是指被测试的项目或事项表现出的征象或标志。识别特征因审计程序的性质和测试的项目或事项不同而不同。

对某一个具体项目或事项而言，其识别特征通常具有唯一性，这种特征可以使其他人员根据识别特征在总体中识别该项目或事项并重新执行该测试。

(2)识别特征举例。

①在对被审计单位生成的订购单进行细节测试时，审计人员可以以订购单的日期或其唯一编号作为测试订购单的识别特征。需要注意的是，在以日期或编号作为识别特征时，审计人员需要同时考虑被审计单位对订购单编号的方式，例如，若被审计单位按年对订购单依次编

号，则识别特征是××××年的××号；若被审计单位仅以序列号进行编号，则可以直接将该号码作为识别特征。

②对于需要选取或复核既定总体内一定金额以上的所有项目的审计程序，注册会计师可以记录实施程序的范围并指明该总体。例如，银行存款日记账中一定金额以上的所有会计分录。

③对于需要系统化抽样的审计程序，审计人员可能会通过记录样本的来源、抽样的起点及抽样间隔来识别已选取的样本。例如，若被审计单位对发运单顺序编号，测试的发运单的识别特征可以是，对4月1日至9月30日的发运记录，从第12345号发运单开始每隔125号系统抽取发运单。

④对于需要询问被审计单位中特定人员的审计程序，审计人员可能会以询问的时间、被询问人的姓名及职位作为识别特征。

⑤对于观察程序，审计人员可以以观察的对象或观察过程、相关被观察人员及其各自的责任、观察的地点和时间作为识别特征。

记录具体项目或事项的识别特征可以实现反映项目组履行职责的情况，也便于对例外事项或不符事项进行调查，以及对测试的项目或事项进行复核等多种目的。

2. 重大事项及相关重大职业判断

审计人员应当根据具体情况判断某一事项是否属于重大事项。

(1)重大事项的主要内容。

①引起特别风险的事项。

②实施审计程序的结果。该结果表明财务信息可能存在重大错报，或需要修正以前对重大错报风险的评估和针对这些风险拟采取的应对措施。

③导致审计人员难以实施必要审计程序的情形。

④导致出具非标准审计报告的事项。

(2)重大事项的记录。

①重大事项的讨论。

审计人员应当记录与管理层、治理层和其他人员对重大事项的讨论，包括所讨论的重大事项的性质以及讨论的时间、地点和参加人员。

②重大事项概要。

审计人员应当考虑编制重大事项概要，将其作为审计工作底稿的组成部分，以有效地复核和检查审计工作底稿，并评价重大事项的影响。

重大事项概要包括审计过程中识别的重大事项及其如何得到解决，或对其他支持性审计工作底稿的交叉索引。

有关重大事项的记录可能分散在审计工作底稿的不同部分。将这些分散在审计工作底稿中的有关重大事项的记录汇总在重大事项概要中，不仅可以帮助审计人员集中考虑重大事项对审计工作的影响，还便于审计工作的复核人员全面、快速地了解重大事项，从而提高复核工作的效率。

对于大型、复杂的审计项目，重大事项概要的作用尤为重要。

③重大职业判断。

当涉及重大事项和重大职业判断时，审计人员需要编制与运用职业判断相关的审计工作底稿。

例如:如果审计准则要求审计人员"应当考虑"某些信息或因素,并且这种考虑在特定业务情况下是重要的,记录审计人员得出结论的理由;记录审计人员对某些方面主观判断的合理性(如某些重大会计估计的合理性)得出结论的基础;如果审计人员针对审计过程中识别出的导致其对某些文件记录的真实性产生怀疑的情况实施了进一步调查(如适当利用专家的工作或实施函证程序),记录审计人员对这些文件记录真实性得出结论的基础。

在审计工作底稿中对重大职业判断进行记录,能够解释审计人员得出的结论并提高职业判断的质量。这些记录对审计工作底稿的复核人员非常有帮助,同样也有助于执行以后期间审计的人员查阅具有持续重要性的事项(如根据实际结果对以前做出的会计估计进行复核)。

审计人员在执行审计工作和评价审计结果时运用职业判断的程度,是决定记录重大事项的审计工作底稿的格式、内容和范围的一项重要因素。

3. 针对重大事项如何处理不一致的情况

如果识别出的信息与针对某重大事项得出的最终结论不一致,审计人员应当记录如何处理不一致的情况。

不一致情况处理的主要内容包括:审计人员针对该信息执行的审计程序;项目组成员对某事项的职业判断不同而向专业技术部门的咨询情况;项目组成员和被咨询人员不同意见(如项目组与专业技术部门的不同意见)的解决情况;等等。

记录如何处理识别出的信息与针对重大事项得出的结论不一致的情况是非常必要的,它有助于审计人员关注这些不一致,并对此执行必要的审计程序以恰当地解决这些不一致。

但是,对如何解决这些不一致的记录要求并不意味着审计人员需要保留不正确的或被取代的审计工作底稿。例如,某些信息初步显示与针对某重大事项得出的最终结论不一致,审计人员发现这些信息是错误的或不完整的,并且初步显示的不一致可以通过获取正确或完整的信息得到满意的解决,则审计人员无须保留这些错误的或不完整的信息。此外,对于职业判断的差异,若初步的判断意见是基于不完整的资料或数据,则审计人员也无须保留这些初步的判断意见。

(三)审计结论

审计工作的每一部分都应包含与已实施审计程序的结果及其是否实现既定审计目标相关的结论,还应包括审计程序识别出的例外情况和重大事项如何得到解决的结论。

审计人员需要根据所实施的审计程序及获取的审计证据得出结论,并以此作为对财务报表发表审计意见的基础。在记录审计结论时需注意,在审计工作底稿中记录的审计程序和审计证据是否足以支持所得出的审计结论。审计人员恰当地记录审计结论非常重要,直接关系到出具审计报告的类型。

(四)审计标识及其说明

审计标识被用于与已实施审计程序相关的底稿。每张底稿都应包含对已实施程序的性质和范围所做的解释,以支持每一个标识的含义。审计工作底稿中可使用各种审计标识,但应说明其含义,并保持前后一致。以下是审计人员在审计工作底稿中列明标识并说明其含义的例子,供参考。在实务中,审计人员也可以依据实际情况运用更多的审计标识。

^:纵加核对

<:横加核对

B:与上年结转数核对一致

T:与原始凭证核对一致

G:与总分类账核对一致

S:明细账核对一致

T/B:与试算平衡表核对一致

C:已发询证函

C\:已收回询证函

(五)索引号及编号

通常,审计工作底稿需要注明索引号及顺序编号,相关审计工作底稿之间需要保持清晰的勾稽关系。为了汇总及便于交叉索引和复核,每个事务所都会制定特定的审计工作底稿归档流程。因此,每张表或记录都应有一个索引号,如A1、D6等,以说明其在审计工作底稿中的放置位置。工作底稿中每张表所包含的信息都应当与另一张表中的相关信息进行交叉索引,例如,现金盘点表应当与列示所有现金余额的表进行交叉索引。利用计算机编制工作底稿时,可以采用电子索引和链接。随着审计工作的推进,链接表还可予以自动更新。例如,审计调整表可以链接到试算平衡表,当新的调整分录编制完后,计算机会自动更新试算平衡表,为相关调整分录插入索引号。同样,评估的固有风险或控制风险可以与针对特定风险领域设计的相关审计程序进行交叉索引。

在实务中,审计人员可以按照所记录审计工作的内容层次进行编号。例如,固定资产汇总表的编号为C1,按类别列示的固定资产明细表的编号为C1-1,房屋建筑物的编号为C1-1-1,机器设备的编号为C1-1-2,运输工具的编号为C1-1-3,其他设备的编号为C1-1-4。相互引用时,需要在审计工作底稿中交叉注明索引号。

(六)编制人员和复核人员及执行日期

为了明确责任,在各自完成与特定工作底稿相关的任务之后,编制者和复核者都应在工作底稿上签名并注明编制日期和复核日期。在记录已实施审计程序的性质、时间安排和范围时,审计人员应当记录:测试的具体项目或事项的识别特征、审计工作的执行人员及完成审计工作的日期、审计工作的复核人员及复核的日期和范围。

在需要项目质量控制复核的情况下,还需要注明项目质量控制复核人员及复核的日期。

通常,需要在每一张审计工作底稿上注明执行审计工作的人员和复核人员、完成该项审计工作的日期以及完成复核的日期。

在实务中,如果若干页的审计工作底稿记录同一性质的具体审计程序或事项,并且编制在同一个索引号中,此时可以仅在审计工作底稿的第一页上记录审计工作的执行人员和复核人员并注明日期。例如,应收账款函证核对表的索引号为L3-1-1/21,相对应的询证函回函共有20份,每一份应收账款询证函回函索引号以L3-1-2/21、L3-1-3/21……L3-1-21/21表示,对于这种情况,就可以仅在应收账款函证核对表上记录审计工作的执行人员和复核人员并注明日期。

第三节　审计工作底稿的归档

一、审计工作底稿归档工作的性质和归档期间的变动

(一)性质

在审计报告日后将审计工作底稿归整为最终审计档案是一项事务性的工作,不涉及实施

新的审计程序或得出新的结论。

在出具审计报告前，审计人员应完成所有必要的审计程序，取得充分、适当的审计证据并得出适当的审计结论。

(二)归档期间的变动

如果在归档期间对审计工作底稿做出的变动属于事务性的，审计人员可以做出变动，主要包括：

(1)删除或废弃被取代的审计工作底稿。

(2)对审计工作底稿进行分类、整理和交叉索引。

(3)对审计档案归整工作的完成核对表签字认可。

(4)记录在审计报告日前获取的、与项目组相关成员进行讨论并达成一致意见的审计证据。

二、审计工作底稿档案的结构

审计工作底稿档案通常按照沟通和报告相关工作底稿、审计完成阶段工作底稿、审计计划阶段工作底稿、进一步审计程序工作底稿、特定项目审计程序表等类型进行归档。

(一)沟通和报告相关工作底稿

(1)审计报告和经审计的财务报表。

(2)与主审审计人员的沟通和报告。

(3)与治理层的沟通和报告。

(4)与管理层的沟通和报告。

(5)管理建议书。

(二)审计完成阶段工作底稿

(1)审计工作完成情况核对表。

(2)管理层声明书原件。

(3)重大事项概要。

(4)错报汇总表。

(5)被审计单位财务报表和试算平衡表。

(6)有关列报的工作底稿(如现金流量表、关联方和关联交易的披露等)。

(7)财务报表所属期间的董事会会议纪要。

(8)总结会会议纪要。

(三)审计计划阶段工作底稿

(1)总体审计策略和具体审计计划。

(2)对内部审计职能的评价。

(3)对外部专家的评价。

(4)对服务机构的评价。

(5)被审计单位提交资料的清单。

(6)主审审计人员的指示。

(7)前期审计报告和经审计的财务报表。

(8)预备会会议纪要。

(四)进一步审计程序工作底稿

(1)有关控制测试工作底稿。

(2)有关实质性程序工作底稿(包括实质性分析程序和细节测试)。

(五)特定项目审计程序表

(1)舞弊。

(2)持续经营。

(3)对法律法规的考虑。

(4)关联方。

三、归档的期限

《会计师事务所质量控制准则第 5101 号——业务质量控制》要求会计师事务所制定有关及时完成最终业务档案归整工作的政策和程序。审计工作底稿的归档期限为审计报告日后 60 天内。如果审计人员未能完成审计业务,审计工作底稿的归档期限为审计业务中止后的 60 天内。

如果针对客户的同一财务信息执行不同的委托业务,出具两个或多个不同的报告,会计师事务所应当将其视为不同的业务,根据会计师事务所内部制定的政策和程序,在规定的归档期限内分别将审计工作底稿归整为最终审计档案。

工作底稿归档期限的明确,部分是由于媒体大肆宣传法庭听证会期间暴露出来的安然公司审计人员销毁审计工作底稿,以及审计人员在完成审计工作并签署审计报告数月之后延迟对审计档案的归档而引起的。审计项目组成员可能转去开展其他审计项目,或可能已离开会计师事务所,未决事项无法及时跟进。因此,延迟归档可能导致审计档案不完整。只有当审计项目组执行后续财务年度的审计(对连续审计业务而言)时,才可能发现上期"已完成的审计档案"是不完整的。

四、审计工作底稿归档后的变动

在完成最终审计档案的归整工作后,审计人员不应在规定的保存期限届满前删除或废弃任何性质的审计工作底稿。

(一)需要变动审计工作底稿的情形

审计人员发现有必要修改现有审计工作底稿或增加新的审计工作底稿的情形主要有以下两种:

(1)审计人员已实施了必要的审计程序,取得了充分、适当的审计证据并得到了恰当的审计结论,但审计工作底稿的记录不够充分。

(2)审计报告日后,发现例外情况要求审计人员实施新的或追加审计程序,或导致审计人员得出新的结论。例外情况主要是指审计报告日后发现与已审计财务信息相关,且在审计报告日已经存在的事实,该事实如果被审计人员在审计报告日前获知,可能影响审计报告。例如,审计人员在审计报告日后才获知法院在审计报告日前已对被审计单位的诉讼、索赔事项做出最终判决结果。例外情况可能在审计报告日后发现,也可能在财务报表报出日后发现,审计人员应当按照《中国注册会计师审计准则第 1332 号——期后事项》有关"财务报表报出后发现的事实"的相关规定,对例外事项实施新的或追加的审计程序。

(二)变动审计工作底稿时的记录要求

在完成最终审计档案的归整工作后，如果发现有必要修改现有审计工作底稿或增加新的审计工作底稿，无论修改或增加的性质如何，审计人员均应当记录下列事项：

(1)修改或增加审计工作底稿的理念。

(2)修改或增加审计工作底稿的时间和人员，以及复核的时间和人员。

五、审计工作底稿的保存期限

会计师事务所应当自审计报告日起，对审计工作底稿至少保存10年。

如果审计人员未能完成审计业务，会计师事务所应当自审计业务中止日起，对审计工作底稿至少保存10年。

值得注意的是，对于连年审计的情况，当期归整的永久性档案可能包括以前年度获取的资料(有可能是10年以前)。这些资料虽然是在以前年度获取的，但由于其作为本期档案的一部分，并作为支持审计结论的基础，因此，审计人员对于这些对当期有效的档案，应视为当期取得并保存10年。如果这些资料在某一个审计期间被替换，被替换资料应当从被替换的年度起至少保存10年。

在完成最终审计档案的归整工作后，审计人员不应在规定的保存期届满前删除或废弃任何性质的审计工作底稿。

复习思考题

1. 审计工作底稿的作用是什么?
2. 审计人员编制审计工作底稿有哪些目的?
3. 审计工作底稿包含的内容有哪些?
4. 编制审计工作底稿的要求有哪些?
5. 确定审计工作底稿的格式、要素和范围时应考虑哪些因素?
6. 审计工作底稿有哪些要素?
7. 审计工作底稿档案通常按照怎样的结构归档?
8. 需要变动审计工作底稿的情形有哪些?
9. 变动审计工作底稿时的记录有哪些要求?
10. 审计工作底稿的保存期限是如何要求的?

第五章

风险评估

学习目标

通过本章的学习，了解审计准则将了解被审计单位及其环境并评估重大错报风险规定为必要的审计程序的原因；熟悉审计人员可以运用的风险评估方法和了解被审计单位及其环境的主要方面；熟悉内部控制的目标、基本要素和固有局限性；掌握审计人员了解和评估被审计单位内部控制的目的、范围和程序；熟悉识别和评估重大错报风险的审计程序及其具体运用。

第一节　风险评估概述

一、风险评估的概念

风险评估是指审计人员为了解被审计单位及其环境，以识别和评估财务报表重大错报风险，而实施的程序。审计人员应当依据实施这些程序所获取的信息，评估重大错报风险。

二、风险评估的作用

(1)有助于审计人员了解编制财务报表的环境。

(2)有助于审计人员了解本年度针对被审计单位内部控制设计和运行有效性而实施的内部审计程序，以及管理层是否根据实施这些程序的结果采取了适当的应对措施。

(3)有助于审计人员评价被审计单位选择和运用某项会计政策的恰当性。

(4)有助于审计人员确定重要性水平，并随着审计工作的进程评估对重要性水平的判断是否仍然恰当。

(5)有助于识别需特别考虑的领域，包括关联方交易、管理层运用持续经营假设的合理性。

(6)有助于设计和实施进一步审计程序，以将审计风险降至可接受的低水平。

(7)有助于评价所获取审计证据的充分性和适当性。

三、风险评估的方法

审计人员在审计过程中应根据被审计单位具体情况，适当采用询问、观察、检查、分析等方法，以了解被审计单位及其环境。

(一)询问

审计人员可向管理层和财务负责人询问，询问的事项主要包括以下方面：

(1)管理层关注的主要问题,如新的竞争对手、主要客户和供应商的流失、新的税收法规的实施以及经营目标或战略的变化等。

(2)被审计单位最近的财务状况、经营成果和现金流量。

(3)可能影响财务报告的交易和事项,或者目前发生的重大会计处理问题,如重大的购并事宜等。

(4)被审计单位发生的其他重要变化,如所有权结构、组织结构的变化,以及内部控制的变化等。

审计人员也可以通过询问被审计单位内部的其他不同层级的人员获取信息,为识别重大错报风险提供不同的视角。

(二)观察和检查

观察和检查可以支持对管理层和其他相关人员的询问结果,并可以提供有关被审计单位及其环境的信息,审计人员应当实施下列观察和检查:

(1)观察被审计单位的经营活动。例如,观察被审计单位人员正在从事的生产活动和内部控制活动,增加审计人员对被审计单位人员如何进行生产经营活动及实施内部控制的了解。

(2)检查文件、记录和内部控制手册。例如,检查被审计单位的经营计划、策略、章程,与其他单位签订的合同、协议,各业务流程操作指引和内部控制手册等,了解被审计单位组织结构和内部控制制度的建立健全情况。

(3)阅读由管理层和治理层编制的报告。例如,阅读被审计单位年度和中期财务报告,股东大会、董事会会议、高级管理层会议的会议记录或纪要,管理层的讨论和分析资料等。

(4)实地察看被审计单位的生产经营场所和厂房设备。

(三)分析

分析是指审计人员通过研究不同财务数据之间以及财务数据与非财务数据之间的内在关系,对财务信息做出评价。分析还包括调查识别出的、与其他相关信息不一致或与预期数据严重偏离的波动和关系。

在实施分析时,审计人员应当预期可能存在的合理关系,并与被审计单位记录的金额、依据记录金额计算的比率或趋势相比较;如果发现异常或未预期到的关系,审计人员应予以考虑。

四、项目组内部的讨论

(一)讨论的目标

1. 提供交流信息的机会

项目组内部的讨论为项目组成员提供了交流信息和分享见解的机会。项目组通过讨论可以使成员更好地了解在各自负责的领域中,由于舞弊或错误导致财务报表重大错报的可能性,并了解各自实施审计程序的结果如何影响审计的其他方面,包括对确定进一步审计程序的性质、时间安排和范围的影响。

2. 了解整体状况

通过讨论,项目组成员可以交流和分享在整个审计过程中获得的信息,包括可能对重大错报风险评估产生影响的信息或针对这些风险实施审计程序的信息。

3. 分享审计经验

通过安排具有较多经验的成员(如项目合伙人)参与项目组内部的讨论,其他成员可以分享其见解以获取审计经验。

(二)讨论的内容

项目组应当讨论被审计单位面临的经营风险、财务报表容易发生错报的领域以及发生错报的方式,特别是由于舞弊导致重大错报的可能性。

讨论的内容和范围受项目组成员的职位、经验和所需要的信息的影响。

(三)参与讨论的人员

(1)通常项目组关键成员应当参与讨论。

(2)参与讨论人员的范围受项目组成员的职责经验和信息需要的影响,例如,在跨地区审计中,每个重要地区项目组的关键成员应该参加讨论,但不要求所有成员每次都参与项目组的讨论。

(3)如果项目组需要拥有信息技术或其他特殊技能的专家,这些专家也应参与讨论。

(4)项目合伙人和项目组其他关键成员应当讨论被审计单位财务报表存在重大错报的可能性,以及如何根据被审计单位的具体情况运用适用的财务报告编制基础。

项目合伙人应当确定向未参与讨论的项目组成员通报哪些事项。

(四)讨论的时间和方式

1. 讨论的时间

项目组在整个审计过程中应当持续交换有关财务报表发生重大错报可能性的信息,根据需要及时沟通讨论。

2. 讨论的方式

电话、视频、微信、现场会议、办公室会议等方式都可开展讨论。项目组应当根据讨论的内容以及实际情况,选择讨论的方式。

第二节　了解被审计单位及其环境

审计人员应当从下列方面了解被审计单位及其环境:第一,相关行业状况、法律环境和监管环境及其他外部因素;第二,被审计单位的性质;第三,被审计单位对会计政策的选择和运用;第四,被审计单位的目标、战略及相关经营风险;第五,对被审计单位财务业绩的衡量和评价。

一、了解行业状况、法律环境和监管环境及其他外部因素

(一)行业状况

了解行业状况有助于审计人员识别与被审计单位所处行业有关的重大错报风险。审计人员应当了解被审计单位的行业状况,主要包括:①所处行业的市场与竞争,包括市场需求、生产能力和价格竞争;②生产经营的季节性和周期性;③与被审计单位产品相关的生产技术;④能源供应与成本;⑤行业的关键指标和统计数据。

(二)法律环境与监管环境

了解法律环境与监管环境的主要原因在于:①某些法律法规或监管要求可能对被审计单位经营活动有重大影响,如不遵守将导致停业等严重后果;②某些法律法规或监管要求(如环保法规等)规定了被审计单位某些方面的责任和义务;③某些法律法规或监管要求决定了被审计单位需要遵循的行业惯例和核算要求。

审计人员应当了解被审计单位所处的法律环境与监管环境，主要包括：①会计原则和行业特定惯例；②受管制行业的法规框架；③对被审计单位经营活动产生重大影响的法律法规，包括直接的监管活动；④税收政策（关于企业所得税和其他税种的政策）；⑤目前对被审计单位开展经营活动产生影响的政府政策，如货币政策（包括外汇管制）、财政政策、财政刺激措施（如政府援助项目）、关税或贸易限制政策等；⑥影响行业和被审计单位经营活动的环保要求。

（三）其他外部因素

审计人员应当了解影响被审计单位经营的其他外部因素，主要包括总体经济情况、利率、融资的可获得性、通货膨胀水平或币值变动等。

（四）了解的重点和程度

审计人员对行业状况、法律环境与监管环境以及其他外部因素了解的范围和程度会因被审计单位所处行业、规模以及其他因素（如在市场中的地位）的不同而不同。例如，对从事计算机硬件制造的被审计单位，审计人员可能更关心市场和竞争以及技术进步的情况；对金融机构，审计人员可能更关心宏观经济走势以及货币、财政等方面的宏观经济政策；对化工等产生污染的行业，审计人员可能更关心相关环保法规。审计人员应当考虑将了解的重点放在对被审计单位的经营活动可能产生重要影响的关键外部因素以及与前期相比发生的重大变化上。

二、了解被审计单位的性质

（一）所有权结构

了解所有权结构以及所有者与其他人员或实体之间的关系，考虑关联方关系是否已经得到识别，以及关联方交易是否得到恰当核算。审计人员应当了解被审计单位是属于国有企业、外商投资企业、民营企业，还是属于其他类型的企业，还应当了解其直接控股母公司、间接控股母公司、最终控股母公司和其他股东的构成，以及所有者与其他人员之间的关系。

了解被审计单位提供的所有关联方信息，并考虑关联方关系是否已经得到识别，关联方交易是否得到恰当记录和充分披露。

（二）治理结构

了解被审计单位的治理结构。例如，董事会的构成情况、董事会内部是否有独立董事；治理结构中是否设有审计委员会或监事会及其运作情况。同时，考虑治理层是否能够在独立于管理层的情况下对被审计单位事务做出客观判断。

（三）组织结构

了解被审计单位的组织结构，考虑复杂组织结构可能导致的重大错报风险，包括财务报表合并、商誉减值以及长期股权投资核算等问题。对于在多个地区拥有子公司、合营企业、联营企业或其他成员机构，或者存在多个业务分部和地区分部的被审计单位，不仅编制合并财务报表的难度增加，还存在其他可能导致重大错报风险的复杂事项。

（四）经营活动

(1)主营业务的性质。例如，主营业务是制造业还是商品批发与零售；是银行、保险还是其他金融服务；是公用事业、交通运输还是提供技术产品和服务等。

(2)与生产产品或提供劳务相关的市场信息。例如，主要客户和合同、付款条件、利润率、市场份额、竞争者、出口、定价政策、产品声誉、质量保证、营销策略和目标等。

(3)联盟、合营与外包情况。

(4)地区分布与行业细分。例如，是否涉及跨地区经营和多种经营，各个地区和各行业分布的相对规模以及相互之间是否存在依赖关系。

(5)生产设施、仓库和办公室的地理位置,存货存放地点和数量。

(6)关键客户。例如,销售对象是少量的大客户还是众多的小客户;是否有被审计单位高度依赖的特定客户;是否与某些客户订立了不寻常的销售条款或条件。

(7)货物和服务的重要供应商。例如,是否签订长期供应合同、原材料供应的可靠性和稳定性、付款条件,以及原材料是否受重大价格变动的影响。

(8)劳动用工安排。例如,分地区用工情况、劳动力供应情况、工薪水平、退休金和其他福利、股权激励或其他奖金安排以及与劳动用工事项相关的政府法规。

(9)关联方交易。例如,有些客户或供应商是否为关联方;对关联方和非关联方是否采用不同的销售和采购条款。此外,还存在哪些关联方交易,对这些交易采用怎样的定价政策。

(五)投资活动

了解被审计单位近期拟实施或已实施的并购活动与资产处置情况,包括业务重组或某些业务的终止。了解证券投资、委托贷款的发生与处置。了解固定资产和无形资产投资,近期或计划发生的变动,以及重大的资本承诺等。

(六)筹资活动

了解被审计单位的债务结构和相关条款,包括资产负债表外融资和租赁安排,主要子公司和联营企业的重要融资安排。

(七)财务报告

了解被审计单位的会计政策和行业特定惯例、收入确认惯例、公允价值会计核算、外币项目核算、异常或复杂交易的会计处理。

三、了解被审计单位对会计政策的选择和运用

(一)重大和异常交易的会计处理方法

例如,本期发生的企业合并的会计处理方法。某些被审计单位可能存在与其所处行业相关的重大交易,例如,银行向客户发放贷款、证券公司对外投资、医药企业的研究与开发活动等。审计人员应当考虑对重大的和不经常发生的交易的会计处理方法是否适当。

(二)在缺乏权威性标准或共识、有争议的或新兴领域采用重要会计政策产生的影响

在缺乏权威性标准或共识的领域,审计人员应当关注被审计单位选用了哪些会计政策、为什么选用这些会计政策以及选用这些会计政策产生的影响。

(三)会计政策的变更

如果被审计单位变更了重要的会计政策,审计人员应当考虑变更的原因及其适当性,即考虑:

(1)会计政策变更是否是法律、行政法规或者适用的会计准则和相关会计制度要求的变更。

(2)会计政策变更是否能够提供更可靠、更相关的会计信息。除此之外,审计人员还应当关注会计政策的变更是否得到恰当处理和充分披露。

四、了解被审计单位的目标、战略以及相关经营风险

(一)目标、战略与经营风险

目标是企业经营活动的指针。企业管理层或治理层一般会根据企业经营面临的外部环

境和内部各种因素，制定合理可行的经营目标。战略是管理层为实现经营目标采用的方法。为了实现某一既定的经营目标，企业可能有多个可行战略。随着外部环境的变化，企业应对目标和战略做出相应的调整。经营风险是指可能对被审计单位实现目标和实施战略的能力产生不利影响的重要状况、事项、情况、作为（或不作为）所导致的风险，或由于制定不恰当的目标和战略而导致的风险。不同的企业可能面临不同的经营风险，这取决于企业经营的性质、所处行业、外部监管环境、企业的规模和复杂程度。管理层有责任识别和应对这些风险。

（二）经营风险对重大错报风险的影响

经营风险与财务报表重大错报风险是既有联系又相互区别的两个概念。前者比后者范围更广。审计人员了解被审计单位的经营风险有助于其识别财务报表重大错报风险。但并非所有的经营风险都与财务报表相关，审计人员没有责任识别或评估对财务报表没有重大影响的经营风险。

多数经营风险最终都会产生财务后果，从而影响财务报表。但并非所有的经营风险都会导致重大错报风险。经营风险可能对某类交易、账户余额和披露的认定层次重大错报风险或财务报表层次重大错报风险产生直接影响。例如，贷款客户的企业合并导致银行客户群减少，使银行信贷风险集中，由此产生的经营风险可能增加与贷款计价认定有关的重大错报风险。同样的风险，在经济紧缩时，可能具有更为长期的后果，审计人员在评估持续经营假设的适当性时需要考虑这一问题。审计人员应当根据被审计单位的具体情况考虑经营风险是否可能导致财务报表发生重大错报。

（三）被审计单位的风险评估过程

管理层通常制定识别和应对经营风险的策略，审计人员应当了解被审计单位的风险评估过程。此类风险评估过程是被审计单位内部控制的组成部分。

五、了解被审计单位财务业绩的衡量和评价

被审计单位内部或外部对财务业绩的衡量和评价可能对管理当局产生压力，促使其采取行动改善财务业绩或歪曲财务报表。审计人员应当了解被审计单位业绩的衡量和评价情况，考虑这种压力是否可能导致管理当局采取行动，以致增加财务报表发生重大错报的风险。

审计人员在了解被审计单位财务业绩衡量和评价情况时，应当关注下列信息：

（1）管理当局使用的财务业绩衡量信息，主要包括关键的业绩指标、预算、差量分析、分部信息、不同层次部门的业绩报告，以及被审计单位与其竞争对手的业绩比较。

（2）外部机构提出的报告，主要包括分析师的报告和信用评级机构的报告。

审计人员应当关注被审计单位内部财务业绩衡量中显示出的未预期到的结果或趋势、管理当局的调查结果和纠正措施，以及相关信息是否显示财务报表可能存在重大错报。如果拟利用被审计单位内部信息系统生成的财务业绩衡量指标，审计人员应当考虑相关信息是否可靠，并足以实现审计目的。小企业通常没有正式的财务业绩衡量和评价程序，管理当局往往依据某些关键指标，作为评价财务业绩和采取适当行动的可靠基础，审计人员应当了解管理当局使用的关键指标。

第三节　了解被审计单位的内部控制

一、内部控制的概念

(一)内部控制的含义

内部控制是由企业董事会、监事会、经理层和全体员工实施的,旨在实现控制目标的过程。

(二)内部控制的目标

内部控制的目标是合理保证企业经营管理合法合规、资产安全、财务报告及相关信息真实完整,提高经营效率和效果,促进企业实现发展战略。

(三)内部控制的基本原则

内部控制的基本原则是全面性、重要性、制衡性、适应性、成本效益性。

(四)内部控制的要素

内部控制的要素是内部环境、风险评估、控制活动、信息沟通、内部监督。

(五)内部控制的局限性

内部控制具有一定的局限性,内部控制实现目标的可能性受其固有限制的影响。内部控制无论如何有效,都只能为被审计单位实现财务报告目标提供合理保证(例如管理层串通舞弊,内部控制就可能失效)。

二、了解内部控制的思路

审计人员了解被审计单位的内部控制,应当从评价内部控制的设计和运行两个环节入手,在企业层面和业务层面两个层面分别展开了解,重点关注内部控制的五要素。

评估一项无效控制的运行没有什么意义,因此首先需要考虑控制的设计。

评价控制的设计涉及考虑该控制单独或连同其他控制是否能够有效防止或发现并纠正重大错报。设计不当的控制可能表明存在值得关注的内部控制缺陷。

三、了解内部控制的五要素

(一)了解控制环境

1. 控制环境的含义

控制环境包括治理职能和管理职能,以及治理层和管理层对内部控制及其重要性的态度、认识和措施。

控制环境设定了被审计单位的内部控制基调,影响员工对内部控制的意识。良好的控制环境是实施有效内部控制的基础。防止或发现并纠正舞弊和错误是被审计单位治理层和管理层的责任。在评价控制环境的设计和实施情况时,审计人员应当了解管理层在治理层的监督下,是否营造并保持了诚实守信和合乎道德的文化,以及是否建立了防止或发现并纠正舞弊和错误的恰当控制。实际上,在审计业务承接阶段,审计人员就需要对控制环境做出初步了解和评价。

2. 控制环境的构成要素

在评价控制环境的设计时,审计人员应当考虑构成控制环境的下列要素:①对诚信和道德价值观念的沟通与落实;②对胜任能力的重视;③治理层的参与程度;④管理层的理念和经营风格;⑤组织结构;⑥职权与责任的分配;⑦人力资源政策与实务。

3. 了解控制环境的方法

在评价控制环境各个要素时,审计人员应当考虑控制环境各个要素是否得到执行。因为管理层也许建立了一个合理的内部控制,但却未有效执行。

在确定构成控制环境的要素是否得到执行时,审计人员应当考虑将询问与观察和检查等方法结合运用以获取审计证据,审计人员可以了解管理层如何就业务规程和道德价值观念与员工进行沟通;通过检查文件,可以了解管理层是否建立了正式的行为守则。

4. 考虑控制环境的总体优势及缺陷

控制环境对重大错报风险的评估具有广泛影响,审计人员应当考虑控制环境的总体优势是否为内部控制的其他要素提供了适当的基础,并且未被控制环境中存在的缺陷所削弱。有效的控制环境并不能绝对防止舞弊,但却有助于降低舞弊的风险,还为以前年度和期中所测试的控制将继续有效运行提供一定基础。相反,控制环境中存在的弱点可能削弱控制的有效性。

5. 考虑控制环境与其他控制要素的综合作用

控制环境本身并不能防止或发现并纠正各类交易、账户余额、列报认定层次的重大错报,审计人员在评估重大错报风险时应当将控制环境连同其他内部控制要素产生的影响一并考虑。例如,将控制环境与对控制的监督和具体控制活动一并考虑。

(二)了解风险评估过程

被审计单位的风险评估过程包括识别与财务报告相关的经营风险,以及针对这些风险所采取的措施。审计人员应当了解被审计单位的风险评估过程和结果。了解被审计单位的风险评估过程和结果有助于审计人员识别财务报表的重大错报风险。

(1)在评价被审计单位风险评估过程的设计和执行时,审计人员应当确定管理层如何识别与财务报告相关的经营风险、如何估计该风险的重要性、如何评估风险发生的可能性,以及如何采取措施管理这些风险。

(2)审计人员可以通过了解被审计单位及其环境的其他方面信息,评价被审计单位风险评估过程的有效性。例如,在了解被审计单位的业务情况时,发现了某些经营风险,审计人员应当了解管理层是否也意识到这些风险以及如何应对。

(3)在对业务流程的了解中,审计人员还可能进一步获得被审计单位有关业务流程的风险评估过程的信息。例如,在销售循环中,如果发现了销售的截止性错报的风险,审计人员应当考虑管理层是否也识别了该错报风险以及如何应对该风险。

(4)审计人员应当询问管理层识别出的经营风险,并考虑这些风险是否可能导致重大错报。在审计过程中,如果发现与财务报表有关的风险因素,审计人员可通过向管理层询问和检查有关文件确定被审计单位的风险评估过程是否也发现了该风险。如果识别出管理层未能识别的重大错报风险,审计人员应当考虑被审计单位的风险评估过程为何没有识别出这些风险,以及评估过程是否适合具体环境。

(三)了解控制活动

1. 控制活动的含义

控制活动是指有助于确保管理层的指令得以执行的政策和程序,包括与授权、业绩评价、信息处理、实物控制和职责分离等相关的活动。

(1)授权。审计人员应当了解与授权有关的控制活动,包括一般授权和特别授权。授权的目的在于保证交易在管理层授权范围内进行。一般授权是指管理层制定的要求组织内部遵守的普遍适用于某类交易或活动的政策。特别授权是指管理层针对特定类别的交易或活动逐一设置的授权，如重大资本支出和股票发行等。特别授权也可能用于超过一般授权限制的常规交易，例如，因某些特别原因，同意对某个不符合一般信用条件的客户赊销商品。

(2)业绩评价。审计人员应当了解与业绩评价有关的控制活动，主要包括被审计单位分析评价实际业绩与预算的差异，综合分析财务数据与经营数据的内在关系，将内部数据与外部信息来源相比较，评价职能部门、分支机构或项目活动的业绩，以及对发现的异常差异或关系采取必要的调查与纠正措施。

(3)信息处理。审计人员应当了解与信息处理有关的控制活动，包括信息技术的一般控制和应用控制。

此处的信息处理，指的是与信息处理有关的控制活动，包括信息技术的一般控制和应用控制。而在“八、信息系统与沟通”中的信息指的是与财务报告相关的信息系统，包括用于生成、记录、处理和报告交易、事项和情况，对相关资产、负债和所有者权益履行经营管理责任的程序和记录。同学们，在学习时要注意两者的区别，其分属不同的内部控制要素。

信息处理控制可以是人工的、自动化的，或是基于自动流程的人工控制。信息处理控制分为两类，即信息技术一般控制和应用控制。

信息技术一般控制是指与多个应用系统有关的政策和程序，有助于保证信息系统持续恰当地运行，支持应用控制作用的有效发挥，通常包括数据中心和网络运行控制，系统软件的购置、修改及维护控制，接触或访问权限控制，应用系统的购置、开发及维护控制。例如，程序改变的控制、限制接触程序和数据的控制、与新版应用软件包实施有关的控制等都属于信息技术一般控制。

信息技术应用控制是指主要在业务流程层面运行的人工或自动化程序，与用于生成、记录、处理、报告交易或其他财务数据的程序相关，通常包括检查数据计算的准确性、审核账户和试算平衡表、设置对输入数据和数字序号的自动检查，以及对例外报告进行人工干预。

(4)实物控制。审计人员应当了解实物控制，主要包括了解对资产和记录采取适当的安全保护措施，对访问计算机程序和数据文件设置授权，以及定期盘点并将盘点记录与会计记录相核对。例如，现金、有价证券和存货的定期盘点控制。实物控制的效果影响资产的安全，从而对财务报表的可靠性及审计产生影响。

(5)职责分离。审计人员应当了解职责分离，主要包括了解被审计单位如何将交易授权、交易记录以及资产保管等职责分配给不同员工，以防范同一员工在履行多项职责时可能发生的舞弊或错误。当信息技术运用于信息系统时，职责分离可以通过设置安全控制来实现。

2. 了解控制活动

审计人员对被审计单位企业层面的控制活动进行的了解和评估，主要是针对被审计单位的一般控制活动，特别是信息技术一般控制。在了解和评估一般控制活动时考虑的主要因素可能包括：

(1)被审计单位的主要经营活动是否都有必要的控制政策和程序。

(2)管理层在预算、利润和其他财务及经营业绩方面是否都有清晰的目标，在被审计单位内部，是否对这些目标都加以清晰的记录和沟通，并且积极地对其进行监控。

(3)是否存在计划和报告系统，以识别与目标业绩的差异，并向适当层次的管理层报告该差异。

(4)是否由适当层次的管理层对差异进行调查，并及时采取适当的纠正措施。

(5)不同人员的职责应在何种程度上相分离,以降低舞弊和不当行为发生的风险。

(6)会计系统中的数据是否与实物资产定期核对。

(7)是否建立了适当的保护措施,以防止未经授权接触文件、记录和资产。

(8)是否存在信息安全职能部门负责监控信息安全政策和程序。

在了解控制活动时,审计人员应当重点考虑一项控制活动单独或连同其他控制活动是否能够以及如何防止或发现并纠正各类交易、账户余额和披露存在的重大错报。审计人员的工作重点是识别和了解针对重大错报可能发生的领域的控制活动。如果多项控制活动能够实现同一目标,审计人员不必了解与该目标相关的每项控制活动。如果在之后的穿行测试中,审计人员发现已识别的控制实际并未得到执行,则应当重新针对该项控制目标识别是否存在其他的控制。

(四)了解信息与沟通

(1)与财务报告相关的信息系统是否与业务流程相适应。

(2)与财务报告相关的信息系统生成信息的质量是否可靠。

(3)当被审计单位运用信息技术进行数据的传递时,是否存在信息被篡改的风险。

(4)管理层就员工的职责和控制责任是否进行了有效沟通。

(5)针对可疑的不恰当事项和行为是否建立了沟通渠道。

(6)组织内部沟通的充分性是否能够使人员有效地履行职责。

(7)对于与客户、供应商、监管者和其他外部人士的沟通,管理层是否及时采取适当的进一步行动。

(8)被审计单位是否受到某些监管机构发布的监管要求的约束。

(9)外部人士如客户和供应商在多大程度上获知被审计单位的行为守则。

(五)了解对控制的监督

1. 对控制的监督的含义

对控制的监督是指被审计单位评价内部控制在一段时间内运行有效性的过程。对控制的监督涉及及时评估控制的有效性并采取必要的补救措施。

被审计单位可能使用内部审计人员或具有类似职能的人员对内部控制的设计和执行进行专门的评价,以找出内部控制的优点和不足,并提出改进建议。被审计单位也可能利用与外部有关各方沟通或交流所获取的信息监督相关的控制活动。管理层的重要职责之一就是建立和维护控制并保证其持续有效运行,对控制的监督可以实现这一目标。

2. 了解对内部控制的监督

审计人员应当了解与被审计单位监督活动相关的信息来源,以及管理层认为信息具有可靠性的依据。如果拟利用被审计单位监督活动使用的信息(包括内部审计报告),审计人员应当考虑该信息是否具有可靠的基础,是否足以实现审计目标。

审计人员在对被审计单位企业层面的监督进行了解和评估时,应考虑的主要因素可能包括以下方面:

(1)被审计单位是否定期评价内部控制。

(2)被审计单位人员在履行正常职责时,能够在多大程度上获得内部控制是否有效运行的证据。

(3)与外部的沟通能够在多大程度上证实内部产生的信息或者指出存在的问题。

(4)管理层是否采纳内部审计人员和审计人员有关内部控制的建议。

(5)管理层是否及时纠正控制运行中的偏差。

(6)管理层根据监管机构的报告及建议是否及时采取纠正措施。

(7)是否存在协助管理层监督内部控制的职能部门(如内部审计部门)。如存在,对内部审计职能需进一步考虑的因素包括:①独立性和权威性;②向谁报告,例如,直接向董事会、审计委员会或类似机构报告,对接触董事会、审计委员会或类似机构是否有限制;③是否有足够的人员、培训和特殊技能,例如,对于复杂的高度自动化的环境应使用有经验的信息系统审计人员;④是否坚持适用的专业准则;⑤活动的范围,例如,财务审计和经营审计工作的平衡,在分散经营情况下,内部审计的覆盖程度和轮换程度;⑥计划、风险评估和执行工作的记录及形成结论的适当性;⑦是否不承担经营管理责任。

四、从企业层面和业务层面了解和评价内部控制

审计人员应当从被审计单位企业层面和业务层面分别了解和评价被审计单位的内部控制。

(一)了解企业层面的内部控制

了解企业层面的内部控制应注重了解以下事项并做出相应的评价:

(1)与控制环境相关的控制。例如,治理层管理层的理念、对诚信和道德价值的沟通和落实、对胜任能力的重视、治理层的参与程度、管理层的经营风格、组织结构、职权与责任的分配、人力资源政策与实务。

(2)针对管理层和治理层凌驾于内部控制之上的风险而设计的内部控制。例如,针对重大非常规交易的控制、针对关联方交易的控制、减弱伪造或不恰当操作财务结果的动机和压力的控制。

(3)被审计单位的风险评估过程。例如,如何识别经营风险、估计其重要性、评估其发生的可能性、采取措施应对和管理风险及其结果。

(4)对内部信息传递和期末财务报告流程的控制。例如,与会计政策选择和运用相关的程序、调整分录和合并分录的编制和批准、编制财务报表的控制。

(5)对控制有效性的内部监督(即监督其他控制的控制)和内部控制评价。

(6)集中化的处理和控制、监控经营成果的控制,以及重大经营控制和风险管理实务的政策。

(二)了解业务层面的内部控制

了解业务层面的内部控制应注重以下环节:

(1)业绩评价,如对实际与预算、预测与前期、经营数据、财务数据、内部数据、外部数据做出的评价。

(2)信息处理,如对计算准确性检查、对账户和试算平衡表审核、对例外报告的人工跟进、程序变动控制、限制接触程序或数据的控制。

(3)实物控制,如保护资产的实物安全、对接触计算机程序和数据文档设置授权、定期盘点并将盘点记录与控制记录相核对。

(4)职责分离,如将交易授权、记录交易以及资产保管等职责分配给不同的员工。

企业层面的控制较差甚至可能使最好的业务层面控制失效,例如,被审计单位可能有一个有效的采购系统,但如果会计人员不胜任,仍然会发生大量错误,且其中一些错误可能导致财务报表存在重大错报;管理层凌驾于内部控制之上也可能导致财务报表存在重大错报。

(三)确定可能存在重大错报风险的重大账户及其相关认定的步骤

在初步计划审计工作时,审计人员为确定在被审计单位财务报表中可能存在重大错报风险的重大账户及其相关认定,通常采取下列步骤:

1. 确定重要业务流程和重要交易类别

对制造业企业,重要业务流程可以划分为销售与收款循环、采购与付款循环、生产与存货循环、人力资源与工薪循环、投资与筹资循环等。重要交易类别是指可能对被审计单位财务报表产生重大影响的各类交易。重要交易类别应与相关账户及其认定相联系,例如,对于一般制造业企业,销售收入和应收账款通常是重大账户,销售和收款都是重要交易类别。除了一般所理解的交易以外,对财务报表具有重大影响的事项和情况也应包括在内,例如,计提资产的折旧或摊销,考虑应收款项的可回收性和计提坏账准备等。

2. 了解重要交易流程,并进行记录

交易流程通常包括一系列工作:输入数据的核准与修订,数据的分类与合并,进行计算、更新账簿资料和客户信息记录,生成新的交易,归集数据,列报数据。例如,在销售循环中,这些活动包括输入销售订购单、编制货运单据和发票、更新应收账款信息记录等。相关的处理程序包括通过编制调整分录,修改并再次处理以前被拒绝的交易,以及修改被错误记录的交易。

审计人员要注意记录以下信息:①输入信息的来源;②所使用的重要数据档案,如客户清单及价格信息记录;③重要的处理程序,包括在线输入和更新处理;④重要的输出文件、报告和记录;⑤基本的职责划分,即列示各部门所负责的处理程序。

审计人员通常只是针对每一年的变化修改记录流程的工作底稿,除非被审计单位的交易流程发生重大改变。然而,无论业务流程与以前年度相比是否有变化,审计人员每年都要考虑上述注意事项,以确保对被审计单位的了解是最新的。

3. 确定可能发生错报的环节

审计人员需要了解被审计单位:①在哪些环节设置了控制,确认这些控制能否防止并纠正可能发生的错报;②对错报风险较大的环节是否设置了有效的控制。

尽管不同的被审计单位会为确保会计信息的可靠性而对业务流程设计和实施不同的控制,但设计控制的目的是为实现某些控制目标。审计人员需要考量这些控制与控制目标的相关程度。

4. 识别和了解相关控制

通过对被审计单位的了解,包括在被审计单位企业层面对内部控制各要素的了解,以及在上述程序中对重要业务流程的了解,审计人员可以确定是否有必要进一步了解在业务流程层面的控制。

(1)如果被审计单位在业务流程层面针对某些重要交易流程所设计的控制是无效的,或者审计人员并不打算信赖控制,这时审计人员没有必要进一步了解在业务流程层面的控制。

(2)如果认为仅通过实质性程序无法将认定层次的检查风险降至可接受的水平,或者针对特别风险,审计人员应当了解和评估相关的控制活动。

如果审计人员拟信赖相关内部控制,审计人员应当确定业务流程中:①被审计单位是否建立了有效的控制,以防止或发现并纠正这些错报;②被审计单位是否遗漏了必要的控制;③是否识别了可以最有效测试的控制。

(四)预防性控制和检查性控制

业务流程中的控制划分为预防性控制和检查性控制。

1. 预防性控制的应用

预防性控制通常用于正常业务流程的每一项交易，以防止错报的发生。在流程中防止错报是信息系统的重要目标。预防性控制可能是人工的，也可能是自动化的。

2. 检查性控制的应用

如果确信存在以下情况，那么就可以将检查性控制作为一个主要的手段，来合理保证某特定认定发生重大错报的可能性较小：①控制所检查的数据是完整、可靠的；②控制对于发现重大错报足够敏感；③发现的所有重大错报都将被纠正。

建立检查性控制的目的是发现流程中可能发生的错报。被审计单位通过检查性控制，监督其流程和相应的预防性控制能否有效地发挥作用。检查性控制通常被管理层用来监督实现流程目标的控制。检查性控制可以由人工执行，也可以由信息系统自动执行。

五、执行穿行测试，证实对交易流程和相关控制的了解

为了证实对交易流程和相关控制的了解，审计人员通常会执行穿行测试。

(一)执行穿行测试可确认的事项

执行穿行测试可获得下列方面的证据：①确认对业务流程的了解；②确认对重要交易的了解是完整的，即在交易流程中所有与财务报表认定相关的可能发生错报的环节都已识别；③确认所获取的有关流程中的预防性控制和检查性控制信息的准确性；④评估控制设计的有效性；⑤确认控制是否得到执行；⑥确认之前所做的书面记录的准确性。

(二)记录穿行测试

审计人员应当将穿行测试的情况记录于工作底稿，记录的内容包括穿行测试中查阅的文件、穿行测试的程序以及审计人员的发现和结论。

需要注意的是，如果不拟信赖控制，审计人员仍需要执行适当的审计程序，以确认以前对业务流程及可能发生错报环节了解的准确性和完整性。

六、初步评价和风险评估

(一)对控制的初步评价

在识别和了解控制后，审计人员需要评价控制设计的合理性并确定其是否得到执行。

审计人员对控制的评价结论可能是：①所设计的控制单独或连同其他控制能够防止或发现并纠正重大错报，并得到执行；②控制本身的设计是合理的，但没有得到执行；③控制本身的设计就是无效的或缺乏必要的控制。

由于对控制的了解和评价是在穿行测试完成后但又在测试控制运行有效性之前进行的，因此，上述评价结论只是初步结论，仍可能随控制测试后实施实质性程序的结果而发生变化。

(二)评估重大错报风险

审计人员通过对控制的评价，进而可对重大错报风险进行评估。评估重大错报风险时应当考虑以下因素：

(1)账户特征及已识别的重大错报风险。如果已识别的重大错报风险水平为高(例如，复杂的发票计算或计价过程增加了开票错报的风险；经营的季节性特征增加了在旺季发生错报的风险)，相关的控制应有较高的敏感度，即在错报率较低的情况下也能防止或发现并纠正错报。

(2)对被审计单位企业层面控制的评价。审计人员应将对企业层面获得的了解和结论，同

在业务流程层面获得的有关重大交易流程及其控制的证据结合起来考虑。

(3)对被审计单位业务层面控制的评价。在评价业务流程层面的控制要素时,考虑的影响因素可能包括:管理层及执行控制的员工表现出来的胜任能力及诚信度;员工受监督的程度及员工流动的频繁程度;管理层凌驾于控制之上的潜在可能性;缺乏职责划分,包括信息技术系统中自动化的职责划分的情况;所审计期间内部审计人员或其他监督人员测试控制运行情况的程度;业务流程变更产生的影响(如变更期间控制程序的有效性是否受到了削弱);在被审计单位的风险评估过程中,所识别的与某项控制运行相关的风险,以及对于该控制是否有进一步的监督。

(4)审计人员同时也要考虑其识别出针对某控制的风险,被审计单位是否也识别出该风险,并采取了适当的措施来降低该风险。

除非存在某些可以使控制得到一贯运行的自动化控制,审计人员对控制的了解和评价并不能够代替对控制运行有效性的测试。例如,审计人员获得了某一人工控制在某一时点得到执行的审计证据,但这并不能证明该控制在被审计期间内的其他时点也得到有效执行。

七、对财务报告流程的了解

审计人员需进一步了解有关信息从具体交易的业务流程过入总账、财务报表以及相关列报的流程,即财务报告流程及其控制。这一流程和控制与财务报表的列报认定直接相关。

(一)财务报告的流程

财务报告流程包括:①将业务数据汇总记入总账的程序,即如何将重要业务流程的信息与总账和财务报告系统相连接;②在总账中生成、记录和处理会计分录的程序;③记录对财务报表常规和非常规调整的程序,如合并调整、重分类等;④草拟财务报表和相关披露的程序。

(二)需考虑的事项

在了解财务报告流程的过程中,审计人员应当考虑以下方面并做出评估:

(1)主要的输入输出信息以及执行的程序。

(2)每一财务报告流程要素中涉及信息技术的程度。

(3)管理层有哪些人员参与其中。

(4)记账分录的主要类型,如标准分录、非标准分录等。

(5)适当人员(包括管理层和治理层)对流程实施监督的性质和范围。

第四节　评估重大错报风险

评估重大错报风险是风险评估阶段的最后一个步骤。获取的关于风险因素和控制对相关风险的抵消信息,通常将全部用于对财务报表层次以及各类交易、账户余额和披露认定层次评估重大错报风险。评估结果将作为确定进一步审计程序的性质、范围和时间安排的基础,以应对识别的风险。

一、评估财务报表层次和认定层次的重大错报风险

(一)识别两个层次的重大错报风险

审计人员应当识别和评估财务报表层次以及各类交易、账户余额、列报与披露认定层次的重大错报风险。在识别和评估重大错报风险时,审计人员应当:

(1)在了解被审计单位及其环境的整个过程中识别风险,并考虑各类交易、账户余额、列报与披露。

(2)将识别的风险与认定层次可能发生错报的领域相联系。

(3)考虑识别的风险是否重大,足以导致财务报表发生重大错报。

(4)考虑识别的风险导致财务报表发生重大错报的可能性。

审计人员应当利用实施风险评估程序所搜集的信息,包括在评价控制设计和确定其是否得到执行时获取的审计证据,作为支持风险评估结果的审计证据并根据风险评估结果,确定实施进一步审计程序的性质、时间和范围。

在对重大错报风险进行识别和评估后,审计人员应当确定识别的重大错报风险是与特定的某类交易、账户余额和披露的认定相关,还是与财务报表整体广泛相关,进而影响多项认定。

某些重大错报风险可能与特定的某类交易、账户余额和披露的认定相关。例如,被审计单位存在复杂的联营或合资,这一事项表明长期股权投资账户的认定可能存在重大错报风险。某些重大错报风险可能与财务报表整体广泛相关,进而影响多项认定。例如,在经济不稳定的国家和地区开展业务、资产的流动性出现问题、重要客户流失、融资能力受到限制等,可能导致审计人员对被审计单位的持续经营能力产生重大疑虑。

(二)评估重大错报风险的审计程序

在评估重大错报风险时,审计人员应当实施下列审计程序:

(1)在了解被审计单位及其环境的整个过程中,结合对财务报表中各类交易、账户余额和披露的考虑,识别风险。例如,被审计单位因相关环境法规的实施需要更新设备,可能面临原有设备闲置或贬值的风险;宏观经济的低迷可能预示应收账款的回收存在问题;竞争者开发的新产品上市,可能导致被审计单位的主要产品在短期内过时,预示将出现存货跌价和长期资产(如固定资产等)的减值。

(2)结合对拟测试的相关控制的考虑,将识别出的风险与认定层次可能发生错报的领域相联系。例如,销售困难使产品的市场价格下降,可能导致年末存货成本高于其可变现净值而需要计提存货跌价准备,这显示存货的计价认定可能发生错报。

(3)评估识别出的风险,并评价其是否更广泛地与财务报表整体相关,进而潜在地影响多项认定。

(4)考虑发生错报的可能性,以及潜在错报的重大程度是否足以导致重大错报。

审计人员应当利用实施风险评估程序获取的信息,包括在评价控制设计和确定其是否得到执行时获取的审计证据,作为支持风险评估结果的审计证据。审计人员应当根据风险评估结果,确定实施进一步审计程序的性质、时间安排和范围。

(三)控制环境对评估财务报表层次重大错报风险的影响

财务报表层次的重大错报风险很可能源于薄弱的控制环境。薄弱的控制环境带来的风险可能对财务报表产生广泛影响,难以限于某类交易、账户余额和披露,审计人员应当采取总体应对措施。

例如,被审计单位治理层、管理层对内部控制的重要性缺乏认识,没有建立必要的制度和程序;或管理层经营理念偏于激进,又缺乏实现激进目标的人力资源等。这些缺陷源于薄弱的控制环境,可能对财务报表产生广泛影响,需要审计人员采取总体应对措施。

(四)控制对评估认定层次重大错报风险的影响

(1)在评估重大错报风险时,审计人员应当将所了解的控制与特定认定相联系。控制有助于防止或发现并纠正认定层次的重大错报。在评估重大错报发生的可能性时,除了考虑可能的风险外,还要考虑控制对风险的抵消和遏制作用。有效的控制会减少错报发生的可能性,而控制不当或缺乏控制,错报就有可能变成现实。

(2)在确定这些控制是否能够实现上述目标时,审计人员应当将控制活动和其他要素综合考虑。如将销售和收款的控制置于其所在的流程和系统中考虑,以确定其能否实现控制目标。因为单个的控制活动(如将发货单与销售发票相核对)本身并不足以控制重大错报风险,只有多种控制活动和内部控制的其他要素综合作用才足以控制重大错报风险。

(3)某些控制活动可能专门针对某类交易或账户余额的个别认定。例如,被审计单位建立的、以确保盘点工作人员能够正确地盘点和记录存货的控制活动,直接与存货账户余额的存在和完整性认定相关。审计人员只需要对盘点过程和程序进行了解,就可以确定控制是否能够实现目标。

(4)审计人员应当考虑对识别的各类交易、账户余额和披露认定层次的重大错报风险予以汇总和评估,以确定进一步审计程序的性质、时间安排和范围。

(五)考虑财务报表的可审计性

审计人员在了解被审计单位内部控制后,可能对被审计单位财务报表的可审计性产生怀疑(如管理层严重缺乏诚信,审计人员认为管理层在财务报表中做出虚假陈述的风险高到无法进行审计的程度),因此,如果通过对内部控制的了解发现下列情况,并对财务报表局部或整体的可审计性产生疑问,审计人员应当考虑出具保留意见或无法表示意见的审计报告:①被审计单位会计记录的状况和可靠性存在重大问题,不能获取充分、适当的审计证据以发表无保留意见;②对管理层的诚信存在严重疑虑。必要时,审计人员应当考虑解除业务约定。

二、需要特别考虑的重大错报风险

(一)特别风险的含义

特别风险,是指审计人员识别和评估的、根据判断认为需要特别考虑的重大错报风险。

(二)确定特别风险时考虑的事项

在判断哪些风险是特别风险时,审计人员应当至少考虑下列事项:

(1)风险是否属于舞弊风险。

(2)风险是否与近期经济环境、会计处理方法或其他方面的重大变化相关,因而需要特别关注。

(3)交易的复杂程度。

(4)风险是否涉及重大的关联方交易。

(5)财务信息计量的主观程度,特别是计量结果是否具有高度不确定性。

(6)风险是否涉及异常或超出正常经营过程的重大交易。

在判断哪些风险是特别风险时,审计人员不应考虑识别出的控制对相关风险的抵消效果。

(三)非常规交易和判断事项可能导致特别风险

1. 非常规交易可能导致特别风险

非常规交易是指由于金额或性质异常而不经常发生的交易,如企业购并、债务重组、重大或有事项等。

非常规交易具有下列特征:①管理层更多地干预会计处理;②对数据收集和处理进行更多的人工干预;③复杂的计算或会计处理方法;④非常规交易的性质可能使被审计单位难以对由

此产生的特别风险实施有效控制。因此，与重大非常规交易相关的特别风险可能导致更高的重大错报风险。

2. 判断事项可能导致特别风险

判断事项通常包括做出的会计估计(具有计量的重大不确定性)，如资产减值准备金额的估计、需要运用复杂估值技术确定的公允价值计量等。

由于下列原因，与重大判断事项相关的特别风险可能导致更高的重大错报风险：一是对涉及会计估计、收入确认等方面的会计原则存在不同的理解；二是所要求的判断可能是主观和复杂的，或需要对未来事项做出假设。

(四)考虑与特别风险相关的控制

对特别风险，审计人员应当评价相关控制的设计情况，并确定其是否已经得到执行。由于与重大非常规交易或判断事项相关的风险很少受到日常控制的约束，审计人员应当了解被审计单位是否针对该特别风险设计和实施了控制。

如果管理层未能实施控制以恰当应对特别风险，审计人员应当认为内部控制存在重大缺陷，并考虑其对风险评估的影响，应当就此类事项与治理层沟通。

三、仅通过实质性程序无法应对的重大错报风险

如果认为仅通过实质性程序获取的审计证据无法应对认定层次的重大错报风险，审计人员应当评价被审计单位针对这些风险设计的控制，并确定其执行情况。

在被审计单位对日常交易采用高度自动化处理的情况下，审计证据可能仅以电子形式存在，其充分性和适当性通常取决于自动化信息系统相关控制的有效性，审计人员应当考虑仅通过实施实质性程序不能获取充分、适当审计证据的可能性。

例如，某企业通过高度自动化的系统确定采购品种和数量，生成采购订购单，并通过系统中设定的收货确认和付款条件进行付款。除了系统中的相关信息以外，该企业没有其他有关订购单和收货的记录。在这种情况下，如果认为仅通过实施实质性程序不能获取充分、适当的审计证据，审计人员应当考虑依赖的相关控制的有效性，并对其进行了解、评估和测试。

四、对风险评估的修正

审计人员对认定层次重大错报风险的评估，可能随着审计过程中不断获取审计证据而做出相应的变化。

例如，审计人员对重大错报风险的评估可能基于预期控制运行有效这一判断，即相关控制可以防止或发现并纠正认定层次的重大错报。但在测试控制运行的有效性时，审计人员获取的证据可能表明相关控制在被审计期间并未有效运行。同样，在实施实质性程序后，审计人员可能发现错报的金额和频率比在风险评估时预计的金额和频率要高。因此，如果通过实施进一步审计程序获取的审计证据与初始评估获取的审计证据相矛盾，审计人员应当修正风险评估结果，并相应修改原计划实施的进一步审计程序。

因此，评估重大错报风险与了解被审计单位及其环境一样，也是一个连续和动态地收集、更新与分析信息的过程，贯穿于整个审计过程的始终。

复习思考题

1. 内部控制的五要素是如何对财务报告目的、经营目的和合规性目的产生影响的?

2. 在判断哪些风险是特别风险时,审计人员如何判断哪些风险属于舞弊风险?

3. 在评价管理层是否存在歪曲财务报表的动机和压力时,审计人员如何判断应当考虑的其他情形?

4. 网络审计中的风险评估工作与传统的财务报表审计有哪些显著的区别?

5. 审计人员在了解被审计单位及其环境时,针对不同行业的被审计单位如何区分重点来了解?

第六章

风险应对

学习目标

通过本章的学习，掌握审计人员针对财务报表层次的重大错报风险应采取的总体应对措施，熟悉实质性方案和综合性方案及其区别；熟悉进一步审计程序的性质、时间和范围；熟悉应对实施控制测试的情形；熟悉实质性程序的性质、时间和范围。

第一节 总体应对措施

一、识别不同层次的重大错报风险

在财务报表重大错报风险的评估过程中，审计人员应当确定识别的重大错报风险是与特定的某类交易、账户余额和披露的认定相关，还是与财务报表整体广泛相关，进而影响多项认定。如果是后者，则属于财务报表层次的重大错报风险。

针对评估的财务报表层次重大错报风险，审计人员应当采取总体应对措施。

二、总体应对措施的方向

(1)向项目组强调保持职业怀疑的必要性。

(2)指派更有经验或具有特殊技能的审计人员，或利用专家的工作。由于各行业在经营业务、经营风险、财务报告、法规要求等方面具有特殊性，审计人员的专业分工细化成为一种趋势。审计项目组成员中应有一定比例的人员曾经参与过被审计单位以前年度的审计，或具有被审计单位所处特定行业的相关审计经验。必要时，要考虑利用信息技术、税务、评估、精算等方面的专家的工作。

(3)提供更多的督导。对于财务报表层次重大错报风险较高的审计项目，审计项目组的高级别成员，如项目合伙人、项目经理等经验较丰富的人员，要对其他成员提供更详细、更经常、更及时的指导和监督并加强项目质量复核。

(4)融入更多不可预见因素。被审计单位人员，尤其是管理层，如果熟悉审计人员的审计套路，就可能采取种种规避手段，掩盖财务报告中的舞弊行为。因此，在设计拟实施审计程序的性质、时间安排和范围时，为了避免既定思维对审计方案的限制，避免对审计效果的人为干涉，从而使得针对重大错报风险的进一步审计程序更加有效，审计人员要考虑使某些程序不被审计单位管理层事先了解，在选择拟实施的进一步审计程序时考虑融入更多的不可预见因素。

(5)调整拟实施的审计程序。经过风险评估，审计人员对被审计单位有了进一步的了解，原来拟定的审计计划可能不完全适合继续执行，审计人员应当根据原审计计划结合风险评估的结果调整、补充、修改拟实施审计计划，包括审计程序的性质、时间安排和范围。

三、控制环境存在缺陷时的考虑

如果控制环境存在缺陷，审计人员应当及时修改拟实施的审计程序，包括拟实施审计程序的性质、时间安排和范围，修改时应当考虑以下方面：

(1)在期末而非期中实施更多的审计程序。控制环境的缺陷通常会削弱期中获得的审计证据的可信赖程度。

(2)通过实施实质性程序获取更广泛的审计证据。良好的控制环境是其他控制要素发挥作用的基础。控制环境存在缺陷通常会削弱其他控制要素的作用，导致审计人员可能无法信赖内部控制，而主要依赖实施实质性程序获取审计证据。

(3)增加拟纳入审计范围的经营地点的数量。

四、增加审计程序不可预见性的方法

审计人员可以通过以下方法提高审计程序的不可预见性：

(1)对某些以前未测试的低于设定的重要性水平或风险较小的账户余额和认定实施实质性程序。审计人员可以关注以前未曾关注过的审计领域，尽管这些领域可能重要程度比较低。如果这些领域有可能被用于掩盖舞弊行为，审计人员就要针对这些领域实施一些具有不可预见性的测试。

(2)调整实施审计程序的时间，使其超出被审计单位的预期。比如说，如果审计人员在以前年度的大多数审计工作都围绕着 12 月或在年底前后进行，那么被审计单位就会了解审计人员的这一审计习惯，由此可能会把一些不适当的会计调整放在年度的 9 月、10 月或 11 月等，以避免引起审计人员的注意。因此，审计人员可以考虑调整实施审计程序时测试项目的时间，从测试 12 月的项目调整到测试 9 月、10 月或 11 月的项目。

(3)采取不同的审计抽样方法，使当年抽取的测试样本与以前有所不同。

(4)选取不同的地点实施审计程序，或预先不告知被审计单位所选定的测试地点。例如，在存货监盘程序中，审计人员可以到未事先通知被审计单位的盘点现场进行监盘，使被审计单位没有机会事先安排，隐藏一些不想让审计人员知道的情况。

五、总体应对措施对拟实施进一步审计程序的影响

财务报表层次重大错报风险难以限于某类交易、账户余额和披露的特点，意味着此类风险可能对财务报表的多项认定产生广泛影响，并相应增加审计人员对认定层次重大错报风险的评估难度。因此，审计人员评估的财务报表层次重大错报风险以及采取的总体应对措施，对拟实施进一步审计程序的总体审计方案具有重大影响。

拟实施进一步审计程序的总体审计方案包括实质性方案和综合性方案。

实质性方案是指审计人员实施的进一步审计程序以实质性程序为主。当评估的财务报表层次重大错报风险属于高风险水平时，拟实施进一步审计程序的总体方案往往更倾向于实质性方案。并相应采取更强调审计程序不可预见性的方法以及重视调整审计程序的性质、时间安排和范围。

综合性方案是指审计人员在实施进一步审计程序时，将控制测试与实质性程序结合使用。

第二节 进一步审计程序

一、进一步审计程序的含义

进一步审计程序相对于风险评估程序而言，是指审计人员针对评估的各类交易、账户余额和披露认定层次重大错报风险实施的审计程序，包括控制测试和实质性程序。

审计人员应当针对评估的认定层次重大错报风险设计和实施进一步审计程序，包括审计程序的性质、时间安排和范围。

审计人员设计和实施的进一步审计程序的性质、时间安排和范围，应当与评估的认定层次重大错报风险具有明确的对应关系。审计人员实施的审计程序应具有目的性和针对性，有的放矢地配置审计资源，有利于提高审计效率和效果。

二、设计进一步审计程序时的考虑因素

在设计进一步审计程序时，审计人员应当考虑下列因素：

(1)风险的重要性。风险的重要性是指风险造成的后果的严重程度。风险的后果越严重，就越需要审计人员关注和重视，越需要精心设计有针对性的进一步审计程序。

(2)重大错报发生的可能性。重大错报发生的可能性越大，同样越需要审计人员精心设计进一步审计程序。

(3)涉及的各类交易、账户余额和披露的特征。不同的交易、账户余额和披露，产生的认定层次的重大错报风险也会存在差异，适用的审计程序也有差别，需要审计人员区别对待，并设计有针对性的进一步审计程序予以应对。

(4)被审计单位采用的特定控制的性质。不同性质的控制，诸如人工控制和自动化控制对审计人员设计进一步审计程序具有重要影响。

(5)审计人员是否拟获取审计证据，以确定内部控制在防止或发现并纠正重大错报方面的有效性。如果审计人员在风险评估时预期内部控制运行有效，随后拟实施的进一步审计程序必须包括控制测试。

三、进一步审计程序的性质

进一步审计程序的性质是指进一步审计程序的目的和方法。其中，进一步审计程序的目的包括通过实施控制测试以确定内部控制运行的有效性，通过实施实质性程序以发现认定层次的重大错报；进一步审计程序的方法包括检查、观察、询问、函证、重新计算、重新执行和分析程序及其组合。

在确定进一步审计程序的性质时，审计人员首先需要考虑的是认定层次重大错报风险的评估结果。因此，审计人员应当根据认定层次重大错报风险的评估结果选择审计方法。评估的认定层次重大错报风险越高，对通过实质性程序获取的审计证据的相关性和可靠性的要求越高，从而可能影响进一步审计方法及其综合运用。例如，当审计人员判断某类交易协议的完整性存在更高的重大错报风险时，除了检查文件以外，审计人员还可能决定向第三方询问或函证协议条款的完整性。

四、进一步审计程序的时间

(一)含义

进一步审计程序的时间是指审计人员何时实施进一步审计程序,或审计证据适用的期间或时点。此处的时间,可以是审计程序的实施时间,也可以是获取的审计证据适用的期间或时点。

(二)进一步审计程序时间的两个层面

第一个层面是审计人员选择在何时实施进一步审计程序的问题。第一个层面的选择问题主要集中在如何权衡期中与期末实施审计程序的关系。

第二个层面是选择获取什么期间或时点的审计证据的问题。第二个层面的选择问题分别集中在如何权衡期中审计证据与期末审计证据的关系、如何权衡以前审计获取的审计证据与本期审计获取的审计证据的关系。

这两个层面的最终落脚点都是如何确保获取审计证据的效率和效果。

(三)确定进一步审计程序的时间应考虑的因素

审计人员在确定何时实施进一步审计程序时应考虑的因素主要包括以下方面:

(1)控制环境。良好的控制环境可以抵消在期中实施进一步审计程序的一些局限性,使审计人员在确定实施进一步审计程序的时间时有更大的灵活度。

(2)何时能得到相关信息。例如,某些控制活动可能仅在期中或期中以前发生,而之后可能难以再被观察到。在这种情况下,审计人员如果希望获取相关信息,则需要考虑能够获取相关信息的时间。

(3)错报风险的性质。例如,被审计单位可能为了保证盈利目标的实现,而在会计期末以后伪造销售合同以虚增收入。此时,审计人员需要考虑在资产负债表日这个特定时点获取被审计单位截至期末所能提供的所有销售合同及相关资料,以防范被审计单位在资产负债表日后伪造销售合同虚增收入的做法。

(4)审计证据适用的期间或时点。审计人员应当根据需要获取的特定审计证据确定何时实施进一步审计程序。例如,为了获取资产负债表日的存货余额证据,显然不宜在与资产负债表日后的期中时点或期末以后时点实施存货监盘等相关审计程序。

(5)某些审计程序只能在期末或期末以后实施,包括将财务报表与会计记录相核对,检查财务报表编制过程中所做的会计调整等。

(6)如果被审计单位在期末或接近期末发生了重大交易,或重大交易在期末尚未完成,审计人员应当考虑交易的发生或截止等认定可能存在的重大错报风险,并在期末或期末以后检查此类交易。

五、进一步审计程序的范围

(一)含义

进一步审计程序的范围是指实施进一步审计程序的数量,包括抽取的样本量、对某项控制活动的观察次数等。

(二)确定进一步审计程序范围时应考虑的因素

(1)确定的重要性水平。确定的重要性水平越低,审计人员实施进一步审计程序的范围越广。

(2)评估的重大错报风险。评估的重大错报风险越高，对拟获取审计证据的相关性、可靠性的要求越高，因此，审计人员实施的进一步审计程序的范围也越广。

(3)计划获取的保证程度。计划获取的保证程度，是指审计人员计划通过所实施的审计程序对测试结果可靠性所获取的信心。计划获取的保证程度越高，对测试结果可靠性要求越高，审计人员实施的进一步审计程序的范围越广；如果审计人员计划从控制测试中获取更高的保证程度，则控制测试的范围就更广。

(4)若重大错报风险增加，审计人员应考虑扩大审计程序的范围。审计程序应与特定风险相关，此时，扩大审计程序的范围才是有效的。

六、抽样结论的风险

审计人员使用恰当的抽样方法通常可以得出有效结论。

但当存在下列情形时，审计人员依据样本得出的结论可能与对总体实施同样的审计程序得出的结论不同，出现不可接受的风险：

(1)从总体中选择的样本量过小。

(2)选择的抽样方法对实现特定目标不适当。

(3)未对发现的例外事项进行恰当的追查。

第三节　控制测试

一、控制测试的概念和适用情形

(一)控制测试的概念

1. 控制测试的含义

控制测试是为了获取关于控制防止或发现并纠正认定层次重大错报的有效性而实施的测试；是用于评价内部控制在防止或发现并纠正认定层次重大错报方面的运行有效性的审计程序。

2.“控制测试”与“了解内部控制”的区别与联系

(1)区别。

“测试控制”是要测试“控制运行的有效性”。“了解内部控制”包含两层含义：一是评价控制的设计；二是确定控制是否得到执行。“测试控制运行的有效性”与“确定控制是否得到执行”所需获取的审计证据是不同的。

在实施风险评估程序(了解内部控制)以获取控制是否得到执行的审计证据时，审计人员应当确定某项控制是否存在，被审计单位是否正在使用。

在测试控制运行的有效性时，审计人员应当从下列方面获取关于控制是否有效运行的审计证据：①控制在所审计期间的相关时点是如何运行的；②控制是否得到一贯执行；③控制由谁或以何种方式执行。

(2)联系。

测试控制运行的有效性与确定控制是否得到执行所需获取的审计证据虽然存在差异，但两者也有联系。

为评价控制设计和确定控制是否得到执行而实施的某些风险评估程序并非专为控制测试

而设计，但可能提供有关控制运行有效性的审计证据，审计人员可以考虑在评价控制设计和获取其得到执行的审计证据的同时测试控制运行有效性，以提高审计效率；同时审计人员应当考虑这些审计证据是否足以实现控制测试的目的。

当然，审计人员需要考虑所实施的风险评估程序获取的审计证据是否能够充分、适当地反映被审计单位费用预算管理制度在各个不同时点按照既定设计得以一贯执行。

(二)控制测试的适用情形

作为进一步审计程序的类型之一，控制测试并非在任何情况下都需要实施。当存在下列情形之一时，审计人员应当实施控制测试：

1. 在评估认定层次重大错报风险时，预期控制的运行是有效的

如果在评估认定层次重大错报风险时预期控制的运行是有效的，审计人员可以实施控制测试，就控制在相关期间或时点的运行有效性获取充分、适当的审计证据。

审计人员通过实施风险评估程序，可能发现某项控制的设计是存在的，也是合理的，同时得到了执行。在这种情况下，出于成本效益的考虑，审计人员可能预期，如果相关控制在不同时点都得到了一贯执行，与该项控制有关的财务报表认定发生重大错报的可能性就不会很大，也就不需要实施很多的实质性程序。为此，审计人员可能会认为值得对相关控制在不同时点是否得到了一贯执行进行测试，即实施控制测试。这种测试主要是出于成本效益的考虑，其前提是审计人员通过了解内部控制以后认为某项控制存在着被信赖和利用的可能。

因此，只有认为控制设计合理、能够防止或发现和纠正认定层次的重大错报，审计人员才有必要对控制运行的有效性实施测试。

2. 仅实施实质性程序并不能够提供认定层次充分、适当的审计证据

当仅实施实质性程序并不能够提供认定层次充分、适当的审计证据的时候，审计人员应当实施控制测试。需注意的是，被审计单位在所审计期间内可能由于技术更新或组织管理变更而更换了信息系统，从而导致在不同时期使用了不同的控制。如果被审计单位在所审计期间内的不同时期使用了不同的控制，审计人员应当考虑不同时期控制运行的有效性。

二、控制测试的性质

(一)控制测试的性质的含义

控制测试的性质是指控制测试所使用的审计方法的类型及其组合。

控制测试采用的审计方法有询问、观察、检查和重新执行。

(1)询问。审计人员可以向被审计单位适当员工询问，获取与内部控制运行情况相关的信息。例如，询问信息系统管理人员有无未经授权接触计算机硬件和软件，向负责复核银行存款余额调节表的人员询问如何进行复核，包括复核的要点是什么、发现不符事项如何处理等。然而，仅仅通过询问不能为控制运行的有效性提供充分的证据，审计人员通常需要印证被询问者的答复，如向其他人员询问和检查执行控制时所使用的报告、手册或其他文件等。因此，虽然询问是一种有用的手段，但它必须和其他测试手段结合使用才能发挥作用。在询问过程中，审计人员应当保持职业怀疑。

(2)观察。观察是测试不留下书面记录的控制(如职责分离)的运行情况的有效方法。例如，观察存货盘点控制的执行情况。观察也可运用于实物控制，如查看仓库门是否锁好，或空白支票是否妥善保管。通常情况下，审计人员通过观察直接获取的证据比间接获取的证据更可靠。但是，审计人员还要考虑其所观察到的控制在审计人员不在场时可能未被执行的情况。

(3)检查。对运行情况留有书面证据的控制,如书面说明、复核时留下的记号,或其他记录在偏差报告中的标志,都可以被当作控制运行情况的证据。

(4)重新执行。通常只有当询问、观察和检查程序结合在一起仍无法获得充分的证据时,审计人员才考虑通过重新执行来证实控制是否有效运行。例如,为了合理保证计价认定的准确性,被审计单位的一项控制是由复核人员核对销售发票上的价格与统一价格单上的价格是否一致。但是,要检查复核人员有没有认真执行核对,仅仅检查复核人员是否在相关文件上签字是不够的,审计人员还需要自己选取一部分销售发票进行核对,这就是重新执行程序。如果需要进行大量的重新执行,审计人员就要考虑通过实施控制测试以缩小实质性程序的范围是否有效率。

询问本身并不足以测试控制运行的有效性,审计人员需要将询问与其他审计方法结合使用。而观察提供的证据仅限于观察发生的时点,因此,将询问与检查或重新执行结合使用,可能比仅实施询问和观察获取更高水平的保证。

(二)确定控制测试的性质时的要求

计划从控制测试中获取的保证水平是决定控制测试性质的主要因素之一。在计划和实施控制测试时,对控制有效性的信赖程度越高,审计人员应当获取越有说服力的审计证据。当拟实施的进一步审计程序主要以控制测试为主,尤其是仅实施实质性程序无法或不能获取充分、适当的审计证据时,审计人员应当获取有关控制运行有效性的更高的保证水平。

在确定控制测试的性质时,审计人员应考虑以下事项:

(1)考虑特定控制的性质。审计人员应当根据特定控制的性质选择所需实施审计方法的类型。例如,某些控制可能存在反映控制运行有效性的文件记录,在这种情况下,审计人员可以检查这些文件记录以获取控制运行有效的审计证据;某些控制可能不存在文件记录(如一项自动化的控制活动),或文件记录与能否证实控制运行有效性不相关,审计人员应当考虑实施检查以外的其他审计程序(如询问和观察)或借助计算机辅助审计技术,以获取有关控制运行有效性的审计证据。

(2)考虑测试与认定直接相关和间接相关的控制。在设计控制测试时,审计人员不仅应当考虑与认定直接相关的控制,还应当考虑这些控制所依赖的与认定间接相关的控制,以获取支持控制运行有效性的审计证据。例如,被审计单位可能针对超出信用额度的例外赊销交易设置报告和审核制度(与认定直接相关的控制)。在测试该项制度的运行有效性时,审计人员不仅应当考虑审核的有效性,还应当考虑与例外赊销报告中信息准确性有关的控制(与认定间接相关的控制)是否有效运行。

(3)如何对一项自动化的应用控制实施控制测试。对于一项自动化的应用控制,由于信息技术处理过程的内在一贯性,审计人员可以利用该项控制得以执行的审计证据和信息技术一般控制(特别是对系统变动的控制)运行有效性的审计证据,作为支持该项控制在相关期间运行有效性的重要审计证据。

(三)实施控制测试时对双重目的的实现

控制测试的目的是评价控制是否有效运行;细节测试的目的是发现认定层次的重大错报。尽管两者目的不同,但审计人员可以考虑针对同一交易同时实施控制测试和细节测试,以实现双重目的。例如,审计人员通过检查某笔交易的发票可以确定其是否经过适当的授权,也可以获取关于该交易的金额、发生时间等细节证据。当然,如果拟实施双重目的的测试,审计人员应当仔细设计和评价测试程序。

(四)实施实质性程序的结果对控制测试结果的影响

(1)如果通过实施实质性程序未发现某项认定存在错报,这本身并不能说明与该认定有关的控制是有效运行的。

(2)如果通过实施实质性程序发现某项认定存在错报,审计人员应当在评价相关控制的运行有效性时予以考虑,考虑实施实质性程序发现的错报对评价相关控制运行有效性的影响(如降低对相关控制的信赖程度、调整实质性程序的性质、扩大实质性程序的范围等)。

(3)如果实施实质性程序发现被审计单位没有识别出的重大错报,通常表明内部控制存在重大缺陷,审计人员应当就这些缺陷与管理层和治理层进行沟通。

三、控制测试的时间

(一)控制测试时间的选择

1. 控制测试时间的含义

如前所述,控制测试的时间包含两层含义:一是何时实施控制测试;二是测试所针对的控制适用的时点或期间。

2. 应根据控制测试的目的选择测试时间

测试特定时点的控制,仅得到该时点控制运行有效性的审计证据;测试某一期间的控制,可获取控制在该期间有效运行的审计证据。所以,如果仅需要测试控制在特定时点的运行有效性,审计人员只需要获取该时点的审计证据;如果需要获取控制在某一期间有效运行的审计证据,仅获取与时点相关的审计证据是不充分的,审计人员应当辅以其他控制测试(能提供相关控制在所有相关时点都运行有效的审计证据),包括测试被审计单位对控制的监督。

因此,审计人员应当根据控制测试的目的选择控制测试的时间,并确定拟信赖的相关控制的时点或期间。

(二)期中审计证据的考虑

对于控制测试,审计人员在期中实施此类程序更具有积极的作用。即使审计人员已获取有关控制在期中运行有效性的审计证据,仍然需要考虑如何能够将控制在期中运行有效性的审计证据合理延伸至期末,一个基本的考虑是针对期中至期末这段剩余期间获取充分、适当的审计证据。因此,如果已获取有关控制在期中运行有效性的审计证据,并拟利用该证据,审计人员应当实施下列审计程序:①获取这些控制在剩余期间发生重大变化的审计证据;②确定针对剩余期间还需获取的补充审计证据。

(三)剩余期间补充证据的考虑

确定剩余期间获取补充审计证据时,审计人员应当考虑以下事项:

(1)评估的认定层次重大错报风险的重要程度。评估的重大错报风险对财务报表的影响越大,审计人员需要获取的剩余期间的补充证据越多。

(2)在期中测试的特定控制,以及自期中测试后发生的重大变动。例如,对自动化运行的控制,审计人员更可能测试信息系统一般控制的运行有效性,以获取控制在剩余期间运行有效性的审计证据。

(3)在期中对有关控制运行有效性获取的审计证据的程度。如果审计人员在期中对有关控制运行有效性获取的审计证据比较充分,可以考虑适当减少需要获取的剩余期间的补充证据。

(4)剩余期间的长度。剩余期间越长,审计人员需要获取的剩余期间的补充证据越多。

(5)在信赖控制的基础上拟缩小实质性程序的范围。审计人员对相关控制的信赖程度越高,通常在信赖控制的基础上拟减少进一步实质性程序的范围就越大。在这种情况下,审计人员需要获取的剩余期间的补充证据越多。

(6)控制环境。控制环境越薄弱(或把握程度越低),审计人员需要获取的剩余期间的补充证据越多。

除了上述的测试剩余期间控制的运行有效性,测试被审计单位对控制的监督也能够作为一项有益的补充证据,以便更有把握地将控制在期中运行有效性的审计证据延伸至期末。如前所述,被审计单位对控制的监督起到的是一种检验相关控制在所有相关时点是否都有效运行的作用,因此,通过测试剩余期间控制的运行有效性或测试被审计单位对控制的监督,审计人员可以获取补充审计证据。

(四)以前审计获取的审计证据的考虑

1. 基本思路

考虑拟信赖的以前审计中测试的控制在本期是否发生变化。

(1)当控制在本期发生变化时的考虑。如果控制在本期发生变化,审计人员应当考虑以前审计获取的有关控制运行有效性的审计证据是否与本期审计相关。例如,如果系统的变化仅仅使被审计单位从中获取新的报告,这种变化通常不影响以前审计所获取证据的相关性;如果系统的变化引起数据累积或计算发生改变,这种变化可能影响以前审计所获取证据的相关性。如果拟信赖的控制自上次测试后已发生变化,审计人员应当在本期审计中测试这些控制的运行有效性。

(2)当控制在本期未发生变化时的考虑。如果拟信赖的控制自上次测试后未发生变化,且不属于旨在减轻特别风险的控制,审计人员应当考虑本次测试与上次测试的时间间隔,并运用职业判断确定是否在本期审计中测试其运行有效性。但每三年至少应对控制测试一次。

2. 应考虑的具体因素

在确定利用以前审计获取的有关控制运行有效性的审计证据是否适当以及再次测试控制的时间间隔时,审计人员应当具体考虑以下因素:

(1)内部控制其他要素的有效性,包括控制环境、对控制的监督以及被审计单位的风险评估过程。例如,当被审计单位控制环境薄弱或对控制的监督薄弱时,审计人员应当缩短再次测试控制的时间间隔或完全不信赖以前审计获取的审计证据。

(2)控制特征产生的风险。比如是人工控制还是自动化控制,将产生不同的风险。当相关控制中人工控制的成分较大时,考虑到人工控制一般稳定性较差,审计人员可能决定在本期审计中继续测试该控制的运行有效性。

(3)信息技术一般控制的有效性。当信息技术一般控制薄弱时,审计人员可能更少地依赖以前审计获取的审计证据。

(4)影响内部控制的重大人事变动。当所审计期间发生了对控制运行产生重大影响的人事变动时,审计人员可能决定在本期审计中不依赖以前审计获取的审计证据。

(5)由于环境发生变化而特定控制缺乏相应变化导致的风险。当环境的变化表明需要对控制做出相应的变动,但控制却没有做出相应变动时,审计人员应当充分意识到控制不再有效,从而导致本期财务报表发生重大错报的可能,此时不应再依赖以前审计获取的有关控制运行有效性的审计证据。

(6)重大错报风险和对控制的信赖程度。如果重大错报风险较大或对控制的信赖程度较高，审计人员应当缩短再次测试控制的时间间隔或完全不信赖以前审计获取的审计证据。

如果审计人员拟信赖以前审计获取的某些控制运行有效性的审计证据，则应当在每次审计时从中选取足够数量的控制，测试其运行有效性；不应将所有拟信赖控制的测试集中于某一次审计，而在之后的两次审计中不进行任何测试。

3. 不得依赖以前审计所获取证据的情形

鉴于特别风险的特殊性，对于旨在减轻特别风险的控制，不论该控制在本期是否发生变化，审计人员都不应依赖以前审计获取的证据。因此，如果确定评估的认定层次重大错报风险是特别风险，并拟信赖旨在减轻特别风险的控制，审计人员不应依赖以前审计获取的审计证据，而应在本期审计中测试这些控制的运行有效性。

控制测试的流程可以用图 6－1 来表示。

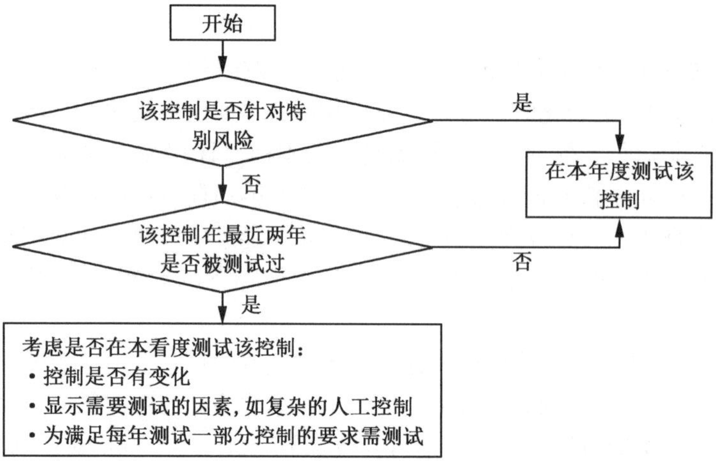

图 6－1　控制测试流程

四、控制测试的范围

控制测试的范围主要是指某项控制活动的测试次数。

(一)确定控制测试范围时考虑的因素

在确定控制测试范围时，审计人员主要应考虑以下因素：

(1)对控制的信赖程度。

(2)在拟信赖期间，被审计单位执行控制的频率。控制执行的频率越高，控制测试的范围越大。

(3)说服力的强弱。当针对控制运行的有效性需要获取更具说服力的审计证据时，可能需要扩大控制测试的范围。

(4)在所审计期间，审计人员拟信赖控制运行有效性的时间长度。拟信赖控制运行有效性的时间长度不同，在该时间长度内发生的控制活动次数也不同。审计人员需要根据拟信赖控制的时间长度确定控制测试的范围。拟信赖期间越长，控制测试的范围越大。

(5)控制的预期偏差。预期偏差可以用控制未得到执行的预期次数占控制应当得到执行次数的比率加以衡量(也可称为预期偏差率)。控制的预期偏差率越高，需要实施控制测试的范围越大。如果控制的预期偏差率过高，审计人员应当考虑控制可能不足以将认定层次的重大错报风险降至可接受的低水平，从而针对某一认定实施的控制测试可能是无效的。

(6)通过测试与认定相关的其他控制获取的审计证据的范围。针对同一认定，可能存在不同的控制。当针对其他控制获取审计证据的充分性和适当性较高时，测试该控制的范围可适当缩小。

(7)拟获取的有关认定层次控制运行有效性的审计证据的相关性和可靠性。

(二)对自动化控制的测试范围的特别考虑

(1)信息技术处理具有内在一贯性，除非系统发生变动，审计人员通常不需要增加自动化控制的测试范围。

(2)对于一项自动化应用控制，一旦确定被审计单位正在执行该控制，审计人员通常无须扩大控制测试的范围，但需要考虑执行下列测试以确定该控制持续有效运行：

①测试与该应用控制有关的一般控制的运行有效性。

②确定系统是否发生变动，如果发生变动，是否存在适当的系统变动控制。

③确定对交易的处理是否使用授权批准的软件版本。

第四节　实质性程序

一、实质性程序的概念

(一)实质性程序的含义

实质性程序是指用于发现认定层次重大错报的审计程序，包括对各类交易、账户余额和披露的细节测试以及实质性分析程序。

实质性程序包括细节测试和实质性分析程序两种基本类型。

(二)财务报表编制完成阶段相关的审计程序

审计人员实施的实质性程序应当包括下列与财务报表编制完成阶段相关的审计程序：

(1)将财务报表与其所依据的会计记录进行核对或调节。

(2)检查财务报表编制过程中做出的重大会计分录和其他调整。审计人员对会计分录和其他会计调整检查的性质和范围，取决于被审计单位财务报告过程的性质和复杂程度以及由此产生的重大错报风险。

(三)针对特别风险实施的实质性程序

1. 针对特别风险应专门实施实质性程序

如果认为评估的认定层次重大错报风险是特别风险，审计人员应当专门针对该风险实施实质性程序。例如，如果认为管理层面临实现盈利指标的压力而可能提前确认收入，审计人员在设计询证函时不仅应当考虑函证应收账款的账户余额，还应当考虑询证销售协议的细节条款(如交货、结算及退货条款)；审计人员还可考虑在实施函证的基础上针对销售协议及其变动情况询问被审计单位的非财务人员。

2. 实施时的要求

如果针对特别风险实施的程序仅为实质性程序，这些程序应当包括细节性测试，或细节性测试和实质性分析结合使用。仅实施实质性分析不足以获取有关特别风险的充分适当的审计证据。

二、实质性程序的性质

(一)实质性程序的性质的含义

实质性程序的性质，是指实质性程序的类型及其组合。如前所述，实质性程序的两种基本类型包括细节测试和实质性分析程序。

1. 细节测试

细节测试是对各类交易、账户余额和披露的具体细节进行测试，目的在于直接识别财务报表认定是否存在错报。细节测试被用于获取与某些认定相关的审计证据，如存在、准确性、计价等。

2. 实质性分析程序

实质性分析程序从技术特征上讲仍然是分析程序，主要是通过研究数据间关系评价信息，只是将该技术方法用作实质性程序，即用以识别各类交易、账户余额和披露及相关认定是否存在错报。实质性分析程序通常更适用于在一段时间内存在可预期关系的大量交易。

(二)细节测试和实质性分析程序的适用性

由于细节测试和实质性分析程序的目的和技术手段存在一定差异，因此，各自有不同的适用领域。审计人员应当根据各类交易、账户余额和披露的性质选择实质性程序的类型。

(1)细节测试适用于对各类交易、账户余额和披露认定的测试，尤其是对存在或发生、计价认定的测试。

(2)对在一段时期内存在可预期关系的大量交易，审计人员可以考虑实施实质性分析程序。

(三)细节测试的方向

对于细节测试，审计人员应当针对评估的风险设计细节测试，获取充分、适当的审计证据，以达到认定层次所计划的保证水平。即审计人员需要根据不同的认定层次的重大错报风险设计有针对性的细节测试。例如：在针对存在或发生认定设计细节测试时，审计人员应当选择包含在财务报表金额中的项目，并获取相关审计证据；为应对被审计单位漏记本期应付账款的风险，审计人员可以检查期后付款记录。

(四)设计实质性分析程序时考虑的因素

审计人员在设计实质性分析程序时应当考虑以下因素：①对特定认定使用实质性分析程序的适当性；②对已记录的金额或比率做出预期时，所依据的内部或外部数据的可靠性；③做出预期的准确程度是否足以在计划的保证水平上识别重大错报；④已记录金额与预期值之间可接受的差异额，考虑到数据及分析的可靠性，当实施实质性分析程序时，如果使用被审计单位编制的信息，审计人员应当考虑测试与信息编制相关的控制，以及这些信息是否在本期或前期经过审计。

三、实质性程序的时间

(一)实质性程序的时间选择与控制测试的时间选择的异同

实质性程序的时间选择与控制测试的时间选择有共同点，也有很大差异。

1. 两者的相同点

相同点在于，两类程序都面临着对期中审计证据和对以前审计获取的审计证据的考虑。

2. 两者的差异

两者的差异主要体现在以下两方面：

(1)在控制测试中，期中实施控制测试并获取期中关于控制运行有效性审计证据的做法更具有一种“常态”；而由于实质性程序的目的在于更直接地发现重大错报，在期中实施实质性程序时更需要考虑其成本效益的权衡。

(2)在本期控制测试中拟信赖以前审计获取的有关控制运行有效性的审计证据，已经受到了很大的限制；而对于以前审计中通过实质性程序获取的审计证据，则采取了更加慎重的态度和更严格的限制。

(二)在期中实施实质性程序的考虑

在期中实施实质性程序，一方面消耗了审计资源，另一方面期中实施实质性程序获取的审计证据又不能直接作为期末财务报表认定的审计证据，审计人员仍然需要消耗进一步的审计资源，使期中审计证据能够合理延伸至期末。

审计人员在考虑是否在期中实施实质性程序时应当考虑以下因素：

(1)控制环境和其他相关的控制。控制环境和其他相关的控制越薄弱，审计人员越不宜在期中实施实质性程序。

(2)实施审计程序所需信息在期中之后的可获得性。如果实施实质性程序所需信息在期中之后可能难以获取(如系统变动导致某类交易记录难以获取)，审计人员应考虑在期中实施实质性程序；但如果实施实质性程序所需信息在期中之后的获取并不存在明显困难，该因素不应成为审计人员在期中实施实质性程序的重要影响因素。

(3)实质性程序的目的。如果针对某项认定实施实质性程序的目的就包括获取该认定的期中审计证据，审计人员应在期中实施实质性程序。

(4)评估的重大错报风险。审计人员评估的某项认定的重大错报风险越高，针对该认定所需获取的审计证据的相关性和可靠性要求也就越高，审计人员越应当考虑将实质性程序集中于期末(或接近期末)实施。

(5)特定类别交易或账户余额以及相关认定的性质。例如，某些交易或账户余额以及相关认定的特殊性质(如收入截止认定、未决诉讼)决定了审计人员必须在期末(或接近期末)实施实质性程序。

(6)针对剩余期间，能否通过实施实质性程序或将实质性程序与控制测试相结合，降低期末存在错报而未被发现的风险。如果针对剩余期间审计人员可以通过实施实质性程序或将实质性程序与控制测试相结合，较有把握地降低期末存在错报而未被发现的风险(如审计人员在10月份实施预审时考虑是否使用一定的审计资源实施实质性程序，从而形成的剩余期间不是很长)，审计人员可以考虑在期中实施实质性程序；但如果针对剩余期间审计人员认为还需要消耗大量审计资源才有可能降低期末存在错报而未被发现的风险，甚至没有把握通过适当的进一步审计程序降低期末存在错报而未被发现的风险(如被审计单位于8月份发生管理层变更，审计人员接受后任管理层邀请实施预审时，考虑是否使用一定的审计资源实施实质性程序)，就不宜在期中实施实质性程序。

(三)期中审计证据的考虑

(1)如果在期中实施了实质性程序，审计人员应当针对剩余期间实施进一步的实质性程序，或将实质性程序和控制测试结合使用，以将期中测试得出的结论合理延伸至期末。

(2)在将期中实施的实质性程序得出的结论合理延伸至期末时，审计人员有两种选择：一是针对剩余期间实施进一步的实质性程序；二是将实质性程序与控制测试结合使用。

(3)如果拟将期中测试得出的结论延伸至期末，审计人员应当考虑针对剩余期间的实质性程序是否足够。如果认为实施实质性程序本身不充分，审计人员还应测试剩余期间相关控制运行的有效性或针对期末实施实质性程序。

(4)对于舞弊导致的重大错报风险，被审计单位存在故意错报或操纵的可能性，那么审计人员更应慎重考虑能否将期中测试得出的结论延伸至期末。

(5)如果已识别出由于舞弊导致的重大错报风险，为将期中得出的结论延伸至期末而实施的审计程序通常是无效的，审计人员应当考虑在期末或者接近期末实施实质性程序。

(四)以前审计获取的审计证据的考虑

(1)在以前审计中实施实质性程序获取的审计证据，通常对本期只有很弱的证据效力或没有证据效力，不足以应对本期的重大错报风险。

(2)只有当以前获取的审计证据及其相关事项未发生重大变动时(例如，以前审计通过实质性程序测试过的某项诉讼在本期没有任何实质性进展)，以前获取的审计证据才可能用作本期的有效审计证据。

(3)如果拟利用以前审计中实施实质性程序获取的审计证据，审计人员应当在本期实施审计程序，以确定这些审计证据是否具有持续相关性。

四、实质性程序的范围

(一)实质性分析程序范围的含义

实质性分析程序的范围有以下两层含义：

(1)对什么层次上的数据进行分析。审计人员可以选择在高度汇总的财务数据层次进行分析，也可以根据重大错报风险的性质和水平调整分析层次。例如，按照不同产品线、不同季节或月份、不同经营地点或存货存放地点等实施实质性分析程序。

(2)需要对什么幅度或性质的偏差展开进一步调查。实施分析程序可能发现偏差，但并非所有的偏差都值得展开进一步调查。可容忍或可接受的偏差(即预期偏差)越大，作为实质性分析程序一部分的进一步调查的范围就越小。于是确定适当的预期偏差幅度同样属于实质性分析程序的范畴。因此，在设计实质性分析程序时，审计人员应当确定已记录金额与预期值之间可接受的差异额。在确定该差异额时，审计人员应当主要考虑各类交易、账户余额和披露及相关认定的重要性和计划的保证水平。

(二)确定实质性程序范围时的考虑

(1)在确定实质性程序的范围时，审计人员应当考虑评估的认定层次重大错报风险和实施控制测试的结果。

(2)审计人员评估的认定层次的重大错报风险越高，需要实施实质性程序的范围越广。

(3)如果对控制测试结果不满意，审计人员应当考虑扩大实质性程序的范围。

(4)在设计细节测试时，审计人员除了从样本量的角度考虑测试范围外，还要考虑选样方法的有效性等因素。例如，从总体中选取大额或异常项目，而不是进行代表性抽样或分层抽样。

复习思考题

1. 典型组合性实质性程序除了存货监盘,还有其他的吗? 请举例说明。

2. 对在一段时期内存在可预期关系的大量交易,审计人员如何考虑实施实质性分析程序?

3. 不可预见性是指什么? 为什么要增加审计程序的不可预见性?

4. 在何种情况下,控制测试和细节测试可以同时实施,以实现双重目的?

5. 控制测试是评价内部控制在防止并纠正认定层次重大错报方面的运行有效性的审计程序,实质性程序是指用于发现认定层次重大错报的审计程序。既然两者都是用于重大错报方向的程序,为什么要做如此的区分?

第七章

销售与收款循环审计

学习目标

通过本章的学习，了解与销售和收款循环相关的会计凭证、账户、主要经济活动；熟悉销售与收款循环中内部控制要点及控制测试；掌握销售与收款循环交易实质性程序，掌握营业收入、应收账款、坏账准备等账户的审计目标及实质性程序的基本程序。

第一节　销售与收款循环的特征

一、销售与收款循环中涉及的主要财务报表账户

企业的收入主要来自出售商品、提供服务等。企业销售与收款循环主要是指企业接受销售订单，向顾客销售商品或提供劳务并取得货款或者劳务收入的过程。该循环涉及了收入和资产项目，所以既影响利润表项目，又影响资产负债表项目。销售与收款循环中涉及的主要财务报表账户如表7—1所示。

表7—1　销售与收款循环中涉及的主要财务报表账户

资产负债表项目	利润表项目
应收票据	营业收入
应收账款	税金及附加
长期应收款	销售费用
预收款项	其他业务收入
应交税费	其他业务成本

二、销售与收款循环中涉及的主要凭证与会计记录

在内部控制比较健全的企业，处理销售与收款业务通常需要使用很多凭证与会计记录。典型的销售与收款循环所涉及的主要凭证与会计记录有以下几种：

(一)客户订购单

客户订购单即客户提出的书面购货要求。企业可以通过销售人员或其他途径，如采用电话、信函和向现有的及潜在的客户发送订购单等方式接受订货，取得客户订购单。

(二)销售单

销售单是列示客户所订商品的名称、规格、数量以及其他客户订购单有关信息的凭证,作为销售方内部处理客户订购单的凭证。

(三)发运凭证

发运凭证即在发运货物时编制的,用以反映发出商品的规格、数量和其他有关内容的凭据。发运凭证的一联寄送给客户,其余联(一联或数联)由企业保留。这种凭证可用作向客户开具账单的依据。

(四)销售发票

销售发票是一种用来表明已销售商品的名称、规格、数量、价格、销售金额、运费和保险费、开票日期、付款条件等内容的凭证。销售发票的一联寄送给客户,其余联由企业保留。销售发票也是在会计账簿中登记销售交易的基本凭据。

(五)商品价目表

商品价目表是列示已经授权批准的、可供销售的各种商品的价格清单。

(六)贷项通知单

贷项通知单是一种用来表示由于销售退回或经批准的折让而引起的应收销货款减少的凭证。这种凭证的格式通常与销售发票的格式相同,只不过它不是用来证明应收账款的增加,而是用来证明应收账款的减少。

(七)应收账款账龄分析表

通常,应收账款账龄分析表按月编制,反映月末尚未收回的应收账款总额和账龄,并详细反映每个客户月末尚未偿还的应收账款数额和账龄。

(八)应收账款明细账

应收账款明细账是用来记录每个客户各项赊销、还款、销售退回及折让的明细账。各应收账款明细账的余额合计数应与应收账款总账的余额相等。

(九)主营业务收入明细账

主营业务收入明细账是一种用来记录销售交易的明细账。它通常记载和反映不同类别商品或服务的营业收入的明细发生情况和总额。

(十)折扣与折让明细账

折扣与折让明细账是一种用来核算企业销售商品时,按销售合同规定为了及早收回货款而给予客户的销售折扣和因商品品种、质量等原因而给予客户的销售折让情况的明细账。当然,企业也可以不设置折扣与折让明细账,而将该类业务直接记录于主营业务收入明细账。

(十一)汇款通知书

汇款通知书是一种与销售发票一起寄给客户,由客户在付款时再寄回销售单位的凭证。这种凭证注明了客户的姓名、销售发票号码、销售单位开户银行账号以及金额等内容。

(十二)库存现金日记账和银行存款日记账

库存现金日记账和银行存款日记账是用来记录应收账款的收回或现销收入以及其他各种现金、银行存款收入和支出的日记账。

(十三)坏账审批表

坏账审批表是一种用来批准将某些应收款项注销为坏账,仅在企业内部使用的凭证。

(十四)客户月末对账单

客户月末对账单是一种按月定期寄送给客户的、用于购销双方定期核对账目的凭证。客户月末对账单上应注明应收账款的月初余额、本月各项销售交易的金额、本月已收到的货款、各贷项通知单的数额以及月末余额等内容。

(十五)转账凭证

转账凭证是指记录转账业务的记账凭证，它是根据有关转账业务(即不涉及现金、银行存款收付的各项业务)的原始凭证编制的。

(十六)收款凭证

收款凭证是指用来记录现金和银行存款收入业务的记账凭证。

三、销售与收款循环中涉及的主要业务活动

了解企业在销售与收款循环中的典型活动，对该业务循环的审计非常必要。下面将简要地介绍销售与收款循环所涉及的主要业务活动。

(一)接受客户订购单

客户提出订货要求是整个销售与收款循环的起点，是购买某种货物或接受某种劳务的一项申请。

很多企业在批准了客户订购单之后，下一步就应编制一式多联的销售单。销售单是证明管理层有关销售交易的“发生”认定的凭据之一，也是此笔销售的交易轨迹的起点之一。此外，由于客户订购单也是来自外部的引发销售交易的文件之一，有时也能为有关销售交易的“发生”认定提供凭据。

(二)批准赊销信用

对于赊销业务的批准是由信用管理部门根据管理层的赊销政策在每个客户的已授权的信用额度内进行的。信用管理部门的职员在收到销售单管理部门的销售单后，应将销售单与该客户已被授权的赊销信用额度以及至今尚欠的账款余额加以比较。执行人工赊销信用检查时，还应合理划分工作职责，以避免销售人员为扩大销售而使企业承受不适当的信用风险。

企业的信用管理部门通常应对每个新客户进行信用调查，包括获取信用评审机构对客户信用等级的评定报告。无论是否批准赊销，都要求被授权的信用管理部门人员在销售单上签署意见，然后再将已签署意见的销售单送回销售单管理部门。

设计信用批准控制的目的是为了降低坏账风险，因此，这些控制与应收账款账面余额的“计价和分摊”认定有关。

(三)按销售单供货

企业管理层通常要求商品仓库只有在收到经过批准的销售单时才能供货。设立这项控制程序的目的是为了防止仓库在未经授权的情况下擅自发货。因此，已批准销售单的一联通常应送达仓库，作为仓库按销售单供货和发货给装运部门的授权依据。

(四)按销售单装运货物

将按经批准的销售单供货与按销售单装运货物职责相分离，有助于避免负责装运货物的职员在未经授权的情况下装运产品。此外，装运部门职员在装运之前，还必须进行独立验证，以确定从仓库提取的商品都附有经批准的销售单，并且，所提取商品的内容与销售单一致。

(五)向客户开具账单

开具账单是指开具并向客户寄送事先连续编号的销售发票。这项功能所针对的主要问题以及相关认定如表 7－2 所示。

表 7—2　　开具账单环节所针对的主要问题以及相关认定

开具账单环节所针对的主要问题	相关认定
是否对所有装运的货物都开具了账单	完整性
是否只对实际装运的货物才开具账单，有无重复开具账单或虚构交易	发生
是否按已授权批准的商品价目表所列价格计价开具账单	准确性

为了降低开具账单过程中出现遗漏、重复、错误计价或其他差错的风险，应设立以下控制程序：

(1)开具账单部门职员在开具每张销售发票之前，独立检查是否存在装运凭证和相应的经批准的销售单。

(2)依据已授权批准的商品价目表开具销售发票。

(3)独立检查销售发票计价和计算的正确性。

(4)将装运凭证上的商品总数与相对应的销售发票上的商品总数进行比较。

上述控制程序有助于确保用于记录销售交易的销售发票的正确性。因此，这些控制与销售交易的"发生""完整性"以及"准确性"认定有关。销售发票副联通常由开具账单部门保管。

(六)记录销售

在手工会计系统中，记录销售的过程包括区分赊销、现销，按销售发票编制转账凭证或现金、银行存款收款凭证，再据以登记销售明细账和应收账款明细账或库存现金日记账、银行存款日记账。

记录销售的控制程序包括以下内容：

(1)只依据附有有效装运凭证和销售单的销售发票记录销售。这些装运凭证和销售单应能证明销售交易的发生及其发生的日期。

(2)控制所有事先连续编号的销售发票。

(3)独立检查已处理销售发票上的销售金额与会计记录金额的一致性。

(4)记录销售的职责应与处理销售交易的其他功能相分离。

(5)对记录过程中所涉及的有关记录的接触予以限制，以减少未经授权批准的记录发生。

(6)定期独立检查应收账款的明细账与总账的一致性。

(7)定期向客户寄送对账单，并要求客户将任何例外情况直接向指定的未执行或记录销售交易的会计主管报告。

以上这些控制与"发生""完整性""准确性"以及"计价和分摊"认定有关。

对这项职能，审计人员主要关心的问题是销售发票是否记录正确，并归属于适当的会计期间。

(七)办理和记录现金、银行存款收入

这项业务涉及的是有关货款收回，现金、银行存款增加以及应收账款减少的活动。在办理和记录现金、银行存款收入时，最应关心的是货币资金失窃的可能性。货币资金失窃可能发生在货币资金收入登记入账之前或登记入账之后。处理货币资金收入时最重要的是要保证全部货币资金都必须如数、及时地记入库存现金日记账、银行存款日记账或应收账款明细账，并如数、及时地将现金存入银行。在这方面，汇款通知单起着很重要的作用。

(八)办理和记录销售退回、销售折扣与折让

客户如果对商品不满意，销售企业一般都会同意接受退货，或给予一定的销售折让；客户如果提前支付货款，销售企业则可能会给予一定的销售折扣。发生此类事项时，必须经授权批准，并应确保与办理此事有关的部门和职员各司其职，分别控制实物流和会计处理。在这方面，严格使用贷项通知单无疑会起到关键的作用。

（九）注销坏账

不管赊销部门的工作如何主动，客户因经营不善、宣告破产、死亡等原因而不支付货款的事仍可能发生。销售企业若认为某项货款再也无法收回，就必须注销这笔货款。对这些坏账，正确的处理方法应该是获取货款无法收回的确凿证据，经适当审批后及时做会计调整。

（十）提取坏账准备

坏账准备提取的数额必须能够抵补企业以后无法收回的销货款。

销售与收款循环中主要业务活动、对应的凭证及账户、相关部门、相关认定、重要控制点的关系如表7—3所示。

表7—3　销售与收款循环中的各种关系

主要业务活动	相关凭证、账户	相关部门	相关认定	重要控制点
接受顾客订单	顾客订货单、销售单	销售单管理部门	销售交易的发生	顾客名单已被授权批准
批准赊销信用	销售单	信用管理部门	应收账款净额的计价和分摊	信用管理部门签署意见
按销售单供货	销售单	仓库		收到经过批准的销货单才供货
按销售单装运货物	销售单、发运凭证	装运部门	销售交易的发生、完整性	供货和运货职能相分离
记录销售	销售发票及附件、转账凭证、收款凭证、销售明细账、应收账款明细账、库存现金日记账和银行存款日记账	会计部门	发生、完整性、计价和分摊	销售发票连续编号、记录销售和处理销售职能分离、定期独立检查并向顾客寄送对账单
办理和登记库存现金日记账及银行存款日记账	汇款通知书、收款凭证、库存现金日记账和银行存款日记账	会计部门	发生、完整性、计价和分摊	利用汇款通知书加强货币资金控制
办理和记录销货退回以及销售折扣与折让	贷项通知单	会计部门、仓库	发生、完整性、计价和分摊	必须经授权处理，分别控制实物流和会计处理
提取坏账准备		会计部门	计价和分摊	
注销坏账	坏账审批表	赊销部门、会计部门	计价和分摊	审批后及时做会计调整

第二节　销售与收款循环的风险评估

在风险导向审计理念的指导下，销售与收款循环的审计是通过风险评估程序评估出该循环各环节的风险级别、重大错报风险，并根据风险评估结果设计实施进一步审计程序，进而完成该循环的审计。

一、该循环可能存在的重大错报风险及原因

(一)可能存在的重大错报风险

销售与收款循环可能存在的重大错报风险如表7—4所示。

表7—4 重大错报风险及认定

重大错报风险	相关财务报表项目及认定
1. 销售收入可能未真实发生	收入:发生 应收账款:存在
2. 销售收入记录可能不完整	收入、应收账款:完整性
3. 期末收入交易可能未计入正确期间	收入:截止 应收账款:存在、完整性
4. 发生的收入交易未能准确记录	收入:正确 应收账款:计价和分摊
5. 应收账款坏账的计提不准确	应收账款:计价和分摊

(二)存在重大错报风险的原因

(1)为了粉饰财务报表。收入是利润的来源,直接关系到企业的财务状况和经营成果。有些企业往往为了达到粉饰财务报表的目的而采用虚增或隐瞒收入等方式实施舞弊。

(2)为了达到报告期内降低税负或转移利润的目的。

(3)收入的复杂性导致的错误。企业提供一些特殊的交易安排(例如特殊的退货约定、特殊的服务期限安排等),但管理层可能对这些安排下所涉及的交易风险的判断缺乏经验,收入确认上就容易发生错误。

二、评估重大错报风险

审计人员应当根据被审计单位的实际情况,结合重大错报风险产生的原因,采用适当的方法,评估销售与收款循环的重大错报风险。

(一)应了解的事项

在进行销售与收款循环重大错报风险评估时,审计人员至少应当了解下列事项:

(1)被审计单位生产经营的基本情况。

(2)销售模式和业务流程。

(3)与收入相关的生产技术条件。

(4)收入的来源和构成。

(5)收入交易的特征。

(6)收入确认的具体原则。

(7)所在行业的特殊事项。

(8)重大异常交易的商业理由。

(9)被审计单位的业绩衡量等。

(二)采用的方法

在了解上述事项时,可采用询问、观察、检查、分析(单独或组合应用)等方法;必要时,可聘请外部专家协助对特定交易进行检测。

(三)推导结果

根据对被审计单位销售和收款状况进行的了解、分析，结合第五章“风险评估”“评估认定层次的重大错报风险”的相关思路，审计人员可评估出销售与收款各环节的风险级别、是否存在重大错报风险，并将其有序列出，以便设计和实施进一步审计程序。

三、根据评估结果设计进一步审计程序

审计人员应根据销售与收款循环的重大错报风险评估结果，拟定进一步审计程序，继而实施控制测试和实质性程序，以应对识别出的认定层次的重大错报风险。

通常销售与收款循环中的两个重大错报风险[销售收入可能未真实发生、发生的收入交易未能准确记录(见表7－3)]，比较信赖内部控制，所以采用综合性方案比较合适；剩下的三个重大错报风险[销售收入记录可能不完整、期末收入交易可能未计入正确期间、应收账款坏账的计提不准确(见表7－3)]，基本不信赖内部控制，所以采用实质性方案比较合适。进一步审计程序的具体实施将在第四节、第五节详细展开。

第三节　销售与收款循环的控制测试

一、销售交易的内部控制

销售交易的内部控制主要包括以下六个部分：

(一)适当的职责分离

适当的职责分离有助于防止各种有意或无意的错误。为确保办理销售与收款业务的不相容岗位相互分离、制约和监督，一个企业有关销售与收款业务相关职责适当分离的基本要求通常包括：

(1)企业应当将办理销售、发货、收款三项业务的部门(或岗位)分别设立。

(2)企业在销售合同订立前，应当指定专门人员就销售价格、信用政策、发货及收款方式等具体事项与客户进行谈判。谈判人员至少应有两人以上，并与订立合同的人员相分离。

(3)编制销售发票通知单的人员与开具销售发票的人员应相互分离。

(4)销售人员应当避免接触销货现款；企业应收票据的取得和贴现必须经由保管票据以外的主管人员的书面批准。

(二)恰当的授权审批

对于授权审批问题，审计人员应当关注以下四个关键点上的审批程序：

(1)在销售发生之前，赊销已经正确审批。

(2)非经正当审批，不得发出货物。

(3)销售价格、销售条件、运费、折扣等必须经过审批。

(4)审批人应当根据销售与收款授权批准制度的规定，在授权范围内进行审批，不得超越审批权限。对于超过企业既定销售政策和信用政策规定范围的特殊销售交易，企业应当进行集体决策。

前两项控制的目的在于防止企业因向虚构的或者无力支付货款的客户发货而蒙受损失；价格审批控制的目的在于保证销售交易按照企业定价政策规定的价格开票收款；对授权审批范围设定权限的目的则在于防止因审批人决策失误而造成严重损失。

(三)充分的凭证和记录

每个企业的交易的产生、处理和记录等制度都有其特点,因此,也许很难评价其各项控制是否足以发挥最大的作用。然而,只有具备充分的记录手续,才有可能实现其他各项控制目标。例如,企业在收到客户订购单后,就立即编制一份预先编号的一式多联的销售单,分别用于批准赊销、审批发货、记录发货数量以及向客户开具账单和销售发票等。在这种制度下,只要定期清点销售单和销售发票,漏开账单的情形几乎就不太会发生。相反的情况是,有的企业只在发货以后才开具账单,如果没有其他控制措施,这种制度下漏开账单的情况就很可能会发生。

(四)凭证的预先编号

对凭证预先进行编号,旨在防止销售以后遗漏向客户开具账单或登记入账,也可防止重复开具账单或重复记账。当然,如果对凭证的编号不做清点,预先编号就会失去其控制意义。由收款员对每笔销售开具账单后,将发运凭证按顺序归档;而由另一位职员定期检查全部凭证的编号,并调查凭证缺号的原因,就是实施这项控制的一种方法。

(五)按月寄出对账单

由不负责现金出纳和销售及应收账款记账的人员按月向客户寄发对账单,能促使客户在发现应付账款余额不正确后及时反馈有关信息。为了使这项控制更加有效,最好将账户余额中出现的所有核对不符的账项,指定一位既不掌管货币资金也不记录主营业务收入和应收账款的主管人员处理,然后由独立人员按月编制对账情况汇总报告并交管理层审阅。

(六)内部核查程序

由内部审计人员或其他独立人员核查销售交易的处理和记录,是实现内部控制目标所不可缺少的一项控制措施。销售与收款内部控制检查的主要内容包括:

(1)销售与收款交易相关岗位及人员的设置情况。重点检查是否存在销售与收款交易不相容职务混岗的现象。

(2)销售与收款交易授权批准制度的执行情况。重点检查授权批准手续是否健全、是否存在越权审批行为。

(3)销售的管理情况。重点检查信用政策、销售政策的执行是否符合规定。

(4)收款的管理情况。重点检查销售收入是否及时入账、应收账款的催收是否有效、坏账核销和应收票据的管理是否符合规定。

(5)销售退回的管理情况。重点检查销售退回手续是否齐全、退回货物是否及时入库。

二、收款交易的内部控制

尽管由于每个企业的性质、所处行业、规模以及内部控制健全程度等不同,而使得其与收款交易相关的内部控制内容有所不同,但以下与收款交易相关的内部控制内容是通常应当共同遵循的:

(1)企业应当按照《现金管理暂行条例》《支付结算办法》等规定,及时办理销售收款业务。

(2)企业应将销售收入及时入账,不得账外设账,不得擅自坐支现金。销售人员应当避免接触销售现款。

(3)企业应当建立应收账款账龄分析制度和逾期应收账款催收制度。销售部门应当负责应收账款的催收,财会部门应当督促销售部门加紧催收。对催收无效的逾期应收账款可通过法律程序予以解决。

(4)企业应当按客户设置应收账款台账,及时登记每一客户应收账款余额增减变动情况和信用额度使用情况。对长期往来客户应当建立起完善的客户资料,并对客户资料实行动态管理,及时更新。

(5)企业对于可能成为坏账的应收账款应当报告有关决策机构,由其进行审查,确定是否确认为坏账。企业发生的各项坏账,应查明原因,明确责任,并在履行规定的审批程序后做出会计处理。

(6)企业注销的坏账应当进行备查登记,做到账销案存。已注销的坏账又收回时应当及时入账,防止形成账外资金。

(7)企业应收票据的取得和贴现必须经由保管票据以外的主管人员的书面批准。应由专人保管应收票据,对于即将到期的应收票据,应及时向付款人提示付款;已贴现票据应在备查簿中登记,以便日后追踪管理;并应制定逾期票据的冲销管理程序和逾期票据追踪监控制度。

(8)企业应当定期与往来客户通过函证等方式核对应收账款、应收票据、预收款项等往来款项。如有不符,应查明原因,及时处理。

三、销售与收款交易的控制测试

如果在评估认定层次重大错报风险时预期控制的运行是有效的,审计人员应当实施控制测试,就控制在相关期间或时点的运行有效性获取充分、适当的审计证据。这意味着审计人员无须测试针对销售与收款交易的所有控制活动。只有认为控制设计合理、能够防止或发现并纠正认定层次的重大错报,审计人员才有必要对控制运行的有效性实施测试。

(一)以内部控制目标为起点的控制测试

内部控制程序和活动是企业针对需要实现的内部控制目标而设计和执行的,控制测试则是审计人员针对企业的内部控制程序和活动而实施的。因此,在审计实务中,审计人员可以考虑以被审计单位的内部控制目标为起点实施控制测试。

(1)对于职责分离,审计人员通常通过观察被审计单位有关人员的活动,以及与这些人员进行讨论,来实施职责分离的控制测试。

(2)对于授权审批,内部控制通常存在前述的四个关键点上的审批程序,审计人员主要通过检查凭证在这四个关键点上是否经过审批,可以很容易地测试出授权审批方面的内部控制效果。

(3)对于充分的凭证和记录以及凭证预先编号这两项控制,常用的控制测试程序是清点各种凭证。比如,从主营业务收入明细账中选取样本,追查至相应的销售发票存根,进而检查其编号是否连续,有无不正常的缺号发票和重号发票。视检查顺序和范围的不同,这种测试程序往往可同时提供有关发生和完整性目标的证据。

(4)对于按月寄出对账单这项控制,观察指定人员寄送对账单,并检查客户复函档案和管理层的审阅记录,是十分有效的一项控制测试。

(5)对于内部核查程序,审计人员可以通过检查内部审计人员的报告,或检查其他独立人员在他们核查的凭证上的签字等方法实施控制测试。

(二)以风险为起点的控制测试

表 7—5 列示了销售与收款交易相关的风险、旨在降低这些风险的可能存在的计算机控制和人工控制以及相应的控制测试程序。需要注意的是,各个企业的相关计算机控制和人工控制的安排可能与表 7—5 列示的情况差别较大。在审计实务中,审计人员需要结合被审计单位的相关控制实际情况,有针对性地设计和实施控制测试。

表 7—5 销售与收款交易的风险和控制测试

风 险	控制测试
信用控制和赊销	
可能向没有获得赊销授权或超出了其信用额度的客户赊销	通过询问员工、检查相关文件证实上述控制的实施
发运商品	
可能在没有批准发运凭证的情况下发出了商品；已发出商品可能与发运凭证上的商品种类和数量不符；客户可能拒绝承认已收到商品	执行观察、检查程序；检查发运凭证上相关员工和客户的签名，作为发货的证据；检查例外报告和暂缓发货的清单
开具发票	
商品发运可能未开具销售发票	执行观察程序，检查例外报告
由于定价或产品摘要不正确，以及订购单或发运凭证或销售发票代码输入错误，可能使销售价格不正确	检查文件以确定价格更改是否经授权；重新执行以确定打印出的更改后价格与授权是否一致；通过检查程序的一般控制和收入交易的应用控制，确定正确的定价主文档版本是否已被用来生成发票；检查发票中价格复核人员的签名。通过核对经授权的价格清单与发票上的价格，重新执行检查
发票上的金额可能出现计算错误	检查与发票计算金额正确性相关的人员的签名；重新计算发票金额，证实其是否正确；询问发票生成程序更改的一般控制情况，确定是否经授权以及现有的版本是否正在被使用；检查有关程序更改的复核审批程序
记录赊销	
销售发票入账的会计期间可能不正确	检查发票，重新执行销售截止检查程序
销售发票可能记入不正确的应收账款账户	检查应收账款客户主文档中明细余额汇总金额的调节结果与应收账款总分类账是否核对相符，以及负责该项工作的员工签名；检查客户质询信件并确定问题是否已得到解决
记录现金销售	
现金销售可能没有在销售时被记录，收到的现金可能没有存入银行	实地检查收银台、销售点并询问管理层，以确定在这些地方是否有足够的物理监控；检查结算记录上负责计算现金和与销售汇总表相调节工作的员工的签名；检查存款单和销售汇总表上的签名，证明已实施复核；重新检查已存入金额和销售汇总表金额
应收账款收款	
客户使用支票支付货款，收取后可能未被存入银行	检查在收到款项清单上的签字；检查支票签收清单上相关人员的签字；检查支票签收清单和存款清单上相关人员的签字；对所有通过邮寄收到的支票是否都被存入银行重新执行一次检查
客户通过银行汇款支付的款项收取后可能没有被记录	检查清单上相关人员的签名，重新执行比对程序
记录收款	
收款可能被记入不正确的应收账款账户	检查客户质询信件并确定问题是否已被解决，询问尚未解决的质询和计划采取的措施
应收账款记录的收款与银行存款可能不一致	检查负责编制银行存款余额调节表的员工签名

第四节　销售与收款循环的实质性程序

一、销售与收款交易的实质性程序

(一)销售交易的细节测试

销售交易细节测试主要涉及以下内容：

1. 登记入账的销售交易是真实的

对这一目标，审计人员一般关心三类错误的可能性：一是未曾发货却已将销售交易登记入账；二是销售交易的重复入账；三是向虚构的客户发货，并作为销售交易登记入账。前两类错误可能是有意的，也可能是无意的，而第三类错误肯定是有意的。不难想象，将不真实的销售登记入账的情况虽然极少，但其后果却很严重，这会导致高估资产和收入。

如何以适当的细节测试来发现不真实的销售，取决于审计人员认为可能在何处发生错误。对“发生”这一目标而言，审计人员通常只在认为内部控制存在薄弱环节时，才实施细节测试。因此，测试的性质取决于潜在的控制弱点的性质：

(1)针对未曾发货却已将销售交易登记入账这类错误的可能性，审计人员可以从主营业务收入明细账中抽取若干笔分录，追查有无发运凭证及其他佐证。如果审计人员对发运凭证等的真实性也有怀疑，就可能有必要再进一步追查存货的永续盘存记录，测试存货余额有无减少。

(2)针对销售交易重复入账这类错误的可能性，审计人员可以通过检查企业的销售交易记录清单以确定是否存在重号、缺号。

(3)针对向虚构的客户发货并作为销售交易登记入账这类错误发生的可能性，审计人员应当检查主营业务收入明细账中与销售分录相应的销货单，以确定销售是否履行赊销审批手续和发货审批手续。

检查上述三类高估销售错误的可能性的另一有效的办法是追查应收账款明细账中贷方发生额的记录。如果应收账款最终得以收回货款或者由于合理的原因收到退货，则记录入账的销售交易一开始通常是真实的；如果贷方发生额是注销坏账，或者直到审计时所欠货款仍未收回而又没有合理的原因，就需要考虑详细追查相应的发运凭证和客户订购单等，因为这些迹象都说明可能存在虚构的销售交易。

当然，通常只有在审计人员认为由于缺乏足够的内部控制而可能出现舞弊时，才有必要实施上述细节测试。

2. 已发生的销售交易均已登记入账

销售交易的审计一般更多侧重于检查高估资产与收入的问题。但是，如果内部控制不健全，比如被审计单位没有由发运凭证追查至主营业务收入明细账这一独立内部核查程序，就有必要对完整性目标实施交易的细节测试。

从发货部门的档案中选取部分发运凭证，并追查至有关的销售发票副本和主营业务收入明细账，是测试未入账的发货的一种有效程序。为使这一程序成为一项有意义的测试，审计人员必须能够确信全部发运凭证均已归档，这一点一般可以通过检查发运凭证的顺序编号来查明。

由原始凭证追查至明细账与从明细账追查至原始凭证是有区别的：前者用来测试遗漏的

交易（“完整性”目标），后者用来测试不真实的交易（“发生”目标）。

测试发生目标时，起点是明细账，即从主营业务收入明细账中抽取一个销售交易明细记录，追查至销售发票存根、发运凭证以及客户订购单；测试完整性目标时，起点应是发运凭证，即从发运凭证中选取样本，追查至销售发票存根和主营业务收入明细账，以确定是否存在遗漏事项。

在测试其他目标时，方向一般无关紧要。例如，测试交易业务计价的准确性时，可以由销售发票追查至发运凭证，也可以反向追查。

3. 登记入账的销售交易均经正确计价

销售交易计价的准确性包括：按订货数量发货，按发货数量准确地开具账单，以及将账单上的数额准确地记入会计账簿。对这三个方面，每次审计中一般都要实施细节测试，以确保其准确无误。

典型的细节测试程序包括复算会计记录中的数据。通常的做法是，以主营业务收入明细账中的会计分录为起点，将所选择的交易业务的合计数与应收账款明细账和销售发票存根进行比较核对。销售发票存根上所列的单价，通常还要与经过批准的商品价目表进行比较核对，对其金额小计和合计数也要进行复算。发票中列出的商品的规格、数量和客户代码等，则应与发运凭证进行比较核对。另外，往往还要审核客户订购单和销售单中的同类数据。

将计价准确性目标中的控制测试和细节测试程序做一比较，便可作为例证来说明有效的内部控制如何节约了审计时间。很明显，评价目标的控制测试几乎不花太多时间，因为有时可能只需审核一下签字或者其他内部核查的证据即可。内部控制如果有效，细节测试的样本量便可以减少，审计成本也因控制测试的成本较低而将大为降低。

4. 登记入账的销售交易分类恰当

如果销售分为现销和赊销两种，应注意不要在现销时借记应收账款，也不要在收回应收账款时贷记主营业务收入，同样不要将营业资产的转让（例如固定资产转让）混作正常销售。对那些采用不止一种销售分类的企业，例如需要编制分部报表的企业来说，正确的分类是极为重要的。

销售分类恰当的测试一般可与计价准确性测试一并进行。审计人员可以通过审核原始凭证确定具体交易业务的类别是否恰当，并以此与账簿的实际记录做比较。

5. 销售交易的记录及时

发货后应尽快开具账单并登记入账，以防止无意中漏记销售交易，确保它们记入正确的会计期间。在实施计价准确性细节测试的同时，一般要将所选取的提货单或其他发运凭证的日期与相应的销售发票存根、主营业务收入明细账和应收账款明细账上的日期做比较。如有重大差异，被审计单位就可能存在销售截止期限上的错误。

6. 销售交易已正确地记入明细账并正确地汇总

应收账款明细账的记录若不正确，将影响被审计单位收回应收账款，因此，将全部赊销业务正确地记入应收账款明细账极为重要。同理，为保证财务报表准确，主营业务收入明细账必须正确地加总并过入总账。在多数审计中，通常都要加总主营业务收入明细账，并将加总数和一些具体内容分别追查至主营业务收入总账和应收账款明细账或库存现金、银行存款日记账，以检查在销售过程中是否存在有意或无意的错报问题。不过这一测试的样本量要受内部控制的影响。从主营业务收入明细账追查至应收账款明细账，一般与为实现其他审计目标所实施的测试一并进行；而将主营业务收入明细账加总，并追查、核对加总数至其总账，则应作为一项单独的测试程序来执行。

(二)收款交易的细节测试

与销售交易的细节测试一样,收款交易的细节测试范围在一定程度上取决于关键控制是否存在以及控制测试的结果。由于销售与收款交易同属一个循环,在经济活动中密切相连,因此,收款交易的一部分测试可与销售交易的测试一并执行,但收款交易的特殊性又决定了其另一部分测试仍需单独实施。

二、主营业务收入的实质性程序

(一)主营业务收入的审计目标

营业收入项目核算企业在销售商品、提供劳务等主营业务活动中所产生的收入,以及企业确认的除主营业务活动以外的其他经营活动实现的收入,包括出租固定资产、出租无形资产、出租包装物和商品、销售材料等实现的收入。其审计目标一般包括:确定利润表中记录的营业收入是否已发生,且与被审计单位有关;确定所有应当记录的营业收入是否均已记录;确定与营业收入有关的金额及其他数据是否已恰当记录,包括对销售退回、销售折扣与折让的处理是否适当;确定营业收入是否已记录于正确的会计期间;确定营业收入是否已按照企业会计准则的规定在财务报表中做出恰当的列报。

(二)主营业务收入的实质性程序

主营业务收入的实质性程序包括以下内容:

1. 获取或编制主营业务收入明细表

复核加计是否正确,并与总账数和明细账合计数核对是否相符,结合其他业务科目与报表数核对是否相符;检查以非记账本位币结算的主营业务收入的折算汇率及折算是否正确。

2. 实施实质性分析程序

(1)针对已识别需要运用分析程序的有关项目,并基于对被审计单位及其环境的了解,通过进行以下比较,同时考虑有关数据间关系的影响,以建立有关数据的期望值:

①将本期的主营业务收入与上期的主营业务收入、销售预算或预测数等进行比较,分析主营业务收入及其构成的变动是否异常,并分析异常变动的原因;

②计算本期重要产品的毛利率,与上期或预算或预测数据比较,检查是否存在异常,各期之间是否存在重大波动,查明原因;

③比较本期各月各类主营业务收入的波动情况,分析其变动趋势是否正常,是否符合被审计单位季节性、周期性的经营规律,查明异常现象和重大波动的原因;

④将本期重要产品的毛利率与同行业企业进行对比分析,检查是否存在异常;

⑤根据增值税发票或普通发票,估算全年收入,与实际收入金额比较。

(2)确定可接受的差异额。

(3)将实际的情况与期望值相比较,识别需要进一步调查的差异。

(4)如果其差额超过可接受的差异额,调查并获取充分的解释和恰当的、佐证性质的审计证据(如通过检查相关的凭证等)。

(5)评估分析程序的测试结果。

3. 检查营业收入真实性

获取产品价格目录,抽查售价是否符合价格政策,并注意销售给关联方或关系密切的重要客户的产品价格是否合理,有无以低价或高价结算的方法相互之间转移利润的现象。抽取本期一定数量的发运凭证，审查存货出库日期、品名、数量等是否与销售发票、销售合同、记账凭证等一致。抽取本期一定数量的记账凭证，审查入账日期、品名、数量、单价、金额等是否与销售发票、发运凭证、销售合同等一致。结合对应收账款实施的函证程序，选择主要客户函证本期销售额。对于出口销售，应当将销售记录与出口报关单、货运提单、销售发票等出口销售单据进行核对，必要时向海关函证。

4. 实施销售的截止测试

(1)选取资产负债表日前后若干天一定金额以上的发运凭证，与应收账款和收入明细账进行核对；同时，从应收账款和收入明细账选取在资产负债表日前后若干天一定金额以上的凭证，与发运凭证核对，以确定销售是否存在跨期现象。

(2)复核资产负债表日前后销售和发货水平，确定业务活动水平是否异常，并考虑是否有必要追加实施截止测试程序。

(3)取得资产负债表日后所有的销售退回记录，检查是否存在提前确认收入的情况。

(4)结合对资产负债表日应收账款的函证程序，检查有无未取得对方认可的大额销售。

(5)调整重大跨期销售。

对销售实施截止测试，其目的主要在于确定被审计单位主营业务收入的会计记录归属期是否正确：应记入本期或下期的主营业务收入是否被推延至下期或提前至本期。

审计人员在审计中应该注意把握三个与主营业务收入确认有着密切关系的日期：一是发票开具日期；二是记账日期；三是发货日期(服务业则是提供劳务的日期)。这里的发票开具日期是指开具增值税专用发票或普通发票的日期；记账日期是指被审计单位确认主营业务收入实现并将该笔经济业务记入主营业务收入账户的日期；发货日期是指仓库开具出库单并发出库存商品的日期。检查三者是否归属于同一适当会计期间常常是主营业务收入截止测试的关键所在。

围绕上述三个重要日期，在审计实务中，审计人员可以考虑选择三条审计路径实施主营业务收入的截止测试。

①以账簿记录为起点。从资产负债表日前后若干天的账簿记录查至记账凭证，检查发票存根与发运凭证，目的是证实已入账收入是否在同一期间已开具发票并发货，有无多记收入。这种方法的优点是比较直观，容易追查至相关凭证记录，以确定其是否应在本期确认收入，特别是在连续审计两个以上会计期间时，检查跨期收入十分便捷，可以提高审计效率。缺点是缺乏全面性和连贯性，只能查多记，无法查漏记，尤其是本期漏记收入延至下期而审计时被审计单位尚未及时登账时，不易发现应记入而未记入报告期收入的情况。因此，使用这种方法主要是为了防止多记收入。

②以销售发票为起点。从资产负债表日前后若干天的发票存根查至发运凭证与账簿记录，确定已开具发票的货物是否已发货并于同一会计期间确认收入。具体做法是，抽取若干张在资产负债表日前后开具的销售发票的存根，追查至发运凭证和账簿记录，查明有无漏记收入现象。这种方法也有其优缺点，优点是较全面、连贯，容易发现漏记的收入；缺点是较费时费力，有时难以查找相应的发货及账簿记录，而且不易发现多记的收入。使用该方法时应注意两点：一是相应的发运凭证是否齐全，特别应注意有无报告期内已作收入而下期初用红字冲回，并且无发货、收货记录，以此来调节前后期利润的情况；二是被审计单位的发票存根是否已全部提供，有无隐瞒。为此，应查看被审计单位的销售发票存根的连续编号是否完整，并考虑查看发票领购簿，尤其应关注普通发票的领购和使用情况。因此，使用这种方法主要是为了防止

少记收入。

③以发运凭证为起点。从资产负债表日前后若干天的发运凭证查至发票开具情况与账簿记录，确定主营业务收入是否已记入恰当的会计期间。该方法的优缺点与方法二类似，使用这种方法主要也是为了防止少记收入。

5. 销售折扣、销售退回与折让业务测试

(1)存在销货退回的，检查相关手续是否符合规定，结合原始销售凭证检查其会计处理是否正确，结合存货项目审计关注其真实性。

(2)检查销售折扣与折让。

销售折扣与折让的实质性程序主要包括：

①获取或编制折扣与折让明细表，复核加计正确，并与明细账合计数核对相符；

②取得被审计单位有关折扣与折让的具体规定和其他文件资料，并抽查较大的折扣与折让发生额的授权批准情况，与实际执行情况进行核对，检查其是否经授权批准，是否合法、真实；

③销售折扣与折让是否及时足额提交对方，有无虚设中介、转移收入、私设账外“小金库”等情况；

④检查折扣与折让的会计处理是否正确。

6. 检查有无特殊的销售行为

如附有销售退回条件的商品销售、委托代销、售后回购、以旧换新、商品需要安装和检验的销售、分期收款销售、出口销售、售后租回等，选择恰当的审计程序进行审核：

(1)附有销售退回条件的商品销售，如果对退货部分能做合理估计的，确定其是否按估计不会退货部分确认收入；如果对退货部分不能作合理估计的，确定其是否在退货期满时确认收入。

(2)售后回购，分析特定销售回购的实质，判断其是属于真正的销售交易，还是属于融资行为。

(3)以旧换新销售，确定销售的商品是否按照商品销售的方法确认收入，回收的商品是否作为购进商品处理。

(4)出口销售，确定其是否按离岸价格、到岸价格或成本加运费价格等不同的成交方式，确认收入的时点和金额。

7. 检查关联方和集团内部销售情况

调查向关联方销售的情况，记录其交易品种、价格、数量、金额以及占主营业务收入总额的比例。对于合并范围内的销售活动，记录应予合并抵销的金额。调查集闭内部销售的情况，记录其交易价格、数量和金额，并追查在编制合并财务报表时是否已予以抵销。

8. 检查主营业务收入的列报

确定主营业务收入的列报是否恰当。

三、其他业务收入的实质性程序

其他业务收入的实质性程序一般包括以下内容：

(1)获取或编制其他业务收入明细表，复核加计是否正确，并与总账数和明细账合计数核对是否相符，结合主营业务收入科目与营业收入报表数核对是否相符。

(2)计算本期其他业务收入与其他业务成本的比率，并与上期该比率比较，检查是否有重大波动，如有，应查明原因。

（3）检查其他业务收入内容是否真实、合法，收入确认原则及会计处理是否符合规定，择要抽查原始凭证予以核实。

（4）对异常项目，应追查入账依据及有关法律文件是否充分。

（5）抽查资产负债表日前后一定数量的记账凭证，实施截止测试，追踪到销售发票、收据等，确定入账时间是否正确，对于重大跨期事项做必要的调整建议。

（6）确定其他业务收入在财务报表中的列报是否恰当。

四、应收账款的实质性程序

（一）应收账款的审计目标

应收账款的审计目标一般包括：

（1）确定资产负债表中记录的应收账款是否存在。

（2）确定所有应当记录的应收账款是否均已记录。

（3）确定记录的应收账款是否被审计单位拥有或控制。

（4）确定应收账款是否可收回，坏账准备的计提方法和比例是否恰当，计提是否充分；确定应收账款及其坏账准备期末余额是否正确。

（5）确定应收账款及其坏账准备是否已按照企业会计准则的规定在财务报表中做出恰当列报。

（二）应收账款的实质性程序

1. 取得或编制应收账款明细表

（1）复核加计正确，并与总账数和明细账合计数核对是否相符；结合坏账准备科目与报表数核对是否相符。应当注意，应收账款报表数反映企业因销售商品、提供劳务等应向购买单位收取的各种款项，减去已计提的相应的坏账准备后的净额。因此，其报表数应同应收账款总账数和明细账数分别减去与应收账款相应的坏账准备总账数和明细账数后的余额核对相符。

（2）检查非记账本位币应收账款的折算汇率及折算是否正确。

（3）分析有贷方余额的项目，查明原因，必要时，建议做重分类调整。

（4）结合其他应收款、预收款项等往来项目的明细余额，调查有无同一客户多处挂账、异常余额或与销售无关的其他款项（如代销账户、关联方账户或员工账户）。如有，应做出记录，必要时提出调整建议。

2. 检查涉及应收账款的相关财务指标

（1）复核应收账款借方累计发生额与主营业务收入关系是否合理，并将当期应收账款借方发生额占销售收入净额的百分比与管理层考核指标比较和被审计单位相关赊销政策比较，如存在异常应查明原因。

（2）计算应收账款周转率、应收账款周转天数等指标，并与被审计单位相关赊销政策、被审计单位以前年度指标、同行业同期相关指标进行对比分析，检查是否存在重大异常。

3. 检查应收账款账龄分析是否正确

审计人员可以通过获取或编制应收账款账龄分析表来分析应收账款的账龄，以便了解应收账款的可收回性。应收账款账龄分析表参考格式如表 7－6 所示。

表 7—6 **应收账款账龄分析**

货币单位： 年 月 日

客户名称	期末余额	账龄			
		1年以内	1～2年	2～3年	3年以上
合计					

应收账款的账龄，通常是指资产负债表中的应收账款从销售实现、产生应收账款之日起，至资产负债表日止所经历的时间。编制应收账款账龄分析表时，可以考虑选择重要的客户及其余额列示，而将不重要的或余额较小的汇总列示。应收账款账龄分析表的合计数减去已计提的相应坏账准备后的净额，应该等于资产负债表中的应收账款项目余额。

4. *向债务人函证应收账款*

函证应收账款的目的在于证实应收账款账户余额的真实性、正确性，防止或发现被审计单位及其有关人员在销售交易中发生的错误或舞弊行为。通过函证应收账款，可以比较有效地证明被询证者（即债务人）的存在和被审计单位记录的可靠性。

（1）函证的范围和对象。除非有充分证据表明应收账款对被审计单位财务报表而言是不重要的，或者函证很可能是无效的，否则，审计人员应当对应收账款进行函证。如果审计人员不对应收账款进行函证，应当在审计工作底稿中说明理由。如果认为函证很可能是无效的，审计人员应当实施替代审计程序，获取相关、可靠的审计证据。函证数量的多少、范围是由诸多因素决定的，主要有：

①应收账款在全部资产中的重要性。若应收账款在全部资产中所占的比重较大，则函证的范围应相应大一些。

②被审计单位内部控制的强弱。若内部控制制度较健全，则可以相应减少函证量；反之，则应相应扩大函证范围。

③以前期间的函证结果。若以前期间函证中发现过重大差异，或欠款纠纷较多，则函证范围应相应扩大一些。

一般情况下，审计人员应选择以下项目作为函证对象：大额或账龄较长的项目；与债务人发生纠纷的项目；重大关联方项目；主要客户（包括关系密切的客户）项目；交易频繁但期末余额较小甚至余额为零的项目；可能产生重大错报或舞弊的非正常的项目。

（2）函证的方式。审计人员可采用积极的或消极的函证方式实施函证，也可将两种方式结合使用。

【附件1】 积极式询证函参考格式

企业询证函

编号：

××(公司)：

本公司聘请的××会计师事务所正在对本公司××年度财务报表进行审计，按照中国注册会计师审计准则的要求，应当询证本公司与贵公司的往来账项等事项。下列数据出自本公司账簿记录，如与贵公司记录相符，请在本函下端“信息证明无误”处签章证明；如有不符，请在“信息不符”处列明不符金额。回函请直接寄至××会计师事务所。

回函地址：

邮编：　　　　电话：　　　　传真：　　　　联系人：

1. 本公司与贵公司的往来账项列示如下：

单位：元

截止日期	贵公司欠	欠贵公司	备　注

2. 其他事项。

本函仅为复核账目之用，并非催款结算。若款项在上述日期之后已经付清，仍请及时函复为盼。

(公司盖章)

年　　月　　日

结论：1. 信息证明无误。

(公司盖章)

年　　月　　日

经办人：

2. 信息不符，请列明不符的详细情况：

(公司盖章)

年　　月　　日

经办人：

【附件2】 消极式询证函参考格式

企业询证函

编号：

××(公司)：

本公司聘请的××会计师事务所正在对本公司××年度财务报表进行审计，按照中国注册会计师审计准则的要求，应当询证本公司与贵公司的往来账项等事项。下列数据出自本公司账簿记录，如与贵公司记录相符，则无须回复；如有不符，请直接通知会计师事务所，并请在空白处列明贵公司认为是正确的信息。回函请直接寄至××会计师事务所。

回函地址：

邮编：　　电话：　　传真：　　联系人：

1. 本公司与贵公司的往来账项列示如下：

单位：元

截止日期	贵公司欠	欠贵公司	备　注

2. 其他事项。

本函仅为复核账目之用，并非催款结算。若款项在上述日期之后已经付清，仍请及时核对为盼。

（公司盖章）

年　　月　　日

××会计师事务所：

上面的信息不正确，差异如下：

（公司盖章）

年　　月　　日

经办人：

(3)函证时间的选择。审计人员通常以资产负债表日为截止日，在资产负债表日后适当时间内实施函证。如果重大错报风险评估为低水平，审计人员可选择资产负债表日前适当日期为截止日实施函证，并对所函证项目自该截止日起至资产负债表日止发生的变动实施实质性程序。

(4)函证的控制。审计人员通常利用被审计单位提供的应收账款明细账户名称及客户地址等资料据以编制询证函，但审计人员应当对确定需要确认或填列的信息、选择适当的被询证者、设计询证函以及发出和跟进(包括收回)询证函保持控制。

审计人员可通过函证结果汇总表的方式对询证函的收回情况加以控制。函证结果汇总表如表7—7所示。

表 7—7　　应收账款函证结果汇总表

被审计单位名称：　　制表：

日期：

复核：

结账日：　年　月　日　　日期：

询证函编号	债务人名称	债务人地址及联系方式	账面金额	函证方式	函证日期		回函日期	替代程序	确认余额	差异金额及说明	备注
					第一次	第二次					
合　计											

(5)回函结果差异分析。对应收账款而言，登记入账的时间不同而产生的不符事项主要表现为：

①询证函发出时，债务人已经付款，而被审计单位尚未收到货款；

②询证函发出时，被审计单位的货物已经发出并已做销售记录，但货物仍在途中，债务人尚未收到货物；

③债务人由于某种原因将货物退回，而被审计单位尚未收到；

④债务人对收到的货物的数量、质量及价格等方面有异议而全部或部分拒付货款等。

如果不符事项构成错报，审计人员应当评价该错报是否表明存在舞弊，并重新考虑所实施审计程序的性质、时间和范围。

5. 确定已收回的应收账款金额

请被审计单位协助，在应收账款账龄明细表中标出至审计时已收回的应收账款金额，对已收回金额较大的款项进行常规检查，如核对收款凭证、银行对账单、销货发票等，并注意凭证发生日期的合理性，分析收款时间是否与合同相关要素一致。

6. 对未函证应收账款实施替代审计程序

通常，审计人员不可能对所有应收账款进行函证，因此，对于未函证应收账款，审计人员应抽查有关原始凭据，如销售合同、销售订购单、销售发票副本、发运凭证及回款单据等，以验证与其相关的应收账款的真实性。

7. 检查坏账的确认和处理

(1)审计人员应检查有无债务人破产或者死亡的，以及破产或以遗产清偿后仍无法收回的，或者债务人长期未履行清偿义务的应收账款。

(2)应检查被审计单位坏账的处理是否经授权批准，有关会计处理是否正确。

8. 抽查有无不属于结算业务的债权

不属于结算业务的债权，不应在应收账款中进行核算。因此，审计人员应抽查应收账款明细账，并追查有关原始凭证，查证被审计单位有无不属于结算业务的债权。如有，应建议被审计单位做适当调整。

9. 检查应收账款的贴现、质押或出售

检查银行存款和银行借款等询证函的回函、会议纪要、借款协议和其他文件，确定应收账款是否已被贴现、质押或出售,应收账款贴现业务是否满足金融资产转移终止确认条件,其会计处理是否正确。

10. 对应收账款实施关联方及其交易审计程序

标明应收关联方[包括持股5%以上(含5%)股东]的款项,实施关联方及其交易审计程序,并注明合并财务报表时应予抵销的金额。对关联企业、有密切关系的主要客户的交易事项做专门核查:

(1)了解交易事项目的、价格和条件,做比较分析。

(2)检查销售合同、销售发票、发运凭证等相关文件资料。

(3)检查收款凭证等货款结算单据。

(4)向关联方或有密切关系的主要客户函询,以确认交易的真实性、合理性。

11. 确定应收账款的列报是否恰当

如果被审计单位为上市公司,则其财务报表附注通常应披露期初、期末余额的账龄分析,期末欠款金额较大的单位账款,以及持有5%以上(含5%)股份的股东单位账款等情况。

五、坏账准备的实质性程序

(一)坏账准备的审计目标

(1)确定计提坏账准备的方法是否恰当,坏账准备的计提是否充分。

(2)确定坏账准备的增减变动记录是否完整。

(3)确定坏账准备期末余额是否正确,坏账准备披露是否恰当。

(二)坏账准备审计常用的实质性程序

(1)取得或编制坏账准备明细表,复核加计是否正确,与坏账准备总账数、明细账合计数核对是否相符。

(2)将应收账款坏账准备本期计提数与资产减值损失相应明细项目的发生额核对是否相符。

(3)检查应收账款坏账准备计提和核销的批准程序,取得书面报告等证明文件,评价计提坏账准备所依据的资料、假设及方法。

对于单项金额重大的应收账款,企业应当单独进行减值测试,如客观证据证明其已发生减值,应当计提坏账准备。对于单项金额不重大的应收账款,可以单独进行减值测试,或包括在具有类似信用风险特征的应收账款组合中(例如账龄分析)进行减值测试。此外,单独测试未发生减值的应收账款,应当包括在具有类似信用风险特征的应收账款组合中(例如账龄分析)再进行减值测试。

采用账龄分析法时,收到债务单位当期偿还的部分债务后,剩余的应收账款,不应改变其账龄,仍应按原账龄加上本期应增加的账龄确定:在存在多笔应收账款且各笔应收账款账龄不同的情况下,收到债务单位当期偿还的部分债务,应当逐笔认定收到的是哪一笔应收账款;如果确实无法认定的,按照先发生先收回的原则确定,剩余应收账款的账龄按上述同一原则确定。

在确定坏账准备的计提比例时,企业应当在综合考虑以往的经验、债务单位的实际财务状况和预计未来现金流量(不包括尚未发生的未来信用损失)等因素,以及其他相关信息的基础上做出合理估计。

(4)实际发生坏账损失的,检查转销依据是否符合有关规定,会计处理是否正确。对于被审计单位在被审计期间内发生的坏账损失，审计人员应检查其原因是否清楚、是否符合有关规定、有无授权批准、有无已做坏账处理后又重新收回的应收账款、相应的会计处理是否正确。

(5)已经确认并转销的坏账重新收回的，检查其会计处理是否正确。

(6)检查函证结果。对债务人回函中反映的例外事项及存在争议的余额，审计人员应查明原因并做记录。必要时，应建议被审计单位做相应的调整。

(7)实施分析程序。通过比较前期坏账准备计提数和实际发生数，以及检查期后事项，评价应收账款坏账准备计提的合理性。

(8)确定应收账款坏账准备的披露是否恰当。企业应当在财务报表附注中清晰地说明坏账的确认标准、坏账准备的计提方法和计提比例。并且，上市公司还应在财务报表附注中分项披露如下事项：

①本期全额计提坏账准备，或计提坏账准备的比例较大的(计提比例一般超过40%及以上的，下同)，应说明计提的比例以及理由。

②以前期间已全额计提坏账准备，或计提坏账准备的比例较大但在本期又全额或部分收回的，或通过重组等其他方式收回的，应说明其原因、原估计计提比例的理由以及原估计计提比例的合理性。

③本期实际冲销的应收款项及其理由，其中，实际冲销的关联交易产生的应收账款应单独披露。

六、其他相关账户的实质性程序

在销售与收款循环的审计中，还包括应收票据、预收账款、应交税费、营业税金及附加、销售费用等项目。

(一)应收票据的实质性程序

1. 审计目标

(1)确定应收票据是否存在。

(2)确定应收票据是否归被审计单位所有。

(3)确定应收票据增减变动的记录是否完整。

(4)确定应收票据是否有效、能否回收。

(5)确定应收票据期末余额是否正确。

(6)确定应收票据在财务报表上的披露是否恰当。

2. 实质性程序

(1)获取或编制应收票据明细表，复核其加计数是否正确，并核对其期末合计数与报表数、总账数和明细账合计数是否相符。

(2)监盘库存票据。

(3)函证应收票据，证实其存在性和可回收性。

(4)检查应收票据的利息收入是否正确入账，注意逾期应收票据是否已按规定停止计提。

(5)利息。对于已贴现应收票据，审计人员应审查其贴现额、贴现息的计算是否正确，会计处理方法是否恰当。

(6)审查已贴现应收票据的贴现额与利息额的计算是否正确，会计处理方法是否恰当，复核、统计已贴现以及已转让但尚未到期的应收票据的金额。

(7)对以非记账本位币结算的应收票据，应检查其采用的折算汇率和汇兑损益处理的正确性。

(8)确定应收票据是否已在资产负债表上恰当披露。

(二)预收账款的实质性程序

1. 审计目标

(1)确定预收账款的发生及偿还记录是否完整。

(2)确定预收账款的期末余额是否正确。

(3)确定预收账款在财务报表上的披露是否恰当。

2. 实质性程序

(1)获取或编制预收票据明细表,复核其加计数是否正确,并核对其期末合计数与报表数、总账数和明细账合计数是否相符。

(2)抽查相关销售合同、仓库发运凭证、收款凭证,检查已实际销售的商品是否及时转销预收账款,以确保预收账款期末余额的正确性。

(3)选择预收账款的重大项目函证。

(4)检查预收账款长期挂账的原因,必要时提请被审计单位予以调整。

(5)检查预收账款是否已在资产负债表上恰当披露。

(三)应交税费的实质性程序

1. 审计目标

(1)确定应计和已缴税费的记录是否完整。

(2)确定应交税费的期末余额是否正确。

(3)确定应交税费在财务报表上的披露是否恰当。

2. 实质性程序

(1)获取或编制应交税费明细表,复核其加计数是否正确,并核对其期末合计数与报表数、总账数和明细账合计数是否相符。

(2)查阅相关文件,确认其在被审计期间的应纳税内容。

(3)核对期初未交税费与税务机关认定数是否一致,如有差异应查明原因做出记录,必要时建议做适当的调整。

(4)检查应交增值税、应交消费税、应交资源税、应交土地资源税的计算是否正确,是否按规定进行会计处理。

(5)确定应交税费是否已在资产负债表上恰当披露。

(四)税金及附加的实质性程序

1. 审计目标

(1)确定税金及附加的记录是否完整。

(2)确定税金及附加的计算和会计处理是否正确。

(3)确定税金及附加在财务报表上的披露是否恰当。

2. 实质性程序

(1)获取或编制税金及附加明细表,复核其加计数是否正确,并核对其期末合计数与报表数、总账数和明细账合计数是否相符。

(2)确定被审计单位的纳税范围与税种是否符合国家规定。

(3)检查税金及附加的计算是否正确。

(4)确定被审计单位减免税的项目是否真实,理由是否充分,手续是否完备。

(5)确定税金及附加是否已在利润表上恰当披露。

(五)销售费用的实质性程序

1. 审计目标

(1)确定销售费用的内容是否完整。

(2)确定销售费用的分类、归属和会计处理是否正确。

(3)确定销售费用在财务报表上的披露是否恰当。

2. 实质性程序

(1)获取或编制销售费用明细表,复核其加计数是否正确,并核对其期末合计数与报表数、总账数和明细账合计数是否相符,并检查其明细项目的设置是否符合规定的核算内容与范围,是否划清了销售费用与其他费用的界限。

(2)检查销售费用各项目开支标准和内容是否符合有关规定,计算是否正确。

(3)实施分析程序,将本期销售费用与上期进行比较,将本期各月销售费用进行比较,确认有无重大波动和异常情况,如有,应查明原因并作适当处理。

(4)检查其原始凭证是否合法,会计处理是否正确,必要时可进行截止测试。

(5)核对相关的勾稽关系,检查销售费用的结转是否正确、合规。

(6)检查销售费用是否已在利润表上恰当披露。

复习思考题

1. 销售与收款循环的主要业务环节有哪些?
2. 销售与收款循环的主要风险有哪些?如何针对这些风险进行控制测试?
3. 如何进行销售与收款循环交易的分析测试?
4. 如何进行销售交易的细节测试?
5. 主营业务收入和应收款项的分析性测试通常应从哪些指标入手?
6. 如何实施应收账款函证?如何保证函证应收账款的质量?
7. 如何选择应收账款函证的方式?如何确定应收账款函证的范围和对象?
8. 审查坏账准备计提的要点是什么?每一个要点应当如何审查?

第八章

采购与付款循环审计

学习目标

通过本章的学习，了解与采购和付款循环相关的会计凭证、账户、主要经济业务活动；熟悉采购与付款循环中的内部控制要点及控制测试；理解与每种测试程序相关的财务报表认定；掌握应付账款、固定资产和累计折旧等账户的审计目标以及实质性程序。

第一节　采购与付款循环的特征

一、采购与付款循环中涉及的主要财务报表账户

企业的采购与付款循环包括购买商品、劳务和固定资产，以及企业在经营活动中为获取收入而发生的直接或间接的支出。部分支出可能与产品收入直接相关，部分支出可能会形成企业资产，而这些资产又形成了企业经营活动的基础。其中，采购与付款循环中涉及的主要财务报表账户如表8—1所示。

表8—1　　采购与付款循环中涉及的主要财务报表账户

资产负债表项目	利润表项目
预付款项	管理费用
在建工程	
固定资产	
工程物资	
固定资产清理	
无形资产	
开发支出	
商誉	
长期待摊费用	
应付票据	
应付账款	
长期应付款	

二、采购与付款循环中涉及的主要凭证与会计记录

采购与付款交易通常要经过请购—订货—验收—付款这样的程序，同销售与收款交易一样，在内部控制比较健全的企业，处理采购与付款交易通常也需要使用很多凭证与会计记录。典型的采购与付款循环所涉及的主要凭证与会计记录有以下几种：

(一)请购单

请购单是由产品制造、资产使用等部门的有关人员填写，送交采购部门，申请购买商品、劳务或其他资产的书面凭证。

(二)订购单

订购单是由采购部门填写，向另一企业购买订购单上所指定的商品、劳务或其他资产的书面凭证。

(三)验收单

验收单是收到商品、资产时所编制的凭证，列示从供应商处收到的商品、资产的种类和数量等内容。

(四)卖方发票

卖方发票(供应商发票)是供应商开具的，交给买方以载明发运的货物或提供的劳务、应付款金额和付款条件等事项的凭证。

(五)付款凭单

付款凭单是采购方企业的应付凭单部门编制的，载明已收到的商品、资产或接受的劳务、应付款金额和付款日期的凭证。付款凭单是采购方企业内部记录和支付负债的授权证明文件。

(六)转账凭证

转账凭证是指记录转账交易的记账凭证，它是根据有关转账交易(即不涉及库存现金、银行存款收付的各项交易)的原始凭证编制的。

(七)付款凭证

付款凭证包括现金付款凭证和银行存款付款凭证，是指用来记录库存现金和银行存款支出交易的记账凭证。

(八)应付账款明细账

应付账款明细账应按照供应商分别设置。通常设置三栏式明细账进行明细分类核算。

(九)库存现金日记账和银行存款日记账

库存现金日记账是由出纳人员根据现金收付款凭证，按照业务发生顺序逐笔登记的。银行存款日记账是由出纳人员根据银行存款收付款凭证，按照业务的发生顺序逐笔登记，每日终了应结出余额。

(十)供应商对账单

供应商对账单是由供应商按月编制的，标明期初余额、本期购买、本期支付给供应商的款项和期末余额的凭证。供应商对账单是供应商对有关交易的陈述，如果不考虑买卖双方在收发货物上可能存在的时间差等因素，其期末余额通常应与采购方相应的应付账款期末余额一致。

三、采购与付款循环中涉及的主要业务活动

采购与付款循环所涉及的主要业务活动及其适当的控制程序和相关的认定如下：

(一)请购商品和劳务

仓库负责对需要购买的已列入存货清单的项目填写请购单,其他部门也可以对所需要购买的未列入存货清单的项目编制请购单。大多数企业对正常经营所需物资的购买均作一般授权,比如,仓库在现有库存达到再订购点时就可直接提出采购申请,其他部门也可为正常的维修工作和类似工作直接申请采购有关物品。但对资本支出和租赁合同,企业则通常要求作特别授权,只允许指定人员提出请购。请购单可由手工或计算机编制。由于企业内不少部门都可以填列请购单,可能不便事先编号,为加强控制,每张请购单必须经过对这类支出预算负责的主管人员签字批准。请购单是证明有关采购交易的"发生"认定的凭据之一,也是采购交易轨迹的起点。

(二)编制订购单

采购部门在收到请购单后,只能对经过批准的请购单发出订购单。对每张订购单,采购部门应确定最佳的供应来源。对一些大额、重要的采购项目,应采取竞价方式来确定供应商,以保证供货的质量、及时性和成本的低廉。

订购单应正确填写所需要的商品品名、数量、价格、厂商名称和地址等,预先予以顺序编号并经过被授权的采购人员签名。其正联应送交供应商,副联则送至企业内部的验收部门、应付凭单部门和编制请购单的部门。随后,应独立检查订购单的处理,以确定是否确实收到商品并正确入账。这项检查与采购交易的"完整性"认定有关。

(三)验收商品

有效的订购单代表企业已授权验收部门接受供应商发运来的商品。验收部门首先应比较所收商品与订购单上的要求是否相符,如商品的品名、摘要、数量、到货时间等,然后再盘点商品并检查商品有无损坏。

验收单是支持资产或费用以及与采购有关的负债的"存在或发生"认定的重要凭证。定期独立检查验收单的顺序以确定每笔采购交易都已编制凭单,则与采购交易的"完整性"认定有关。

(四)储存已验收的商品

将已验收商品的保管与采购的其他职责相分离,可减少未经授权的采购和盗用商品的风险。存放商品的仓储区应相对独立,限制无关人员接近。这些控制与商品的"存在"认定有关。

(五)编制付款凭单

记录采购交易之前,应付凭单部门应编制付款凭单。这项功能的控制包括:

(1)确定供应商发票的内容与相关的验收单、订购单的一致性。

(2)确定供应商发票计算的正确性。

(3)编制有预先顺序编号的付款凭单,并附上支持性凭证(如订购单、验收单和供应商发票等)。这些支持性凭证的种类,因交易对象的不同而不同。

(4)独立检查付款凭单计算的正确性。

(5)在付款凭单上填入应借记的资产或费用账户名称。

(6)由被授权人员在凭单上签字,以示批准照此凭单要求付款。所有未付凭单的副联应保存在未付凭单档案中,以待日后付款。经适当批准和有预先编号的凭单为记录采购交易提供了依据,因此,这些控制与"存在""发生""完整性""权利和义务"和"计价和分摊"等认定有关。

(六)确认与记录负债

正确确认已验收货物和已接受劳务的债务,要求准确、及时地记录负债。该记录对企业财务报表和实际现金支出具有重大影响。与应付账款确认和记录相关的部门一般有责任核查购置的财产，并在应付凭单登记簿或应付账款明细账中加以记录。在收到供应商发票时，应付账款部门应将发票上所记载的品名、规格、价格、数量、条件及运费与订购单上的有关资料核对，如有可能，还应与验收单上的资料进行比较。

应付账款确认与记录的一项重要控制是要求记录现金支出的人员不得经手现金、有价证券和其他资产。恰当的凭证、记录与记账手续，对业绩的独立考核和履行应付账款职能而言是必不可少的控制。

在手工系统下，应将已批准的未付款凭单送达会计部门，据以编制有关记账凭证和登记有关账簿。会计主管应监督为采购交易而编制的记账凭证中账户分类的适当性；通过定期核对编制记账凭证的日期与凭单副联的日期，监督入账的及时性。而独立检查会计人员则应核对所记录的凭单总数与应付凭单部门送来的每日凭单汇总表是否一致，并定期独立检查应付账款总账余额与应付凭单部门未付款凭单档案中的总金额是否一致。

(七)付款

通常是由应付凭单部门负责确定未付凭单在到期日付款。企业有多种款项结算方式，以支票结算方式为例，编制和签署支票的有关控制包括：

(1)独立检查已签发支票的总额与所处理的付款凭单的总额的一致性。

(2)应由被授权的财务部门的人员负责签署支票。

(3)被授权签署支票的人员应确定每张支票都附有一张已经适当批准的未付款凭单，并确定支票收款人姓名和金额与凭单内容一致。

(4)支票一经签署就应在其凭单和支持性凭证上用加盖印戳或打洞等方式将其注销，以免重复付款。

(5)支票签署人不应签发无记名甚至空白的支票。

(6)支票应预先顺序编号，保证支出支票存根的完整性和作废支票处理的恰当性。

(7)应确保只有被授权的人员才能接近未经使用的空白支票。

(八)记录现金、银行存款支出

仍以支票结算方式为例，在手工系统下，会计部门应根据已签发的支票编制付款记账凭证，并据以登记银行存款日记账及其他相关账簿。以记录银行存款支出为例，有关控制包括：

(1)会计主管应独立检查记入银行存款日记账和应付账款明细账的金额的一致性，以及与支票汇总记录的一致性。

(2)通过定期比较银行存款日记账记录的日期与支票副本的日期，独立检查入账的及时性。

(3)独立编制银行存款余额调节表。

采购与付款循环中主要业务活动、对应的凭证及账户、相关部门、相关认定、重要控制点的关系如表 8—2 所示。

表 8—2　采购与付款循环中主要业务活动、对应的凭证及账户、相关部门、相关认定、重要控制点的关系

主要业务活动	相关凭证、记录	相关部门	相关认定	重要控制点
请购商品或劳务	请购单	仓库、其他部门	发生	签字批准
编制订购单	订购单	采购部门	完整性	订购单预先编号并经被授权的采购人员签名

续表

主要业务活动	相关凭证、记录	相关部门	相关认定	重要控制点
验收商品	订购单、验收单	验收部门	存在、完整性	验收单预先编号,一式多联
储存已验收的商品存货	验收单	仓库部门	存在	保管与采购职责分离
编制付款凭证	付款凭证、验收单、订购单、供应商发票	应付凭单部门	存在、完整性、计价和分摊	预先编号,并经过适当批准
确认与记录负债	应付账款明细账、供应商发票、验收单、转账凭证、订购单	会计部门	存在、完整性、计价和分摊	记录库存现金收支人员不得经手库存现金、有价证券和其他资产
付款	付款凭证	应付凭单部门、财务部门	存在、完整性、计价和分摊	支票预先编号,相关凭证要注销
记录现金、银行存款支出	库存现金和银行存款日记账、付款凭证	会计部门	存在、完整性、计价和分摊	账账核对,账证核对,独立编制银行存款余额调节表

第二节 采购与付款循环的风险评估

在风险导向审计理念的指导下,采购与付款循环的审计是通过风险评估程序评估出该循环各环节的风险级别、重大错报风险,并根据风险评估结果设计实施进一步审计程序,进而完成该循环的审计。

一、该循环可能存在的重大错报风险及原因

(一)可能存在的重大错报风险

采购与付款循环可能存在的重大错报风险如表 8—3 所示。

表 8—3　　重大错报风险及认定

重大错报风险	相关财务报表项目及认定
1. 确认的负债及费用并未实际发生	应付账款\其他应付款:存在 销售费用\管理费用:发生
2. 不计提采购相关的负债或不计提尚未付款的已经购买的服务支出	应付账款\其他应付款:完整 销售费用\管理费用:完整
3. 采取不正确的费用支出截止期,例如将本期的支出延迟到下期确认	应付账款\其他应付款:存在\完整 销售费用\管理费用:截止
4. 发生的采购未能以正确的金额记录	应付账款\其他应付款:准确性 销售费用\管理费用:计价和分摊

(二)存在重大错报风险的原因

(1)管理层错报费用支出的偏好和动因。被审计单位管理层可能为了完成预算,满足业绩考核要求,保证从银行获得额外的资金,吸引潜在投资者,误导股东,影响公司股价,或通过把私人费用计入公司进行个人谋利而错报支出。

(2)费用支出的复杂性。例如,被审计单位以复杂的交易安排购买一定期间的多种服务,管理层对于涉及的服务受益与付款安排所涉及的复杂性缺乏足够的了解。这可能导致费用支

出分配或计提的错误。

(3)管理层凌驾于控制之上和员工舞弊。例如,通过与第三方串通,把私人费用计入企业费用支出,或有意无意地重复付款。

(4)采用不正确的费用支出截止期。将本期采购并收到的商品计入下一会计期间;或者将下一会计期间采购的商品提前计入本期;未及时计提尚未付款的已经购买的服务支出等。

(5)低估。在承受反映较高盈利水平和营运资本的压力下,被审计单位管理层可能试图低估准备和应付账款,包括低估对存货、应收账款应计提的减值以及对已售商品提供的担保(例如售后服务承诺)应计提的准备。

(6)不正确地记录外币交易。当被审计单位进口用于出售的商品时,可能由于采用不恰当的外币汇率而导致该项采购的记录出现差错。此外,还存在未能将诸如运费、保险费和关税等与存货相关的进口费用进行正确分摊的风险。

(7)存货的采购成本没有按照适当的计量属性确认。结果可能导致存货成本和销售成本的核算不正确。

(8)存在未记录的权利和义务。这可能导致资产负债表分类错误以及财务报表附注不正确或披露不充分。

二、评估重大错报风险

审计人员应当根据被审计单位的实际情况,结合重大错报风险产生的原因,采用适当的方法,评估采购与付款循环的重大错报风险。

(一)应了解的事项

在进行采购与付款循环重大错报风险评估时,审计人员至少应当了解下列事项:

(1)了解采购与付款流程。

(2)了解供应商对账表和银行对账单。

(3)了解采购与付款相关的内部控制的设计和运行。

(4)了解管理层管理采购与付款循环的关键环节。

(5)了解管理层对采购与付款循环的业绩评价指标。

(6)了解管理层是否设置了及时识别错误并处理舞弊的有效措施。

(二)采用的方法

在了解上述事项时,可采用询问、观察、检查、分析(单独或组合应用)等方法;必要时,可聘请外部专家协助对特定环节进行检测。

(三)推导结果

根据对被审计单位采购与付款状况进行的了解、分析,结合第五章“风险评估”“评估认定层次的重大错报风险”的相关思路,审计人员可评估出采购与付款循环各环节的风险级别、是否存在重大错报风险,并将其有序列出,以便设计和实施进一步审计程序。

三、根据评估结果设计进一步审计程序

审计人员应根据采购与付款循环的重大错报风险评估结果,拟定进一步审计程序,继而实施控制测试和实质性程序,以应对识别出的认定层次的重大错报风险。

通常采购与付款循环中的三大重大错报风险[确认的负债及费用并未实际发生、不计提采购相关的负债或不计提尚未付款的已经购买的服务支出、发生的采购未能以正确的金额记录

(见表 8—3)],比较信赖内部控制,所以采用综合性方案比较合适;其中,第三大重大错报风险[采取不正确的费用支出截止期,例如将本期的支出延迟到下期确认(见表 8—3)],基本不信赖内部控制,所以采用实质性方案比较合适。

进一步审计程序的具体实施将在第四节、第五节详细展开。

第三节　采购与付款循环的控制测试

一、采购交易的内部控制

采购与付款循环的交易测试包括采购交易测试和付款交易测试两个部分。以下仅就采购交易内部控制的特殊之处予以说明。

1. 适当的职责分离

企业应当建立采购与付款交易的岗位责任制,明确相关部门和岗位的职责、权限,确保办理采购与付款交易的不相容岗位相互分离、制约和监督。采购与付款交易不相容岗位至少包括:请购与审批;询价与确定供应商;采购合同的订立与审批;采购与验收;采购、验收与相关会计记录;付款审批与付款执行。这些都是对企业提出的、有关采购与付款交易相关职责适当分离的基本要求。

2. 内部核查程序

企业应当建立对采购与付款交易内部控制的监督检查制度。采购与付款交易内部控制监督检查的主要内容通常包括:

(1)采购与付款交易相关岗位及人员的设置情况。重点检查是否存在采购与付款交易不相容职务混岗的现象。

(2)采购与付款交易授权批准制度的执行情况。重点检查大宗采购与付款交易的授权批准手续是否健全,是否存在越权审批的行为。

(3)应付账款和预付账款的管理。重点审查应付账款和预付账款支付的正确性、时效性和合法性。

(4)有关单据、凭证和文件的使用和保管情况。重点检查凭证的登记、领用、传递、保管、注销手续是否健全,使用和保管制度是否存在漏洞。

3. 采购交易的内部控制目标、关键内部控制和审计测试的关系

采购交易的内部控制目标、关键内部控制和审计测试的关系如表 8—4 所示。

表 8—4　　采购交易的控制目标、关键内部控制和测试一览表

内部控制目标	关键内部控制	常用的控制测试	常用的交易实质性程序
所记录的采购都确已收到商品或已接受劳务(存在)	请购单、订购单、验收单和卖方发票一应俱全,并附在付款凭单后。采购经适当级别批准。注销凭证以防止重复使用。对卖方发票、验收单、订购单和请购单做内部核查	(1)查验付款凭单后是否附有完整的相关单据 (2)检查批准采购的标记 (3)检查注销凭证的标记 (4)检查内部核查的标记	(1)复核采购明细账、总账及应付账款明细账,注意是否有大额或不正常的金额 (2)检查卖方发票、验收单、订购单和请购单的合理性和真实性 (3)追查存货的采购至存货永续盘存记录 (4)检查取得的固定资产

续表

内部控制目标	关键内部控制	常用的控制测试	常用的交易实质性程序
已发生的采购交易均已记录(完整性)	(1)订购单均经事先连续编号并将已完成的采购登记入账 (2)验收单均经事先连续编号并已登记入账 (3)应付凭单均经事先连续编号并已登记入账	(1)检查订购单连续编号的完整性 (2)检查验收单连续编号的完整性 (3)检查应付凭单连续编号的完整性	(1)从验收单追查至采购明细账 (2)从卖方发票追查至采购明细账
所记录的采购交易估价正确(准确性、计价和分摊)	(1)对计算准确性进行内部核查 (2)采购价格和折扣的批准	(1)检查内部核查的标记 (2)检查批准采购价格和折扣的标记	将采购明细账中记录的交易卖方发票、验收单和其他证明文件比较。复算包括折扣和运费在内的卖方发票填写金额的准确性
采购交易的分类的正确(分类)	采用适当的会计科目表。分类的内部核查	检查工作手册和会计科目表。检查有关凭证上内部核查的标记	参照卖方发票,比较会计科目表上的分类
采购交易按正确的日期记录(截止)	要求收到商品或接受劳务后及时记录采购交易。内部核查	检查工作手册并观察有无未记录的卖方发票存在。检查内部核查的标记	将验收单和卖方发票上的日期与采购明细账中的日期进行比较
采购交易被正确记入应付账款和存货等明细账中,并正确汇总(准确性、计价和分摊)	应付账款明细账内容的内部核查	检查内部核查的标记	通过加计采购明细账,追查过入采购总账和应付账款、存货明细账的数额是否正确,用以测试过账和汇总的正确性

当被审计单位对存货采用永续盘存制核算时,如果审计人员确信其永续盘存记录是准确、及时的,存货项目的实质性程序就可予以简化。被审计单位对永续盘存记录中的采购环节的内部控制,一般应作为审计中对采购交易进行控制测试的对象之一,在审计中起着关键作用。如果这些控制能够有效地运行,并且永续盘存记录中又能反映出存货的数量和单位成本,还可以因此减少存货监盘和存货单位成本测试的工作量。

二、付款交易的内部控制

在内部控制健全的企业,与采购相关的付款交易即支出交易同样有其内部控制目标和内部控制,审计人员应针对每个主要的具体内部控制目标确定关键的内部控制,并对此实施相应的控制测试和交易的实质性程序。以下是付款交易应当遵循的内部控制内容:

(1)企业应当按照《现金管理暂行条例》《支付结算办法》等有关货币资金内部会计控制的规定办理采购付款交易。

(2)企业财会部门在办理付款交易时,应当对采购发票、结算凭证、验收证明等相关凭证的真实性、完整性、合法性及合规性进行严格审核。

(3)企业应当建立预付账款和定金的授权批准制度,加强预付账款和定金的管理。

(4)企业应当加强应付账款和应付票据的管理,由专人按照约定的付款日期、折扣条件等管理应付款项。已到期的应付款项须经有关授权人员审批后方可办理结算与支付。

(5)企业应当建立退货管理制度,对退货条件、退货手续、货物出库、退货货款回收等作出明确规定,及时收回退货款。

(6)企业应当定期与供应商核对应付账款、应付票据、预付款项等往来款项。如有不符,应查明原因,及时处理。

三、固定资产的内部控制

在本教材的业务循环划分中,固定资产归属于采购与付款循环,固定资产与一般的商品在内部控制和控制测试问题上固然有许多共性的地方,但固定资产还具有不少特殊性,有必要对其单独加以说明。

(一)固定资产的内部控制制度

1. 固定资产的预算制度

预算制度是固定资产内部控制中最重要的部分。通常,大中型企业应编制旨在预测与控制固定资产增减和合理运用资金的年度预算;小规模企业即使没有正规的预算,对固定资产的购建也要事先加以计划。

2. 授权批准制度

完善的授权批准制度包括:企业的资本性预算只有经过董事会等高层管理机构批准方可生效;所有固定资产的取得和处置均须经企业管理层书面认可。

3. 账簿记录制度

除固定资产总账外,被审计单位还需设置固定资产明细分类账和固定资产登记卡,按固定资产类别、使用部门和每项固定资产进行明细分类核算。固定资产的增减变化均应有充分的原始凭证。

4. 职责分工制度

对固定资产的取得、记录、保管、使用、维修、处置等,均应明确划分责任,由专门部门和专人负责。

5. 资本性支出和收益性支出的区分制度

企业应制定区分资本性支出和收益性支出的书面标准。通常需明确资本性支出的范围和最低金额,凡不属于资本性支出的范围、金额低于下限的任何支出,均应列作费用并抵减当期收益。

6. 固定资产的处置制度

固定资产的处置,包括投资转出、报废、出售等,均要有一定的申请报批程序。

7. 固定资产的定期盘点制度

对固定资产的定期盘点,是验证账面各项固定资产是否真实存在、了解固定资产放置地点和使用状况以及发现是否存在未入账固定资产的必要手段。

8. 固定资产的维护保养制度

固定资产应有严密的维护保养制度,以防止其因各种自然和人为的因素而遭受损失,并应建立日常维护和定期检修制度,以延长其使用寿命。

(二)在建工程的内部控制

作为与固定资产密切相关的一个项目,在建工程项目有其特殊性。在建工程的内部控制通常包括以下内容:

1. 岗位分工与授权批准

(1)企业应当建立工程项目业务的岗位责任制,明确相关部门和岗位的职责、权限,确保办理工程项目业务的不相容岗位相互分离、制约和监督。工程项目业务不相容岗位一般包括:项目建议、可行性研究与项目决策;概预算编制与审核;项目实施与价款支付;竣工决算与竣工审计。

(2)企业应当对工程项目相关业务建立严格的授权批准制度,明确审批人的授权批准方式、权限、程序、责任及相关控制措施,规定经办人的职责范围和工作要求。审批人应当根据工程项目相关业务授权批准制度的规定,在授权范围内进行审批,不得超越审批权限。经办人应当在职责范围内,按照审批人的批准意见办理工程项目业务。对于审批人超越授权范围审批的工程项目业务,经办人有权拒绝办理,并及时向审批人的上级授权部门报告。

(3)企业应当制定工程项目业务流程,明确项目决策、概预算编制、价款支付、竣工决算等环节的控制要求,并设置相应的记录或凭证,如实记载各环节业务的开展情况,确保工程项目全过程得到有效控制。

2. 项目决策控制

企业应当建立工程项目决策环节的控制制度,对项目建议书和可行性研究报告的编制、项目决策程序等作出明确规定,确保项目决策科学、合理。

3. 概预算控制

企业应当建立工程项目概预算环节的控制制度,对概预算的编制、审核等作出明确规定,确保概预算编制科学、合理。

4. 价款支付控制

企业应当建立工程进度价款支付环节的控制制度,对价款支付的条件、方式以及会计核算程序作出明确规定,确保价款支付及时、正确。

5. 竣工决算控制

企业应当建立竣工决算环节的控制制度,对竣工清理、竣工决算、竣工审计、竣工验收等作出明确规定,确保竣工决算真实、完整、及时。

6. 监督检查

企业应当建立对工程项目内部控制的监督检查制度,明确监督检查机构或人员的职责权限,定期或不定期地进行检查。检查内容主要包括:

(1)工程项目业务相关岗位及人员的设置情况。

(2)工程项目业务授权批准制度的执行情况。

(3)工程项目决策责任制的建立及执行情况。

(4)概预算控制制度的执行情况。

(5)各类款项支付制度的执行情况。

(6)竣工决算制度的执行情况。

四、采购与付款的控制测试

(一)以内部控制目标为起点的控制测试

在实施采购与付款交易的控制测试时应当注意以下内容:

(1)审计人员应当通过控制测试获取支持将被审计单位的控制风险评价为中或低的证据。如果能够获取这些证据,审计人员就可以接受较高的检查风险,并在很大程度上可以通过实施实质性分析程序获取进一步的审计证据，同时减少对采购与付款交易和相关余额实施细节测试的依赖。

(2)考虑到采购与付款交易控制测试的重要性，审计人员通常对这一循环采用属性抽样审计方法。在测试该循环中的大多数属性时，审计人员通常选择相对较低的可容忍误差。另外，由于采购与付款循环中各财务报表项目所涉及的交易业务量和金额的大小往往相差悬殊，使得审计人员在审计时常将其中大额的和不寻常的项目筛选出来，百分之百地加以测试。

(3)审计人员在实施控制测试时，应抽取请购单、订购单和商品验收单，检查请购单、订购单是否得到适当审批，验收单是否有相关人员的签名，订购单和验收单是否按顺序编号。审计人员在实施控制测试时，应抽取采购信息报告，检查其是否已复核，如有不符，是否已经及时调查和处理。

(4)对于编制付款凭单、确认与记录负债这两项主要业务活动，被审计单位的内部控制通常要求应付账款记账员将采购发票所载信息与验收单、订购单进行核对，核对相符应在发票上加盖"相符"印戳。审计人员在实施控制测试时，应抽取应付账款调节表，检查调节项目与有效的支持性文件是否相符，以及是否与应付账款明细账相符。

(5)对于付款这项主要业务活动，审计人员在实施控制测试时，应抽取付款凭证，检查其是否经由会计主管复核和审批，并检查款项支付是否得到适当人员的复核和审批。

(二)以风险为起点的控制测试

在审计实务中，审计人员还可以以识别的重大错报风险为起点实施控制测试。表8—5列示了采购与付款交易相关的风险以及相应的控制测试程序。

表8—5　　采购与付款交易的风险和控制测试

风　险	控制测试
订购商品和劳务	
未经授权的供应商可能进入经批准的供应商主文档	询问管理层并检查证明书这些控制完成情况的文件
可能向未经批准的供应商采购	检查复核例外报告的证据，以及批准僭越控制的人工处理的恰当签名
采购可能由未经授权的员工执行	询问、检查授权批准和授权越权的文件。检查订购单并确定其是否在授权批准的范围之内
订购的商品或劳务可能未被提供	询问并检查文件，以证实对未执行的订购单的跟进情况
采购订购单的项目或数量可能不准确	检查例外报告，证实问题已被适当处理
收到商品和劳务	
收到商品可能未被记录	检查打印文件并追踪未完成订购单。检查应付账款的调整，并重新执行这些程序，以获取其是否正确的证据
收到的商品可能不符合订购单的要求或可能已被损坏	询问、观察商品实物并与订购单进行核对。检查打印文件以获取复核和跟进的证据
记录采购和应付账款	
收到的商品可能未被计入采购	询问、检查例外报告和其他文件，以追踪商品已收到但发票未到、未做采购记录的情况
对发票已到，但商品或劳务尚未收到的可能作采购记录，或者可能重复作采购记录	询问和检查例外报告，并追踪已收到但比对不符的发票

续表

风　险	控制测试
采购发票可能未被记录于正确的会计期间	询问和检查打印文件并重新执行截止程序
记录的采购价格可能不正确	询问和检查打印文件,以及解决差异的证据。通过对照发票价格与订购单上的价格,重新执行价格测试
供应商发票可能未被分配至正确的应付账款账户	询问和观察例外报告,以及解决例外情况的证据。重新执行分配费用支出的测试
发票可能未分配至个人客户的账户,或者在更新时使用了错误的应付账款文档	检查连续运行控制总额的打印文件。询问对 IT 程序的一般控制,以确保应付账款主文档使用正确的版本
在记录或处理采购发票时可能出现错误	询问、检查并重新执行应付账款总分类账的调节程序
购买的商品或劳务可能未被记录于正确的费用或资产账户	询问和检查打印文件,以获取经管理层复核的证据。询问对于发现的错误是否采取了改正措施
记录开具的支票和电子货币转账支付	
开具的支票和电子货币转账支付凭证可能未被记录	询问并观察实物控制和接触控制。重新执行顺序检查和调节银行余额的程序
电子货币转账支付可能由未经授权的人员执行	询问、观察实物控制和接触控制
可能向不正确的供应商银行账户进行电子货币转账支付	询问和检查经恰当授权签字的记录
开具的支票和电子货币转账支付凭证可能未被及时记录或分配到正确的应付账款账户	检查并重新执行调节程序
可能就虚构或未经授权的采购开具支票和电子货币转账支付凭证	询问和观察支票开具流程。检查例外报告并追踪问题的解决
可能重复开具支票和电子货币转账支付	检查例外报告,以确定任何付款额超过应付余额的情况是否已得到解决。检查已注明“已付讫”标记的凭据
开具支票和电子货币转账支付的金额可能不正确	询问和观察支票开具流程,并重新执行调节程序

第四节　采购与付款循环的实质性程序

一、采购与付款交易的实质性程序

(一)实质性分析程序

(1)根据对被审计单位的经营活动、供应商的发展历程、贸易条件和行业惯例的了解,确定应付账款和费用支出的期望值。

(2)根据本期应付账款余额组成与以前期间交易水平和预算的比较,定义采购和应付账款可接受的重大差异额。

(3)识别需要进一步调查的差异并调查异常数据关系,如与周期趋势不符的费用支出。这类程序通常包括:

①观察月度(或每周)已记录采购总额趋势,与往年或预算相比较。任何异常波动都必须

与管理层讨论，如果有必要的话还应做进一步的调查。

②将实际毛利与以前年度和预算相比较。如果被审计单位以不同的加价销售产品，就需要将相似利润水平的产品分组进行比较。任何重大的差异都需要进行调查。因为毛利可能由于销售额、销售成本的错误被歪曲，而销售成本的错误则又可能是受采购记录的错误所影响。

③计算记录在应付账款上的赊购天数，并将其与以前年度相比较。超出预期的变化可能由多种因素造成，包括未记录采购、虚构采购记录或截止问题。

④检查常规账户和付款。例如，租金、电话费和电费。这些费用是日常发生的，通常按月支付。通过检查可以确定已记录的所有费用及其月度变动情况。

⑤检查异常项目的采购。例如，大额采购，从不经常发生交易的供应商处采购，以及未通过采购账户而是通过其他途径计入存货和费用项目的采购。

⑥无效付款或金额不正确的付款，可以通过检查付款记录和付款趋势得以发现。例如，审计人员通过查找金额偏大的异常项目并深入调查，可能发现重复付款或记入不恰当应付账款账户的付款。

(4)通过询问管理层和员工，调查重大差异额是否表明存在重大错报风险，是否需要设计恰当的细节测试程序以识别和应对重大错报风险。

(5)形成结论，即实质性分析程序是否能够提供充分、适当的审计证据，或需要对交易和余额实施细节测试以获取进一步的审计证据。

(二)采购与付款交易和相关余额的细节测试

当出现下列情形时，审计人员通常应考虑对采购与付款交易和相关余额实施细节测试：①重大错报风险评估为高，例如，存在非正常的交易，包括在期末发生对账户的非正常调整和缺乏支持性文件的关联方交易等；②实质性分析程序显示出未预期的趋势；③需要在财务报表中单独披露的金额或很可能存在错报的金额，例如，差旅费、修理和维护费、广告费、税费、咨询费等；④对需要在纳税申报表中单独披露的事项进行分析；⑤需要为有些项目单独出具审计报告，例如，被审计单位如果要向国外的特许权授予方支付特许权使用费，就可能存在这种需要。

1. 交易的细节测试

(1)对主要交易进行抽样检查。

①检查支持性的订购单、商品验收单、发运凭证和发票，追踪至相关费用或资产账户以及应付账款账户。

②必要时，检查其他支持性文件，如交易合同条款。

③检查已用于付款的支票存根或电子货币转账付款证明以及相关的汇款通知。如果付款与发票对应，则检查相关供应商发票，并追踪付款至相关的应付账款或费用账户。

(2)对主要交易实施截止测试。

①采购交易的截止测试包括：选择已记录采购的样本，检查相关的商品验收单，保证交易已记入正确的会计期间；确定期末最后一份验收单的顺序号码并审查代码报告，以检测记录在本会计期间的验收单是否存在更大的顺序号码，或因采购交易被漏记或错记入下一会计期间而在本期遗漏的顺序号码。

②付款交易的截止测试包括：确定期末最后签署的支票的号码，确保其后的支票支付未被当作本期的交易予以记录；追踪付款至期后的银行对账单，确定其在期后的合理期间内被支付；询问期末已签署但尚未寄出的支票，考虑该项支付是否应在本期冲回，记入下一会计期间。

③寻找未记录的负债的截止测试主要包括：确定被审计单位期末用于识别未记录负债的

程序，获取相关交易已记入应付账款的证据；复核供应商付款通知和供应商对账单，获取发票被遗失或未记入正确的会计期间的证据，询问并确定在资产负债表日是否应增加一项应计负债；调查关于订购单、商品验收单和发票不符的例外报告，识别遗漏的交易或记入不恰当会计期间的交易；复核截至审计外勤结束日记录在期后的付款，查找其是否在年底前发生的证据；询问审计外勤结束时仍未支付的应付账款；对于在建工程，检查承建方的证明或质量监督报告，以获取存在未记录负债的证据；复核资本预算和董事会会议纪要，获取是否存在承诺和或有负债的证据。

2. 余额的细节测试

(1)复核供应商的付款通知，与供应商对账，获取发票遗漏、未记入正确的会计期间的证据。询问并检查对收费存在争议的往来信函，确定在资产负债表日是否应增加一项应计负债。

(2)在特殊情况下，审计人员需要决定是否应通过供应商来证实被审计单位期末的应付余额。这种情况通常在被审计单位对采购与付款交易的控制出现严重缺失，记录被毁损时才会发生，或者在怀疑存在舞弊或会计记录在火灾或水灾中遗失时才会发生。

二、应付账款的实质性程序

应付账款是企业在正常经营过程中，因购买材料、商品和接受劳务供应等经营活动而应付给供应商的款项。审计人员应结合赊购交易进行应付账款的审计。

(一)应付账款的审计目标

应付账款的审计目标一般包括：确定资产负债表中记录的应付账款是否存在；确定所有应当记录的应付账款是否均已记录；确定资产负债表中记录的应付账款是否为被审计单位应当履行的现时义务；确定应付账款是否以恰当的金额包括在财务报表中，与之相关的计价调整是否已恰当记录；确定应付账款是否已按照企业会计准则的规定在财务报表中做出恰当的列报。

(二)应付账款的实质性程序

(1)获取或编制应付账款明细表。

①复核加计是否正确，并与报表数、总账数和明细账合计数核对是否相符。

②检查非记账本位币应付账款的折算汇率及折算是否正确。

③分析出现借方余额的项目，查明原因，必要时，建议作重分类调整。

④结合预付账款、其他应付款等往来项目的明细余额，调查有无同挂的项目、异常余额或与采购无关的其他款项(如关联方账户或雇员账户)，如有，应做出记录，必要时建议做调整。

(2)执行实质性分析程序。

①将期末应付账款余额与期初余额进行比较，分析波动原因。

②分析长期挂账的应付账款，要求被审计单位做出解释，判断被审计单位是否缺乏偿债能力或利用应付账款隐瞒利润，并注意其是否可能无须支付。

③计算应付账款与存货的比率、应付账款与流动负债的比率，并与以前年度相关比率对比分析，评价应付账款整体的合理性。

④分析存货和营业成本等项目的增减变动，判断应付账款增减变动的合理性。

(3)函证应付账款。

一般情况下，并非必须函证应付账款，这是因为函证不能保证查出未记录的应付账款，况且审计人员能够取得采购发票等外部凭证来证实应付账款的余额。但如果控制风险较高，某应付账款明细账户金额较大，则应考虑进行应付账款的函证。

进行函证时，审计人员应选择较大金额的债权人，以及那些在资产负债表日金额不大，甚至为零，但为被审计单位重要供应商的债权人，作为函证对象。函证最好采用积极函证方式，并具体说明应付金额。与应收账款的函证一样，审计人员必须对函证的过程进行控制，要求债权人直接回函，并根据回函情况编制与分析函证结果汇总表，对未回函的，应考虑是否再次函证。

如果存在未回函的重大项目，审计人员应采用替代审计程序。比如，可以检查决算日后应付账款明细账及库存现金和银行存款日记账，核实其是否已支付，同时检查该笔债务的相关凭证资料，如合同、发票、验收单，核实应付账款的真实性。

(4)检查应付账款是否记入了正确的会计期间，是否存在未入账的应付账款。

①检查债务形成的相关原始凭证，如供应商发票、验收报告或入库单等，查找有无未及时入账的应付账款，确认应付账款期末余额的完整性。

②检查资产负债表日后应付账款明细账贷方发生额的相应凭证，关注其采购发票的日期，确认其入账时间是否合理。

③获取被审计单位与其供应商之间的对账单，并将对账单和被审计单位财务记录之间的差异进行调节（如在途款项、在途商品、付款折扣、未记录的负债等），查找有无未入账的应付账款，确定应付账款金额的准确性。

④针对资产负债表日后付款项目，检查银行对账单及有关付款凭证（如银行汇款通知、供应商收据等），询问被审计单位内部或外部的知情人员，查找有无未及时入账的应付账款。

⑤结合存货监盘程序，检查被审计单位在资产负债日前后的存货入库资料（验收报告或入库单），检查是否有大额货到单未到的情况，确认相关负债是否记入了正确的会计期间。

如果审计人员通过这些审计程序发现某些未入账的应付账款，应将有关情况详细记入审计工作底稿，并根据其重要性确定是否需建议被审计单位进行相应的调整。

(5)针对已偿付的应付账款，追查至银行对账单、银行付款单据和其他原始凭证，检查其是否在资产负债表日前真实偿付。

(6)针对异常或大额交易及重大调整事项（如大额的采购折扣或退回、会计处理异常的交易、未经授权的交易，或缺乏支持性凭证的交易等），检查相关原始凭证和会计记录，以分析交易的真实性、合理性。

(7)被审计单位与债权人进行债务重组的，检查不同债务重组方式下的会计处理是否正确。

(8)标明应付关联方[包括持5%以上(含5%)表决权股份的股东]的款项，执行关联方及其交易审计程序，并注明合并报表时应予抵销的金额。

(9)检查应付账款是否已按照企业会计准则的规定在财务报表中做出恰当列报。一般来说，“应付账款”项目应根据“应付账款”和“预付账款”科目所属明细科目的期末贷方余额的合计数填列。

如果被审计单位为上市公司，则通常在其财务报表附注中应说明有无欠持有5%以上(含5%)表决权股份的股东账款；说明账龄超过3年的大额应付账款未偿还的原因，并在期后事项中反映资产负债表日后是否偿还。

三、固定资产和累计折旧的实质性程序

固定资产是指同时具有下列两个特征的有形资产：①为生产商品、提供劳务、出租或经营

管理而持有的。②使用寿命超过一个会计年度。这里的使用寿命是指企业使用固定资产的预计期间，或者该固定资产所能生产产品或提供劳务的数量。固定资产只有同时满足下列两个条件才能予以确认：①与该固定资产有关的经济利益很可能流入企业。②该固定资产的成本能够可靠地计量。固定资产折旧则是指在固定资产的使用寿命内，按照确定的方法对应计折旧额进行系统分摊。

(一)固定资产的审计目标

固定资产的审计目标一般包括：确定资产负债表中记录的固定资产是否存在；确定所有应记录的固定资产是否均已记录；确定记录的固定资产是否由被审计单位拥有或控制；确定固定资产以恰当的金额包括在财务报表中，与之相关的计价或分摊已恰当记录；确定固定资产原价、累计折旧和固定资产减值准备是否已按照企业会计准则的规定在财务报表中做出恰当列报。

(二)固定资产的实质性程序

(1)获取或编制固定资产和累计折旧分类汇总表，检查固定资产的分类是否正确并与总账数和明细账合计数核对是否相符，结合累计折旧、减值准备科目与报表数核对是否相符。

固定资产和累计折旧分类汇总表又称一览表或综合分析表，是审计固定资产和累计折旧的重要工作底稿，其格式如表8－6所示。

表8－6　固定资产和累计折旧分类汇总表

年　　月　　日

编制人：　　　　　　日期：

被审计单位：________　　复核人：　　　　　　日期：

固定资产类别	固定资产				累计折旧					
	期初余额	本期增加	本期减少	期末余额	折旧方法	折旧率	期初余额	本期增加	本期减少	期末余额
合计										

汇总表包括固定资产与累计折旧两部分，应按照固定资产类别分别填列。需要解释的是期初余额栏，审计人员对其审计应分三种情况：一是在连续审计情况下，应注意与上期审计工作底稿中的固定资产和累计折旧的期末余额审定数核对相符。二是在变更会计师事务所时，后任审计人员应查阅前任审计人员有关工作底稿。三是如果被审计单位以往未经审计人员审计，即在首次接受审计情况下，审计人员应对期初余额进行较全面的审计，尤其是当被审计单位的固定资产数量多、价值高、占资产总额比重大时，最理想的方法是全面审计被审计单位设立以来“固定资产”和“累计折旧”账户中的所有重要的借贷记录。这样，既可核实期初余额的真实性，又可从中加深对被审计单位固定资产管理和会计核算工作的了解。

(2)对固定资产实施实质性分析程序。

①基于对被审计单位及其环境的了解，通过以下比较并考虑有关数据之间关系的影响，建立有关数据的期望值：分类计算本期计提折旧额与固定资产原值的比率，并与上期比较；计算固定资产修理及维护费用占固定资产原值的比例，并进行本期各月、本期与以前各期的比较。

②确定可接受的差异额。

③将实际情况与期望值相比较，识别需要进一步调查的差异。

④如果其差额超过可接受的差异额，调查并获取充分的解释和恰当的佐证审计证据，如检查相关的凭证。

⑤评估实质性分析程序的测试结果。

根据被审计单位的实际情况，审计人员可以选择表8—7所列指标进行分析。

表8—7　　分析程序的内容与可能存在的信息

比较的内容	可能存在的信息
将本期折旧额与固定资产总成本的比率同上年比较	本期折旧计算方面的错误
将本期折旧额与制造费用的比率同上年比较	折旧计算方面的错误
将累计折旧占制造费用的比例同上年比较	累计折旧记录中的错误
将累计折旧与固定资产总成本的比率同上年比较	累计折旧核算中的错误
将每月或全年的低值易耗品、维修费同上年比较	将应当资本化的项目计入本期费用
将制造费用与产量的比率同上年比较	闲置或已减少的设备未做账务处理
将本期与以前各期的固定资产增加和减少比较	判断差异产生的原因的合理性
将固定资产原值与本期产品产量的比率同以前年度比较	固定资产闲置或已减少的设备未做账务处理
将固定资产的构成及增减变动与相关信息交叉核对	固定资产相关金额的合理性和准确性

(3)实地检查重要固定资产，确定其是否存在，关注是否存在已报废但仍未核销的固定资产。

实施实地检查审计程序时，审计人员可以以固定资产明细分类账为起点，进行实地追查，以证明会计记录中所列固定资产确实存在，并了解其目前的使用状况；也应考虑以实地为起点，追查至固定资产明细分类账，以获取实际存在的固定资产均已入账的证据。

(4)检查固定资产的所有权或控制权。

对各类固定资产，审计人员应获取、收集不同的证据以确定其是否确归被审计单位所有：对外购的机器设备等固定资产，通常经审核采购发票、采购合同等予以确定；对于房地产类固定资产，需查阅有关的合同、产权证明、财产税单、抵押借款的还款凭据、保险单等书面文件；对融资租入的固定资产，应验证有关融资租赁合同，证实其并非经营租赁；对汽车等运输设备，应验证有关运营证件等；对受留置权限制的固定资产，通常还应审核被审计单位的有关负债项目等予以证实。

(5)检查本期固定资产的增加。

被审计单位如果不正确核算固定资产的增加，将对资产负债表和利润表产生长期的影响。因此，审计固定资产的增加，是固定资产实质性程序中的重要内容。固定资产的增加有多种途径，审计中应注意：

①询问管理层当年固定资产的增加情况，并与获取或编制的固定资产明细表进行核对。

②检查本年度增加固定资产的计价是否正确、手续是否齐备、会计处理是否正确。

a. 对于外购固定资产，通过核对采购合同、发票、保险单、发运凭证等资料，抽查测试其入账价值是否正确、授权批准手续是否齐备、会计处理是否正确；如果购买的是房屋建筑物，还应检查契税的会计处理是否正确；检查分期付款购买固定资产的入账价值及会计处理是否正确。

b. 对于在建工程转入的固定资产，应检查在建工程转入固定资产的时点是否符合会计准则的规定，入账价值与在建工程的相关记录是否核对相符，是否与竣工决算、验收和移交报告等一致；对已经达到预定可使用状态，但尚未办理竣工决算手续的固定资产，检查其是否已按估计价值入账，相关估价是否合理，并按规定计提折旧。

c. 对于投资者投入的固定资产，检查投资者投入的固定资产是否按投资各方确认的价值入账，并检查确认价值是否公允、交接手续是否齐全；涉及国有资产的，是否有评估报告并经国有资产管理部门评审备案或核准确认。

d. 对于更新改造增加的固定资产，检查通过更新改造而增加的固定资产，增加的原值是否符合资本化条件，是否真实，会计处理是否正确，重新确定的剩余折旧年限是否恰当。

e. 对于融资租赁增加的固定资产，获取融资租入固定资产的相关证明文件，检查融资租赁合同的主要内容，并结合长期应付款、未确认融资费用科目检查相关的会计处理是否正确。

f. 对于企业合并、债务重组和非货币性资产交换增加的固定资产，检查产权过户手续是否齐备，检查固定资产入账价值及确认的损益和负债是否符合规定。

g. 对于通过其他途径增加的固定资产，应检查增加固定资产的原始凭证，核对其计价及会计处理是否正确，法律手续是否齐全。

h. 如果被审计单位为外商投资企业，检查其采购国产设备退还增值税的会计处理是否正确。

③检查固定资产是否存在弃置费用，如果存在弃置费用，检查弃置费用的估计方法和弃置费用现值的计算是否合理，会计处理是否正确。

(6)检查本期固定资产的减少。

固定资产的减少主要包括出售、向其他单位投资转出、向债权人抵债转出、报废、毁损、盘亏等。有的被审计单位在全面清查固定资产时，常常会出现固定资产账存实亡现象，这可能是由于固定资产管理或使用部门不了解报废固定资产与会计核算两者间的关系，擅自报废固定资产而未及时通知财务部门作相应的会计核算所致，这样势必造成财务报表反映失真。审计固定资产减少的主要目的就在于查明业已减少的固定资产是否已做适当的会计处理。其审计要点如下：

①结合固定资产清理科目，抽查固定资产账面转销额是否正确。

②检查出售、盘亏、转让、报废或毁损的固定资产是否经授权批准，会计处理是否正确。

③检查因修理、更新改造而停止使用的固定资产的会计处理是否正确。

④检查投资转出固定资产的会计处理是否正确。

⑤检查债务重组或非货币性资产交换转出固定资产的会计处理是否正确。

⑥检查转出的投资性房地产账面价值及会计处理是否正确。

⑦检查其他减少固定资产的会计处理是否正确。

(7)检查固定资产的后续支出，确定固定资产有关的后续支出是否满足资产确认条件；如不满足，该支出是否在该后续支出发生时计入当期损益。

(8)检查固定资产的租赁。企业在生产经营过程中，有时可能有闲置的固定资产供其他单位租用；有时由于生产经营的需要，又需租用固定资产。租赁一般分为经营租赁和融资租赁两种。

在经营租赁中，租入固定资产的企业按合同规定的时间，交付一定的租金，享有固定资产的使用权，而固定资产的所有权仍属于出租单位。因此，租入固定资产的企业的固定资产价值并未因此而增加，企业对以经营性租赁方式租入的固定资产，不在“固定资产”账户内核算，只是另设备查簿进行登记。而租出固定资产的企业，仍继续提取折旧，同时取得租金收入。检查经营性租赁时，应查明：

①固定资产的租赁是否签订了合同、租约，手续是否完备，合同内容是否符合国家规定，是否经相关管理部门审批。

②租入的固定资产是否确属企业必需，或出租的固定资产是否确属企业多余、闲置不用的，双方是否认真履行合同，是否存在不正当交易。

③租金收取是否签有合同，有无多收、少收现象。

④租入固定资产有无久占不用、浪费损坏的现象；租出的固定资产有无长期不收租金、无人过问，是否有变相馈送、转让等情况。

⑤租入固定资产是否已登入备查簿。

⑥必要时，向出租人函证租赁合同及执行情况。

⑦租入固定资产改良支出的核算是否符合规定。

在融资租赁中，租入企业在租赁期间，对融资租入的固定资产应按企业自有固定资产一样管理，并计提折旧、进行维修。如果被审计单位的固定资产中融资租赁占有相当大的比例，应当复核租赁协议，确定租赁是否符合融资租赁的条件，结合长期应付款、未确认融资费用等科目检查相关的会计处理是否正确(资产的入账价值、折旧、相关负债)。在审计融资租赁固定资产时，除可参照经营租赁固定资产检查要点以外，还应补充实施以下审计程序：

①复核租赁的折现率是否合理。

②检查租赁相关税费、保险费、维修费等费用的会计处理是否符合企业会计准则的规定。

③检查融资租入固定资产的折旧方法是否合理。

④检查租赁付款情况。

⑤检查租入固定资产的成新程度。

⑥检查融资租入固定资产发生的固定资产后续支出，其会计处理是否遵循自有固定资产发生的后续支出的处理原则。

(9)获取暂时闲置固定资产的相关证明文件，并观察其实际状况，检查是否已按规定计提折旧，相关的会计处理是否正确。

(10)获取已提足折旧仍继续使用固定资产的相关证明文件，并作相应记录。

(11)获取持有待售固定资产的相关证明文件，并作相应记录，检查对其预计净残值调整是否正确、会计处理是否正确。

(12)检查固定资产保险情况，复核保险范围是否足够。

(13)检查有无与关联方的固定资产购售活动，是否经适当授权，交易价格是否公允。对于合并范围内的购售活动，记录应予合并抵销的金额。

(14)对应计入固定资产的借款费用，应根据企业会计准则的规定，结合长短期借款、应付债券或长期应付款的审计，检查借款费用(借款利息、折溢价摊销、汇兑差额、辅助费用)资本化的计算方法和资本化金额，以及会计处理是否正确。

(15)检查购置固定资产时是否存在与资本性支出有关的财务承诺。

(16)检查固定资产的抵押、担保情况。结合对银行借款等的检查，了解固定资产是否存在重大的抵押、担保情况。如存在，应取证，并作相应的记录，同时提请被审计单位作恰当披露。

(17)确定固定资产是否已按照企业会计准则的规定在财务报表中做出恰当列报。

如果被审计单位是上市公司，则通常应在其财务报表附注中按类别分项列示固定资产期初余额、本期增加额、本期减少额及期末余额；说明固定资产中存在的在建工程转入、出售、置换、抵押或担保等情况；披露通过融资租赁租入的固定资产每类租入资产的账面原值、累计折旧、账面净值；披露通过经营租赁租出的固定资产每类租出资产的账面价值。

(三)累计折旧的实质性程序

固定资产可以长期参加生产经营而仍保持其原有实物形态，但其价值将随着固定资产的使用而逐渐转移到生产的产品中，或构成经营成本或费用。这部分在固定资产使用寿命内，按照确定的方法对应计折旧额进行的系统分摊就是固定资产的折旧。

1. 审计目标

累计折旧审计的主要目标为：确定折旧的处理政策和方法是否符合相关规定，是否一贯遵循；核实累计折旧增减变动的记录是否完整；审查折旧方法的使用是否前后一致，计算是否正确；确定累计折旧的期末余额是否正确；确定累计折旧的披露是否恰当。

2. 实质性程序

(1)获取或编制累计折旧分类汇总表，复核加计是否正确，并与总账数和明细账合计数核对是否相符。

(2)检查被审计单位制定的折旧政策和方法是否符合相关会计准则的规定，确定其所采用的折旧方法能否在固定资产预计使用寿命内合理分摊其成本，前后期是否一致，预计使用寿命和预计净残值是否合理。

(3)复核本期折旧费用的计提和分配。

①了解被审计单位的折旧政策是否符合规定，计提折旧的范围是否正确，确定的使用寿命、预计净残值和折旧方法是否合理；如采用加速折旧法，是否取得批准文件。

②检查被审计单位折旧政策前后期是否一致。如果折旧政策或者相关会计估计(例如使用寿命、预计净残值)有变更，变更理由是否合理；如果没有变更，是否存在需要提请被审计单位关注的对折旧政策或者会计估计产生重大影响的事项(例如重大技术更新或者设备使用环境的恶化等)。

③复核本期折旧费用的计提是否正确。

a. 已计提部分减值准备的固定资产，计提的折旧是否正确。按照《企业会计准则第 4 号——固定资产》的规定，已计提减值准备的固定资产的应计折旧额应当扣除已计提的固定资产减值准备累计金额，按照该固定资产的账面价值以及尚可使用寿命重新计算确定折旧率和折旧额。

b. 已全额计提减值准备的固定资产，是否已停止计提折旧。

c. 因更新改造而停止使用的固定资产是否已停止计提折旧，因大修理而停止使用的固定资产是否照提折旧。

d. 对按规定予以资本化的固定资产装修费用是否在两次装修期间与固定资产尚可使用年限两者中较短的期间内，采用合理的方法单独计提折旧，并在下次装修时将该项固定资产装修余额一次全部计入当期营业外支出。

e. 对融资租入固定资产发生的、按规定可予以资本化的固定资产装修费用，是否在两次装修期间、剩余租赁期与固定资产尚可使用年限三者中较短的期间内，采用合理的方法单独计提折旧。

f. 对采用经营租赁方式租入的固定资产发生的改良支出，是否在剩余租赁期与租赁资产尚可使用年限两者中较短的期间内，采用合理的方法单独计提折旧。

g. 未使用、不需用和暂时闲置的固定资产是否按规定计提折旧。

h. 持有待售的固定资产折旧计提是否符合规定。

④检查折旧费用的分配方法是否合理，是否与上期一致；分配计入各项目的金额占本期全部折旧计提额的比例与上期比较是否有重大差异。

⑤注意固定资产增减变动时，有关折旧的会计处理是否符合规定，查明通过更新改造、接受捐赠或融资租入而增加的固定资产的折旧费用计算是否正确。

(4)将"累计折旧"账户贷方的本期计提折旧额与相应的成本费用中的折旧费用明细账户的借方相比较，以查明所计提折旧金额是否已全部摊入本期产品成本或费用。若存在差异，应追查原因，并考虑是否应建议做适当调整。

(5)检查累计折旧的减少是否合理、会计处理是否正确。

(6)确定累计折旧的披露是否恰当。

如果被审计单位是上市公司，通常应在其财务报表附注中按固定资产类别分项列示累计折旧期初余额、本期计提额、本期减少额及期末余额。

四、其他相关账户的实质性程序

在采购与付款循环中，除了以上介绍的会计账户外，还有预付账款、固定资产减值准备、工程物资、在建工程、固定资产清理和应付票据等账户。对这些账户审计的目标和实质性程序如下：

(一)预付账款

1. 审计目标

(1)确定预付账款是否存在。

(2)确定预付账款是否归被审计单位所有。

(3)确定预付账款增减变动的记录是否完整。

(4)确定预付账款期末余额是否正确。

(5)确定预付账款在财务报表上的披露是否恰当。

2. 实质性程序

(1)获取或编制预付账款明细表，复核其加计数是否正确，并核对其期末合计数与报表数、总账数和明细账合计数是否相符。

(2)实施分析程序。

(3)分析预付账款账龄及余额构成，正确确定函证对象，函证其余额是否正确。

(4)检查预付账款长期挂账的原因。

(5)关注是否存在预付关联方账款。

(6)分析预付账款明细账余额方向，如出现贷方余额的项目，应查明原因，必要时建议作重分类调整。

(7)检查预付账款是否已在资产负债表上恰当披露。

(二)固定资产减值准备

1. 审计目标

(1)确定固定资产减值准备的方法是否恰当、计提是否充分。

(2)确定固定资产减值准备增减变动的记录是否完整。

(3)确定固定资产减值准备期末余额是否正确。

(4)确定固定资产减值准备的披露是否恰当。

2. 实质性程序

(1)获取或编制固定资产减值准备明细表,复核其加计数是否正确,并核对其期末合计数与报表数、总账数和明细账合计数是否相符。

(2)检查固定资产减值准备的计提方式是否符合会计制度规定,前后各期是否一致,计提的依据是否充分,计提的数额是否恰当,相关会计处理是否正确。

(3)实施分析程序,计算本期期末固定资产减值准备数额占期末固定资产原价的比例,并与期初比例比较。如有异常波动,查明原因,判断波动的合理性。

(4)检查实际发生固定资产损失时,相应固定资产减值准备的转销是否符合相关规定,会计处理是否正确。

(5)检查固定资产减值准备的披露是否恰当。

(三)工程物资

1. 审计目标

(1)确认工程物资是否存在。

(2)确定工程物资是否归被审计单位所有。

(3)确定工程物资增减变动的记录是否完整。

(4)确定工程物资期末余额是否正确。

(5)确定工程物资在财务报表上的披露是否恰当。

2. 实质性程序

(1)获取或编制工程物资明细表,复核其加计数是否正确,并核对其期末合计数与报表数、总账数和明细账合计数是否相符。

(2)盘点工程物资,确定其是否存在。

(3)抽查相关原始凭证,检查其是否经过授权批准,会计处理是否正确。

(4)检查有无与关联方的工程物资相关的购销业务,如有,应查明是否经过授权,是否按正常交易价格结算。

(5)检查工程物资在资产负债表上的披露是否恰当,如果被审计单位是上市公司,应在其财务报表附注中分项列示各类工程物资的期初、期末余额

(四)在建工程

1. 审计目标

(1)确定在建工程是否存在。

(2)确定在建工程是否归被审计单位所有。

(3)确定在建工程增减变动的记录是否完整。

(4)确定计提在建工程减值准备的方法和比例是否恰当,在建工程减值准备的计提是否充分。

(5)确定在建工程期末余额是否正确。

(6)确定在建工程在财务报表上的披露是否恰当。

2. 实质性程序

(1)获取或编制在建工程明细表,复核其加计数是否正确,并核对其期末合计数与报表数、总账数和明细账合计数是否相符。

(2)检查本期在建工程的增减变动情况,看其会计处理是否正确。

(3)检查在建工程项目期末余额的构成内容，并实地观察工程现场，确定在建工程是否存在，查明是否存在实际已使用但未办理竣工决算手续、未及时进行会计处理的项目。

(4)检查在建工程减值准备的计提。

(5)检查在建工程合同，以确定是否存在与资本性支出有关的财务承诺。

(6)检查在建工程在资产负债表上的披露是否恰当。

(五)固定资产清理

1. 审计目标

(1)确定固定资产清理的记录是否完整。

(2)确定固定资产清理反映的内容是否正确。

(3)确定固定资产清理的期末余额是否正确。

(4)确定固定资产清理在财务报表上的披露是否恰当。

2. 实质性程序

(1)获取或编制固定资产清理明细表，复核其加计数是否正确，并核对其期末合计数与报表数、总账数和明细账合计数是否相符。

(2)检查固定资产清理的发生是否有正当理由，是否经有关技术部门鉴定，其发生和转销是否经授权批准，相关会计处理是否正确。

(3)检查固定资产清理是否有长期挂账现象，如有，应做出记录，必要时建议做适当调整。

(4)检查固定资产清理是否已在资产负债表上恰当披露。

(六)应付票据

1. 审计目标

(1)确定应付票据的发生和偿还记录是否完整。

(2)确定应付票据期末余额是否正确。

(3)确定应付票据在财务报表上的披露是否恰当。

2. 实质性程序

(1)获取或编制应付票据明细表，复核其加计数是否正确，并核对其期末合计数与报表数、总账数和明细账合计数是否相符。

(2)函证应付票据。

(3)实施分析程序，以证实应付票据的完整性和合理性，及时发现需要特别关注的方面。

(4)检查应付票据备查簿，抽查若干重要原始凭证，确定其是否真实存在，会计处理是否正确。

(5)复核带息应付票据利息是否足额计提，其会计处理是否正确。

(6)查明逾期未兑应付票据的原因，是否已转入应付账款项目，其中带息应付票据是否已停止计息；确定是否存在抵押票据的情形，必要时，提请被审计单位予以披露。

(7)关注是否存在应付关联方的票据。

(8)审查外币应付票据的折算。

(9)检查应付票据是否已在资产负债表上恰当披露。

复习思考题

1. 如何实施采购与付款循环的内部控制?

2. 一般情况下，采购与付款交易和余额面临的重大错报风险有哪些？
3. 如何进行以风险为起点的采购与付款业务的控制测试？
4. 如何进行采购与付款循环的分析测试和细节测试？
5. 如何处理未入账的应付账款？
6. 如何进行固定资产增减业务的审查？
7. 如何审查固定资产的所有权、存在性和完整性？
8. 如何审查折旧费用的计提与分配？
9. 如何进行在建工程增减业务的审查？
10. 如何审查无形资产的存在性、计价和所有权？

第九章

生产与存货循环审计

学习目标

通过本章的学习，全面了解生产与存货循环的特征，并掌握生产与存货循环的内部控制及其控制测试，从而了解生产与存货循环相关账户的实质性程序。

第一节　生产与存货循环的特征

生产与存货循环涉及的内容主要是存货的管理及生产成本的计算等。存货的性质按照行业的不同，存在着很大的差别。比如，一般制造业的存货主要是采购的原材料、低值易耗品和配件等，而餐饮业的存货主要是用于加工食品的食材、饮料等。以下一般以制造业为例对生产与存货循环进行介绍。

一、生产与存货循环中涉及的主要财务报表账户

该循环涉及众多财务报表账户及其他会计科目，具体如表 9—1 所示。

表 9—1　　生产与存货循环中涉及的主要财务报表账户

资产负债表项目	利润表项目
库存商品	营业成本
应付职工薪酬	资产减值损失
原材料	营业外收入
材料采购或在途物资	营业外支出
材料成本差异	
发出商品	
存货跌价准备	
应付职工薪酬	
……	

除上述所列示的项目外，存货中还包括周转材料、商品进销差价、委托加工物资、生产成本、制作费用和劳务成本等会计科目。

二、生产与存货循环业务涉及的凭证和会计记录

生产与存货循环所涉及的凭证和记录主要包括：

(一)生产指令

生产指令又称“生产任务通知单”或“生产通知单”，是企业下达制造产品等生产任务的书面文件，用以通知供应部门组织材料发放、生产车间组织产品制造、会计部门组织成本计算。广义的生产指令也包括用于指导产品加工的工艺规程，如机械加工企业的“路线图”等。

(二)领发料凭证

领发料凭证是企业为控制材料发出所采用的各种凭证，如材料发出汇总表、领料单、限额领料单、领料登记簿、退料单等。

(三)产量和工时记录

产量和工时记录是登记工人或生产班组在出勤时间内完成产品数量、质量和生产这些产品所耗费工时数量的原始记录。产量和工时记录的内容与格式是多种多样的，在不同的生产企业中，甚至在同一企业的不同生产车间中，由于生产类型不同而采用不同格式的产量和工时记录。常见的产量和工时记录主要有工作通知单、工序进程单、工作班产量报告、产量通知单、产量明细表、废品通知单等。

(四)工薪汇总表及工薪费用分配表

工薪汇总表是为了反映企业全部工薪的结算情况，并据以进行工薪总分类核算和汇总整个企业工薪费用而编制的，它是企业进行工薪费用分配的依据。工薪费用分配表反映了各生产车间各产品应负担的生产工人工薪及福利费。

(五)材料费用分配表

材料费用分配表是用来汇总反映各生产车间各产品所耗费的材料费用的原始记录。

(六)制造费用分配汇总表

制造费用分配汇总表是用来汇总反映各生产车间各产品所应负担的制造费用的原始记录。

(七)成本计算单

成本计算单是用来归集某一成本计算对象所应承担的生产费用，计算该成本计算对象的总成本和单位成本的记录。

(八)存货明细账

存货明细账是用来反映各种存货增减变动情况和期末库存数量及相关成本信息的会计记录。

(九)产成品入库单和出库单

产成品入库单是产品生产完成并经检验合格后从生产部门转入仓库的凭证。产成品出库单是根据经批准的销售单发出产成品的凭证。

三、生产与存货循环的主要业务活动

生产与存货循环所涉及的主要业务活动包括：计划和安排生产；发出原材料；生产产品；核算产品成本；储存产成品；发出产成品等。上述业务活动通常涉及以下部门：生产计划部门、仓库部门、生产部门、人事部门、销售部门、会计部门等。

(一)计划和安排生产

生产计划部门的职责是根据客户订购单或者对销售预测和产品需求的分析来决定生产授权。如决定授权生产,即签发预先顺序编号的生产通知单。该部门通常应将发出的所有生产通知单顺序编号并加以记录控制。此外,通常该部门还需要编制一份材料需求报告,列示所需要的材料和零件及其库存。

(二)发出原材料

仓库部门的责任是根据从生产部门收到的领料单发出原材料。领料单上必须列示所需的材料数量和种类,以及领料部门的名称。领料单可以一料一单,也可以多料一单,通常需一式三联。仓库发料后,将其中一联连同材料交给领料部门,一联留在仓库登记材料明细账,一联交会计部门进行材料收发核算和成本核算。

(三)生产产品

生产部门在收到生产通知单及领取原材料后,便将生产任务分解到每一个生产工人,并将所领取的原材料交给生产工人,据以执行生产任务。生产工人在完成生产任务后,将完成的产品交生产部门查点,然后转交检验员验收并办理入库手续;或是将所完成的产品移交下一个部门,做进一步加工。

(四)核算产品成本

为了正确核算并有效控制产品成本,必须建立健全成本会计制度,将生产控制和成本核算有机结合在一起。一方面,生产过程中的各种记录、生产通知单、领料单、计工单、入库单等文件资料都要汇集到会计部门,由会计部门对其进行检查和核对,了解和控制生产过程中存货的实物流转;另一方面,会计部门要设置相应的会计账户,会同有关部门对生产过程中的成本进行核算和控制。成本会计制度可以非常简单,只是在期末记录存货余额;也可以是完善的标准成本制度,持续地记录所有材料处理、在产品和产成品,并形成对成本差异的分析报告。

完善的成本会计制度应该提供原材料转为在产品,在产品转为产成品,以及按成本中心、分批次生产任务通知单或生产周期所消耗的材料、人工和间接费用的分配与归集的详细资料。

(五)储存产成品

产成品入库,须由仓库部门先行点验和检查,然后签收。签收后,将实际入库数量通知会计部门。据此,仓库部门确立了本身应承担的责任,并对验收部门的工作进行验证。除此之外,仓库部门还应根据产成品的品质特征分类存放,并填制标签。

(六)发出产成品

产成品的发出须由独立的发运部门进行。装运产成品时必须持有经有关部门核准的发运通知单,并据此编制出库单。出库单一般为一式四联,一联交仓库部门;一联由发运部门留存;一联送交顾客;一联作为给顾客开发票的依据。

四、生产活动、部门、凭证和记录、认定对照表

生产与存货循环涉及的主要业务活动、对应的凭证和会计记录、部门及相关的认定如表9—2所示。

表 9—2　　生产与存货循环涉及的主要业务活动、对应的凭证和会计记录、部门及相关的认定

主要业务活动	相关凭证、记录	部门	相关的认定
计划和安排生产	生产通知单(连续编号)	生产计划部门	存在或发生、完整性
发出原材料	领料单	仓库部门	存在或发生
生产产品	生产通知单、产量和工时记录(连续编号)	生产部门	存在或发生、完整性
核算产品成本	生产通知单、领料单、产量和工时记录(连续编号)、材料费用分配表、工薪费用分配表、制造费用分配表、成本计算单	会计部门	存在或发生
储存产成品	入库单(连续编号)、存货明细账	仓库部门	存在或发生、完整性
发出产成品	发运通知单(连续编号)、出库单(连续编号)、存货明细账	发运部门	存在或发生、完整性

第二节　生产与存货循环的风险评估

在风险导向审计理念的指导下,生产与存货循环的审计是通过风险评估程序评估出该循环各环节的风险级别、重大错报风险,并根据风险评估结果设计实施进一步审计程序,进而完成该循环的审计。

一、该循环可能存在的重大错报风险及原因

(一)可能存在的重大错报风险

生产与存货循环可能存在的重大错报风险如表 9—3 所示。

表 9—3　　重大错报风险及认定

重大错报风险	相关财务报表项目及认定
1. 存货实物可能不存在	存货:存在
2. 存货的单位成本可能存在计算错误	存货:计价和分摊 营业成本:准确性
3. 已销售产品的成本可能存在计算错误	存货:计价和分摊 营业成本:准确性
4. 存货的账面价值可能无法实现	存货:计价和分摊

(二)存在重大错报风险的原因

1. 交易的数量和复杂性

制造类企业交易的数量庞大、业务复杂,这就增加了错误和舞弊的风险。

2. 成本基础的复杂性

制造类企业的成本基础是复杂的。虽然原材料和直接人工等直接费用的分配比较简单,但间接费用的分配就可能较为复杂,并且,同一行业中的不同企业也可能采用不同的认定和计

量基础。

3. 产品的多元化

产品的多元化可能要求聘请专家来验证其质量、状况或价值。另外,计算库存存货数量的方法也可能是不同的。例如,计量煤堆、筒仓里的谷物或糖、钻石或者其他贵重的宝石、化工品和药剂产品的存储量的方法都可能不一样。这并不是要求审计人员每次清点存货都需要专家配合,如果存货容易辨认,存货数量容易清点,就无需专家帮助。

4. 某些存货项目的可变现净值难以确定

例如价格受全球经济供求关系影响的存货,由于其可变现净值难以确定,会影响存货采购价格和销售价格的确定,并将影响审计人员对与存货计价认定有关的风险进行的评估。

5. 将存货存放在很多地点

大型企业可能将存货存放在很多地点,并且可以在不同的地点之间配送存货,这将增加商品途中毁损或遗失的风险,或者导致存货在两个地点被重复列示,也可能产生转移定价的错误或舞弊。

6. 寄存的存货

有时候存货虽然还存放在企业,但可能已经不归企业所有。反之,企业的存货也可能被寄存在其他企业。

二、评估重大错报风险

审计人员应当根据被审计单位的实际情况,结合重大错报风险产生的原因,采用适当的方法,评估生产与存货循环的重大错报风险。

(一)应了解的事项

在进行生产与存货循环重大错报风险评估时,审计人员至少应当了解下列事项:

(1)了解各个生产车间的功能、生产流程。

(2)了解存货的数量、种类、计价、成本归集的方法。

(3)了解各存货的进出库流程。

(4)了解生产与存货相关的内部控制的设计和运行。

(5)了解管理层管理生产与存货循环的关键环节。

(6)了解管理层对生产与存货循环的业绩评价指标。

(7)了解管理层是否设置了及时识别错误并处理舞弊的有效措施。

(8)分析对比存货在不同时期核算方法及状况的变动情况。

(9)分析对比存货核算方法及状况的合理性。

(10)分析对比生产效率。

(二)采用的方法

在了解上述事项时,审计人员可采用询问、观察、检查、分析(单独或组合应用)等审计方法;必要时,可聘请外部专家协助对特定存货进行检测。

(三)推导结果

根据对被审计单位生产和存货状况进行的了解、分析,结合第五章“风险评估”“评估认定层次的重大错报风险”的相关思路,审计人员可评估出生产和存货循环各环节的风险级别、是否存在重大错报风险,并将其有序列出,以便设计和实施进一步审计程序。

三、根据评估结果设计进一步审计程序

审计人员应根据生产与存货循环的重大错报风险评估结果，拟定进一步审计程序，继而实施控制测试和实质性程序，以应对识别出的认定层次的重大错报风险。

通常生产与存货循环的前三大重大错报风险[存货实物可能不存在、存货的单位成本可能存在计算错误、已销售产品的成本可能存在计算错误(见表 9－3)]，比较信赖内部控制，所以采用综合性方案比较合适，即在进一步审计程序中，使用控制测试和实质性程序相结合的审计程序；第四大重大错报风险[存货的账面价值可能无法实现(见表 9－3)]，基本不信赖内部控制，所以采用实质性方案比较合适，即在进一步审计程序中以实施实质性方案为主。

进一步审计程序的具体实施将在第三节、第四节详细展开。

第三节　生产与存货循环的控制测试

一、生产与存货循环不同业务活动的内部控制

(一)计划与安排生产的内部控制

生产业务根据生产计划部门的经审批的月度生产计划书进行，由生产计划经理签发预先按顺序编号的生产通知单。

(二)发出原材料的内部控制

(1)仓库管理员应把领料单编号、领用数量、规格等信息输入计算机系统，经仓储经理复核并以电子签名方式确认后，系统自动更新材料明细台账。

(2)原材料仓库分别于每月、每季和年度终了，对原材料存货进行盘点，会计部门对盘点结果进行复盘。由仓库管理员编写原材料盘点明细表，发现差异及时处理，经仓储经理、财务经理和生产经理复核后调整入账。

(三)生产产品和核算产品成本的内部控制

(1)生产成本记账员应根据原材料出库单，编制原材料领用凭证，与计算机系统自动生成的生产记录日报表核对材料耗用和流转信息；由会计主管审核无误后，生成记账凭证并过账至生产成本及原材料明细账和总分类账。

(2)每月末，由生产车间与仓库核对原材料、半成品、产成品的转出和转入记录，如有差异，仓库管理员应编制差异分析报告，经仓储经理和生产经理签字确认后交会计部门进行调整。

(3)每月末，由计算机系统对生产成本中各项组成部分进行归集，按照预设的分摊公式和方法，自动将当月发生的生产成本在完工产品和在产品中按比例分配；同时，将完工产品成本在各不同产品类别中分配，由此生成产品成本计算表和生产成本分配表；由生产成本记账员编制成生产成本结转凭证，经会计主管审核批准后进行账务处理。

(四)储存产成品和发出产成品的内部控制

(1)产成品入库时，质量检验员应检查并签发预先按顺序编号的产成品验收单，由生产小组将产成品送交仓库。仓库管理员应检查产成品验收单，并清点产成品数量，填写预先顺序编号的产成品入库单经质检经理、生产经理和仓储经理签字确认后，由仓库管理员将产成品入库单信息输入计算机系统，计算机系统自动更新产成品明细台账并与采购订购单编号核对。

(2)产成品出库时，由仓库管理员填写预先顺序编号的出库单，并将产成品出库单信息输

入计算机系统，经仓储经理复核并以电子签名方式确认后，计算机系统自动更新产成品明细台账并与发运通知单编号核对。

(3)产成品装运发出前，由运输经理独立检查出库单、销售订购单和发运通知单，确定从仓库提取的商品附有经批准的销售订购单，并且，所提取商品的内容与销售订购单一致。

(4)每月末，生产成本记账员根据计算机系统内状态为“已处理”的订购单数量，编制销售成本结转凭证，结转相应的销售成本，经会计主管审核批准后进行账务处理。

(5)产成品仓库分别于每月、每季和年度终了，对产成品存货进行盘点，由会计部门对盘点结果进行复盘，仓库管理员应编写产成品存货盘点明细表，发现差异及时处理，经仓储经理、财务经理和生产经理复核后调整入账。

二、生产与存货循环内部控制目标及其控制

在了解生产与存货循环的内部控制基础上，需要明确内部控制的目标，确定关键的内部控制，从而可以进行控制测试和使用实质性程序进行审计工作。表 9－4 为生产与存货循环的内部控制目标、关键内部控制和测试关系表，为下一步阐述奠定基础。

表 9－4　　生产与存货循环的内部控制目标、关键内部控制和测试一览表

内部控制目标	关键内部控制	常用的控制测试	常用的实质性程序
生产业务是根据管理层一般或特定的授权进行的(存货/存在；营业成本/发生)	对以下三个关键点应履行恰当手续，经过特别审批或一般审批： (1)生产指令的授权批准 (2)领料单的授权批准 (3)工薪的授权批准	检查凭证中是否包括这三个关键点的恰当审批：检查生产指令、领料单、工薪等是否经过授权	检查生产指令、领料单、工薪等是否经过授权
记录的成本为实际发生的而非虚构的(存货/存在；营业成本/发生)	成本的核算是以经过审核的生产通知单、领发料凭证、产量和工时记录、工薪费用分配表、材料费用分配表、制造费用分配表为依据的	检查有关成本的记账凭证是否附有生产通知单、领发料凭证、产量和工时记录、工薪费用分配表、材料费用分配表、制造费用分配表等，原始凭证的顺序编号是否完整	(1)对成本实施分析程序 (2)将成本明细账与生产通知单、领发料凭证、产量和工时记录、工薪费用分配表、材料费用分配表、制造费用分配表相核对
所有耗费和物化劳动均已反映在成本中(存货/完整性；营业成本/完整性)	生产通知单、领发料凭证、产量和工时记录、工薪费用分配表、材料费用分配表、制造费用分配表均事先编号并已经登记入账	检查生产通知单、领发料凭证、产量和工时记录、工薪费用分配表、材料费用分配表、制造费用分配表的顺序编号是否完整	(1)对成本实施分析程序 (2)将生产通知单、领发料凭证、产量和工时记录、工薪费用分配表、材料费用分配表、制造费用分配表与成本明细账相核对
成本以正确的金额，在恰当的会计期间及时记录于适当的账户(存货/存在、计价和分摊；营业成本/发生、准确性)	(1)采用适当的成本核算方法，并且前后各期一致 (2)采用适当的费用分配方法并且前后各期一致 (3)采用适当的成本核算流程和账务处理流程 (4)内部核查	(1)选取样本测试各种费用的归集和分配以及成本的计算 (2)测试是否按照规定的成本核算流程和账务处理流程进行核算和账务处理	(1)对成本实施分析程序 (2)抽查成本计算单，检查各种费用的归集和分配以及成本的计算是否正确 (3)对重大在产品项目进行计价测试

续表

内部控制目标	关键内部控制	常用的控制测试	常用的实质性程序
对存货实施保护措施，保管人员与记录、批准人员相互独立（存货/存在、完整性）	存货保管人员与记录人员职务相分离	询问和观察存货与记录的接触控制以及相应的批准程序	
账面存货与实际存货定期核对相符（存货/存在、完整性、计价和分摊；营业成本/发生、完整性、准确性）	定期进行存货盘点	询问和观察存货盘点程序	对存货实施监盘程序

三、生产与存货循环不同业务活动的内部控制测试

（一）计划与安排生产的内部控制测试

审计人员在实施控制测试时，应抽取生产通知单检查是否与月度生产计划书中的内容一致。

（二）发出原材料的内部控制测试

审计人员在实施控制测试时应当：

（1）抽取出库单及相关的领料单，检查是否正确输入并经适当层次复核。

（2）抽取原材料盘点明细表并检查是否经适当层次复核，有关差异是否得到处理。

（三）生产产品和核算产品成本的内部控制测试

审计人员在实施控制测试时应当：

（1）抽取原材料领用凭证，检查是否与生产记录日报表一致，是否经适当审核，如有差异是否及时处理。

（2）抽取核对记录，检查差异是否已得到处理。

（3）抽取生产成本结转凭证检查与支持性文件是否一致并经适当复核。

（4）预设的分摊公式和方法是否存在变更，变更是否经适当审批。当然，必要时应当考虑利用计算机专家的工作。

（四）储存产成品和发出产成品的内部控制测试

审计人员在实施控制测试时应当：

（1）抽取产成品验收单、产成品入库单并检查输入信息是否准确。

（2）抽取发运通知单、出库单并检查是否一致。

（3）抽取发运单和相关销售订购单，检查内容是否一致。

（4）抽取销售成本结转凭证检查与支持性文件是否一致并适当复核。

（5）抽取产成品存货盘点报告并检查是否经适当层次复核，有关差异是否得到处理。

（五）成本会计制度的控制测试

1．直接材料成本控制测试

企业在成本运算时，通常使用的成本制度包括定额成本、标准成本和作业成本等。以下对定额成本和标准成本制度进行介绍。

定额成本制度是通过事前制定产品的定额成本作为目标成本，在生产费用发生的当时将实际发生的费用与目标成本进行对比揭示差异，并找出原因，及时控制、监督实际生产费用的

支出，加强成本差异的日常核算、分析和控制的一种制度。

标准成本制度是指围绕标准成本的相关指标（如技术指标、作业指标、计划值等）而设计的，将成本的前馈控制、反馈控制及核算功能有机结合而形成的一种成本控制系统。标准成本制度的主要内容包括成本标准的制定、标准成本的控制、成本差异揭示及分析、成本差异的账务处理四部分内容。

以下对采用这两种成本制度的企业直接材料成本控制测试进行介绍：

(1)采用定额单耗的企业。

对采用定额单耗的企业，可选择某一成本报告期若干种具有代表性的产品成本计算单，获取样本的生产指令或产量统计记录及其直接材料单位消耗定额，根据材料明细账或采购业务测试工作底稿中各直接材料的单位实际成本，计算直接材料的总消耗量和总成本，与该样本成本计算单中的直接材料成本核对，并注意下列事项：生产指令是否经过授权批准；单位消耗定额和材料成本计价方法是否适当，在当年度有无重大变更。

(2)未采用定额单耗的企业。

对未采用定额单耗的企业，可获取材料费用分配汇总表、材料发出汇总表（或领料单）、材料明细账（或采购业务测试工作底稿）中各该直接材料的单位成本，做如下检查：成本计算单中直接材料成本与材料费用分配汇总表中该产品负担的直接材料费用是否相符，分配标准是否合理；将抽取的材料发出汇总表或领料单中若干种直接材料的发出总量和各该种材料的实际单位成本之积，与材料费用分配汇总表中各该种材料费用进行比较，并注意领料单的签发是否经过授权批准，材料发出汇总表是否经过适当的人员复核，材料单位成本计价方法是否适当，在当年有无重大变更。

(3)采用标准成本法的企业。

对采用标准成本法的企业，获取样本的生产指令或产量统计记录、直接材料单位标准用量、直接材料标准单价及发出材料汇总表或领料单，检查下列事项：根据生产量、直接材料单位标准用量和标准单价计算的标准成本与成本计算单中的直接材料成本核对是否相符；直接材料成本差异的计算与账务处理是否正确，并注意直接材料的标准成本在当年度内有无重大变更。

2. 直接人工成本控制测试

在人工成本中，企业采用的成本控制制度包括计时工资制、计件工资制和标准成本法。以下对不同成本制度下的直接人工成本控制测试进行介绍：

(1)采用计时工资制的企业。

对采用计时工资制的企业，获取样本的实际工时统计记录、职员分类表和职员工薪手册（工资率）及人工费用分配汇总表，做如下检查：成本计算单中直接人工成本与人工费用分配汇总表中该样本的直接人工费用核对是否相符；样本的实际工时统计记录与人工费用分配汇总表中该样本的实际工时核对是否相符；抽取生产部门若干天的工时台账与实际工时统计记录核对是否相符；当没有实际工时统计记录时，则可根据职员分类表及职员工薪手册中的工资率，计算复核人工费用分配汇总表中该样本的直接人工费用是否合理。

(2)采用计件工资制的企业。

对采用计件工资制的企业，获取样本的产量统计报告、个人（小组）产量记录和经批准的单位工薪标准或计件工资制度，检查下列事项：根据样本的统计产量和单位工薪标准计算的人工费用与成本计算单中直接人工成本核对是否相符；抽取若干个直接人工（小组）的产量记录，检查是否被汇总记入产量统计报告。

(3)采用标准成本法的企业。

对采用标准成本法的企业，获取样本的生产指令或产量统计报告、工时统计报告和经批准的单位标准工时、标准工时工资率、直接人工的工薪汇总表等资料，检查下列事项：根据产量和单位标准工时计算的标准工时总量与标准工时工资率之积同成本计算单中直接人工成本核对是否相符；直接人工成本差异的计算与账务处理是否正确，并注意直接人工的标准成本在当年内有无重大变更。

3. 制造费用控制测试

获取样本的制造费用分配汇总表、按项目分列的制造费用明细账、与制造费用分配标准有关的统计报告及其相关原始记录，做如下检查：制造费用分配汇总表中，样本分担的制造费用与成本计算单中的制造费用核对是否相符；制造费用分配汇总表中的合计数与样本所属成本报告期的制造费用明细账总计数核对是否相符；制造费用分配汇总表选择的分配标准(如机器工时数、直接人工工资、直接人工工时数、产量等)与相关的统计报告或原始记录核对是否相符，并对费用分配标准的合理性做出评估；如果企业采用预计费用分配率分配制造费用，则应针对制造费用分配过多或过少的差额，检查其是否做了适当的账务处理；如果企业采用标准成本法，则应检查样本中标准制造费用的确定是否合理，记入成本计算单的数额是否正确，制造费用差异的计算与账务处理是否正确，并注意标准制造费用在当年度内有无重大变更。

4. 生产成本在当期完工产品与在产品之间分配的控制测试

检查成本计算单中在产品数量与生产统计报告或在产品盘存表中的数量是否一致；检查在产品约当产量计算或其他分配标准是否合理；计算复核样本的总成本和单位成本，最终对当年采用的成本会计制度做出评价。

第四节　生产与存货循环的实质性程序

一、生存与存货交易的实质性程序

(一)实质性分析程序

(1)根据对被审计单位的经营活动、供应商的发展历程、贸易条件、行业惯例和行业现状的了解，确定营业收入、营业成本、毛利以及存货周转和费用支出项目的期望值。

(2)根据本期存货余额组成、存货采购、生产水平与以前期间和预算的比较，定义营业收入、营业成本和存货可接受的重大差异额。

(3)比较存货余额和预期周转率。

(4)计算实际数与预计数之间的差异，并同管理层使用的关键业绩指标进行比较。

(5)通过询问管理层和员工，调查实质性分析程序得出的重大差异额是否表明存在重大错报风险，是否需要设计恰当的细节测试程序以识别和应对重大错报风险。

(6)形成结论，即实质性分析程序能够提供充分、适当的审计证据，或需要对交易和余额实施细节测试以获取进一步的审计证据。

实施实质性分析程序的目的在于获取支持相关审计目标的证据。因此，审计人员在具体实施上述分析程序时还应当注意以下几个方面：

(1)使用计算机辅助审计方法下载被审计单位存货主文档和总分类账户以便计算财务指

标和经营指标，并将计算结果与期望值进行比较。例如，审计人员利用所掌握的、适用于被审计单位的销售毛利率知识，判断各类产品的销售毛利率是否符合期望值，存货周转率或者周转能力是否随着重要存货项目的变化而变化。

(2)按区域分析被审计单位各月存货变动情况，并考虑存货变动情况是否与季节性变动和经济因素变动一致。

(3)对周转缓慢或者长时间没有周转(如超过半年)以及出现负余额的存货项目单独摘录并列表。

(4)由于可能隐含着重要的潜在趋势，审计人员应当注意不要过分依赖计算的平均值。各个存货项目的潜在重大错报风险可能并不一致，实质性分析程序应该用来查明单项存货或分类别存货的一些指标关系。

(二)细节测试

1. 交易的细节测试

(1)审计人员应从被审计单位存货业务流程层面的主要交易流中选取一个样本，检查其支持性证据。例如，从存货采购、完工产品的转移、销售和销售退回记录中选取一个样本：

①检查支持性的供应商文件、生产成本分配表、完工产品报告、销售和销售退回文件；

②从供应商文件、生产成本分配表、完工产品报告、销售和销售退回文件中选取一个样本，追踪至存货总分类账户的相关分录；

③重新计算样本所涉及的金额，检查交易经授权批准而发生的证据。

(2)对期末前后发生的诸如采购、销售退回、销售、产品存货转移等主要交易流，实施截止测试。

确认本期末存货收发记录的最后一个顺序号码，并详细检查随后的记录，以检测在本会计期间的存货收发记录中是否存在更大的顺序号码，或因存货收发交易被漏记或错记入下一会计期间而在本期遗漏的顺序号码。

2. 存货余额的细节测试

存货余额的细节测试内容很多，比如，观察被审计单位存货的实地盘存；通过询问确定现有存货是否存在寄存情形，或者被审计单位存货在盘点日是否被寄存在他人处；获取最终的存货盘点表，并对存货的完整性、存在和计量进行测试；检查、计算、询问和函证存货价格；检查存货的抵押合同和寄存合同；检查、计算、询问和函证存货的可变现净值；等等。这些将在第四节单独讨论。

二、生产成本和营业成本的实质性程序

成本核算的审计目标一般包括：确定存货成本是否真实发生；确定存货成本的归集和计算是否符合企业会计准则规定；确定存货成本的计算对象、计算方法的正确性；确定存货在财务报表上的披露是否恰当。

(一)直接材料成本的实质性程序

直接材料成本的实质性程序一般应从审阅材料和生产成本明细账入手，抽查有关的费用凭证，验证企业产品直接耗用材料的数量、计价和材料费用分配是否真实、合理。其主要内容包括：

(1)抽查产品成本计算单，检查直接材料成本的计算是否正确，材料费用的分配标准与计算方法是否合理和适当，是否与材料费用分配汇总表中该产品分摊的直接材料费用相符。

(2)审查直接材料耗用数量的真实性,检查有无将非生产用材料计入直接材料费用。

(3)分析比较同一产品前后各年度的直接材料成本,如有重大波动应查明原因。

(4)抽查材料发出及领用的原始凭证,检查领料单的签发是否经过授权,材料发出汇总表是否经过适当的人员复核,单位成本计价是否适当,是否及时、正确入账。

(5)对采用定额成本或标准成本核算的企业,应检查直接材料成本差异的计算、分配与会计处理是否正确,并查明直接材料的定额成本、标准成本在本年度内有无重大变动。

(二)直接人工成本的实质性程序

直接人工成本审计的实质性程序包括:

(1)抽查产品成本计算单,检查直接人工成本的计算是否正确,人工费用的分配标准与计算方法是否合理和适当,是否与工薪费用分配汇总表中该产品分摊的直接人工费用相符。

(2)将本年度直接人工成本与前期进行比较,查明其异常波动的原因。

(3)分析比较本年各个月份的人工费用发生额,如有异常波动,应查明原因。

(4)结合应付职工薪酬的审查,抽查人工费用会计记录及会计处理是否正确。

(5)对采用标准成本核算的企业,应抽查直接人工成本差异的计算、分配与会计处理是否正确,并查明直接人工的标准成本在年度内有无重大变动。

(三)制造费用的实质性程序

制造费用是企业为生产产品或提供劳务而发生的间接费用,即生产单位为组织和管理生产而发生的费用,包括分厂和车间管理人员的薪酬、提取的职工福利费、折旧费、修理费、办公费、水电费、取暖费、租赁费、机物料费、低值易耗品摊销、劳动保护费、保险费、设计制图费、试验检验费、季节性和修理期间的停工损失以及其他制造费用。

制造费用实质性程序的内容包括:

(1)获取或编制制造费用汇总表,并与制造费用明细表、总账核对相符,抽查制造费用中的重大数额项目及例外项目是否合理。

(2)审阅制造费用明细账,检查其核算内容及范围是否正确,并应注意是否存在异常会计事项,如有,则应追查至记账凭证及原始凭证,重点查明企业有无将不应列入成本费用的支出(如投资支出、被没收的财产、支付的罚款、违约金、技术改造支出等)计入制造费用。

(3)必要时,对制造费用实施截止测试,即检查资产负债表日前后的制造费用明细账及其凭证,确定有无跨期入账的情况。

(4)审查制造费用的分配是否合理。重点查明制造费用的分配方法是否符合企业自身的生产技术条件,是否体现受益原则,分配方法一经确定,是否在相当长的时期内保持稳定,有无随意变更的情况;分配率和分配额的计算是否正确,有无以人为估计数代替分配数的情况。对按预定分配率分配费用的企业,还应查明计划与实际差异是否及时调整。

(5)对于采用标准成本法的企业,应抽查标准制造费用的确定是否合理,记入成本计算单的数额是否正确,并查明标准制造费用在本年度内有无重大变动。

(四)营业成本——主营业务成本的实质性程序

对主营业务成本的实质性测试,应通过审阅营业收入明细账、产成品明细账等记录并核对有关原始凭证和记账凭证进行。其实质性测试程序包括:

(1)获取或编制主营业务成本明细表,与明细账和总账核对相符。

(2)编制生产成本及主营业务成本倒轧表(见表9—5),与总账核对相符。

(3)分析比较本年度与上年度主营业务成本总额,以及本年度各月份的主营业务成本金额，如有重大波动和异常情况，应查明原因。

（4）结合生产成本的审计，抽查销售成本结转数额的正确性，并检查销售成本结转数额是否与销售收入配比。

（5）检查主营业务成本账户中的重大调整事项（如销售退回等）是否有充分理由。

（6）确定主营业务成本在利润表中是否已恰当披露。

表 9—5　　生产成本与主营业务成本倒轧表

项　目	未审数	调整或重分类金额	审定数
原材料期初余额			
加：本期购进			
减：原材料期末余额			
其他发出额			
直接材料成本			
加：直接人工成本			
制造费用			
生产成本			
加：在产品期初余额			
减：在产品期末余额			
产品生产成本			
加：库存商品期初余额			
减：库存商品期末余额			
其他发出额			
主营业务成本			

（五）营业成本——其他业务成本的实质性程序

其他业务成本的实质性程序包括：

（1）编制其他业务收入、其他业务成本明细表，与总账、明细账核对。

（2）将其他业务收入、其他业务成本与上期比较，检查是否有重大波动。检查其他业务成本与其他业务收入的配比性，其他业务成本内容的完整性。

（3）对重大、异常项目进行凭证测试。

（4）确定其他业务成本列报的恰当性。

三、存货的实质性程序

针对存货的实质性程序，主要把握数量与计价两个方面，前者主要通过存货的监盘来实现，后者主要通过存货的几个测试来进行。

（一）存货监盘

如果存货对财务报表是重要的，审计人员应当实施下列审计程序，对存货的存在和状况获取充分、适当的审计证据：

(1)在存货盘点现场实施监盘(除非不可行)。

(2)对期末存货记录实施审计程序,以确定其是否准确反映实际的存货盘点结果。

在存货盘点现场实施监盘时,审计人员应当实施下列审计程序:

(1)评价管理层用以记录和控制存货盘点结果的指令和程序。

(2)观察管理层制定的盘点程序的执行情况。

(3)检查存货。

(4)执行抽盘。

存货监盘的相关程序可以用作控制测试或者实质性程序。审计人员可以根据风险评估结果、审计方案和实施的特定程序做出判断。例如,如果只有少数项目构成了存货的主要部分,审计人员可能选择将存货监盘用作实质性程序。

需要说明的是,尽管实施存货监盘,获取有关期末存货数量和状况的充分、适当的审计证据是审计人员的责任,但这并不能取代被审计单位管理层定期盘点存货、合理确定存货的数量和状况的责任。事实上,管理层通常制定程序,对存货每年至少进行一次实物盘点,以作为编制财务报表的基础,并用以确定被审计单位永续盘存制的可能性(如适用)。

存货监盘针对的主要是存货的存在认定和完整性认定,审计人员监盘存货的目的在于获取有关存货数量和状况的审计证据。此外,审计人员还可能在存货监盘中获取有关存货所有权的部分审计证据。例如,如果审计人员在监盘中注意到某些存货已经被法院查封,需要考虑被审计单位对这些存货的所有权是否受到了限制。但如《〈中国注册会计师审计准则第1131号——对存货、诉讼和索赔、分部信息等特定项目获取审计证据的具体考虑〉应用指南》第6段所述,存货监盘本身并不足以供审计人员确定存货的所有权,审计人员可能需要执行其他实质性审计程序以应对所有权认定的相关风险。

(二)存货监盘计划

1. 制订存货监盘计划的基本要求

审计人员应当根据被审计单位存货的特点、盘存制度和存货内部控制的有效性等情况,在评价被审计单位管理层制定的存货盘点程序的基础上,编制存货监盘计划,对存货监盘做出合理安排。

有效的存货监盘需要制订周密、细致的计划。为了避免误解并有助于有效地实施存货监盘,审计人员通常需要与被审计单位就存货监盘等问题达成一致意见。因此,审计人员首先应当充分了解被审计单位存货的特点、盘存制度和存货内部控制的有效性等情况,并考虑获取、审阅和评价被审计单位预定的盘点程序。存货存在与完整性的认定具有较高的重大错报风险,而且审计人员通常只有一次机会通过存货的实地监盘对有关认定做出评价。根据计划过程所搜集到的信息,有助于审计人员合理确定参与监盘的地点以及存货监盘的程序。

2. 制订存货监盘计划应考虑的相关事项

在编制存货监盘计划时,审计人员需要考虑以下事项:

(1)与存货相关的重大错报风险。

存货通常具有较高水平的重大错报风险,影响重大错报风险的因素具体包括存货的数量和种类、成本归集的难易程度、陈旧过时的速度或易损坏程度、遭受失窃的难易程度。由于制造过程和成本归集制度的差异,制造企业的存货与其他企业(如批发企业)的存货相比往往具有更高的重大错报风险,对于审计人员的审计工作而言则更具复杂性。外部因素也会对重大错报风险产生影响。例如,技术进步可能导致某些产品过时,从而导致存货价值更容易发生高估。

以下类别的存货就可能增加审计的复杂性与风险：

①具有漫长制造过程的存货。制造过程漫长的企业(如飞机制造和酒类产品酿造企业)的审计重点包括递延成本、预期发生成本以及未来市场波动可能对当期损益的影响等事项。

②具有固定价格合约的存货。预期发生成本的不确定性是其重大审计问题。

③与时装相关的服装行业。由于服装产品的消费者对服装风格或颜色的偏好容易发生变化，因此，存货是否过时是重要的审计事项。

④鲜活、易腐商品存货。因为物质特征和保质期短暂，此类存货变质的风险很高。

⑤具有高科技含量的存货。由于技术进步，此类存货容易过时。

⑥单位价值高昂、容易被盗窃的存货。例如，珠宝存货的错报风险通常高于铁制纽扣之类存货的错报风险。

(2)与存货相关的内部控制的性质。

在制订存货监盘计划时，审计人员应当了解被审计单位与存货相关的内部控制，并根据内部控制的完善程度确定进一步审计程序的性质、时间安排和范围。与存货相关的内部控制涉及被审计单位供、产、销各个环节，包括采购、验收、仓储、领用、加工、装运出库等方面。需要说明的是，与存货内部控制相关的措施有很多，其有效程度也存在差异。

与采购相关的内部控制的总体目标是所有交易都已获得适当的授权与批准。使用购货订购单是一项基本的内部控制措施。购货订购单应当预先连续编号，事先确定采购价格并获得批准。此外，还应当定期清点购货订购单。

与存货验收相关的内部控制的总体目标是所有收到的商品都已得到记录。使用验收报告单是一项基本的内部控制措施。被审计单位应当设置独立的部门负责验收商品，该部门具有验收存货实物、确定存货数量、编制验收报告、将验收报告传送至会计核算部门以及运送商品至仓库等一系列职能。

与仓储相关的内部控制的总体目标是确保与存货实物的接触必须得到管理层的指示和批准。被审计单位应当采取实物控制措施，使用适当的存储设施，以使存货免受意外损毁、盗窃或破坏。

与领用相关的内部控制的总体目标是所有存货的领用均应得到批准和记录。使用存货领用单是一项基本的内部控制措施，对存货领用单，应当定期进行清点。

与加工(生产)相关的内部控制的总体目标是对所有的生产过程做出适当的记录。使用生产报告是一项基本的内部控制措施。在生产报告中，应当对产品质量缺陷和零部件使用及报废情况及时做出说明。

与装运出库相关的内部控制的总体目标是所有的装运都得到了记录。使用发运凭证是一项基本的内部控制措施。发运凭证应当预先编号，定期进行清点，并作为日后开具收款账单的依据。

被审计单位与存货实地盘点相关的内部控制通常包括：制订合理的存货盘点计划，确定合理的存货盘点程序，配备相应的监督人员，对存货进行独立的内部验证，将盘点结果与永续存货记录进行独立的调节，对盘点表和盘点标签进行充分控制。

(3)对存货盘点是否制定了适当的程序，并下达了正确的指令。

审计人员一般需要复核或与管理层讨论其存货盘点程序。在复核或与管理层讨论其存货盘点程序时，审计人员应当考虑下列主要因素，以评价其能否合理地确定存货的数量和状况：

盘点的时间安排;存货盘点范围和场所的确定;盘点人员的分工及胜任能力;盘点前的会议及任务布置;存货的整理和排列,对毁损、陈旧、过时、残次及所有权不属于被审计单位的存货的区分;存货的计量工具和计量方法;在产品完工程度的确定方法;存放在外单位的存货的盘点安排;存货收发截止的控制;盘点期间存货移动的控制;盘点表单的设计、使用与控制;盘点结果的汇总以及盘盈或盘亏的分析、调查与处理。

如果认为被审计单位的存货盘点程序存在缺陷,审计人员应当提请被审计单位调整。

(4)存货盘点的时间安排。

如果存货盘点在财务报表日以外的其他日期进行,注册会计师除实施存货监盘基本审计程序外,还应当实施其他审计程序,以获取审计证据,确定存货盘点日与财务报表日之间的存货变动是否已得到恰当的记录。

(5)被审计单位是否一贯采用永续盘存制。

存货数量的盘存制度一般为实地盘存制和永续盘存制。存货盘存制度不同,审计人员需要做出的存货监盘安排也不同。如果被审计单位通过实地盘存制确定数量,则审计人员要参加此种盘点。如果被审计单位采用永续盘存制,审计人员应在年度中一次或多次参加盘点。

(6)存货的存放地点。

如果被审计单位的存货存放在多个地点,审计人员可以要求被审计单位提供一份完整的存货存放地点清单(包括期末库存量为零的仓库、租赁的仓库,以及第三方代被审计单位保管存货的仓库等),并考虑其完整性。根据具体情况下的风险评估结果,审计人员可以考虑执行以下一项或多项审计程序:

①询问被审计单位除管理层和财务部门以外的其他人员,如营销人员、仓库人员等,以了解有关存货存放地点的情况。

②比较被审计单位不同时期的存货存放地点清单,关注仓库变动情况,以确定是否存在因仓库变动而未将存货纳入盘点范围的情况发生。

③检查被审计单位存货的出、入库单,关注是否存在被审计单位尚未告知审计人员的仓库(如期末库存量为零的仓库)。

④检查费用支出明细账和租赁合同,关注被审计单位是否租赁仓库并支付租金,如果有,该仓库是否已包括在被审计单位提供的仓库清单中。

⑤检查被审计单位"固定资产——房屋建筑物"明细清单,了解被审计单位可用于存放存货的房屋建筑物。

在获取完整的存货存放地点清单的基础上,审计人员可以根据不同地点所存放存货的重要性以及对各个地点与存货相关的重大错报风险的评估结果(例如,审计人员在以往审计中可能注意到某些地点存在存货相关的错报,因此,在本期审计时对其予以特别关注),选择适当的地点进行监盘,并记录选择这些地点的原因。

如果识别存货由于舞弊导致的影响存货数量的重大错报风险,审计人员在检查被审计单位存货记录的基础上,可能决定在不预先通知的情况下,对特定存放地点的存货实施监盘,或在同一天对所有存放地点的存货实施监盘。

同时,在连续审计中,审计人员可以考虑在不同期间的审计变更所选择实施监盘的地点。

(7)是否需要专家协助。

审计人员可能不具备其他专业领域专长与技能。在确定资产数量或资产实物状况(如矿石堆),或在收集特殊类别存货(如艺术品、稀有玉石、房地产、电子器件、工程设计等)的审计证据时,审计人员可以考虑利用专家的工作。

当在产品存货金额较大时,可能面临如何评估在产品完工程度问题。审计人员可以了解被审计单位的盘点程序,如果有关在产品的完工程度未被明确列出,审计人员应当考虑采用其他有助于确定完工程度的措施,如获取零部件明细清单、标准成本表以及作业成本表,与工厂的有关人员进行讨论等,并运用职业判断。审计人员也可以根据存货生产过程的复杂程度利用专家的工作。

3. 存货监盘计划的主要内容

存货监盘计划应当包括以下主要内容:

(1)存货监盘的目标、范围及时间安排。

存货监盘的主要目标包括获取被审计单位资产负债表日有关存货的数量和状况以及有关管理层存货盘点程序可靠性的审计证据,检查存货的数量是否真实完整,是否归属于被审计单位,存货有无毁损、陈旧、过时、残次和短缺等状况。

存货监盘范围的大小取决于存货的内容、性质以及与存货相关的内部控制的完善程度和重大错报风险的评估结果。

存货监盘的时间,包括实地察看盘点现场的时间、观察存货盘点的时间和对已盘点存货实施检查的时间等,应当与被审计单位实施存货盘点的时间相协调。

(2)存货监盘的要点及关注事项。

存货监盘的要点主要包括审计人员实施存货监盘程序的方法、步骤,各个环节应注意的问题以及所要解决的问题。审计人员需要重点关注的事项包括盘点期间的存货移动、存货的状况、存货的截止确认、存货的各个存放地点及金额等。

(3)参加存货监盘人员的分工。

审计人员应当根据被审计单位参加存货盘点人员分工、分组情况,存货监盘工作量的大小和人员素质情况,确定参加存货监盘的人员组成以及各组成人员的职责和具体的分工情况,并加强督导。

(4)检查存货的范围。

审计人员应当根据对被审计单位存货盘点和对被审计单位内部控制的评价结果确定检查存货的范围。在实施观察程序后,如果认为被审计单位内部控制设计良好且得到有效实施,存货盘点组织良好,可以相应缩小实施检查程序的范围。

(三)存货监盘程序

在存货盘点现场实施监盘时,审计人员应当实施下列审计程序:

1. 评价管理层用以记录和控制存货盘点结果的指令和程序

审计人员需要考虑这些指令和程序是否包括下列方面:

(1)适当控制活动的运用,例如,收集已使用的存货盘点记录,清点未使用的存货盘点表单,实施盘点和复盘程序。

(2)准确认定在产品的完工程度,流动缓慢(呆滞)、过时或毁损的存货项目,以及第三方拥有的存货(如寄存货物)。

(3)在适用的情况下用于估计存货数量的方法,如可能需要估计煤堆的重量。

(4)对存货在不同存放地点之间的移动以及截止日前后期间出入库的控制。

一般而言,被审计单位在盘点过程中停止生产并关闭存货存放地点以确保停止存货的移动,有利于保证盘点的准确性。但在特定情况下,被审计单位可能由于实际原因无法停止生产或收发货物。这种情况下，审计人员可以根据被审计单位的具体情况考虑其无法停止存货移动的原因及其合理性。

同时，审计人员可以通过询问管理层以及阅读被审计单位的盘点计划等方式，了解被审计单位对存货移动所采取的控制程序和对存货收发截止影响的考虑。例如，如果被审计单位在盘点过程中无法停止生产，可以考虑在仓库内划分出独立的过渡区域，将预计在盘点期间领用的存货移至过渡区域，对盘点期间办理入库手续的存货暂时存放在过渡区域，以此确保相关存货只被盘点一次。

在实施存货监盘程序时，审计人员需要观察被审计单位有关存货移动的控制程序是否得到执行。同时，审计人员可以向管理层索取盘点期间存货移动相关的书面记录以及出、入库资料作为执行截止测试的资料，以为监盘结束的后续工作提供证据。

2. 观察管理层制定的盘点程序(如对盘点时及其前后的存货移动的控制程序)的执行情况

这有助于审计人员获取有关管理层指令和程序是否得到适当设计和执行的审计证据。尽管盘点存货时最好能保持存货不发生移动，但在某些情况下存货的移动是难以避免的。如果在盘点过程中被审计单位的生产经营仍将持续进行，审计人员应通过实施必要的检查程序，确定被审计单位是否已经对此设置了相应的控制程序，确保在适当的期间内对存货做出了准确记录。

此外，审计人员可以获取有关截止性信息(如存货移动的具体情况)的复印件，有助于日后对存货移动的会计处理实施审计程序。具体来说，审计人员一般应当获取盘点日前后存货收发及移动的凭证，检查库存记录与会计记录期末截止是否正确。审计人员在对期末存货进行截止测试时，通常应当关注：

(1)所有在截止日期以前入库的存货项目是否均已包括在盘点范围内，并已反映在截止日以前的会计记录中。任何在截止日期以后入库的存货项目是否均未包括在盘点范围内，也未反映在截止日以前的会计记录中。

(2)所有截止日以前装运出库的存货商品是否均未包括在盘点范围内，且未包括在截止日的存货账面余额中；所有已记录为购货但尚未入库的存货是否均已包括在盘点范围内，并已反映在会计记录中。在途存货和被审计单位直接向顾客发运存货是否均已得到了适当的会计处理。

审计人员通常可观察存货的验收入库地点和装运出库地点以执行截止测试。在存货入库和装运过程中采用连续编号的凭证时，审计人员应当关注截止日期前的最后编号。如果被审计单位没有使用连续编号的凭证，审计人员应当列出截止日期以前的最后几笔装运和入库记录。如果被审计单位使用运货车厢或拖车进行存储、运输或验收入库，审计人员应当详细列出存货场地上满载和空载的车厢或拖车，并记录各自的存货状况。

3. 检查存货

在存货监盘过程中检查存货，虽然不一定确定存货的所有权，但有助于确定存货的存在，以及识别过时、毁损或陈旧的存货。审计人员应当把所有过时、毁损或陈旧存货的详细情况记录下来，这既便于进一步追查这些存货的处置情况，也能为测试被审计单位存货跌价准备计提的准确性提供证据。

4. 执行抽盘

在对存货盘点结果进行测试时，审计人员可以从存货盘点记录中选取项目追查至存货实物，以及从存货实物中选取项目追查至盘点记录，以获取有关盘点记录准确性和完整性的审计证据。需要说明的是，审计人员应尽可能避免让被审计单位事先了解将抽盘的存货项目。除记录审计人员对存货盘点结果进行的测试情况外，获取管理层完成的存货盘点记录的复印件也有助于审计人员日后实施审计程序，以确定被审计单位的期末存货记录是否准确地反映了存货的实际盘点结果。

审计人员在实施抽盘程序时发现差异，很可能表明被审计单位的存货盘点在准确性或完整性方面存在错误。由于检查的内容通常仅仅是已盘点存货中的一部分，所以在检查中发现的错误很可能意味着被审计单位的存货盘点还存在着其他错误。一方面，审计人员应当查明原因，并及时提请被审计单位更正；另一方面，审计人员应当考虑错误的潜在范围和重大程度，在可能的情况下，扩大检查范围以减少错误的发生。审计人员还可要求被审计单位重新盘点。重新盘点的范围可限于某一特殊领域的存货或特定盘点小组。

5. *需要特别关注的情况*

(1)存货盘点范围。

在被审计单位盘点存货前，审计人员应当观察盘点现场，确定应纳入盘点范围的存货是否已经适当整理和排列，并附有盘点标识，防止遗漏或重复盘点。对未纳入盘点范围的存货，审计人员应当查明未纳入的原因。

对所有权不属于被审计单位的存货，审计人员应当取得其规格、数量等有关资料，确定是否已单独存放、标明，且未被纳入盘点范围。在存货监盘过程中，审计人员应当根据取得的所有权不属于被审计单位的存货的有关资料，观察这些存货的实际存放情况，确保其未被纳入盘点范围。即使在被审计单位声明不存在受托代存存货的情形下，审计人员在存货监盘时也应当关注是否存在某些存货不属于被审计单位的迹象，以避免盘点范围不当。

(2)对特殊类型存货的监盘。

对某些特殊类型的存货而言，被审计单位通常使用的盘点方法和控制程序并不完全适用。这些存货通常或者没有标签，或者其数量难以估计，或者其质量难以确定，或者盘点人员无法对其移动实施控制。在这些情况下，审计人员需要运用职业判断，根据存货的实际情况，设计恰当的审计程序，对存货的数量和状况获取审计证据。

表 9—6 列举了被审计单位特殊存货的类型、通常采用的盘点方法与存在的潜在问题，以及可供审计人员实施的监盘程序。审计人员在审计实务中，应当根据被审计单位所处行业的特点、存货的类别和特点以及内部控制等具体情况，并在通用的存货监盘程序基础上，设计关于特殊类型存货监盘的具体审计程序。

表 9—6　　特殊类型存货的监盘程序

存货类型	盘点方法与潜在问题	可供实施的审计程序
木材、钢筋盘条、管子	通常无标签，但在盘点时会做上标记或用粉笔标识 难以确定存货的数量或等级	检查标记或标识 利用专家或被审计内部有经验人员的工作
堆积型存货(如糖、煤、钢废料)	通常既无标签也不做标记 在估计存货数量时存在困难	运用工程估测、几何计算、高空勘测，并依赖详细的存货记录 如果堆场中的存货堆不高，可进行实地监盘，或通过旋转存货堆加以估计

续表

存货类型	盘点方法与潜在问题	可供实施的审计程序
使用磅秤测量的存货	在估计存货数量时存在困难	在监盘前和监盘过程中均应检验磅秤的精准度，并留意磅秤的位置移动与重新调校程序 将检查和重新衡量程序相结合 检查称量尺度的换算问题
散装物品（如贮窖存货，使用桶、箱、罐、槽等容器储存的液体、气体、谷类粮食、流体存货等）	在盘点时通常难以识别和确定 在估计存货数量时存在困难 在确定存货质量时存在困难	使用容器进行监盘或通过预先编号的清单列表加以确定 使用浸蘸、测量棒、工程报告以及依赖永续存货记录 选择样品进行化验与分析，或利用专家的工作
贵金属、石器、艺术品与收藏品	在存货辨认与质量确定方面存在困难	选择样品进行化验与分析，或利用专家的工作
生产纸浆用木材，牲畜	在存货辨认与数量确定方面存在困难 可能无法对此类存货的移动实施控制	通过高空摄影以确定其存在性，对不同时点的数量进行比较，并依赖永续存货记录

6. 存货监盘结束时的工作

在被审计单位存货盘点结束前，审计人员应当：

（1）再次观察盘点现场，以确定所有应纳入盘点范围的存货是否均已盘点。

（2）取得并检查已填用、作废及未使用盘点表单的号码记录，确定其是否连续编号，查明已发放的表单是否均已收回，并与存货盘点的汇总记录进行核对。审计人员应当根据自己在存货监盘过程中获取的信息对被审计单位最终的存货盘点结果汇总记录进行复核，并评估其是否正确地反映了实际盘点结果。

如果存货盘点日不是资产负债表日，审计人员应当实施适当的审计程序，确定盘点日与资产负债表日之间存货的变动是否已得到恰当的记录。

无论管理层通过年度实地盘点还是采用永续盘存制确定存货数量，由于实际原因，存货的实地盘点均有可能在财务报表日以外的某一天或某几天进行。无论哪种情况，针对存货变动的控制的设计、执行和维护的有效性，决定了在财务报表日以外的某一天或某几天执行的盘点程序是否符合审计目的。《中国注册会计师审计准则第 1231 号——针对评估的重大错报风险采取的应对措施》对在期中实施实质性程序作出了规定。

如果被审计单位采用永续盘存制，管理层可能执行实地盘点或其他测试方法，确定永续盘存记录中的存货数量信息的可靠性。在某些情况下，管理层或审计人员可能识别出永续盘存记录与现有实际存货数量之间的差异，这可能表明对存货变动的控制没有有效运行。

当设计审计程序以获取关于盘点日的存货总量与期末存货记录之间的变动是否已被适当记录的审计证据时，审计人员考虑的相关事项包括：对永续盘存记录的调整是否适当；被审计单位永续盘存记录的可靠性；从盘点获取的数据与永续盘存记录存在重大差异的原因。

(四)特殊情况的处理

1. 在存货盘点现场实施存货监盘不可行

在某些情况下,实施存货监盘可能是不可行的。这可能是由存货性质和存放地点等因素造成的,例如存货存放在对审计人员的安全有威胁的地点。然而,对审计人员带来不便的一般因素不足以支持审计人员做出实施存货监盘不可行的决定。审计中的困难、时间或成本等事项本身,不能作为审计人员省略不可替代的审计程序或满足于说服力不足的审计证据的正当理由。

如果在存货盘点现场实施存货监盘不可行,审计人员应当实施替代审计程序(如检查盘点日后出售盘点日之前取得或购买的特定存货的文件记录),以获取有关存货的存在和状况的充分、适当的审计证据。

但在其他一些情况下,如果不能实施替代审计程序,或者实施替代审计程序可能无法获取有关存货的存在和状况的充分、适当的审计证据,审计人员需要按照《中国注册会计师审计准则第 1502 号——在审计报告中发表非无保留意见》的规定发表非无保留意见。

2. 因不可预见的情况导致无法在存货盘点现场实施监盘

有时,由于不可预见情况而可能导致无法在预定日期实施存货监盘,两种比较典型的情况包括:一是审计人员无法亲临现场,即由于不可抗力导致其无法到达存货存放地实施存货监盘;二是气候因素,即由于恶劣的天气导致审计人员无法实施存货监盘程序,或由于恶劣的天气无法观察存货,如木材被积雪覆盖。

如果由于不可预见的情况无法在存货盘点现场实施监盘,审计人员应当另择日期实施监盘,并对间隔期内发生的交易实施审计程序。

3. 由第三方保管或控制的存货

如果由第三方保管或控制的存货对财务报表是重要的,审计人员应当实施下列一项或两项审计程序,以获取有关该存货存在和状况的充分、适当的审计证据:

(1)向持有被审计单位存货的第三方函证存货的数量和状况。

(2)实施检查或其他适合具体情况的审计程序。根据具体情况(如获取的信息使审计人员对第三方的诚信和客观性产生疑虑),审计人员可能认为实施其他审计程序是适当的。其他审计程序可以作为函证的替代程序,也可以作为追加的审计程序。

其他审计程序的示例包括:

①实施或安排其他审计人员实施对第三方的存货监盘(如可行)。

②获取其他审计人员或服务机构审计人员针对用以保证存货得到恰当盘点和保管的内部控制的适当性而出具的报告。

③检查与第三方持有的存货相关的文件记录,如仓储单。

④当存货被作为抵押品时,要求其他机构或人员进行确认。

考虑到第三方仅在特定时点执行存货盘点工作,在实务中,审计人员可以事先考虑实施函证的可行性。如果预期不能通过函证获取相关审计证据,可以事先计划和安排存货监盘等工作。

此外,审计人员可以考虑由第三方保管存货的商业理由的合理性,以进行存货相关风险(包括舞弊风险)的评估,并计划和实施适当的审计程序,例如检查被审计单位和第三方所签署的存货保管协议的相关条款、复核被审计单位调查及评价第三方工作的程序等。

（五）存货计价测试

监盘程序主要是对存货的结存数量予以确认。为验证财务报表上存货余额的真实性，还必须对存货的计价进行审计，即确定存货实物数量和永续盘存记录中的数量是否经过正确的计价和汇总。存货计价测试主要是针对被审计单位所使用的存货单位成本是否正确所做的测试，当然，广义地看，存货成本的审计也可以被视为存货计价测试的一项内容。

单位成本的充分的内部控制与生产和会计记录结合起来，对于确保用于期末存货计价的成本的合理性十分重要。一项重要的内部控制是使用标准成本记录来反映原材料、直接人工和制造费用的差异，它还可以用来评价生产。使用标准成本时，应设置相应程序及时反映生产过程与成本的变化。由独立于成本核算部门的雇员来复核单位成本的合理性，也是一项有用的计价控制。

表 9—7　　存货计价审计表

日期	品名及规格	购　入			发　出			余　额		
		数量	单价	金额	数量	单价	金额	数量	单价	金额

1. 计价方法说明：
2. 情况说明及审计结论：

1. 样本的选择

计价审计的样本，应从存货数量已经盘点、单价和总金额已经记入存货汇总表的结存存货中选择。选择样本时应着重选择结存余额较大且价格变化比较频繁的项目，同时考虑所选样本的代表性。抽样方法一般采用分层抽样法，抽样规模应足以推断总体的情况。

2. 计价方法的确认

存货的计价方法多种多样，被审计单位应结合企业会计准则的基本要求选择符合自身特点的方法。审计人员除应了解掌握被审计单位的存货计价方法外，还应对这种计价方法的合理性与一贯性予以关注。没有足够理由，计价方法在同一会计年度内不得变动。

3. 计价测试

进行计价测试时，审计人员首先应对存货价格的组成内容予以审核，然后按照所了解的计价方法对所选择的存货样本进行计价测试。测试时，应尽量排除被审计单位已有计算程序和结果的影响，进行独立测试。测试结果出来后，应与被审计单位账面记录对比，编制对比分析表，分析形成差异的原因。如果差异过大，应扩大测试范围，并根据审计结果考虑是否应提出审计调整建议。

在存货计价审计中，由于被审计单位对期末存货采用成本与可变现净值孰低的方法计价，所以审计人员应充分关注其对存货可变现净值的确定及存货跌价准备的计提。

四、应付职工薪酬的实质性程序

职工薪酬是企业支付给员工的劳动报酬，其主要核算方式有计时制和计件制两种。职工薪酬常采用现金的形式支付，因而相对于其他业务更容易发生错误或舞弊行为，如虚报冒领和贪污等。同时，职工薪酬是构成企业成本费用的重要项目，所以在审计中显得十分重要。

随着经营管理水平的提高和技术手段的发展，职工薪酬业务中进行舞弊及掩饰的可能性已有所减少，因为有效的职工薪酬内部控制，可以及时揭露错误和舞弊。使用计算机编制职工薪酬表和使用工薪卡，提高了职工薪酬计算的准确性；通过有关机构，如税务部门、社会保障机构的复核，可相应防止职工薪酬计算的错误。

(一)应付职工薪酬的审计目标

应付职工薪酬的审计目标一般包括：

(1)确定资产负债表中记录的应付职工薪酬是否存在。

(2)确定所有应当记录的应付职工薪酬是否均已记录。

(3)确定记录的应付职工薪酬是否为被审计单位应当履行的现时义务。

(4)确定应付职工薪酬是否以恰当的金额包括在财务报表中，与之相关的计价调整是否已恰当记录。

(5)确定应付职工薪酬是否已按照企业会计准则的规定在财务报表中做出恰当列报。

(二)应付职工薪酬的实质性程序

(1)获取或编制应付职工薪酬明细表，复核加计是否正确，并与报表数、总账数和明细账合计数核对是否相符。

(2)实施实质性分析程序。

①针对已识别需要运用分析程序的有关项目，并基于对被审计单位及其环境的了解，通过进行以下比较，同时考虑有关数据间关系的影响，以建立有关数据的期望值：

a. 比较被审计单位员工人数的变动情况，检查被审计单位各部门各月工薪费用的发生额是否有异常波动；若有，则查明波动原因是否合理。

b. 比较本期与上期工薪费用总额以及预期的工薪费用总额，要求被审计单位解释其增减变动或差异原因，或取得公司管理层关于员工工薪标准的决议。

c. 比较社会保险费(包括医疗、养老、失业、工伤、生育保险费)、住房公积金、工会经费、职工教育经费和辞退福利等项目的本期实际计提数与按照相关规定独立计算的预期计提数，要求被审计单位解释其增减变动或差异原因。

d. 核对下列相互独立部门的相关数据：工薪部门记录的工薪支出与出纳记录的工薪支付数，工薪部门记录的工时与生产部门记录的工时。

e. 比较本期应付职工薪酬余额与上期应付职工薪酬余额，是否有异常变动。

②确定可接受的差异额。

③将实际的情况与期望值相比较，识别需要进一步调查的差异。

④如果其差额超过可接受的差异额，调查并获取充分的解释和恰当的佐证审计证据(如通过检查相关的凭证)。

⑤评估实质性分析程序的测试结果。

(3)检查工薪、奖金、津贴和补贴。

①检查计提是否正确、依据是否充分。将执行的工薪标准与有关规定核对,并对工薪总额进行测试:被审计单位如果实行工效挂钩的,应取得有关主管部门确认的效益工薪发放额认定证明,结合有关合同文件和实际完成的指标,检查其计提额是否正确,是否应作纳税调整;结合员工社保缴纳情况,明确被审计单位员工范围,检查是否与关联公司员工工薪混淆列支。

②检查分配方法与上年是否一致。除因解除与职工的劳动关系给予的补偿直接计入管理费用外,被审计单位是否根据职工提供服务的受益对象,分别下列情况进行处理:

a. 应由生产产品、提供劳务负担的职工薪酬,计入产品成本或劳务成本。

b. 应由在建工程、无形资产负担的职工薪酬,计入相关资产成本。

c. 被审计单位为外商投资企业,按规定从净利润中提取的职工奖励及福利基金,是否以董事会决议为依据,是否相应记入"利润分配——提取的职工奖励及福利基金"科目。

d. 其他职工薪酬,是否计入当期损益。

③检查发放金额是否正确,代扣的款项及其金额是否正确。

④检查是否存在属于拖欠性质的职工薪酬,并了解拖欠的原因。

(4)检查社会保险费(包括医疗、养老、失业、工伤、生育保险费)、住房公积金、工会经费和职工教育经费等计提(分配)和支付(使用)的会计处理是否正确,依据是否充分。

(5)检查辞退福利。

①对于职工没有选择权的辞退计划,检查按辞退职工数量、辞退补偿标准计提的辞退福利负债金额是否正确。

②对于自愿接受裁减的建议,检查按接受裁减建议的预计职工数量、辞退补偿标准(该标准确定)等计提的辞退福利负债金额是否正确。

③检查实质性辞退工作在一年内完成、但付款时间超过一年的辞退福利,是否按折现后的金额计量,折现率的选择是否合理。

④检查计提辞退福利负债的会计处理是否正确,是否将计提金额计入当期管理费用。

⑤检查辞退福利支付凭证是否真实正确。

(6)检查非货币性福利。

①检查以自产产品发放给职工的非货币性福利,是否根据受益对象,按照该产品的公允价值,计入相关资产成本或当期损益,同时确认应付职工薪酬;对于难以认定受益对象的非货币性福利,是否直接计入当期损益和应付职工薪酬。

②检查无偿向职工提供住房的非货币性福利,是否根据受益对象,将该住房每期应计提的折旧计入相关资产成本或当期损益,同时确认应付职工薪酬。对于难以认定受益对象的非货币性福利,是否直接计入当期损益和应付职工薪酬。

③检查租赁住房等资产供职工无偿使用的非货币性福利,是否根据受益对象,将每期应付的租金计入相关资产成本或当期损益,并确认应付职工薪酬。对于难以认定受益对象的非货币性福利,是否直接计入当期损益和应付职工薪酬。

(7)检查以现金结算的股份支付。

①检查授予后立即可行权的以现金结算的股份支付,是否在授予日以企业承担负债的公允价值计入相关成本或费用。

②检查完成等待期内的服务或达到规定业绩条件以后才可行权的以现金结算的股份支付,在等待期内的每个资产负债表日,是否以可行权情况的最佳估计为基础,按照企业承担负债的公允价值金额,将当期取得的服务计入成本或费用。在资产负债表日,后续信息表明企业

当期承担债务的公允价值与以前估计不同的，是否进行调整，并在可行权日调整至实际可行权水平。

③检查在可行权日，实际以现金结算的股份支付金额是否正确，会计处理是否恰当。

(8)检查应付职工薪酬的期后付款情况，并关注在资产负债表日至财务报表批准报出日之间，是否有确凿证据表明需要调整资产负债表日原确认的应付职工薪酬事项。

(9)检查应付职工薪酬是否已按照企业会计准则的规定在财务报表中做出恰当的列报。

(10)检查是否在附注中披露与职工薪酬有关的下列信息：

①应当支付给职工的工薪、奖金、津贴和补贴，及其期末应付未付金额。

②应当为职工缴纳的医疗、养老、失业、工伤和生育等社会保险费，及其期末应付未付金额。

③应当为职工缴存的住房公积金，及其期末应付未付金额。

④为职工提供的非货币性福利，及其计算依据。

⑤应当支付的因解除劳动关系给予的补偿，及其期末应付未付金额。

⑥其他职工薪酬。

(11)检查因自愿接受裁减建议的职工数量、补偿标准等不确定而产生的预计负债(应付职工薪酬)，是否按照《企业会计准则第 13 号——或有事项》进行披露。

五、其他相关账户的实质性程序

在生产与存货循环中，与存货项目相关的账户，除了以上介绍的账户外，还有材料采购、原材料、包装物、低值易耗品、材料成本差异、库存商品、委托加工物资、存货跌价准备等账户。对这些账户的实质性程序如下：

(一)材料采购的实质性程序

材料采购的实质性程序包括：

(1)获取或编制材料采购明细表，复核其加计数是否正确，并核对其期末合计数与报表数、总账数和明细账合计数是否相符。

(2)检查期末材料采购，核对有关凭证，对大额物资采购追查至相关的购货合同及购货发票，复核采购成本的正确性，并抽查期后入库情况。

(3)查阅资产负债表日前后若干天物资采购增减变动的有关账簿记录和收料报告单等资料，检查有无跨期现象，如有，则应做出记录，必要时提出调整建议。

(4)如采用计划成本核算，审计人员应审核物资采购账户有关材料成本差异发生额的计算处理是否正确。

(5)审核有无长期挂账事项，如有，应查明原因，必要时应提出调整建议。

(二)原材料的实质性程序

原材料的实质性程序包括：

(1)获取或编制原材料明细表，复核加计是否正确，并与总账数、明细账合计数核对是否相符。

(2)抽查核对明细账是否与仓库台账、卡片记录相符。

(3)实施分析程序，对期末原材料余额与上期期末余额进行比较，解释其波动原因，并对大额异常项目进行调查。

(4)现场观察被审计单位的期末原材料盘点情况，取得原材料盘点资料和盘盈、盘亏报告表，做重点抽查，并注意查明账实不符原因，有关审批手续是否完备，账务处理是否正确；存放在外的库存材料，应现场查看或函询核实。

(5)检查原材料的入账基础和计价方法是否正确、是否前后期一致。在以实际成本计价条件下，应以原材料的单位成本与原材料明细账及购货发票核对；在以计划成本计价条件下，应以原材料的单位成本与原材料明细账、原材料成本差异明细账及购货发票核对。

(6)根据被审计单位原材料计价方法，抽查年末结存量较大的原材料的加价是否正确。若原材料以计划成本计价，还应检查"材料成本差异"账项发生额、转销额是否计算正确。

(7)查阅资产负债表日前后若干天的原材料增减变动的有关账簿记录和原始凭证，检查有无跨期现象，如有，则应做出记录，必要时提出调整建议。

(8)结合原材料的监盘，检查期末有无料到单未到的情况，如有，应查明是否已暂估入账、其暂估价是否合理。

(三)包装物的实质性程序

包装物的实质性程序包括：

(1)获取或编制包装物明细表，复核加计是否正确，将月总账数、明细账合计数核对是否相符。

(2)抽查明细账是否与仓库台账、卡片记录相符。

(3)对期末包装物余额与上期期末余额进行比较，解释其波动原因，并对大额异常项目进行调查。

(4)现场观察被审计单位的期末包装物盘点情况，取得包装物盘点资料和盘盈、盘亏报告表，做重点抽查，并注意查明账实不符原因，有关审批手续是否完备，账务处理是否正确，存放在外的包装物，应现场查看或函询核实。

(5)检查包装物的入账基础和计价方法是否正确、是否前后一致。

(6)检查发出包装物的计价基础，抽查若干月发出包装物汇总表的正确性。

(7)根据被审计单位包装物计价方法，抽查期末结存量较大的包装物的计价是否正确，若包装物以计划成本计价，还应检查"材料成本差异"账户发生额、转销是否计算正确。

(8)审核有无长期挂账包装物事项，如有，应查明原因，必要时提出调整建议。

(9)查阅资产负债表日前后若干天的包装物增减变动的有关账簿记录和原始凭证，检查有无跨期现象，如有，则应作出记录，必要时提出调整建议。

(10)结合包装物的监盘，检查期末有无料到单未到的情况，如有，应查明是否已暂估入账，其暂估价是否合理。

(11)检查出租、出借包装物的会计处理是否正确。

(四)低值易耗品的实质性程序

低值易耗品的实质性程序包括：

(1)获取或编制低值易耗品明细表，复核加计正确，并与总账数、明细账合计数核对是否相符。

(2)检查低值易耗品入库和领用的手续是否齐全，会计处理是否正确。

(3)检查低值易耗品摊销方法是否正确，前后期是否一致。

(4)审核有无长期挂账低值易耗品事项，如有，则查明原因，必要时提出调整建议。

(五)材料成本差异的实质性程序

材料成本差异的实质性程序包括：

(1)获取或编制材料成本差异明细表,复核加计正确,并与总账数、明细账合计数核对是否相符。

(2)对每月材料成本差异率实施分析程序,检查是否有异常波动,注意是否存在调节成本现象。

(3)抽查若干月发出材料汇总表,检查材料成本差异的分配是否正确,并注意分配方法前后期是否一致。

(六)库存商品的实质性程序

库存商品的实质性程序包括:

(1)获取或编制库存商品明细表,复核加计正确,并与总账数、明细账合计数核对是否相符,同时与仓库台账卡片抽查核对相符。

(2)现场观察被审计单位库存商品盘点情况,取得库存商品盘点资料和盘盈盘亏报告表,做重点抽查,并注意查明账实不符原因,有关审批手续是否完备,账务处理是否正确;对残次、呆滞的库存商品是否已计提了足额的跌价准备。

(3)查核库存商品的计价方法,检查其前后期是否一致。对自制商品、产品等,在以实际成本计价条件下,应以样本的单位成本与库存商品明细账及成本计算单核对;在以计划成本计价条件下,应以样本的单位成本与库存商品明细账、商品成本差异明细账及成本计算单核对。对库存外购商品,在以实际成本计价条件下,应以样本的单位成本与库存商品明细账及购货发票核对;在以计划成本计价条件下,应以样本的单位成本与库存商品明细账、商品成本差异明细账及购货发票核对。

(4)抽查库存商品入库单,核对库存商品的品种、数量与入账记录是否一致,并检查入库库存商品的实际成本是否与"生产成本"科目的结转额相符。

(5)抽查库存商品的发出凭证,核对转出库存商品的品种、数量和实际成本与"营业成本"是否相符。

(七)委托加工物资的实质性程序

委托加工物资的实质性程序包括:

(1)获取或编制委托加工物资明细表,复核其加计数是否正确,并核对其期末合计数与报表数、总账数和明细账合计数是否相符。

(2)检查若干份委托加工业务合同,抽查有关发料凭证,加工费、运费结算凭证,核对其计费、计价是否正确,会计处理是否正确及时。

(3)抽查加工完成物资的验收入库手续是否齐全,会计处理是否正确。

(4)现场查看或函证,以核实委托加工物资期末余额。

(5)审核有无长期挂账的委托加工物资,如有,应查明原因,必要时进行调整。

(八)存货跌价准备的实质性程序

存货跌价准备的实质性程序包括:

(1)获取或编制存货跌价准备明细表,复核其加计数是否正确,并与总账数和明细账合计数核对相符。

(2)检查存货跌价准备计提和存货损失转销的批准程序,取得书面报告销售合同或劳务合同等证明文件。

(3)评价存货跌价准备的计提依据和计提方法是否合理,是否充分考虑了持有存货的目的及资产负债表日后事项的影响等因素。

(4)若被审计单位为建造承包商，对其执行中的建造合同，应检查预计总成本是否超过合同总收入，如果超过，跌价准备计提是否合理，会计处理是否正确。

(5)比较本期实际损失发生数与前期存货跌价准备的余额，以评价上期存货跌价准备计提的合理性。

(6)如果被审计单位出售或核销已经计提跌价准备的存货，应检查相应的跌价准备的会计处理是否正确。

(7)注意已计提跌价准备的存货价值又得以恢复的，是否在原已计提的跌价准备的范围内转回，依据是否充分，并记录转回金额。

(8)检查被审计单位是否于期末对存货进行了检查分析，存货跌价准备的计算和会计处理是否正确。

(9)确定存货跌价准备的披露是否恰当。

复习思考题

1. 生产与存货循环涉及的内容有哪些？涉及哪些会计科目和凭证？
2. 生产与存货循环涉及的业务活动包括哪些？
3. 生产与存货循环的重大错报风险有哪些？应当如何评估其重大错报风险？
4. 生产与存货循环的控制测试包含哪些关键内部控制？
5. 存货监盘的作用是什么？
6. 存货监盘的程序是什么？应当如何进行存货监盘？
7. 生产与存货循环的实质性程序有哪些？
8. 材料采购的实质性程序有哪些？
9. 原材料和材料成本差异的实质性程序有哪些？
10. 存货跌价准备的实质性程序有哪些？

第十章

筹资与投资循环审计

学习目标

通过本章的学习，全面了解筹资与投资循环的特征，并掌握筹资与投资循环的内部控制及其控制测试，还需要了解筹资与投资循环相关账户的实质性程序。

第一节　筹资与投资循环的特征

筹资活动是指企业为满足生存和发展的需要，通过改变企业资本及债务规模和构成而筹集资金的活动。筹资活动主要是由借款交易和股东权益交易组成的。投资活动是指企业为享有被投资单位分配的利润，或为谋求其他利益，将资产让渡给其他单位而获得另一项资产的活动。投资活动主要由权益性投资和债权性投资组成。

一、筹资与投资循环中涉及的主要财务报表账户

该循环涉及众多财务报表账户及其他会计科目，具体如表10—1所示。

表10—1　筹资与投资循环中涉及的主要财务报表账户

资产负债表项目	利润表项目
交易性金融资产	财务费用
可供出售金融资产	公允价值损益
长期股权投资	投资收益
持有至到期投资	
投资性房地产	
应收/应付股利	
应收/应付利息	
实收资本	
资本公积	
其他综合收益	
盈余公积	
未分配利润	
……	

除上述所提及的项目之外，还有短期借款、长期借款和应付债券等项目。

二、筹资与投资循环的凭证和会计记录

(一)筹资活动的凭证和会计记录

1. 公司债券

公司依据法定程序发行、约定在一定期限内还本付息的有价证券。

2. 股本凭证

公司签发的证明股东所持股份的凭证。

3. 债券契约

载明债券持有人与发行企业双方所拥有的权利与义务的法律性文件，内容包括：债券发行的标准；债券的明确表述；利息或利息率；受托管理人证书；登记和背书；如系抵押债券，其所担保的财产；债券发生拖欠情况如何处理，以及对偿债基金、利息支付、本金返还等的处理。

4. 股东名册

发行记名股票的公司记载股东的凭证，内容包括：股东的姓名或者名称及住所；股东所持股份数；股东所持股票的编号；股东取得其股份的日期。发行无记名股票的，公司应当记载其股票数量、编号及发行日期。

5. 公司债券存根簿

发行记名公司债券时记载债券持有人的凭证，内容包括：债券持有人的名称及住所；债券持有人取得债券的日期及债券的编号；债券总额、债券的票面金额、债券的利率、债券还本付息的期限和方式；债券的发行日期。发行无记名债券的，应当在公司的债券存根簿上记载债券总额、利率、偿还期限和方式、发行日期和债券编号。

6. 承销或包销协议

公司向社会公开发行股票或债券时，应当由依法设立的证券经营机构承销或包销，公司应与其签订承销或包销协议。

7. 借款合同或协议

公司向银行或其他金融机构借入款项时与其签订的合同或协议。

(二)投资活动的凭证和会计记录

1. 债券投资凭证

载明债券持有人与发行企业双方所拥有的权利与义务的法律性文件，其内容一般包括：债券发行的标准；债券的明确表述；利息或利息率；受托管理人证书；登记和背书。

2. 股票投资凭证

买入凭证记载股票投资购买业务，包括购买股票数量、被投资公司、股票买价、交易成本、购买日期、结算日期、结算日应付金额合计。卖出凭证记载股票投资卖出业务，包括卖出股票数量、被投资公司、股票卖价、交易成本、卖出日期、结算日期、结算日金额合计。

3. 股票证书

载明股东所有权的证据，记录所有者持有被投资公司所有股票数量。如果被投资公司发行了多种类型的股票，也反映股票的类型，如普通股、优先股。

4. 股利收取凭证

向所有股东分发股利的文件，标明股东、股利数额、每股股利、被审计单位在交易最终日期

持有的总股利金额。

5. 长期股权投资协议

对所有投资行为进行法律意义上的确认，清楚记载被审计单位的投资对象、投资金额、权利和义务以及其他可能影响被审计单位投资行为的事项。

6. 投资总分类账

对被投资单位所持有的投资，记录所有的详细信息，包括所获得或收取的投资收益。总分类账中的投资账户记录初始购买成本和之后的账面价值。

7. 投资明细分类账

由投资单位保存，用来记录所有的非现金性投资交易，如对期末市场价值的调整、公允价值的反映，以及记录与处置投资相关的损益。

三、筹资与投资循环的主要业务活动

（一）筹资所涉及的主要业务活动

1. 审批授权

企业通过借款筹集资金须经管理层的审批，其中债券的发行每次均要由董事会授权；企业发行股票必须依据国家相关法规或企业章程的规定，报经企业最高权力机构（如董事会）及国家有关管理部门批准。

2. 签订合同或协议

向银行或其他金融机构融资须签订借款合同，发行债券须签订债券契约和债券承销或包销合同。

3. 取得资金

企业实际取得银行或金融机构划入的款项或债券、股票的融入资金。

4. 计算利息或股利

企业应按有关合同或协议的规定，及时计算利息或股利。

5. 偿还本息或发放股利

银行借款或发行债券应按有关合同或协议的规定偿还本息，对融入的股本根据股东大会的决定发放股利。

（二）投资所涉及的主要业务活动

1. 审批授权

投资业务一般应由企业董事会进行审批，重大的投资业务须经股东会或股东大会批准。审批的内容主要包括：投资的理由是否恰当；投资行为与企业的战略目标是否一致；投资收益的估算是否合理；影响投资的其他因素是否被充分考虑；等等。所有投资决策都应当经审批确认后，方可正式执行。

2. 取得证券或其他投资

企业可以通过委托理财或直接购买的方式进行股票或债券的投资，也可以单独投资或与其他单位进行合资、联营，形成投资。

3. 取得投资收益

企业可以取得股权投资的股利收入、债券投资的利息收入和其他投资收益。

4. 转让证券或收回其他投资

如果以购买证券的形式投资，企业可以通过证券实现投资的收回。如果是单独投资或与其他单位联合经营形成的投资，只有在转让股权、合资或联营期满，或由于特殊原因提前解散时，才能收回投资。

四、筹资与投资循环的特点

筹资与投资循环与其他循环相比，具有如下特点：

(1)对于一般工商企业而言，与其他循环相比，企业每年投资与筹资循环涉及的交易数量较少，而每笔交易的金额通常较大。这就决定了对该循环涉及的财务报表项目审计，更可能采用实质性方案。

(2)筹资活动在遵守国家法律、法规和相关契约的规定下进行。例如，债务契约可能限定借款人向股东分配利润，或规定借款单位的流动比率和速动比率不能低于某一水平。审计人员了解被审计单位的筹资活动，可能对评估财务报表舞弊的风险、从性质角度考虑审计重要性、评估持续经营假设的适用性等有重要影响。

(3)漏记或不恰当地对一笔业务进行会计处理，将会导致重大错误，从而对企业财务报表的公允反映产生较大的影响。例如，对于从事衍生金融工具交易的企业而言，尤为如此。公允价值的确定和交易记录的完整性等可能存在重大错报风险。

第二节　筹资与投资循环的风险评估

在风险导向审计理念的指导下，筹资与投资循环的审计是通过风险评估程序评估出该循环各环节的风险级别、重大错报风险，并根据风险评估结果设计实施进一步审计程序，进而完成该循环的审计。

一、该循环可能存在的重大错报风险及原因

(一)可能存在的重大错报风险

筹资与投资循环可能存在的重大错报风险如表10—2所示。

表10—2　　重大错报风险及认定

重大错报风险	相关财务报表项目及认定
1. 筹资可能没有发生	货币资金/银行存款:存在 实收资本:存在
2. 投资资产并不存在	固定资产/长期股权投资:存在、权利和义务
3. 筹资的金额及其利息没有准确记录	应付利息:计价和分摊、完整性
4. 投资收益或其他综合收益存在高估	投资收益:准确性 其他综合收益:计价和分摊
5. 投资资产计量存在错误	固定资产/长期股权投资:计价和分摊

(二)存在重大错报风险的原因

1. 借款和权益的权利及义务被忽视或发生错报

被审计单位的筹资活动没有按照企业会计准则和监管法规的披露要求，正确披露借款和

权益的完整性、计价和分摊、列报等认定。

2. 被审计单位监管和控制不严

被审计单位董事会监管环境不完善，在进行筹资或投资决策时控制不严。

3. 管理层满足财务报告目标的需求

管理层为满足财务报告对于收益的目标，故意错误估计金融及其衍生工具的价值和收益，以更好地在财务报告中体现正收益。

4. 所取得资产的性质和复杂程度

尽管多数被审计单位可能只拥有少量的投资，并且买入和卖出的业务不频繁，交易的复杂性可能导致做出会计处理时出现错误。如果会计人员没有意识到不同类型投资计量或计价的复杂性，管理层通常不能轻易发现这些错误。

5. 所持有投资的公允价值可能难以计量

市场是不断变化且复杂的，投资可能在不断变化的市场中失去公允价值计量的可能性和可靠性，或所投资的资产和项目，其公允价值本身就难以取得。

6. 管理层凌驾于控制之上，可能导致投资交易未经授权。

有些交易由管理层直接做出决定，但这一决定可能没有经过充分的授权。

7. 投资业务已经被处置却未被记录

投资业务已经被经手投资事项的人员处置，而没有得到记录。

二、评估重大错报风险

审计人员应当根据被审计单位的实际情况，结合重大错报风险产生的原因，采用适当的方法，评估筹资与投资循环的重大错报风险。

(一)应了解的事项

在进行筹资与投资循环重大错报风险评估时，审计人员至少应当了解下列事项：

(1)了解该循环的外部资料有金融环境、利率、第三方报告和法律法规等。

(2)了解该循环的内部资料主要有银行数量、贷款额度、企业投资历史、股东和负债情况等等。

(3)了解被审计单位在行业中的地位。

(4)了解被审计单位的投资对象和金额等。

(5)了解管理层对筹资和投资风险的看法。

(6)了解管理层为避免投资风险是否采取了必要的手段。

(7)了解管理层对投资的业绩评价指标。

(8)分析对比不同时期企业的筹资和投资状况。

(二)采用的方法

在了解上述事项时，审计人员可采用询问、观察、检查、分析(单独或组合应用)等审计方法；必要时，可聘请外部专家协助对投资和筹资风险进行衡量。

(三)推导结果

根据对被审计单位筹资和投资状况进行的了解、分析，结合第五章“风险评估”“评估认定层次的重大错报风险”的相关思路，审计人员可评估出筹资和投资循环各环节的风险级别、是否存在重大错报风险，并将其有序列出，以便设计和实施进一步审计程序。

三、根据评估结果设计进一步审计程序

审计人员应根据筹资与投资循环的重大错报风险评估结果，拟定进一步审计程序，继而实施控制测试和实质性程序，以应对识别出的认定层次的重大错报风险。

通常筹资与投资循环的几个重大错报风险中，前两个重大错报风险，如筹资可能没有发生或投资可能不存在，以及筹资的金额及其利息没有准确记录等，比较信赖内部控制，所以采用综合性方案比较合适，即在进一步审计程序中，使用控制测试和实质性程序相结合的审计程序。

后几个重大错报风险，如投资不存在或记录不正常等，基本不信赖内部控制，所以采用实质性方案比较合适，即在进一步审计程序中以实施实质性方案为主。审计人员应当通过实施询问、检查文件记录或观察控制程序的执行情况等程序获取确证的信息以支持对重大错报风险的评估。在识别对财务报表特定账户余额的影响的基础上，审计人员应当设计适当的审计程序以发现并纠正任何剩余重大错报风险。

进一步审计程序的具体实施将在第三节、第四节详细展开。

第三节　筹资与投资循环的控制测试

一、筹资活动和投资活动的内部控制

(一)筹资活动内部控制的主要内容

一般来讲，筹资活动的内部控制主要包括下列内容：

1. 适当的授权与批准

企业通过借款筹集资金必须经管理当局的授权与批准，其中债券的发行每次均要由董事会授权。申请发行债券时，应履行审批手续，向有关机关递交相关文件。凡涉及投入资本的增减业务，都必须依据国家有关法规或企业章程的规定，报经企业最高权力机构和国家有关管理部门批准。

2. 签订合同或协议

企业向银行或其他金融机构借款必须签订借款合同或协议。企业发行债券必须签订债券契约。企业向社会公开发行股票或债券时，应当聘请独立的证券经营机构承销或包销，且必须与其签订承销或包销协议。上述合同或协议应由专人负责保管。

3. 严格保管未发行的证券

对拟发行的证券必须预先编号，由专人保管或委托外部独立机构代为保管。同时，应设立证券库存登记簿，详细记录未发行证券的动用情况。已收回的到期债权必须及时作废注销，以防不合法使用。独立检查人员必须定期审视在库债券的数量与保管情况。

4. 取得资金

企业向银行或其他金融机构借入的款项，企业通过发行债券、发行股票所得款项应及时如数存入其开户银行。为保证投入资本的真实性，投入资本必须经审计人员验资并出具验资报告。

5. 计算利息和股利

企业应按有关合同、协议或债券契约的规定及时计算借款或债券利息，根据公司章程和董

事会决定计算应付股东的股利。

6. 偿还本息和发放股利

对于银行借款或债券，应按有关合同、协议或债券契约的规定支付利息，到期偿还本金。债券利息通常委托外部独立机构代理发放，以便加强控制。对债券的偿还和购回业务也要有董事会的正式授权批准。股利发放业务可由企业自己办理，也可委托证券交易所和金融机构代理发放。

7. 建立健全账簿体系和记录制度

企业对筹资活动必须建立严密完善的账簿体系和记录制度，并定期检查。对于借款交易，应保持完整的会计记录，分户登记各种借款项目。对于债券业务，企业应设置债券持有人明细账（债券存根簿），由独立人员定期核对债券持有人明细账和总分类账的正确完整性。若这些记录由外部机构保存，则需定期同外部机构核对。此外，记录应付债券业务的会计人员不得参与债券发行。

如果企业发行股票，则应设置股票登记簿和股东名册，由专人负责登记。企业的所有股票必须事先统一编号，装订成登记簿。股票登记簿内的每张股票应附有存根，用于填写股份数、股票编号、股东姓名、成交日期。发行股票必须按编号顺序签发，同时填写存根。由有关部门负责人定期检查核对股票登记、股东名册及股本账，以确保产权关系明确，保护投资者的合法权益。

（二）投资活动内部控制的主要内容

一般来讲，投资活动的内部控制主要包括下列内容：

1. 合理的职责分工

这是指合法的投资业务，应在业务的授权、业务的执行、业务的会计记录以及投资资产的保管等方面都有明确的分工，不得由一人同时负责上述任何两项工作。比如，投资业务在企业高层管理机构核准后，可由高层负责人员授权签批，由财务经理办理具体的股票或债券的买卖业务，由会计部门负责进行会计记录和财务处理，并由专人保管股票或债券。这种合理的分工所形成的相互牵制机制有利于避免或减少投资业务中发生错误或舞弊的可能性。

2. 健全的资产保管制度

企业对投资资产（指股票和债券资产）一般有两种保管方式：一种方式是由独立的专门机构保管，如在企业拥有较大的投资资产的情况下，委托银行、证券公司、信托投资公司等机构进行保管。这些机构拥有专门的保存和防护措施，可以防止各种证券及单据的失窃或毁损，并且由于它与投资业务的会计记录工作完全分离，可以大大降低舞弊的可能性。另一种方式是由企业自行保管，在这种方式下，必须建立严格的联合控制制度，即至少要由两名以上人员共同控制，不得一人单独接触证券。对于任何证券的存入或取出，都要将证券名称、数量、价值及存取的日期、数量等详细记录于证券登记簿内，并由所有在场的经手人员签名。

3. 详细的会计核算制度

企业的投资资产无论是自行保管还是由他人保管，都要进行完整的会计记录，并对其增减变动及投资收益进行相关会计核算。具体而言，应对每一种股票或债券分别设立明细分类账，并详细记录其名称、面值、证书编号、数量、取得日期、经纪人（证券商）名称、购入成本、收取的股息或利息等；对于联营投资类的其他投资，也应设置明细分类账，核算其他投资的投出及其投资收益和投资收回等业务，并对投资的形式（如流动资产、投资性房地产、无形资产）、投向（即接受投资单位）、投资的计价以及投资收益等做出详细的记录。

4. 严格的记名登记制度

除无记名证券外，企业在购入股票或债券时应在购入的当日尽快登记于企业名下，切忌登记于经办人员名下，防止发生冒名转移并借其他名义牟取私利的舞弊行为。

5. 完善的定期盘点制度

对于企业所拥有的投资资产，应由内部审计人员或不参与投资业务的其他人员进行定期盘点，检查是否确实存在，并将盘点记录与账面记录相互核对以确认账实的一致性。

二、筹资与投资循环内部控制目标及其控制

在了解筹资与投资循环的内部控制基础上，需要明确内部控制的目标，确定关键的内部控制，从而可以进行控制测试和使用实质性程序进行审计工作。表 10－3 和表 10－4 为筹资与投资循环的内部控制目标、关键内部控制和测试关系表，为下一步阐述奠定基础。

表 10－3　筹资活动的控制目标、内部控制和测试一览表

内部控制目标	关键内部控制	常用控制测试	常用实质性程序
记录的筹资交易均系真实发生的交易（存在或发生）	(1)借款经过授权审批 (2)签订借款合同或协议等相关法律文件	(1)索取借款的授权批准文件，检查审批手续是否齐全 (2)检查借款合同或协议	检查支持借款记录的原始凭证
筹资交易均已记录（完整性）	(1)负责借款业务的信贷管理员根据综合授信协议或借款合同，逐笔登记借款备查簿，并定期与信贷记账员的借款明细账核对 (2)定期与债权人核对账目	(1)询问借款业务的职责分工情况及内部对账情况 (2)检查被审计单位是否定期与债权人核对账目	检查董事会会议记录、借款合同、银行询证函等，确定有无未入账的交易
筹资交易均已以恰当的金额记入恰当的期间（计价和分摊）	(1)负责借款业务的信贷管理员根据综合授信协议或借款合同，逐笔登记借款备查簿，并定期与信贷记账员的借款明细账核对 (2)定期与债权人核对账目 (3)会计主管复核	(1)询问借款业务的职责分工情况及内部对账情况 (2)检查被审计单位是否定期与债权人核对账目 (3)检查会计主管复核印记	将借款记录与所附的原始凭证进行细节比对
筹资交易均已记入恰当的账户（分类）	(1)使用会计科目核算说明 (2)会计主管复核	(1)询问会计科目表的使用情况 (2)检查会计主管复核印记	将借款记录与所附的原始凭证进行细节对比

注：本表以获得初始借款交易为例，不包括偿还利息和本金交易。

表 10－4　投资活动的控制目标、内部控制和测试一览表

内部控制目标	关键内部控制	常用控制测试	常用实质性程序
记录的投资交易均系真实发生的交易（存在或发生）	投资经过授权审批	索取投资授权审批文件，检查审批手续是否齐全	检查与投资有关的原始凭证，包括投资授权文件、被投资单位出具的股权或债权证明、投资付款记录和相关有价证券等

续表

内部控制目标	关键内部控制	常用控制测试	常用实质性程序
投资交易均已记录(完整性)	(1)投资管理员根据交易流水单,对每笔投资交易记录进行核对、存档,并在交易结束后一个工作日内将交易凭证交给投资记账员 (2)投资记账员编制转账凭证,并附相关单据,提交会计主管复核。复核无误后进行账务处理 (3)每周末,投资管理员与投资记账员就投资类别、资金统计进行核对,并编制核对表,分别由投资管理经理、财务经理复核并签字。如有差异,将立即调查 (4)对所投资的有价证券或金融资产定期盘点,并与账面记录相核对 (5)定期与被投资单位或交易对方核对账目	(1)询问投资业务的职责分工情况及内部对账情况 (2)检查被审计单位是否定期与交易对方或被投资方核对账目	检查董事会会议记录、投资合同、交易对方提供的对账单、盘点报告等,确定有无未入账的交易
投资交易均已以恰当的金额记入恰当的期间(计价和分摊)	(1)定期与被投资单位或交易对方核对账目 (2)会计主管复核	(1)检查被审计单位是否定期与被投资单位或交易对手核对账目 (2)检查会计主管复核印记	将投资记录与所附的原始凭证进行细节比对
投资交易均已记入恰当的账户(分类)	(1)使用会计科目表 (2)会计主管复核	(1)询问会计科目表的使用情况 (2)检查会计主管复核印记	将投资记录与所附的原始凭证进行细节比对

注:本表以初始投资交易为例,不包括收到投资收益、收回或变现投资、期末对投资计价进行调整等交易。

三、筹资活动的内部控制测试

筹资的控制测试一般包括以下内容:

(一)筹资活动是否经过授权批准

测试授权审批控制,可以直接向被审计单位管理层询问,并查看有关记录。例如,对于长期借款,审查被审计单位管理层是否制定举债政策及审批程序,是否审慎做出举债决策,是否制订合理的借还款计划,并按规定程序报经审批。

(二)筹资活动的授权、执行、记录和实物保管等是否严格分离

对职务分离控制的控制测试可以采取跟踪业务的方法,调查各有关方面的情况;对收入资金和偿还款项控制的控制测试可以结合货币资金业务的内部控制测试进行;对实物保管控制的控制测试可以采取实地调查的方法。

(三)筹资活动是否建立了严密的账簿体系和记录制度,并定期检查

例如,对于长期借款取得、使用和偿还情况,会计记录是否能够及时、完整地反映,会计人员是否对明细账和总账进行了全面登记,并定期检查和核对其是否相符。

四、投资活动的内部控制测试

投资的控制测试一般包括如下内容：

(一)检查控制执行留下的轨迹

审计人员应抽取投资业务的会计记录和原始凭证，确定各项控制程序运行情况。

(二)审阅内部盘点报告

审计人员应审阅内部审计人员或其他授权人员对投资资产进行定期盘点的报告。应审阅其盘点方法是否恰当、盘点结果与会计记录相核对情况以及出现差异的处理是否合规。如果各期盘核报告的结果未发现账实之间存在差异(或差异不大)，说明投资资产的内部控制得到了有效执行。

(三)分析企业投资业务管理报告

对于企业的长期投资，审计人员应对照有关投资方面的文件和凭据，分析企业的投资业务管理报告。在做出长期投资决策之前，企业最高管理层(如董事会)需要对投资进行可行性研究和论证，并形成一定的纪要。投资业务一经执行，又会形成一系列的投资凭据或文件，如证券投资的各类证券，联营投资中的投资协议、合同及章程等。

负责投资业务的财务经理须定期向企业最高管理层报告有关投资业务的开展情况(包括投资业务内容和投资收益实现情况及未来发展预测)，即提交投资业务管理报告书，供最高管理层投资决策和控制。审计人员应认真分析这些投资管理报告的具体内容，并对照前述有关文件和凭据资料，判断企业长期投资业务的管理情况。

第四节　筹资与投资循环的实质性程序

一、筹资与投资交易的实质性程序

(一)筹资交易的实质性程序

1. 实质性分析程序

实质性分析程序包括与上年度或预算的比较、比率分析、财务与非财务信息的比较等，是在审计人员对企业业务进行了解的基础上实施的。

当对权益和借款交易与余额执行实质性分析程序时，这些步骤为：

(1)建立预测或预期。

主要采用资本绩效和财务管理有关的比率。资本绩效和财务管理比率可能在行业基础上并不具有可比性，但对企业不同时间内经营业绩的比较可能是更好的办法。

(2)计算真实数据与预期之间的差异。

计算差异包括各种比率的计算，包括管理层用来监控企业的关键业绩指标。将计算结果与上期结果、预算数以及与客户的历史记录相比较。对管理层所使用关键业绩指标的计算，以及对发现问题时相关纠正措施的询问程序，可以提供管理层监控程序运行是否有效的证据。管理层使用的关键业绩指标可能包括：

①资本绩效，如股东权益回报率、每股收益、市盈率、资本税前收益、税后收益留存率等。

②财务管理，如平均利率(包括税前和税后)、总资本利息率和股利率、财务杠杆等。

(3)调查重大差异并运用判断。

审计人员应当根据前述预期值来进行比率分析。任何未预期的波动都应当与管理层进行讨论，并在必要时进一步调查。

(4)确定重大差异或临界值。

审计人员应当通过询问程序确定管理层用来作为关键业绩指标的比率或基准数据。

2. 细节测试

审计人员对筹资交易实施的细节测试，主要包括就权益和长期借款的发生、完整性、准确性、截止和分类认定获取审计证据。在期末，审计人员应当主要就账户余额的存在性、权利和义务、完整性、计价和分摊认定，以及权益和长期借款以账面价值列报与披露的情况获取审计证据。

借款是企业承担的一项经济义务，是企业的负债项目，包括短期借款、长期借款和应付债券。在一般情况下，被审计单位不会高估负债，因为这样于自身不利，且难以与债权人的会计记录相互印证。为了正确反映企业的财务状况和经营成果，必须将企业的负债完整地列示在资产负债表中，并正确地予以计价。审计人员对于负债项目的审计，主要是防止企业低估债务。低估债务经常伴随着低估成本费用，从而高估利润的目的。因此，低估债务不仅影响财务状况的反映，而且还会极大地影响企业经营成果的反映。所以，审计人员在执行借款业务审计时，应将被审计单位是否低估借款作为一个关注的要点。

所有者权益，是企业投资者对企业净资产的所有权，包括投资者对企业的投入资本以及企业存续过程中形成的资本公积、盈余公积和未分配利润。根据资产负债表的平衡原理，所有者权益在数量上等于企业的全部资产减去全部负债后的余额，即企业净资产数额。如果审计人员能够对企业的资产和负债进行充分的审计，证明两者的期初余额、期末余额和本期变动都是正确的，这便从侧面为所有者权益的期末余额和本期变动的正确性提供了有力的证据。同时，由于所有者权益增减变动的业务较少、金额较大的特点，审计人员在审计了企业的资产和负债之后，往往只花费相对较少的时间对所有者权益进行审计。尽管如此，在审计过程中，对所有者权益进行单独审计仍是十分必要的。

借款审计与所有者权益审计将在本节进行具体阐述。

(二)投资交易的实质性程序

1. 实质性分析程序

实质性分析程序的有效性取决于企业的权益性投资和债权性投资交易及其余额的重要性。如果会计期间内投资交易的买入和卖出业务较少，审计人员可以通过细节测试有效地获取充分适当的审计证据。然而，如果投资交易业务频繁和重要，审计人员可以考虑通过比较投资和投资收益本期数、前期数和预期数等实质性分析程序来获取充分适当的审计证据。

如果被审计单位持有不同类型的投资业务，如各种类型的上市性投资、债券和贷款，企业应当对持有的投资组合制定政策，管理层可能使用关键业绩指标来进行管理。审计人员应当重新计算相关比率以测试管理层所使用的关键业绩指标的有效性。如果该指标不能符合预期，审计人员应当询问管理层所采取的行动。任何偏差或未预期的趋势都应当同管理层讨论，因为它们可能表明存在潜在的错误或舞弊。

由于影响衍生金融工具价值的各种因素之间复杂的相互作用往往掩盖了可能出现的异常趋势，实质性分析程序通常不能提供衍生金融工具相关认定的充分证据。审计人员通常使用细节测试程序来证实期末衍生金融工具的完整性和估价认定。

2. 细节测试

(1)投资购入。

在制造业企业或贸易行业中,投资交易往往较少发生,审计方法通常是细节测试。然而,如果投资交易业务量非常大,审计人员应当评估对内部控制的依赖程度,由管理层进行复核,并证实该复核程序是否频繁执行。审计人员应当检查购买业务的授权情况。如果投资是通过证券交易买入的,则买入的证据是经纪人的交易清单。

(2)投资卖出。

审计人员应当检查出售的授权情况。

(3)投资收益。

持有公司股票所获得的收益来源于该公司所宣告的股利。如果审计人员已就上年度期末持有股票的存在性和所有权进行了审计,并就本年度股票的买入和卖出情况获取了审计证据,则审计人员可以以此为基础进一步检查相关公司宣告的股利是否已经收到并记录。

如果投资数量很多,审计人员应当从被审计单位获得清单并与总分类账和其他证据相核对。针对所有投资的已记录收益都应当在该清单中做出标注,这将有助于投资收益审计工作的开展。审计人员对应收股利的相关证据可以从以下渠道获得:①从股票发行公司的已公布财务报表来获得;②从股利报表或股利公告来获得;③从报纸关于公司宣告股利的消息、证券交易官方报告或其他知名金融杂志来获得;④通过直接询问股票发行公司来获得。

通常与投资相关的重要项目包括长期股权投资、投资收益审计等。投资审计将在本节进行具体讨论。

二、借款的实质性程序

借款的审计目标主要包括:确认被审计单位所记录的借款在特定期间是否存在;确认被审计单位的借款是否为被审计单位所承担;确定被审计单位在特定期间内发生的借款业务是否均已记录,有无遗漏;确认被审计单位借款的相关账户余额是否正确;确认被审计单位借款余额是否在资产负债表上恰当地披露。

借款的实质性程序包括银行借款实质性程序和应付债券实质性程序。

(一)银行借款的实质性程序

银行借款是指企业为了满足不同的需要向银行借入不同期限的各种借款。由于还款期限不同,银行借款可分为短期借款和长期借款两种。

1. 短期借款的实质性程序

(1)获取或编制短期借款明细表。审计人员应首先获取或编制短期借款明细表,复核其加计数是否正确,并与明细账和总账核对相符。

(2)函证短期借款的实有数。审计人员应当对银行借款及与金融机构往来的其他重要信息实施函证程序,除非有充分证据表明某一借款及金融机构往来的其他重要信息对财务报表不重要且与之相关的重大错报风险很低。如果不对某一借款及与金融机构往来的其他重要信息实施函证程序,审计人员应当在审计工作底稿中说明理由。

(3)检查短期借款的增加。对年度内增加的短期借款,审计人员应检查借款合同和授权批准,了解借款数额、借款条件、借款日期、还款期限、借款利率,并与相关会计记录相核对。

(4)检查短期借款的减少。对年度内减少的短期借款,审计人员应检查相关记录和原始凭证,核实还款数额。

(5)检查有无到期未偿还的短期借款。审计人员应检查相关记录和原始凭证,检查被审计单位有无到期未偿还的短期借款,如有,则应查明是否已向银行提出申请并经同意后办理延期手续。

(6)复核短期借款利息。审计人员应根据短期借款的利率和期限,复核被审计单位短期借款的利息计算是否正确,有无多算或少算利息的情况,如有未计利息和多计利息,应做出记录,必要时进行调整。

(7)检查外币借款的折算。如果被审计单位有外币短期借款,审计人员应检查外币短期借款的增减变动是否按业务发生时的市场汇率或期初市场汇率折合为记账本位币金额;期末是否按市场汇率将外币短期借款余额折合为记账本位币金额;折算差额是否按规定进行会计处理;折算方法是否前后期一致。

(8)检查短期借款在资产负债表中的列报是否恰当。企业的短期借款在资产负债表中通常设“短期借款”项目单独列示,对于因抵押而取得的短期借款,应在资产负债表附注中揭示,审计人员应注意被审计单位对短期借款项目的披露是否充分。

2. 长期借款的实质性程序

长期借款同短期借款一样,都是企业向银行或其他金融机构借入的款项,因此,长期借款的实质性程序同短期借款的实质性程序较为相似。长期借款的实质性程序通常包括:

(1)获取或编制长期借款明细表,复核其加计数是否正确,并与明细账和总账核对相符。

(2)了解金融机构对被审计单位的授信情况以及被审计单位的信用等级评估情况,了解被审计单位获得短期借款和长期借款的抵押和担保情况,评估被审计单位的信誉和融资能力。

(3)对年度内增加的长期借款,应检查借款合同和授权批准,了解借款数额、借款条件、借款日期、还款期限、借款利率,并与相关会计记录相核对。

(4)检查长期借款的使用是否符合借款合同的规定,重点检查长期借款使用的合理性。

(5)向银行或其他债权人函证重大的长期借款。

(6)对年度内减少的长期借款,审计人员应检查相关记录和原始凭证,核实还款数额。

(7)检查年末有无到期未偿还的借款,逾期借款是否办理了延期手续,分析计算逾期借款的金额、比例和期限,判断被审计单位的资信程度和偿债能力。

(8)计算短期借款、长期借款在各个月份的平均余额,选取适用的利率匡算利息支出总额,并与财务费用的相关记录核对,判断被审计单位是否高估或低估利息支出,必要时进行适当调整。

(9)检查非记账本位币折合记账本位币时采用的折算汇率,折算差额是否按规定进行会计处理。

(10)检查借款费用的会计处理是否正确。借款费用,指企业因借款而发生的利息及其他相关成本,包括折价或溢价的摊销、辅助费用以及因外币借款而发生的汇兑差额。按照《企业会计准则第17号——借款费用》的规定,企业发生的借款费用,可直接归属于符合资本化条件的资产的购建或生产的,应当予以资本化,计入相关资产成本;其他借款费用,应当在发生时根据其发生额确认费用,计入当期损益。

(11)检查企业抵押长期借款的抵押资产的所有权是否属于企业,其价值和实际状况是否与抵押契约中的规定相一致。

(12)检查企业重大的资产租赁合同,判断被审计单位是否存在资产负债表外融资的现象。

(13)检查长期借款是否已在资产负债表中充分披露。长期借款在资产负债表中列示于长期负债类下，该项目应根据“长期借款”科目的期末余额扣减将于一年内到期的长期借款后的数额填列，该项扣除数应当填列在流动负债类下的“一年内到期的长期负债”项目单独反映。审计人员应根据审计结果确定被审计单位长期借款在资产负债表中的列示是否恰当，并注意长期借款的抵押和担保是否已在财务报表附注中作了充分的说明。

(二)应付债券的实质性程序

1. 取得或编制应付债券明细表

审计人员应当获取或编制应付债券明细表，同有关明细账和总账、报表数额核对相符。应付债券明细表通常包括债券名称、承销机构、发行日、到期日、债券总额、实收金额、折价或溢价及其摊销、应付利息、担保等内容。

2. 检查债券文件和记录

公司发行债券必须经过股东大会的批准。审计人员可以从董事会会议记录中获取相关证据。审计人员检查发行债券的入账原始凭证，并同相关账簿的会计记录核对一致。

3. 函证债券

为了确定应付债券的真实性，审计人员可以直接向债券的承销机构或债权人函证。审计人员应对函证结果与账面记录进行比较，如有差异，应进一步调查其原因。

4. 检查应计利息及债券摊销会计处理

审计人员可以索取或编制债券利息、债券溢价、折价及其摊销的账户分析表，复核应计利息及债券摊销会计处理是否正确。

5. 检查债券偿还的会计处理

审计人员对到期债券的偿还，可以检查相关会计记录，看其会计处理是否正确。如果是可转换债券，公司债券持有人行使了转换权利，将其持有的债券转换为股票，则应检查其转换股票的会计处理是否正确。

6. 检查应付债券在报表上是否恰当披露

应付债券在资产负债表上列示于非流动负债项下。该项目应根据“应付债券”账户的期末余额，扣除将于一年内到期的应付债券后的数额填列。该扣除数应当在流动负债项下的“一年内到期的非流动负债”项目中单独反映。审计人员应根据审计结果，确定被审计单位应付债券在财务报表及其附注上的反映是否充分。

三、所有者权益的实质性程序

所有者权益的审计目标主要包括以下四个方面：确定所有者权益是否存在；确定被审计期间发生的所有者权益项目的增减变动是否符合有关法律、法规的规定；确定是否将所有者权益的经济业务都已记录入账，并已在会计账簿上恰当地记录；确定所有者权益在财务报表上是否恰当地披露。

以下对所有者权益相关科目的实质性程序进行阐述。

(一)股本或实收资本的实质性程序

股本是股份有限公司按照公司章程、合同的规定向全体股东筹集的资本。股本代表了股东按其投资比例享有对公司净资产的所有权。股本是在核定的注册资本及核定的股份总额的范围内，通过向股东发行股票而筹集的。在通常情况下，股本不发生变化，只有在股份有限公司设立、增资扩股和减资并经有关部门批准后才发生变化。

股份有限公司的投入资本在“股本”科目中核算，其他组织形式的企业，其投入资本集中在

"实收资本"科目中核算。实收资本的实质性程序与股本的实质性程序基本相同。

1. 股本的审计目标

(1)资产负债表中记录的股本(实收资本)是存在的。

(2)所有应当记录的股本(实收资本)均已记录,股本(实收资本)的增减变动符合法律、法规和合同、章程的规定。

(3)股本(实收资本)以恰当的金额包括在财务报表中。

(4)股本(实收资本)已按照企业会计准则的规定在财务报表中做出恰当列报。

2. 股本的实质性程序

(1)审阅公司章程、实施细则和股东大会、董事会记录。审计人员应对公司章程、实施细则、股东大会及董事会的决议进行核查,以明确企业股本发行及融资用途。前已述及,在正常情况下,股本增减等业务均须股东大会或董事会授权或批准,因此,公司的相关文件和记录是审计人员进行审计工作所必需的重要资料。此外,国家关于公司证券交易的条件、股票发行的方式以及已发行股份实收价值的反映及其处理等规定,对股本审计都是十分重要的。因此,审计人员应重点审计股票发行或股本变动的有关资料,如公司章程中所载明的股本额、发行股票总数、每股面值、发行价格等,以确定股本交易业务是否符合法律规定,是否与账簿记录核对相符,进而判断股本在资本负债表上是否已做了恰当反映。

(2)检查股本是否按照公司章程、合同规定的出资方式、出资比例、出资期限出资。审计人员进行股本审计时,应当了解公司章程、合同中的出资方式、出资比例,确定其内容的合法性。然后具体分析企业实际募股时,是否与公司章程、合同的规定存在差异,了解形成差异的原因,将有关的问题与公司有关人员协商。对审计过程及有关问题的处理,以适当的方式记录于审计工作底稿中。

(3)获取或编制股本明细表。审计人员应向被审计单位获取或编制股本明细表,作为永久档案存档,以供本年度和以后年度检查股本时使用。股本明细表的内容应包括各类股本变动的详细记载及有关的分析评价。编制时应将每次变动情况逐一记载并与有关的原始凭证和会计账目进行核对。

(4)检查股票的发行、收回等交易活动。检查与股票发行、收回有关的原始凭证和会计记录,是验证股票发行、收回是否确实存在的重要步骤。应检查的原始凭证包括各类股本变动的详细记载及有关的分析评价。编制时应将每次变动情况逐一记载并与有关的原始凭证和会计账目进行核对。

(5)函证发行在外的股票。审计人员应检查已发行的股票数量是否真实,是否均已收到股款或资产。审计人员审查已发行的股票数量是否真实,还可向承销或包销的证券公司函证。按照规定,我国目前股票的发行由企业委托证券公司进行。这些机构一般既了解公司发行股票的总数,又掌握公司股东的个人记录以及股票转让情况,故在审计时可采取向证券公司函证或查阅的方法来验证发行股票的数量,并与股本账面数额相核对,确定是否相符。

(6)检查股本是否已在资产负债表中恰当披露。股本应在资产负债表和所有者权益变动表中单项列示,审计人员应核对被审计单位资产负债表和所有者权益变动表中股本项目的数字是否与审定数相符,并检查是否在财务报表附注中披露与股本有关的重要事项,如股本的种类、各类股本金额及股票发行的数额、每股股票的面值、本会计期间发行的股票等。

(二)资本公积的实质性程序

1. 资本公积的审计目标

(1)资产负债表中记录的资本公积是存在的。

(2)所有应当记录的资本公积均已记录,资本公积的增减变动符合法律、法规和合同、章程的规定。

(3)资本公积以恰当的金额包括在财务报表中。

(4)资本公积已按照企业会计准则的规定在财务报表中做出恰当列报。

资本公积是企业收到投资者的超出其在企业注册资本(或股本)中所占份额的投资,以及直接计入所有者权益的利得和损失等。资本公积包括资本溢价(或股本溢价)和直接计入所有者权益的利得和损失等。

2. 资本公积的实质性程序

(1)获取或编制资本公积明细表,复核加计是否正确,并与报表数、总账数和明细账合计数核对是否相符。

(2)首次接受委托的单位,应对期初的资本公积进行追溯查验,检查原始发生的依据是否充分。

(3)获取并检查与资本公积变动有关的公司章程、股东(大)会与董事会会议纪要、资产评估报告等文件资料,并更新永久性档案。

(4)对本期发生的资本公积的增减变动,查阅股东(大)会与董事会会议纪要、协议、政府批准文件、验资报告及其他支持性文件,结合相关科目的审计,检查会计处理是否正确。

①根据资本公积明细账,对"资本(股本)溢价"的发生额逐项审查至原始凭证。

a. 对股本溢价,应取得董事会会议纪要、股东(大)会决议、有关合同、政府批文,追查至银行收款等原始凭证,结合相关科目的审计,检查会计处理是否正确,注意发行股票溢价收入的计算是否已扣除股票发行费用。

b. 对资本公积转增资本的,应取得股东(大)会决议、董事会会议纪要、有关批文等,检查资本公积转增资本是否符合有关规定,会计处理是否正确。

c. 若有同一控制下企业合并,应结合长期股权投资科目,检查被审计单位(合并方)取得的被合并方所有者权益账面价值的份额与支付的合并对价账面价值的差额计算是否正确,是否依次调整本科目、盈余公积和未分配利润。

d. 股份有限公司回购本公司股票进行减资的,检查其是否按注销的股票面值总额和所注销的库存股的账面余额,冲减资本公积。

e. 检查与发行权益性证券直接相关的手续费、佣金等交易费用的会计处理是否正确,是否将与发行权益性证券间接相关的手续费记入本账户,若有,判断是否需要被审计单位调整。

②根据资本公积明细账,对"其他资本公积"的发生额逐项审查至原始凭证。

③以权益结算的股权支付,取得相关资料,检查在权益工具授予日和行权日的会计处理是否正确。

a. 获取并审阅截至审计外勤工作完成日止各次股东大会、董事会和管理当局会议记录及其他重要文件,确定是否存在股权支付事项,包括以权益结算的股份支付和以现金支付的股份支付。

b. 向管理当局询问股份支付实施情况,并获取、审阅相关股份支付协议和其他资料。

c. 结合资本公积、成本费用、负债的审计,检查股份支付会计处理是否正确,特别关注权益工具的公允价值计量。

d. 验明股权支付的列报与披露是否恰当，检查是否在附注中披露与股权支付有关的信息。

(5)检查资本公积各项目，考虑对所得税的影响。

(6)记录资本公积中不能转增资本的项目。

(7)根据评估的舞弊风险等因素增加的审计程序。

(8)检查资本公积是否已按照企业会计准则的规定在财务报表中做出恰当列报。

(三)其他综合收益的实质性程序

1. 其他综合收益的审计目标

(1)资产负债表中记录的其他综合收益是存在的。

(2)所有应当记录的其他综合收益均已记录，其他综合收益的增减变动符合法律、法规的规定。

(3)其他综合收益以恰当的金额包括在财务报表中。

(4)其他综合收益已按照企业会计准则的规定在财务报表中做出恰当列报。

2. 其他综合收益的实质性程序

(1)获取或编制其他综合收益明细表，复核加计是否正确，并与报表数、总账数和明细账合计数核对是否相符。

(2)检查其他综合收益增减变动的原因，增减变动是否符合法律、法规的规定，会计处理是否符合相关规定。

(3)根据评估的舞弊风险等因素增加的其他审计程序。

(4)检查其他综合收益是否已按照企业会计准则的规定在财务报表中做出恰当列报。

(四)盈余公积的实质性程序

1. 盈余公积的审计目标

(1)资产负债表中记录的盈余公积是存在的。

(2)被审计单位所有应当记录的盈余公积是否均已记录，盈余公积的增减变动符合法律、法规和合同、章程的规定。

(3)盈余公积以恰当金额包括在财务报表中，与之相关的计价调整已恰当记录。

(4)盈余公积已按照企业会计准则的规定在财务报表中做出恰当列报。

盈余公积是指企业按照规定从净利润中提取的各种积累资金。公司制企业的盈余公积分为法定盈余公积和任意盈余公积。

2. 盈余公积的实质性程序

(1)获取或编制盈余公积明细表，复核加计是否正确，并与报表数、总账数及明细账合计数核对是否相符。

(2)获取并阅读与盈余公积变动有关的董事会会议纪要、股东(大)会决议以及政府主管部门、财政部门批复等文件资料，并更新永久性档案。

(3)对本期发生的盈余公积的增减变动，查阅股东(大)会决议、董事会会议纪要、协议、政府批准文件、验资报告及其他支持性文件，结合相关科目的审计，检查会计处理是否正确：

①审查法定盈余公积和任意盈余公积的计提顺序、计提基数、计提比例是否符合有关规定，会计处理是否正确。

②审查盈余公积的减少是否符合有关规定，取得董事会会议纪要、股东(大)会决议，予以

核实，检查有关会计处理是否正确。

③如系外商投资企业，应对储备基金、企业发展基金的发生额逐项审查至原始凭证，审查是否符合有关规定，会计处理是否正确。

④如系中外合作经营企业，应对利润归还投资的发生额审查至原始凭证，并与"实收资本——已归还投资"科目的发生额核对，检查会计处理是否正确。

(4)根据评估的舞弊风险等因素增加的审计程序。

(5)检查盈余公积是否已按照企业会计准则的规定在财务报表中做出恰当列报。

(五)未分配利润的实质性程序

1. 未分配利润的审计目标

(1)资产负债表中记录的未分配利润是存在的。

(2)被审计单位所有应当记录的未分配利润均已记录，未分配利润增减变动符合法律、法规和章程的规定。

(3)未分配利润以恰当的金额包括在财务报表中，与之相关的计价调整已恰当记录。

(4)未分配利润已按照企业会计准则的规定在财务报表中做出恰当列报。

未分配利润是企业留待以后年度进行分配的结存利润，也是企业所有者权益的组成部分。相对于所有者权益的其他部分来讲，企业对于未分配利润的使用分配有较大的自主权。从数量上来讲，未分配利润是期初未分配利润，加上本期实现的净利润，减去提取的各种盈余公积和分出利润后的余额。

2. 未分配利润的实质性程序

(1)获取或编制利润分配明细表，复核加计是否正确，与报表数、总账数及明细账合计数核对是否相符。

(2)未分配利润年初数与上年审定数核对是否相符，检查涉及损益的上年审计调整是否正确入账。

(3)获取并阅读与未分配利润有关的董事会会议纪要、股东(大)会决议、政府部门批文及有关合同、协议、公司章程等文件资料，并更新永久性档案。

(4)对本期发生的未分配利润的增减变动，查阅股东(大)会决议、董事会会议纪要、协议、政府批准文件、验资报告及其他支持性文件，结合相关科目的审计，检查会计处理是否正确，注意有无抽资或变相抽资的情况：

①检查董事会会议纪要、股东(大)会决议、利润分配方案等资料，对照有关规定确认利润分配的合法性。

②检查未分配利润变动的相关凭证，结合所获取的文件资料，确定其会计处理是否正确。

③了解本年利润弥补以前年度亏损的情况，确定本期末未弥补亏损金额。如果已超过弥补期限，且已因为抵扣亏损而确认递延所得税资产的，应当进行调整。

④检查本期未分配利润变动除净利润转入以外的全部相关凭证，结合所获取的文件资料，确定其会计处理是否正确。

⑤结合以前年度损益科目的审计，检查以前年度损益调整的内容是否真实、合理，注意对以前年度所得税的影响。对重大调整事项应逐项核实其发生原因、依据和有关资料，复核数据的正确性。

(5)根据评估的舞弊风险等因素增加的审计程序。

(6)检查未分配利润是否已按照企业会计准则的规定在财务报表中做出恰当列报；检查对

资产负债表日后至财务报告批准报出日之间由董事会或类似机构所制订利润分配方案中拟分配的股利，是否在财务报表附注中单独披露。

四、投资活动的实质性程序

投资活动相关项目主要包括长期股权投资、金融资产（交易性金融资产、可供出售金融资产、持有至到期投资）、投资性房地产等项目。

投资的审计目标如下：确定投资是否存在；确定投资的增减变动及其损益的记录是否完整；确定投资是否由被审计单位拥有或控制；确定投资的计价方法（成本法或权益法）是否正确；确定投资的期末余额是否正确；确定投资在财务报表及其附注上的披露是否恰当。

以下是投资活动各相关科目的实质性程序。

(一)长期股权投资的实质性程序

长期股权投资是指企业持有的采用权益法或成本法核算的长期股权投资，具体包括：①企业持有的能够对被投资单位实施控制的权益性投资，即对子公司的投资；②企业持有的能够与其他合营方一同对被投资单位实施共同控制的权益性投资，即对合营企业的投资；③企业持有的能够对被投资单位施加重大影响的权益性投资，即对联营企业的投资；④企业对被投资单位不具有控制、共同控制或重大影响，且在活跃市场中没有报价、公允价值不能可靠计量的权益性投资。

1. 长期股权投资的审计目标

资产负债表中记录的长期股权投资是存在的；所有应当记录的长期股权投资均已记录；记录的长期股权投资由被审计单位拥有或控制；长期股权投资以恰当的金额包括在财务报表中，与之相关的计价调整已恰当记录；长期股权投资已按照企业会计准则的规定在财务报表中做出恰当列报。

2. 长期股权投资的实质性程序

(1)获取或编制长期股权投资明细表，复核加计是否正确，并与总账数和明细账合计数核对是否相符；结合长期股权投资减值准备科目与报表数核对是否相符。

(2)获取或编制长期投资减值准备明细表，复核加计正确并与总账数、报表数及明细账合计数核对是否相符。

(3)取得被投资单位的章程、营业执照、组织机构代码证等资料，更新永久性档案。根据有关合同和文件，确认长期股权投资的股权比例、表决权等，检查长期股权投资的分类和核算方法是否正确。

①根据有关合同和文件，确认长期股权投资的股权比例和时间，检查长期股权投资核算方法是否正确；取得被投资单位的章程、营业执照、组织机构代码证等资料。

②分析被审计单位管理层的意图和能力，检查有关原始凭证，验证长期股权投资分类的正确性（分为对子公司、联营企业、合营企业），是否不包括应由金融工具确认和计量准则核算的长期股权投资。

③对于应采用权益法核算的长期股权投资，获取被投资单位已经审计人员审计的年度财务报表，如果未经审计人员审计，则应考虑对被投资单位的财务报表实施适当的审计或审阅程序。

a. 复核投资损益时，根据重要性原则，应以取得投资时被投资单位各项可辨认资产的公允价值为基础，对被投资单位的净损益进行调整后加以确认。被投资单位采用的会计政策及会计期间与被审计单位不一致的，应当按照被审计单位的会计政策及会计期间对被投资单位的财务报表进行调整，据以确认投资损益，并做出详细记录。

b. 将重新计算的投资损益与被审计单位计算的投资损益相核对，如有重大差异，查明原因，并做适当调整。

c. 关注被审计单位在其被投资单位发生净亏损或以后期间实现盈利时的会计处理是否正确。

d. 检查除净损益以外被投资单位所有者权益的其他变动，是否分为属于被投资单位其他综合收益变动和除净损益、其他综合收益以外的其他所有者权益变动，而分别调整其他综合收益和资本公积科目。

e. 检查是否存在通过风险投资机构、共同基金、信托公司或包括其他基金在内的类似主体间接持有的权益性投资，如果存在，要补充获取上述主体确认该联营企业在资产负债表日公允价值的相关依据。

f. 根据资产、负债组合构成业务的要素，判断投资方与联营、合营企业之间发生投出或出售资产是否构成业务，并在底稿中描述判断依据。构成业务的，检查会计处理是否正确；不构成业务的，检查是否需要抵销未实现内部损益。

④对于采用成本法核算的长期股权投资，检查股利分配的原始凭证及分配决议等资料，确定会计处理是否正确。

⑤对于成本法和权益法相互转换的，检查其投资成本的确定是否正确。

(4)对本期发生的长期股权投资的增减变动，检查至支持性文件，确定其会计处理是否正确。

①检查本期增加的长期股权投资，追查至原始凭证及相关的文件或决议及被投资单位验资报告或财务资料等，确认长期股权投资是否符合投资合同、协议的规定，会计处理是否正确(根据企业合并形成、企业合并以外其他方式取得的长期股权投资分别确定初始投资成本)。

②检查企业合并等方式取得的长期股权投资的会计处理是否正确。

a. 复核同一控制下合并取得长期股权投资，从被投资方历史沿革等信息中了解其纳入最终控制方合并报表时，是否存在非同一控制下收购等事项；如果存在，比较合并日被收购方账面净资产与纳入最终控制方合并报表的净资产是否一致；不一致的，收购方要按照最终控制方合并财务报表中反映的被收购方的净资产账面价值的份额，确定合并日长期股权投资的初始投资成本。

b. 被审计单位发生增持同一控制下或非同一控制下被投资单位股权业务的，要检查并获取做出相关购买股权决定的董事会纪要或者与相关管理层沟通该项决策的意图，获取管理层对该次收购业务意图的专项申明；检查交易条款、交易条件以及经济影响，对照“一揽子”交易的判断条件，判断该购买股权业务是否为“一揽子”交易。

③检查本期减少的长期股权投资，追查至原始凭证，确认长期股权投资的处理有合理的理由及授权批准手续，会计处理是否正确。

④检查处置长期投资时，是否履行了有关手续，原计提的减值准备是否按规定转入损益，会计处理是否正确。

(5)对于长期股权投资分类发生变化的，检查其核算是否正确。

(6)结合银行借款等的检查，了解长期股权投资是否存在质押、担保情况。如有，则应详细记录，并提请被审计单位进行充分披露。

(7)与被审计单位人员讨论确定是否存在被投资单位由于所在国家和地区及其他方面的影响,其向被审计单位转移资金的能力受到限制的情况。如存在,应详细记录受限情况,并提请被审计单位充分披露。

(8)如果识别出与长期股权投资减值准备相关的重大错报风险,执行“审计会计估计(包括公允价值会计估计)和相关披露”中“应对评估的重大错报风险”所述的程序,并在本账项工作底稿中记录测试过程。

①检查长期投资减值准备计提和核销的批准程序,取得书面报告等证明文件。

②核对长期股权投资减值准备本期与以前年度计提方法是否一致,如有差异,查明政策调整的原因,并确定政策改变对本期损益的影响,提请被审计单位作适当披露。

③对长期股权投资进行逐项检查,根据被投资单位经营政策、法律环境、市场需求、行业及赢利能力等的各种变化,判断长期股权投资是否存在减值迹象。评价长期投资减值准备所依据的资料、假设是否充分合理。当长期股权投资可收回金额低于账面价值时,应将可收回金额低于账面价值的差额作为长期股权投资减值准备予以计提,并应与被审计单位已计提数相核对,如有差异,查明原因。

④将本期减值准备计提金额与利润表资产减值损失中的相应数字进行核对。

⑤长期股权投资减值准备按单项资产计提,计提依据是否充分,是否得到适当批准。

⑥关注期后事项,评价长期投资减值准备的合理性,是否存在明显计提不充分或计提秘密准备。

(9)根据评估的舞弊风险等因素增加的审计程序。

(10)检查长期股权投资的列报是否恰当。

①子公司、合营企业和联营企业清单,包括企业名称、注册地、业务性质、投资企业的持股比例和表决权比例。

②合营企业和联营企业当期的主要财务信息,包括资产、负债、收入、费用等的合计金额。

③被投资单位向投资企业转移资金的能力受到严格限制的情况。

④当期及累计未确认的投资损失金额。

⑤与对子公司、合营企业及联营企业投资相关的或有负债。

⑥长期股权投资减值准备的披露是否恰当。

(二)以公允价值计量且其变动计入当期损益的金融资产的实质性程序

1. 以公允价值计量且其变动计入当期损益的金融资产的审计目标

资产负债表中记录的以公允价值计量且其变动计入当期损益的金融资产是存在的;所有应当记录的以公允价值计量且其变动计入当期损益的金融资产均已记录;记录的以公允价值计量且其变动计入当期损益的金融资产由被审计单位拥有或控制;以公允价值计量且其变动计入当期损益的金融资产以恰当的金额包括在财务报表中,与之相关的计价调整已恰当记录;以公允价值计量且其变动计入当期损益的金融资产已按照企业会计准则的规定在财务报表中做出恰当列报。

2. 以公允价值计量且其变动计入当期损益的金融资产的实质性程序

(1)获取或编制以公允价值计量且其变动计入当期损益的金融资产明细表:

①复核加计正确,并与报表数、总账数和明细账合计数核对是否相符。

②检查非记账本位币以公允价值计量且其变动计入当期损益的金融资产的折算汇率及折算是否正确。

③与被审计单位讨论以确定划分为以公允价值计量且其变动计入当期损益的金融资产是否符合企业会计准则的规定。

(2)就被审计单位管理层将投资确定划分为以公允价值计量且其变动计入当期损益的金融资产的意图获取书面声明，并考虑管理层实施该意图的能力。

应向管理层询问，并通过下列方式对管理层的答复予以印证：

①考虑管理层以前所述的对于划分为以公允价值计量且其变动计入当期损益的金融资产的意图的实际实施情况。

②复核包括预算、会议纪要等在内的书面计划和其他文件记录。

③考虑管理层选择划分为以公允价值计量且其变动计入当期损益的金融资产的理由。

④考虑管理层在既定经济环境下实施特定措施的能力。

(3)确定以公允价值计量且其变动计入当期损益的金融资产余额存在及正确：

①获取股票、债券、基金等账户对账单，与明细账余额核对，做出记录或进行适当调整。

②实施监盘程序，获取被审计单位编制的以公允价值计量且其变动计入当期损益的金融资产盘点表，审计人员实施监盘并检查以公允价值计量且其变动计入当期损益的金融资产名称、数量、票面价值、票面利率等内容，同时与相关账户余额进行核对；如有差异，查明原因，做出记录或进行适当调整。

③如以公允价值计量且其变动计入当期损益的金融资产在审计工作日已售出或兑换，则追查至相关原始凭证，以确认其在资产负债表日存在。

④对在外保管的以公允价值计量且其变动计入当期损益的金融资产等应查阅有关保管的文件，向保管人函证，复核并记录函证结果。

⑤了解在外保管的以公允价值计量且其变动计入当期损益的金融资产实质上是否为委托理财，如是，则应详细记录，分析资金的安全性和可收回性，提请被审计单位重新分类，并充分披露。

⑥获取审计单位管理层证券投资情况声明。

(4)确定以公允价值计量且其变动计入当期损益的金融资产的会计记录是否完整，并确定所购入以公允价值计量且其变动计入当期损益的金融资产归被审计单位所拥有：

①取得有关账户流水单，对照检查账面记录是否完整。检查购入以公允价值计量且其变动计入当期损益的金融资产是否为被审计单位拥有。

②向相关机构发函，并确定是否存在变现限制，同时记录函证过程。

(5)确定以公允价值计量且其变动计入当期损益的金融资产的计价是否正确：

①复核以公允价值计量且其变动计入当期损益的金融资产计价方法，检查其是否按公允价值计量，前后期是否一致。

②复核公允价值取得依据是否充分。公允价值与账面价值的差额是否记入公允价值变动损益科目。

③如果识别出与以公允价值计量且其变动计入当期损益的金融资产公允价值相关的重大错报风险，执行“审计会计估计(包括公允价值会计估计)和相关披露”中应对评估的重大错报风险的程序，并在工作底稿中记录测试过程。

(6)抽取以公允价值计量且其变动计入当期损益的金融资产增减变动的相关凭证，检查其原始凭证是否完整合法，会计处理是否正确：

①抽取以公允价值计量且其变动计入当期损益的金融资产增加的记账凭证，注意其原始

凭证是否完整合法，成本、交易费用和相关利息或股利的会计处理是否符合规定。

②抽取以公允价值计量且其变动计入当期损益的金融资产减少的记账凭证，检查其原始凭证是否完整合法，会计处理是否正确；注意出售以公允价值计量且其变动计入当期损益的金融资产时其成本结转是否正确。

(7)检查有无变现存在重大限制的以公允价值计量且其变动计入当期损益的金融资产，如有，则查明情况，并做适当调整。

(8)针对识别的舞弊风险等因素增加的审计程序。

(9)检查以公允价值计量且其变动计入当期损益的金融资产是否已按照企业会计准则的规定在财务报表中做出恰当列报。

(三)可供出售金融资产的实质性程序

1. 可供出售金融资产的审计目标

资产负债表中记录的可供出售金融资产是存在的；所有应当记录的可供出售金融资产均已记录；记录的可供出售金融资产由被审计单位拥有或控制；可供出售金融资产以恰当的金额包括在财务报表中，与之相关的计价调整已恰当记录；可供出售金融资产已按照企业会计准则的规定在财务报表中做出恰当列报。

2. 可供出售金融资产的实质性程序

(1)获取或编制可供出售金融资产明细表：

①复核加计是否正确，并与总账数和明细账合计数核对是否相符；结合可供出售金融资产减值准备科目与报表数核对是否相符。

②与被审计单位讨论以确定划分为可供出售金融资产的金融资产是否符合会计准则的规定。

③与上年明细项目进行比较，确定与上年分类相同。

(2)就管理层将投资划分为可供出售金融资产的意图获取书面声明。向管理层询问，并通过下列方式对管理层的答复予以印证：

①考虑管理层以前所述的对于划分为交易性金融资产的意图的实际实施情况。

②复核包括预算、会议纪要等在内的书面计划和其他文件记录。

③考虑管理层选择划分为可供出售金融资产的理由。

(3)确定可供出售金融资产的余额正确并存在：

①对于没有划分为以公允价值计量且其变动计入当期损益的金融资产，获取股票、债券、基金等账户对账单，与明细账余额核对。

②向证券登记公司等对可供出售金融资产进行函证，以确认其存在。如有差异，查明原因，做出记录或进行适当调整。

③实施监盘程序，获取被审计单位编制的可供出售金融资产盘点表，检查可供出售金融资产名称、数量、票面价值、票面利率等内容，并与相关账户余额进行核对。如有差异，查明原因，做出记录或进行适当调整。

④如可供出售金融资产在审计工作日已售出或兑换，则追查至相关原始凭证，以确认其在资产负债日存在。

⑤在外保管的可供出售金融资产等应查阅有关保管的文件，向保管人函证，复核并记录函证结果。

了解在外保管的可供出售金融资产是否实质上为委托理财，如是，则应详细记录，分析资金的安全性和可收回性,提请被审计单位重新分类,并充分披露。

(4)对本期发生的可供出售金融资产的增减变动,检查至支持性文件,确定其会计处理是否正确:

①分别自本期增加、本期减少中选择适量项目。

②追查至原始凭证,检查其是否经授权批准,确认有关可供出售金融资产的购入、售出、兑换及投资收益金额正确、记录完整。并确认所购入可供出售金融资产归被审计单位拥有。

③检查可供出售金融资产的处置时,是否将原直接计入资本公积的公允价值变动累计额对应处置部分的金额转出,计入投资收益。

(5)确定可供出售金融资产的计价正确:

①复核可供出售金融资产的计价方法,检查其是否按公允价值计量,前后期是否一致,公允价值取得依据是否充分。

②与被审计单位讨论以确定实际利率确定依据是否充分,对于非本期新增投资,复核实际利率是否与前期一致。

③重新计算持有期间的利息收入和投资收益。

按票面利率计算确定当期应收利息,按可供出售金融资产摊余成本和实际利率计算确定当期投资收益,差额作为利息调整。与应收利息和投资收益中的相应数字核对无误。

④复核可供出售金融资产的期末价值计量是否正确,会计处理是否正确。

可供出售金融资产期末公允价值变动应计入资本公积。但应关注按实际利率法计算确定的利息、减值损失、外币货币性金融资产形成的汇兑损益应确认为当期损益。与财务费用、资产减值损失等科目中的相应数字核对无误。

(6)检查非货币性资产交换、债务重组的会计处理是否正确。

(7)结合银行借款等的检查,了解可供出售金融资产是否存在质押、担保的情况。如有,则应详细记录,并提请被审计单位进行充分披露。

(8)如果识别出与可供出售金融资产减值和公允价值相关的重大错报风险,执行"会计估计(包括公允价值会计估计)和相关披露"中应对评估的重大错报风险的程序,并在工作底稿中记录测试过程。

(9)针对识别的舞弊风险等因素增加的审计程序。

(10)检查可供出售金融资产的列报是否恰当:

①各类可供出售金融资产期初、期末价值。

②确定可供出售金融资产的依据。

③可供出售金融资产利得和损失的计量基础。

④可供出售金融资产减值的判定依据。

(四)持有至到期投资的实质性程序

1. 持有至到期投资的审计目标

资产负债表中记录的持有至到期投资是存在的;所有应当记录的持有至到期投资均已记录;记录的持有至到期投资由被审计单位拥有或控制;持有至到期投资以恰当的金额包括在财务报表中,与之相关的计价调整已恰当记录;持有至到期投资已按照企业会计准则的规定在财务报表中做出恰当列报。

2. 持有至到期投资的实质性程序

(1)获取或编制持有至到期投资明细表:

①复核加计是否正确，并与总账数和明细账合计数核对是否相符；结合持有至到期投资减值准备科目与报表数核对是否相符。

②检查非记账本位币持有至到期投资的折算汇率及折算是否正确。

③与被审计单位讨论以确定划分为持有至到期投资的金融资产是否符合会计准则的规定。

④与上年明细项目进行比较，确定与上年分类相同。

(2)就管理层将投资划分为持有至到期投资的意图获取书面声明，并考虑管理层实施该意图的能力。向管理层询问，并通过下列方式对管理层的答复予以印证：

①考虑管理层以前所述的对于划分为持有至到期投资的意图的实际实施情况。

②复核包括预算、会议纪要等在内的书面计划和其他文件记录。

③考虑管理层选择划分为持有至到期投资的理由。

④考虑管理层在既定经济环境下实施特定措施的能力。

(3)确定持有至到期投资的余额正确并存在：

①实施监盘程序，获取被审计单位编制的持有至到期投资盘点表，检查持有至到期投资名称、数量、票面价值、票面利率等内容并与相关账户余额进行核对。如有差异，查明原因，做出记录或进行适当的调整。

②如持有至到期投资在审计工作日已售出或兑换，则追查相关原始凭证，以确认其在财务报表日存在。

③在外保管的持有至到期投资应查阅有关保管文件，应当向保管人函证、复核，并记录函证结果。如可以向证券公司等获取对账单，应取得对账单，并与明细账余额核对。对持有至到期投资进行函证，以确认其存在。如有差异，查明原因，做出记录或进行适当调整。

(4)对本期发生的持有至到期投资的增减变动，检查至支持性文件，确定其会计处理是否正确。

(5)确定持有至到期投资的计价正确：

①检查持有至到期投资初始计量正确；复核其计价方法，检查是否按摊余成本计量，前后期是否一致。

②与被审计单位讨论以确定实际利率确定依据是否充分，对于非本期新增投资，复核实际利率是否与前期一致。

③重新计算持有期间的利息收入和投资收益。

(6)检查持有至到期投资与可供出售金融资产相互重分类的依据是否充分，会计处理是否正确。

(7)如果识别出与持有至到期投资减值准备相关的重大错报风险，执行“审计会计估计(包括公允价值会计估计)和相关披露”中应对评估的重大错报风险的程序，并在工作底稿中记录测试过程：

①核对持有至到期投资减值准备本期与以前年度计提方法是否一致，是否遵循一贯性原则。如有差异，查明政策调整的原因，并确定政策改变对本期损益的影响，提请被审计单位做适当披露。

②查验持有至到期投资减值准备发生减值的客观证据是否存在。

③检查是否存在减值的客观证据，以确定是否已经发生减值。查验“预计未来现金流量现值”的取值是否正确。确有出现导致其“预计未来现金流量现值”低于“账面价值”的情况，将

“预计未来现金流量现值”低于“账面价值”的差额作为持有至到期投资减值准备予以计提。并与被审计单位已计提数相核对,如有差异,查明原因。

④将本期减值准备计提(或转回)金额与利润表资产减值损失中的相应数字核对。

⑤查验结转持有至到期投资减值准备的账务处理是否正确,有无任意冲减减值准备调节利润的现象。

⑥持有至到期投资减值准备按单项资产(或包括在具有类似信用风险特征的金融资产组)计提,计提依据充分,得到适当批准。持有至到期投资价值得以恢复的,原确认的减值损失应予以转回,复核转回后的账面价值不超过假设不计提减值准备情况下该持有至到期投资在转回日的摊余成本,会计处理是否正确。

⑦当某项持有至到期投资减值准备金额占全部持有至到期金融资产总额10%及以上时,检查是否单独进行减值测试。

(8)根据评估的舞弊风险等因素增加的审计程序。

(9)检查持有至到期投资是否已按照企业会计准则的规定在财务报表中做出恰当列报和披露。

(五)投资性房地产的实质性程序

1. 投资性房地产的审计目标

资产负债表中记录的投资性房地产是存在的;所有应当记录的投资性房地产均已记录;记录的投资性房地产由被审计单位拥有或控制;投资性房地产以恰当的金额包括在财务报表中,与之相关的计价调整已恰当记录;投资性房地产已按照企业会计准则的规定在财务报表中做出恰当列报。

2. 投资性房地产的实质性程序

(1)获取或编制投资性房地产明细表:

①复核加计正确,并与总账数和明细账合计数核对是否相符;结合投资性房地产累计摊销(折旧)、投资性房地产减值准备科目与报表数核对是否相符。

②与被审计单位讨论以确定划分为投资性房地产的建筑物(包括正在建造或开发过程中将来用于出租的建筑物)、土地使用权是否符合会计准则的规定。

(2)根据被审计单位管理层的能力和意图,检查对投资性房地产的分类和采用的计量属性是否适当,是否符合会计准则的规定。

(3)确定投资性房地产是否存在,期末余额是否正确:

①获取本期投资性房地产增加和减少的明细表以及投资性房地产登记簿,投资性房地产增加、减少明细表和投资性房地产登记簿中的本期增减累计数应与投资性房地产变动表中的本期增减累计数相等;会计处理是否正确。

②依据投资性房地产增加明细表和期初投资性房地产成本分别选取适量项目。

③如果选取的所有项目在期末仍存在,安排对其进行实地检查,复核该资产是否真实存在。

④如果挑选的样本在期末已清理或处理,需确认清理或处理的资产已经办理审批手续,其清理的收益或损失已正确计算,并进行正确的会计处理。

(4)确定投资性房地产增加计价是否恰当,并确定其归被审计单位所有,增减变动的记录是否完整、正确:

①对于所选取的本期新增加的项目,追查至购买协议(合同)、原始发票、验收报告等以确

认其有效性、金额的正确性以及新增投资性房地产是否经过有效的批准,并归被审计单位所有。

②检查建筑物权证、土地使用权证等证明文件,确定建筑物、土地使用权是否归被审计单位所有。

③对于所选取的本期增加和期初的投资性房地产项目,追查至会计截止日的投资性房地产备查簿以确认所选样本是否已清理。

④对于所选取的本期减少的项目,需确认处置的资产已经办理审批手续,其处置的收益或损失已正确计算,并进行正确的会计处理。

(5)与被审计单位讨论以确定投资性房地产后续计量模式选用的依据是否充分。与上期政策进行比较,确定后续计量模式的一致性。如不一致,则详细记录变动原因。

(6)如果投资性房地产后续计量采用公允价值计量模式:

①执行"审计会计估计(包括公允价值会计估计)和相关披露"相关程序。

②如果利用审计人员的专家的工作,执行"利用审计人员的专家的工作"相关程序。

③如果利用管理层的专家的工作,执行"利用管理层的专家的工作"相关程序。

④期末应逐项检查公允价值的确定依据是否充分,重点检查公允价值能持续可靠取得的确凿证据,检查公允价值变动损益计算是否正确,会计处理是否正确。与利润表公允价值变动损益中的相应数字核对无误。

⑤询问并获取相关资料,评价被审计单位确定公允价值采用方法的适当性。公允价值选用的合理性,包括被审计单位的决策程序、公允价值的确定方法、估值模型的选择、披露的充分性等。

(7)如果投资性房地产后续计量选用成本计量模式,确定投资性房地产累计摊销(折旧)政策是否恰当,计算复核本期摊销(折旧)的计提是否正确:

①了解被审计单位所使用的建筑物折旧率和土地使用权摊销率,确定其制定是否恰当。

②确认被审计单位除已提足折旧或摊销的投资性房地产及正在建造或开发过程中将来用于出租的建筑物外,其他投资性房地产均已计提折旧和摊销。

③根据投资性房地产的平均水平测算整个会计期间的摊销(折旧)额。与投资性房地产中的折旧和摊销本期增加数相核对,如有差异,查明原因。

④将本期折旧和摊销金额与利润表其他业务支出中的相应数字核对无误。

(8)获取管理层在资产负债表日就投资性房地产是否存在可能发生减值的迹象的判断的说明:

①如果识别出与投资性房地产坏账准备相关的重大错报风险,执行"审计会计估计(包括公允价值会计估计)和相关披露"中"应对评估的重大错报风险"的程序,并在工作底稿中记录测试过程。

②核对投资性房地产减值准备本期与以前年度计提方法是否一致,如有差异,查明政策调整的原因,并确定政策变更对本期损益的影响,提请被审计单位做适当披露。

③期末,对以成本模式计量的投资性房地产逐项进行检查,以确定是否已经发生减值。确有出现导致其可收回金额低于账面价值的情况,将可收回金额低于账面价值的差额作为投资性房地产减值准备予以计提。并与投资性房地产中的减值准备本期增加数相核对,如有差异,查明原因。

④将本期减值准备计提金额与利润表资产减值损失中的相应数字核对无误。

⑤投资性房地产减值准备按单项资产(或资产组)计提,计提依据充分,得到适当批准。

(9)确定投资性房地产后续计量模式的转换是否恰当:

①检查董事会等决议文件,确定后续计量模式改变的适当性,会计处理的正确性,并提请被审计单位进行充分披露。

②审查投资性房地产成本计量模式转为公允价值计量模式是否作为会计政策变更进行追溯调整期初留存收益处理。

(10)如被审计单位投资性房地产与其他资产发生相互转换的,应审查转换依据是否充分,是否经过有效批准;转换日房地产成本计量是否正确,会计处理是否正确:

①复核在成本模式下,是否将房地产转换前的账面价值作为转换后的入账价值。

②复核采用公允价值模式计量的投资性房地产转换为自用房地产时,是否以其转换当日的公允价值作为自用房地产的账面价值,公允价值与原账面价值的差额计入当期损益。

③自用房地产或存货转换为采用公允价值模式计量的投资性房地产时,投资性房地产按照转换当日的公允价值计价,转换当日的公允价值小于原账面价值的,其差额计入当期损益;转换当日的公允价值大于原账面价值的,其差额计入资本公积。

(11)获取租赁合同等文件,重新计算租金收入,检查投资性房地产的租金收入计算是否正确、会计处理是否正确,租金收入是否计入其他业务收入。

(12)检查本期对投资性房地产进行改良或装修的会计处理是否正确。

(13)检查有无与关联方的投资性房地产购售活动,交易价格是否公允。

(14)检查非货币性资产交换、债务重组时取得或转出投资性房地产的会计处理是否正确。

(15)检查投资性房地产的处置目的,检查凭证是否齐全、合法,会计处理是否正确。

(16)结合银行借款等的检查,了解建筑物、土地使用权是否存在抵押、担保情况。如有,则应详细记录,并提请被审计单位进行充分披露。检查投资性房地产的保险情况。

(17)根据评估的舞弊风险等因素增加的审计程序。

(18)检查投资性房地产的列报是否恰当:

①投资性房地产的种类、金额和计量模式。

②采用成本模式的,投资性房地产的折旧或摊销,以及减值准备的计提情况。

③采用公允价值模式的,说明公允价值的确定依据和方法,以及公允价值变动对损益的影响。

④房地产转换情况、理由,以及对损益或所有者权益的影响。

⑤当期处置的投资性房地产及其对损益的影响。

五、其他相关账户的实质性程序

(一)应付利息的实质性程序

1. 应付利息的审计目标

资产负债表中记录的应付利息是存在的;所有应当记录的应付利息均已记录;记录的应付利息由被审计单位拥有或控制;应付利息以恰当的金额包括在财务报表中,与之相关的计价调整已恰当记录;应付利息已按照企业会计准则的规定在财务报表中做出恰当列报。

2. 应付利息的实质性程序

(1)获取或编制应付利息明细表:

①复核加计是否正确,并与报表数、总账数和明细账合计数核对是否相符。

②检查非记账本位币应付利息的折算汇率及折算是否正确。

(2)检查应计利息的计算是否正确：

①计算借款、债券等平均利率(票面或合同利率)并同以前年度及市场平均利率相比较。

②根据借款、债券等平均余额、平均利率测算当期应付或应计利息，并与账面记录进行比较。

(3)结合分期付息到期还本的长期借款、应付债券的审计，检查应付利息有无漏记。

(4)检查利息支付原始凭证的内容和金额是否正确。

(5)结合分期付息到期还本的长期借款、应付债券的审计对应付利息进行函证。

(6)根据评估的舞弊风险等因素增加的其他审计程序。

(7)检查应付利息是否已按照企业会计准则的规定在财务报表中恰当列报。

(二)应付股利的实质性程序

1. 应付股利的审计目标

资产负债表中记录的应付股利是存在的；所有应当记录的应付股利均已记录；记录的应付股利是被审计单位应当履行的现时义务；应付股利以恰当的金额包括在财务报表中，与之相关的计价调整已恰当记录；应付股利已按照企业会计准则的规定在财务报表中做出恰当列报。

2. 应付股利的实质性程序

(1)获取或编制应付股利明细表，复核加计是否正确，并与报表数、总账数及明细账合计数核对相符。

(2)审阅公司章程、股东会(或股东大会)和董事会会议纪要中有关股利的规定，了解股利分配标准和发放方式是否符合有关规定并经法定程序批准。

(3)对本期发生的应付股利的增减变动，检查支持性文件，确定会计处理是否正确：

①检查应付股利的计提是否根据董事会或股东会(或股东大会)决定的利润分配方案，从税后可供分配利润中计算确定，并复核应付股利计算和会计处理的正确性。

②检查股利支付的原始凭证的内容、金额和会计处理是否正确。检查现金股利是否按公告规定的时间、金额予以发放。

(4)实施函证程序：

①对函证实施过程进行控制：核对询证函是否由审计人员直接收发；被询证者以传真、电子邮件等方式回函的，应要求被询证者寄回询证函原件；如果未能收到积极式函证回函，应当考虑与被询证者联系，要求对方做出回应或再次寄发询证函。

②编制"应付股利函证结果汇总表"，检查回函，对函证结果进行评价。

③核对回函内容与被审计单位账面记录是否一致，如不一致，调查不符事项，确定是否表明存在错报。

如：检查相关原始单据，分析被审计单位对于回函与账面记录之间差异的解释是否合理，编制"应付股利函证结果调节表"，并检查支持性凭证；如果不符事项构成错报，应重新考虑所实施审计程序的性质、时间和范围。

④针对最终未回函的账户实施替代审计程序。

⑤如果认为回函不可靠，评价对评估的重大错报风险以及其他审计程序的性质、时间安排和范围的影响。

⑥如果管理层不允许寄发询证函：

a. 询问管理层不允许寄发询证函的原因，并就其原因的正当性及合理性收集审计证据。

b. 评价管理层不允许寄发询证函对评估的相关重大错报风险(包括舞弊风险),以及其他审计程序的性质、时间安排和范围的影响。

c. 实施替代审计程序,以获取相关、可靠的审计证据。

d. 如果认为管理层不允许寄发询证函的原因不合理,或实施替代程序无法获取相关、可靠的审计证据,与治理层进行沟通,并确定其对审计工作和审计意见的影响。

(5)检查董事会或类似机构通过的利润分配方案中拟分配的现金股利或利润,是否按规定已做账务处理,并已在附注中披露。

(6)根据评估的舞弊风险等因素增加的其他审计程序。

(7)检查应付股利的列报是否恰当:按主要投资者列示欠付的应付股利金额并说明原因。

(三)应收利息的实质性程序

1. 应收利息的审计目标

资产负债表中记录的应收利息是存在的;所有应当记录的应收利息均已记录;记录的应收利息由被审计单位拥有或控制;应收利息以恰当的金额包括在财务报表中,与之相关的计价调整已恰当记录;应收利息已按照企业会计准则的规定在财务报表中做出恰当列报。

2. 应收利息的实质性程序

(1)获取或编制应收利息明细表:

①复核加计正确,并与总账数和明细账合计数核对是否相符;结合坏账准备科目与报表数核对是否相符。

②检查非记账本位币应收利息的折算汇率及折算是否正确。

③关注到期一次还本付息债券投资的应收利息是否包含在应收利息明细表中,如有,则调整至"持有至到期投资"科目。

(2)对本期应收利息的增减变动,结合相关账项的审计,检查至相关支持性文件,确定应收利息的计算和会计处理是否正确。必要时,实施函证程序。

①与金融资产(如交易性金融资产、持有至到期投资、可供出售金融资产等)的相关审计结合,验证确定应收利息的计算是否充分、正确,检查会计处理是否正确。

②对于重大的应收利息项目,审阅相关文件,复核其计算的准确性。必要时,向有关单位函证并记录。

③检查应收利息减少有无异常。

(3)检查期后收款情况:

①对至审计时已收回金额较大的款项进行常规检查,如核对收款凭证、银行对账单、发票等。

②关注长期未收回及金额较大的应收利息,询问被审计单位管理人员及相关职员,确定应收利息的可收回性。必要时,向被投资单位函证利息支付情况,复核并记录函证结果。

(4)评价计提的应收利息坏账准备。如果识别出与应收利息坏账准备相关的重大错报风险,执行"审计会计估计(包括公允价值会计估计)和相关披露"中"应对评估的重大错报风险"的程序,并在工作底稿中记录测试过程。

(5)如存在应收关联方的款项:

①了解交易的商业理由、价格和条件,做比较分析。

②检查证实交易的支付性文件(如销售合同、协议、销售发票、出入库、运输单证等相关文件资料)。

③如果可获取与关联方交易相关的审计证据有限，考虑实施以下审计程序：

a. 向关联方函证交易的条件和金额，包括担保和其他重要信息。

b. 检查关联方拥有的信息。

c. 向与交易相关的人员和机构（如银行、律师）函证或与其讨论有关信息。

④完成“关联方”审计工作底稿。

（6）针对识别的舞弊风险等因素增加的审计程序。

（7）检查应收利息是否已按照企业会计准则的规定在财务报表中做出恰当列报。

（四）应收股利的实质性程序

1. 应收股利的审计目标

资产负债表中记录的应收股利是存在的；所有应当记录的应收股利均已记录；记录的应收股利由被审计单位拥有或控制；应收股利以恰当的金额包括在财务报表中，与之相关的计价调整已恰当记录；应收股利已按照企业会计准则的规定在财务报表中做出恰当列报。

2. 应收股利的实质性程序

（1）获取或编制应收股利明细表：

①复核加计正确，并与总账数和明细账合计数核对是否相符；结合坏账准备科目与报表数核对是否相符。

②检查非记账本位币应收股利的折算汇率及折算是否正确。

（2）对本期应收股利的增减变动，结合相关账项的审计，检查至相关支持性文件，确定应收股利的计算和会计处理是否正确。必要时，实施函证程序。

①与投资（如长期股权投资、交易性金融资产、可供出售金融资产等）的相关审计结合，验证确定应收股利的计算是否充分、正确，检查会计处理是否正确。

②对于重大的应收股利项目，审阅相关文件，测试其计算的准确性。必要时，向被投资单位函证并记录。

③检查应收股利减少有无异常。

（3）检查期后收款情况：

①对至审计时已收回金额较大的款项进行常规检查，如核对收款凭证、银行对账单、股利分配方案等。

②关注长期未收回且金额较大的应收股利，询问被审计单位管理人员及相关职员或者查询被投资单位的情况，确定应收股利的可收回性。必要时，向被投资单位函证股利支付情况，复核并记录函证结果。

（4）评价计提的应收股利坏账准备。如果识别出与应收股利坏账准备相关的重大错报风险，执行“审计会计估计（包括公允价值会计估计）和相关披露”中“应对评估的重大错报风险”所述的程序，并在本账项工作底稿中记录测试过程。

（5）结合投资审计，确定境外投资应收股利汇回不存在重大限制，如果存在，已充分披露。

（6）针对识别的舞弊风险等因素增加的审计程序。

（7）检查应收股利是否已按照企业会计准则的规定在财务报表中做出恰当列报。

（五）投资收益的实质性程序

1. 投资收益的审计目标

利润表中记录的投资收益已发生，且与被审计单位有关；所有应当记录的投资收益均已记录；与投资收益有关的金额及其他数据已恰当记录；投资收益已记录于正确的会计期间；投资收益已记录于恰当的账户；投资收益已按照企业会计准则的规定在财务报表中做出恰当列报。

2. 投资收益的实质性程序

(1)获取或编制投资收益分类明细表：

①复核加计是否正确，并与报表数、总账数和明细账合计数核对是否相符。

②检查非记账本位币投资收益的折算汇率及折算是否正确。

(2)对本期发生的投资收益，结合相关科目审计，检查支持性文件，确定入账金额及会计处理是否正确：

①与交易性金融资产、可供出售金融资产、持有至到期投资、长期股权投资、交易性金融负债等的相关审计结合，验证确定投资收益的记录是否充分、准确。

②对于重大的投资收益项目，审阅相关文件，复核其计算的准确性。并确定其应为投资收益。

(3)结合投资和银行存款等的审计，确定投资收益被记入正确的会计期间。

(4)检查投资协议等文件，确定国外的投资收益汇回是否存在重大限制，若存在重大限制，应说明原因，并做出恰当披露。

(5)根据评估的舞弊风险等因素增加的审计程序。

(6)检查投资收益是否已按照企业会计准则的规定在财务报表中做出恰当列报。

(六)公允价值变动收益的实质性程序

1. 公允价值变动收益的审计目标

确定利润表中记录的公允价值变动损益已发生，且与被审计单位有关；确定应当记录的公允价值变动损益均已记录；确定与公允价值变动损益有关的金额及其他数据已恰当记录；确定公允价值变动损益已记录于正确的会计期间；确定公允价值变动损益已记录于恰当的账户；公允价值变动损益已按照企业会计准则的规定在财务报表中做出恰当列报。

2. 公允价值变动收益的实质性程序

(1)获取或编制公允价值变动损益明细表，复核加计是否正确，并与报表数、总账数和明细账合计数核对是否相符。

(2)结合相关科目的审计，检查被审计单位的公允价值变动损益的确认和计量是否正确，检查会计处理是否正确：

①检查被审计单位是否在资产负债表日将交易性金融资产(负债)的公允价值与其账面价值的差额确认为公允价值变动损益；处置交易性金融资产(负债)时，检查会计处理是否正确。

②检查被审计单位是否在资产负债表日将衍生工具的公允价值与其账面价值的差额确认为公允价值变动损益；终止确认衍生工具时，检查其会计处理是否正确。

③检查被审计单位对在资产负债表日满足运用套期会计方法条件的现金流量套期和境外经营净投资套期产生的利得和损失，检查会计处理是否正确。

④检查被审计单位是否在资产负债表日将投资性房地产的公允价值与其账面价值的差额确认为公允价值变动损益；处置时检查会计处理是否正确。

⑤检查被审计单位的公允价值变动损益的确认和计量是否正确，检查会计处理是否正确。

(3)根据评估的舞弊风险等因素增加的审计程序。

(4)检查公允价值变动损益是否已按照企业会计准则的规定在财务报表中做出恰当列报：

①当期确认的各项公允价值变动损益金额。

②上期确认的各项公允价值变动损益金额。

(七)财务费用的实质性程序

1. 财务费用的审计目标

利润表中记录的财务费用已发生，且与被审计单位有关；所有应当记录的财务费用均已记录；与财务费用有关的金额及其他数据已恰当记录；财务费用已记录于正确的会计期间；财务费用已记录于恰当的账户；财务费用已按照企业会计准则的规定在财务报表中做出恰当的列报。

2. 财务费用的实质性程序

(1)获取或编制财务费用明细表，复核其加计数是否正确，并与报表数、总账数和明细账合计数核对是否相符。

(2)实质性分析程序：

①考虑可获取信息的来源、可比性、性质和相关性以及信息编制相关的控制，评价在对记录的金额或比率做出预期时使用数据的可靠性。

②对已记录的金额做出预期，评价预期值足够精确以识别重大错报：

a. 将本期财务费用各明细项目与上期进行对比，必要时比较本期各月份财务费用，如有重大波动和异常情况应追查原因。

b. 计算借款、应付债券平均实际利率并同以前年度及市场平均利率相比较。

c. 根据借款、应付债券平均余额、平均利率测算当期利息费用和应付利息，并与账面记录进行比较。

d. 根据银行存款平均余额和存款平均利率复核利息收入。

③确定已记录金额与预期值之间可接受的、无须做进一步调查的可接受的差异额。

④将已经记录金额与期望值比较，识别需要进一步调查的差异。

⑤调查差异：

a. 询问管理层，针对管理层的答复获取适当的审计证据。

b. 根据具体情况在必要时实施其他审计程序。

(3)检查本期发生的财务费用，结合相关科目审计，检查支付性文件，确定入账金额及会计处理是否正确。

(4)检查利息支出明细账：

①审查各项借款期末应计利息有无预计入账。

②审查现金折扣的会计处理是否正确。

③结合长短期借款、应付债券等的审计，检查财务费用中是否包括为购建或生产满足资本化条件的资产发生的应予资本化的借款费用。

④检查融资租入的固定资产、购入有关资产超过正常信用条件延期支付价款、实质上具有融资性质的，采用实际利率法分期摊销未确认融资费用时计入财务费用数是否正确。

⑤检查应收票据贴现息的计算与会计处理是否正确。

⑥检查存在资产弃置费用的固定资产或油气资产，在其使用寿命内，是否按期计算确定应负担的利息费用。

(5)检查利息收入明细账：

①确认利息收入的真实性及正确性。

②检查从其他企业或非银行金融机构取得的利息收入有否按规定计缴营业税。

③检查采用递延方式分期收款、实质上具有融资性质的销售商品或提供劳务，采用实际利

率法按期计算确定的利息收入是否正确。

(6)检查汇兑损益明细账，检查汇兑损益计算方法是否正确，核对所用汇率是否正确，前后期是否一致。

(7)检查“财务费用——其他”明细账，注意检查大额金融机构手续费的真实性与正确性。

(8)抽取资产负债表日前后若干天的若干张凭证，实施截止测试，若存在异常迹象，应考虑是否有必要追加审计程序，对于重大跨期项目应做必要调整。

(9)根据评估的舞弊风险等因素增加的其他审计程序。

(10)检查财务费用明细项目的设置是否符合规定的核算内容与范围，是否划清财务费用与其他费用的界限。

(11)检查财务费用是否已按照企业会计准则的规定在财务报表中做出恰当的列报。

复习思考题

1. 筹资与投资循环的内容是什么？该循环涉及的财务报表项目有哪些？
2. 筹资与投资循环的业务活动有哪些？
3. 筹资与投资循环的重大错报风险有哪些？如何评估重大错报风险？
4. 筹资与投资循环的控制测试包含了哪些关键内部控制？
5. 筹资与投资循环包含了哪些实质性程序？
6. 借款费用和应计利息等包含了哪些实质性程序？
7. 实收资本和资本公积等包含了哪些实质性程序？
8. 长期股权投资如何进行控制测试和实质性程序等审计程序？
9. 投资收益的实质性程序有哪些？
10. 财务费用的实质性程序有哪些？

第十一章

货币资金审计

学习目标

通过本章的学习，了解货币资金审计所涉及的凭证和会计记录；理解货币资金内部控制和控制测试；掌握库存现金、银行存款的实质性程序。

第一节　货币资金审计概述

货币资金是企业资产的重要组成部分，是企业资产中流动性最强的一种资产。货币资金主要来源于资本的投入和营业收入，主要用于资产的取得和费用的结付。根据货币资金存放地点及用途的不同，货币资金分为库存现金、银行存款及其他货币资金。

一、货币资金的主要账户

货币资金是指企业拥有的库存现金、银行存款和其他货币资金。其中：库存现金是指企业库存的现金，包括库存的人民币和外币；银行存款是指企业存入银行和其他金融机构的各种款项；其他货币资金是指企业的外埠存款、银行汇票存款、银行本票存款、信用卡存款、信用保证金存款、存出投资款等各种货币资金。

企业应设置"库存现金""银行存款"和"其他货币资金"账户，以对货币资金进行核算。

二、货币资金审计涉及的主要凭证与会计记录

货币资金审计涉及的凭证和会计记录主要有：现金盘点表、银行对账单、银行存款余额调节表、有关科目的记账凭证和会计账簿。

三、与货币资金有关的主要业务活动

与货币资金有关的主要业务活动有采购活动和付款活动、销售活动和收款活动、职工薪酬与付款活动、投资活动与付款活动。与之相关的内容，详见各个循环章节。

四、货币资金审计中需保持警觉的事项或情形

(1)被审计单位的现金交易比例较高，并与其所在的行业常用的结算模式不同。

(2)库存现金规模明显超过业务周转所需资金。

(3)银行账户开立数量与企业实际的业务规模不匹配。

(4)在没有经营业务的地区开立银行账户。

(5)企业资金存放于管理层或员工个人账户。

(6)货币资金收支金额与现金流量表不匹配。

(7)不能提供银行对账单或银行存款余额调节表。

(8)存在长期或大量银行未达账项。

(9)银行存款明细账存在非正常转账的“一借一贷”。

(10)违反货币资金存放和使用规定。

(11)存在大额外币收付记录,而被审计单位并不涉足外贸业务。

(12)被审计单位以各种理由不配合审计人员实施银行函证。

第二节　货币资金的风险评估

在风险导向审计理念的指导下,货币资金审计是通过风险评估程序评估出货币资金各环节的风险级别、重大错报风险,并根据风险评估结果设计实施进一步审计程序,进而完成该循环的审计。

货币资金同各业务循环中的业务活动存在着密切的关系。一些最终影响货币资金的错误只有在对销售与收款、采购与付款、生产与存货、人力资源与工薪、投资与筹资的业务循环的审计测试中才会被发现。例如,未给顾客开发票、未按销售额开票、两次支付卖方发票或支付未经验收的货物或劳务等,在现金余额测试中都不会被发现。货币资金的风险评估主要在上述循环中进行测试。

一、货币资金可能存在的重大错报风险及原因

(一)可能存在的重大错报风险

货币资金可能存在的重大错报风险如表11－1所示。

表11－1　　重大错报风险及认定

重大错报风险	相关财务报表项目及认定
1. 货币资金是否确实存在	货币资金:存在
2. 所有应当记录的货币资金是否均已记录	货币资金:完整性
3. 记录的货币资金是否由被审计单位拥有或控制	货币资金:权利和义务
4. 以恰当的金额包括在报表中,与之相关的计价调整是否均已记录	货币资金:计价和分摊
5. 货币资金是否已按规定在报表中恰当列报	货币资金:列报和披露

(二)产生重大错报风险的原因

1. 库存现金易被挪用

库存现金的流动性极强,容易被挪用,监督不到位。

2. 银行存款账户隐匿

企业存在多设不必要的银行账户,通过零余额账户或注销账户,隐匿账户。

3. 与银行联手舞弊

与银行伪造银行对账单等单据,伪造银行函证确认函。

4. 表外设置私人银行账户

通过公司关联方或公司员工,设置账外私人账户,隐藏银行存款金额,私设小金库。

二、评估重大错报风险

审计人员应当根据被审计单位的实际情况，结合重大错报风险产生的原因，采用适当的方法，评估重大错报风险。

(一)应了解的事项

在进行货币资金重大错报风险评估时，审计人员至少应当了解下列事项：

(1)货币资金是否归属于被审计单位。

(2)货币资金是否真实存在。

(3)所列报的货币资金是否均已列报披露。

(4)货币资金与其他业务循环的关系。诸如销售与收款、采购与付款、生产与存货、人力资源与工薪、投资与筹资的业务循环，如图 11—1 所示。

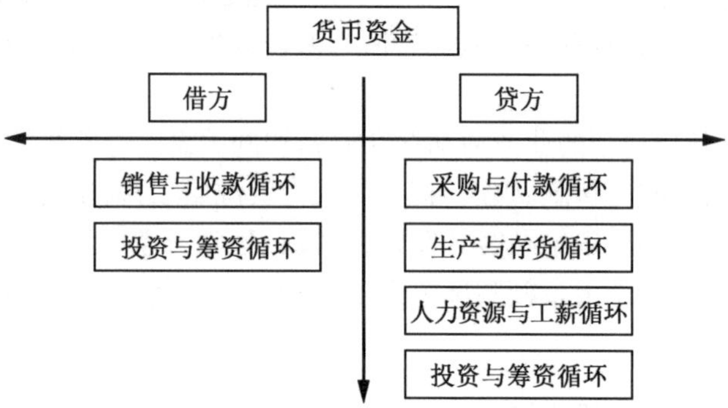

图 11—1 货币资金与其他业务循环的关系

此图中的借贷方分别表示货币资金的增加和减少。销售与收款，会增加货币资金，所以列在“货币资金”的借方；采购与付款、生产与存货、人力资源与工薪，对应货币资金的减少，列在“货币资金”的贷方；而投资与筹资的业务循环比较特殊，对应的既有货币资金的增加，也涉及货币资金的减少，在“货币资金”的借、贷方均有反映。

(二)采用的方法

在了解上述事项时，可采用询问、观察、检查、函证、分析(单独或组合应用)等方法。

(三)推导结果

根据对被审计单位货币资金状况进行的了解、分析，结合第五章“风险评估”“评估认定层次的重大错报风险”的相关思路，审计人员可评估出货币资金各环节的风险级别、是否存在重大错报风险，并将其有序列出，以便实施进一步审计程序。

三、根据评估结果设计进一步审计程序

审计人员应根据货币资金的重大错报风险评估结果，制定实施进一步审计程序，继而实施控制测试和实质性程序，以应对识别出的认定层次的重大错报风险。

通常，在货币资金的重大错报风险(见表 11—1)中，第四大重大错报风险(货币资金计价和分摊可能存在计算错误)，比较信赖内部控制时，可采用综合性方案；前三大重大错报风险(货币资金可能不存在，货币资金可能未完整记录、私设小金库，货币资金可能不归属于被审计单位)，基本不信赖内部控制时，则应采用实质性方案。

进一步审计程序的具体实施将在第四节、第五节详细展开。

第三节　货币资金的控制测试

根据货币资金存放地点及用途的不同，货币资金分为库存现金、银行存款及其他货币资金。对货币资金的控制测试，也将从库存现金、银行存款及其他货币资金分别展开。

一、货币资金的内部控制

货币资金是企业流动性最强的资产，企业必须加强对货币资金的管理，建立良好的货币资金内部控制，以确保全部应收取的货币资金均能收取，并及时正确地予以记录；全部货币资金支出是按照经批准的用途进行的，并及时正确地予以记录；库存现金、银行存款报告正确，并得以恰当保管；正确预测企业正常经营所需的货币资金收支额，确保企业有充足又不过剩的货币资金余额。货币资金内部控制应遵循下列相关规定：

(一)库存现金内部控制

由于现金是企业流动性最强的资产，加强现金管理对于保护企业资产安全完整具有重要的意义。在良好的现金内部控制下，企业的现金收支记录应及时、准确、完整；全部现金支出均按经批准的用途进行；现金得以安全保管。现金的内部控制一般应做到以下几点：

(1)现金收支与记账的岗位分离。企业应当建立货币资金业务的岗位责任制，明确相关部门和岗位的职责权限，确保办理货币资金业务的不相容岗位相互分离、制约和监督。出纳人员不得兼任稽核、会计档案保管和收入、支出、费用、债权债务账目的登记工作。企业不得由一人办理货币资金业务的全过程。

(2)现金收支要有合理、合法的凭据。企业有关部门或个人用款时，应当提前向审批人提交货币资金支付申请，注明款项的用途、金额、预算、支付方式等内容，并附有效经济合同或相关证明。

(3)全部收支及时准确入账，全部支出要有核准手续。企业应当对货币资金业务建立严格的授权批准制度，明确审批人对货币资金业务的授权批准方式、权限、程序、责任和相关控制措施，规定经办人办理货币资金业务的职责范围和工作要求。审批人应当根据货币资金授权批准制度的规定，在授权范围内进行审批，不得超越审批权限。经办人应当在职责范围内，按照审批人的批准意见办理货币资金业务。对于审批人超越授权范围审批的货币资金业务，经办人员有权拒绝办理，并及时向审批人的上级授权部门报告。企业借出款项必须执行严格的授权批准程序，严禁擅自挪用、借出货币资金。企业取得的货币资金收入必须及时入账，不得私设“小金库”，不得账外设账，严禁收款不入账。

(4)控制现金坐支，当日收入现金应及时送存银行。企业应当加强现金库存限额的管理，超过库存限额的现金应及时存入银行。企业现金收入应当及时存入银行，不得用于直接支付企业自身的支出。因特殊情况需坐支现金的，应事先报经开户银行审查批准。

(5)按月盘点现金，做到账实相符。对于现金，企业应当定期和不定期地进行现金盘点，确保现金账面余额与实际库存相符。发现不符，及时查明原因并做出处理。对于银行存款，按月编制银行存款余额调节表，以做到账实相符。

(6)加强对现金收支业务的内部审计。

(二)银行存款内部控制

良好的银行存款内部控制与库存现金的内部控制类似，应达到以下几个方面：

(1)银行存款收支与记账的岗位分离。

(2)银行存款收支要有合理、合法的凭据。

(3)全部收入及时准确入账,全部支出要有核准手续。

(4)按月编制银行存款余额调节表,做到账实相符。

(5)加强对银行存款收支业务的内部审计。

二、库存现金内部控制的测试

(1)了解现金内部控制。通常通过现金内部控制流程图来了解现金内部控制。编制现金内部控制流程图是现金控制测试的重要步骤。编制之前应通过询问、观察等调查手段收集必要的资料,然后根据所了解的情况编制流程图。

了解现金内部控制时,审计人员应当注意检查库存现金内部控制的建立和执行情况,重点包括:

①库存现金的收支是否按规定的程序和权限办理;

②是否存在与被审计单位经营无关的款项收支情况;

③出纳与会计的职责是否严格分离;

④库存现金是否妥善保管,是否定期盘点、核对;等等。

(2)抽取并检查收款凭证。如果现金收款内部控制不强,很可能会发生贪污舞弊或挪用等情况。例如,在一个小企业中,出纳员同时负责登记应收账款明细账,很可能发生循环挪用货款的情况。为测试现金收款的内部控制,审计人员应按现金的收款凭证分类,选取适当的样本量,做如下检查:①核对现金日记账的收入金额是否正确;②核对现金收款凭证与应收账款明细账的有关记录是否相符;③核对实收金额与销货发票是否一致;等等。

(3)抽取并检查付款凭证。为测试现金付款内部控制,审计人员应按照现金付款凭证分类,选取适当的样本量,做如下检查:①检查付款的授权批准手续是否符合规定;②核对现金日记账的付出金额是否正确;③核对现金付款凭证与应付账款明细账的记录是否一致;④核对实付金额与购货发票是否相符;等等。

(4)抽取一定期间的库存现金日记账与总账核对。审计人员应抽取一定期间的库存现金日记账,检查其加总是否正确无误,库存现金日记账是否与总分类账核对相符。

(5)检查外币现金的折算方法是否符合有关规定,是否与上年度一致。对于有外币现金的被审计单位,审计人员应检查外币库存现金日记账及“财务费用”“在建工程”等账户的记录,确定企业有关外币现金的增减变动是否采用交易发生日的即期汇率将外币金额折算为记账本位币金额,或者采用按照系统合理的方法确定的、与交易发生日即期汇率近似的汇率折算为记账本位币,选择采用汇率的方法前后各期是否一致;检查企业的外币现金的期末余额是否采用期末即期汇率折算为记账本位币金额;折算差额的会计处理是否正确。

(6)评价库存现金的内部控制。审计人员在完成上述程序之后,即可对库存现金的内部控制进行评价。评价时,审计人员应首先确定库存现金内部控制可信赖的程度以及存在的薄弱环节和缺点,然后据以确定在库存现金实质性程序中对哪些环节可以适当减少审计程序,对哪些环节应增加审计程序并做重点检查,以减少审计风险。

三、银行存款内部控制的测试

按照我国现金管理的有关规定,超过规定限额以上的现金支出一律使用支票。因此,企业应建立相应的支票申领制度,明确申领范围、申领批准及支票签发、支票报销等。

对于支票报销和现金报销，企业应建立报销制度。报销人员报销时应当有正常的报批手续、适当的付款凭据，有关采购支出还应具有验收手续。会计部门应对报销单据加以审核，出纳员见到加盖核准戳记的支出凭据后方可付款。对银行存款的控制测试，可从以下几方面进行：

(1)了解银行存款的内部控制。审计人员对银行存款内部控制的了解一般与了解现金的内部控制同时进行。审计人员应当注意的内容包括：①银行存款的收支是否按规定的程序和权限办理；②银行账户是否存在与本单位经营无关的款项收支情况；③是否存在出租、出借银行账户的情况；④出纳与会计的职责是否严格分离；⑤是否定期取得银行对账单并编制银行存款余额调节表；等等。

(2)了解银行账户的开立、变更和注销。审计人员可实施以下程序：①询问会计主管被审计单位本年开户、变更、撤销的整体情况；②取得本年度账户开立、变更、撤销申请项目清单，检查清单的完整性，并在选取适当样本的基础上检查账户的开立、变更、撤销项目是否已经经过相关人员审批。

(3)抽取并检查银行存款收款凭证。审计人员应选取适当的样本量，做如下检查：①核对银行存款收款凭证与存入银行账户的日期和金额是否相符；②核对银行存款日记账的收入金额是否正确；③核对银行存款收款凭证与银行对账单是否相符；④核对银行存款收款凭证与应收账款明细账的有关记录是否相符；⑤核对实收金额与销货发票是否一致；等等。

(4)抽取并检查银行存款付款凭证。为测试银行存款付款内部控制，审计人员应选取适当的样本量，做如下检查：①检查付款的授权批准手续是否符合规定；②核对银行存款日记账的付出金额是否正确；③核对银行存款付款凭证与银行对账单是否相符；④核对银行存款付款凭证与应付账款明细账的记录是否一致；⑤核对实付金额与购货发票是否相符；等等。

(5)抽取一定期间的银行存款日记账与总账核对。审计人员应抽取一定期间的银行存款日记账，检查其有无计算错误，并与银行存款总分类账核对。

(6)抽取一定期间的银行存款余额调节表，查验其是否按月正确编制并经复核。为证实银行存款记录的正确性，审计人员必须抽取一定期间的银行存款余额调节表，将其同银行对账单、银行存款日记账及总账进行核对，确定被审计单位是否按月正确编制并复核银行存款余额调节表。

(7)检查外币银行存款的折算方法是否符合有关规定，是否与上年度一致。对于有外币银行存款的被审计单位，审计人员应检查外币银行存款日记账及"财务费用""在建工程"等账户的记录，确定有关外币银行存款的增减变动是否采用交易发生日的即期汇率将外币金额折算为记账本位币全额，或者采用按照系统合理的方法确定的、与交易发生日即期汇率近似的汇率折算为记账本位币，选择采用汇率的方法前后各期是否一致；检查企业的外币银行存款的余额是否采用期末即期汇率折算为记账本位币金额；折算差额的会计处理是否正确。

(8)评价银行存款的内部控制。审计人员在完成上述程序之后，即可对银行存款的内部控制进行评价。评价时，审计人员应首先确定银行存款内部控制可信赖的程度以及存在的薄弱环节和缺点，然后据以确定在银行存款实质性程序中对哪些环节可以适当减少审计程序、对哪些环节应增加审计程序并作重点检查，以减少审计风险。

第四节 货币资金的实质性程序

一、货币资金的审计认定及目标

(1)存在。确定被审计单位资产负债表的货币资金项目中的货币资金在资产负债表日是否确实存在。

(2)完整性。确定被审计单位所有应当记录的货币资金收支业务是否均已记录完毕,有无遗漏。

(3)权利和义务。确定记录的货币资金是否为被审计单位所拥有或控制。

(4)计价和分摊。确定货币资金以恰当的金额包括在财务报表的货币资金项目中,与之相关的计价调整已恰当记录。

(5)列报与披露。确定货币资金是否已按照企业会计准则的规定在财务报表中做出恰当列报、披露。

二、库存现金的实质性程序

(1)核对库存现金日记账与总账的金额是否相符,检查非记账本位币库存现金的折算汇率及折算金额是否正确。审计人员测试现金余额的起点是,核对库存现金日记账与总账的金额是否相符。如果不相符,应查明原因,必要时应建议做出适当调整。

(2)监盘库存现金。监盘库存现金是证实资产负债表中货币资金项目下所列库存现金是否存在的一项重要审计程序。

企业盘点库存现金,通常包括对已收到但未存入银行的现金、零用金、找换金等的盘点。盘点库存现金的时间和人员应视被审计单位的具体情况而定,但现金出纳员和被审计单位会计主管人员必须参加,并由审计人员进行监盘。盘点和监盘库存现金的步骤与方法主要有:

①制订监盘计划,确定监盘时间。对库存现金的监盘最好实施突击性的检查,时间最好选择在上午上班前或下午下班时,盘点的范围一般包括被审计单位各部门经管的现金。在进行现金盘点前,应由出纳员将现金集中起来存入保险柜。必要时可加以封存,然后由出纳员把已办妥现金收付手续的收付款凭证登入库存现金日记账。如被审计单位库存现金存放部门有两处或两处以上的,应同时进行盘点。

②审阅库存现金日记账并同时与现金收付凭证相核对。一方面检查库存现金日记账的记录与凭证的内容和金额是否相符;另一方面了解凭证日期与库存现金日记账日期是否相符或接近。

③由出纳员根据库存现金日记账加计累计数额,结出现金结余额。

④盘点保险柜内的现金实存数,同时由审计人员编制"库存现金监盘表"(格式参见表11-2),分币种、面值列示盘点金额。

⑤将盘点金额与库存现金日记账余额进行核对,如有差异,应要求被审计单位查明原因,必要时应提请被审计单位做出调整;如无法查明原因,应要求被审计单位按管理权限批准后做出调整。

⑥若有冲抵库存现金的借条、未提现支票、未做报销的原始凭证,应在"库存现金监盘表"中注明,必要时应提请被审计单位做出调整。

⑦在非资产负债表日进行盘点和监盘时,应调整至资产负债表日的金额。

(3)分析被审计单位日常库存现金余额是否合理,关注是否存在大额未缴存的现金。

(4)抽查大额库存现金收支。检查大额现金收支的原始凭证是否齐全、原始凭证内容是否完整、有无授权批准、记账凭证与原始凭证是否相符、账务处理是否正确、是否记录于恰当的会计期间等项内容。

(5)抽查资产负债表日前后若干天的、一定金额以上的现金收支凭证实施截止测试。被审计单位资产负债表的货币资金项目中的库存现金数额,应以结账日实有数额为准。因此,审计人员必须验证现金收支的截止日期，以确定是否存在跨期事项、是否应考虑提出调整建议。

(6)检查库存现金是否在财务报表中做出恰当列报。根据有关规定，库存现金在资产负债表的“货币资金”项目中反映，审计人员应在实施上述审计程序后，确定“库存现金”账户的期末余额是否恰当，进而确定库存现金是否在资产负债表中恰当披露。

表 11－2　　**库存现金盘点核对表**

索引号：________

盘点日期　　年　　月　　日　　页次：________

检查核对记录					
项　目		行次	人民币	美元	__元
上一日账面库存余额		1			
盘点日未记账传票付出金额		2			
盘点日未记账付款付出金额		3			
盘点日账面应有金额		4＝1＋2－3			
盘点实有库存现金数额		5			
盘点日应有与实际金额差异		6＝4－5			
差异原因分析					
追溯至报表日结存额	报表日至盘点日库存现金付出总额(＋)	7			
	报表日至盘点日库存现金收入总额(－)	8			
	报表日库存现金应有余额	9＝4＋7－8			
	报表日账面汇率				
	报表日余额折合本位币金额				
本位币合计					0.00

实有库存现金盘点记录						
面额	人民币		美元		__元	
	数量	金额	数量	金额	数量	金额
1 000						
500						
100						
50						
20						
10						
5						
2						
1						
0.5						
0.2						
0.1						
0.05						
0.02						
0.01						
合　计						

情况说明及审计意见：

盘点人(出纳)：　　主管会计：　　监盘人：　　复核员：

三、银行存款的实质性程序

银行存款的实质性程序一般包括：

(1)获取银行存款余额明细表，复核加计是否正确，并与总账数和日记账合计数核对是否相符；检查非记账本位币银行存款的折算汇率及折算金额是否正确。审计人员测试银行存款余额的起点是核对银行存款日记账与总账的余额是否相符。如果不相符，应查明原因，必要时应建议做出适当调整。

(2)实施实质性分析程序。计算银行存款累计余额应收利息收入，分析比较被审计单位银行存款应收利息收入与实际利息收入的差异是否恰当，评估利息收入的合理性，检查是否存在高息资金拆借，确认银行存款余额是否存在，利息收入是否已经完整记录。

(3)检查银行存款账户发生额。审计人员对银行存款账户的发生额进行审计，可以考虑对银行存款账户的发生额实施以下程序：

①分析不同账户发生银行日记账漏记银行交易的可能性，获取相关账户相关期间的全部银行对账单。

②如果对被审计单位银行对账单的真实性存有疑虑，审计人员可以在被审计单位的协助下亲自到银行获取银行对账单。在获取银行对账单时，审计人员要全程关注银行对账单的打印过程。

③选取银行对账单中记录的交易与被审计单位银行存款日记账记录进行核对；从被审计单位银行存款日记账上选取样本，核对至银行对账单。

④浏览银行对账单，选取大额异常交易，如银行对账单上有一收一付相同金额，或分次转出相同金额等，检查被审计单位银行存款日记账上有无该项收付金额记录。

(4)取得并检查银行对账单和银行存款余额调节表。取得并检查银行对账单和银行存款余额调节表是证实资产负债表中所列银行存款是否存在的重要程序。银行存款余额调节表通常应由被审计单位根据不同的银行账户及货币种类分别编制，其格式如表 11－3 所示。具体测试程序通常包括：

①取得并检查银行对账单。

a. 取得被审计单位加盖银行印章的银行对账单，必要时，亲自到银行获取对账单，并对获取过程保持控制。

b. 将获取的银行对账单余额与银行日记账余额进行核对，如存在差异，获取银行存款余额调节表。

c. 将被审计单位资产负债表日的银行对账单与银行询证函回函核对，确认是否一致。

②取得并检查银行存款余额调节表。

a. 检查调节表中加计数是否正确，调节后银行存款日记账余额与银行对账单余额是否一致。

b. 检查调节事项。对于企业已收付、银行尚未入账的事项，检查相关收付款凭证，并取得期后银行对账单，确认未达账项是否存在，银行是否已于期后入账；对于银行已收付、企业尚未入账的事项，检查期后企业入账的收付款凭证，确认未达账项是否存在，必要时，提请被审计单位进行调整。

c. 关注长期未达账项，查看是否存在挪用资金等事项。

d. 特别关注银付企未付、企付银未付中支付异常的领款事项，包括没有载明收款人、签字不全等支付事项，确认是否存在舞弊。

(5)函证银行存款余额，编制银行函证结果汇总表，检查银行回函。应注意：

①向被审计单位在本期存过款的银行发函，包括零余额账户和在本期内注销的账户。

②确定被审计单位账面余额与银行函证结果的差异，对不符事项做出适当处理。

银行存款函证是指审计人员在执行审计业务的过程中，需要以被审计单位名义向有关单位发函询证，以验证被审计单位的银行存款是否真实、合法、完整。各商业银行、政策性银行、非银行金融机构要在收到询证函之日起10个工作日内，根据函证的具体要求，及时回函并可按照国家的有关规定收取询证费用；各有关企业或单位根据函证的具体要求回函。

函证银行存款余额是证实资产负债表所列银行存款是否存在的重要程序。通过向往来银行函证，审计人员不仅可了解企业资产的存在，还可了解企业账面反映所欠银行债务的情况，并有助于发现企业未入账的银行借款和未披露的或有负债。

审计人员应当对银行存款（包括零余额账户和在本期内注销的账户）及与金融机构往来的其他重要信息实施函证程序，除非有充分证据表明某一银行存款及与金融机构往来的其他重要信息对财务报表不重要且与之相关的重大错报风险很低。

如果不对这些项目实施函证程序，审计人员应当在审计工作底稿中说明理由。

审计人员需要考虑是否对在本期内注销的账户的银行进行函证，这通常是因为有可能存款账户已注销但仍有银行借款或其他负债存在。

表 11－3　　**银行存款余额调节表**

所属会计师事务所：　　索引号：

被审计单位：　　页　次：

开户银行：　　币种：　　账号：

被审计单位提供		T/F	被审计单位提供		T/F
项目	审计前金额		项目	审计前金额	
企业银行存款日记账余额			银行对账单余额		
加：银行已收企业未收款项			加：企业已收银行未收款项		
其中：			其中：		
1.			1.		
2.			2.		
减：银行已付企业未付款项			减：企业已付银行未付款项		
其中：			其中：		
1.			1.		
2.			2.		
调节后余额			调节后余额		

注：

1. 本表应按不同的银行存款账号及不同的货币种类分别编制。

2."其中"栏内填制未达账项，应注明日期、日记账（或对账单）页次、事项。

3. 检查未达账项真实性，查验资产负债表日后的进账情况，索引号：〈A1－3－4〉。

4. T/F：表示 True 或 False。

资料提供人：

(6)检查银行存款账户存款人是否为被审计单位，若存款人非被审计单位，应获取该账户户主和被审计单位的书面声明，确认资产负债表日是否需要提请被审计单位进行调整。

(7)关注是否存在质押、冻结等对变现有限制或存在境外的款项。如果存在，是否已提请被审计单位做必要的调整和披露。

(8)对不符合现金及现金等价物条件的银行存款在审计工作底稿中予以列明，以考虑对现金流量表的影响。

(9)抽查大额银行存款收支的原始凭证，检查原始凭证是否齐全、记账凭证与原始凭证是否相符、账务处理是否正确、是否记录于恰当的会计期间等项内容。检查是否存在非营业目的的大额货币资金转移，并核对相关账户的进账情况；如有与被审计单位生产经营无关的收支事项，应查明原因并做相应的记录。

(10)检查银行存款收支的截止是否正确。选取资产负债表日前后若干张、一定金额以上的凭证实施截止测试，关注业务内容及对应项目，如有跨期收支事项，应考虑是否提请被审计单位进行调整。

(11)检查银行存款是否在财务报表中做出恰当列报。根据有关规定，企业的银行存款在资产负债表的“货币资金”项目中反映，所以，审计人员应在实施上述审计程序后，确定银行存款账户的期末余额是否恰当，进而确定银行存款是否在资产负债表中恰当披露。此外，如果企业的银行存款存在抵押、冻结等使用限制情况或者潜在回收风险，审计人员应关注企业是否已经恰当披露有关情况。

四、其他货币资金的实质性程序

(1)如果被审计单位有定期存款，审计人员可以考虑实施以下审计程序：

①向管理层询问定期存款存在的商业理由并评估其合理性。

②获取定期存款明细表，检查是否与账面记录金额一致，存款人是否为被审计单位，定期存款是否被质押或限制使用。

③在监盘库存现金的同时，监盘定期存款凭据。如果被审计单位在资产负债表日有大额定期存款，基于对风险的判断考虑选择在资产负债表日实施监盘。

④对未质押的定期存款，检查开户证实书原件，以防止被审计单位提供的复印件是未质押(或未提现)前原件的复印件。在检查时，还要认真核对相关信息，包括存款人、金额、期限等，如有异常，需实施进一步审计程序。

⑤对已质押的定期存款，检查定期存单复印件，并与相应的质押合同核对。对于质押借款的定期存单，关注定期存单对应的质押借款有无入账，对于超过借款期限但仍处于质押状态的定期存款，还应关注相关借款的偿还，了解相关质权是否已被行使；对于为他人担保的定期存单，还应关注担保是否逾期及相关质权是否已被行使。

⑥函证定期存款相关信息。

⑦结合财务费用审计测算利息收入的合理性，判断是否存在体外资金循环的情形。

⑧在资产负债表日后已提取的定期存款，核对相应的兑付凭证等。

⑨关注被审计单位是否在财务报表附注中对定期存款给予充分披露。

(2)除定期存款外，审计人员对其他货币资金实施审计程序时，通常可能特别关注以下事项：

①保证金存款的检查。检查开立银行承兑汇票的协议或银行授信审批文件，可以将保证

金账户对账单与相应的交易进行核对，根据被审计单位应付票据的规模合理推断保证金数额，检查保证金与相关债务的比例和合同约定是否一致，特别关注是否存在有保证金发生而被审计单位无对应保证事项的情形。

②对于存出投资款，跟踪资金流向，并获取董事会决议等批准文件、开户资料、授权操作资料等。如果投资于证券交易业务，通常结合相应金融资产项目审计，核对证券账户名称是否与被审计单位相符，获取证券公司证券交易结算资金账户的交易流水，抽查大额的资金收支，关注资金收支的财务账面记录与资金流水是否相符。

复习思考题

1. 浏览银行对账单时发现有一收一付同等金额，检查单位银行存款日记账上有该项收付金额记录的话，是不是就代表无异常？

2. 银行对账单余额与银行存款日记账余额不符，应当执行的最有效的审计程序是什么？

3. 银行对账单和银行余额调节表都是银行存款的一个有力保证，而函证也是证明银行存款是否存在的，为什么有了银行对账单等还需要函证呢？此基础上函证的作用又是什么？

4. 当企业间存在资金拆借时，应如何辨别？例如，B企业向A企业借入500万元，制作了一张500万元设备出售（B销售产品为该500万元设备）的凭证，但实际设备未出库，那应该如何寻找证据或发现该笔业务？如何辨别500万元的来源？

5. 如果审计单位有定期存款，审计人员向管理层询问定期存款存在的商业理由并评估其合理性，如何判断其合理性？依据的标准是什么？

6. 库存现金内部控制的测试中，收款凭证和付款凭证都是选取适当的样本量进行检查，假如有问题的部分恰恰是没有被抽到的，怎么办？

7. 在检查银行对账单时，发现企业有一笔现金支出，但没有明确的用途说明，如何证明该用途？

第十二章 完成审计和审计报告

学习目标

通过本章的学习，了解审计报告的概念、作用；熟悉审计完成阶段需进行的更具综合性的审计工作；掌握审计意见的形成、类型，发表各类审计意见的情形；掌握审计报告的要素并按《审计准则》的规定出具审计报告。

第一节 完成审计

审计人员按业务循环完成各项财务报表项目和一些特殊项目的审计工作后，在审计完成阶段将进行更具综合性的审计工作，主要包括：评价审计中的重大事项、评价审计过程中发现的错报、复核审计工作底稿和财务报表、关注期后事项对财务报表的影响等，在此基础上，评价审计结果，与客户沟通、获取管理层声明，确定应出具的审计报告的意见类型和措辞，进而编制并致送审计报告，终结审计工作。

在审计实务中，以上工作有些是在审计实施阶段就已经开始。

一、评价审计中的重大事项

（一）主要重大事项

（1）期中复核中的重大发现及其对审计方法的影响。

（2）涉及会计政策的选择、运用和一贯性的事项及相关披露。

（3）就识别出的重大风险，对审计策略和计划的审计程序所做的重大修正。

（4）在与管理层与其他人员讨论重大事项时得到的信息。

（5）与审计人员的最终审计结论相矛盾或不一致的信息。

（二）评价过程中可能揭示的事项

（1）是否有必要对重要性水平进行修订。

（2）对审计策略（计划）、重大错报风险评估的结果的重大修订、重要变动。

（3）对审计方法有重要影响的值得关注的内部控制缺陷和其他缺陷。

（4）财务报表中存在的重大错报。

（5）项目组成员内部及与外部相关人员之间就重大会计和审计事项达成最终结论所存在的意见分歧。

（6）在实施审计程序时遇到的重大困难。

(7)向事务所内部有经验的专业人员或外部专业顾问咨询的事项。

(8)与管理层或其他人员就重大发现以及与审计人员的最终审计结论相矛盾或不一致的信息进行的讨论。

二、评价审计过程中发现的错报

(一)错报的沟通和更正

1. 及时与管理层沟通

审计人员发现错报应及时与适当层级的管理层沟通,如有异议将进一步评价。

2. 考虑征询法律意见

法律法规可能限制审计人员向管理层或被审计单位内部的其他人员通报某些错报;法律法规可能专门规定禁止通报某事项或采取其他行动,这些通报或行动可能不利于有关权力机构对实际存在的或怀疑存在的违法行为展开调查。

在某些情况下,审计人员的保密义务与通报义务之间存在的潜在冲突可能很复杂。此时,审计人员可以考虑征询法律意见。

3. 管理层更正所有错报

管理层更正所有错报(包括审计人员通报的错报),能够保持会计账簿和记录的准确性,降低由于与本期相关的、非重大的且尚未更正的错报的累积影响而导致未来期间财务报表出现重大错报的风险。

4. 错报更正与否对质量的影响

《中国注册会计师审计准则第 1501 号——在审计报告中沟通关键审计事项》要求审计人员评价财务报表是否在所有重大方面按照使用的财务报告编制基础编制。这项评价包括考虑被审计单位会计实务的质量。审计人员对管理层不更正错报理由的理解,可能影响其对被审计单位会计实务的质量。

(二)评价未更正错报的影响

未更正错报,是指审计人员在审计过程中累积的且被审计单位未予更正的错报。

1. 评价错报前可能需要对重要性做出修改

评价错报前可能需要对重要性做出修改,其原因主要有以下两个方面:

(1)重要性的估计性。

审计人员在确定重要性时,通常依据对被审计单位财务结果的估计,因为此时可能尚不知道实际的财务结果。因此,在评价未更正错报的影响之前,审计人员可能有必要依据实际的财务结果对重要性做出修改。

(2)信息获知的深入性。

如果在审计过程中获知了某项信息,而该信息可能导致审计人员确定与原来不同的财务报表整体重要性或者特定类别交易、账户余额或披露的一个或多个重要性水平(如适用),审计人员应当予以修改。因此,在审计人员评价未更正错报的影响之前,可能已经对重要性或重要性水平(如适用)做出重大修改。

如果审计人员对重要性或重要性水平进行的重新评价导致需要确定较低的金额,则应重新考虑实际执行的重要性和进一步审计程序的性质、时间安排和范围的适当性,以获取充分、适当的审计证据,作为发表审计意见的基础。

2. 单项错报的考虑

审计人员需要考虑每一单项错报，以评价其对相关类别的交易、账户余额或披露的影响，包括评价该项错报是否超过特定类别的交易、账户余额或披露的重要性水平。

（1）重大错报不太可能被其他错报抵消。

如果审计人员认为某一单项的错报是重大的，则该项错报不大可能被其他错报抵消。例如，如果收入存在重大高估，即使这项错报对收益的影响完全可被相同金额的费用高估所抵消，审计人员仍认为财务报表整体存在重大错报。

（2）抵消非重大错报前需考虑风险。

对于同一账户余额或同一类别的交易内部的错报，这种抵消可能是适当的。然而，在得出抵消非重大错报是适当的这一结论之前，需要考虑可能存在其他未被发现的错报的风险。

3. 错报是否重大的考虑

（1）定性的考虑。

确定一项分类错报是否重大，需要进行定性评估（例如，分类错报对负债或其他合同条款的影响、对单个财务报表项目或小计数的影响，以及对关键比率的影响）。有时即使分类错报超过了在评价其他错报时运用的重要性水平，审计人员可能仍然认为该分类错报对财务报表整体不产生重大影响。

（2）累积效应的考虑。

在某些情况下，即使某些错报低于财务报表整体的重要性，但因与这些错报相关的某些情况，在将其单独或连同在审计过程中累积的其他错报一并考虑时，审计人员也可能将这些错报评价为重大错报（例如，某项错报的金额虽然低于财务报表整体的重要性，但对被审计单位的盈亏状况有决定性的影响，审计人员应认为该项错报是重大错报）。

4. 影响评价错报的主要情况

（1）错报对遵守监管要求的影响程度。

（2）错报对遵守债务合同或其他合同条款的影响程度。

（3）错报与会计政策的不正确选择或运用相关，这些会计政策的不正确选择或运用对当期财务报表不产生重大影响，但可能对未来期间财务报表产生重大影响。

（4）错报掩盖的变化或其他趋势的程度（尤其是在结合宏观经济背景和行业状况进行考虑时）。

（5）错报用于评价被审计单位财务状况、经营成果或现金流量的相关比率的影响程度。

（6）错报对财务报表中列报的分部信息的影响（例如，错报事项对某一分部或对被审计单位的经营或赢利能力有重大影响的其他组成部分的重要程度）。

（7）错报对增加管理层薪酬的影响程度（例如，管理层通过达到有关奖金或其他激励政策规定的要求以增加薪酬）。

（8）相对于审计人员所了解的以前向财务报表使用者传达的信息（如盈利预测），错报是重大的。

（9）错报对涉及特定机构或人员的项目的相关程度（例如，与被审计单位发生交易的外部机构或人员是否与管理层成员有关联关系）。

（10）错报涉及对其他信息的遗漏，尽管适用的财务报告编制基础未对这些信息作出明确规定，但是审计人员根据职业判断认为这些信息对财务报表使用者了解被审计单位的财务状况、经营成果或现金流量是重要的。

(11)错报对其他信息(包含在“管理层讨论与分析”或“经营与财务回顾”中的信息)的影响程度,这些信息与已审计财务报表一同披露,并被合理预测可能影响财务报表使用者做出的经济决策。

三、复核审计工作底稿和财务报表

(一)复核审计工作底稿

根据《会计师事务所质量控制准则第 5101 号》和《中国注册会计师审计准则第 1121 号》的相关规定,结合事务所自身组织架构特点和质量控制体系建设的要求,审计人员需要制定相关的质量控制政策和程序,对审计项目进行项目组内部复核和项目质量控制复核。

1. 项目组内部复核

(1)复核人员。

《质量控制准则第 5101 号》规定,审计人员在安排复核工作时,应当由项目组内经验较多的人员复核经验较少的人员的工作。审计人员应当根据这一原则,确定有关复核责任的政策和程序。项目组需要在制订审计计划时确定复核人员的指派,以确保所以工作底稿均得到适当层级人员的复核。

对一些较为复杂、审计风险较高的领域,例如,舞弊风险的评估与应对、重大会计估计及其他复杂的会计问题、审计会议记录和重大合同、关联方关系和交易、持续经营存在的问题等,需要指派经验丰富的项目组成员执行复核,必要时可以由项目合伙人执行复核。

(2)复核范围。

所有的审计工作底稿至少要经过一级复核。

执行复核时,复核人员需要考虑的事项包括:①审计工作是否已按照职业准则和适用的法律法规的规定执行;②重大事项是否已提请进一步考虑;③相关事项是否已进行适当咨询,由此形成的结论是否已得到记录和执行;④是否需要修改已执行审计工作的性质、时间安排和范围;⑤已执行的审计工作是否支持形成的结论,并已得到适当记录;⑥已获取的审计证据是否充分、适当;⑦审计程序的目标是否以实现。

(3)复核时间。

审计项目复核贯穿审计全过程,随着审计工作的进展,复核人员在审计计划阶段、执行阶段和完成阶段及时复核相应的工作底稿,例如,在审计计划阶段复核记录审计策略和审计计划的工作底稿,在审计执行阶段复核记录控制测试和实质性程序的工作底稿,在审计完成阶段记录重大事项、审计调整及未更正错报的工作底稿等。

(4)项目合伙人复核。

根据审计准则规定:项目合伙人应当对每项审计业务的总体质量负责;项目合伙人应当对项目组按照审计人员复核政策和程序实施的复核负责。

项目合伙人复核的内容包括:①对关键领域所做的判断,尤其是执行业务过程中识别出的疑难问题或争议事项;②特别风险;③项目合伙人认为重要的其他领域。项目合伙人无须复核所有审计工作底稿。《审计准则第 1131 号——审计工作底稿》要求项目合伙人记录复核的范围和时间。在审计报告日或审计报告日之前,项目合伙人应当通过复核审计工作底稿与项目组讨论,确信已获取充分、适当的审计证据,支持得出的结论和拟出具的审计报告。

2. 项目质量控制复核

根据《质量控制准则第 5101 号》的规定,审计人员应当制定政策和程序,要求对特定业务

(包括所以上市实体财务报表审计)实施项目质量控制复核,以客观评价项目组做出的重大判断以及在编制报告时得出的结论。

审计人员应当制定政策和程序,以明确项目质量控制复核的性质、时间安排和范围。这些政策和程序应当要求,只有完成项目质量控制复核,才可以签署业务报告。

(1)质量控制复核人员。

《质量控制准则第 5101 号》规定,审计人员应当制定政策和程序,解决项目质量控制复核人员的委派问题,明确项目质量控制复核人员的资格要求,包括:①履行职责需要的技术资格,包括必要的经验和权限;②在不损害其客观性的前提下,项目质量控制复核人员能够提供业务咨询的程度。

审计人员在确定质量控制复核人员的资格要求时,需要充分考虑质量控制复核工作的重要性和复杂性,安排经验丰富的审计人员担任项目质量复核人员,例如,有一定执业经验的合伙人,或专门负责质量控制复核的审计人员等。

(2)质量控制复核范围。

《审计准则第 1121 号》规定,项目质量控制复核人员应当客观地评价项目组做出的重大判断以及在编制审计报告时得出的结论。

评价工作应当涉及下列内容:①与项目合伙人讨论重大事项;②复核财务报表和拟出具税务审计报告;③复核选取的与项目组做出的重大判断和得出的结论相关的审计工作底稿;④评价在编制审计报告时得出的结论,并考虑拟出具审计报告的恰当性。

(3)质量控制复核时间。

①只有完成了项目质量控制复核,才能签署审计报告。

②审计报告的日期不得早于审计人员获取充分、适当的审计证据,并在此基础上对财务报表形成审计意见的日期。

③项目质量控制复核人员在业务过程中的适当阶段应及时实施项目质量控制复核(有助于重大事项在审计报告之前得到迅速、满意的解决)。

④审计人员要考虑在审计过程与项目质量控制复核人员积极协调配合,使其能够及时实施质量控制复核,而非在出具审计报告前才实施复核(例如,在审计计划阶段,质量控制复核人员复核项目组对审计人员独立性做出的评价、项目组在制定审计策略和审计计划时做出的重大判断及发现的重大事项等)。

(4)上市实体质量控制复核的附加考虑。

对于上市实体财务报表审计,项目质量控制复核人员在实施项目质量控制复核时,还应当考虑:①项目组就具体审计业务对审计人员独立性做出的评价;②项目组是否已就涉及意见分歧的事项,或者其他疑难问题或争议事项进行恰当咨询,以及咨询得出的结论;③选取的用于复核的审计工作底稿,是否反映了项目组对重大判断执行的工作,以及是否支持得出的结论。

(二)财务报表总体复核

1. 总体复核的时间

在审计结束或临近结束时,审计人员应当对财务报表合理性进行总体复核。

2. 总体复核的目的

审计人员运行分析程序对财务报表进行总体复核的目的是确定经审计调整后的财务报表整体是否与对被审计单位的了解一致,是否具有合理性。

3. 考虑是否追加审计程序

在运用分析程序进行总体复核时,如果识别出以前未识别的重大错报风险,审计人员应当重新考虑对全部或部分各类别的交易、账户余额、披露评估的风险是否恰当,并在此基础上重新评价之前计划的审计程序是否充分,是否有必要追加审计程序。

四、期后事项

(一)期后事项的定义

期后事项是指财务报表日至审计报告日之间发生的事项,以及审计人员在审计报告日后知悉的事实。

(二)期后事项的种类

期后事项分为两类:财务报表日后调整事项、财务报表日后非调整事项。

1. 财务报表日后调整事项

这类期后事项是对财务报表日已经存在的情况提供了新的或进一步证据的事项,这类期后事项如果金额重大,应提请被审计单位对本期财务报表及相关的账户金额进行调整。诸如:

(1)财务报表日后诉讼案件结案,法院判决证实了企业在财务报表日已经存在现时义务,需要调整原先确认的与该诉讼案件相关的预计负债,或确认一项新负债。

(2)财务报表日后取得确切证据,表明某项资产在财务报表日发生了减值或者需要调整该项资产原先确认的减值金额。

(3)财务报表日后进一步确定了财务报表日前购入资产的成本或售出资产的收入。

(4)财务报表日后发现了财务报表舞弊或差错。

2. 财务报表日后非调整事项

这类期后事项是对财务报表日后发生的情况提供证据的事项,即表明财务报表日后发生的情况的事项。这类事项虽不影响财务报表金额,但可能影响对财务报表的正确理解,需提请被审计单位管理层在财务报表附注中作适当披露。

被审计单位在财务报表日后发生的、需要在财务报表中披露而非调整的事项通常包括:

(1)财务报表日后发生重大诉讼、仲裁、承诺。

(2)财务报表日后资产价格、税收政策、外汇汇率发生重大变化。

(3)财务报表日后因自然灾害导致资产发生重大损失。

(4)财务报表日后发行股票或债券以及其他巨额举债。

(5)财务报表日后资本公积转增资本。

(6)财务报表日后发生巨额亏损。

(7)财务报表日后发生企业合并或处置子公司。

(8)财务报表日后企业利润分配方案中拟分配的以及经审议批准宣告发放的股利或利润。

3. 期后事项时段及审计责任划分

期后事项可划分为三个时段,各时段的审计责任如表 12－1 所示。

表 12－1　　期后事项各时段及其审计责任

期后事项时段	起止时期	责任定位	审计责任的具体体现
第一时段(发生的事项)	20×6 年 12 月 31 日～20×7 年 3 月 5 日	主动识别(负有主动识别的义务)	应当设计专门的审计程序来识别这些期后事项,并根据这些事项的性质判断其对财务报表的影响,进而确定是进行调整还是披露

续表

期后事项时段	起止时期	责任定位	审计责任的具体体现
第二时段(知悉的事实)	20×7年3月6日～20×7年3月10日	被动识别(考虑知悉事实对财务报表的影响)	(1)在审计报告日后至财务报表报出日前,如果知悉了某事实,且若在审计报告日知悉可能导致修改审计报告,审计人员应当与管理层(如适用)讨论该事项 (2)确定财务报表是否需要修改 (3)如果需要修改,询问管理层将如何在财务报表中处理该事项
第三时段(知悉的事实)	20×7年3月10日后	没有义务识别(没有义务针对财务报表实施任何审计程序)	(1)与管理层和治理层(如适用)讨论该事项 (2)确定财务报表是否需要修改 (3)如果需要修改,询问管理层将如何在财务报表中处理该事项

4. 期后事项与其时段的关系

期后事项与其三时段的关系如图12—1所示。可见第一时段为发生的事项,第二时段和第三时段为知悉的事实。

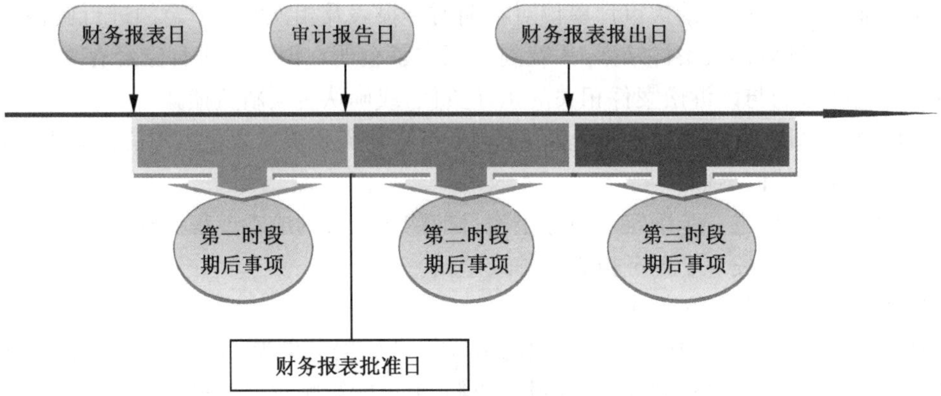

图12—1 期后事项与其时段的关系

(三)主动识别第一时段期后事项

1. 总体要求

审计人员应当设计和实施审计程序,获取充分、适当的审计证据,以确定所有在财务报表日至审计报告日之间发生的、需要在财务报表中调整或披露的事项均已得到识别;但审计人员并不需要对之前已实施审计程序并已得出满意结论的事项执行追加的审计程序。

2. 识别第一时段期后事项的方法

(1)了解管理层为确保识别期后事项而建立的程序。

(2)询问管理层和治理层(如适用),确定是否已发生可能影响财务报表的期后事项。

(3)查阅被审计单位的所有者、管理层和治理层在财务报表日后举行会议的纪要,在不能获取会议纪要的情况下,询问此类会议讨论的事项。

(4)查阅被审计单位最近的中期财务报表(如有)。

(5)查阅被审计单位在财务报表日后最近期间内的预算、现金流量预测和其他相关的管理报告。

(6)就诉讼和索赔事项询问被审计单位的法律顾问,或扩大之前口头或书面查询的范围。

(7)考虑是否有必要获取涵盖特定期后事项的书面声明以支持其他审计证据,从而获取充分、适当的审计证据。

3. 识别后的考虑

(1)如果审计人员识别出对财务报表有重大影响的第一时段期后事项,应当确定这些事项是否按照适用的财务报告编制基础的规定在财务报表中得到恰当反映。

(2)如果所知悉的期后事项属于调整事项,审计人员应当考虑被审计单位是否已对财务报表做出适当的调整。

(3)如果所知悉的期后事项属于非调整事项,审计人员应当考虑被审计单位是否在财务报表附注中予以充分披露。

(四)被动识别第二时段期后事项

1. 总体要求

(1)在审计报告日后,审计人员没有义务针对财务报表实施任何审计程序。

(2)如果审计人员在审计报告日后至报出日前知悉了某事实,且若在审计报告日知悉可能导致修改审计报告,审计人员应当采取以下措施:

①与管理层和治理层(如适用)讨论该事项。

②确定财务报表是否需要修改。

③如果需要修改,询问管理层将如何在财务报表中处理该事项。

2. 管理层修改财务报表时的处理

(1)如果管理层修改财务报表,审计人员应当根据具体情况对有关修改实施必要的审计程序;同时,除非下文(3)的特殊情况适用,审计人员应当将用以识别第一时段期后事项的审计程序延伸至新的审计报告。新的审计报告日不应早于修改后的财务报表被批准的日期。

(2)审计人员需要获取充分、适当的审计证据,以验证管理层根据期后事项所做出的财务报表调整或披露是否符合适用的财务报告编制基础的规定。

(3)特殊情况是,在有关法律法规或适用的财务报告编制基础未禁止的情况下,如果管理层对财务报表的修改仅限于反映导致修改的期后事项的影响,被审计单位的董事会、管理层或类似机构也仅对有关修改进行批准,审计人员可以仅针对有关修改将用以识别期后事项的上述审计程序延伸至新的审计报告日。

在这种情况下,审计人员应当选用下列处理方式之一:

①修改审计报告,针对财务报表修改部分增加补充报告日期,从而表明审计人员对期后事项实施的审计程序仅限于财务报表相关附注所述的修改。

②出具新的或经修改的审计报告,在强调事项段或其他事项段中说明审计人员对期后事项实施的审计程序仅限于财务报表相关附注所述的修改。

3. 管理层不修改财务报表且审计报告未提交时的处理

如果认为管理层应当修改财务报表而没有修改,并且审计报告尚未提交给被审计单位,审计人员应当按照《审计准则第 1502 号——在审计报告中发表非无保留意见》的规定发表非无保留意见,然后再提交审计报告。

4. 管理层不修改财务报表且审计报告已提交时的处理

(1)如果认为管理层应当修改财务报表而没有修改,并且审计报告已经提交给被审计单位,审计人员应当通知管理层和治理层在财务报表做出必要修改前不要向第三方报出。

(2)如果财务报表在未经必要修改的情况下仍被报出,审计人员应当采取适当措施,以设法防止财务报表使用者信赖该审计报告。

(五)没有义务识别第三时段期后事项

1. 总体要求

(1)审计人员没有义务针对第三时段期后事项实施任何审计程序。

(2)如果审计人员在财务报表报出后知悉了某事实,且若在审计报告日知悉可能导致修改审计报告,审计人员应当采取以下措施:

①与管理层和治理层(如适用)讨论该事项。

②确定财务报表是否需要修改。

③如果需要修改,询问管理层将如何在财务报表中处理该事项。

2. 管理层修改财务报表时的处理

如果管理层修改了财务报表,审计人员应当采取如下必要的措施:

(1)根据具体情况对有关修改实施必要的审计程序。

(2)复核管理层采取的措施能否确保所有收到原财务报表和审计报告的人士了解这一情况。

(3)延伸实施审计程序,并针对修改后的财务报表出具新的审计报告。

(4)在特殊情况下,修改审计报告或提供新的审计报告。

3. 管理层未采取任何行动时的处理

(1)如果管理层没有采取必要措施确保所有收到原财务报表的人士了解这一情况,也没有在审计人员认为需要修改的情况下修改财务报表,审计人员应当通知管理层和治理层,审计人员将设法防止财务报表使用者信赖该审计报告。

(2)如果审计人员已经通知管理层或治理层,而管理层或治理层没有采取必要措施,审计人员应当采取适当措施,以设法防止财务报表使用者信赖该审计报告。

五、书面声明

(一)书面声明的含义

书面声明,是指管理层向审计人员提供的书面陈述,用以确认某些事项或支持其他审计证据。书面声明不包括财务报表及其认定,以及支持性账簿和相关记录。

对于书面声明,审计人员应当理解以下事项:

(1)书面声明是审计人员在财务报表审计中需要获取的必要信息,是审计证据的重要来源。

(2)尽管书面声明提供必要的审计证据,但其本身并不为所涉及的任何事项提供充分、适当的审计证据。

(3)管理层已提供可靠书面声明的事实,并不影响审计人员就管理层责任履行情况或具体认定获取的其他审计证据的性质和范围。

(4)在很多情况下,要求管理层提供书面声明而非口头声明,书面声明可以促使管理层更加认真地考虑声明所涉及的事项,从而提高声明的质量。

(二)针对管理层责任的书面声明

1. 总体要求

针对财务报表的编制,审计人员应当要求管理层提供书面声明,确认其根据审计业务约定条款,履行了按照适用的财务报表编制基础编制财务报表并使其实现公允反映(如适用)的责任。

2. 针对完整性的书面声明

针对提供的信息和交易的完整性，审计人员应当要求管理层就下列事项提供书面声明：

(1)按照审计业务约定条款，已向审计人员提供所有相关信息，并允许审计人员不受限制地接触所有相关信息以及被审计单位内部人员和其他相关人员。

(2)所有交易均已记录并反映在财务报表中。

3. 书面声明与管理层责任

(1)如果未从管理层获取其确认已履行责任的书面声明，审计人员在审计过程中获取的有关管理层已履行这些责任的其他审计证据是不充分的。

(2)基于管理层认可并理解在审计业务约定条款中提及的管理层的责任，审计人员要求管理层通过书面声明确认其已履行的责任。

4. 再次确认管理层自身责任

当存在下列情况时，审计人员要求管理层再次确认管理层自身责任：

(1)代表被审计单位签订审计业务约定条款的人员不再承担相关责任。

(2)审计业务约定是在以前年度签订的。

(3)有迹象表明管理层误解了其责任。

(4)情况的改变需要管理层再次确认其责任。

(三)其他书面声明

1. 基本书面说明与其他书面说明

基本书面说明主要是指审计准则要求的针对财务报表编制的书面说明，目的是确认管理层对财务报表编制责任的履行。

其他书面说明是对基本书面说明的补充，但不构成其组成部分。

2. 关于财务报表的其他书面声明

财务报表的其他书面声明可能包括针对下列事项做出的声明：

(1)会计政策的选择和运用是否适当。

(2)是否按照适用的财务报表编制基础对下列事项(如相关)进行了确认、计量、列报或披露：

①可能影响资产和负债账面价值或分类的计划或意图。

②负债(包括实际负债和或有负债)。

③资产的所有权或控制权，资产的留置权或其他物权，用于担保的抵押资产。

④可能影响财务报表的法律法规及合同(包括违反法律法规及合同的行为)。

3. 与向审计人员提供信息有关的其他书面声明

除了针对管理层提供的信息和交易的完整性的书面声明外，审计人员可能认为有必要要求管理层提供书面声明，确认其已将注意到的所有内部控制缺陷向审计人员通报。

4. 有关特定认定的书面声明

如果某项特定认定非常重要，若不能从管理层处获取其相关(如判断、意图)书面声明，审计人员就不可能获取充分、适当的审计证据(例如，如果管理层的意图对投资的计价基础非常重要，但若不能从管理层获取有关该项投资意图的书面声明，审计人员就不可能获取充分、适当的审计证据)，则审计人员有必要要求管理层提供有关财务报表特定认定的书面声明。

在获取有关管理层的判断和意图的证据时(或在对判断和意图进行评价时)，审计人员可能考虑下列事项：

(1)被审计单位以前对声明的意图的实际实施情况。

(2)被审计单位选取特定措施的理由。

(3)被审计单位实施特定措施的能力。

(4)是否存在审计过程中已获取的、可能与管理层判断或意图不一致的任何其他信息。

(四)书面声明的日期及涵盖的期间

1. 书面声明的日期

书面声明的日期应当尽量接近对财务报表出具审计报告的日期，但不得在审计报告日后。

2. 书面声明涵盖的期间

书面声明应当涵盖审计报告针对的所有财务报表和期间。

3. 管理层签署书面声明与审计人员签署审计报告的时间关系

(1)由于书面声明是必要的审计证据，在管理层签署书面声明前，审计人员不能发表审计意见，也不能签署审计报告。

(2)由于审计人员关注截至审计报告日发生的、可能需要在财务报表中做出相应调整或披露的事项，书面声明的日期应当尽量接近对财务报表出具审计报告的日期，但不得在其之后。

(3)在某些情况下，管理层可能需要再次确认以前期间做出的书面声明是否依然适当，可能需要更新以前期间所做的书面声明。更新后的书面声明需要表明，以前期间所做的声明是否发生了变化，以及发生了什么变化(如有)。

(4)在实务中可能会出现审计报告中提及的所有期间内，现任管理层均尚未就任的情形，现任管理层可能由此声明无法就上述期间提供部分或全部书面声明。然而，这一事实并不能减轻现任管理层对财务报表整体的责任。相应地，审计人员仍然需要向现任管理层获取涵盖整个相关期间的书面声明。

(五)对书面声明可靠性的疑虑

1. 对管理层的胜任能力、诚信、道德价值观或勤勉尽责存在疑虑

(1)如果对管理层的胜任能力、诚信、道德价值观或勤勉尽责存在疑虑，或者对管理层在这些方面的承诺或贯彻执行存在疑虑，审计人员应当确定这些疑虑对书面或口头声明和审计证据总体的可靠性可能产生的影响。

(2)审计人员可能认为，管理层在财务报表中做出不实陈述的风险很大，以至于审计工作无法进行。在这种情况下，除非治理层采取适当的纠正措施，否则审计人员可能需要考虑解除业务约定(如果法律法规允许)。

(3)很多时候，治理层采取的纠正措施可能并不足以使审计人员发表无保留意见。

2. 书面声明与其他审计证据不一致的处理

(1)如果书面声明与其他审计证据不一致，审计人员应当实施审计程序以设法解决这些问题。

(2)审计人员可能需要考虑风险评估结果是否仍然适当，如果认为不适当，审计人员需要修正风险评估结果，并确定进一步审计程序的性质、时间安排和范围，以应对评估的风险。

(3)如果问题仍未解决，审计人员应当重新考虑对管理层的胜任能力、诚信、道德价值观或勤勉尽责的评估，或者重新考虑对管理层在这些方面的承诺或贯彻执行的评估，并确定书面声明与其他审计证据的不一致对书面或口头声明和审计证据总体的可靠性可能产生的影响。

(4)如果认为书面声明不可靠，审计人员应当采取适当措施，包括确定其对审计意见可能产生的影响。

(六)管理层不提供要求的书面声明的处理

如果管理层不提供要求的一项或多项书面声明,审计人员应当:

(1)与管理层讨论该事项。

(2)重新评价管理层的诚信,并评价该事项对书面或口头声明和审计证据总体的可靠性可能产生的影响。

(3)采取适当措施,包括确定该事项对审计意见可能产生的影响。

如果存在下列情形之一,审计人员应当对财务报表发表无法表示意见:

(1)审计人员对管理层的诚信产生重大疑虑,以至于认为其做出的书面声明不可靠。

(2)管理层不提供下列书面声明:

①针对财务报表的编制,管理层确认其根据审计业务约定条款,履行了按照适用的财务报告编制基础编制财务报表并使其实现公允反映(如适用)的责任。

②针对提供的信息和交易的完整性,管理层就下列事项提供书面声明:

a. 按照审计业务约定条款,已向审计人员提供所有相关信息,并允许审计人员不受限制地接触所有相关信息以及被审计单位内部人员和其他相关人员。

b. 所有交易均已记录并反映在财务报表中。

这是因为,仅凭其他审计证据,审计人员不能判断管理层是否履行了上述两方面的责任。因此,如果审计人员认为有关这些事项的书面声明不可靠,或者管理层不提供有关这些事项的书面声明,则审计人员无法获取充分、适当的审计证据,这对财务报表的影响可能是广泛的,并不局限于财务报表的特定要素、账户或项目。在这种情况下,审计人员需要按照《审计准则第1502号——在审计报告中发表非无保留意见》的规定,对财务报表发表无法表示意见。

【附件1】　书面声明的参考格式

书面声明

本声明书是针对你们审计H公司截至20×7年12月31日的年度财务报表而提供的。审计的目的是对财务报表发表意见,以确定财务报表是否在所有重大方面已按照企业会计准则的规定编制,并实现公允反映。

尽我们所知,并在做出了必要的查询和了解后,我们确认以下事项:

一、财务报表

1. 我们已履行20×7年××月××日签署的审计业务约定书中提及的责任,即根据企业会计准则的规定编制财务报表,并对财务报表进行公允反映。

2. 在做出会计估计时使用的重大假设(包括与公允价值计量相关的假设)是合理的。

3. 已按照企业会计准则的规定对关联方关系及其交易做出了恰当的会计处理和披露。

4. 根据企业会计准则的规定,所有需要调整或披露的资产负债表日后事项都已得到调整或披露。

5. 未更正错报,无论是单位还是汇总起来,对财务报表整体的影响均不重大。未更正错报总表附在本声明书后。

6.[审计人员认为适当的其他事项]

二、提供的信息

1. 我们已向你们提供下列工作条件:

(1)允许接触我们注意到的、与财务报报表编制相关的所有信息(如记录、文件和其他事项)。

(2)提供你们基于审计目的要求我们提供的其他信息。

(3)允许在获取审计证据时不受限制地接触你们认为必要的本公司内部人员和其他相关人员。

2. 所有交易均已记录并反映在财务报表中,我们已向你们披露了由于舞弊可能导致的财务报表重大错报风险的评估结果。

3. 我们已向你们披露了我们注意到的、可能影响本公司的与舞弊或舞弊嫌疑相关的所有信息,这些信息涉及本公司以下方面:

(1)管理层。

(2)在内部控制中承担重要职责的员工。

(3)其他人员(在舞弊行为导致财务报表重大错报的情况下)。

4. 我们已向你们披露了从现任和前任员工、分析师、监管机构等方面获知的,影响财务报表的舞弊指控或舞弊嫌疑的所有信息。

5. 我们已向你们披露了所有已知的、在编制财务报表时应当考虑其影响的违反或涉嫌违反法律法规的行为。

6. 我们已向你们披露了我们注意到的关联方的名称和特征、所有关联方关系及其交易。

7.[审计人员认为必要的其他事项](若有)

H公司管理层

(盖章)(签名并盖章)

中国××市二〇×八年××月××日

第二节　审计报告概述

一、审计报告的概念

(一)审计报告的含义

审计报告是指审计人员根据审计准则的规定,在执行审计工作的基础上,对财务报表发表审计意见的书面文件。

审计报告是审计人员对财务报表是否在所有重大方面按照财务报告编制基础编制并实现公允反映发表审计意见的书面文件,因此,审计人员应当将已审计的财务报表附于审计报告之后,以便于财务报表使用者正确理解和使用审计报告,并防止被审计单位替换、更改已审计的财务报表。

(二)审计报告的特征

审计报告是审计人员在完成审计工作后向委托人提交的最终产品,具有以下特征:

(1)审计人员应当按照审计准则的规定执行审计工作。

(2)审计人员在实施审计工作的基础上才能出具审计报告。

(3)审计人员通过对财务报表发表意见履行业务约定书约定的责任。

(4)审计人员应当以书面形式出具审计报告。

(5)审计人员应当根据由审计证据得出的结论,清楚表达对财务报表的意见。

(6)审计人员一旦在审计报告上签名并盖章,就表明对其出具的审计报告负责。

二、审计报告的作用

审计人员签发的审计报告,主要具有鉴证、保护和证明三方面的作用。

(一)鉴证作用

审计人员签发的审计报告,不同于政府审计和内部审计的审计报告,是以超然独立的第三者身份,对被审计单位财务报表合法性、公允性发表意见。这种意见,具有鉴证作用,得到了政府、投资者和其他利益相关者的普遍认可。政府有关部门判断财务报表是否合法、公允,主要依据审计人员的审计报告;企业的投资者,主要依据审计人员的审计报告来判断被投资企业的财务报表是否公允地反映了财务状况和经营成果,以进行投资决策等。

(二)保护作用

审计人员通过审计,可以对被审计单位财务报表出具不同类型审计意见的审计报告,以提高或降低财务报表使用者对财务报表的信赖程度,能够在一定程度上对被审计单位的债权人和股东以及其他利害关系人的利益起到保护作用(如投资者为了减少投资风险,在进行投资之前,需要查阅被投资企业的财务报表和审计人员的审计报告,了解被投资企业的经营情况和财务状况)。

(三)证明作用

审计报告是对审计人员审计任务完成情况及其结果所做的总结,它可以表明审计工作的质量并明确审计人员的审计责任。因此,审计报告可以对审计工作质量和审计人员的审计责任起证明作用(如,是否以审计工作底稿为依据发表审计意见,发表的审计意见是否与被审计单位的实际情况相一致,审计工作的质量是否符合要求等)。

三、审计意见的形成

(一)得出审计结论前应评价的事项

在得出审计结论前,审计人员应当评价下列事项:

(1)根据实施的审计程序和获取的审计证据(无论该证据与财务报表认定相互印证还是相互矛盾),评价对认定层次重大错报风险的评估是否仍然适当。

(2)评价未更正错报单独或汇总起来是否构成重大错报。评价时,审计人员应当考虑以下两个方面:

①相对于特定类别的交易、账户余额或披露以及财务报表整体而言,错报的金额和性质以及错报发生的特定环境。

②与以前期间相关的未更正错报对相关类别的交易、账户余额或披露以及财务报表整体的影响。

(3)评价财务报表是否在所有重大方面按照适用的财务报告编制基础编制,评价时应考虑下列内容:

①财务报表是否充分披露了选择和运用的重要会计政策。

②选择和运用的会计政策是否符合适用的财务报告编制基础,并适合被审计单位的具体情况(包括重要项目的会计政策和行业惯例、重大和异常交易的会计处理方法、在新领域和缺

乏权威性标准或共识的领域采用重要会计政策产生的影响、会计政策的变更等)。

③管理层做出的会计估计是否合理,相应的重大错报风险是否是特别风险,是否采取了有效的措施予以应对。

④财务报表列报的信息是否具有相关性、可靠性、可比性、可理解性,是否符合信息质量特征。

⑤财务报表是否做出充分披露,使财务报表预期使用者能够理解重大交易和事项对财务报表所传递的信息的影响。

⑥财务报表使用的术语(包括每一财务报表的标题)是否适当。

⑦被审计单位会计实务的质量(包括管理层的判断可能出现偏向的迹象)。

(4)评价财务报表是否实现公允反映。在评价财务报表是否实现公允反映时,审计人员应当考虑下列内容:

①财务报表的整体列报、结构和内容是否合理。

②财务报表(包括相关附注)是否公允地反映了相关交易和事项。

(5)评价财务报表是否恰当说明适用的财务报告编制基础。管理层和治理层编制的财务报表需要恰当说明适用的财务报告编制基础。评价时应关注下列事项:

①只有财务报表符合适用的财务报告编制基础(在财务报表所涵盖的期间内有效)的所有要求,声明财务报表按照该编制基础编制才是恰当的。

②如果在对适用的财务报告编制基础的说明中使用不严密的修饰语或限定性的语言(如"财务报表实质上符合国际财务报告准则的要求")是不恰当的,因为这可能误导财务报表使用者。

③在某些情况下,财务报表可能声明按照两个财务报告编制基础(如某一国家或地区的财务报告编制基础和国际财务报告准则)编制,只有当财务报表分别符合每个财务报告编制基础的所有要求时,声明财务报表按照这两个编制基础编制才是恰当的。在实务中,同时遵守两个编制基础的可能性很小,除非某一国家或地区采用另一财务报告编制基础(如国际财务报告准则)作为本国或地区的财务报告编制基础,或者已消除遵守另一财务报告编制基础的所有障碍。

(二)审计意见的类型

审计人员的目标是在评价根据审计证据得出的结论的基础上,对财务报表形成审计意见,并通过书面报告的形式清楚地表达审计意见。审计意见有"无保留意见"和"非无保留意见"两大类型。

1. 无保留意见

无保留意见,是指当审计人员认为财务报表在所有重大方面按照适用的财务报告编制基础编制并实现公允反映时发表的审计意见。

如果认为财务报表在所有重大方面按照适用的财务报告编制基础编制并实现公允反映,审计人员应当发表无保留意见。

2. 非无保留意见

非无保留意见,是指对财务报表发表的保留意见、否定意见或无法表示意见。

当存在下列情形之一时,审计人员应当按照《审计准则第 1502 号——在审计报告中发表非无保留意见》的规定,在审计报告中发表非无保留意见:

(1)根据获取的审计证据,得出财务报表整体存在重大错报的结论。

(2)无法获取充分、适当的审计证据，不能得出财务报表整体不存在重大错报的结论。

如果财务报表没有实现公允反映，审计人员应当就该事项与管理层讨论，并根据适用的财务报告编制基础的规定和该事项得到解决的情况，决定是否有必要按照《审计准则第1502号——在审计报告中发表非无保留意见》的规定在审计报告中发表非无保留意见。

四、无保留意见审计报告的要素

无保留意见审计报告应当包括下列要素：①标题；②收件人；③审计意见；④形成审计意见的基础；⑤管理层对财务报表的责任；⑥审计人员对财务报表审计的责任；⑦按照相关法律法规的要求报告的事项(如适用)；⑧审计人员的签名和盖章；⑨会计师事务所的名称、地址和盖章；⑩报告日期。

(一)标题

审计报告应当具有标题，统一规范为“审计报告”。

(二)收件人

审计报告的收件人是指审计人员按照业务约定书的要求致送审计报告的对象，一般是指审计业务的委托人。

针对整套通用目的财务报表出具的审计报告，审计报告的致送对象通常为被审计单位的股东或治理层。审计报告应当按照审计业务的约定载明收件人的全称。审计人员应当与委托人在业务约定书中约定致送审计报告的对象，以防止在此问题上发生分歧或审计报告被委托人滥用。

(三)审计意见

审计意见部分由两部分构成：第一部分指出已审计财务报表，第二部分应当说明审计人员发表的审计意见。

1. 第一部分应包含的内容

(1)被审计单位的名称。

(2)说明财务报表已经审计。

(3)指出构成整套财务报表的每一财务报表的名称。

(4)提及财务报表附注。

(5)指明构成整套财务报表的每一财务报表的日期或涵盖的期间。

为体现上述要求，审计报告可说明：“我们审计了被审计单位的财务报表，包括[指明适用的财务报告编制基础规定的构成整套财务报表的每一财务报表的名称、日期或涵盖的期间]以及财务报表附注，包括重大会计政策和会计估计。”审计意见涵盖由适用的财务报告编制基础所确定的整套财务报表。在许多通用目的编制基础中，财务报表包括资产负债表、利润表、现金流量表、所有者权益变动表和相关附注(通常包括重大会计政策和会计估计以及其他解释性信息)。

2. 第二部分应当包含的内容

第二部分应当说明审计人员发表的审计意见：如果对财务报表发表无保留意见，除非法律法规另有规定，审计意见应当使用“我们认为，财务报表在所有重大方面按照[适用的财务报告编制基础(如企业会计准则等)]编制，公允反映了[……]”的措辞。审计意见说明财务报表在所有重大方面按照适用的财务报告编制基础编制，公允反映了财务报表旨在反映的事项(例如，对于按照企业会计准则编制的财务报表，这些事项是“被审计单位期末的财务状况、截至期末的经营成果和现金流量”)。

(四)形成审计意见的基础

审计报告应当包含标题为“形成审计意见的基础”的部分。该部分提供关于审计意见的重要背景,应当紧接在审计意见部分之后,并包括以下几个方面:

(1)说明审计人员按照审计准则的规定执行了审计工作。

(2)提及审计报告中用于描述审计准则规定的审计人员责任的部分。

(3)声明审计人员按照与审计相关的职业道德要求对被审计单位保持了独立性,并履行了职业道德方面的其他责任。声明中应当指明适用的职业道德要求,如中国审计人员职业道德守则。

(4)说明审计人员是否相信获取的审计证据是充分、适当的,为发表审计意见提供了基础。

(五)管理层对财务报表的责任

审计报告应当包含标题为“管理层对财务报表的责任”的部分,其中应当说明管理层的责任,主要包含以下两个方面:

(1)按照适用的财务报告编制基础编制财务报表,使其实现公允反映,并设计、执行和维护必要的内部控制,以使财务报表不存在由于舞弊或错误导致的重大错报。

(2)评估被审计单位的持续经营能力和使用持续经营假设是否适当,并披露与持续经营相关的事项(如适用)。对管理层评估责任的说明应当包括描述在何种情况下使用持续经营假设是适当的。

(六)审计人员对财务报表审计的责任

审计报告应当包含标题为“审计人员对财务报表审计的责任”的部分,其中应当包括下列内容:

(1)说明审计人员的目标是对财务报表整体是否不存在由于舞弊或错误导致的重大错报获取合理保证,并出具包含审计意见的审计报告。

(2)说明合理保证是高水平的保证,但按照审计准则执行的审计并不能保证一定会发现存在的重大错报。

(3)说明错报可能由于舞弊或错误导致。在说明错报可能由于舞弊或错误导致时,审计人员应当从下列两种做法中选取一种:

①描述如果合理预期错报单独或汇总起来可能影响财务报表使用者依据财务报表做出的经济决策,则通常认为错报是重大的。

②根据适用的财务报告编制基础,提供关于重要性的定义或描述。

(4)说明在按照审计准则执行审计工作的过程中,审计人员运用职业判断,并保持职业怀疑。

(5)通过说明审计人员的责任,对审计工作进行描述。这些责任包括以下方面:

①识别和评估由于舞弊或错误导致的财务报表重大错报风险,设计和实施审计程序以应对这些风险,并获取充分、适当的审计证据,作为发表审计意见的基础。由于舞弊可能涉及串通、伪造、故意遗漏、虚假陈述或凌驾于内部控制之上,未能发现由于舞弊导致的重大错报的风险高于未能发现由于错误导致的重大错报的风险。

②了解与审计相关的内部控制,以设计恰当的审计程序,但目的并非对内部控制的有效性发表意见。当审计人员有责任对财务报表审计的同时对内部控制的有效性发表意见时,应当略去上述“目的并非对内部控制的有效性发表意见”的表述。

③评价管理层选用会计政策的恰当性和做出会计估计及相关披露的合理性。

④对管理层使用持续经营假设的恰当性得出结论。同时,根据获取的审计证据,就可能导致对被审计单位持续经营能力产生重大疑虑的事项或情况是否存在重大不确定性得出结论。如果审计人员得出结论认为存在重大不确定性,审计准则要求审计人员在审计报告中提请报表使用者关注财务报表中的相关披露;如果披露不充分,审计人员应当发表非无保留意见。审计人员的结论基于截至审计报告日可获得的信息。然而,未来的事项或情况可能导致被审计单位不能持续经营。

⑤评价财务报表的总体列报、结构和内容(包括披露),并评价财务报表是否公允反映相关交易和事项。

(6)说明审计人员与治理层就计划的审计范围、时间安排和重大审计发现等事项进行沟通,包括沟通审计人员在审计中识别的值得关注的内部控制缺陷。

(7)对于上市实体财务报表审计,指出审计人员就已遵守与独立性相关的职业道德要求向治理层提供声明,并与治理层沟通可能被合理认为影响审计人员独立性的所有关系和其他事项,以及相关的防范措施(如适用)。

(8)对于上市实体财务报表审计,以及决定按照《审计准则第 1504 号——在审计报告中沟通关键审计事项》的规定沟通关键审计事项的其他情况,说明审计人员从已与治理层沟通的事项中确定哪些事项对本期财务报表审计最为重要,因而构成关键审计事项。审计人员应当在审计报告中描述这些事项,除非法律法规禁止公开披露这些事项,或在极少数情形下,审计人员合理预期在审计报告中沟通某事项造成的负面后果超过在公众利益方面产生的益处,因而决定不应在审计报告中沟通该事项。

(七)按照相关法律法规的要求报告的事项

(1)本部分的格式和内容,取决于法律法规对其他报告责任的性质的规定。

(2)法律法规规范的事项(其他报告责任)应当在本部分处理,除非其他报告责任与审计准则所要求的报告责任涉及相同的主题。

(3)如果涉及相同的主题,其他报告责任可以在审计准则所要求的同一报告要素部分中列示。

(4)当其他报告责任和审计准则规定的报告责任涉及同一主题,并且审计报告中的措辞能够将其他报告责任与审计准则规定的责任予以清楚的区分(如差异存在)时,允许将两者合并列示(即包含在"对财务报表出具的审计报告"部分中,并使用适当的副标题)。

(八)审计人员的签名和盖章

(1)审计报告应当由项目合伙人和另一名负责该项目的审计人员签名和盖章。

(2)对上市实体整套通用目的财务报表出具的审计报告应当注明项目合伙人。

(九)会计师事务所的名称、地址和盖章

(1)审计报告应当载明会计师事务所的名称、地址,并加盖会计师事务所公章。

(2)审计人员在审计报告中载明会计师事务所地址时,标明会计师事务所所在的城市即可。

(3)在实务中,审计报告通常载于会计师事务所统一印刷的、标有该所详细通信地址的信笺上,无须在审计报告中注明详细地址。

(十)报告日期

(1)审计报告应当注明报告日期。

(2)审计报告日不应早于审计人员获取充分、适当的审计证据(包括管理层认可对财务报表的责任且已批准财务报表的证据),并在此基础上对财务报表形成审计意见的日期。

(3)在确定审计报告日时,审计人员应当确信已获取下列两方面的审计证据:

①构成整套财务报表的所有报表(包括相关附注)已编制完成。

②被审计单位的董事会、管理层或类似机构已经认可其对财务报表负责。

(4)审计报告日期的确定:

①审计人员在正式签署审计报告前,通常把审计报告草稿和已审计财务报表草稿一同提交给管理层。

②如果管理层批准并签署已审计财务报表,审计人员即可签署审计报告。

③审计人员签署审计报告的日期通常与管理层签署已审计财务报表的日期为同一天,或晚于管理层签署已审计财务报表的日期。

第三节 在审计报告中沟通关键审计事项

一、关键审计事项的含义

关键审计事项是指审计人员根据职业判断认为对当期财务报表审计最为重要的事项。

二、确定关键审计事项的程序

按照《审计准则第 1504 号》的要求,审计人员在确定关键审计事项时应当考虑以下程序:①归集"与治理层沟通过的事项";②在"与治理层沟通过的事项"中筛选"执行审计工作时重点关注过的事项";③在"执行审计工作时重点关注过的事项"中确定与本期财务报表审计"最为重要的事项",即为"关键审计事项"。

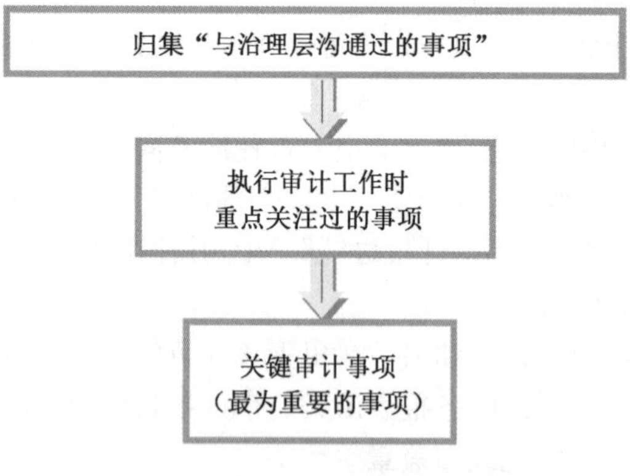

图 12—2 确定关键审计事项的程序

(一)归集"与治理层沟通过的事项"

1. 总体要求

审计人员在审计过程中应遵循《审计准则第 1151 号——与治理层的沟通》的要求,结合被审计单位的具体情况与治理层沟通,并在审计完成阶段归集整理其沟通过的事项。

2. 应与治理层沟通的事项

《审计准则第1151号——与治理层的沟通》要求审计人员与被审计单位治理层沟通，沟通的主要事项包括：审计人员对被审计单位会计实务（包括会计政策、会计估计、财务报表披露等）重大方面的质量的看法；审计过程中遇到的重大困难；已与管理层讨论或需要书面沟通的重大事项，以及审计人员要求提供的书面声明；影响审计报告形式和内容的情形（如有）；审计中出现的、根据职业判断认为与监督财务报告过程相关的所有其他重大事项；若被审计单位是上市实体，审计人员还应与治理层沟通审计独立性相关事宜。

（二）筛选出重点关注过的事项

1. 总体要求

审计人员应从“与治理层沟通过的事项中”筛选出“在执行审计工作时重点关注过的事项”。

2. 筛选时应考虑的方面

（1）评估的重大错报风险较高的领域或识别出的特别风险。

（2）与财务报表中涉及重大管理层判断（包括被认为具有高度估计不确定性的会计估计）的领域相关的重大审计判断。

（3）当期重大交易或事项对审计的影响。

（三）确定关键审计事项

1. 总体要求

审计人员应从“重点关注过的事项”中确定“最为重要的事项”，从而构成关键审计事项。

2. 应考虑的因素

在确定某一与治理层沟通过的事项的相对重要程度以及该事项是否构成关键审计事项时，应考虑下列因素：

（1）该事项对预期使用者理解财务报表整体的重要程度，尤其是对财务报表的重要性。

（2）与该事项相关的会计政策的性质或者与同行业其他实体相比，管理层在选择适当的会计政策时涉及的复杂程度或主观程度。

（3）从定性和定量方面考虑，与该事项相关的由于舞弊或错误导致的已更正错报和累积未更正错报（如有）的性质和重要程度。

（4）为应对该事项所需要付出的审计努力的性质和程度。

（5）在实施审计程序、评价实施审计程序的结果、在获取相关和可靠的审计证据以作为发表审计意见的基础时，审计人员遇到的困难的性质和严重程度，尤其是当审计人员的判断变得更加主观时。

（6）识别出的与该事项相关的控制缺陷的严重程度。

（7）该事项是否涉及数项可区分但又相互关联的审计（例如，长期合同的收入确认、诉讼或其他或有事项）。

三、在审计报告中沟通关键审计事项

（一）沟通关键审计事项的作用

（1）可以提高已执行审计工作的透明度，从而提高审计报告的决策相关性和有用性。

（2）能够为财务报表使用者提供额外的信息，以帮助其了解被审计单位、已审计财务报表中涉及重大管理层判断的领域，以及审计人员根据职业判断认为对当期财务报表审计最为重要的事项。

(3)能够为财务报表预期使用者就与被审计单位、已审计财务报表或已执行审计工作相关的事项进一步与管理层和治理层沟通提供基础。

(二)在审计报告中单设“关键审计事项”部分

为了突出关键审计事项，审计人员应当以“关键审计事项”为标题，在审计报告中单设一部分，并在该部分使用恰当的子标题逐项描述关键审计事项。“关键审计事项”部分通常包括以下方面：

1. 引言

“引言”部分应当同时说明下列事项：

(1)关键审计事项是审计人员根据职业判断，认为对本期财务报表审计最为重要的事项。

(2)关键审计事项的应对。以对财务报表整体进行审计并形成审计意见为背景，审计人员对财务报表整体形成审计意见，而不对关键审计事项单独发表意见。

2. 事项描述

描述关键审计事项应遵循以下要求：

(1)审计人员应当着重描述该事项被确定为关键事项的原因，以及关键审计事项和审计报告其他要素(包括审计意见)之间的关系。

(2)描述时审计人员需要注意用于描述关键审计事项的语言，不暗示审计人员在对财务报表形成审计意见时尚未恰当解决该事项。

(3)将该事项与被审计单位的具体情形紧密相扣，避免使用通用或标准化的语言。

(4)考虑该事项在相关财务报表披露(如有)中是如何处理的。

(5)不暗示对财务报表单一要素单独发表的意见。

(6)限制使用高度技术化的审计学术语，使得那些不具备适当审计知识的预期使用者也能够了解审计人员在审计过程中关注特定事项的原因。

(7)审计人员提供信息的性质和范围需要在相关各自责任的背景下做出权衡(即审计人员以一种简明且可理解的形式提供有用的信息，而不应成为被审计单位原始信息的提供者)。

(8)在描述关键审计事项时，审计人员需要避免不恰当地提供与被审计单位相关的原始信息。

3. 实施的审计程序

针对该事项在审计中是如何应对的，审计人员可描述下列要素：

(1)审计应对措施或审计方法中，与该事项最为相关或对评估的重大错报风险最有针对性的内容。

(2)对已实施审计程序的简要概述。

4. 结果

实施审计程序后得出的结果。

四、不在审计报告中沟通关键审计事项的情形

(1)法律法规禁止公开披露的事项(例如，公开披露某事项可能妨碍相关机构对某项违法行为或疑似违法行为的调查)。

(2)若关键审计事项涉及“敏感信息”，沟通该事项可能会对被审计单位带来较为严重的负面影响，并且造成的负面后果超过产生的公众利益的益处，审计人员不应在审计报告中沟通该

事项，而在审计报告中逐项描述审计事项。

(3)导致非无保留意见的事项、可能导致对被审计单位持续经营能力产生重大疑虑的事项或情况存在重大不确定性等，虽然符合关键审计事项的定义，但这些事项在审计报告中专门的部分披露，不在关键审计事项部分披露。

(4)在关键审计事项部分披露的关键审计事项必须是已经得到满意解决的事项(即不存在审计范围受到限制，也不存在审计人员与被审计单位管理层意见分歧的情况)；没有得到满意解决的事项，不在关键审计事项部分披露。

五、就关键审计事项与治理层沟通

(一)与治理层沟通的作用

(1)就关键审计事项与治理层沟通，能够使治理层了解审计人员就关键审计事项做出的审计决策的基础以及这些事项将如何在审计报告中做出描述。

(2)能够使治理层考虑鉴于这些事项将在审计报告中沟通，做出新的披露或提高披露质量是否有用。

(二)与治理层沟通关键审计事项

(1)审计人员确定的关键审计事项。

(2)根据被审计单位和审计业务的具体情况，审计人员确定不存在需要在被审计报告中沟通的关键审计事项(如适用)。

第四节　审计报告中的强调事项段

一、强调事项段的含义

审计报告的强调事项段是指审计报告中含有的一个段落，该段落提及已在财务报表中恰当列报或披露的事项，根据审计人员的职业判断，该事项对财务报表使用者理解财务报表至关重要。

二、增加强调事项段的条件

在同时满足下列条件时，审计人员应当在审计报告中增加强调事项段：

(1)按照《审计准则第 1502 号——在审计报告中发表非无保留意见》的规定，该事项不会导致审计人员发表非无保留意见。

(2)当《审计准则第 1504 号——在审计报告中沟通关键审计事项》适用时，该事项未被确定为在审计报告中沟通的关键审计事项。

三、增加强调事项段的情形

某些审计准则对特定情况下的审计报告中增加强调事项段提出具体要求，这些情形包括以下六点。

(1)法律法规规定的财务报告编制基础不可接受，但其是由法律或法规作出的规定。

(2)提醒财务报表使用者注意财务报表按照特殊目的编制基础编制。

(3)审计人员在审计报告日后知悉了某些事实(即期后事项)，并且出具了新的审计报告或修改了审计报告。

(4)异常诉讼或监管行动的未来结果存在不确定性。

(5)提前应用(在允许的情况下)对财务报表有广泛影响的新会计准则。

(6)存在已经或持续对被审计单位财务状况产生重大影响的特大灾难。

四、增加强调事项段时审计人员采取的措施

如果在审计报告中增加强调事项段,审计人员应当采取下列措施:

(1)将强调事项段作为单独的一部分置于审计报告中,并使用包含"强调事项"这一术语的适当标题。

(2)明确提及被强调事项以及相关披露的位置,以便能够在财务报表中找到对该事项的详细描述。强调事项段应当仅提及已在财务报表中列报或披露的信息。

(3)指出审计意见没有因该强调事项而改变。

五、强调事项段不能代替的情形

在审计报告中包含强调事项段不影响审计意见。包含强调事项段不能代替下列情形:

(1)根据审计业务的具体情况,按照《审计准则第 1502 号——在审计报告中发表非无保留意见》的规定发表非无保留意见。

(2)适当的财务报告编制基础要求管理层在财务报表中做出的披露,或为实现公允列报所需的其他披露。

(3)按照《审计准则第 1324 号——持续经营》的规定,当可能导致对被审计单位持续经营能力产生重大疑虑的事项或情况存在重大不确定性时做出的报告。

六、审计报告的其他事项段

(一)其他事项段的含义

其他事项段是指审计报告中含有的一个段落,该段落提及未在财务报表中列报或披露的事项,根据审计人员的职业判断,该事项与财务报表使用者理解审计工作、审计人员的责任或审计报告相关。

(二)需要增加其他事项段的条件

如果认为有必要沟通,虽然未在财务报表中列报或披露,但根据职业判断认为与财务报表使用者理解审计工作、审计人员的责任或审计报告相关的事项,在同时满足下列条件时,审计人员应当在审计报告中增加其他事项段:

(1)未被法律法规禁止。

(2)当《审计准则第 1504 号——在审计报告中沟通关键审计事项》适用时,该事项未被确定为在审计报告中沟通的关键审计事项。

(三)增加其他事项段的情形

(1)与使用者理解审计工作相关的情形。

(2)与使用者理解审计人员的责任或审计报告相关的情形。

(3)对两套以上财务报表(按不同类型会计准则编制),出具审计报告的情形。

(4)限制审计报告分发和适用的情形。

七、与治理层的沟通

(一)需沟通的事项

如果拟在审计报告中增加强调事项段或其他事项段，审计人员应当就该事项和拟使用的措辞与治理层沟通。

(二)沟通的作用

与治理层的沟通能使治理层了解审计人员拟在审计报告中所强调的特定事项的性质，并在必要时为治理层提供向审计人员做出进一步澄清的机会。

(三)可能没必要沟通的情形

当审计报告中针对某一特定事项增加其他事项段在连续审计业务中重复出现时，审计人员可能认为没有必要在每次审计业务中重复沟通。

第五节　非无保留意见审计报告

一、非无保留意见审计报告的含义

非无保留意见，是指对财务报表发表的保留意见、否定意见或无法表示意见。

如果财务报表没有实现公允反映，审计人员应当就该事项与管理层讨论，并根据适用的财务报告编制基础的规定和该事项得到解决的情况，决定是否有必要按照《审计准则第 1502 号——在审计报告中发表非无保留意见》的规定在审计报告中发表非无保留意见。

二、发表非无保留意见的情形

当存在下列情形之一时，审计人员应当在审计报告中发表非无保留意见：①财务报表整体存在重大错报；②审计范围受到限制。

(一)财务报表整体存在重大错报时

1. 总体要求

根据获取的审计证据，审计人员得出财务报表整体存在重大错报的结论。

2. 财务报表重大错报的可能来源

财务报表的重大错报可能来源及具体内容如表 12－2 所示。

表 12－2　　财务报表重大错报的可能来源及具体内容

重大错报的可能来源	具体内容
(1)选择的会计政策的恰当性	①选择的会计政策与适用的财务报告编制基础不一致 ②财务报表(包括相关附注)没有按照公允列报的方式反映交易和事项
(2)对所选择的会计政策的运用	①管理层没有按照适用的财务报告编制基础的要求一贯运用所选择的会计政策，包括管理层为在不同会计期间或对相似的交易和事项一贯运用所选择的会计政策(运用的一致性) ②不当运用所选择的会计政策(如运用中的无意错误)
(3)财务报表披露的恰当性或充分性	①财务报表没有包括适用的财务报告编制基础要求的所有披露 ②财务报表的披露没有按照适用的财务报告编制基础列报 ③财务报表没有做出必要的披露以实现公允反映

(二)审计范围受到限制时

1. 总体要求

如果审计人员无法获取充分、适当的审计证据，则不能得出财务报表整体不存在重大错报的结论。

2. 审计范围受到限制的情形

可能导致审计人员无法获取充分、适当的审计证据(也称为审计范围受到限制)的情形及具体内容如表12—3所示。

表12—3　审计范围受到限制的情形及具体内容

审计范围受到限制的情形	具体内容
(1)超出被审计单位控制	①被审计单位的会计记录已被破坏 ②重要组成部分的会计记录已被政府有关机构无限期地查封
(2)与审计人员工作的性质或时间安排相关	①被审计单位需要使用权益法对联营企业进行核算，审计人员无法获取有关企业财务信息的充分、适当的审计证据以评价是否恰当运用了权益法 ②审计人员接受审计委托的时间安排，使审计人员无法实施存货监盘 ③审计人员确定仅实施实质性程序是不充分的，但被审计单位的控制是无效的
(3)管理层施加限制	①管理层阻止审计人员实施存货监盘 ②管理层阻止审计人员对特定账户余额实施函证

三、确定非无保留意见的类型

(一)影响非无保留意见类型的事项

(1)导致非无保留意见的事项的性质，是财务报表存在重大错报(即存在重大错报，有事实证据)，还是在无法获取充分、适当的审计证据的情况下，财务报表可能存在重大错报(即可能存在重大错报，没有事实证据，审计范围受到限制)。

(2)审计人员就导致非无保留意见的事项对财务报表产生或可能产生影响的广泛性(已经查明的存在重大错报的广泛性，还是可能存在重大错报但是审计范围受到严重限制)做出的判断。

(二)判断广泛性的情形

(1)不限于对财务报表的特定要素、账户或项目产生影响。

(2)虽然仅对财务报表的特定要素、账户或项目产生影响，但这些要素、账户或项目可能是财务报表的主要组成部分。

(3)当与披露相关时，产生的影响对财务报表使用者理解财务报表至关重要。

(三)广泛性对非无保留审计意见类型的影响

对导致发表非无保留意见的事项的性质和这些事项对财务报表可能产生影响的广泛性，以及审计人员的判断对无保留审计意见类型的影响如表12—4所示。

表12—4

导致发表非无保留意见的事项的性质	对财务报表可能产生影响的广泛性	
	重大但不具有广泛性	重大且具有广泛性
财务报表存在重大错报	保留意见	否定意见
无法获取充分、适当的审计证据	保留意见	无法表示意见

(四)判断非无保留意见类型的依据

判断非无保留意见类型的依据如表12—5所示。

表12—5 判断非无保留意见类型的依据

意见类型	判断意见类型的依据
保留意见	(1)在获取充分、适当的审计证据后,审计人员认为错报单独或汇总起来对财务报表影响重大,但不具有广泛性 (2)审计人员无法获取充分、适当的审计证据以作为形成审计意见的基础,但认为未发现的错报(如存在)对财务报表可能产生的影响重大,但不具有广泛性
否定意见	在获取充分、适当的审计证据后,审计人员认为错报单独或汇总起来对财务报表的影响重大且具有广泛性
无法表示意见	无法获取充分、适当的审计证据以作为形成审计意见的基础,但认为未发现的错报(如存在)对财务报表可能产生的影响重大且具有广泛性

四、非无保留意见审计报告的格式

尽管不可能统一审计报告的措辞和具体内容,但非无保留意见的审计报告与无保留意见的审计报告在格式上仍然保持一致(即仍然保持十要素)。

五、非无保留意见对审计报告要素内容的修改

(一)标题(第1要素)的修改

在发表非无保留意见时,审计人员应当使用恰当的标题,如"保留意见""否定意见"或"无法表示意见"。

(二)审计意见(第3要素)的修改

1. 发表保留意见时

(1)当由于财务报表存在重大错报而发表保留意见时,审计人员应当根据适用的财务报告编制基础在审计意见段中说明:审计人员认为,除了形成保留意见的基础部分所述事项产生的影响外,财务报表在所有重大方面按照适用的财务报告编制基础编制,并实现公允反映。

(2)当无法获取充分、适当的审计证据而导致发表保留意见时,审计人员应当在审计意见段中使用"除……可能产生的影响外"等措辞。

(3)当审计人员发表保留意见时,在审计意见段中使用"由于上述解释"或"受……影响"等措辞是不恰当的,因为这些措辞不够清晰或没有足够的说服力。

2. 发表否定意见时

当发表否定意见时,审计人员应当根据适用的财务报告编制基础在审计意见段中说明:审计人员认为,由于形成否定意见的基础部分所述事项的重要性,财务报表没有在所有重大方面按照适用的财务报告编制基础编制,未能实现公允反映。

3. 发表无法表示意见时

当由于无法获取充分、适当的审计证据时发表无法表示意见时,审计人员应当在审计意见段中说明:由于形成无法表示意见的基础部分所述事项的重要性,审计人员无法获取充分、适当的审计证据以为发表审计意见提供基础,因此,审计人员不对这些财务报表发表审计意见。

(三)形成审计意见基础(第4要素)的修改

1. 标题的修改

如果对财务报表发表非无保留意见,审计人员应当将要素"形成审计意见的基础"改为恰当的标题,如"形成保留意见的基础""形成否定意见的基础"或"形成无法表示意见的基础",并在该部分里说明导致发表非无保留意见的事项。

2. 事项影响下的修改

(1)量化财务影响。

如果财务报表中存在与具体金额(包括定量披露)相关的重大错报,审计人员应当在导致非无保留意见的基础部分说明并量化该错报的财务影响(例如,如果存货被高估,审计人员就可以在审计报告的导致非无保留意见的事项段中说明该重大错报的财务影响,即量化其对所得税、税前利润、净利润和所有者权益的影响);如果无法量化,审计人员应当在形成非无保留意见的基础部分加以说明。

(2)存在与叙述性披露相关的重大错报时。

如果财务报表中存在与叙述性披露相关的重大错报,审计人员应当在形成非无保留意见的基础部分解释该错报错在何处。

(3)存在与应披露而未披露信息相关的重大错报时。

如果财务报表中存在与应披露而未披露信息相关的重大错报,审计人员应当:①与治理层讨论未披露信息的情况;②在形成非无保留意见的基础部分描述未披露信息的性质;③如果可行并且已针对未披露信息获取了充分、适当的审计证据,在导致非无保留意见的基础部分包含对未披露信息的披露(除非法律法规禁止)。

如果存在下列情形之一,则在形成非无保留意见的基础部分披露遗漏的信息是不可行的:①管理层还没有做出这些披露,或管理层已做出但审计人员不易获取这些披露;②根据审计人员的判断,在审计报告中披露该事项过于庞杂。

(4)无法获取充分、适当的审计证据时。

如果因无法获取充分、适当的审计证据而导致发表非无保留意见,审计人员应当在形成非无保留意见的基础部分说明无法获取审计证据的原因。

(5)披露其他事项。

即使发表了否定意见或无法表示意见,审计人员也应当在形成非无保留意见的基础部分说明注意到的、将导致发表非无保留意见的所有其他事项及其影响。

3. 发表不同审计意见时的修改

(1)发表保留意见或否定意见时。

当发表保留意见或否定意见时,审计人员应当修改形成无保留意见的基础部分的描述,以说明:审计人员相信,审计人员已获取的审计证据是充分、适当的,为发表非无保留意见提供了基础。

(2)发表无法表示意见时。

当审计人员对财务报表发表无法表示意见时,审计人员应当修改无保留意见审计报告中形成审计意见的基础部分,不应提及审计报告中用于描述审计人员责任的部分,也不应说明审计人员是否已获取充分、适当的审计证据以作为形成审计意见的基础。

(四)审计人员对财务报表审计责任(第6要素)的修改

当审计人员对财务报表发表无法表示意见时,审计人员应当修改无保留意见审计报告中审计人员对财务报表审计的责任部分，使之仅包含下列内容：

(1)审计人员的责任是按照中国注册会计师审计准则的规定，对被审计单位财务报表执行审计工作，以出具审计报告。

(2)但由于形成无法表示意见的基础部分所述的事项，审计人员无法获取充分、适当的审计证据以作为发表审计意见的基础；声明审计人员在独立性和职业道德方面的其他责任。

【附件2】 无保留意见的审计报告参考格式

(对上市实体财务报表出具的审计报告)

【背景信息】

1. 对上市实体整套财务报表进行审计。该审计不属于集团审计(即不适用《审计准则第1401号——对集团财务报表审计的特殊考虑》)。

2. 管理层按照企业会计准则编制财务报表。

3. 审计业务约定条款体现了《审计准则第1111号——就审计业务约定条款达成一致意见》关于管理层对财务报表责任的描述。

4. 基于获取的审计证据，注册会计师认为发表无保留意见是恰当的。

5. 适用的相关职业道德要求为中国注册会计师职业道德守则。

6. 基于获取的审计证据，根据《审计准则第1324号——持续经营》，注册会计师认为可能导致对被审计单位持续经营能力产生重大疑虑的相关事项或情况不存在重大不确定性。

7. 已按照《审计准则第1504号——在审计报告中沟通关键审计事项》的规定沟通了关键审计事项。

8. 负责监督财务报表的人员与负责编制财务报表的人员不同。

9. 除财务报表审计外，按照法律法规的要求，注册会计师负有其他报告责任，且注册会计师决定在审计报告中履行其他报告责任。

审计报告

H股份有限公司全体股东：

一、对财务报表出具的审计报告

(一)审计意见

我们审计了H股份有限公司(以下简称“H公司”)财务报表，包括20×1年12月31日的资产负债表，20×1年度的利润表、现金流量表、股东权益变动表以及相关财务报表附注。

我们认为，后附的财务报表在所有重大方面按照企业会计准则的规定编制，公允反映了H公司20×1年12月31日的财务状况以及20×1年度的经营成果和现金流量。

(二)形成审计意见的基础

我们按照审计准则的规定执行了审计工作。审计报告的“注册会计师对财务报表审计的责任”部分进一步阐述了我们在这些准则下的责任。按照注册会计师职业道德守则，我们独立于H公司，并履行了职业道德方面的其他责任。我们相信，我们获取的审计证据是充分、适当的，为发表审计意见提供了基础。

(三)关键审计事项

关键审计事项是根据我们的职业判断，认为对本期财务报表审计最为重要的事项。这些事项是在对财务报表整体进行审计并形成意见的背景下进行处理的，我们不对这些事项提供单独的意见。

[按照《审计准则第1504号——在审计报告中沟通关键审计事项》的规定描述每一关键审计事项。]

(四)管理层和治理层对财务报表的责任

管理层负责按照企业会计准则的规定编制财务报表,使其实现公允反映,并设计、执行和维护必要的内部控制,以使财务报表不存在由于舞弊或错误导致的重大错报。

在编制财务报表时,管理层负责评估H公司的持续经营能力,披露与持续经营相关的事项(如适用),并运用持续经营假设,除非计划清算H公司、停止营运或别无其他现实的选择。治理层负责监督H公司的财务报告过程。

(五)注册会计师对财务报表审计的责任

我们的目标是对财务报表整体是否不存在由于舞弊或错误导致的重大错报获取合理保证,并出具包含审计意见的审计报告。合理保证是高水平的保证,但并不能保证按照审计准则执行的审计在某一重大错报存在时总能发现。错报可能由于舞弊或错误导致,如果合理预期错报单独或汇总起来可能影响财务报表使用者依据财务报表做出的经济决策,则通常认为错报是重大的。

在按照审计准则执行审计的过程中,我们运用了职业判断,保持了职业怀疑。我们同时:

1. 识别和评估由于舞弊或错误导致的财务报表重大错报风险;对这些风险有针对性地设计和实施审计程序;获取充分、适当的审计证据,作为发表审计意见的基础。由于舞弊可能涉及串通、伪造、故意遗漏、虚假陈述或凌驾于内部控制之上,未能发现由于舞弊导致的重大错报的风险高于未能发现由于错误导致的重大错报的风险。

2. 了解与审计相关的内部控制,以设计恰当的审计程序,但目的并非对内部控制的有效性发表意见。

3. 评价管理层选用会计政策的恰当性和做出会计估计及相关披露的合理性。

4. 对管理层使用持续经营假设的恰当性得出结论。同时,根据获取的审计证据,就可能导致对H公司持续经营能力产生重大疑虑的事项或情况是否存在重大不确定性得出结论。如果我们得出结论认为存在重大不确定性,审计准则要求我们在审计报告中提请报表使用者注意财务报表中的相关披露;如果披露不充分,我们应当发表非无保留意见。我们的结论基于审计报告日可获得的信息。然而,未来的事项或情况可能导致H公司不能持续经营。

5. 评价财务报表的总体列报、结构和内容(包括披露),并评价财务报表是否公允反映相关交易和事项。

6. 我们与治理层就计划的审计范围、时间安排和重大审计发现(包括我们在审计中识别的值得关注的内部控制缺陷)等事项进行沟通。

7. 我们还就遵守关于独立性的相关职业道德要求向治理层提供声明,并就可能被合理认为影响我们独立性的所有关系和其他事项,以及相关的防范措施(如适用)与治理层进行沟通。

8. 从与治理层沟通的事项中,我们确定哪些事项对本期财务报表审计最为重要,因而构成关键审计事项。我们在审计报告中描述这些事项,除非法律法规禁止公开披露这些事项,或在极其罕见的情形下,如果合理预期在审计报告中沟通某事项造成的负面后果超过在公众利益方面产生的益处,我们确定不应在审计报告中沟通该事项。

二、按照相关法律法规的要求报告的事项

[本部分的格式和内容,取决于法律法规对其他报告责任的性质的规定。法律法规规范的

事项(其他报告责任)应当在本部分处理,除非其他报告责任与审计准则所要求的报告责任涉及相同的主题。如果涉及相同的主题,其他报告责任可以在审计准则所要求的同一报告要素部分中列示。当其他报告责任和审计准则规定的报告责任涉及同一主题,并且审计报告中的措辞能够将其他报告责任与审计准则规定的责任予以清楚的区分(如差异存在)时,允许将两者合并列示(即包含在“对财务报表出具的审计报告”部分中,并使用适当的副标题)。]

××会计师事务所　　　　　　　　　　　　注册会计师:×××(签名并盖章)

　　　　　　　　　　　　　　　　　　　　注册会计师:×××(签名并盖章)

中国××市　　　　　　　　　　　　　　　二〇×二年××月××日

【附件3】 保留意见审计报告的参考格式

(由于财务报表存在重大错报而发表保留意见的审计报告)

【背景信息】

1. 对上市实体整套财务报表进行审计。该审计不属于集团审计(即不适用《审计准则第1401号——对集团财务报表审计的特殊考虑》)。

2. 管理层按照企业会计准则编制财务报表。

3. 审计业务约定条款体现了《注册会计师审计准则第1111号——就审计业务约定条款达成一致意见》关于管理层对财务报表责任的描述。

4. 存货存在错报,该错报对财务报表影响重大但不具有广泛性(即保留意见是恰当的)。

5. 适用的相关职业道德要求为中国注册会计师职业道德守则。

6. 基于获取的审计证据,根据《审计准则第1324号——持续经营》,注册会计师认为可能导致对被审计单位持续经营能力产生重大疑虑的相关事项或情况不存在重大不确定性。

7. 已按照《审计准则第1504号——在审计报告中沟通关键审计事项》的规定沟通了关键审计事项。

8. 负责监督财务报表的人员与负责编制财务报表的人员不同。

9. 除财务报表审计外,按照法律法规的要求,注册会计师还承担法律法规要求的其他报告责任,且注册会计师决定在审计报告中履行其他报告责任。

审计报告

H股份有限公司全体股东:

一、对财务报表出具的审计报告

(一)保留意见

我们审计了H股份有限公司(以下简称“H公司”)财务报表,包括20×1年12月31日的资产负债表,20×1年度的利润表、现金流量表、股东权益变动表以及相关财务报表附注。

我们认为,除“形成保留意见的基础”部分所述事项产生的影响外,后附的财务报表在所有重大方面按照企业会计准则的规定编制,公允反映了H公司20×1年12月31日的财务状况以及20×1年度的经营成果和现金流量。

(二)形成保留意见的基础

H公司20×1年12月31日资产负债表中存货的列示金额为×元。管理层根据成本对存货进行计量,而没有根据成本与可变现净值孰低的原则进行计量,这不符合企业会计准则的规定。H公司的会计记录显示，如果管理层以成本与可变现净值孰低来计量存货，存货列示金额将减少×元。相应地，资产减值损失将增加×元，所得税、净利润和股东权益将分别减少×元、×元和×元。

我们按照审计准则的规定执行了审计工作。审计报告的“注册会计师对财务报表审计的责任”部分进一步阐述了我们在这些准则下的责任。按照中国注册会计师职业道德守则，我们独立于H公司，并履行了职业道德方面的其他责任。我们相信，我们获取的审计证据是充分、适当的，为发表保留意见提供了基础。

（三）关键审计事项

关键审计事项是根据我们的职业判断，认为对本期财务报表审计最为重要的事项。这些事项是在对财务报表整体进行审计并形成意见的背景下进行处理的，我们不对这些事项提供单独的意见。除“形成保留意见的基础”部分所述事项外，我们确定下列事项是需要在审计报告中沟通的关键审计事项。

[按照《审计准则第1504号——在审计报告中沟通关键审计事项》的规定描述每一关键审计事项。]

（四）管理层和治理层对财务报表的责任

[按照《审计准则第1501号——对财务报表形成审计意见和出具审计报告》的规定报告，参见附件2。]

（五）注册会计师对财务报表审计的责任

[按照《审计准则第1501号——对财务报表形成审计意见和出具审计报告》的规定报告，参见附件2。]

二、按照相关法律法规的要求报告的事项

××会计师事务所（盖章）[按照《审计准则第1501号——对财务报表形成审计意见和出具审计报告》的规定报告，参见附件2。]

××会计师事务所　　注册会计师：×××（项目合伙人）

（签名并盖章）

中国××市　　注册会计师：×××

（签名并盖章）

二〇×二年××月××日

【附件4】　无法表示意见的审计报告的参考格式

（由于注册会计师无法针对财务报表多个要素获取充分、适当的审计证据而发表无法表示意见的审计报告）

【背景信息】

1. 对非上市实体整套财务报表进行审计。该审计不属于集团审计（即不适用《审计准则第1401号——对集团财务报表审计的特殊考虑》）。

2. 管理层按照企业会计准则编制财务报表。

3. 审计业务约定条款体现了《中国注册会计师审计准则第1111号——就审计业务约定条款达成一致意见》关于管理层对财务报表责任的描述。

4. 对财务报表的多个要素，注册会计师无法获取充分、适当的审计证据。例如，对被审计单位的存货和应收账款，注册会计师无法获取审计证据，这一事项对财务报表可能产生的影响重大且具有广泛性。

5. 适用的相关职业道德要求为中国注册会计师职业道德守则。

6. 负责监督财务报表的人员与负责编制财务报表的人员不同。

7. 按照审计准则要求在注册会计师的责任部分做出更有限的表述。

8. 除财务报表审计外，按照法律法规的要求，注册会计师负有其他报告责任，且注册会计师决定在审计报告中履行其他报告责任。

审计报告

H股份有限公司全体股东：

一、对财务报表出具的审计报告计报告

（一）无法表示意见

我们接受委托，审计H股份有限公司（以下简称“H公司”）财务报表，包括20×1年12月31日的资产负债表，20×1年度的利润表、现金流量表、股东权益变动表以及相关财务报表附注。

我们不对后附的H公司财务报表发表审计意见。由于“形成无法表示意见的基础”部分所述事项的重要性，我们无法获取充分、适当的审计证据以作为对财务报表发表审计意见的基础。

（二）形成无法表示意见的基础

我们于20×2年1月接受H公司的审计委托，因而未能对H公司20×1年初金额为×元的存货和年末金额为×元的存货实施监盘程序。此外，我们也无法实施替代审计程序以获取充分、适当的审计证据。并且，H公司于20×1年9月采用新的应收账款电算化系统，由于存在系统缺陷导致应收账款出现大量错误。截至报告日，管理层仍在纠正系统缺陷并更正错误，我们也无法实施替代审计程序，以对截至20×1年12月31日的应收账款总额×元获取充分、适当的审计证据。因此，我们无法确定是否有必要对存货、应收账款以及财务报表其他项目做出调整，也无法确定应调整的金额。

（三）管理层和治理层对财务报表的责任

[按照《审计准则第1501号——对财务报表形成审计意见和出具审计报告》的规定报告，参见附件2。]

（四）注册会计师对财务报表审计的责任

我们的责任是按照审计准则的规定，对H公司的财务报表执行审计工作，以出具审计报告。但由于“形成无法表示意见的基础”部分所述的事项，我们无法获取充分、适当的审计证据以作为发表审计意见的基础。

按照注册会计师职业道德守则，我们独立于H公司，并履行了职业道德方面的其他责任。

二、对其他法律和监管要求的报告

[按照《审计准则第1501号——对财务报表形成审计意见和出具审计报告》的规定报告，参见附件2。]

××会计师事务所　　　　注册会计师：×××

（签名并盖章）

中国××市　　　　注册会计师：×××

（签名并盖章）

二○×二年××月××日

复习思考题

1. 如何评价审计中的重大事项?
2. 期后事项的种类有哪些?
3. 审计报告的作用是什么?
4. 审计报告的类型有哪些?发表各类审计意见分别适用于什么情形?
5. 无保留意见审计报告的要素有哪些?
6. 如何确定关键审计事项?
7. 不在审计报告中沟通关键审计事项的情形有哪些?
8. 增加强调事项段的情形有哪些?
9. 需要增加其他事项段的条件是什么?
10. 简述广泛性对非无保留审计意见类型的影响。

第十三章

内部控制审计

学习目标

通过本章的学习，了解内部控制审计概念；熟悉内部控制审计方式、计划审计、测试控制的有效性；掌握企业层面控制的测试、业务层面控制的测试、内部控制缺陷的评价；出具内部控制审计报告。

第一节　内部控制审计概述

一、基本要求

2010 年 4 月 26 日，财政部会同证监会等五部门发布《企业内部控制应用指引》《企业内部控制评价指引》和《企业内部控制审计指引》，要求执行企业内部控制规范体系的企业，应当对本企业内部控制的有效性进行自我评价，披露年度自我评价报告，同时聘请具有证券期货业务资格的会计师事务所依照相关审计标准对其财务报告内部控制的有效性进行审计，出具审计报告。上述要求自 2011 年 1 月 1 日起首先在境内外同时上市的公司施行，自 2012 年 1 月 1 日起扩大到在上海证券交易所、深圳证券交易所主板上市的公司施行；在此基础上，择机在中小板和创业板上市公司施行；同时，鼓励非上市大中型企业提前执行。

财政部和证监会办公厅 2012 年 8 月 14 日发布《关于 2012 年主板上市公司分类分批实施企业内部控制规范体系的通知》，要求：①中央和地方国有控股上市公司，应于 2012 年全面实施企业内部控制规范体系，并在披露 2012 年公司年报的同时，披露董事会对公司内部控制的自我评价报告以及审计人员出具的财务报告内部控制审计报告。②非国有控股主板上市公司，且于 2011 年 12 月 31 日公司总市值（证监会算法）在 50 亿元以上、同时 2009～2011 年平均净利润在 3 000 万元以上的，应在披露 2013 年公司年报的同时，披露董事会对公司内部控制的自我评价报告以及审计人员出具的财务报告内部控制审计报告。③其他主板上市公司，应在披露 2014 年公司年报的同时，披露董事会对公司内部控制的自我评价报告以及审计人员出具的财务报告内部控制审计报告。④特殊情况：一是主板上市公司因进行破产重整、借壳上市或重大资产重组，无法按照规定时间建立健全内控体系的，原则上应在相关交易完成后的下一个会计年度年报披露的同时，披露内部控制自我评价报告和审计报告，且不早于参照上述①～③原则确定的披露时间；二是新上市的主板上市公司应于上市当年开始建设内控体系，并在上市的下一年度年报披露的同时，披露内部控制自我评价报告和审计报告，且不早于参照上述①～③原则确定的披露时间。

二、基本概念

（一）内部控制相关概念

1. 内部控制

内部控制是由企业董事会、监事会、经理层和全体员工实施的，旨在实现控制目标的过程。内部控制的目标是合理保证企业经营管理合法合规、资产安全、财务报告及相关信息真实完整，提高经营效率和效果，促进企业实现发展战略。

内部控制的要素是内部环境、风险评估、控制活动、信息沟通、内部监督；内部控制的基本原则是全面性、重要性、制衡性、适应性、成本效益性。建立健全和有效实施内部控制、评价内部控制的有效性是企业董事会的责任。

2. 财务报告内部控制

财务报告内部控制，是指企业的董事会、监事会、经理层及全体员工实施的旨在合理保证财务报告及相关信息真实、完整而设计和运行的内部控制，以及用于保护资产安全的内部控制中与财务报告可靠性目标相关的控制。

3. 财务报告内部控制包括的内容

(1)企业层面的内部控制。

①与控制环境相关的控制(如对诚信和道德价值沟通和落实、对胜任能力的重视、治理层的参与程度、管理层的理念和经营风格、组织结构、职权与责任的分配、人力资源政策与实务)。

②针对管理层和治理层凌驾于内部控制之上的风险而设计的内部控制(例如针对重大非常规交易的控制、针对关联方交易的控制、减弱伪造或不恰当操作财务结果的动机和压力的控制)。

③被审计单位的风险评估过程(如何识别经营风险、估计其重要性、评估其发生的可能性、采取措施应对和管理风险及其结果)。

④对内部信息传递和期末财务报告流程的控制(例如会计政策选择和运用的程序、调整分录和合并分录的编制和批准、编制财务报表的程序)。

⑤对控制有效性的内部监督(即监督其他控制的控制)和内部控制评价。

⑥集中化的处理和控制、监控经营成果的控制，以及重大经营控制和风险管理实务的政策。

(2)业务流程、应用系统、交易层面的内部控制。

①业绩评价(如对实际与预算、预测与前期、经营数据、财务数据、内部数据、外部数据做出的评价)。

②信息处理(如对计算准确性的检查、对账户和试算平衡表的审核、对例外报告的人工跟进、对程序变动的控制、对限制接触程序或数据的控制)。

③实物控制(如保护资产的实物安全、对接触计算机程序和数据文档设置授权、定期盘点并将盘点记录与控制记录相核对)。

④职责分离(如将交易授权、记录交易以及资产保管等职责分配给不同的员工)。

（二）内部控制审计相关概念

1. 内部控制审计

内部控制审计是指会计师事务所接受被审计单位委托，对其特定基准日内部控制设计与运行的有效性进行审计。

内部控制审计是内部控制的再控制。在实施审计工作的基础上对内部控制的有效性发表审计意见，是审计人员的责任。

审计人员可以单独进行内部控制审计，也可将内部控制审计与财务报表审计整合进行（下称“整合审计”）。

2. 内部控制审计基准日

内部控制审计基准日，是指审计人员评价内部控制在某一时日是否有效所涉及的基准日，也是被审计单位评价基准日，即最近一个会计期间截止日。

审计人员对特定基准日内部控制的有效性发表意见，并不意味着审计人员对企业内部控制在某个期间段（如一年）内每天的运行情况进行描述，也不是只测试基准日这一天的内部控制；而是需要考察足够长一段时间内部控制设计和运行的情况，然后发表审计意见。在整合审计中，控制测试所涵盖的期间应当尽量与财务报表审计中拟信赖内部控制的期间保持一致。

三、审计范围

《内部控制审计指引》第一章第四条要求：“审计人员执行内部控制审计工作，应当获取充分、适当的证据，为发表内部控制审计意见提供合理保证。审计人员应当对财务报告内部控制的有效性发表审计意见，并对内部控制审计过程中注意到的非财务报告内部控制的重大缺陷，在内部控制审计报告中增加‘非财务报告内部控制重大缺陷描述段’予以披露。”

可见，内部控制审计的核心内容是：财务报告内部控制审计。

四、审计目标

审计人员应当对内部控制设计与运行的有效性进行测试，获取充分、适当的证据，以同时实现下列目标：

(1)支持其在内部控制审计中对内部控制有效性发表意见。

(2)支持其在财务报表审计中对控制风险的评估结果。

五、审计的方式和方法

(一)审计方式

审计人员应当按照自上而下的方式实施审计工作。

自上而下的方式是指，始于财务报表层次，以审计人员对财务报告内部控制整体风险的了解开始，将关注重点放在企业层面的控制上，并将工作逐渐下移至重要账户、列报及其相关认定；随后，确认其对被审计单位业务流程中风险的了解，并选择能足以应对评估的每个相关认定的重大错报风险的控制进行测试。

自上而下的方式是审计人员识别风险、选择拟测试控制的基本思路。审计人员在实施审计工作时，可以将企业层面控制和业务层面控制的测试结合进行。

审计方式的详细内容将在本章第二节展开。

(二)审计方法

内部控制审计方法与财务报表审计采用的方法基本相同，主要包括询问、观察、检查、重新执行、穿行测试。这些审计方法在本书第二章已有详细介绍，这里不再赘述。

六、审计程序

内部控制审计的程序包括:计划审计工作、实施审计工作(控制测试)、评价控制缺陷、出具审计报告。

(一)计划审计工作

1. 评价影响事项

在计划审计工作时,审计人员应当评价下列事项对内部控制、财务报表以及审计工作的影响:

(1)与企业相关的风险。

(2)相关法律法规和行业概况。

(3)企业组织结构、经营特点和资本结构等相关重要事项。

(4)企业内部控制最近发生变化的程度。

(5)与企业沟通过的内部控制缺陷。

(6)重要性、风险等与确定内部控制重大缺陷相关的因素。

(7)对内部控制有效性的初步判断。

(8)可获取的、与内部控制有效性相关的证据的类型和范围。

2. 以风险评估为基础

审计人员应当充分认识风险评估在计划审计工作中的作用,以风险评估为基础,选择拟测试的控制,确定测试所需收集的证据。内部控制的特定领域存在重大缺陷的风险越高,给予该领域的审计关注应越多。

在进行风险评估以及确定必要的方法时,审计人员应当考虑企业组织结构、经营单位或流程的复杂程度可能产生的重要影响和作用。企业组织结构、经营单位或流程的复杂程度可能影响企业实现控制目标的方式。企业的规模和复杂程度也可能影响错报风险以及应对该风险所需实施的控制。审计人员应当根据企业情况调整工作范围,以获取充分、适当的证据,支持发表的意见。

3. 判断内控自我评价利用度

审计人员应当在计划审计阶段对企业董事会的内部控制评价工作进行评估,判断是否在内部控制审计工作中利用企业内部审计人员、内部控制评价人员和其他相关人员的工作以及可利用的程度,相应减少可能应由审计人员执行的工作。审计人员利用企业内部审计人员、内部控制评价人员和其他相关人员的工作,应当对其专业胜任能力和客观性进行充分评价。一般而言,与某项控制相关的风险越高,他人工作的可利用程度就越低,审计人员应当更多地对该项控制亲自进行测试。

需要强调的是,审计人员对发表的审计意见独立承担责任,其责任不因为利用企业内部审计人员、内部控制评价人员和其他相关人员的工作而减轻。

计划审计工作的详细内容将在本章第三节展开。

(二)实施审计工作(控制测试)

1. 测试企业层面控制

审计人员测试企业层面的控制,在把握重要性原则的基础上,一般关注:与内部环境相关的控制;针对董事会、经理层凌驾于控制之上的风险而设计的控制;企业的风险评估过程;对内部信息传递和财务报告流程的控制;对控制有效性的内部监督和自我评价。

2. 测试业务层面控制

审计人员测试业务层面的控制，在把握重要性原则的基础上，结合企业实际、内部控制相关法律法规要求和企业层面控制的测试情况，重点对企业生产经营活动中的重要业务与事项的控制进行测试。注册会计师需关注信息系统对内部控制及风险评估的影响。

3. 测试与舞弊风险相关的控制

审计人员在测试企业层面控制和业务层面控制时，应评价内部控制是否足以应对舞弊风险。

舞弊风险因素是指审计人员在了解被审计单位及其内部环境时识别的，可能表明存在舞弊动机、压力或机会的事项或情况，以及被审计单位对可能存在的舞弊行为的合理化解释。

与舞弊风险相关的控制通常包括：针对重大的非常规交易的控制；针对关联方交易的控制；与管理层的重大会计政策和会计估计相关的控制；针对期末财务报告中编制的分录和做出的调整的控制；能够减弱管理层伪造或不恰当操纵财务结果的动机及压力的控制；等等。

审计人员应当根据舞弊风险评估结果，对上述控制实施有针对性的测试。

4. 测试内部控制设计与运行的有效性

如果某项控制由拥有必要授权和专业胜任能力的人员按照规定的程序与要求执行，能够实现控制目标，表明该项控制的设计是有效的；如果某项控制正在按照设计运行，执行人员拥有必要授权和专业胜任能力，能够实现控制目标，表明该项控制的运行是有效的。

5. 获取内部控制有效设计与运行的证据

审计人员在测试内部控制设计与运行的有效性时，可综合运用询问适当人员、观察经营活动、检查相关文件、穿行测试和重新执行等方法，获取充分、适当的证据以支持审计结论。与内部控制相关的风险越高，审计人员需要获取的证据越多。

为确保证据的充分性和适当性，审计人员通常需对测试时间安排

进行权衡，既要尽量在接近企业内部控制自我评价基准日实施测试，又要保证实施的测试能够涵盖足够长的期间。

审计人员对于内部控制运行偏离设计的情况(即控制偏差)，应确定该偏差对相关风险评估、需要获取的证据以及控制运行有效性结论的影响。

在连续审计中，审计人员有必要考虑以前年度执行内部控制审计时了解的情况，以合理确定测试的性质、时间安排和范围。

实施审计工作(控制测试)的详细内容将在本章第四节展开。

(三)评价控制缺陷

审计人员在对内部控制设计与运行的有效性进行测试的基础上，需评价其识别的各项内部控制缺陷的严重程度，以确定这些缺陷单独或组合起来，是否构成重大缺陷并影响其审计结论。

在确定一项内部控制缺陷或多项内部控制缺陷的组合是否构成重大缺陷时，审计人员还应评价补偿性控制(替代性控制)的影响。

1. 财务报告内部控制缺陷

表明企业财务报告内部控制可能存在重大缺陷的迹象，主要包括：

(1)审计人员发现董事、监事和高级管理人员舞弊。

(2)企业更正已经公布的财务报表。

(3)审计人员发现当期财务报表存在重大错报，而在内部控制运行过程中未能发现该

错报。

(4)企业审计委员会和内部审计机构对内部控制的监督无效。

2. 非财务报告内部控制缺陷

审计人员对在审计过程中注意到的非财务报告内部控制缺陷，区别具体情况予以处理。

审计人员认为非财务报告内部控制缺陷为一般缺陷的，应当与企业进行沟通，提醒企业加以改进，但无须在内部控制审计报告中说明。

审计人员认为非财务报告内部控制缺陷为重要缺陷的，应当以书面形式与企业董事会和经理层沟通，提醒企业加以改进，但无须在内部控制审计报告中说明。

审计人员认为非财务报告内部控制缺陷为重大缺陷的，应当以书面形式与企业董事会和经理层沟通，提醒企业加以改进；同时应当在内部控制审计报告中增加非财务报告内部控制重大缺陷描述段，对重大缺陷的性质及其对实现相关控制目标的影响程度进行披露，提示内部控制审计报告使用者注意相关风险。

评价控制缺陷的详细内容将在本章第七节展开。

(四)出具审计报告

1. 取得书面声明

审计人员完成审计工作后，需取得经企业签署的书面声明。书面声明通常包括下列内容：

(1)企业董事会认可其对建立健全和有效实施内部控制负责。

(2)企业已对内部控制的有效性做出自我评价，并说明评价时采用的标准以及得出的结论。

(3)企业没有利用审计人员执行的审计程序及其结果作为自我评价的基础。

(4)企业已向审计人员说明识别出的所有内部控制缺陷，并单独说明其中的重大缺陷和重要缺陷。

(5)企业对于审计人员在以前年度审计中识别的重大缺陷和重要缺陷，是否已经采取措施予以解决。

(6)企业在内部控制自我评价基准日后，内部控制是否发生重大变化，或者产生对内部控制具有重要影响的其他因素。

企业如果拒绝提供或以其他不当理由回避书面声明，审计人员应将其视为审计范围受到限制，解除业务约定或出具无法表示意见的内部控制审计报告。

2. 沟通控制缺陷

审计人员应与企业沟通审计过程中识别的所有控制缺陷，重大缺陷和重要缺陷须以书面形式与董事会和经理层沟通。审计人员认为企业审计委员会和内部审计机构对内部控制监督无效的，应以书面形式直接与董事会和经理层沟通。书面沟通须在审计人员出具内部控制审计报告之前进行。

3. 形成审计意见

审计人员对获取的证据进行评价，形成对内部控制有效性的意见，出具审计报告。

出具审计报告的详细内容将在本章第八节展开。

第二节　审计方式

企业的内部控制分为企业层面控制和业务层面的控制两个层面。

审计人员在进行内部控制审计时应当采用自上而下的方式选择拟测试的控制。自上而下的方式一般步骤是:①从财务报表层次初步了解内部控制整体风险;②识别测试企业层面控制;③识别测试业务层面控制;④了解潜在错报的来源并识别相应的控制;⑤选择拟测试的控制。

一、从财务报表层次初步了解内部控制整体风险

可能导致企业财务报表产生重大错报风险的因素,一般源于企业的外部环境和企业自身的环境。对企业外部环境的了解,主要是为获取对企业的经营状况的总体认识,在这个环节获取的情况,多数可能与评估企业财务报表层次的重大错报风险有关,了解的内容主要包括行业状况、法律环境、监管环境以及其他外部因素;对企业内部环境的了解,主要包括企业性质、会计政策的选择、企业的目标、企业的战略、企业相关经营风险、财务业绩的衡量和评价等。

在了解内部控制整体风险时,审计人员应当将了解的重点放在企业针对不利的外部环境时管理层是否进行了适当的风险评估和采取了合理的应对措施。

二、识别测试企业层面控制

(一)企业层面控制的内容

企业层面的控制通常为应对企业财务报表整体层面的风险而设计,或作为其他控制运行的"基础设施",通常在比业务流程更高的层面上乃至整个企业范围内运行,其作用比较广泛,通常不局限于某个具体认定。

企业层面控制包括下列内容:①与控制环境(即内部环境)相关的控制;②针对管理层和治理层凌驾于控制之上的风险而设计的控制;③被审计单位的风险评估过程;④对内部信息传递和期末财务报告流程的控制;⑤对控制有效性的内部监督(即监督其他控制的控制)和内部控制评价;⑥集中化的处理和控制(包括共享的服务环境);⑦监控经营成果的控制;⑧针对重大经营控制及风险管理实务的政策。

企业层面控制的测试将在第五节展开。

(二)企业层面控制的作用

企业层面的控制在性质和精确度方面如果达到一定要求,将对其他控制及其测试具有以下作用:

1. 影响对重大错报的及时防止或发现

有些企业层面控制,间接地影响着对重大错报的及时防止或发现,并可能影响审计人员拟测试的其他控制及其所执行程序的性质、时间安排和范围。这些控制往往来源于与控制环境相关的控制。

例如,被审计单位是否制定了合适的经营理念,管理基调对于一个有效的内部控制是非常重要的。虽然这些与控制环境相关的控制与某个财务报表的认定没有直接关联,同时这些控制不能减少审计人员为对财务报表认定相关的内部控制的有效性做出结论而所需获得的充分证据,但是由于这些控制可能会对其他控制的有效运行,以及审计人员对财务报表是否存在重大错报的风险评估带来普遍性的影响,所以审计人员可能需要考虑这些控制是否存在缺陷,以制定对其他控制所执行的程序。

2. 能够监督其他控制的有效性

有些企业层面控制能够监督其他控制的有效性。管理层设计这些控制可能是为了识别其他控制可能出现的失效情况;这些控制本身并非精确到足以及时防止或发现相关认定的重大

错报。但是，当这些控制运行有效时，审计人员可以减少原本拟对其他控制的有效性进行的测试。

例如，被审计单位的财务总监定期审阅经营收入的详细月度分析报告。由于这个控制没有足够的精确度以及时防止或发现某个财务报表相关认定的重大错报，所以这个控制不可以完全替代审计人员对其他控制的测试。但是，如果这个控制有效，可能可以使审计人员修改其原本拟对其他控制所进行的测试程序。

3. 能够及时防止或发现相关认定中存在的重大错报

有些企业层面控制本身能精确到足以及时防止或发现一个或多个相关认定中存在的重大错报。如果一项企业层面控制足以应对已评估的重大错报风险，审计人员可能可以不必测试与该风险相关的其他控制。

4. 影响其他控制的测试

审计人员对企业层面控制的评价，可能增加或减少本应对其他控制所进行的测试，及其性质、范围和时间安排。

正是由于企业层面控制的上述作用，审计人员应当识别、了解和测试对内部控制有效性结论有重要影响的企业层面控制。并可以考虑在执行业务的早期阶段对企业层面控制进行测试，在完成对企业层面控制的测试后，审计人员可以根据测试结果评价被审计单位的企业层面控制是否有效，并且计划需要测试的其他控制及对其他控制所执行程序的性质、时间安排和范围。

(三)考量精确度应考虑的因素

一个更精确的企业层面控制可能会对账户按照产品、地区作更细化的分析，并且会与其他资料做出比较分析，以确定财务报表相关认定的准确性。审计人员在分析某个控制是否有足够的精确度以及时防止或发现财务报表重大错报时，应考虑以下因素：

(1)内部控制对应的重要账户及列报的性质。

(2)对某些比较稳定或具备预期内在关系的账户，管理层实施的分析对发现财务报表重大错报具有足够的精确度。

(3)管理层分析的细化程度。

三、识别测试业务层面控制

(一)相关概念

1. 业务层面

被审计单位的整个经营活动通常可划分为几个重要的业务循环(又称“业务流程”)，对于制造业企业，可以划分为销售与收款循环、采购与付款循环、存货与生产循环、工资与人员循环、筹资与投资循环等。业务流程通常包括一系列工作：输入数据的核准与修订，数据的分类与合并、计算，更新账簿资料和客户信息记录，生成新的交易，归集数据，列报数据。而与审计人员审计工作相关的流程主要包括生成、记录、处理和报告等活动。

业务层面通常是指企业的业务流程、应用系统、交易、账户等具体运作的层面。

2. 业务层面的控制

业务层面的控制是指为应对交易和账户余额认定的重大错报风险而设计的控制，主要针对交易的生成、记录、处理和报告等环节。内部控制要素中的“控制活动”要素中除业绩评价控制外，绝大部分可归于业务层面的控制。

3. 重要账户或列报

如果某账户或列报可能存在一个错报，该错报单独或连同其他错报将导致财务报表发生重大错报，则该账户或列报为重要账户或列报。

4. 相关认定

如果某财务报表认定可能存在一个或多个错报，这个或这些错报将导致财务报表发生重大错报，则该认定为相关认定。某认定是否为相关认定，依被审计单位和账户而异。

(二)识别时应关注的事项

审计人员在确定重要性水平之后，应当识别重要账户、列报及其相关认定。在识别重要账户、列报及其相关认定时，审计人员应关注以下事项：

1. 财务报表整体重要性水平的考虑

超过财务报表整体重要性的账户，无论是在内部控制审计还是财务报表审计中，通常情况下被认定为重要账户。

2. 从定性和定量两个方面评价

一个账户或列报，即使从性质方面考虑与之相关的风险较小，但其金额超过财务报表整体重要性越多，该账户或列报被认定为重要账户或列报的可能性就越大。但是，一个账户或列报的金额超过财务报表整体重要性，并不必然表明其属于重要账户或列报，因为审计人员还需要考虑定性的因素。同理，定性的因素也可能导致审计人员将低于财务报表整体重要性的账户或列报认定为重要账户或列报。

3. 性质的考虑

有些账户或列报从金额上看并不重大，但从性质上说，审计人员可能认为该账户或列报受固有风险或舞弊风险的影响，而将其确定为重要账户或列报，因为这些固有风险或舞弊风险很有可能导致重大错报(该错报单独或连同其他错报将导致财务报表发生重大错报)。

4. 账户或列报的成分考虑

审计人员不仅应当从重要账户或列报层面考虑风险，而且应当深入账户或列报的成分(例如，固定资产账户由机器设备、房屋建筑物等部分组成)，如果某账户或列报的各成分存在的风险差异较大，被审计单位可能需要采用不同的控制以应对这些风险，审计人员应当分别予以考虑，并针对各自的风险设计审计程序。

5. 综合考虑可获得的信息

在确定某账户、列报是否重要和某认定是否相关时，审计人员应当将所有可获得的信息加以综合考虑。例如，在识别重要账户、列报及其相关认定时，审计人员还应当确定重大错报的可能来源。审计人员可以通过考虑在特定的重要账户或列报中错报可能发生的领域和原因，确定重大错报的可能来源。

6. 以前年度审计信息的考虑

以前年度审计中了解到的情况影响审计人员对固有风险的评估，因而应当在确定重要账户、列报及其相关认定时加以考虑。

7. 两种审计识别的重要账户、列报、相关认定应当相同

在内部控制审计中，审计人员在识别重要账户、列报及其相关认定时应当评价的风险因素，与财务报表审计中考虑的因素相同。因此，在这两种审计中识别的重要账户、列报及其相关认定应当相同。

8. 不应考虑控制的影响

在识别重要账户、列报及其相关认定时，审计人员不应考虑控制的影响，因为内部控制审计的目标本身就是评价控制的有效性。

业务层面的测试将在本章第六节详细展开。

四、了解潜在错报的来源并识别相应的控制

审计人员应关注以下事项，以便了解潜在错报的来源、识别相应的控制，并为选择拟测试的控制奠定基础：

(1)了解企业层面相关流程中可能导致潜在错报的来源。

(2)了解与相关认定有关的交易的处理流程，包括这些交易如何生成、批准、处理及记录。

(3)验证审计人员识别出的业务流程中可能发生重大错报(包括由于舞弊导致的错报)的环节。

(4)识别被审计单位用于应对这些错报或潜在错报的控制。

(5)识别被审计单位用于及时防止或发现并纠正未经授权的、导致重大错报的资产取得、使用或处置的控制。

为了了解潜在错报的来源、识别相应的控制，审计人员通常采用穿行测试的方法，该方法在第三章已详细介绍，这里不再赘述。

五、选择拟测试的控制

(一)基本要求

1. 测试具有重要影响的控制

审计人员应当对被审计单位的控制是否足以应对评估的每个相关认定的错报风险形成结论。因此，审计人员应当选择对形成这一评价结论具有重要影响的控制进行测试。

2. 不对单项控制的有效性发表意见

审计人员应当针对每一相关认定获取控制有效性的审计证据，以便对内部控制整体的有效性发表意见，但没有责任对单项控制的有效性发表意见。

3. 不用测试所有控制

对特定的相关认定而言，可能有多项控制用以应对评估的错报风险；反之，一项控制也可能应对评估的多项相关认定的错报风险。审计人员没有必要测试与某项相关认定有关的所有控制。

在确定是否测试某项控制时，审计人员应当考虑该项控制单独或连同其他控制，是否足以应对评估的某项相关认定的错报风险，而不论该项控制的分类和名称如何。

审计人员无须测试那些即使有缺陷也合理预期不会导致财务报表重大错报的控制。

4. 不需重复测试

在采用自上而下的方式执行内部控制审计时，如果识别并选取了能够充分应对重大错报风险的控制，则不需要再测试针对同样认定的其他控制。

5. 测试业务流程前的考虑

审计人员在考虑是否有必要测试业务流程、应用系统或交易层面的控制之前，首先要考虑测试那些与重要账户的认定相关的企业层面控制的有效性。如果企业层面控制是有效的且得到精确执行，能够及时防止或发现并纠正影响一个或多个认定的重大错报，审计人员可能不必

就所有流程、交易或应用层面的控制的运行有效性获取审计证据。

6. 选择最有效的方式予以测试

审计人员应当选择测试那些对形成内部控制审计意见有重大影响的控制，对于与所有重要账户和列报相关的所有相关认定，审计人员都需要取得关于控制设计和运行是否有效的证据。如果存在多个控制均应对相关认定的重大错报风险，审计人员通常会选择那些能够以最有效的方式予以测试的控制。

7. 不受企业自我评价测试的影响

企业管理层在执行内部控制自我评价时选择测试的控制，可能多于审计人员认为为了评价内部控制的有效性有必要测试的控制。管理层的这种决定，不影响审计人员的控制测试决策，审计人员只需要测试那些对形成内部控制审计意见有重大影响的控制。

(二)应当选择关键控制进行测试

审计人员在选取拟测试的控制时，通常不会选取整个流程中的所有控制，而是选择关键控制。

1. 关键控制的含义

关键控制是指能够为一个或多个重要账户或列报的一个或多个相关认定提供最有效果或最有效率的证据的控制。

每个重要账户、认定和/或重大错报风险至少应当有一个对应的关键控制。

2. 选择关键控制考虑的因素

(1)哪些控制是不可缺少的？

(2)哪些控制直接针对相关认定？

(3)哪些控制可以应对错误或舞弊导致的重大错报风险？

(4)控制的运行是否足够精确？

选取关键控制需要审计人员做出职业判断。

第三节 计划审计

计划审计工作包括总体审计策略和具体审计计划两个层次。合理的计划工作，有利于审计人员尽早关注重点领域、及时发现潜在问题、恰当分配资源、合理安排时间。

一、总体审计策略

总体审计策略用以确定审计范围、时间和方向，并指导制订具体审计计划。在制定总体审计策略时，审计人员应借助初步业务活动的结果，以及为被审计单位提供其他服务时所获得的经验。总体审计策略主要包括以下内容：

(一)审计范围

内部控制审计范围应当包括被审计单位在基准日或在此之前收购的实体，以及在基准日作为终止经营进行会计处理的业务。对于按照权益法核算的投资，审计的范围应当包括针对权益法下相关会计处理而实施的控制，但通常不包括对权益法下被投资方的控制。

审计人员通常需要考虑以下方面来确定审计业务的特征，进而界定审计范围：

(1)被审计单位采用的内部控制标准。

(2)预期审计工作涵盖的范围，包括涵盖的组成部分的数量及所在地点。

(3)拟审计的经营分部的性质，包括是否需要具备专门知识。

(4)审计人员对被审计单位内部控制评价工作的了解以及拟利用被审计单位内部相关人员工作的程度。

(5)被审计单位使用服务机构的情况,以及审计人员如何取得有关服务机构内部控制设计和运行有效性的证据。

(6)对利用在以前审计工作中或财务报表审计工作中获取的审计证据的预期。

(7)信息技术对审计程序的影响,包括数据的可获得性和对使用计算机辅助审计技术的预期。

(二)目标、性质、时间安排

明确审计业务的报告目标,以计划审计的时间安排和所需沟通的性质。审计人员通常需要考虑以下方面:

(1)被审计单位对外公布内部控制审计报告的时间安排。

(2)与管理层和治理层讨论内部控制审计工作的性质、时间安排和范围。

(3)与管理层和治理层沟通拟出具报告的类型、时间安排以及管理建议书和向治理层通报的其他事项。

(4)与管理层讨论预期就整个审计业务中对审计工作的进展沟通。

(5)项目组成员之间沟通的预期性质和时间安排。

(6)预期是否需要与第三方进行其他沟通。

(三)资源分配

确定执行业务所需资源及其性质、时间安排,包括组建项目团队、对项目组成员审计工作的分派、项目时间预算等。审计人员通常需要考虑以下方面:

(1)向具体审计领域分配资源的类别和数量,包括向高风险领域分派经验丰富的项目组成员、向高风险领域分配的审计时间预算等。

(2)何时分配这些资源,包括是在期中审计阶段还是在关键日期调配资源等。

(3)如何管理、指导和监督这些资源,包括预期何时召开项目组预备会和总结会、预期项目合伙人和经理如何进行复核、是否需要实施项目质量控制复核等。

(四)指导项目组工作方向的重要因素

根据职业判断,考虑用以指导项目组工作方向的重要因素。审计人员通常需要考虑以下方面:

(1)财务报表整体的重要性和实际执行的重要性。

(2)初步识别的可能存在较高重大错报风险的领域。

(3)评估的财务报表层次的重大错报风险对指导、监督和复核的影响。

(4)被审计单位经营活动或内部控制最近发生变化的程度。

(5)与被审计单位沟通过的内部控制缺陷。

(6)有关管理层对设计、执行和维护健全的内部控制重视程度的证据,包括有关这些控制得以适当记录的证据。

(7)审计人员对内部控制有效性的初步判断和对内部控制重大缺陷的初步识别。

(8)可获取的、与内部控制有效性相关的证据的类型和范围。

(9)与评价财务报表发生重大错报的可能性和内部控制有效性相关的公开信息。

(五)考虑初步业务活动的结果

考虑初步业务活动的结果,并考虑对被审计单位执行其他业务时获得的经验是否与内部控制审计业务相关。审计人员通常需要考虑下列方面：

(1)审计人员在执行其他业务时对被审计单位财务报告内部控制的了解。

(2)影响被审计单位所处行业的事项，如行业财务报告惯例、经济状况和技术革新等。

(3)与被审计单位相关的法律法规和监管环境。

(4)与被审计单位经营相关的事项，包括组织结构、资本结构、经营特征等。

(5)被审计单位经营活动的复杂程度、与被审计单位相关的风险。

(6)以前审计中对内部控制运行有效性评价的结果，包括识别出的缺陷的性质和应对措施。

(7)被审计单位重大业务发展变化及其影响因素，包括信息技术和业务流程的变化、关键管理人员变化以及收购、兼并和处置。

二、具体审计计划

具体审计计划比总体审计策略更加详细，具体审计计划主要包括以下内容：

(1)了解和识别内部控制的程序及其性质、时间安排和范围。

(2)测试控制设计有效性的程序及其性质、时间安排和范围。

(3)测试控制运行有效性的程序及其性质、时间安排和范围。

这些计划审计程序，会随着具体审计计划的制订逐步深入，并可能补充、调整、修改，贯穿于审计的整个过程。

三、计划审计工作时应考虑的事项

(一)与企业相关的风险

了解企业面临的风险可以帮助识别重大错报风险，继而帮助审计人员识别重要账户、重要列报和相关认定以及识别重大业务流程，对内部控制审计的重大风险形成初步评价。

审计人员通常通过询问被审计单位的高级管理人员、考虑宏观形势对企业的影响并结合以往的审计经验，了解企业在经营活动中面临的各种风险，并重点关注那些对财务报表可能产生重要影响的风险以及这些风险当年的变化。

(二)相关法律法规

审计人员应当了解与被审计单位业务相关的法律法规及其合规性。在整合审计中，审计人员应当重点关注可能直接影响财务报表金额与披露的法律法规，如税法、高度监管行业的监管法规(如适用)等。同时，审计人员通过询问董事会、管理人员和相关部门人员以及检查被审计单位与监管部门的往来函件，关注被审计单位的违法违规情况，考虑违法违规行为可能导致的罚款、诉讼及其他可能对企业财务报表产生重大影响的事件，并初步判断是否可能造成非财务报告内部控制的重大缺陷。

(三)行业概况

审计人员应了解行业因素以确定其对被审计单位经营环境的影响，主要包括：①被审计单位的竞争环境，如市场容量、市场份额、竞争优势、季节性因素；②技术的发展，如与企业产品、能源供应及成本有关的技术发展等。

(四)企业的重要事项

审计人员了解企业的重要事项，以便评价企业是否存在重大的、可能引起重大错报的非常规业务和关联交易，是否构成重大错报风险，以及相关的内部控制是否可能存在重大缺陷。

审计人员应当了解被审计单位的企业组织结构、经营特点和资本结构等相关重要事项，包括：企业的股权结构、企业的实际控制人及关联方；企业的子公司、合营公司、联营公司以及财务报表合并范围；企业的组织机构、治理结构；企业的负债结构和主要条款，包括资产负债表外的筹资安排和租赁安排；业务及区域的分部设置和管理架构；与客户及供应商的关系，如信用条件、销售渠道、是否为关联方等。

（五）企业内部控制发生的变化

企业内部控制的变化将会直接影响到审计人员内部控制审计程序的性质、时间安排和范围。

审计人员应当了解被审计单位本期内部控制发生的变化以及变化的程度，从而相应地调整审计计划。这些变化包括新增的业务流程、原有业务流程的更新、内部控制执行人的变更等。例如，针对企业新增业务的重大业务流程，审计人员应当安排有经验的审计人员了解该业务流程，并在实施审计工作中的前期识别该流程相关控制，以尽早地与企业沟通该流程中的相关控制是否可能存在重大的设计缺陷。

（六）沟通以前年度内部控制缺陷的改进状况

审计人员应当了解被审计单位对以前年度审计中发现的内部控制缺陷所采取的改进措施及改进结果，并相应适当地调整本年的内部控制审计计划。如果以前年度发现的内部控制缺陷未得到有效整改，则审计人员需要评价这些缺陷对当期的内部控制审计意见的影响。

（七）评阅企业内部审计报告

审计人员应当阅读企业当期的内部审计报告，评价内部审计报告中发现的控制缺陷是否与内部控制审计相关且对内部控制审计程序和审计意见的影响。

对于在内部审计报告中提及的可能导致财务报表发生重大错报的内部控制缺陷，审计人员应当将其记录在内部控制缺陷汇总中，关注企业相应的整改计划和实施情况，并评价其对内部控制审计意见的影响。

（八）确定内部控制重大缺陷的相关因素

审计人员应当对确定内部控制重大缺陷相关的因素进行初步判断，比如重要性、风险等。对于已识别的风险，评价其对财务报表和内部控制的影响程度，审计人员应当关注内部控制审计的高风险领域，没有必要测试那些即使有缺陷、也不可能导致财务报表重大错报的控制。

通常，对企业整体风险的评估和把握由富有经验的项目组成员完成。风险评估结果的变化将体现在具体审计步骤及关注点的变化中。

（九）对内部控制有效性的初步判断

审计人员综合上述考虑以及借鉴以前年度的审计经验，形成对企业内部控制有效性的初步判断。

对于内部控制可能存在重大缺陷的领域，审计人员应给予充分的关注，具体表现在：对相关的内部控制亲自进行测试而非利用他人工作；在接近内部控制评价基准日的时间测试内部控制；选择更多的子公司或业务部门进行测试；增加相关内部控制的控制测试量等。

（十）评价审计证据的充分性和适当性

审计人员应当对可获取的审计证据的充分性和适当性进行评价，以更好地计划内部控制测试的时间、性质和范围。

内部控制的特定领域存在重大缺陷的风险越高，审计人员所需获取的审计证据的客观性、可靠性越强。审计人员应当了解可获取的、与内部控制有效性相关的证据的类型和范围。例如，第三方证据还是内部证据，书面证据还是口头证据，所获得证据可以覆盖所有测试领域还是仅能覆盖部分领域，以便评价证据的充分性和适当性。

第四节 测试控制的有效性

一、内部控制的有效性

内部控制的有效性包括内部控制设计的有效性和内部控制运行的有效性。

（一）内部控制设计的有效性

如果某项控制是由拥有相应的授权和专业胜任能力的人员，按规定的程序和要求进行设计，从而有效地防止或发现并纠正可能导致财务报表发生重大错报的错误或舞弊，能够实现控制目标，则表明该项控制的设计是有效的。

（二）内部控制运行的有效性

如果某项控制正在按照设计执行，执行人员拥有有效执行控制所需的授权和专业胜任能力，能够实现控制目标，则表明该项控制的运行是有效的。

如果被审计单位利用第三方的帮助完成一些财务报告工作，审计人员在评价负责财务报告及相关控制的人员的专业胜任能力时，应该一并考虑第三方的专业胜任能力。

二、内部控制有效性的测试

（一）设计有效性的测试

审计人员在测试设计有效性时，应从以下方面获取设计有效性的证据：

（1）内部控制设计人员是否具有专业胜任能力。

（2）设计的内部控制程序是否包含了必要的授权审批和职务分离。

（3）内部控制是否在风险评估的基础上涵盖了企业层面的所有风险和重要业务层面的风险。

（4）内部控制设计的方法是否适当。

（5）内部控制建设的时间进度安排是否科学合理。

（二）运行有效性的测试

审计人员在测试运行有效性时，应从以下方面获取运行有效性的证据：

（1）实施相关控制活动的人员是否具备必需的权限。

（2）实施相关控制活动的人员是否具备相关的能力。

（3）控制活动是否按照设计的程序运行。

（4）控制活动是否得到了持续一致的运行。

（5）控制活动是以何种方式执行。

三、测试控制有效性的方法

测试控制有效性的方法主要包括询问、观察、检查、穿行测试和重新执行。这些方法在第一章已详细介绍，这里不再赘述。

四、控制测试的时间安排

在整合审计中，审计人员控制测试所涵盖的期间应尽量与财务报表审计中拟信赖内部控制的期间保持一致。

为了获取充分、适当的审计证据，审计人员应当在“尽量在接近基准日实施测试”“实施的测试需要涵盖足够长的期间”这两个因素之间做出平衡，以确定测试的时间。审计人员在平衡这两个因素时应考虑以下事项：

(一)接近基准日的考虑

对控制有效性测试的实施时间越接近基准日，提供的控制有效性的审计证据越有力。

(二)涵盖期间的考虑

审计人员应当获取内部控制在基准日之前一段足够长的期间内有效运行的审计证据。对控制有效性的测试涵盖的期间越长，提供的控制有效性的审计证据越多。

(三)期中测试的考虑

审计人员执行内部控制审计业务旨在对基准日内部控制有效性出具报告。在整合审计中测试控制在整个会计年度的运行有效性时，审计人员可以进行期中测试，然后对剩余期间实施前推测试，或将样本分成两部分，一部分在期中测试，剩余部分在临近年末的期间测试。

如果已获取有关控制在期中运行有效性的审计证据，审计人员应当确定还需要获取哪些补充审计证据，以证实剩余期间控制的运行情况。在将期中测试结果前推至基准日时，审计人员应当考虑以下因素以确定需获取的补充审计证据：①基准日之前测试的特定控制，包括与控制相关的风险、控制的性质和测试的结果；②期中获取的有关审计证据的充分性和适当性；③剩余期间的长短；④期中测试之后，内部控制发生重大变化的可能性；⑤审计人员基于对控制的依赖程度拟减少进一步实质性程序的程度(仅适用于整合审计)；⑥内部控制是否持续有效运行；⑦控制环境。

(四)相关风险的考虑

与所测试的控制相关的风险越低，审计人员需要对该控制获取的审计证据就越少，可能对该控制实施期中测试就可以为其运行有效性提供充分、适当的审计证据。相应地，如果与所测试的控制相关的风险越高，需要获取的证据就越多，审计人员应当取得一部分更接近基准目的证据。

(五)对控制做出改变的考虑

如果被审计单位为了提高控制效果和效率或整改控制缺陷而对控制做出改变，审计人员应当考虑这些变化并适当予以记录。

如果审计人员认为新的控制能够满足控制的相关目标，而且新控制已运行足够长的时间，足以使审计人员通过实施控制测试评估其设计和运行的有效性，则审计人员不再需要测试被取代的控制的设计和运行有效性；但是如果被取代的控制的运行有效性对审计人员执行财务报表审计时的控制风险评估具有重要影响，审计人员应当适当地测试这些被取代的控制的设计和运行的有效性。

(六)自动化控制的考虑

自动化控制一旦被证明其运行有效，通常不会发生运行故障或质量下降的情况，前提是存在适当且持续有效的信息技术一般控制。如果信息技术一般控制有效且关键的自动化控制未发生任何变化，审计人员就不需要对该自动化控制实施前推测试；但是，如果审计人员在期中对重要的信息技术一般控制实施了测试，则通常还需要对其实施前推程序(这与对标策略是一致的，对标策略允许跨期间运用相同的方法)。

(七)信息技术的考虑

如果审计人员认为一个或一个以上重要的信息技术一般控制无效,审计人员需要评估其对总体信息技术环境以及对任何依赖这些信息技术一般控制的自动化控制的持续有效性的影响:如果重要的信息技术一般控制无效,且无法获得其他替代证据以证实关键的自动化控制自其上次被测试后未发生变化,审计人员在执行内部控制审计时,通常就需要获取有关该自动化控制在接近基准日的期间内是否有效运行的证据。

五、控制测试的范围

审计人员在确定测试范围(样本规模)时应考虑该项控制是人工控制还是自动化应用控制,使其能够获取充分、适当的审计证据,为基准日内部控制是否不存在重大缺陷提供合理保证。

(一)测试人工控制的样本规模

在测试人工控制时,一般采用检查或重新执行方法。审计人员测试的样本规模参见表13—1。

表13—1　测试人工控制的样本规模

控制运行频率	控制运行的总次数	测试的运行次数(样本规模)
每年1次	1	1
每季1次	4	2
每月1次	12	2～5
每周1次	52	5～15
每天1次	250	20～40
每天多次	大于250	25～60

1. 运用该表时的注意事项

运用该表时,审计人员应当注意下列事项:

(1)审计人员应当根据与控制相关的风险,基于该表确定具体的样本规模。

(2)该表假设控制的运行偏差率预期为零。如果预期偏差率不为零,审计人员应当扩大样本规模。

(3)如果审计人员不能确定控制运行的频率,但是知道控制运行的总次数,仍可根据"控制运行的总次数"一列确定测试的样本规模。

(4)在确定控制运行的总次数时,要考虑拟测试的控制是否是同质的,能否作为一个总体。

2. 使用最低值的情况

在以下情况,审计人员可以使用该表中测试的样本规模的最低值(以下条件无须全部具备):

(1)与账户及其认定相关的固有风险和舞弊风险为低水平。

(2)是日常控制,执行时需要的判断很少。

(3)从穿行测试得出的结论和以前年度审计的结果表明未发现控制缺陷。

(4)内控自我评价时针对该项控制的测试结果表明未发现控制缺陷。

(5)存在有效的补偿性控制,且内控自我评价时针对补偿性控制的测试结果为运行有效。

(6)根据对控制的性质以及内部审计人员客观性和胜任能力的考虑，审计人员拟更多地利用他人的工作。

(二)测试自动化应用控制的样本规模

1. 无须扩大控制测试范围的情况

对于自动化应用控制，一旦确定被审计单位正在执行该项控制，并且该项控制具有一定的持续性(系统没有发生变动)，审计人员通常无须扩大控制测试的范围。

2. 只需进行一次系统查询的情况

在信息技术控制有效的前提下，并具有一定的持续性，审计人员可能只需要对某项自动化应用控制的每一相关属性进行一次系统查询以检查其系统设置，即可得出所测试自动化应用控制是否运行有效的结论(如果无法采用系统查询的方法，审计人员可以考虑采用其他的测试方法，例如在系统中提交测试数据并与实际数据结果或根据业务规则预期将得到的数据相对比等)。

3. 持续性的考虑

审计人员需考虑执行以下测试，以确定控制持续有效运行：

(1)测试与该应用控制有关的一般控制的运行有效性。

(2)确定系统是否发生变动，如果发生变动，是否存在适当的系统变动控制。

(3)确定对交易的处理是否使用授权批准的软件版本。

(三)发现偏差时的处理

1. 偏差影响的考虑

如果发现控制偏差，审计人员应当确定对以下事项的影响：

(1)与所测试控制相关的风险的评估。

(2)需要获取的审计证据。

(3)控制运行有效性的结论。

评价控制偏差的影响需要审计人员运用职业判断，并受到控制的性质和所发现偏差数量的影响。

2. 系统性偏差的考虑

如果发现的控制偏差是系统性偏差或人为有意造成的偏差，审计人员应当考虑舞弊的可能迹象以及对审计方案的影响。

3. 控制缺陷的考虑

在评价控制测试中所发现的某项控制偏差是否为控制缺陷时，注册会计师应考虑以下因素：

(1)该偏差是如何被发现的，例如，如果某控制偏差是被另外一项控制所发现的，则可能意味着被审计单位存在有效的检查性控制。

(2)该偏差是与某一特定的地点、流程或应用系统相关，还是对被审计单位有广泛影响。

(3)就被审计单位的内部政策而言，该控制出现偏差的严重程度。

(4)与控制运行频率相比，偏差发生的频率大小。

4. 扩大样本规模的考虑

单项控制并非一定要毫无偏差地运行，才被认为有效。在按照该表所列示的样本规模进行测试的情况下，如果发现控制偏差，审计人员应当考虑偏差的原因及性质，并考虑采用扩大样本规模等适当的应对措施以判断该偏差是否对总体不具有代表性。如果扩大样本规模没有再次发现偏差，则审计人员可以得出控制有效的结论。

六、与控制相关的风险

与控制相关的风险包括一项控制可能无效的风险，以及如果该控制无效，可能导致重大缺陷的风险。在测试所选定控制的有效性时，审计人员应当根据与控制相关的风险，确定所需获取的审计证据。与控制相关的风险越高，审计人员需要获取的审计证据就越多。

（一）首次审计时的影响因素

首次审计时影响控制相关风险的因素主要包括：

（1）该项控制拟防止错报的性质和重要程度。

（2）相关账户、列报及其认定的固有风险。

（3）交易的数量和性质是否发生变化，进而可能对该项控制设计或运行的有效性产生不利影响。

（4）相关账户或列报是否曾经出现错误。

（5）企业层面控制（特别是监督其他控制的控制）的有效性。

（6）该项控制的性质及其执行频率。

（7）该项控制是人工控制还是自动化控制。

（8）执行该项控制或监督该项控制执行的人员的专业胜任能力，以及其中的关键人员是否发生变化。

（9）该项控制的复杂程度，以及在运行过程中依赖判断的程度。

（二）连续审计时的影响因素

连续审计时，影响与控制相关的风险的因素除上述9项外，还包括：

（1）以前审计所执行的审计程序的性质、时间安排和范围。

（2）以前审计控制测试的结果。

（3）自上次审计以来控制或流程是否发生变化。

第五节　企业层面控制的测试

一、企业层面的关键控制

（一）与控制环境相关的控制

控制环境是企业实施内部控制的基础，控制环境主要包括治理结构、机构设置、权责分配、内部审计、人力资源政策、企业文化等。控制环境设定了被审计单位的内部控制基调，影响员工的内部控制意识。控制环境的建设反映了治理层和管理层对内部控制及其重要性的态度、认识和行动。企业应建立合理的相关制度，并有效执行，营造良好的控制环境，为内部控制的有效实施奠定基础。

（二）针对“凌驾风险”的控制

管理层和治理层凌驾于控制之上的风险简称为“凌驾风险”。

一般而言，针对凌驾风险设计的控制至少包括：①重大的异常交易的控制，重大的异常交易一般指不是在被审计单位正常业务过程中产生，并且对被审计单位而言较为重大的交易（尤其是那些导致会计分录延迟或异常的交易）；②关联方交易的控制；③与管理层的重大估计相关的控制；④能够减弱管理层伪造或不恰当操纵财务结果的动机及压力的控制；⑤建立内部举报投诉制度。

虽然不同的企业，管理层和治理层凌驾于内部控制之上的风险水平不同，但对“凌驾风险”设计的控制，对所有企业保持有效的财务报告相关的内部控制都有重要的影响。

（三）被审计单位的风险评估过程

风险评估过程包括识别与财务报告相关的经营风险，以及针对这些风险所采取的措施。被审计单位应当建立充分适当的内部控制去识别来自外部环境的风险（比如在经济、政治、法律法规、竞争者行为、债权人需求、技术变革等方面）；充分适当的风险评估过程应当包括对重大风险的估计、对风险发生可能性的评定以及确定应对方法。

（四）对期末财务报告流程的控制

期末财务报告流程主要包括：①将交易总额登入总分类账的程序；②与会计政策的选择和运用相关的程序；③总分类账中会计分录的编制、批准等处理程序；④对财务报表进行调整的程序；⑤编制财务报表的程序。

财务报告流程的内部控制可以确保管理层按照适当的会计准则编制合理、可靠的财务报告，以对外进行报告。企业应当根据期末财务报告流程，鉴定关键控制环节，针对关键控制环节制定控制制度，建设相关的内部控制。

（五）对控制有效性的内部监督

对控制有效性的内部监督是管理层的重要职责，监督的主要方向包括控制的设计是否合理、运行是否有效、控制是否根据情况的变化做出恰当修改等。具体方法包括：对运营报告的复核和核对、与外部人士的沟通、信息系统所记录的数据与实物资产的核对、未参与控制执行人员的其他监控活动等。

管理层应在企业层面和业务层面，全面实施控制有效性监督活动，管理层可通过持续的管理活动、内部审计、内部控制自我评价等方式来实现对控制有效性的监督。

（六）集中化管理的控制

集中化管理是基于实现集团式管理的需要，统一报告制度、统一管理制度的新型管理模式。集中化管理的基础是信息集中、资源共享，实现集团信息的集中监控以取得规模效益。

例如，被审计单位采用集中化财务管理，即设立共享服务中心，并向被审计单位内部的下属单位或分部提供日常的会计处理及财务报表编制服务。集中化财务管理，通过将财务报告过程与负责经营的管理层的分离，可改进控制环境、降低各个下属单位或分部负责人对该单位或分部财务报表的影响，并且可能会使财务报表相关的内部控制更为有效。所以，集中化的财务管理可能有助于降低财务报表错报的风险。

针对集中化管理，管理层应分析其重大错报风险并实施控制。例如，针对共享服务中心的运作程序、服务对象、服务范围等，管理层应该分析其财务报表重大错报风险，针对这些风险，管理层应设计相应的内部控制，并严格执行，以防止、降低其下属单位或分部财务报表发生重大错报的风险。

（七）监督经营成果的控制

管理层对于各个单位或业务部门经营情况的监控是企业层面的主要内部控制之一，主要包括以下方面：

（1）管理层将各个下属单位和业务部门上报的实际生产量、销售量和其他资料，与预算或预期的数字作对比分析，发现差异并且跟进这些差异的原因及其合理性，以确定财务报表上的金额是否有异常变动。

(2)下属单位或业务部门的管理人员定期复核其上报的财务报表的准确性,并在上报的资料上签字确认,同时下属单位或业务部门对财务报表发生的错报承担责任。

(3)对客户投诉报告的复核及分析,以查找被审计单位的各个下属单位或业务部门是否存在违规、不合法或管理不善的情况。

(4)对违反被审计单位政策或守则行为的处理的复核。

(5)对与员工报酬或晋升相关的员工业绩评价流程的复核,以确定企业内部公平及平衡的奖惩制度的执行。

(6)对企业记录的财务报表编制流程中存在的主要风险的复核,以考虑企业内部及外部存在的可能导致财务报表错报的重大风险是否已经被清楚地反映。

(八)针对重大经营控制及风险管理实务的政策

企业应针对重大经营控制及风险管理实务采用相应的内部控制政策,比如 企业应建立重大风险预警机制,明确界定重大风险、必须启动应急处理机制的事项;企业应建立突发事件应急处理机制,确保突发事件得到及时妥善处理。

二、测试企业层面的控制

测试企业层面的控制主要是测试企业层面的关键控制。

(一)与控制环境相关控制的测试

评价控制环境时,审计人员需要考虑与控制环境有关的各个要素及其相互联系。测试控制环境相关控制时,审计人员主要考虑以下方面:

(1)管理层的理念和经营风格是否促进了有效的财务报告内部控制。

(2)管理层在治理层的监督下,是否营造并保持了诚信和合乎道德的文化。

(3)治理层是否了解并监督财务报告过程和内部控制。

审计人员应先了解控制环境的各个要素,在此过程中审计人员应当考虑其是否得到执行,在了解的基础上,审计人员可以选择那些对财务报告内部控制有效性的结论产生重要影响的企业层面控制进行测试。

(二)针对"凌驾风险"控制的测试

审计人员应根据对被审计单位进行的舞弊风险评估做出判断,选择相关的企业层面控制进行测试,并评价这些控制是否能有效应对已识别的可能导致财务报表发生重大错报的凌驾风险。

1. 针对重大异常交易控制的测试

重大的异常交易一般指不是在被审计单位正常业务过程中产生,并且对被审计单位而言较为重大的交易(比如那些导致会计分录延迟或异常的交易)。审计人员应了解被审计单位对于重大异常交易的会计处理流程,以及被审计单位是否已经建立了相关的控制,并考虑对这些控制的设计及运行有效性进行测试,以确定这些控制是否能有效降低管理层和治理层凌驾于内部控制之上的风险。

2. 针对关联方交易的控制测试

审计人员可以关注被审计单位的关联方交易管理及业务流程,了解企业的关联方交易是如何产生、审批以及记录在财务报表中的,在上述过程中是否存在管理层和治理层凌驾于内部控制之上的风险,以及是否有相关的控制降低有关风险。在了解这些内部控制之后,审计人员可以考虑对能降低与关联方交易相关的凌驾风险的内部控制进行测试。

3. 与管理层的重大估计相关控制的测试

注册会应了解被审计单位的财务报表中是否有对财务报表产生重大影响的会计估计，并了解管理层确定这些会计估计的过程。同时，审计人员可以关注管理层针对这些重大会计估计的相关控制，是否能防止管理层因操纵这些重大会计估计而导致财务报表出现重大错报的风险。在了解这些内部控制之后，审计人员可以考虑对能降低与重大会计估计相关的凌驾风险的内部控制进行测试。

4. 减弱管理层伪造或操纵财务结果控制的测试

审计人员应关注管理层的薪酬及激励机制，关注是否面对较大的业绩压力，导致被审计单位出现较高的凌驾风险。对于这种情况，审计人员应了解被审计单位是否有相应的控制，以防止管理层因为激励机制及业绩压力而对财务报表做出虚假报告。在了解这些内部控制之后，审计人员应考虑对能降低与管理层动机及压力相关的凌驾风险的内部控制进行测试。

对于能够减弱管理层伪造或不恰当操纵财务结果的动机及压力的控制，审计人员至少应考虑以下流程及相关控制：

(1)薪酬委员会在公司制定薪酬及激励过程中的角色，以及薪酬激励是否通过该委员会的研究及审批，以确保激励部分不会过高从而增加人为错报的风险。

(2)管理层每年制定的预算是否是基于实际经营状况，并且通过合理的分析而编制的，以确保年度预算不会过于进取或保守从而增加人为错报的风险。

(3)内部审计部门是否会关注因管理层动机或压力而导致的错报风险，并且定期进行检查，查找被审计单位是否存在人为调整财务业绩的情况。

5. 建立内部举报投诉制度

审计人员应关注被审计单位是否建立了内部举报投诉制度(如举报热线、电子邮件、举报信箱等)和举报人保护制度，鼓励员工对各类违法或不当行为予以举报，并严禁任何人向善意举报的人或参与调查的人施加报复。审计人员还应关注被审计单位对举报投诉的处理程序、办理时限和办理要求，如是否设置了专门机构对投诉内容进行调查处理等。同时，审计人员还应关注上述相关制度是否已及时传达至全体员工。

(三)被审计单位的风险评估过程的测试

审计人员应先了解被审计单位及其环境的其他方面信息，以初步了解被审计单位的风险评估过程。在了解和测试被审计单位与风险评估过程相关的内部控制时，应考虑以下因素：

(1)被审计单位是否根据设定的控制目标，有计划地全面、系统、持续地收集内外部相关信息，并结合实际情况，及时进行风险评估。

(2)被审计单位是否在目标设定的基础上，密切关注内外部主要风险因素，通过日常或定期的评估程序与方法对各种主要风险加以识别，并将各类风险进行分类整理，形成企业的风险清单。

(3)被审计单位是否在风险识别的基础上，采用定性与定量相结合的方法，按照风险发生的可能性及其影响程度等，对识别的风险进行分析和排序，确定关注重点和优先控制的风险。

(4)被审计单位在进行风险分析时，是否充分吸收专业人员，组成风险分析团队，按照严格规范的程序开展工作，确保风险分析结果的准确性。

(5)被审计单位是否根据内部控制目标，结合风险评估结果和风险应对策略，综合运用控制措施，将风险控制在可承受范围之内。

（四）对期末财务报告流程控制的测试

审计人员应当从以下方面测试期末财务报告流程：

(1)被审计单位财务报表的编制流程(包括输入、处理及输出)。

(2)期末财务报告流程中运用信息技术的程度。

(3)管理层参与期末财务报告流程的人员。

(4)纳入财务报表编制范围的组成部分。

(5)调整分录及合并分录的类型。

(6)管理层和治理层对期末财务报告流程进行监督的性质及范围。

由于期末财务报告流程通常发生在管理层评价日之后，审计人员一般只能在该日之后测试相关控制。结合财务报表审计的要求，审计人员还应当了解管理层为确保识别期后事项而建立的程序。审计人员可以基于对财务报告流程的了解，确定可能发生错报的环节，识别用于防止或发现并纠正错报的控制，并对控制的有效性进行评估。

（五）对控制有效性的内部监督的测试

结合内部控制审计业务的目的和性质，在对被审计单位对控制有效性的内部监督进行了解和对其有效性进行测试时，审计人员应特别考虑以下因素：

(1)管理层是否定期地将会计系统中记录的数额与实物资产进行核对。

管理层可能进行周期性的存货盘点或者年度的固定资产盘点，将实际盘存资产的数量与相应的明细账记录做比较。通过监盘存货，审计人员不仅可以获取被审计单位定期盘点的证据，还可以根据实际情况，在必要时对其运行有效性进行测试。

(2)管理层是否为保证内部审计活动的有效性而建立了相应的控制：

①被审计单位对于内部审计人员的级别、胜任能力和经验是否有适当的控制。

②内部审计部门在企业组织内部的定位是否适当。

③内部审计人员是否有权向审计委员会或董事会汇报情况。

④内部审计部门的范围、职责及审计计划是否与企业的需求、财务报告相关的内部控制相适应。

(3)管理层是否建立了相关的控制以保证自我评价或定期的系统评价的有效性：

①关注被审计单位管理层对内部控制系统的评价是否有适当的范围和频率。

②评价过程是否由具备相应技能和了解企业控制设计和活动的人员来执行。

③评价的范围、覆盖深度以及频率是否恰当。

根据控制所应对的风险的重要性和控制在降低重大错报风险方面的重要性，管理层应分别采用不同范围和频率的评价或自我评价措施，以监督财务报表相关内部控制的有效性。应对的风险越高及对于降低特定风险更为关键的控制可能会被更频繁地测试，并由更有经验、更客观以及更具胜任能力的人员来实施。

（六）集中化处理和控制的测试

有些被审计单位，某些重要的监督性控制是在集中处理中心或者共享服务中心以集中化或地区化的方式执行的。这些控制可能有效地监督在那些分散的地点或业务分部的特定控制。该情况下，审计人员在对共享服务中心执行审计程序时，应重点关注以下方面：

(1)共享服务中心的服务对象以及服务范围，并分析其服务对象的重大财务报表错报风险。

(2)针对这些风险，审计人员应分析被审计单位是否有相关的内部控制用以降低其下属单位或分部财务报表发生重大错报的风险。一般而言，特定服务对象单位与财务报表相关的风险越大，审计人员在进行内控测试过程中可能更需要到共享服务中心或其服务对象单位测试与特定服务对象单位相关的内部控制。

(3)可考虑在内部控制审计工作初期就开始分析其内部控制的性质、对被审计单位的影响。

(4)可考虑在较早的阶段执行对共享服务中心内部控制的有效性测试，以确定其对进一步审计程序性质、时间安排以及范围的影响。

(5)共享服务中心与财务报表相关的信息技术系统，特别是系统的复杂程度、使用的软件等因素，以选择合适的内部控制进行测试，其中包括集中处理环境下的信息技术一般控制是否有效。

(6)上级单位是否定期检查下属单位或分部的财务数据的真实性，以降低下属单位或分部管理层在财务报表上做出不恰当的人为调整的风险。

(七)监督经营成果的控制

审计人员在了解和测试与监督经营成果相关的企业层面的内部控制时应考虑以下因素：

(1)管理层是否定期将经营成果与预算进行对比分析及复核，以分析财务资料是否存在异常情况。

(2)是否定期编制主要经营指标并对这些指标进行审阅及分析，以分析财务资料是否存在异常情况。

(3)是否定期更新经营预测，并且与期末的实际经营结果进行对比分析。

在了解监督经营成果相关的控制时，审计人员可以从性质上分析这些监督经营成果的控制是否有足够的精确程度以取代对业务流程、应用系统或交易层面的控制的测试。例如，如果管理层对财务报表的定期复核缺乏足够的精确度，审计人员可能需要对被审计单位的财务报表编制流程中的内部控制进行测试。但是，如果这些监督经营成果的内部控制是有效的，审计人员可以考虑减少对其他控制的测试。

(八)针对重大经营控制及风险管理实务政策的测试

针对重大经营控制及风险管理实务政策测试时，审计人员应重点考虑以下因素：

(1)企业是否界定了重大风险、启动应急处理机制的具体情况。

(2)是否建立了重大风险预警机制。

(3)应急预案、预警机制等相关的政策和方案是否非常明确地传达到相关人员，确保一旦出现紧急情况，企业能够在第一时间做出反应，将损失降到最低。

(4)企业是否建立了突发事件应急处理机制，确保突发事件得到及时妥善处理。审计人员可以关注突发事件应急管理机制，例如，事前的预防、发生突发事件的应急处理、事后相关措施的改进等。

第六节　业务层面控制的测试

业务层面控制的测试通常可按以下程序进行：了解业务流程、识别可能发生错报的环节、识别和了解相关控制、记录相关控制测试。

一、了解业务流程

(一)应考虑的事项

在了解业务流程前,审计人员应考虑以下事项:

(1)该业务流程中的交易所影响的重要账户及其相关认定。

(2)审计人员已经识别的有关这些重要账户及其相关认定的经营风险和财务报表重大错报风险。

(3)交易生成、记录、处理和报告的过程以及相关的信息技术处理系统。

考虑上述事项可以帮助审计人员确定询问对象,包括流程管理人员和信息技术人员。

(二)具体方法

(1)检查被审计单位的手册和其他书面指引获取的有关信息。

(2)询问重要交易流程涉及的适当人员(可能来至不同部门)。

(3)询问负责处理具体业务人员的上级。

(4)与信息技术处理人员进行讨论。

(5)审查常规程序和数据档案。

(6)检查并在适当的情况下保存部分文件(如流程图、程序手册、职责描述、文件、表格等)的复印件,以帮助其了解交易流程。

(7)获得某些信息系统的文件资料(如系统的文字说明、系统图表、流程图),并可以考虑在图表、流程图上加入自己的文字表述。

(8)归纳总结被审计单位提供的有关资料。

流程图或文字表述应反映所有相关的处理程序,无论这些处理程序是人工还是自动完成的。流程图或文字的表述应足够详细,以帮助审计人员确定在什么环节可能会发生重大错报。因此,流程图或文字表述通常会反映业务流程中数据发生、入账或修改的活动。在较为复杂的环境中,一份流程图可能需要其他的流程图或文字表述予以支持。

二、识别可能发生错报的环节

(一)可能发生错报的环节

审计人员应了解和确认被审计单位的可能发生错报的环节、对此设计相应的控制措施,以防止、发现、纠正各重要业务流程可能发生的错报,从而确保每个流程中业务活动能够顺利运转。

每个被审计单位的业务流程不完全相同,从而可能发生错报的环节也有所不同,为可能发生错报的环节所设计和实施的控制措施也就不完全相同,但控制的目的都是为了实现相应的目标,即控制目标是一致的。可见,控制目标没有实现的环节,即为可能发生错报的环节。对于每个重要交易流程,审计人员应考虑完整性、存在/发生、准确性、截止、分类、正确汇总和过账等目标。评价是否实现这些目标的重要标志是,是否存在控制来防止错报的发生,或发现、纠正错报然后重新提交到业务流程处理程序中进行处理。

(二)识别的方法

审计人员通过设计一系列关于控制目标是否实现的问题,询问被审计单位相关人员,来确认某项业务流程中可能发生错报的环节。这些问题针对的是业务流程中数据生成、转移或被转换的环节。比如,在销售交易中针对“完整性”目标,审计人员可设计问题“怎样确保所有的销售和收款均已记录”;针对“发生”目标,审计人员可设计问题“怎样确保没有记录虚构或重复的销售”“怎样保证货物运送给正确的收货人”“怎样保证发货单据只有在实际发货时才开具”;针对“准确性”目标,审计人员可设计问题“怎样保证发票正确反映了发货的数量”。

为实现某项审计目标而设计问题的数量,取决于下列因素:①业务流程的复杂程度;②业务流程中发生错报而未能被发现的概率;③是否存在一种具有实效的总体控制来实现控制目标,例如,在仓库的发货日志中记录的发货数量与销售日记账中登记的数量定期进行核对调节,这一控制可以同时实现发生、完整性、截止等多个控制目标。

三、识别和了解相关控制

(一)识别和了解的内容

针对业务层面容易发生错报的环节,审计人员至少应当识别和了解以下内容:

(1)被审计单位是否建立了有效的控制,以防止或发现并纠正这些错报。

(2)被审计单位是否遗漏了必要的控制。

(3)各种控制如何执行、由谁执行。

(4)执行中所使用的数据报告、文件和其他材料。

(5)执行控制之后所形成的实物证据。

(6)该控制防止或发现并纠正重大错报是否足够敏感。

(7)是否识别了可以最有效测试的控制;等等。

(二)识别和了解的主要方法

识别和了解控制采用的主要方法是,“从高到低”地询问被审计单位各级别的负责人员。即先询问级别较高的人员,再询问级别较低的人员。在询问过程中,审计人员应当注意以下事项:

(1)重点关注被审计单位相关控制的运行情况,以及对控制的监督情况。

(2)在询问过程中,审计人员应当了解各层次监督和管理人员如何确认预定的预防性控制和检查性控制正在按计划运行(比如,审计人员可以询问:“你们是怎样防止或发现某项错报的”“你们采取什么措施来确保这些控制按设想的方式运行”)。

(3)业务流程越复杂,审计人员越有必要询问信息系统人员,以辨别有关的控制。

(4)从级别较低的人员处获得信息,应向级别较高的人员核实其完整性,以确定他们是否与级别较高的人员所理解的预定控制相符(这样不仅可以向审计人员提供有关实际执行的控制的信息,而且可以使审计人员了解管理层对控制运行情况的熟悉程度)。

(5)在许多情况下,审计人员可以通过与被审计单位讨论,了解确保信息系统生成数据的完整性与准确性的控制(这些检查性控制可能包括对输出的数据进行比较,定期复核信息记录的数据,或监督生成数据与预期数据的差异,这些控制可能是正式制定的,也可能是非正式的程序)。

(6)对生成数据与预期数据的差异,审计人员应当了解控制如何识别和判断这些差异,如何追查这些差异以及纠正发现的错报。

(7)在评价这些控制时,应重点看其是否足够敏感,是否能查出所有重要的错报,包括那些在自动化信息系统中可能发生的错报。

(8)审计人员并不需要了解与每一控制目标相关的所有控制。

(9)在了解控制时,审计人员应当重点考虑一项控制活动单独或连同其他控制,是否能够以及如何防止或发现并纠正重大错报。

(10)如果多项控制能够实现同一目标，审计人员不必了解与该目标相关的每一项控制。

(11)审计人员应注重识别和了解与认定关系更直接、更有效的控制。

用“从高到低”的询问方法使审计人员能迅速地辨别审计单位重要的控制，特别是检查性控制。如果审计人员打算信赖控制，就需要实施控制测试，以确定他们认为应该运行的控制以及重要控制。

四、记录相关控制测试

审计人员应将了解识别的过程、内容(包括所提问题及其回答)、控制的执行者、测试者等记录在案，审计人员可以通过备忘录、笔记或复印被审计单位相关资料而逐步使信息趋于完整，然后整理、归纳、总结形成工作底稿；同时，审计人员应将控制测试的相关内容归于工作底稿。

以下是销售与收款流程内部控制测试(部分)工作底稿的参考格式。

【附件】 销售与收款流程内部控制测试(部分)工作底稿参考格式

(一)识别重要账户、列报及其相关认定

审计人员确定销售收入和应收账款是重要账户，其相关的认定如下：

认定 账户	发生/存在	准确性	完整性	截止	计价和分摊	分类	权利和义务
销售收入	是	是	是	是	不适用	是	不适用
应收账款	是	是	是	是	是	不适用	是

(二)了解业务流程及控制

销售与收款业务流程通常包括以下子流程：订单处理、发货、开票、收款、调整。

子流程	控制名称	控制目标	控制描述	控制频率	人工/自动	预防性/检查性	账户	认定	是否关键控制
订单处理	确定新客户授信额度	调查新客户的信用状况并由适当层级的管理人员批准新客户的授信额度	销售员对新客户的基本信息和信用状况进行的调查并填写新客户信用调查表，交给销售经理、财务经理和总经理复核批准，应收账款会计根据三位管理人员的签字批准在信息系统中添加新客户并设定赊销限额	不定期	人工	预防性	销售收入 应收账款	发生/存在	否
订单处理	销售订单必须经过批准	销售条款和价格由适当层次的管理人员进行审批	所有的销售订单均交给销售经理审核；销售经理检查客户的剩余授信额度、约定价格等信息，与订单进行核对，以决定是否批准销售订单。仓储部根据经批准的订单开具提货单，准备发货	不定期	人工	预防性	销售收入 应收账款	发生/存在	是
发货	仓储经理复核装运的货物	发出货物的规格和数量与销售订单一致	仓储经理每天随意抽查1～2笔出库产品，将堆放在装运区准备发送的货物，与销售订单和提货单进行核对。该程序无书面记录	每天一次	人工	预防性	销售收入 应收账款	准确性	否

续表

子流程	控制名称	控制目标	控制描述	控制频率	人工/自动	预防性/检查性	账户	认定	是否关键控制
发货	复核已批准未发货销售订单	经批准的订单及时安排发货	销售经理每周五查看已批准未发货的销售订单汇总表，调查延迟发货的原因并予以相应处理	每周一次	人工	预防性	不适用	不适用	否
开票	异常交易条款须经过审批	发票上的价格、金额和其他信息准确	超过预定价格范围的优惠价格和超出一定比例的折扣，必须由销售经理批准。开票人员查看了销售经理的批准签名后才开具发票	不定期	人工	预防性	销售收入 应收账款	存在/ 发生/ 准确性	否
开票	销售收入入账前三单核对配比	根据实际发生的销售，准确记录销售收入和应收账款	应收账款会计将销售订单、客户/物流公司签收的提货单和发票三种单据进行核对，确认相关信息一致，再记入相应的销售收入明细账和应收账款明细账	每天数次	人工	预防性	销售收入 应收账款	发生/ 准确性/ 存在	是
收款	收到款项与销售订单和发票核对	收款记入正确的客户应收账款明细款	应收账款会计逐笔将收到的款项与销售订单和发票进行核对，再记入相应的客户应收账款明细账冲抵对应的发票。对无法找到对应销售订单或发票的款项，与销售部门联系，调查原因并解决	每天数次	人工	预防性	应收账款	准确性/ 权利 和义务	是
收款	与客户对账以及时发现错误	确认的销售收入和应收账款余额准确	应收账款会计每月末向20家主要客户寄送当月销售金额和月末应收账款余额对账单。对发现的差异进行调查，向财务经理和销售经理汇报，适当做出调整	每月一次	人工	检查性	检查性	准确性/ 完整性/ 存在/ 发生/ 权利和 义务	否
调整	所有实现的销售得到及时准确记录	所有出库的产品均在当月确认销售	仓储部每月编制当月产成品收发存明细表。财务经理将该表中各种产品当月出库数量与应收账款会计编制的按产品列示的当月销售收入明细表进行核对，调查差异原因并决定是否需要调账	每月一次	人工	检查性	检查性	完整性/ 截止/ 发生/ 存在	是

（三）穿行测试

子流程	穿行测试的方法	查看的文件/记录
订单处理	①询问销售人员、销售经理 ②观察销售人员如何处理收到的客户采购单 ③检查销售经理批准的销售订单 ④重新执行将订单上的客户信息与系统内的客户信息进行核对	客户采购单 销售订单 相关客户信息
发货	①询问仓储工作人员、仓储经理 ②观察仓储人员如何根据经批准的销售订单填制提货单 ③检查提货单上是否有客户或物流公司人员签字证明其收到货物 ④重新执行销售订单，与销售订单的信息核对	提货单 仓库台账 存货明细账
开票	①询问开票人员、应收账款会计、财务经理 ②观察开票人员如何开具发票 ③检查销售收入明细账和应收账款明细账中记录的会计分录 ④重新执行销售订单、提货单和销售发票的三单核对控制	销售发票（及销售订单、提货单） 销售收入明细账 应收账款明细账

续表

子流程	穿行测试的方法	查看的文件/记录
收款	①询问出纳、应收账款会计、财务经理 ②观察出纳如何处理收到的支票等票据 ③检查银行回执的付款方、付款金额是否与记入应收账款/银行明细账的记录一致 ④重新执行银行对账单收款记录与银行明细账收款记录的核对程序	银行回执 银行对账单 银行存款明细账 应收账款明细账

（四）选取控制并测试

1. 判断风险高低的测试

子流程	关键控制描述	控制频率	人工/自动	与控制相关的风险	认定	测试性质	测试时间安排	测试范围
订单	所有的客户订单必须经销售经理批准才能安排发货	不定期	人工	高	发生	检查	20××年1月	全部
开票	应收账款会计将销售订单、客户/物流公司签收的提货单和销售发票三种单据进行核对，确认相关信息一致，再记入相应的销售收入明细账和应收账款明细账	每日多次	人工	高	发生/准确性	检查/重新执行	20××年1月	全部
调整	财务经理将仓储部门编制的每月产成品收发存明细表中的产品出库记录与当月确认销售收入所对应的产品信息进行核对并调查差异	每月一次	人工	中	完整性/截止	询问/检查	20××年1月	抽样

2. 判断关键控制的测试

子流程	控制描述	控制频率	人工/自动	预防性/检查性	认定	是否关键控制	判断是否为关键控制的理由
订单处理	销售员对新客户的基本信息和信用状况进行调查并填写新客户信用调查表，交给销售经理、财务经理和总经理复核批准，应收账款会计根据三位管理人员的签字批准在信息系统中添加新客户并设定赊销限额	不定期	人工	预防性	发生 计价	否	该项控制属于销售交易发起之前的控制，侧重于企业的经营效率效果，与销售收入的发生认定和计价认定只有间接的联系（发生——产品只销售给真实的经授权的客户；计价——执行客户信用管理，避免应收账款无法收回的损失），但不直接针对这些认定
订单处理	所有的销售订单均交给销售经理审核；销售经理检查客户的剩余授信额度、约定价格等信息，与订单进行核对，以决定是否批准销售订单。仓储部根据经批准的订单开具提货单，准备发货	不定期	人工	预防性	发生	是	该项控制与销售收入的发生认定直接相关，能够防止未经授权的销售行为，是企业确保销售收入真实有效且经过适当授权的重要手段
发货	仓储经理每天随意抽查1～2笔出库产品，将堆放在装运区准备发送的货物，与销售订单和提货单进行核对。该程序无书面记录	每天一次	人工	预防性	准确性	否	该项控制具有随意性，不够精确，而且来留下书面记录，审计人员只能观察和询问，而无法实施检查程序以测试该控制的有效性

续表

子流程	控制描述	控制频率	人工/自动	预防性/检查性	认定	是否关键控制	判断是否为关键控制的理由
发货	销售经理每周五查看已批准未发货的销售订单汇总表，调查延迟发货的原因并予以相应处理	每周一次	人工	预防性	不适合	否	该项控制旨在确保企业的经营效率和服务质量，与财务报表认定无关，不属于财务报表内部控制
开票	超过预定价格范围的优惠价格和超出一定比例的折扣，必须由销售经理和总经理批准。开票人员查看了批准签名后才可开具发票	不定期	人工	预防性	发生/存在	否	该项控制的目的是严格限制价格优惠和折扣，侧重于提高企业的经营业绩。而且X公司销售业务中超出既定价格或折扣的情况极少发生，导致财务报表重大错误的可能性很小
开票	应收账款会计将销售订单、客户/物流公司签收确认的提货单和发票三种单据进行核对，确认相关信息一致，再记入相应的销售收入明细账和应收账款明细账	每天数次	人工	预防性	发生/准确性/存在	是	该项控制是针对企业常规交易的应用控制，通过各种单据相关信息的互相核对达到控制目标，执行过程精确，而且能同时涵盖销售收入的发生认定和准确性认定(以及应收账款的存在认定和准确性认定)
收款	应收账款会计逐笔将收到的款项与销售订单和发票进行核对，再记入相应的客户应收账款明细账冲抵相应的发票。对无法找到对应销售订单或发票的款项，与销售部门联系，调查原因并解决	每天数次	人工	预防性	准确性/权利和义务	是	该项控制是针对企业常规交易的应用控制，通过各种单据相关信息的互相核对达到控制目标，执行过程精确，对应收账款贷方发生额的准确性认定起到关键作用
收款	应收账款会计每月末向20家主要客户寄送当月销售金额和月末应收账款余额对账单。对发现的差异进行调查，向财务经和销售经理汇报，适当时做出调整	每月一次	人工	检查性	准确性/完整性/存在/发生/权利和义务/计价	否	该项控制针对的是一部分而非全部的销售收入和应收账款，其执行效果受到客户的配合程度、客户的内部控制及财务信息质量的影响；其所针对的认定还有其他控制可以涵盖
调整	仓储部每月编制当月产成品收发存明细表。财务经理将该表中各种产品当月出库数量与应收账款会计编制的按产品列示的当月销售收入明细表进行核对，调查差异原因并决定需要调账	每月一次	人工	检查性	完整性/截止	是	该项控制与销售收入的完整性认定和截止认定直接相关，能够有效发现并纠正与这些认定相关的重大错报，将不同部门提供的信息进行互相核对，控制的执行较为精确

注：本参考格式未涉及期中测试及前推程序。

第七节　内部控制缺陷评价

一、内部控制缺陷的分类

(一)按缺陷来源分

根据来源，内部控制缺陷可分为设计缺陷和运行缺陷。

1. 设计缺陷

设计缺陷是指缺少为实现控制目标所必需的控制，或现有控制设计不适当，即使正常运行也难以实现预期的控制目标。

2. 运行缺陷

运行缺陷是指现存设计适当的控制没有按设计意图运行，或执行人员没有获得必要授权或缺乏胜任能力，无法有效地实施内部控制。

(二)按缺陷严重程度分

内部控制存在的缺陷，按其严重程度分为重大缺陷、重要缺陷和一般缺陷。

1. 重大缺陷

重大缺陷是内部控制中存在的、可能导致不能及时防止或发现并纠正财务报表出现重大错报的一项控制缺陷或多项控制缺陷的组合。

2. 重要缺陷

重要缺陷是内部控制中存在的、其严重程度不如重大缺陷但足以引起负责监督被审计单位财务报告的人员(如审计委员会或类似机构)关注的一项控制缺陷或多项的组合。

3. 一般缺陷

一般缺陷是内部控制中存在的、除重大缺陷和重要缺陷之外的控制缺陷。

二、内部控制缺陷的严重程度

内部控制审计，不要求审计人员寻找非重大控制缺陷。因此，审计人员应当评价其识别的各项控制缺陷的严重程度，以确定这些缺陷单独或组合起来是否构成内部控制的重大缺陷。

内部控制缺陷的严重程度取决于以下方面：

(1)控制不能防止或发现并纠正账户或列报发生错报的可能性的大小。

(2)因一项或多项控制缺陷导致的潜在错报的金额大小。

(3)补偿性控制的考虑。

在确定一项控制缺陷或多项控制缺陷的组合是否构成重大缺陷时，审计人员应当评价补偿性控制的影响。

在评价补偿性控制是否能够弥补控制缺陷时，审计人员应当考虑补偿性控制是否有足够的精确度以防止或发现并纠正可能发生的重大错报。

三、控制缺陷与错报

控制缺陷的严重程度与错报是否发生无关，而取决于控制不能防止或发现并纠正错报的可能性的大小。

(一)控制缺陷是否导致错报的考虑

在评价一项控制缺陷或多项控制缺陷的组合是否可能导致账户或列报发生错报时，审计人员应当考虑以下因素：

(1)所涉及的账户、列报及其相关认定的性质。

(2)相关资产或负债易于发生损失或舞弊的可能性。

(3)确定相关金额时所需判断的主观程度、复杂程度和范围。

(4)该项控制与其他控制的相互作用或关系。

(5)控制缺陷之间的相互作用。

(6)控制缺陷在未来可能产生的影响。

(7)控制缺陷影响财务报表的同一账户或列报，错报发生的概率会增加。

(8)存在多项控制缺陷时,即使这些缺陷从单项看不重要,但组合起来也可能构成重大缺陷。因此,审计人员应当考虑,对同一重要账户、列报及其相关认定或内部控制要素产生影响的各项控制缺陷,组合起来是否构成重大缺陷。

(9)审计人员无须将错报发生的概率量化为某个特定的百分比或区间。

(二)金额大小的考虑

在评价因一项或多项控制缺陷导致的潜在错报的金额大小时,审计人员应当考虑以下因素:

(1)受控制缺陷影响的财务报表金额或交易总额。

(2)在本期或预计的未来期间受控制缺陷影响的账户余额或各类交易涉及的交易量。

在评价潜在错报的金额大小时,账户余额或交易总额的最大多报金额通常是已记录的金额,但其最大少报金额可能超过已记录的金额。通常,小金额错报比大金额错报发生的概率更高。

四、存在重大缺陷的迹象

下列迹象可能表明企业内部控制存在重大缺陷:

(1)发现高级管理人员舞弊。

(2)重述财务报表,以反映重大错报的更正情况。

(3)审计人员识别出当期财务报表存在重大错报,而该错报不可能由企业内部控制发现。

(4)审计委员会对企业财务报告和内部控制的监督无效。

五、内部控制缺陷评价的步骤

(一)步骤

内部控制缺陷评价过程通常需要七个步骤。

第一步:发现的缺陷是否与一个或多个财务报表认定直接相关?

若相关,则进入第二步;

若不相关,则进入第五步。

第二步:该项缺陷的组合是否可能不能防止或发现财务报表错报?

若能,则进入第三步;

若不能,则进入第五步。

第三步:该项可能(考虑定性和定量因素)导致财务报表潜在错报的金额大小,对财务报表的影响程度是否重大?

若重大,则进入第四步;

若不重大,则进入第五步。

第四步:是否存在补偿性控制,并有效运行,足以防止或发现财务报表重大错报?

若存在,则进入第五步;

若不存在,则存在重大缺陷。

第五步:该缺陷(或缺陷组合)的重要程度是否足以引起负责监督企业财务报告的相关人员的关注?

若是,则进入第六步;

若不是,则存在一般缺陷(考虑汇总结果)。

第六步:一个足够知情、有胜任能力并且客观的管理人员是否会认为此缺陷(或缺陷组合)

为重大缺陷?

若是,则存在重大缺陷;

若不是,则存在重要缺陷(考虑汇总结果)。

第七步:在考虑所有事实情况(包括定性因素)后,重大审计调整、更正情况是否并不表明存在控制缺陷?

若是,则无缺陷。

(二)案例(重大缺陷)

审计人员张某执行泰华公司内部控制审计,财务报表整体重要性确定为2 000万元,实际执行的重要性水平为1 000万元。在对月度银行对账进行控制测试时,其中一项是检查公司每月是否对其付款账户与银行进行对账,这项控制活动与5 000万元现金收据以及付款相关,审计人员选择两笔对账并且确定是否每笔对账都已完成以及是否对所有重大或异常事件进行了调查并及时解决。测试结果表明这两笔银行对账都没有完全完成,存在重大的未对账差异(共计300万元)且差异存在已超过1年。

步骤一:发现的缺陷是否与一个或多个财务报表认定直接相关?

是,涉及银行存款和付款的问题,直接影响财务报认定。

步骤二:该项缺陷是否可能不能防止或发现财务报表错报?

是,对账没有完成,有可能导致错误不能及时发现。

步骤三:该项缺陷可能导致财务报表潜在错报的金额大小?

这项控制与交易相关且所涉及金额5 000万元,远大于重要性水平。

步骤四:是否存在补偿性控制,并有效运行,足以防止或发现财务报表重大错报?

会计经理会对每次银行对账进行审核并签字确认,由于经理没有能够发现这些重大的对账错误,因此补偿性控制也被判断为失效。

因此,该缺陷为重大缺陷。

六、缺陷整改后的考虑

(一)整改后控制有效性的判断

如果被审计单位在基准日前对存在缺陷的控制进行了整改,整改后的控制需要运行足够长的时间,才能使审计人员得出其是否有效的审计结论。

审计人员应当根据控制的性质和控制相关的风险,合理运用职业判断,确定整改后控制运行的最短期间(或整改后控制的最少运行次数)以及最少测试数量。

整改后控制运行的最短期间和最少测试数量可参考表13－2。

表13－2　整改后控制运行的最短期间和最少测试数量

控制运行频率	整改后控制运行的最短期间	最少测试数量
每季1次	2个季度	2
每月1次	2个月	2
每周1次	5周	5
每天1次	20天	20
每天多次	分布涵盖多天的期间,通常不少于15天	25

(二)新控制运行时间不足的考虑

如果被审计单位在基准日前对存在重大缺陷的内部控制进行了整改,但新控制尚没有运行足够长的时间,审计人员应当将其视为内部控制在基准日存在的重大缺陷,在编制控制缺陷汇总表时应纳入其中。

七、内部控制缺陷汇总表

审计人员应编制内部控制缺陷汇总表,为出具内部控制审计报告做准备。

内部控制缺陷汇总表参考格式如表 13—3 所示。

表 13—3　　内部控制缺陷汇总表参考格式

缺陷编号	相关业务流程、应用系统	业务单位	内部控制缺陷描述及影响	缺陷类型(设计/运行)	所影响的账户/交易	财务报表认定								补偿性控制	发生错报的可能性及错报的严重程度分析	缺陷认定结论	对相关的财务报表审计工作的影响
						发生	完整性	准确性	截止	分类	存在	权利和义务	计价和分摊				

第八节　内部控制审计报告

一、获取管理层声明

审计人员完成审计工作后,应当向管理层获取书面声明。书面声明至少应当包括下列内容:

(1)企业董事会认可其对建立健全和有效实施内部控制负责。

(2)企业已对内部控制的有效性做出自我评价,并说明评价时采用的标准以及得出的结论。

(3)企业没有利用审计人员执行的审计程序及其结果作为自我评价的基础。

(4)企业已向审计人员披露识别出的所有内部控制缺陷,并单独披露其中的重大缺陷和重要缺陷。

(5)企业对于审计人员在以前年度审计中识别的重大缺陷和重要缺陷,是否已经采取措施予以解决。

(6)企业在内部控制自我评价基准日后,内部控制是否发生重大变化,或者存在对内部控制具有重要影响的其他因素。

管理层如果拒绝提供或以其他不当理由回避书面声明,审计人员应当将其视为审计范围受到限制,解除业务约定或出具无法表示意见的内部控制审计报告。

二、沟通相关事项

审计人员应当与管理层沟通审计过程中识别的所有控制缺陷。对于其中的重大缺陷和重要缺陷,应当以书面形式与董事会和管理层沟通,并在沟通完成后告知审计委员会;如果认为企业的审计委员会和内部审计机构对内部控制的监督是无效的,应当就这一事项以书面形式直接与董事会和管理层沟通。

书面沟通应当在审计人员出具内部控制审计报告之前进行。

三、形成审计意见

审计人员应当对获取的证据进行评价，形成对内部控制有效性的意见。

审计人员应当评价所有来源的审计证据，包括对控制的测试结果、财务报表审计中发现的错报、已识别的所有控制缺陷等，形成对内部控制有效性的意见。

在评价审计证据时，审计人员应当审视在审计过程中是否受到限制，只有在审计范围没有受到限制时，审计人员才能对内部控制的有效性形成意见；如果审计范围受到限制，审计人员需要解除业务约定或出具无法表示意见的内部控制审计报告。

在对内部控制的有效性形成意见后，审计人员应当评价企业内部控制自我评价报告对相关法律法规规定的要素的列报是否完整和恰当。根据中国证监会《上市公司实施企业内部控制规范体系监管问题解答》的规定，公开发行证券的公司在年度报告中应披露的财务报告内部控制评价报告应包括以下内容：①公司董事会关于建立健全和有效实施财务报告内部控制是公司董事会的责任，并就公司财务报告内部控制评价报告真实性做出的声明；②财务报告内部控制评价的依据；③根据自我评价情况，认定于评价基准日存在的财务报告内部控制重大缺陷情况；④对发现的重大缺陷已采取或拟采取的整改措施的说明；⑤公司董事会对评价基准日财务报告内部控制有效性的自我评价结论；⑥在财务报告内部控制自我评价过程中关注到的非财务报告内部控制重大缺陷情况。

四、出具审计报告

审计人员在完成内部控制审计工作后，应当出具内部控制审计报告。

审计人员需要在审计报告中清楚地表达对内部控制有效性的意见，并对出具的审计报告负责。在整合审计中，审计人员在完成内部控制审计和财务报表审计后，应当分别对内部控制和财务报表出具审计报告，并签署相同的日期。

(一)审计报告类型

内部控制审计报告分为①无保留意见内部控制审计报告、②带强调事项段的无保留意见内部控制审计报告、③否定意见内部控制审计报告、④无法表示意见内部控制审计报告。其中②～④称为非无保留意见内部控制审计报告。

1. 无保留意见内部控制审计报告

如果符合下列所有条件，审计人员应当对内部控制出具无保留意见的内部控制审计报告：

(1)在基准日，被审计单位按照适用的内部控制标准的要求，在所有重大方面保持了有效的内部控制。

(2)审计人员已经按照《企业内部控制审计指引》的要求计划和实施审计工作，在审计过程中未受到限制。

2. 带强调事项的无保留意见内部控制审计报告

审计人员如果认为内部控制虽然不存在重大缺陷，但仍有一项或多项重大事项需要提请内部控制审计报告使用者注意，审计人员应当在内部控制审计报告中增加强调事项段予以说明。审计人员应当在强调事项段中指明，该段内容仅用于提醒内部控制审计报告使用者关注，并不影响对内部控制发表的审计意见。

如果存在下列情况，审计人员应当考虑在内部控制审计报告中增加强调事项段：

(1)如果确定企业内部控制评价报告对要素的列报不完整或不恰当，审计人员应当在内部控制审计报告中增加强调事项段，说明这一情况并解释得出该结论的理由。

(2)如果审计人员知悉在基准日并不存在、但在期后期间发生的事项，且这类期后事项对内部控制有重大影响，审计人员应当在内部控制审计报告中增加强调事项段，描述该事项及其影响，或提醒内部控制审计报告使用者关注企业内部控制评价报告中披露的该事项及其影响。

3. 否定意见的内部控制审计报告

如果认为内部控制存在一项或多项重大缺陷，除非审计范围受到限制，审计人员应当对内部控制发表否定意见。

否定意见的内部控制审计报告还应当包括重大缺陷的定义、重大缺陷的性质及其对内部控制的影响程度。如果重大缺陷尚未包含在企业内部控制评价报告中，审计人员应当在内部控制审计报告中说明重大缺陷已经识别、但没有包含在企业内部控制评价报告中。如果企业内部控制评价报告中包含了重大缺陷，但审计人员认为这些重大缺陷未在所有重大方面得到公允反映，审计人员应当在内部控制审计报告中说明这一结论，并公允表达有关重大缺陷的必要信息。此外，审计人员还应当就这些情况以书面形式与治理层沟通。

如果拟对内部控制的有效性发表否定意见，在财务报表审计中，审计人员不应依赖存在重大缺陷的控制，而是需要实施实质性程序确定与该控制相关的账户是否存在重大错报。如果实施实质性程序的结果表明该账户不存在重大错报，审计人员可以对财务报表发表无保留意见。在这种情况下，审计人员应当确定该意见对财务报表审计意见的影响，并在内部控制审计报告中予以说明。

如果对财务报表发表的审计意见没有影响，审计人员应当在内部控制审计报告的导致否定意见的事项段中增加以下类似说明："在××公司××年财务报表审计中，我们已经考虑了上述重大缺陷对审计程序的性质、时间安排和范围的影响。本报告并未对我们在××年×月×日对×公司××年财务报表出具的审计报告产生影响。"这一说明对于保证审计报告使用者理解审计人员为何对财务报表发表无保留意见非常重要。

如果对财务报表发表的审计意见产生影响，审计人员应当在内部控制审计报告的导致否定意见的事项段中增加以下类似说明："在××公司××年财务报表审计中，我们已经考虑了上述重大缺陷对审计程序的性质、时间安排和范围的影响。"

4. 无法表示意见的内部控制审计报告

审计人员只有实施了必要的审计程序，才能对内部控制的有效性发表意见。如果审计范围受到限制，审计人员应当解除业务约定或出具无法表示意见的内部控制审计报告。

如果法律法规的相关豁免规定允许被审计单位不将某些实体纳入内部控制的评价范围，审计人员可以不将这些实体纳入内部控制审计的范围。这种情况不构成审计范围受到限制，但审计人员应当在内部控制审计报告中增加强调事项段或者在审计人员的责任段中，就这些实体未被纳入评价范围和内部控制审计范围这一情况，做出与被审计单位类似的恰当陈述。审计人员应当评价相关豁免是否符合法律法规的规定，以及被审计单位针对该项豁免做出的陈述是否适当。如果认为被审计单位有关该项豁免的陈述不恰当，审计人员应当提请其做出适当修改。如果被审计单位未做出恰当修改，审计人员应当在内部控制审计报告的强调事项段中说明被审计单位的陈述需要修改的理由。

在出具无法表示意见的内部控制审计报告时，审计人员应当在内部控制审计报告中指明审计范围受到限制，无法对内部控制的有效性发表意见，并单设段落说明无法表示意见的实质性理由。审计人员不应在内部控制审计报告中指明所执行的程序，也不应描述内部控制审计的特征，以避免对无法表示意见的误解。如果在已执行的有限程序中发现内部控制存在重大缺陷，审计人员应当在内部控制审计报告中对重大缺陷做出详细说明。

只要认为审计范围受到限制将导致无法获取发表审计意见所需的充分、适当的审计证据，审计人员不必执行任何其他工作即可对内部控制出具无法表示意见的内部控制审计报告。在这种情况下，内部控制审计报告的日期应为审计人员已就该报告中陈述的内容获取充分、适当的审计证据的日期。

在因审计范围受到限制而无法表示意见时，审计人员应当就未能完成整个内部控制审计工作的情况，以书面形式与管理层和治理层进行沟通。

(二)内部控制审计报告要素

内部控制审计报告包括下列要素：

1. 标题

内部控制审计报告的标题统一规范为“内部控制审计报告”。

2. 收件人

内部控制审计报告的收件人是指审计人员按照业务约定书的要求致送内部控制审计报告的对象，一般是指审计业务的委托人。内部控制审计报告需要载明收件人的全称。

3. 引言段

内部控制审计报告的引言段说明企业的名称和内部控制已经过审计。

4. 企业对内部控制的责任段

企业对内部控制的责任段说明，按照《企业内部控制基本规范》《企业内部控制应用指引》《企业内部控制评价指引》的规定，建立健全和有效实施内部控制，并评价其有效性是企业董事会的责任。

5. 审计人员的责任段

审计人员的责任段说明，在实施审计工作的基础上，对财务报告内部控制的有效性发表审计意见，并对注意到的非财务报告内部控制的重大缺陷进行披露是审计人员的责任。

6. 内部控制固有局限性的说明段

内部控制无论如何有效，都只能为企业实现控制目标提供合理保证。内部控制实现目标的可能性受其固有限制的影响，包括：①在决策时人为判断可能出现错误和因人为失误而导致内部控制失效。②控制的运行也可能无效。③控制可能由于两个或更多的人员进行串通舞弊或管理层不当地凌驾于内部控制之上而被规避。④在设计和执行控制时，如果存在选择执行的控制以及选择承担的风险，管理层在确定控制的性质和范围时需要做出主观判断。因此，审计人员需要在内部控制固有局限性的说明段说明，内部控制具有固有局限性，存在不能防止和发现错报的可能性。此外，由于情况的变化可能导致内部控制变得不恰当，或对控制政策和程序遵循的程度降低，根据内部控制审计结果推测未来内部控制的有效性具有一定风险。

7. 财务报告内部控制审计意见段

审计意见段应当说明企业是否按照《企业内部控制基本规范》和相关规定在所有重大方面保持了有效的财务报告内部控制。

8. 非财务报告内部控制重大缺陷描述段(如果存在)

对于审计过程中注意到的非财务报告内部控制缺陷，如果发现某项或某些控制对企业发展战略、法规遵循、经营的效率效果等控制目标的实现有重大不利影响，确定该项非财务报告内部控制缺陷为重大缺陷的，审计人员应当以书面形式与企业董事会和经理层沟通，提醒企业加以改进；同时在内部控制审计报告中增加非财务报告内部控制重大缺陷描述段，对重大缺陷的性质及其对实现相关控制目标的影响程度进行披露，提示内部控制审计报告使用者注意相关风险，但无须对其发表审计意见。

9. 审计人员的签名和盖章

10. 会计师事务所的名称、地址及盖章

11. 报告日期

审计报告的日期不应早于审计人员获取充分、适当的审计证据(包括董事会认可对内部控制及评价报告的责任且已批准评价报告的证据)的时间，并在此基础上对内部控制的有效性形成审计意见的日期。如果内部控制审计和财务报表审计整合进行，审计人员对内部控制审计报告和财务报表审计报告需要签署相同的日期。

值得注意的是，当审计人员出具“带强调事项段的无保留意见内部控制审计报告”时，应增加“强调事项段”具体内容；当审计人员出具“否定意见内部控制审计报告”时，应增加“导致否定意见的事项”；当审计人员出具“无法表示意见的审计报告”时，应增加“导致无法表示意见的事项”，描述其具体情况。

(三)内部控制审计报告参考格式

1. 无保留意见内部控制审计报告

内部控制审计报告

××股份有限公司全体股东：

按照《企业内部控制审计指引》及中国审计人员执业准则的相关要求，我们审计了××股份有限公司(以下简称××公司)××××年××月××日的财务报告内部控制的有效性。

一、企业对内部控制的责任

按照《企业内部控制基本规范》《企业内部控制应用指引》《企业内部控制评价指引》的规定，建立健全和有效实施内部控制，并评价其有效性是××公司董事会的责任。

二、审计人员的责任

我们的责任是在实施审计工作的基础上，对财务报告内部控制的有效性发表审计意见，并对注意到的非财务报告内部控制的重大缺陷进行披露。

三、内部控制的固有局限性

内部控制具有固有局限性，存在不能防止和发现错报的可能性。此外，由于情况的变化可能导致内部控制变得不恰当，或对控制政策和程序遵循的程度降低，根据内部控制审计结果推测未来内部拉制的有效性具有一定风险。

四、财务报告内部控制审计意见

我们认为，××公司于××××年××月××日按照《企业内部控制基本规范》和相关规定在所有重大方面保持了有效的财务报告内部控制

××会计师事务所　　　　中国审计人员：×××

(盖章)　　　　(签名并盖章)

中国审计人员：×××

(签名并盖章)

中国××市　　　　××××年××月××日

2. 带强调事项段的无保留意见内部控制审计报告

内部控制审计报告

××股份有限公司全体股东：

按照《企业内部控制审计指引》及中国审计人员执业准则的相关要求，我们审计了××股份有限公司(以下简称××公司)××××年××月××日的财务报告内部控制的有效性。

[“一、企业对内部控制的责任”至“四、财务报告内部控制审计意见”参见标准内部控制审计报告相关段落表述。]

五、强调事项

我们提醒内部控制审计报告使用者关注，[描述强调事项的性质及其对内部控制的重大影响。]本段内容不影响已对财务报告内部控制发表的审计意见。

××会计师事务所　　　　　　　　　　　中国审计人员：×××

（盖章）　　　　　　　　　　　　　　（签名并盖章）

中国审计人员：×××

（签名并盖章）

中国××市　　　　　　　　　　　　　××××年××月××日

3. 否定意见内部控制审计报告

内部控制审计报告

××股份有限公司全体股东：

按照《企业内部控制审计指引》及中国审计人员执业准则的相关要求，我们审计了××股份有限公司(以下简称××公司)××××年××月××日的财务报告内部控制的有效性。

[“一、企业对内部控制的责任”至“三、内部控制的固有局限性”参见标准内部控制审计报告相关段落表述。]

四、导致否定意见的事项

重大缺陷是内部控制中存在的、可能导致不能及时防止或发现并纠正财务报表出现重大错报的一项控制缺陷或多项控制缺陷的组合。

[指出审计人员已识别出的重大缺陷，并说明重大缺陷的性质及其对财务报告内部控制的影响程度。]

有效的内部控制能够为财务报告及相关信息的真实完整提供合理保证，而上述重大缺陷使××公司内部控制失去这一功能。

××公司管理层已识别出上述重大缺陷，并将其包含在企业内部控制评价报告中。上述缺陷在所有重大方面得到公允反映。

在××公司××××年财务报表审计中，我们已经考虑了上述重大缺陷对审计程序的性质、时间安排和范围的影响。本报告并未对我们在××××年××月××日对××公司××××年财务报表出具的审计报告产生影响

五、财务报告内部控制审计意见

我们认为，由于存在上述重大缺陷及其对实现控制目标的影响，××公司于××××年

××月××日未能按照《企业内部控制基本规范》和相关规定在所有重大方面保持有效的财务报告内部控制。

××会计师事务所　　　　　　　　　　　　　　中国审计人员：×××

（盖章）　　　　　　　　　　　　　　　　　（签名并盖章）

中国审计人员：×××

（签名并盖章）

中国××市　　　　　　　　　　　　　　　　××××年××月××日

4. 无法表示意见内部控制审计报告

内部控制审计报告

××股份有限公司全体股东：

我们接受委托，对××股份有限公司（以下简称××公司）××××年××月××日的财务报告内部控制进行审计。

[删除审计人员的责任段，"一、企业对内部控制的责任"和"二、内部控制的固有局限性"参见标准内部控制审计报告相关段落表述。]

三、导致无法表示意见的事项

[描述审计范围受到限制的具体情况。]

四、财务报告内部控制审计意见

由于审计范围受到上述限制，我们未能实施必要的审计程序以获取发表意见所需的充分、适当证据，因此，我们无法对××公司财务报告内部控制的有效性发表意见。

五、识别的财务报告内部控制重大缺陷

[如在审计范围受到限制前，执行有限程序未能识别出重大缺陷，则应删除本段。]

重大缺陷是内部控制中存在的、可能导致不能及时防止或发现并纠正财务报表出现重大错报的一项控制缺陷或多项控制缺陷的组合。

尽管我们无法对××公司财务报告内部控制的有效性发表意见，但在我们实施的有限程序的过程中，发现了以下重大缺陷：

[指出审计人员已识别出的重大缺陷，并说明重大缺陷的性质及其对财务报告内部控制的影响程度。]

有效的内部控制能够为财务报告及相关信息的真实完整提供合理保证，而上述重大缺陷使××公司内部控制失去这一功能。

××会计师事务所　　　　　　　　　　　　　　中国审计人员：×××

（盖章）　　　　　　　　　　　　　　　　　（签名并盖章）

中国审计人员：×××

（签名并盖章）

中国××市　　　　　　　　　　　　　　　　××××年××月××日

复习思考题

1. 如何理解内部控制审计相关概念？

2. 内部控制审计的目标是什么？

3. 内部控制审计的程序包括哪些？

4. 确定执行内部控制审计业务所需资源及其性质、时间安排时，审计人员通常需要考虑哪些方面？

5. 内部控制审计应当采用什么方式？该方式一般有哪些步骤？

6. 内部控制的有效性包括哪些？如何测试？

7. 企业层面的关键控制有哪些？如何测试？

8. 业务层面控制的测试通常如何进行？

9. 内部控制缺陷有哪些类型？内部控制缺陷评价包括哪些步骤？

10. 内部控制审计报告有哪些类型？

第十四章

审计职业道德和独立性

学习目标

通过本章的学习,掌握并了解职业道德的基本内容及其框架(包括独立、客观、公正,专业胜任能力和应有的关注,保密,职业行为等基本原则),明确执业过程中对独立性的遵从(包括实质上的独立和形式上的独立),熟悉影响审计业务的各项独立性原则,了解商业关系、在审计客户中任职、网络事务所等因素对独立性的影响,理解和掌握保持审计人员独立性的方式和方法,做一个合格的审计人员。

道德和法律分别从两个方面对人们的行为进行制约,法律是强制性的,而道德是柔性的。审计行业由于其较高的专业水准和较多的相关利益,要求审计人员遵守相应的职业道德规范和审计独立性。

为了规范中国审计人员职业行为,提高职业道德水准,维护职业形象,中国审计人员协会制定了相应的道德准则和独立性原则,并适用于所有审计人员,要求所有审计人员能够运用职业道德概念框架解决职业道德问题。中国审计人员协会会员包括执业会员和非执业会员。非执业会员是指加入中国审计人员协会但未从事专业审计工作的人员,通常在工业、商业、服务业、公共部门、教育部门、非营利组织、监管机构或职业团体从事专业工作。执业会员即从事专业审计工作的人员。

审计独立性是指审计人员执行审计或其他鉴证业务时,应当保持形式上和实质上的独立。形式上的独立性,是指审计人员与被审企业或个人没有任何特殊的利益关系。实质上的独立性也称精神上的独立或事实上的独立,是指审计人员在执行审计或其他鉴证业务时,应当不受个人或外界因素的约束、影响和干扰,保持客观且无私的精神态度。因为涉及市场经济的利益公平,独立性被业界视为审计的灵魂。

第一节　审计职业道德

审计人员的职业道德规范包括职业道德基本原则、职业道德概念框架及其具体应用,是所有审计人员都应当遵守并践行的准则。

一、职业道德基本原则

审计人员为实现执业目标,必须遵守一些基本的原则。与职业道德有关的基本原则包括诚信、独立性、客观和公正、专业胜任能力和应有的关注、保密、良好的职业行为。

(一)诚信

诚信，是指诚实、守信。也就是说，一个人言行与内心思想一致，不虚假；能够履行与别人的约定而取得对方的信任。诚信原则要求审计人员应当在所有的职业关系和商业关系中保持正直和诚实，秉公处事、实事求是。

审计人员在审计中发现问题，则不得与这些有问题的信息发生牵连：

(1)如含有严重虚假或误导性的陈述。

(2)含有缺乏充分依据的陈述或信息。

(3)存在遗漏或含糊其词的信息。

审计人员如果注意到已与有问题的信息发生牵连，应当采取措施消除牵连。在审计业务中，如果审计人员依据执业准则出具了恰当的非标准业务报告，不被视为违反上述要求。

(二)独立性

独立性原则通常是对审计人员提出的要求。在执行审计业务时，审计人员必须保持独立性。在市场经济条件下，投资者要求作为第三方审计人的审计人员对企业的财务信息做出保证，从而据以做出投资决策。如果审计人员不能与客户保持独立性，而是存在经济利益、关联关系，或屈从于外界压力，就很难取信于社会公众。审计人员的独立性包括两个方面——实质上的独立和形式上的独立。审计人员执行审计及其他鉴证业务时，应当从实质上和形式上保持独立性，不得因任何利害关系影响其客观性。

(三)客观和公正

客观，是指按照事物的本来面目去考察，不添加个人的偏见。公正，是指公平，正直，不偏袒。客观和公正原则要求会员应当公正处事、实事求是，不得由于偏见、利益冲突或他人的不当影响而损害自己的职业判断。如果存在导致职业判断出现偏差，或对职业判断产生不当影响的情形，审计人员不得提供相关专业服务。

(四)专业胜任能力和应有的关注

专业胜任能力和应有的关注要求审计人员通过教育培训和执业实践获取和保持专业胜任能力。审计人员应当持续了解并掌握当前法律、技术和实务的发展变化，将专业知识和技能始终保持在应有的水平，确保为客户提供具有专业水准的服务。审计人员作为专业人士，应当积极吸收最新的法律法规，将知识保持在一定的水平。

专业胜任能力是指审计人员具有专业知识、技能和经验，能够经济、有效地完成客户委托的业务。审计人员在应用专业知识和技能时，应当合理运用职业判断。

专业胜任能力可分为两个独立阶段：

(1)专业胜任能力的获取。

(2)专业胜任能力的保持。

持续职业发展能够使审计人员发展和保持专业胜任能力，使其能够胜任特定业务环境中的工作。

应有的关注，要求审计人员遵守执业准则和职业道德规范要求，勤勉尽责，认真、全面、及时地完成工作任务。在审计过程中，审计人员应当保持职业怀疑态度，运用专业知识、技能和经验，获取和评价审计证据。

(五)保密

审计人员能否与客户维持正常的关系,有赖于双方能否自愿而又充分地进行沟通和交流,不掩盖任何重要的事实和情况。审计人员与客户的沟通,必须建立在为客户信息保密的基础上。这里所说的客户信息,通常是指涉密信息。一旦涉密信息被泄露或被利用,往往会给客户造成损失。因此,许多国家规定,在会计师事务所工作的审计人员,在没有取得客户同意的情况下,不能泄露任何客户的涉密信息。

保密原则要求审计人员应当对在职业活动中获知的涉密信息予以保密,不得有下列行为:如未经客户授权或法律法规允许,向会计师事务所以外的第三方披露其所获知的涉密信息;利用所获知的涉密信息为自己或第三方谋取利益。

审计人员应当警惕无意泄密的可能性,特别是警惕无意中向近亲属或关系密切的人员泄密的可能性。近亲属是指配偶、父母、子女、兄弟姐妹、祖父母、外祖父母、孙子女、外孙子女等等。

此外,审计人员应当对拟接受的客户或拟受雇的工作单位向其披露的涉密信息保密。在终止与客户或工作单位的关系之后,仍然应当对在职业关系和商业关系中获知的信息保密。

(六)良好的职业行为

审计人员应当遵守相关法律法规,维护自身的职业声誉。审计人员在向公众传递信息以及推介自己和工作时,应当客观、真实、得体,不得损害职业形象。审计人员应当诚实、实事求是,不得有下列行为:如夸大宣传提供的服务、拥有的资质或获得的经验;贬低或无根据地比较其他审计人员的工作。

二、职业道德概念框架

(一)解决职业道德问题的路径

职业道德概念框架是指解决职业道德问题的思路和方法(识别、评价和采取防范措施),用以指导审计人员:

(1)识别对职业道德基本原则的不利影响。

(2)评价不利影响的严重程度。

(3)必要时采取防范措施消除不利影响或将其降低至可接受的水平。

在运用职业道德概念框架时,审计人员应当进行职业判断。如果发现存在可能违反职业道德基本原则的情形,审计人员应当评价其对职业道德基本原则的不利影响。如果认为对职业道德基本原则的不利影响超出可接受的水平,审计人员应当确定是否能够采取防范措施消除不利影响或将其降低至可接受的水平。如果无法采取适当的防范措施,审计人员应当拒绝或终止所从事的特定专业服务,必要时与客户解除合约关系,或向其工作单位辞职。

(二)会影响职业道德规范遵守的不利因素

审计人员对职业道德基本原则的遵循可能受到多种因素的不利影响。总的来说,可能对职业道德基本原则产生不利影响的因素包括自身利益、自我评价、过度推介、密切关系和外在压力。各不利因素及其含义如表 14-1 所示。

表 14－1　　影响职业道德规范的不利因素及其含义

不利因素	含　义
自身利益	如果经济利益或其他利益对审计人员的职业判断或行为产生不当影响，将产生自身利益导致的不利影响
自我评价	如果审计人员对其以前的判断或服务结果做出不恰当的评价，并且将据此形成的判断作为当前服务的组成部分，将产生自我评价导致的不利影响
过度推介	如果审计人员过度推介客户或工作单位的某种立场或意见，使其客观性受到损害，将产生过度推介导致的不利影响
密切关系	如果审计人员与客户或工作单位存在长期或亲密的关系，而过于倾向他们的利益，或认可他们的工作，将产生密切关系导致的不利影响
外在压力	如果审计人员受到实际的压力或感受到压力（包括对审计人员实施不当影响的意图）而无法客观行事，将产生外在压力导致的不利影响

(三)对影响职业道德规范不利因素的防范措施

防范措施是指可以消除不利影响或将其降至可接受水平的行动或其他措施。应对不利影响的防范措施包括下列两类：

(1)法律法规和职业规范规定的防范措施。

(2)在具体工作中采取的防范措施。

法律法规和职业规范规定的防范措施主要包括：如取得审计人员资格必需的教育、培训和经验要求；持续的职业发展要求；公司治理方面的规定；执业准则和职业道德规范的规定；监管机构或审计人员协会的监控和惩戒程序；由依法授权的第三方对审计人员编制的业务报告、申报资料或其他信息进行外部复核；等等。具体工作中采取的防范措施在之后内容中进行阐述。

三、职业道德概念框架的具体运用

以上阐述了影响职业遵守职业道德规范的 5 个不利因素，接下来讲述 5 个方面的具体内容及其防范措施和运用。

(一)可能对职业道德基本原则产生不利影响的具体因素

每一不利因素所表现出来的形式有很多种，并不能完全进行阐述，以下以列表的形式进行具体不利因素的简要分析。

表 14－2　　可能对职业道德产生不利影响的具体因素

不利因素	不利因素的具体表现形式
自身利益	审计业务项目组成员在审计客户中拥有直接经济利益
	会计师事务所的收入过分依赖某一客户
	审计业务项目组成员与审计客户存在重要且密切的商业关系
	会计师事务所担心可能失去某一重要客户
	审计业务项目组成员正在与审计客户协商受雇于该客户
	会计师事务所与客户就审计业务达成或有收费的协议
	审计人员在评价所在会计师事务所以往提供的专业服务时，发现了重大错误

续表

不利因素	不利因素的具体表现形式
自我评价	会计师事务所在对客户提供财务系统的设计或操作服务后，又对系统的运行有效性出具审计报告
	会计师事务所为客户编制原始数据，这些数据构成审计业务的对象
	审计业务项目组成员担任或最近曾经担任客户的董事或高级管理人员
	审计业务项目组成员目前或最近曾受雇于客户，并且所处职位能够对审计对象施加重大影响
	会计师事务所为审计客户提供直接影响审计对象信息的其他服务
过度推介	会计师事务所推介审计客户的股份
	在审计客户与第三方发生诉讼或纠纷时，审计人员担任该客户的辩护人
密切关系	项目组成员的近亲属担任客户的董事或高级管理人员
	项目组成员的近亲属是客户的员工，其所处职位能够对业务对象施加重大影响
	客户的董事、高级管理人员或所处职位能够对业务对象施加重大影响的员工，最近曾担任会计师事务所的项目合伙人
	审计人员接受客户的礼品或款待
	会计师事务所的合伙人或高级员工与审计客户存在长期业务关系
外在压力	会计师事务所受到客户解除业务关系的威胁
	审计客户表示，如果会计师事务所不同意对某项交易的会计处理，则不再委托其承办拟议中的非审计业务
	客户威胁将起诉会计师事务所
	会计师事务所受到降低收费的影响而不恰当地缩小工作范围
	由于客户员工对所讨论的事项更具有专长，审计人员面临服从其判断的压力
	会计师事务所合伙人告知审计人员，除非同意审计客户不恰当的会计处理，否则将影响晋升

(二)应对不利影响的防范措施

审计人员应当运用判断，确定如何应对超出可接受水平的不利影响，包括采取防范措施消除不利影响或将其降低至可接受的水平，或者终止业务约定或拒绝接受业务委托。在运用判断时，审计人员应当考虑：一个理性且掌握充分信息的第三方，在权衡审计人员当时可获得的所有具体事实和情况后，是否很可能认为这些防范措施能够消除不利影响或将其降低至可接受的水平，以使职业道德基本原则不受损害。应对不利影响的防范措施包括法律法规和职业规范规定的防范措施和在具体工作中采取的防范措施。

在具体工作中，应对不利影响的防范措施包括会计师事务所层面的防范措施和具体业务层面的防范措施。

1. 会计师事务所层面的防范措施

从会计师事务所角度而言的防范措施包括：①领导层强调遵循职业道德基本原则的重要性；②领导层强调审计业务项目组成员应当维护公众利益；③制定有关政策和程序，实施项目质量控制，监督业务质量；④制定有关政策和程序，识别对职业道德基本原则的不利影响，评价不利影响的严重程度，采取防范措施消除不利影响或将其降低至可接受的水平；⑤制定有关政策和程序，保证遵循职业道德基本原则；⑥制定有关政策和程序，识别会计师事务所或项目组成员与客户之间的利益或关系；⑦制定有关政策和程序，监控对某一客户收费的依赖程度；⑧向审计客户提供非审计服务时，指派审计业务项目组以外的其他合伙人和项目组，并确保审计业务项目组和非审计业务项目组分别向各自的业务主管报告工作;⑨制定有关政策和程序,防止项目组以外的人员对业务结果施加不当影响;⑩及时向所有合伙人和专业人员传达会计师事务所的政策和程序及其变化情况,并就这些政策和程序进行适当的培训;等等。

2. 具体业务层面的防范措施

具体业务层面的防范措施包括:①对已执行的非审计业务,由未参与该业务的审计人员进行复核,或在必要时提供建议;②对已执行的审计业务,由审计业务项目组以外的审计人员进行复核,或在必要时提供建议;③向客户审计委员会、监管机构或审计人员协会咨询;④与客户治理层讨论有关的职业道德问题;⑤向客户治理层说明提供服务的性质和收费的范围;⑥由其他会计师事务所执行或重新执行部分业务;⑦轮换审计业务项目组合伙人和高级员工。

四、职业道德概念框架的其他运用环节

职业道德概念框架在专业服务委托方面也发挥着重要影响,具体体现在接受客户关系、承接业务、客户变更委托、利益冲突、应客户的要求提供第二次意见、收费、专业服务营销、礼品和款待及保管客户资产九个方面。

(一)接受客户关系

在接受客户关系前,审计人员应当确定接受客户关系是否对职业道德基本原则产生不利影响。审计人员应当识别不利影响因素并将客户列为可疑对象,进行多方面考虑。

客户存在的问题可能对审计人员遵循诚信原则或良好职业行为原则产生不利影响,审计人员应当评价不利影响的严重程度,并在必要时采取防范措施消除不利影响或将其降低至可接受的水平。防范措施主要包括:

(1)对客户及其主要股东、关键管理人员、治理层和负责经营活动的人员进行了解。

(2)要求客户对完善公司治理结构或内部控制做出承诺。

如果不能将客户存在的问题产生的不利影响降低至可接受的水平,审计人员应当拒绝接受客户关系。如果向同一客户连续提供专业服务,审计人员应当定期评价继续保持客户关系是否适当。

(二)承接业务

审计人员应当遵循专业胜任能力和应有的关注原则,仅向客户提供能够胜任的专业服务。在承接某一客户业务前,审计人员应当确认是否有能力完成业务,并能遵守职业道德规范。此外,当存在不利影响时,审计人员应当评价不利影响的严重程度,并在必要时采取防范措施消除不利影响或将其降低至可接受的水平。防范措施主要包括:

(1)了解客户的业务性质、经营的复杂程度,以及所在行业的情况。

(2)了解专业服务的具体要求和业务对象,以及审计人员拟执行工作的目的、性质和范围。

(3)了解相关监管要求或报告要求。

(4)分派足够的具有胜任能力的员工。

(5)必要时利用专家的工作(应当考虑专家的声望、专长及其可获得的资源,以及适用的执业准则和职业道德规范等因素)。

(6)就执行业务的时间安排与客户达成一致意见。

(7)遵守质量控制政策和程序,以合理保证仅承接能够胜任的业务。

(三)客户变更委托

如果应客户要求或考虑接替前任审计人员,审计人员应当从专业角度或其他方面确定应

否承接该业务。审计人员在没有向前任审计人员充分了解的情况下承接了业务，将产生重大不利影响。

审计人员应当采取必要防范措施，消除因客户变更委托产生的不利影响或将其降低至可接受的水平。防范措施主要包括：

(1)当应邀投标时，在投标书中说明，在承接业务前需要与前任审计人员沟通，以了解是否存在不应接受委托的理由。

(2)要求前任审计人员提供已知悉的相关事实或情况，即前任审计人员认为，后任审计人员在做出承接业务的决定前，需要了解的事实或情况。

(3)从其他渠道获取必要的信息。

如果采取的防范措施不能消除不利影响或将其降低至可接受的水平，审计人员不得承接该业务。

审计人员可能应客户要求在前任审计人员工作的基础上提供进一步的服务。如果缺乏完整的信息，可能对专业胜任能力和应有的关注原则产生不利影响。审计人员应当评价不利影响的严重程度，并在必要时采取防范措施消除不利影响或将其降低至可接受的水平。

采取的防范措施主要包括将拟承担的工作告知前任审计人员，提请其提供相关信息，以便恰当地完成该项工作。前任审计人员应当遵循保密原则。前任审计人员是否可以或必须与后任审计人员讨论客户的相关事务，取决于业务的性质、是否征得客户同意，以及法律法规或职业道德规范的有关要求。

审计人员在与前任审计人员沟通前，应当征得客户的同意，最好征得客户的书面同意。前任审计人员在提供信息时，应当实事求是、清晰明了。如果不能与前任审计人员沟通，审计人员应当采取适当措施，通过询问第三方或调查客户的高级管理人员、治理层的背景等方式，获取有关对职业道德基本原则产生不利影响的信息。

(四)利益冲突

审计人员应当采取适当措施，识别可能产生利益冲突的情形。这些情形可能对职业道德基本原则产生不利影响。审计人员与客户存在直接竞争关系，或与客户的主要竞争者存在合资或类似关系，可能对客观和公正原则产生不利影响。审计人员为两个以上客户提供服务，而这些客户之间存在利益冲突或者对某一事项或交易存在争议，可能对客观和公正原则或保密原则产生不利影响。

审计人员应当评价利益冲突产生不利影响的严重程度，并在必要时采取防范措施消除不利影响或将其降低至可接受的水平。审计人员应当根据可能产生利益冲突的具体情形，采取下列防范措施：

(1)如果会计师事务所的商业利益或业务活动可能与客户存在利益冲突，审计人员应当告知客户，并在征得其同意的情况下执行业务。

(2)如果为存在利益冲突的两个以上客户服务，审计人员应当告知所有已知相关方，并在征得他们同意的情况下执行业务。

(3)如果为某一特定行业或领域中的两个以上客户提供服务，审计人员应当告知客户，并在征得他们同意的情况下执行业务。

(4)如果客户不同意审计人员为存在利益冲突的其他客户提供服务，审计人员应当终止为其中一方或多方提供服务。

(五)应客户的要求提供第二次意见

在某客户运用会计准则对特定交易和事项进行处理，且已由前任审计人员发表意见的情况下，如果审计人员应客户的要求提供第二次意见，可能对职业道德基本原则产生不利影响。

如果第二次意见不是以前任审计人员所获得的相同事实为基础，或依据的证据不充分，可能对专业胜任能力和应有的关注原则产生不利影响。不利影响存在与否及其严重程度，取决于业务的具体情况，以及为提供第二次意见所能获得的所有相关事实及证据。如果被要求提供第二次意见，审计人员应当评价不利影响的严重程度，并在必要时采取防范措施消除不利影响或将其降低至可接受的水平。防范措施主要包括：

(1)征得客户同意与前任审计人员沟通。

(2)在与客户沟通中说明审计人员发表专业意见的局限性。

(3)向前任审计人员提供第二次意见的副本。

如果客户不允许与前任审计人员沟通，审计人员应当在考虑所有情况后决定是否适宜提供第二次意见。

(六)收费

会计师事务所在确定收费时应当主要考虑专业服务所需的知识和技能、所需专业人员的水平和经验、各级别专业人员提供服务所需的时间和提供专业服务所需承担的责任。在专业服务得到良好的计划、监督及管理的前提下，收费通常以每一专业人员适当的小时收费标准或日收费标准为基础计算。

收费是否对职业道德基本原则产生不利影响，取决于收费报价水平和所提供的相应服务。审计人员应当评价不利影响的严重程度，并在必要时采取防范措施消除不利影响或将其降低至可接受的水平。防范措施主要包括：让客户了解业务约定条款，特别是确定收费的基础以及在收费报价内所能提供的服务；安排恰当的时间和具有胜任能力的员工执行任务。

在承接业务时，报价过低，存在问题的可能性较大。会计师事务所应当提供与其服务一致的收费报价，具体内容将在之后的小节进行具体阐述。

(七)专业服务营销

审计人员通过广告或其他营销方式招揽业务，可能对职业道德基本原则产生不利影响。在向公众传递信息时，审计人员应当维护职业声誉，做到客观、真实、得体。

审计人员在营销专业服务时，不得有下列行为：

(1)夸大宣传提供的服务、拥有的资质或获得的经验。

(2)贬低或无根据地比较其他审计人员的工作。

(3)暗示有能力影响有关主管部门、监管机构或类似机构。

(4)做出其他欺骗性的或可能导致误解的声明。

审计人员不得采用强迫、欺诈、利诱或骚扰等方式招揽业务。审计人员不得对其能力进行广告宣传以招揽业务，但可以利用媒体刊登设立、合并、分立、解散、迁址、名称变更和招聘员工等信息。

(八)礼品和款待

如果客户向审计人员(或其近亲属)赠送礼品或给予款待，将对职业道德基本原则产生不利影响。审计人员不得向客户索取、收受委托合同约定以外的酬金或其他财物，或者利用执行业务之便，牟取其他不正当的利益。

审计人员应当评价接受款待产生不利影响的严重程度，并在必要时采取防范措施消除不利影响或将其降低至可接受的水平。如果款待超出业务活动中的正常往来，审计人员应当拒绝接受。

（九）保管客户资产

除非法律法规允许或要求，审计人员不得提供保管客户资金或其他资产的服务。审计人员保管客户资金或其他资产，应当履行相应的法定义务。保管客户资金或其他资产可能对职业道德基本原则产生不利影响，尤其可能对客观和公正原则以及良好职业行为原则产生不利影响。

审计人员如果保管客户资金或其他资产，应当符合下列要求：

（1）将客户资金或其他资产与其个人或会计师事务所的资产分开。

（2）仅按照预定用途使用客户资金或其他资产。

（3）随时准备向相关人员报告资产状况及产生的收入、红利或利得。

（4）遵守所有与保管资产和履行报告义务相关的法律法规。

如果某项业务涉及保管客户资金或其他资产，审计人员应当根据有关接受与保持客户关系和具体业务政策的要求，适当询问资产的来源，并考虑应当履行的法定义务。如果客户资金或其他资产来源于非法活动（比如洗钱），审计人员不得提供保管资产服务，并应当向法律顾问征询进一步的意见。

第二节　审计的独立性

独立性是审计人员进行审计业务的前提。如之前所述，独立性有形式上和实质上的独立。从另一个角度而言，审计独立性是指审计人员不受那些削弱或纵是有合理的估计仍会削弱审计人员做出无偏审计决策能力的压力及其他因素的影响。本节旨在讨论审计人员执行审计业务时的独立性要求，以及审计人员在进行审计时如何保持独立性。

一、相关概念

（一）独立性概念框架

独立性概念框架是指解决独立性问题的思路和方法（识别、评价和采取防范措施），用以指导审计人员进行以下操作和考虑：

（1）识别对独立性的不利影响。

（2）评价不利影响的严重程度。

（3）必要时采取防范措施消除不利影响或将其降低至可接受的水平。

如果无法采取适当的防范措施消除不利影响或将其降低至可接受的水平，审计人员应当消除产生不利影响的情形，或者拒绝接受审计业务委托或终止审计业务约定。在执行业务过程中，如果注意到对独立性产生不利影响的新情况，会计师事务所应当运用独立性概念框架评价不利影响的严重程度。

（二）网络事务所的定义及界定

目前的会计师事务所一般拥有众多的分支机构，作为一个网络中的审计人员，其行为也将影响本分支机构及其他分支机构，从而影响独立性。

1. 网络事务所的定义

网络是指由多个实体组成，旨在通过合作实现下列一个或多个目的的联合体，包括：①共享收益或分担成本；②共享所有权、控制权或管理权；③共享统一的质量控制政策和程序；④共享同一经营战略；⑤使用同一品牌；⑥共享重要的专业资源。

网络事务所属于某一网络的会计师事务所或实体。如果某一会计师事务所被视为网络事务所，该事务所应当与网络中其他会计师事务所的审计客户保持独立。

2. 网络事务所的界定

界定网络事务所有两个主要条件：一是以合作为目的；二是明确地旨在共享收益、分担成本，或共享同一所有权、控制或管理，或共享同一质量控制政策和程序，或共享同一业务战略，或使用同一品牌，或共享重要的专业资源。表 14—3 根据不同的具体情况来区分是否应界定为网络事务所。

表 14—3　　网络事务所的界定标准

主要界定标准	视为网络	不视为网络
共享收益或分担成本	如果一个联合体旨在通过合作，在各实体之间共享收益或分担成本	第一，如果联合体之间分担的成本不重要，或分担的成本仅限于与开发审计方法、编制审计手册或提供培训课程有关的成本，则不应当被视为网络；第二，如果会计师事务所与某一实体以联合方式提供服务或研发产品，虽然构成联合体，但不形成网络
共享所有权、控制权或管理权	如果一个联合体旨在通过合作，在各实体之间共享所有权、控制权或管理权，应被视为网络	
共享统一的质量控制政策和程序	如果一个联合体旨在通过合作，在各实体之间共享统一的质量控制政策和程序，应被视为网络	
共享同一经营战略	如果一个联合体旨在通过合作，在各实体之间共享同一经营战略，应被视为网络	如果一个实体与其他实体仅以联合方式应邀提供专业服务，虽然构成联合体，但不形成网络
使用同一品牌	如果一个联合体旨在通过合作，在各实体之间使用同一品牌，应被视为网络。同一品牌包括共同的名称和标志等	第一，如果某事务所在文具或宣传材料上提及本所是某一会计师事务所联合体的成员，可能使人产生其属于某一网络的印象。为避免产生这种误解，会计师事务所应当慎重考虑如何描述这种成员关系； 第二，如果会计师事务所转让某一部分，但允许该部分在一定期间内继续使用其名称或名称中的要素，在这种情况下，不属于以合作为目的的联合体，因此不构成网络
共享重要的专业资源	如果一个联合体旨在通过合作，在各实体之间共享重要的专业资源，应被视为网络	在下列情形中，共享的资源被视为不重要： (1)共享的资源仅限于共同的审计手册或审计方法 (2)共享培训资源，而并不交流人员、客户信息或市场信息 (3)没有一个共有的技术部门

(三)公众利益实体和关联实体

1. 公众利益实体

在评价对独立性产生不利影响的重要程度以及为消除不利影响或将其降低至可接受水平采取的必要防范措施时，审计人员应当考虑实体涉及公众利益的程度以及是否与客户存在某一关系。

公众利益实体包括上市公司和下列实体：①法律法规界定的公众利益实体；②法律法规规定按照上市公司审计独立性的要求接受审计的实体。

公众利益实体的定义较广泛，不仅包括上市公司，也包括一些非上市但按照上市公司审计独立性的要求接受审计的实体，如某些大型非上市金融企业。对于其债券在法律法规认可的证券交易所报价或挂牌，或是在法律法规认可的证券交易所或其他类似机构的监管下进行交易的实体，也应当作为公众利益实体对待。

2. 关联实体

关联实体是指与客户存在下列任一关系的实体：①能够对客户施加直接或间接控制的实体，并且客户对该实体重要；②在客户内拥有直接经济利益的实体，并且该实体对客户具有重大影响，在客户内的利益对该实体重要；③受到客户直接或间接控制的实体；④客户（或受客户直接或间接控制的实体）拥有其直接经济利益的实体，并且客户能够对该实体施加重大影响，在实体内的经济利益对客户（或受客户直接或间接控制的实体）重要；⑤与客户处于同一控制下的实体（即"姐妹实体"），并且该姐妹实体和客户对其控制方均重要。

（四）工作记录

工作记录提供了证据，用以证明审计人员在就遵循独立性要求方面形成结论时做出的判断。审计人员应当遵守独立性要求的情况，包括记录形成的结论，以及为形成结论而讨论的主要内容。

如果需要采取防范措施将某种不利影响降低至可接受的水平，审计人员应当记录该不利影响的性质，以及将其降低至可接受的水平所采取的防范措施。

如果需要对某种不利影响进行大量分析才能确定是否有必要采取防范措施，而审计人员认为由于不利影响未超出可接受的水平不需要采取防范措施，审计人员应当记录不利影响的性质以及得出不需采取防范措施结论的理由。

（五）业务期间

审计人员应当在业务期间和财务报表涵盖的期间独立于审计客户。业务期间自审计项目组开始执行审计业务之日起，至出具审计报告之日止。如果审计业务具有连续性，业务期间结束日应以其中一方通知解除业务关系或出具最终审计报告两者时间孰晚为准。

假定会计师事务所于 2018 年 3 月 5 日开始执行审计业务，这项工作将从 2018 年 3 月 5 日开始实施并持续到 2019 年 4 月 8 日。财务报表涵盖的期间是 2018 年 1 月 1 日至 2018 年 12 月 31 日。那么，业务期间为 2018 年 3 月 5 日至最终审计报告出具之日，即 2019 年 4 月 8 日（如果会计师事务所继续为该企业提供审计服务，业务期间将会延伸至第二年）。自 2018 年 1 月 1 日开始，会计师事务所必须保持独立性，直到其终止作为客户的审计人员这一角色。具体如图 14—1 所示。

如果一个企业委托会计师事务所对其财务报表发表意见，并且在该财务报表涵盖的期间或之后成为审计客户，会计师事务所应当确定下列因素是否对独立性产生不利影响：

（1）在财务报表涵盖的期间或之后、接受审计业务委托之前，与审计客户之间存在的经济利益或商业关系。

（2）以往向审计客户提供的服务。

如果在财务报表涵盖的期间或之后、在审计项目组开始执行审计业务之前，会计师事务所向审计客户提供了非审计服务，并且该非审计服务在审计期间不允许提供，会计师事务所应当评价提供的非审计服务对独立性产生的不利影响。如果不利影响超出可接受的水平，会计师

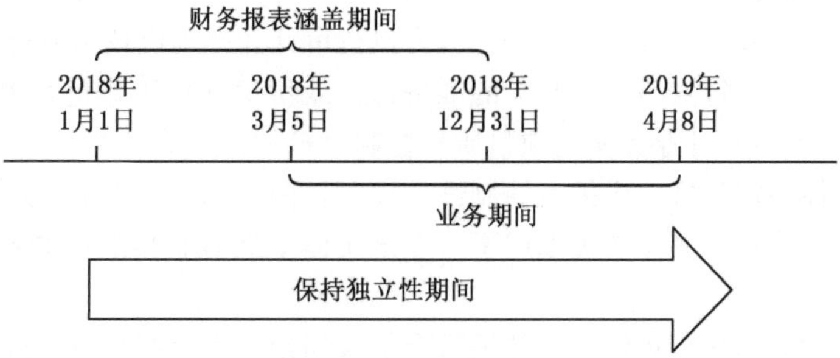

图 14—1 需要保持独立性的时间示例

事务所只有在采取防范措施消除不利影响或将其降低至可接受的水平的情况下，才能接受审计业务。

针对上述情形，应当采取以下防范措施消除不利影响或将其降低至可接受的水平的情况：

(1)不允许提供非审计服务的人员担任审计项目组成员。

(2)必要时由其他的审计人员复核审计和非审计工作。

(3)由其他会计师事务所评价审计业务的结果，或由其他会计师事务所重新执行非审计业务，并且所执行工作的范围能够使其承担责任。

二、独立性对经济利益的要求

(一)经济利益的概念

经济利益是指因持有某一实体的股权、债券和其他证券以及其他债务性的工具而拥有的利益，包括为取得这种利益享有的权利和承担的义务。经济利益包括直接经济利益和间接经济利益。

直接经济利益是指下列经济利益：

(1)个人或实体直接拥有并控制的经济利益(包括授权他人管理的经济利益)；

(2)个人或实体通过投资工具拥有的经济利益，并且有能力控制这些投资工具，或影响其投资决策。

一些常见的直接经济利益包括证券或其他参与权，诸如包括股票、债券、认沽权、认购权、期权、权证和卖空权等。

间接经济利益是指个人或实体通过投资工具拥有的经济利益，但没有能力控制这些投资工具，或影响其投资决策。

在审计客户中拥有经济利益，可能因自身利益导致不利影响。不利影响存在与否及其严重程度取决于下列因素：拥有经济利益人员的角色；经济利益是直接的还是间接的；经济利益的重要性。

(二)不得在审计客户中拥有经济利益的规定

在审计客户中拥有直接经济利益或重大间接经济利益，将因自身利益产生非常严重的不利影响，导致没有防范措施能够将其降低至可接受的水平的情况。

(1)会计师事务所、审计项目组成员或其主要近亲属不得在审计客户中拥有直接经济利益或重大间接经济利益。

审计项目组成员包括的人员除了为执行审计业务成立的项目组外，还包括会计师事务所及网络事务所中能够直接影响审计业务结果的其他人员，例如，能对审计项目合伙人提出薪酬建议，以及进行直接指导、管理或监督的人员，为执行审计业务提供技术或行业具体问题、交易或事项的咨询的人员（如针对与审计相关的准备计提或价值评估工作进行复核的财务交易咨询部的专业人员），或对审计业务实施项目质量控制复核的人员等。

（2）当一个实体在审计客户中拥有控制性的权益，并且审计客户对该实体重要时，会计师事务所、审计项目组成员或其主要近亲属不得在该实体中拥有直接经济利益或重大间接经济利益。

（3）当其他合伙人与执行审计业务的项目合伙人同处一个分部时，其他合伙人或其主要近亲属不得在审计客户中拥有直接经济利益或重大间接经济利益。

执行审计业务的项目合伙人所处的分部并不一定是其所隶属的分部。当项目合伙人与审计项目组的其他成员隶属于不同的分部时，会计师事务所应当确定项目合伙人执行审计业务时所处的分部。例如，某一审计客户的大部分业务发生在上海，执行此审计业务时均由上海分部的项目组成员（除合伙人外）负责，而项目合伙人是从杭州分部被委派往上海分部协助其业务发展的，其身份隶属于杭州分部。在此情况下，项目合伙人执行审计业务所处的分部通常被认为是上海分部。因此，在上海分部的其他合伙人或其主要近亲属不得在审计客户中拥有直接经济利益或重大间接经济利益。

（4）为审计客户提供非审计服务的其他合伙人、管理人员或其主要近亲属不得在审计客户中拥有直接经济利益或重大间接经济利益。

（三）对审计项目组成员其他近亲属的要求

如果审计项目组某一成员的其他近亲属在审计客户中拥有直接经济利益或重大间接经济利益，将因自身利益产生非常严重的不利影响。其他近亲属是指兄弟姐妹、祖父母、外祖父母、孙子女、外孙子女。不利影响的严重程度主要取决于下列因素：①审计项目组成员与其他近亲属之间的关系；②经济利益对其他近亲属的重要性。

会计师事务所应当评价不利影响的严重程度，并在必要时采取防范措施消除不利影响或将其降低至可接受的水平。防范措施主要包括：①其他近亲属尽快处置全部经济利益，或处置全部直接经济利益并处置足够数量的间接经济利益，以使剩余经济利益不再重大；②由审计项目组以外的审计人员复核该成员已执行的工作；③将该成员调离审计项目组。

（四）在非审计客户中拥有经济利益

除了在审计客户中拥有经济利益外，会计师事务所、审计项目组成员和其主要近亲属在其他实体中拥有的经济利益也可能影响其独立性。

1. 审计客户也在该实体中拥有经济利益

会计师事务所、审计项目组成员或其主要近亲属在某一实体拥有经济利益，并且审计客户也在该实体拥有经济利益，可能因自身利益产生不利影响。如果经济利益并不重大，并且审计客户不能对该实体施加重大影响，则不被视为损害独立性。

如果经济利益重大，并且审计客户能够对该实体施加重大影响，则没有防范措施能够将不利影响降低至可接受的水平。会计师事务所不得拥有此类经济利益。拥有此类经济利益的人员，在成为审计项目组成员之前，应当处置全部经济利益，或处置足够数量的经济利益，使剩余经济利益不再重大。

2. 审计客户的利益相关者同时在该实体中拥有经济利益

会计师事务所、审计项目组成员或其主要近亲属在某一实体拥有经济利益，并且知悉审计客户的董事、高级管理人员或具有控制权的所有者也在该实体拥有经济利益，可能因自身利益、密切关系或外在压力产生不利影响。

不利影响存在与否及其严重程度主要取决于下列因素：①该项目组成员在审计项目组中的角色，例如，项目合伙人、负责执行项目或对项目进度及质量进行汇报或能直接影响审计业务结果的其他人员，都被视为重要的角色；②实体的所有权是由少数人持有还是多数人持有；③经济利益是否使得投资者能够控制该实体，或对其施加重大影响；④经济利益的重要性。

审计人员应当评价不利影响的严重程度，并在必要时采取防范措施消除不利影响或将其降低至可接受的水平。防范措施主要包括：①将拥有该经济利益的审计项目组成员调离审计项目组；②由审计项目组以外的审计人员复核该成员已执行的工作。

(五)其他相关人员拥有经济利益

审计项目组成员应当确定下列人员在审计客户中拥有已知的经济利益是否因自身利益产生不利影响：①除前述提及的人员外，会计师事务所合伙人、专业人员或其主要近亲属；②与审计项目组成员存在密切私人关系的人员。

这些经济利益是否因自身利益产生不利影响主要取决于下列因素：①会计师事务所的组织结构、经营模式和沟通机制；②相关人员与审计项目组成员之间的关系。

审计人员应当评价不利影响的严重程度，并在必要时采取防范措施消除不利影响或将其降低至可接受的水平。防范措施主要包括：①将存在密切私人关系的审计项目组成员调离审计项目组；②不允许该审计项目组成员参与有关审计业务的任何重大决策；③由审计项目组以外的审计人员复核该审计项目组成员已执行的工作。

(六)通过继承、馈赠或因合并而获得经济利益

对会计师事务所、合伙人或其主要近亲属、员工或其主要近亲属的经济利益限制，也适用于通过继承、馈赠或因合并而获得的经济利益。如果会计师事务所、合伙人或其主要近亲属、员工或其主要近亲属，通过继承、馈赠或合并从审计客户获得直接经济利益或重大间接经济利益，则应当采取下列措施：

(1)如果会计师事务所获得经济利益，应当立即处置全部经济利益，或处置全部直接经济利益并处置足够数量的间接经济利益，以使剩余经济利益不再重大。

(2)如果审计项目组成员或其主要近亲属获得经济利益，应当立即处置全部经济利益，或处置全部直接经济利益并处置足够数量的间接经济利益，以使剩余经济利益不再重大。

(3)如果审计项目组以外的人员或其主要近亲属获得经济利益，应当在合理期限内尽快处置全部经济利益，或处置全部直接经济利益并处置足够数量的间接经济利益，以使剩余经济利益不再重大。在完成处置该经济利益前，会计师事务所应当确定是否需要采取防范措施。

三、收费对审计独立性的影响

会计师事务所的收费结构、收费金额、是否存在预期收费和或有收费都会对独立性产生影响。

(一)会计师事务所的收费结构

1. 收费总额对独立性的影响及防范措施

如果会计师事务所从某一审计客户收取的全部费用占其收费总额的比重很大，则对该客户的依赖及对可能失去该客户的担心将因自身利益或外在压力产生不利影响。不利影响的严重程度主要取决于下列因素：①会计师事务所的业务类型及收入结构；②会计师事务所成立时间的长短;③该客户对会计师事务所是否重要。

会计师事务所应当评价不利影响的严重程度,并在必要时采取防范措施消除不利影响或将其降低至可接受的水平。防范措施主要包括:①降低对该客户的依赖程度;②实施外部质量控制复核;③就关键的审计判断向第三方咨询。例如,向行业监管机构或其他会计师事务所咨询。

2. 从某一审计客户收取的全部费用比重很大

如果从某一审计客户收取的全部费用占某一合伙人从所有客户收取的费用总额比重很大,或占会计师事务所某一分部收取的费用总额比重很大,也将因自身利益或外在压力产生不利影响。不利影响的严重程度主要取决于下列因素:①该客户在性质上或数量上对该合伙人或分部是否重要;②该合伙人或该分部合伙人的报酬对来源于该客户的收费的依赖程度。

会计师事务所应当评价不利影响的严重程度,并在必要时采取防范措施消除不利影响或将其降低至可接受的水平。防范措施主要包括:①降低对来源于该客户的收费的依赖程度;②由审计项目组以外的审计人员复核已执行的工作或在必要时提出建议;③定期实施独立的质量控制复核。

3. 连续两年从属于公众利益实体的某一审计客户收取的全部费用比重较大

如果会计师事务所连续两年从某一属于公众利益实体的审计客户及其关联实体收取的全部费用,占其从所有客户收取的全部费用的比重超过15%,会计师事务所应当向审计客户治理层披露这一事实,并讨论选择何种防范措施,以将不利影响降低至可接受的水平。

在对第二年度财务报表发表审计意见之前,由其他会计师事务所对该业务再次实施项目质量控制复核(简称"发表审计意见前复核")。

在对第二年度财务报表发表审计意见之后、对第三年度财务报表发表审计意见之前,由其他会计师事务所对第二年度的审计工作再次实施项目质量控制复核(简称"发表审计意见后复核")。

在上述收费比例明显超过15%的情况下,如果采用发表审计意见后复核无法将不利影响降低至可接受的水平,会计师事务所应当采用发表审计意见前复核。

如果两年后每年收费比例继续超过15%,则会计师事务所应当每年向治理层披露这一事实,并讨论选择采取上述哪种防范措施。

会计师事务所在计算收费占比时,应以向该审计客户提供所有服务收取的全部费用(即不仅仅是审计费)为分子,以向所有客户提供所有服务收取的全部费用为分母。

(二)会计师事务所对审计客户逾期收费或存在或有收费

1. 逾期收费

如果审计客户长期未支付应付的审计费用,尤其是相当部分的审计费用在出具下一年度审计报告前仍未支付,可能因自身利益产生不利影响。

会计师事务所通常要求审计客户在审计报告出具前付清上一年度的审计费用。如果在审计报告出具后审计客户仍未支付该费用,会计师事务所应当评价不利影响存在与否及其严重程度,并在必要时采取防范措施消除不利影响或将其降低至可接受的水平。可采取的防范措施包括由未参与执行审计业务的审计人员提供建议,或复核已执行的工作等。

会计师事务所还应当确定逾期收费是否可能被视同向客户贷款,并且根据逾期收费的重要程度确定是否继续执行审计业务。

2. 或有收费

或有收费是指收费与否或收费多少取决于交易的结果或所执行工作的结果。如果一项收费是由法院或政府有关部门规定的，则该项收费不被视为或有收费。

会计师事务所在提供审计服务时，以直接或间接形式取得或有收费，将因自身利益产生非常严重的不利影响，导致没有防范措施能够将其降低至可接受的水平。会计师事务所不得采用这种收费安排。

会计师事务所在向审计客户提供非审计服务时，如果非审计服务以直接或间接形式取得或有收费，也可能因自身利益产生不利影响。

四、审计独立性的其他要求

(一)贷款和担保

1. 从银行或类似金融机构等审计客户取得贷款或获得贷款担保

会计师事务所、审计项目组成员或其主要近亲属从银行或类似金融机构等审计客户取得贷款，或获得贷款担保，可能对独立性产生不利影响。

如果审计客户不按照正常的程序、条款和条件提供贷款或担保，将因自身利益产生非常严重的不利影响，导致没有措施能够将其降低至可接受的水平。会计师事务所、审计项目组成员或其主要近亲属不得接受此类贷款或担保。

如果会计师事务所按照正常的贷款程序、条款和条件，从银行或类似金融机构等审计客户取得贷款，即使该贷款对审计客户或会计师事务所影响重大，也可能通过采取防范措施将因自身利益产生的不利影响降低至可接受的水平。采取的防范措施包括由网络中未参与执行审计业务并且未接受该贷款的会计师事务所复核已执行的工作等。

审计项目组成员或其主要近亲属从银行或类似金融机构等审计客户取得贷款，或由审计客户提供贷款担保，如果按照正常的程序、条款和条件取得贷款或担保，则不会对独立性产生不利影响。

2. 从不属于银行或类似金融机构等审计客户取得贷款或由其提供担保

会计师事务所、审计项目组成员或其主要近亲属从不属于银行或类似金融机构的审计客户取得贷款，或由审计客户提供贷款担保，将因自身利益产生非常严重的不利影响，导致没有防范措施能够将其降低至可接受的水平。

3. 向审计客户提供贷款或为其提供担保

会计师事务所、审计项目组成员或其主要近亲属向审计客户提供贷款或为其提供担保，将因自身利益产生非常严重的不利影响，导致没有防范措施能够将其降低至可接受的水平。

4. 在审计客户处开立存款或交易账户

会计师事务所、审计项目组成员或其主要近亲属在银行或类似金融机构等审计客户处开立存款或交易账户，如果账户按照正常的商业条件开立，则不会对独立性产生不利影响。

(二)商业关系

1. 商业关系的种类及防范措施

会计师事务所、审计项目组成员或其主要近亲属与审计客户或其高级管理人员之间，由于商务关系或共同的经济利益而存在密切的商业关系，可能因自身利益或外在压力产生严重的不利影响。

这些商业关系主要包括：

(1)在与客户或其控股股东、董事、高级管理人员共同开办的企业中拥有经济利益。

(2)按照协议，将会计师事务所的产品或服务与客户的产品或服务结合在一起，并以双方名义捆绑销售。例如,某会计师事务所通过与一家投资银行共同组成服务团队的形式,向潜在客户提供审计、公司财务顾问等一揽子服务。上述关系一般被视为商业关系。当该投资银行同时为该会计师事务所的审计客户时,会计师事务所不得介入此类商业关系。

(3)按照协议,会计师事务所销售或推广客户的产品或服务,或者客户销售或推广会计师事务所的产品或服务。

会计师事务所不得介入此类商业关系;如果存在此类商业关系,应当予以终止。如果此类商业关系涉及审计项目组成员,会计师事务所应当将该成员调离审计项目组。

如果审计项目组成员的主要近亲属与审计客户或其高级管理人员存在此类商业关系,审计人员应当评价不利影响的严重程度,并在必要时采取防范措施消除不利影响或将其降低至可接受的水平。

2. 与审计客户或利益相关者一同在某股东人数有限的实体中拥有利益

如果会计师事务所、审计项目组成员或其主要近亲属,在某股东人数有限的实体中拥有经济利益,而审计客户或其董事、高级管理人员也在该实体拥有经济利益,在同时满足下列条件时,这种商业关系不会对独立性产生不利影响:①这种商业关系对于会计师事务所、审计项目组成员或其主要近亲属以及审计客户均不重要;②该经济利益对一个或几个投资者并不重大;③该经济利益不能使一个或几个投资者控制该实体。

3. 从审计客户购买商品或服务

会计师事务所、审计项目组成员或其主要近亲属从审计客户购买商品或服务,如果按照正常的商业程序公平交易,通常不会对独立性产生不利影响。

如果交易性质特殊或金额较大,可能因自身利益产生不利影响。会计师事务所应当评价不利影响的严重程度,并在必要时采取防范措施消除不利影响或将其降低至可接受的水平。防范措施主要包括:①取消交易或降低交易规模;②将相关审计项目组成员调离审计项目组。

(三)家庭和私人关系

如果审计项目组成员与审计客户的董事、高级管理人员,或所处职位能够对客户会计记录或被审计财务报表的编制施加重大影响的员工(以下简称"特定员工")存在家庭和私人关系,可能因自身利益、密切关系或外在压力产生不利影响。不利影响存在与否及其严重程度取决于多种因素,包括该成员在审计项目组的角色、其家庭成员或相关人员在客户中的职位以及关系的密切程度等。

1. 审计项目组成员的主要近亲属处在重要职位

如果审计项目组成员的主要近亲属是审计客户的董事、高级管理人员或特定员工,或者在业务期间或财务报表涵盖的期间曾担任上述职务,只有把该成员调离审计项目组,才能将对独立性的不利影响降低至可接受的水平。

2. 审计项目组成员的主要近亲属可以对客户的财务状况、经营成果和现金流量施加重大影响

如果审计项目组成员的主要近亲属在审计客户中所处职位能够对客户的财务状况、经营成果和现金流量施加重大影响,将对独立性产生不利影响。不利影响的严重程度主要取决于下列因素:①主要近亲属在客户中的职位;②该成员在审计项目组中的角色。

会计师事务所应当评价不利影响的严重程度,并在必要时采取防范措施消除不利影响或将其降低至可接受的水平。防范措施主要包括:①将该成员调离审计项目组;②合理安排审计项目组成员的职责,使该成员的工作不涉及其主要近亲属的职责范围。

3. 审计项目组成员的其他近亲属处在重要职位或可以对财务报表施加重大影响

如果审计项目组成员的其他近亲属是审计客户的董事、高级管理人员或特定员工，将对独立性产生不利影响。不利影响的严重程度主要取决于下列因素：①审计项目组成员与其他近亲属的关系；②其他近亲属在客户中的职位；③该成员在审计项目组中的角色。

会计师事务所应当评价不利影响的严重程度，并在必要时采取防范措施消除不利影响或将其降低至可接受的水平。防范措施主要包括：①将该成员调离审计项目组；②合理安排审计项目组成员的职责，使该成员的工作不涉及其他近亲属的职责范围。

4. 审计项目组的成员与审计客户重要职位的人员具有密切关系

如果审计项目组成员与审计客户的员工存在密切关系，并且该员工是审计客户的董事、高级管理人员或特定员工。即使该员工不是审计项目组成员的近亲属，也将对独立性产生不利影响。拥有此类关系的审计项目组成员应当按照会计师事务所的政策和程序的要求，向会计师事务所内部或外部的相关人员咨询。

不利影响的严重程度主要取决于下列因素：①该员工与审计项目组成员的关系；②该员工在客户中的职位；③该成员在审计项目组中的角色。

会计师事务所应当评价不利影响的严重程度，并在必要时采取防范措施消除不利影响或将其降低至可接受的水平。防范措施主要包括：①将该成员调离审计项目组；②合理安排该成员的职责，使其工作不涉及与之存在密切关系的员工的职责范围。

5. 非审计项目组成员的合伙人或员工与审计客户重要职位的人员存在家庭或个人关系

会计师事务所中审计项目组以外的合伙人或员工，与审计客户的董事、高级管理人员或特定员工之间存在家庭或私人关系，可能因自身利益、密切关系或外在压力产生不利影响。

会计师事务所合伙人或员工在知悉此类关系后，应当按照会计师事务所的政策和程序进行咨询。不利影响存在与否及其严重程度主要取决于下列因素：①该合伙人或员工与审计客户的董事、高级管理人员或特定员工之间的关系；②该合伙人或员工与审计项目组之间的相互影响；③该合伙人或员工在会计师事务所中的角色；④董事、高级管理人员或特定员工在审计客户中的职位。

会计师事务所应当评价不利影响的严重程度，并在必要时采取防范措施消除不利影响或将其降低至可接受的水平。防范措施主要包括：①合理安排该合伙人或员工的职责，以减少对审计项目组可能产生的影响；②由审计项目组以外的审计人员复核已执行的相关审计工作。

(四)薪酬和业绩评价政策

如果某一审计项目组成员的薪酬或业绩评价与其向审计客户推销的非审计服务挂钩，将因自身利益产生不利影响。不利影响的严重程度取决于下列因素：①推销非审计服务的因素在该成员薪酬或业绩评价中的比重；②该成员在审计项目组中的角色；③推销非审计服务的业绩是否影响该成员的晋升。

会计师事务所应当评价不利影响的严重程度。如果不利影响超出可接受的水平，会计师事务所应当修改该成员的薪酬计划或业绩评价程序，或者采取其他防范措施消除不利影响或将其降低至可接受的水平。防范措施主要包括：①将该成员调离审计项目组；②由审计项目组以外的审计人员复核该成员已执行的工作。

关键审计合伙人的薪酬或业绩评价不得与其向审计客户推销的非审计服务直接挂钩。职业道德准则并不禁止会计师事务所合伙人之间正常的利润分享安排。

(五)礼品和款待

会计师事务所或审计项目组成员接受审计客户的礼品或款待,可能因自身利益和密切关系产生不利影响。

如果会计师事务所或审计项目组成员接受审计客户的礼品,将产生非常严重的不利影响,导致没有防范措施能够将其降低至可接受的水平。会计师事务所或审计项目组成员不得接受礼品。

会计师事务所或审计项目组成员应当评价接受款待产生不利影响的严重程度,并在必要时采取防范措施消除不利影响或将其降低至可接受的水平。如果款待超出业务活动中的正常往来,会计师事务所或审计项目组成员应当拒绝接受。

(六)诉讼或诉讼产生威胁

如果会计师事务所或审计项目组成员与审计客户发生诉讼或很可能发生诉讼,将因自身利益和外在压力产生不利影响。

会计师事务所和客户管理层由于诉讼或诉讼威胁而处于对立地位,将影响管理层提供信息的意愿,从而因自身利益和外在压力产生不利影响。不利影响的严重程度主要取决于下列因素:①诉讼的重要性;②诉讼是否与前期审计业务相关。

会计师事务所应当评价不利影响的严重程度,并在必要时采取防范措施消除不利影响或将其降低至可接受的水平。防范措施主要包括:①如果诉讼涉及某一审计项目组成员,将该成员调离审计项目组;②由审计项目组以外的专业人员复核已执行的工作。

如果此类防范措施不能将不利影响降低至可接受的水平,会计师事务所应当拒绝接受审计业务委托,或解除审计业务约定。

第三节 与审计客户存在联系时的独立性要求

会计师事务所及审计人员如与审计客户存在人员交流(如受聘、借调、最近担任审计客户的职务或兼任等)及业务关系,将对独立性产生重大影响。

一、与审计客户存在人员交流

(一)与审计客户发生雇佣关系

如果审计客户的董事、高级管理人员或特定员工,曾经是审计项目组的成员或会计师事务所的合伙人,可能因密切关系或外在压力产生不利影响。

1. 审计项目组前任成员或前任合伙人担任审计客户的重要职位且与事务所保持重要联系

如果审计项目组前任成员或会计师事务所前任合伙人加入审计客户,担任董事、高级管理人员或特定员工,并且与会计师事务所仍保持重要交往,将产生非常严重的不利影响,导致没有防范措施能够将其降低至可接受的水平。

如果审计项目组前任成员或会计师事务所前任合伙人加入审计客户,担任董事、高级管理人员或特定员工,除非同时满足下列条件,否则将被视为损害独立性:

(1)前任成员或前任合伙人无权从会计师事务所获取报酬或福利(除非报酬或福利是按照预先确定的固定金额支付的,并且未付金额对会计师事务所不重要)。

(2)前任成员或前任合伙人未继续参与,并且在外界看来未参与会计师事务所的经营活动或专业活动。

2. 审计项目组前任成员或前任合伙人担任审计客户的重要职位但未与事务所保持重要联系

如果审计项目组前任成员或会计师事务所前任合伙人加入审计客户，担任董事、高级管理人员或特定员工，但前任成员或前任合伙人与会计师事务所已经没有重要交往，因密切关系或外在压力产生的不利影响存在与否及其严重程度主要取决于下列因素：①前任成员或前任合伙人在审计客户中的职位；②前任成员或前任合伙人在其工作中与审计项目组交往的程度；③前任成员或前任合伙人离开会计师事务所的时间长短；④前任成员或前任合伙人以前在审计项目组或会计师事务所中的角色，例如，前任成员或前任合伙人是否负责与客户治理层或管理层保持定期联系。

会计师事务所应当评价不利影响的严重程度，并在必要时采取防范措施消除不利影响或将其降低至可接受的水平。防范措施主要包括：①修改审计计划；②向审计项目组分派经验更丰富的人员；③由审计项目组以外的审计人员复核前任审计项目组成员已执行的工作。

3. 前任合伙人加入的某一实体成为审计客户

如果会计师事务所前任合伙人加入某一实体，而该实体随后成为会计师事务所的审计客户，会计师事务所应当评价对独立性不利影响的严重程度，并在必要时采取防范措施消除不利影响或将其降低至可接受的水平。

4. 审计项目组某成员拟加入审计客户

如果审计项目组某一成员参与审计业务，当知道自己在未来某一时间将要或有可能加入审计客户时，将因自身利益产生不利影响。会计师事务所应当制定政策和程序，要求审计项目组成员在与审计客户协商受雇于该客户时，向会计师事务所报告。在接到报告后，会计师事务所应当评价不利影响的严重程度，并在必要时采取防范措施消除不利影响或将其降低至可接受的水平。防范措施主要包括：①将该成员调离审计项目组；②由审计项目组以外的审计人员复核该成员在审计项目组中做出的重大判断。

(二)审计客户为公众利益实体

1. 关键审计合伙人加入审计客户担任重要职位

关键审计合伙人是指项目合伙人、实施项目质量控制复核的负责人，以及审计项目组中负责对财务报表审计所涉及的重大事项做出关键决策或判断的其他审计合伙人。其他审计合伙人还可能包括负责审计重要子公司或分支机构的项目合伙人。

如果某一关键审计合伙人加入属于公众利益实体的审计客户，担任董事、高级管理人员或特定员工，将因密切关系或外在压力产生不利影响。

除非该合伙人不再担任关键审计合伙人后，该公众利益实体发布了已审计财务报表，其涵盖期间不少于 12 个月，并且该合伙人不是该财务报表的审计项目组成员，否则独立性将被视为受到损害。

从不再担任关键审计合伙人至最早可以加入客户的这一期间，称为“冷却期”。假设会计师事务所审计一家以公历年为会计年度的上市公司的 2017 年度的财务报表。如果某审计项目组的前任关键审计合伙人曾为该客户 2017 年度审计工作执行任务，且该客户发布已审计 2018 年度财务报表的日期是 2019 年 3 月 31 日，此人最早可以加入该客户并担任董事、高级管理人员或特定员工的时间是在 2019 年 4 月 1 日。即财务报表涵盖期间为 2017 年 1 月 1 日至 2017 年 12 月 31 日，冷却期为 2018 年 1 月 1 日至 2019 年 3 月 31 日。

2. 前任高级合伙人加入审计客户担任重要职位

如果会计师事务所前任高级合伙人(或管理合伙人,或同等职位的人员)加入属于公众利益实体的审计客户,担任董事、高级管理人员或特定员工,将因外在压力产生不利影响。除非该高级合伙人离职已超过12个月,否则独立性将被视为受到损害。

关键审计合伙人和高级合伙人的区别在于:关键审计合伙人主要是指项目合伙人、项目质量控制复核人以及其他审计合伙人(主要是能够对财务报表中涉及的事项做出重大判断或者关键决策的合伙人)。而高级合伙人更加倾向于在事务所的管理上处于较高级别的审计合伙人(比如所长)。高级合伙人可能成为关键合伙人,关键合伙人也有可能是高级合伙人。从概念上来说,关键审计合伙人是针对项目组而言的,而高级合伙人是针对事务所这个实体来说的。

3. 因企业合并原因导致前任成员加入审计客户担任重要职位

如果由于企业合并的原因,会计师事务所前任关键审计合伙人担任属于公众利益实体的审计客户的董事、高级管理人员或特定员工,在同时满足下列条件时,不被视为独立性受到损害:①当前任关键审计合伙人接受该职务时,并未预料到会发生企业合并;②前任关键审计合伙人在会计师事务所中应得的报酬或福利都已全额支付(除非报酬或福利是按照预先确定的固定金额支付的,并且未付金额对会计师事务所不重要);③前任关键审计合伙人未继续参与,或在外界看来未参与会计师事务所的经营活动或专业活动;④已就前任关键审计合伙人在审计客户中的职位与治理层讨论。

(三)临时借调员工

如果会计师事务所向审计客户借出员工,可能因自我评价产生不利影响。会计师事务所只能短期向客户借出员工,并且借出的员工不得为审计客户提供中国审计人员职业道德守则禁止提供的非审计服务,也不得承担审计客户的管理层职责。审计客户有责任对借调员工的活动进行指导和监督。

会计师事务所应当评价借出员工产生不利影响的严重程度,并在必要时采取防范措施消除不利影响或将其降低至可接受的水平。防范措施主要包括:①对借出员工的工作进行额外复核;②合理安排审计项目组成员的职责,使借出员工不对其在借调期间执行的工作进行审计;③不安排借出员工作为审计项目组成员。

(四)最近曾任审计客户的董事、高级管理人员或特定员工

如果审计项目组成员最近曾担任审计客户的董事、高级管理人员或特定员工,可能因自身利益、自我评价或密切关系产生不利影响。例如,如果审计项目组成员在审计客户工作期间曾经编制会计记录,现又对据此形成的财务报表要素进行评价,则可能产生这些不利影响。

1. 在财务报表涵盖的期间

如果在被审计财务报表涵盖的期间,审计项目组成员曾担任审计客户的董事、高级管理人员或特定员工,将产生非常严重的不利影响,导致没有防范措施能够将其降低至可接受的水平。会计师事务所不得将此类人员分派到审计项目组。

2. 在财务报表涵盖的期间之前

如果在被审计财务报表涵盖的期间之前,审计项目组成员曾担任审计客户的董事、高级管理人员或特定员工,可能因自身利益、自我评价或密切关系产生不利影响。例如,如果在当期需要评价此类人员以前就职于审计客户时做出的决策或工作,将产生这些不利影响。不利影响存在与否及其严重程度主要取决于下列因素:①该成员在客户中曾担任的职务;②该成员离开客户的时间长短；③该成员在审计项目组中的角色。

会计师事务所应当评价不利影响的严重程度，并在必要时采取防范措施将其降低至可接受的水平。防范措施包括复核该成员已执行的工作等。

（五）兼任审计客户的董事或高级管理人员

如果会计师事务所的合伙人或员工兼任审计客户的董事或高级管理人员，将因自我评价和自身利益产生非常严重的不利影响，导致没有防范措施能够将其降低至可接受的水平。会计师事务所的合伙人或员工不得兼任审计客户的董事或高级管理人员。

如果会计师事务所的合伙人或员工担任审计客户的公司秘书，将因自我评价和过度推介产生非常严重的不利影响，导致没有防范措施能够将其降低至可接受的水平。会计师事务所的合伙人或员工不得兼任审计客户的公司秘书。

会计师事务所提供日常和行政事务性的服务以支持公司秘书职能，或提供与公司秘书行政事项有关的建议，只要所有相关决策均由审计客户管理层做出，通常不会损害独立性。

二、与审计客户存在业务关系

（一）长期存在业务关系时的不利影响

会计师事务所长期委派同一名合伙人或高级员工执行某一客户的审计业务，将因密切关系和自身利益产生不利影响。不利影响的严重程度主要取决于下列因素：①该人员加入审计项目组的时间长短；②该人员在审计项目组中的角色；③会计师事务所的组织结构；④审计业务的性质；⑤客户的管理团队是否发生变动；⑥客户的会计和报告问题的性质或复杂程度是否发生变化。

会计师事务所应当评价因密切关系和自身利益产生的不利影响的严重程度，并在必要时采取防范措施消除不利影响或将其降低至可接受的水平。防范措施主要包括：①将该人员轮换出审计项目组；②由审计项目组以外的审计人员复核该人员已执行的工作；③定期对该业务实施独立的质量复核。

（二）审计客户为公众利益实体时关键审计合伙人任职时间

关键审计合伙人是指项目合伙人、实施项目质量控制复核的负责人，以及审计项目组中负责对财务报表审计所涉及的重大事项做出关键决策或判断的其他审计合伙人。一个决策或判断是否关键取决于具体的事实和情况，做出该决定需要运用职业判断。

一般来说，关键决策或判断的事项将对财务报表整体产生重大影响，做出这些决策或判断的其他审计合伙人则应视为关键审计合伙人。比如，负责对长期资产是否有重大减值或重大税项的不确定性做出结论的其他审计合伙人，应被视为关键审计合伙人；而如果仅向负责做出这些决策的个人提出相关建议，提出建议的人本身不会因此而成为关键审计合伙人。

如果审计客户属于公众利益实体，执行其审计业务的关键审计合伙人任职时间不得超过5年。如果某人在审计项目组担任的职务均属于关键审计合伙人，在确定其任职时间时，担任这些职务的年限需要合并计算。

例如，某审计经理担任某上市公司2017～2018年度财务报表审计的签字审计人员，其晋升为合伙人后担任2019～2020年度财务报表审计的项目合伙人。根据职业道德守则中关键审计合伙人和项目合伙人的定义，该合伙人作为关键审计合伙人的任职年限包括2017年、2018年、2019年及2020年。在任期结束后的两年内，该关键审计合伙人不得再次成为该客户的审计项目组成员或关键审计合伙人。该两年的冷却期应为连续的两个完整年度。只有在完成了冷却期后再次提供服务时，服务年限才可以重新计算。例如，某一审计客户属于公众利益实体，某合伙人自 2015 年度财务报表审计开始担任该审计客户的关键审计合伙人。其中，因故没有担任 2017 年度财务报表审计的关键审计合伙人，随后其继续担任 2018 年度及 2019 年度财务报表审计的关键审计合伙人。该合伙人的五年任期应从 2015 年算起，但 2017 年度不计算在该合伙人对该审计客户的五年任期之内。

在两年的冷却期内，该关键审计合伙人也不得有下列行为：①参与该客户的审计业务；②为该客户的审计业务实施质量控制复核；③就有关技术或行业特定问题、交易或事项向项目组或该客户提供咨询；④以其他方式直接影响业务结果。

在极其特殊的情况下，会计师事务所可能因无法预见和控制的情形而不能按时轮换关键审计合伙人。如果关键审计合伙人的连任对审计质量特别重要，并且通过采取防范措施能够消除对独立性产生的不利影响或将其降低至可接受的水平，在“法律法规允许”的情况下，该关键审计合伙人在审计项目组的时限可以“延长一年”。关键审计合伙人任职时间总结为“止 5 停 2 延 1”，审计人员轮换时间如表 14－4 所示。

表 14－4　　审计客户为公众利益实体时轮换时间表

	轮换前最长服务年限	“暂停服务”期间
一般情况	5 年	2 年
特殊情况	可延长一年(6 年)	2 年

(三)审计客户成为公众利益实体后关键审计合伙人的任职时间

在审计人员为客户服务时，审计客户并不是公众利益实体。在审计人员为客户服务一段时间后，审计客户成为公众利益实体。

(1)在审计客户成为公众利益实体之前，如果关键审计合伙人已为该客户服务的时间不超过 3 年，则该合伙人还可以为该客户继续提供服务的年限为 5 年减去已经服务的年限。

(2)如果关键审计合伙人为该客户服务了 4 年或更长的时间，在该客户成为公众利益实体之后，该合伙人还可以继续服务 2 年。

(3)如果审计客户是首次公开发行证券的公司，关键审计合伙人在该公司上市后连续提供审计服务的期限，不得超过两个完整会计年度。

对审计客户成为公众利益实体后关键审计合伙人的任职时间总结如表 14－5 所示。

表 14－5　　审计客户成为公众利益实体后关键审计合伙人的任职时间总结表

在审计客户成为公众利益实体前的服务年限(X 年)	成为公众利益实体后继续提供服务的年限	“暂停服务”期间
$X\leqslant 3$ 年	$(5-X)$年	2 年
$X\geqslant 4$ 年	2 年	2 年
如审计客户是首次公开发行证券	2 年	2 年

三、向审计客户提供非审计服务时的独立性要求

会计师事务所向审计客户提供非审计服务，可能对独立性产生不利影响，包括因我评价、自身利益和过度推介等产生的不利影响。在接受委托向审计客户提供非审计服务之前，会计师事务所应当确定提供该服务是否将对独立性产生不利影响。

在评价某一特定非审计服务产生不利影响的严重程度时，会计师事务所应当考虑审计项目组认为提供其他相关非审计服务将产生的不利影响。如果没有防范措施能够将不利影响降低至可接受的水平，会计师事务所不得向审计客户提供该非审计服务。

（一）接受委托对审计客户关联实体提供非审计服务

会计师事务所通常不向审计客户的下列关联实体提供中国审计人员职业道德守则限制的非审计服务：

（1）不是会计师事务所的审计客户，但能够直接或间接控制审计客户的实体。

（2）不是会计师事务所的审计客户，但在审计客户中拥有直接经济利益的实体，该实体能够对审计客户施加重大影响，并且经济利益对该实体重大。

（3）不是会计师事务所的审计客户，但与审计客户处于同一控制下的实体。

如果有理由认为同时满足下列条件，会计师事务所可以向上述关联实体提供非审计服务：

（1）向上述关联实体提供的非审计服务的结果不构成实施审计程序的对象，该服务不因自我评价产生不利影响。

（2）已采取防范措施将非审计服务所产生的任何不利影响予以消除，或将其降低至可接受的水平。

（二）向成为公众利益实体的审计客户提供非审计服务

如果审计客户成为公众利益实体，在同时满足下列条件时，会计师事务所向其提供非审计服务不会损害独立性：

（1）以往向该实体提供的非审计服务符合中国审计人员职业道德守则有关向非公众利益实体提供非审计服务的规定。

（2）在客户成为公众利益实体之前终止，或之后尽快终止中国审计人员职业道德守则不允许向公众利益实体提供的非审计服务。

（3）在必要时已采取防范措施消除对独立性产生的不利影响，或将其降低至可接受的水平。

审计人员向审计客户提供的非审计业务主要有编制会计记录和财务报表、评估服务、税务服务、内部审计服务、信息技术系统服务、诉讼支持服务、法律服务、招聘服务和公司理财服务等，在此不再一一赘述。

复习思考题

1. 什么是职业道德概念框架？
2. 什么是审计的独立性？
3. 职业道德基本原则及其应用包括哪些内容？
4. 对职业道德基本原则产生不利影响的因素是什么？

5. 职业道德概念框架如何在专业服务委托方面发挥影响?
6. 什么是独立性概念框架?
7. 对独立性的影响有哪些方面的内容?
8. 什么是网络事务所?
9. 什么是关键审计合伙人?
10. 为公众利益实体服务的时间要求有哪些?

参考文献

1. 中国注册会计师协会:《中国注册会计师执业准则(2017)》,中国财经出版传媒集团2017年版。

2. 上官晓文:《审计学》,上海财经大学出版社2012年版。

3. 注册会计师协会:《2018年度注册会计师全国统一考试辅导教材·审计》,经济科学出版社2017年版。

4. Alvin A. Arens. *Auditing and Assurance Services*. Student Value Edition (15th Edition), Prentice Hall, 2013.

5. Montgomery Robert Hiester. *Auditing: Theory and Practice*. General Books, 2012.

参考文献

高等院校会计与财务管理系列教材

审计学练习册

（第三版）

上官晓文　主　编
吕颖菲　郭　萍　黄　松　副主编

上海财经大学出版社

目　录

第一章 审计概述

一、判断题

1. 爱丁堡会计师协会的成立标志着注册会计师职业的正式诞生。（ ）
2. 注册会计师审计最早出现在美国。（ ）
3. 审计职能是一成不变的。（ ）
4. 经济监督是审计的基本职能。（ ）
5. 所有单位都必须依法接受政府审计的审计。（ ）
6. 注册会计师审计的目的在于帮助本单位健全内部控制，改善经营管理，提高经济效益。（ ）
7. 按审计的主体可以将审计划分为：财政财务审计、财经法纪审计和经济效益审计。（ ）
8. 经济效益审计是指由审计机构对被审计单位经济活动的效率、效果和效益状况进行的审计和评价。（ ）
9. 一般对计划、预算的编制和对经济事项的预测和决策进行的审计均属事中审计。（ ）
10. 根据审计风险模型，在控制检查风险时，审计人员采取的有效措施是调高重要性水平。（ ）
11. 根据审计风险模型，在控制检查风险时，审计人员采取的有效措施是合理设计和有效实施进一步审计程序。（ ）
12. 在审计风险模型中，“重大错报风险”是指在财务报表审计前存在重大错报的可能性。（ ）
13. 根据审计风险模型，在控制检查风险时，审计人员采取的有效措施是通过实施审计程序降低重大错报风险，从而控制检查风险。（ ）
14. 审计是一种直接的经济监督活动。（ ）
15. 审计的基本方法是收集、评价证据。（ ）
16. 审计的职能是审计自身所具有的内在功能，是审计本质的体现。（ ）
17. 报送审计是一种普遍采用的审计方法。（ ）
18. 国家审计机关的基本职责是审计监督国家财政收支和审计监督与国有资产有关的财务收支。（ ）
19. 我国的社会审计组织现在主要是会计师事务所。（ ）

20. 审计的含义就是查账。（ ）

二、单项选择题

1. 审计产生的客观基础是（ ）。
A. 受托经济责任关系 B. 生产发展的需要
C. 会计发展的需要 D. 管理的现代化
2. 宋代审计司的建立，是我国“审计”的正式命名，从此，“审计”一词变成为了（ ）的专用名词。
A. 财会审核 B. 经济监督 C. 经济执法 D. 财政监督
3. 在西方，最具代表性的国家审计机关是（ ）的国家审计机关。
A. 司法系统 B. 立法系统 C. 行政系统 D. 管理系统
4. 下列各项中，不属于国家审计特点的是（ ）。
A. 法定性 B. 强制性 C. 有偿性 D. 独立性
5. 下列有关审计种类表述，正确的是（ ）。
A. 与财政政务收支审计相比，财政法规审计更加突出合法性目标
B. 局部审计也称抽样审计，是选择部分项目进行的审计
C. 全部审计就是详细审计，可以查出被审计单位存在的所有差错
D. 授权审计即委托审计，双方当事人都必须是审计机关，并存在业务领导关系
6. 审计监督区别于其他经济监督的根本特征是（ ）。
A. 权威性 B. 独立性 C. 合法性 D. 公正性
7.（ ）是审计产生的前提条件，也是审计产生与发展的客观基础。
A. 社会生产力的发展 B. 受托经济责任关系的建立
C. 经济水平的提高 D. 道德要求
8. 下列审计中，独立性最强的是（ ）。
A. 国家审计 B. 民间审计 C. 内部审计 D. 政府审计
9. 国家审计、民间审计、内部审计最大的区别体现在（ ）。
A. 审计主体 B. 审计客体 C. 审计目的 D. 审计内容
10. 我国第一位审计人员是（ ）。
A. 潘序伦 B. 奚玉书 C. 谢霖 D. 徐永祚
11. 审计人员审计的产生主要是由于（ ）。
A. 财产所有权和管理权的分离 B. 财产所有权和经营权的分离
C. 遵守《公司法》的需要 D. 提高企业管理透明度
12. 下列不属于审计人员基本原则的是（ ）。
A. 职业行为 B. 专业胜任能力 C. 保密 D. 廉洁
13. 经济效益审计属于（ ）。
A. 事前审计 B. 事中审计 C. 事后审计 D. 内部审计
14. 财经法纪审计属于（ ）。
A. 事前审计 B. 事中审计 C. 事后审计 D. 内部审计
15. 审计最本质的特性是（ ）。
A. 监督性 B. 鉴证性 C. 评价性 D. 独立性

16. 在我国,“审计”一词正式成为专用名词起始于( )。
A. 西周 B. 宋代 C. 中华民国元年 D. 1949 年
17. 中华人民共和国最高国家审计机关是( )。
A. 中国注册会计师协会 B. 审计署
C. 会计师事务所 D. 内部审计机构
18.( )主要应用于跨年度的工程项目。
A. 强制审计 B. 不定期审计 C. 事中审计 D. 事后审计
19. 对审计人员不具有强制性的法定要求是( )。
A. 独立审计具体准则 B. 执业规范指南
C. 会计制度 D. 审计约定书
20. 根据审计风险模型,在控制检查风险时,审计人员采取的有效措施是( )。
A. 通过实施审计程序降低重大错报风险,从而控制检查风险
B. 合理设计和有效实施进一步审计程序
C. 调高重要性水平
D. 重新执行内部控制降低控制风险,从而控制检查风险

三、多项选择题

1. 审计的经济鉴定职能主要是确定其财务状况和经营成果是否( )。
A. 真实 B. 公允 C. 合法 D. 合规
2. 财政财务审计目的是检查财政财务收支的( )。
A. 真实性 B. 存在性 C. 合法性 D. 合规性
3. 局部审计的优点是( )。
A. 针对性强 B. 效率高 C. 成本低 D. 工作量小
4. 按审计的内容,可以将审计划分为( )。
A. 全面审计 B. 财政财务审计
C. 财经法纪审计 D. 经济效益审计
5. 按审计动机分类,可以分为( )。
A. 内部审计 B. 外部审计 C. 法定审计 D. 任意审计
6. 审计的基本方法是( )。
A. 收集证据 B. 评价证据 C. 经济监督 D. 经济鉴证
7. 一般认为审计具有的职能有( )。
A. 经济监督 B. 经济鉴证 C. 经济评价 D. 评价证据
8. 审计实施阶段的主要任务是( )。
A. 了解情况 B. 查明问题、取得证据
C. 分析鉴定、明辨是非 D. 做出评价
9. 按与被审计单位的关系分类,可分为( )。
A. 全部审计 B. 局部审计 C. 内部审计 D. 政府审计
E. 外部审计
10. 独立审计的特点主要有( )。
A. 独立性 B. 受托性 C. 社会性 D. 有偿性

11. 按审计范围分类，可以分为(　　)。

A. 全面审计　　B. 局部审计　　C. 专项审计　　D. 政府审计

12. 全面审计一般仅适用于(　　)的企事业单位。

A. 规模较小　　B. 业务量不多　　C. 规模大　　D. 业务量多

13. 在美国，审计总局的职能有(　　)。

A. 审查会计记录、财务事项和财务报表

B. 查核各项工作是否遵守有关的法律和规章制度

C. 查核各项工作是否经济和有效率

D. 查核各项工作的结果，以便评价其是否已有效地达到了预期的结果(包括立法机构规定的目标)

14. 我国审计理论和实务工作者普遍认为，审计可以(　　)。

A. 评价经济责任，用以维护财经法纪

B. 改善经济管理

C. 提高经济效益

D. 促进加强宏观调控的独立性经济监督活动

15. 按审计实施时间相对于被审单位经济业务发生的前后分类，审计可分为(　　)。

A. 事前审计　　B. 事中审计　　C. 事后审计　　D. 就地审计

16. 按审计的执行地点分类，可分为(　　)。

A. 法定审计　　B. 任意审计　　C. 就地地审计　　D. 报送审计

17. 下列有关审计独立性的说法中，体现审计工作上的独立性的有(　　)。

A. 审计机关必须是独立的专职机构

B. 审计人员不参与被审计单位的经营管理活动

C. 审计人员在审计工作的全过程中依法独立行使审计监督权

D. 审计人员依法办理审计事项时，其他行政机关、社会团体或个人不得干涉

18. 经济监督系统是由诸多具体的经济监督形式所构成的，这些具体的经济监督形式如(　　)。

A. 审计　　B. 财政　　C. 税务　　D. 金融

E. 保险

19. 审计人员职业道德规范要求审计人员执行审计业务或其他鉴证业务，应当保持(　　)的独立。

A. 时间上　　B. 地点上　　C. 经济上　　D. 形式上

E. 实质上

20. 在审计风险模型中，关于“重大错报风险”的说法中正确的有(　　)。

A. 是指在财务报表审计前存在重大错报的可能性

B. 财务报表层次的重大错报风险通常与控制环境有关

C. 重大错报风险包括检查风险和控制风险

D. 重大错报风险独立存在于财务报表审计

四、简答题

1. 简述审计的职能。

2. 与外部审计相比，内部审计的特点是什么？

3. 什么是民间审计人员职业道德？其主要内容是什么？

4. 简述按审计的执行地点分类的情况。

5. 请根据认定的种类与具体审计目标的内容填列下表。

认　定	各类认定的含义	具体审计目标
发生		
准确性		
截止		
存在		
权利和义务		
完整性		
计价和分摊		

五、业务题

1. 审计人员通常依据各类交易、账户余额和列报的相关认定确定审计目标，根据审计目标设计审计程序。以下给出了采购交易的审计目标，并列举了部分实质性程序。

(1)审计目标

A. 所记录的采购交易已发生，且与被审计单位有关。

B. 所有应当记录的采购交易均已记录。

C. 与采购交易有关的金额及其他数据已恰当记录。

D. 采购交易已记录于恰当的账户。

E. 采购交易已记录于正确的会计期间。

(2)实质性程序

F. 将采购明细中记录的交易同购货发票、验收单和其他证明文件比较。

G. 根据购货发票反映的内容，比较会计科目表上的分类。

H. 从购货发票追查至采购明细账。

I. 从验收单追查至采购明细账。

J. 将验收单和购货发票上的日期与采购明细账中的日期进行比较。

K. 检查购货发票、验收单、订货单和请购单的合理性和真实性。

L. 追查存货的采购至存货永续盘存记录。

【要求】 请根据题中给出的审计目标，指出对应的相关认定；针对每一审计目标，选择相应的实质性程序(一项实质性程序可能对应一项或多项审计目标，每一审计目标可能选择一项或多项实质性程序)。请将财务报表相关认定及选择的实质性程序字母序号填入表格中。

相关认定	审计目标	实质性程序
	所记录的采购交易和事项已发生，且与被审计单位有关	
	所有应当记录的采购交易和事项均已记录	
	与采购交易和事项有关的金额及其他数据已恰当记录	
	采购交易与事项已恰当记录于恰当的账户	
	采购交易已记录于正确的会计期间	

2. 审计人员通常依据各类交易、账户余额和列表相关认定确定审计目标，根据审计目标设计审计程序。下表给出了应收账款的相关认定：

应收账款的相关认定	审计目标	审计程序
存在		(1) (2)
权利和义务		(1) (2)
完整性		(1) (2)
计价和分摊		(1) (2)

【要求】 请根据表中给出的应收账款的相关认定确定审计目标，并针对每一审计目标简要设计两项审计程序。

第二章 审计方法

一、判断题

1. 审计人员审计的总目标是对被审计单位财务报表的合法性、公允性及会计处理方法的一贯性负责。（　　）

2. 实物证据的存在本身就具有很大的可靠性，所以实物证据具有较强的证明力。（　　）

3. 函证的书面答复只能采用纸质形式。（　　）

4. 根据样本的差错率或偏差率推断总体的差错率是变量抽样。（　　）

5. 预期值的准确率越高，通过分析程序获取的保证水平越高。（　　）

6. 非统计抽样需要职业判断，而统计抽样不需要职业判断。（　　）

7. 无论使用非统计抽样还是统计抽样，都存在一定程度的抽样风险与非抽样风险。（　　）

8. 在进行实质性程序中通常使用变量抽样。（　　）

9. 实施风险评估程序时一般不使用审计抽样。（　　）

10. 选取特定项目进行测试是审计抽样的一种。（　　）

二、单项选择题

1. 在实施下列程序时，审计人员应当考虑使用审计抽样的是（　　）。

A. 风险评估程序　　B. 实质性分析程序

C. 实质性程序　　D. 细节测试

2. 下列与审计证据相关的表述中，正确的是（　　）。

A. 如果审计证据数量足够，就可以弥补审计证据的质量缺陷

B. 审计工作通常不涉及鉴定文件的真伪，对用作审计证据的文件记录，只需考虑相关内部控制的有效性

C. 不应考虑获取审计证据的成本与获取信息的有用性之间的关系

D. 会计记录中含有的信息本身不足以提供充分的审计证据作为对财务报表发表审计意见的基础

3. 在控制测试中，信赖过度风险与样本规模之间是（　　）。

A. 反向变动关系　　B. 同向变动关系

C. 同比例变动关系　　D. 反比例变动关系

4. 下列有关函证的说法中，正确的是（　　）。

A. 如果审计人员认为取得积极式函证回函是获取充分、适当的审计证据的必要程序，则替代程序不能提供审计人员所需要的审计证据

B. 如果被审计单位与银行存款存在认定有关的内部控制设计良好并有效运行，审计人员可适当减少函证的样本量

C. 审计人员应当对应收账款实施函证程序，除非应收账款对财务报表不重要且评估的重大错报风险低

D. 如果审计人员将重大错报风险评估为低水平，且预期不符事项的发生率很低，可以将消极式函证作为唯一的实质性程序

5. 下列有关积极式函证的说法中，错误的是(　　)。

A. 审计人员应当在发出询证函后予以跟进，必要时再次向被询证者寄发询证函

B. 如果管理层不允许寄发函证，审计人员可以发表非无保留意见

C. 如果审计人员认为取得积极式函证回函是获取充分、适当的审计证据的必要程序，则替代程序不能提供审计人员所需要的审计证据

D. 为保证回函率，审计人员应当要求被审计单位安排专人催收函证

6. 审计人员在对被审计单位财务报表审计中，对资产类账户余额实施相关审计抽样从而获取充分、适当的审计证据。下列说法正确的是(　　)。

A. 审计人员应当根据具体情况并运用职业判断，确定使用统计抽样或非统计抽样方法，以最有效地获取审计证据

B. 审计抽样适用于控制测试和实质性程序中的所有审计程序

C. 统计抽样和非统计抽样方法的选用，在于对样本实施的审计程序

D. 审计人员采用不适当的审计程序可能导致抽样风险

7. 在审计抽样中，审计人员选取的样本包含了存货账面金额的 20%，同时在样本中发现了 300 元的错报，则审计人员运用比率法得出的总体错报为(　　)元。

A. 320　　B. 1 500　　C. 280　　D. 15 000

8. 下列关于抽样风险与非抽样风险的表述中正确的是(　　)。

A. 审计人员可以通过扩大样本规模消除抽样风险

B. 抽样风险与非抽样风险均可以量化

C. 抽样风险与样本规模呈反向变动关系

D. 统计抽样运用概率论评价样本结果，无需审计人员进行职业判断

9. PPS 抽样方法可以有效实现的审计目标是(　　)。

A. 应收账款的存在　　B. 应付账款的完整性

C. 存货的计价和分摊　　D. 销售交易的截止

10. 如果审计人员决定使用统计抽样，且预计只发现少量大金额差异的情况下，审计人员应当使用的抽样方法是(　　)。

A. 均值估计抽样　　B. 比率估计抽样

C. 差额估计抽样　　D. 概率比例规模抽样

三、多项选择题

1. 在评价财务报表是否公允反映时，审计人员应当考虑(　　)。

A. 经管理层调整后的财务报表是否与审计人员对被审计单位及其环境的了解一致

B. 财务报表的列报、结构和内容是否合理
C. 评价财务报表是否真实地反映了交易和事项的经济实质
D. 财务报表是否符合适用的会计准则和相关会计制度的规定
E. 财务报表是否符合企业会计准则和国家其他有关法规的规定

2. 作为审计证据的会计记录有( )。

A. 会计凭证 B. 会计账簿 C. 各种试算表 D. 各种汇总表
E. 审计差异调整表

3. 在以下审计程序中,有助于发现被审计单位2017年末未入账应付账款的有( )。

A. 从被审计单位2017年度接近年末开具的验收单追查到库存现金、银行存款日记账及应付账款明细账
B. 确定被审计单位2017年度的主要供应商名单,以积极的方式函证,要求提供欠款的详细信息
C. 检查被审计单位2018年年初库存现金、银行存款日记账的贷方记录,核实付款原因并检查卖方发票
D. 检查被审计单位2018年年初一段时间应付账款贷方发生额的相应凭证,确认入账时间是否正确

4. 下列关于分析程序的用法中,正确的有( )。

A. 将分析程序用作风险评估程序
B. 将分析程序用作实质性程序
C. 将分析程序用作控制测试程序
D. 将分析程序用作对财务报表进行总体复核的程序

5. 在确定实质性分析程序对特定认定的适用性时,注册会计师通常考虑的因素有( )。

A. 在一段时期内是否存在可预期关系的大量交易
B. 评估的重大错报风险
C. 针对同一认定的细节测试
D. 数据之间是否存在稳定的可预期关系

6. 下列有关样本规模的提法中正确的有( )。

A. 在控制测试中,审计人员确定的总体项目的变异性越低,样本规模就越小
B. 大规模总体对选取样本规模的影响很小
C. 审计人员愿意接受的抽样风险越低,样本规模就越大
D. 在可容忍误差一定的情况下,预计总体误差越大,则样本规模越大

7. 在对内部控制进行测试时,审计人员利用非统计抽样的方法对抽样结果进行评价时,下列判断不正确的有( )。

A. 如果样本偏差率高于可容忍偏差率,则总体可以接受
B. 如果样本偏差率大大低于可容忍偏差率,则总体可以接受
C. 如果样本偏差率低于但接近可容忍偏差率,则总体可以接受
D. 如果样本偏差率低于可容忍偏差率,相差不大也不小,则总体可以接受

8. 审计人员在确定被审计单位应收账款函证对象时,应通过( )选择具体样本。

A. 根据内部控制的有效性预计样本错报
B. 如果不同客户的欠款余额、性质差异较大,应先对总体进行适当的分层

C. 各账户余额间差异不大时，无须分层，直接在总体内进行随机抽样

D. 分层情况下，全部审查余额超过某一标准的业务，对其余业务随机抽样

9. 下列有关概率比例规模抽样的表述中，正确的有（ ）。

A. 在采用系统选样下，金额等于或高于选择间距的所有逻辑单元肯定会被选中

B. 选样间距的大小与审计人员确认的误受风险和可容忍错报相关

C. 当总体错报数量增加时，样本规模可能小于传统变量抽样的规模

D. 当总体变异性较大时，需要审计人员对总体进行分层

10. 在实质性程序中运用审计抽样时，审计人员在确定可接受的误受风险水平时应考虑的因素包括（ ）。

A. 审计人员愿意接受的审计风险水平

B. 评估的重大错报风险水平

C. 针对同一审计目标（财务报表认定）的分析程序的检查风险

D. 可接受的误拒风险水平

四、业务题

1. ABC 会计师事务所负责审计甲公司 2018 年度财务报表，审计项目组确定财务报表整体的重要性为 100 万元，明显微小错报的临界值为 5 万元，审计工作底稿中与函证程序相关的部分内容摘录如下：

（1）审计项目组在寄发询证函前，将被询证方的名称、地址与甲公司持有的合同及发票中的对应信息进行了核对。

（2）甲公司应付账款年末余额为 550 万元，审计项目组认为应付账款存在低估风险，选取了年末余额合计为 480 万元的两家主要供应商实施函证，未发现舞弊。

（3）审计项目组成员跟随甲公司出纳到乙银行实施函证，出纳到柜台办理相关事宜，审计项目组成员在等候区等候。

（4）客户丙公司年末应收账款余额为 100 万元，回函金额为 90 万元，因差异金额高于明显微小错报的临界值，审计项目组据此提出了审计调整建议。

（5）客户丁公司回函邮寄显示发函地址与甲公司提供的地址不一致，甲公司财务人员解释是由于丁公司有多处办公地址所致，审计项目组认为该解释合理，在审计工作底稿中记录了这一情况。

（6）客户戊公司为海外公司，审计项目组收到戊公司境内关联公司代为寄发的询证函回函，未发现差异，结果满意。

【要求】 针对上述事项（1）至（6），逐项指出审计项目组的做法是否恰当。如不恰当，简要说明理由。

2. A 审计人员负责对甲公司 2018 年度财务报表进行审计。在针对应收账款实施函证程序时，A 审计人员采用了概率比例规模抽样方法。相关事项如下：

（1）A 审计人员对应收账款各个明细账户进行初步了解和分析，将预期存在错报的明细账户选出，单独进行函证。A 审计人员认为其余明细账预期不存在错误，进行 PPS 抽样效率更高，将全部应收账款明细账户作为抽样总体。

（2）A 审计人员认为预计错报很小，使用 PPS 抽样的样本规模通常比传统变量抽样方法更小。

(3)假设样本规模为500个，A审计人员采用系统选样方法，选出500个抽样单元，对应的明细账户共495户。在推断抽样总体中存在的错报时，A审计人员将样本规模相应调整为495个。

(4)A审计人员认为在PPS抽样中应特别控制误拒风险。

【要求】

(1)针对事项(1)至(4)，逐项指出A审计人员的做法是否正确。如不正确，简要说明理由。

(2)A审计人员认为PPS抽样能够实现应收账款的完整性认定，请判断A审计人员的说法是否正确，并简要说明理由。

3. 甲公司2018年12月31日的应收账款项目由3 000个项目构成，应收账款的账面价值为400万元，假定应收账款的重要性水平为20万元，A审计人员评估的重大错报风险水平为"低"，不打算采用其他实质性程序。

保证系数表

评估的重大错报风险	其他实质性程序未能发现重大错报的风险			
	最高	高	中	低
最高	3.0	2.7	2.3	2.0
高	2.7	2.4	2.0	1.6
中	2.3	2.1	1.6	1.2
低	2.0	1.6	1.2	1.0

【要求】

(1)用公式法代A审计人员估算样本规模。

(2)假定A审计人员所抽取样本的账面价值是115万元，对抽取样本测试的结果发现比其账面价值多记1.68万元，请采用比率法计算推断的总体错报与可容忍错报金额的比率，并分析应收账款的账面价值是否存在重大错报。

4. B审计人员对X制造公司的产成品成本进行审查时获得如下资料：全年共生产2 000批产品，入账成本为5 900 000元，审计人员抽取其中的200批产品作为样本，其账面总价值为600 000元，审查时发现在200批产品中有52批产品成本不实，样本的审定价值为582 000元。

【要求】 试运用均值估计抽样、比率估计抽样、差额估计抽样，估计本年度产品的总成本(暂不考虑可容忍误差和可信赖程度)。

5. ABC会计师事务所的甲和乙审计人员接受委派，对A公司2018年度财务报表进行审计。确定财务报表可容忍错报为10 000元。在实质性程序中，甲和乙审计人员运用统计抽样，发现一些样本存在误差，在分析样本误差时，履行了以下程序：

(1)对某项目无法或没有执行替代审计程序，视该项目为一项误差。

(2)某些样本误差项目具有共同的特征，作为一个整体，实施相应的审计程序，并根据审计结果，进行单独的评价。

(3)在分析抽样中所发现的误差时，还应考虑误差的质的方面，包括误差的性质、原因及其对其他相关审计工作的影响。

【要求】

(1)根据样本误差推断总体错报上限,如果小于、大于或等于可容忍错报,甲和乙审计人员应如何处理?

(2)甲和乙审计人员在分析样本误差时,履行的程序是否合适?

五、思考题

1. 如何选用审计方法?
2. 如何理解函证在审计过程中的重要性?
3. 如何运用分析程序?
4. 属性抽样审计的程序是什么?
5. 变量抽样审计的程序是什么?

六、案例分析题

1. A 审计人员负责审计甲公司 2018 年度财务报表,在了解甲公司内部控制后,A 审计人员决定采用审计抽样的方法对拟信赖的内部控制进行测试,部分做法摘录如下:

(1)为测试 2018 年度信用审核控制是否有效运行,将 2018 年 1 月 1 日至 11 月 30 日期间的所有销售单界定为测试总体。

(2)为测试 2018 年度采购付款凭证审批控制是否有效运行,将采购凭证缺乏审批人员签字或虽有签字但未按制度审批的界定为控制偏差。

(3)在使用随机数表选取样本项目时,由于所选中的一张凭证已经丢失,无法测试,直接用随机数表另选一张凭证代替。

(4)在对存货验收控制进行测试时,确定样本规模为 60,测试后发现 3 例偏差。在此情况下,推断 2018 年度该项控制偏差率的最佳估计为 5%。

(5)在上述第(4)项的基础上,A 审计人员确定的信赖过度风险为 5% ,可容忍偏差率为 7%。由于存货验收控制的偏差率的最佳估计不超过可容忍偏差率,认定该项控制运行有效(注:信赖过度风险为 5%时,样本中发现偏差数“3”对应的控制测试风险系数为 7.8)。

【要求】 针对上述第(1)项至第(5)项,逐项指出 A 审计人员的做法是否正确。如不正确,简要说明理由。

2. A 审计人员对甲股份有限公司(以下简称甲公司)2018 年度财务报表进行审计。在对甲公司 2018 年度营业收入审计时,为了确定甲公司销售业务是否真实、会计处理是否正确,A 审计人员拟从甲公司 2018 年开具的销售发票的存根中选取若干张,核对销售合同和发运单,并检查会计处理是否符合规定。甲公司 2018 年共开具连续编号的销售发票 4 000 张,销售发票号码为第 2001 号至第 6000 号,A 审计人员计划从中选取 10 张销售发票样本。随机数表(部分)列示如下:

	(1)	(2)	(3)	(4)	(5)
(1)	10480	15011	01536	02011	81647
(2)	22368	46573	25595	85313	30995
(3)	24130	48360	22527	97265	76393

续表

	(1)	(2)	(3)	(4)	(5)
(4)	42167	93093	06243	61680	07856
(5)	37570	39975	81837	16656	06121
(6)	77921	06907	11008	42751	27756
(7)	99562	72905	56420	69994	98872
(8)	96301	91977	05463	07972	18876
(9)	89759	14342	63661	10281	17453
(10)	85475	36857	53342	53988	53060

【要求】

(1)根据随机数表,假定A审计人员以随机数表所列数字的后4位数与销售发票号码一一对应,确定第(2)列第(4)行为起点,选号路线为自上而下、自左而右。请代A审计人员确定选取的10张销售发票样本的发票号码分别为多少?

(2)如果上述10笔销售业务的账面价值为100万元,审定金额为100.03万元,假定甲公司2018年度营业收入账面价值为1 800万元,并假定错报与账面价值不成比例关系,请运用差额估计抽样法推断甲公司2018年度营业收入的总体账面价值。

3. A审计人员负责审计甲公司2018年度财务报表。甲公司本年度银行存款账户数一直为60个。甲公司财务制度规定,每月月末由与银行存款核算不相关的财务人员H针对每个银行存款账户编制银行存款余额调节表。A审计人员决定运用统计抽样方法测试该项控制在全年的运行有效性。相关事项如下:

(1)A审计人员计算了各银行存款账户在2018年12月31日余额的标准差,作为确定样本规模的一个因素。

(2)在确定样本规模后,A审计人员采用随机数表的方式选取样本。选取的一个银行存款账户余额极小,A审计人员另选了一个余额较大的银行存款账户予以代替。

(3)在对选取的样本项目进行检查时,A审计人员发现其中一张银行存款余额调节表由甲公司银行存款出纳I代为编制,A审计人员复核后发现该表编制正确,不将其视为控制偏差。

(4)在对选取的样本项目进行检查后,A审计人员将样本中发现的偏差数量除以样本规模得出的数值作为该项控制运行总体偏差率的最佳估计。

(5)假设A审计人员确定的可接受的信赖过度风险为10%,样本规模为45。测试样本后,发现1例偏差。当信赖过度风险为"10%"、样本中发现的偏差率为"1"时,控制测试的风险系数为"3.9"。

【要求】

(1)计算确定总体规模,并简要回答在运用统计抽样方法对某项手工执行的控制运行有效性进行测试时,总体规模对样本规模的影响。

(2)针对事项(1)至(4),假设上述事项互不关联,逐项指出A审计人员的做法是否正确。如不正确,简要说明理由。

(3)针对事项(5),计算总体偏差率上限。

第三章

审计计划

一、判断题

1. 进行初步业务活动的目的，是确定进一步审计程序。（　　）

2. 审计的前提条件的是管理层认可并理解其承担的责任。（　　）

3. 如果母公司的审计人员同时也是组成部分的审计人员，在决定是否向组成部分单独致送审计业务约定书时，需要考虑的因素是审计收费金额。（　　）

4. 审计人员应当为审计工作制订具体审计计划，确定审计方向属于具体审计计划的内容。（　　）

5. 审计计划中不重要的方面可以更改，但是重要的方面如重要性水平不能更改。（　　）

6. 在确定对项目组成员指导、监督与复核的性质、时间安排和范围时，审计人员应当考虑的主要因素是评估的重大错报风险。（　　）

7. 重要性的确定要考虑错报对个别财务报表使用者可能产生的影响。（　　）

8. 判断错报包括通过测试样本估计出的总体错报减去在测试中发现已经识别的具体错报。（　　）

9. 未更正错报是指在审计过程中累积的且被审计单位未予更正的错报。（　　）

10. 在制定总体审计策略时，审计人员应该做的工作是评价被审计单位内部控制设计的合理性。（　　）

二、单项选择题

1. W 会计师事务所承接了甲上市公司的 20××年度财务报表审计工作，W 审计人员作为项目合伙人正在与甲上市公司的管理层就审计业务约定书进行沟通。W 审计人员的下列说法中，不正确的是（　　）。

A. 审计准则是审计人员审计财务报表的标准

B. 管理层已认可并理解其承担的责任是审计的前提条件

C. 如果管理层不提供书面声明，审计人员承接此类审计业务是不恰当的，除非法律法规另有规定

D. 管理层有责任设计、执行和维护必要的内部控制，以使编制财务报表不存在由于舞弊或错误导致的重大错报

2. 下列对审计过程识别出的错报的理解中，不正确的是（　　）。

A. 确定一项分类错报是否重大，需要进行定性评估

B. 如果不能确定一个或者多个错报是否明显微小,可以认为这些错报是明显微小的
C. 错报可能是错误和舞弊所致
D. 审计人员在审计过程中,及时与适当层级的管理层沟通错报事项是重要的
3. 关于评价未更正错报的说法中,错误的是(　　)。
A. 未更正错报是指在审计过程中累积的且被审计单位未予更正的错报
B. 在评价未更正错报之前可能已经对重要性做出重大修改
C. 对于同一账户余额或同一类别的交易内部的错报,错报的抵消可能是适当的
D. 未更正错报可能包括累积的明显微小错报
4. 审计人员在本期审计业务开始时应当开展的初步业务活动包括(　　)。
A. 就审计业务约定条款达成一致意见
B. 与管理层和治理层沟通双方的责任
C. 就计划的审计范围和时间安排进行沟通
D. 获取管理层的书面声明
5. 在制定总体审计策略时,审计人员应该做的工作是(　　)。
A. 计划存货监盘的时间
B. 评价被审计单位内部控制设计的合理性
C. 识别重大错报风险较高的领域
D. 确定进一步审计程序的性质
6. 以下各项不属于确定重要性基准应该考虑的因素的是(　　)。
A. 基准的相对波动性
B. 财务报表要素
C. 被审计单位的性质、所处的生命周期阶段以及所处行业和经济环境
D. 与具体项目计量相关的固有不确定性
7. 在审计过程中,审计人员修改重要性水平的理由不合理的是(　　)。
A. 约定的审计收费发生变化
B. 审计过程中情况发生重大变化
C. 获取新信息
D. 被审计单位及其经营发生变化
8. 审计人员在确定计划的重要性水平时,不需要考虑的因素是(　　)。
A. 对被审计单位及其环境的了解
B. 审计的目标
C. 财务报表各项目的性质及其相互关系
D. 审计时间预算
9. 在执行审计业务时,审计人员要确定合理的重要性水平,下列说法中不正确的是(　　)。
A. 审计人员应当从性质和数量两个方面合理确定重要性水平
B. 可以考虑所在会计师事务所的惯例及自己的经验来确定重要性水平
C. 审计人员通过调高重要性水平来降低审计风险
D. 重要性水平的确定离不开职业判断
10. 在评价未更正错报的影响时,下列说法中不正确的是(　　)。

A. 错报可能不会孤立发生，一项错报可能表明还存在其他错报

B. 审计人员应当从金额和性质两方面确定未更正错报是否重大

C. 在评价未更正错报的影响之前，审计人员可能有必要依据实际的财务结果对重要性作出修改

D. 未更正错报的金额不得超过明显微小错报的临界值才可以接受总体

三、多项选择题

1. 如果母公司的审计人员同时也是组成部分的审计人员，在决定是否向组成部分单独致送审计业务约定书时，需要考虑的因素有（　　）。

A. 组成部分审计人员的委托人

B. 是否对组成部分单独出具审计报告

C. 审计收费金额

D. 组成部分管理层相对于母公司的独立程度

2. 审计人员开展初步业务活动的内容包括（　　）。

A. 针对保持客户关系和具体审计业务实施的质量控制程序

B. 评价遵守相关职业道德要求的情况

C. 就审计业务约定书条款达成一致意见

D. 评价项目组成员的独立性

3. 下列关于审计计划的说法中，不正确的有（　　）。

A. 审计计划中不重要的方面可以更改，但是重要的方面如重要性水平不能更改

B. 计划审计工作是一个持续的、不断修正的过程，贯穿于整个审计业务的始终

C. 具体审计计划可以修改，而总体审计策略不可以修改

D. 审计计划一旦确定就不能更改

4. 审计业务约定书的具体内容和格式可能因被审计单位的不同而不同，但应当包括以下主要内容：（　　）。

A. 财务报表审计的目标和范围

B. 审计人员及管理层的责任

C. 用于编制财务报表所适用的财务报告编制基础

D. 提及审计人员拟出具审计报告的审计意见类型

5. 如果被审计单位或委托人要求将审计业务变更为保证程度较低的业务，下列理由不合理的有（　　）。

A. 环境变化对审计服务的需求产生的影响

B. 对原来要求的审计业务性质存在误解

C. 审计范围受限

D. 审计收费过低

6. 审计人员应当为审计工作制定总体审计策略，在制定总体审计策略时，应当考虑的主要事项有（　　）。

A. 审计范围

B. 报告目标、时间安排及所需沟通的性质

C. 审计方向

D. 审计资源

7. 审计人员使用整体重要性水平的目的有（　　）。

A. 决定风险评估程序的性质、时间安排和范围
B. 识别和评估重大错报风险
C. 确定进一步审计程序的性质、时间安排和范围
D. 确定错报汇总数是否超过了明显微小错报的临界值

8. 在理解重要性概念时，下列表述中正确的有（　　）。
A. 在考虑一项错报是否重要时，既要考虑错报的金额，又要考虑错报的性质
B. 如果合理预期错报（包括漏报）单独或汇总起来可能影响财务报表使用者依据财务报表做出的经济决策，则通常认为错报是重大的
C. 重要性的确定离不开职业判断
D. 重要性的确定要考虑错报对个别财务报表使用者可能产生的影响

9. 以下各项作为确定重要性的基准恰当的有（　　）。
A. 资产总额　　B. 收入总额
C. 营业外收入总额　　D. 税前利润

10. 以下关于重大错报风险的说法中，不恰当的有（　　）。
A. 审计人员可以通过降低重大错报风险而减少审计程序
B. 财务报表层次的重大错报风险与财务报表整体广泛联系，通常与控制环境有关
C. 认定层次的重大错报风险进一步分为固有风险和检查风险
D. 在既定的审计风险水平下，可接受的检查风险水平与评估的认定层次重大错报风险呈反向关系

四、业务题

1. 审计人员通过测试应收账款样本，发现样本错报为100万元的高估，据此推断总体错报金额是400万元高估，试确定上述表述中的事实错报和推断错报。

2. W审计人员是甲公司20××年度财务报表审计业务的项目合伙人。在制订审计计划时，W审计人员认为具体审计计划仅在审计开始阶段进行。请问W审计人员的做法是否恰当？并说明理由。

3. W审计人员是乙公司20××年度财务报表审计业务的项目合伙人。

W审计人员在判断某事项对财务报表是否重大时，考虑错报对个别报表使用者可能产生的影响。是否合适？并说明理由。

4. W审计人员是丙公司20××年度财务报表审计业务的项目合伙人。在依据重要性水平判断一项错报是否属于重大错报时，依据W审计人员对重要性概念的理解，如果错报的性质不严重，而且错报金额低于重要性水平，就可以认为该错报不属于重大错报。请问W审计人员的观点是否正确？并说明原因。

5. W审计人员是丁公司20××年度财务报表审计业务的项目合伙人。W审计人员拟通过修改计划实施的实质性程序的性质、时间和范围降低重大错报风险。请问W审计人员的做法是否恰当？为什么？

6. 海达公司委托W会计师事务所审计其20××年的财务报表，海达公司的子公司也同时委托W会计师事务所审计其20××年的财务报表，在决定是否向其子公司公司单独致送审计业务约定书时，审计人员应该考虑的因素有哪些？

第四章

审计工作底稿

一、判断题

1. 通过符合性测试，审计人员应对被审计单位内部控制的可信赖程度及控制风险做出进一步的评价，并据此确定实质性测试的范围和重点。（ ）

2. 审计质量控制就是指由审计工作底稿复核制度所形成的对审计组织和审计人员的审计工作质量的制约和控制。（ ）

3. 审计人员在检查与某些业务有关的原始凭证和其他文件时，沿着这些凭证和文件上所留下的业务处理踪迹进行跟踪审查，以判断业务处理过程中有关的控制措施是否均被认真执行，属于符合性测试样本的实地观察法。（ ）

4. 监盘是审计人员通过对被审计单位的经营场所、实物资产和有关业务活动及其内部控制的执行情况进行实地察看而取得审计证据的方法。（ ）

5. 证据检查法是指审计人员在检查与某些业务有关的原始凭证和其他文件时，沿着这些凭证和文件上所留下的业务处理踪迹进行跟踪审查，以判断业务处理过程中有关的控制措施是否均被认真执行。（ ）

6. 当出具保留意见的审计报告时，审计人员应当在意见段中使用"除……的影响外"等专业术语。（ ）

7. 分析银行存款中定期存款占全部存款的比例，判断被审计单位存在拆借、拆出资金的可能性以及拆出资金的安全性。（ ）

8. 当再次对被审计单位实施审计时，对被审计单位的固定资产，审计人员仍需查验其所有权。（ ）

9. 当发现记录的借款利息费用大大超过相应的借款账户余额与借款利率乘积时，审计人员应当怀疑借款被高估。（ ）

10. 证实资产负债表上所列资产是企业所拥有或者控制的资产，只需证实它们是实际存在的即可。（ ）

二、单项选择题

1. 下列关于审计工作底稿保存期限的说法，正确的是（ ）。

A. 如审计人员未能完成审计业务，会计师事务所应当自审计业务中止日起，对审计工作底稿至少保存5年

B. 如审计人员未能完成审计业务，会计师事务所应当自审计业务中止日起，对审计工作

底稿至少保存 10 年

C. 审计人员对于对当期有效、以前年度获取的档案，应视为当期取得并保存 5 年

D. 审计人员对于对当期有效、以前年度获取的档案，必须永久保存

2. 项目组成员实施复核时，复核人员应当考虑的因素不包括（　　）。

A. 所有事项是否已提请进一步考虑

B. 相关事项是否已进行适当咨询，由此形成的结论是否得到记录和执行

C. 已执行的审计工作是否支持形成的结论，并已得到适当记录

D. 是否需要修改已执行审计工作的性质、时间安排和范围

3. 审计人员执行审计业务时，符合归档期限要求的是（　　）。

A. 2017 年 2 月 1 日出具了审计报告，所形成的审计工作底稿于 2017 年 4 月 10 日归档

B. 由于各种原因，2017 年 3 月 1 日中止了审计业务，相关的审计工作底稿 5 月 29 日归档

C. 由于各种原因，2017 年 3 月 1 日中止了审计业务，相关的审计工作底稿 6 月 10 日归档

D. 2017 年 2 月 1 日出具了审计报告，所形成的审计工作底稿于 2017 年 3 月 20 日归档

4. 下列关于永久性档案和当期档案的说法，不正确的是（　　）。

A. 永久性档案记录内容相对稳定，具有长期使用价值

B. 即使永久性档案中的某些内容已发生了变化，审计人员也不能予以更新

C. 当期档案记录内容经常变化

D. 一些大型国际会计师事务所不再区分永久性档案和当期档案

5. 下列关于审计工作底稿归档后的变动的说法中，正确的是（　　）。

A. 审计报告日后，发现例外情况要求审计人员实施新的或追加审计程序，或导致审计人员得出新的结论，需要变动审计工作底稿

B. 审计人员在归档后，发现审计工作底稿错误，可以销毁审计工作底稿

C. 审计工作底稿的记录不够充分，但是审计人员已实施了必要的审计程序，取得了充分、适当的审计证据并得出了恰当的审计结论，不需要变动审计工作底稿

D. 审计工作底稿归档后绝对不能再变动

6. 下列关于审计工作底稿的存在形式的表述中，正确的是（　　）。

A. 只能以纸质形式存在

B. 只能以电子形式存在

C. 可以以纸质、电子或其他介质形式存在

D. 以电子或其他介质形式存在的审计工作底稿，不可以与其他纸质形式的审计工作底稿一并归档

7. A 审计人员负责审计某公司 20×7 年的财务报表，其编制的审计工作底稿需要有经验的专业人士了解审计程序和重大审计结论等，以下各项不属于有经验的专业人士应当具备的是（　　）。

A. 在会计师事务所从事工作三年以上

B. 了解审计过程和被审计单位所处的经营环境

C. 了解审计准则和相关法律法规的规定

D. 了解与被审计单位所处行业相关的会计和审计问题

8. 下列关于影响审计工作底稿的格式、要素和范围的因素的说法中，不正确的是（　　）。

A. 对业务复杂的被审计单位进行审计形成的工作底稿通常比对业务简单的被审计单位

进行审计形成的审计工作底稿要多

B. 有关函证程序的审计工作底稿和存货监盘程序的审计工作底稿在内容、格式和范围上是不同的

C. 对于重大错报风险较高的项目形成的审计工作底稿可能记录的内容多且范围广

D. 审计方法和使用的工具不会影响审计工作底稿的格式、内容和范围

9. 审计人员编制审计工作底稿中记录审计过程时，对于其选取的特定项目或事项的识别特征的做法，正确的是（　　）。

A. 对于需要询问被审计单位中特定人员的审计程序，审计人员以被询问人的姓名作为识别特征

B. 对于需要系统化抽样的审计程序，审计人员通过记录样本的来源、抽样的起点及抽样间隔来识别已选取的样本

C. 在对被审计单位生成的订单进行细节测试时，应以订单的采购金额作为识别特征

D. 对于观察程序，审计人员只能以观察的时间作为识别特征

10. 审计人员编制的审计工作底稿包含的要素不包括（　　）。

A. 审计工作底稿的标题　　B. 审计过程记录

C. 审计标识及其说明　　D. 审计业务约定书

三、多项选择题

1. 以下各项属于审计工作底稿的要素的有（　　）。

A. 审计过程记录　　B. 审计结论

C. 索引号及编号　　D. 审计标识及其说明

2. 下列选项中，属于当期档案的有（　　）。

A. 被审计单位章程

B. 重要资产的使用权的证明文件复印件

C. 总体审计策略

D. 具体审计计划

3. 在归档期间，审计人员对审计工作底稿可以做出的事务性变动有（　　）。

A. 在审计报告日后实施新的审计程序或得出新的结论

B. 对审计工作底稿进行分类、整理和交叉索引

C. 对审计档案归整工作的完成核对表签字认可

D. 记录在审计报告日前获取的、与项目组相关成员讨论并达成一致意见的审计证据

4. 以下关于审计工作底稿的复核工作中，表述正确的有（　　）。

A. 复核人员应当知悉并解决重大的会计和审计问题，考虑其重要程度并适当修改总体审计策略和具体审计计划

B. 复核工作应当由至少具备同等专业胜任能力的人员完成

C. 复核范围因审计复杂程度及工作安排的不同而不同，但并不因审计规模的不同而存在显著差异

D. 审计工作底稿的复核工作最终由项目合伙人复核

5. 项目质量控制复核时，项目合伙人应当客观评价的事项有（　　）。

A. 确定会计师事务所已委派项目质量控制复核人员

B. 项目组做出的重大判断

C. 在准备审计报告时得出的结论

D. 在项目质量控制复核完成后，才能出具审计报告

6. 审计工作底稿是指审计人员对(　　)做出的记录。

A. 制订的审计计划　　B. 实施的审计程序

C. 获取的相关审计证据　　D. 得出的审计结论

7. 审计人员编制审计工作底稿的目的有(　　)。

A. 提供充分、适当的记录，作为出具审计报告的基础

B. 提供证据，证明审计人员已按照审计准则和相关法律法规的规定计划和执行了审计工作

C. 有助于项目组计划和执行审计工作

D. 有助于负责督导的项目组成员按照准则规定，履行指导、监督和复核审计工作的责任

8. 审计人员编制的审计工作底稿，应当使未曾接触该项审计工作的有经验的专业人士了解的内容包括(　　)。

A. 按照审计准则和相关法律法规的规定实施的审计程序的性质、时间安排和范围

B. 实施审计程序的结果和获取的审计证据

C. 得出结论时做出的重大职业判断

D. 审计中遇到的所有事项和得出的结论

9. 会计师事务所应当针对审计工作底稿设计和实施适当的控制，其目的包括(　　)。

A. 使审计工作底稿清晰地显示其生成、修改及复核的时间和人员

B. 在审计业务的所有阶段保护信息的完整性和安全性

C. 防止未经授权改动审计工作底稿

D. 允许项目组和其他经授权的人员为适当履行职责而接触审计工作底稿

10. 审计工作底稿通常包括的内容有(　　)。

A. 总体审计策略和具体审计计划

B. 分析表和问题备忘录

C. 已被取代的审计工作底稿的草稿

D. 询证函回函和声明

四、简答题

1. 简述审计工作底稿的基本要素。
2. 审计工作底稿的归档期限及归档后需要变动的情形有哪些？
3. 审计人员编制审计工作底稿的总体要求是什么？
4. 在项目质量控制复核中，项目合伙人的责任及评价的事项有哪些？
5. 简述审计人员在确认审计工作底稿的格式、要素和范围时应当考虑的因素。
6. 简述审计工作底稿在归档期间事务性的变动事项。
7. 简述审计工作底稿归档期后能够变动的情形以及记录的要求。

第五章

风险评估

一、判断题

1. 与原有的审计准则相比，审计风险准则发生了重大变化。审计人员应当将识别的风险与认定层次可能发生错误的领域相联系，实施更为严格的风险评估程序，不得未经风险评估，直接将风险定为高水平。实施风险评估程序必须在计划和终结审计阶段使用，实施审计阶段可以根据具体情况决定是否实施风险评估程序。（　　）

2. 审计人员无须了解被审计单位的所有内部控制，而只需了解与审计相关的内部控制。（　　）

3. 控制环境本身能够防止或发现并纠正各类交易、账户余额、披露认定层次的重大错报，审计人员在评估风险时应当将控制环境连同其他内部控制要素产生的影响一并考虑。（　　）

4. 重大错报风险评估结果一旦确定，不应当再予以更新。（　　）

5. 了解被审计单位及其环境是审计人员必须执行的审计程序，审计人员除应有针对性地向被审计单位管理层和对财务报告负有责任的人员进行询问外，还要考虑其他一些重要人员，如内部审计人员，但对级别比较低或其他部门的人员，如采购人员、生产人员、销售人员等其他人员，不应浪费审计成本进行询问。（　　）

6. 如果审计人员不打算依赖被审计单位的内部控制，则无须对内部控制进行了解。（　　）

7. 对于连续审计业务，如果拟利用在以前期间获取的信息，审计人员应当向前任审计人员了解被审计单位的情况，如果在确认前任审计人员可信的前提下，审计人员可以直接使用了解被审计单位及其环境的资料。（　　）

8. 在确认哪些风险是特别风险时，审计人员应当在考虑识别出的控制对相关风险的抵消效果后，根据风险的性质，潜在错报的重要程度和发生的可能性，判断风险是否属于特别风险。（　　）

9. 了解被审计单位的性质有助于审计人员理解预期在财务报表中反映的各类交易、账户余额、列报。（　　）

10. 审计人员应当了解被审计单位的组织结构，考虑复杂组织结构可能导致的重大错报风险，包括财务报表合并、商誉摊销和减值、长期股权投资核算以及特殊目的具体核算等方面是否正确处理。（　　）

二、单项选择题

1. 在下列各项中，不属于内部控制要素的是（　　）。

A. 控制环境　　B. 对控制的监督　　C. 控制风险　　D. 控制活动

2. 持续监督活动应当贯穿于日常经营活动与常规管理工作。下列活动中属于持续监督活动的是（　　）。

A. 审计委员会定期了解财务数据

B. 相应级别的员工复核采购业务流程中控制的执行情况

C. 审计人员对年度财务报表进行审计

D. 内部审计人员对控制实施风险评估

3. 在了解被审计单位内部控制时，审计人员最应当关注的是（　　）。

A. 内部控制是否明确区分控制要素

B. 内部控制是否没有因串通而失效

C. 内部控制是否按照管理层的意图，实现了经营效率

D. 内部控制是否能够防止或发现并纠正错误或舞弊

4. 下列有关与审计相关的内部控制的说法中，正确的是（　　）。

A. 与财务报告相关的内部控制均与审计相关

B. 与审计相关的内部控制并非均与财务报告相关

C. 与经营目标相关的内部控制与审计无关

D. 与合规目标相关的内部控制与审计无关

5. 职责分离要求将不相容的职责分配给不同员工。下列职责分离做法中正确的是（　　）。

A. 交易授权、交易执行、交易付款分离　　B. 交易授权、交易记录、资产保管分离

C. 资产保管、交易执行、交易报告分离　　D. 交易授权、交易付款、交易记录分离

6. 下列关于了解内部控制的说法中，错误的是（　　）。

A. 如果认为仅通过实质性程序无法将认定层次的检查风险降至可接受的低水平，应当了解相关的内部控制

B. 针对特别风险，应当了解与该风险相关的控制

C. 当某重要业务流程有显著变化时，应当根据变化的性质及其对相关账户发生重大错报的影响程度，考虑是否需要对变化前后的业务都执行穿行测试

D. 应当了解所有与财务报告相关的控制

7. 下列审计程序中，审计人员在了解被审计单位内部控制时通常不采用的是（　　）。

A. 询问　　B. 观察　　C. 分析程序　　D. 检查

8. 在确定控制活动是否能够防止或发现并纠正重大错报时，下列审计程序中可能无法实现这一目的的是（　　）。

A. 询问员工执行控制活动的情况　　B. 使用高度汇总的数据实施分析程序

C. 观察员工执行的控制活动　　D. 检查文件和记录

9. 在了解内部控制时，审计人员通常不实施的审计程序是（　　）。

A. 了解控制活动是否得到执行　　B. 了解内部控制的设计

C. 记录了解的内部控制　　D. 寻找内部控制运行中的缺陷

10. 内部控制无论如何设计和执行，只能对财务报告的可靠性提供合理保证，其原因是（　　）。

A. 建立和维护内部控制是被审计单位管理层的职责

B. 内部控制的成本不应超过预期带来的收益

C. 在决策时人为判断可能出现错误

D. 对资产和记录采取适当的安全保护措施是被审计单位管理层应当履行的经营责任

三、多项选择题

1. 在了解被审计单位及其环境时，审计人员可能实施的风险评估程序有（　　）。

A. 检查文件、记录和内部控制手册

B. 重新执行内部控制

C. 询问被审计单位管理层和内部其他人员

D. 实地查看被审计单位生产经营场所和设备

E. 函证

2. 审计人员组织项目组内部讨论的目标有（　　）。

A. 按照时间预算完成审计工作

B. 强调遵守职业道德的必要性

C. 分享对被审计单位及其环境了解所形成的见解

D. 考虑被审计单位由于舞弊导致重大错报的可能性

E. 增加团队凝聚力

3. 审计人员组织项目组内部讨论的内容有（　　）。

A. 管理层是否倾向于高估或低估收入

B. 管理层是否存在严重诚信问题

C. 会计政策是否发生重大变化

D. 被审计单位是否面临重大的经营风险

E. 强调遵守职业道德的必要性

4. 审计人员应当要求参与审计项目组内部讨论的人员有（　　）。

A. 项目合伙人　　B. 关键审计人员

C. 聘请的特定领域专家　　D. 项目质量控制复核人员

E. 被审计单位聘任的法律顾问

5. 在了解被审计单位对财务业绩的衡量和评价时，下列各项中，审计人员可以考虑的信息有（　　）。

A. 信用评级机构报告　　B. 证券研究机构的分析报告

C. 经营统计数据　　D. 员工业绩考核与激励性报酬政策

E. 行业关键业绩指标

6. 下列情形中，审计人员认为通常适合采用信息技术控制的有（　　）。

A. 存在大量、重复发生的交易　　B. 存在大额、异常的交易

C. 存在难以定义、防范的错误　　D. 存在事先确定并一贯运用的业务规则

E. 非日常性的突发事件

7. 下列各项中，属于预防性控制的有（　　）。

A. 负责业务收入和应收账款记账的财务人员不得经手货币资金

B. 采购固定资产需要经适当级别的人员批准

C. 会计主管每月末将银行账户余额与银行对账单进行核对，并编制银行存款余额调节表

D. 管理层定期执行存货盘点，以确定永续盘存制的可靠性

E. 会计人员核对明细账与总账金额是否相等

8. 在识别和评估重大错报风险时，审计人员可能实施的审计程序有（ ）。

A. 识别被审计单位的所有经营风险

B. 考虑识别的错报风险导致财务报表发生重大错报的可能性

C. 考虑识别的错报风险是否重大

D. 将识别的错报风险与认定层次可能发生错报的领域相联系

E. 判断所识别的风险是否与审计相关

9. 下列各项中，属于内部控制要素的有（ ）。

A. 控制环境　　B. 对控制的监督

C. 控制风险　　D. 控制活动

E. 风险评估过程

10. 下列有关识别、评估和应对重大错报风险的说法中，正确的有（ ）。

A. 在识别和评估重大错报风险时，审计人员应当考虑发生错报的可能性以及潜在错报的重大程度

B. 审计人员应当将识别的重大错报风险与特定的某类交易、账户余额和披露的认定相联系

C. 对于某些重大错报风险，审计人员可能认为仅通过实质性程序无法获取充分、适当的审计证据

D. 在实施进一步审计程序的过程中，审计人员可能需要修正对认定层次重大错报风险的评估结果

E. 识别的重大错报风险一定与特定认定相关

四、简答题

1. 资料一：甲公司主要从事小型电子消费品的生产和销售，产品销售以甲公司仓库为交货地点。甲公司日常交易采用自动化信息系统和手动控制相结合的方式。A 和 B 审计人员负责审计甲公司 2018 年度财务报表。

A 审计人员在审计工作底稿中记录了所了解的甲公司情况及其环境，部分内容摘要如下：

（1）由于 2017 年销售业绩未达到董事会制定的目标，甲公司于 2018 年 2 月更换了公司负责销售的副总经理。

（2）甲公司主要产品的销售模式在 2018 年发生了变化。2018 年之前采用代销模式，在代理商对外销售相关产品后，甲公司根据代销清单以低于建议零售价 7%的出厂价向代理商开具代销产品的销售发票，代理商有权退回未对外销售的产品。2018 年初开始改为经销模式，即由代理商（大部分是原先的代理商）以比较优惠的出厂价（平均价低于建议零售价 13%）买断相关产品，甲公司向经销商发货及开具销售发票，经销商不再享有退回未销售产品的权利（产品质量原因除外）。2018 年，甲公司主要原材料价格平均上涨 5%。但主要产品建议零售价与上年基本相同。

(3)甲公司主要竞争对手于2018年末纷纷推出降价促销活动。为了巩固市场份额，甲公司于2019年元旦开始全面下调主要产品的建议零售价，不同规格的主要产品降价幅度从5%至20%不等。

(4)2018年初，甲公司将房屋建筑物折旧年限由25年到35年变更为20年到35年，机器及其他设备折旧年限由8年到12年变为8年到10年，残值率仍为3%。

(5)甲公司于2018年7月完工投入使用的一个仓库被有关部门认定为违章建筑，被要求在2019年6月底前拆除。

(6)2018年初，甲公司启用新财务信息系统，并计划同时使用原系统6个月，由于同时运行两个系统对甲公司相关部门人员的工作量影响很大，2个月后，甲公司决定提前停用原系统。

(7)2018年末，甲公司的母公司宣布在未来两年内，将逐步增加对甲公司的投资。

资料二：A审计人员在审计工作底稿中记录了所获取的甲公司财务数据，部分内容摘录如下：

金额单位：万元

项　目	2018年	2017年
营业收入	64 750	58 480
营业成本	55 440	46 730
存货账面价值	8 892	8 723
减：存货跌价准备	370	480
存货账面价值	8 522	8 243

项　目	2018年年初数（已审数）	本年增加	本年减少	2018年年末数（未审数）
固定资产原值				
房屋建筑物	4 461	150	0	4 611
机器及其他设备	5 589	230	177	5 642
合计	10 050	380	177	10 253
累计折旧				
房屋建筑物	2 031	140	0	2 171
机器及其他设备	3 007	516	167	3 356
合计	5 038	656	167	5 527
固定资产减值准备	0	0	0	0
固定资产账面价值	5 012	380	666	4 726

【要求】 针对资料一(1)至(7)项，结合资料二，假定不考虑其他条件，逐项指出资料一所列事项是否可能表明存在重大错报风险，如果认为存在，简要说明理由。并分别说明该风险属于财务报表层次还是认定层次。如果认为属于认定层次，指出相关事项主要与哪些报表项目的哪些认定相关。

2. 资料一：A审计人员在审计工作底稿中记录了所了解的有关销售与收款循环、生产与存货循环的控制，部分内容摘录如下：

(1)销售部门在批准经销商的订货单后编制发货通知单交仓库和会计部门。仓库根据发货通知单备货，在货物装运后编制出货单交销售部门、会计部门和运输部门，会计部门根据发货单和出货单在系统中手工录入相关信息并开具销售发票，系统自动生成确认主营业务收入的会计分录并过入相应账簿。销售部门每月末与仓库核对发货通知单和出货单，并将核对结果交销售经理审阅。

(2)系统每月末根据汇总的产成品销售数量及各产成品的加权平均单位成本自动计算主营业务成本，自动生成结转主营业务成本的会计分录并过入相应的账簿。

(3)会计部门每月末编制存货的结存成本及可变现净值汇总表，将结存成本低于可变现净值的部分确认为存货跌价准备。

资料二：A审计人员对销售与收款循环、生产循环与存货循环的内部控制实施测试，并在审计工作底稿中记录了测试情况，部分内容摘录如下：

(1)从甲公司主营业务收入明细账中选取2018年12月的一笔交易，注意到相应记账凭证只附有若干销售发票记账联。财务人员解释，在审核出库单并据以开具销售发票后，已在销售发票的记账联上注明出库单号，并将连续编号的出库单另外装订存档。审计选取了1张注有了2个出货单号的销售发票记账联，在出货单存档记录里找到了相应的出库单。出库单日期分别为12月14日和12月16日，销售发票日期为12月16日。

(2)在抽样追踪2018年11月10个主要产品的主营业务成本在系统中的结转过程时，注意到有2笔主营业务成本的金额存在手工录入修改痕迹。财务人员解释，由于新系统的相关数据模块运行不够稳定，部门产成品的加权平均单位成本的运算结果有时存在误差，因此采用手工录入方式予以纠正。并且只有财务经理有权在系统中录入修正数据。审计检查了相关样本的手工修改后产成品加权平均单位成本，没有发现差异。

(3)检查了2018年9月末产成品成本及可变现净值汇总表，发现其中的产成品成本数据与2018年9月末产成品成本账面余额稍有差异。财务人员解释，该差异是在编制完成9月末产成品成本及可变现净值汇总表之后，根据仓库上报的第三季度末盘点结果调整部分产成品账面余额所致。

【要求】

(1)针对资料一(1)至(3)项，逐项指出上述控制主要与哪些财务报表项目的哪些认定相关。

(2)针对资料一(1)至(3)项，假定不考虑其他条件，逐项判断上述控制在设计上是否存在缺陷。如果存在缺陷，分别予以指出，并简要说明理由，并提出改进建议。

(3)针对资料二(1)至(3)项，假定不考虑其他条件以及资料三中可能存在的控制设计缺陷，逐项指出上述测试结果是否表明相关内部控制得到有效执行，如果表明相关内部控制未能得到有效执行，简要说明理由。

3. 上市公司甲公司是ABC会计师事务所的常年审计客户，A审计人员负责审计甲公司2018年度财务报表，审计工作底稿中与确定重要性和评估错报相关的部分内容摘录如下：

金额单位:万元

项　目	2018 年	2017 年	备　注
营业收入	16 000(未审数)	15 000(已审数)	2018 年,竞争对手推出新产品抢占市场,甲公司通过降价和增加广告投放促销
税前利润	60(未审数)	2 000(已审数)	2018 年,降价及销售费用增长导致盈利大幅下降
财务报表整体的重要性	80	100	
实际执行的重要性	60	75	
明显微小错报的临界值	0	5	

(1)2017 年度财务报表整体的重要性以税前利润的 5%计算。2018 年,由于甲公司处于盈亏临界点,A 审计人员以过去三年税前利润的平均值作为基准确定财务报表整体的重要性。

(2)由于 2017 年度审计中提出的多项审计调整建议金额均不重大,A 审计人员确定 2018 年度实际执行的重要性为财务报表整体重要性的 75%,与 2017 年度保持一致。

(3)2018 年,治理层提出希望知悉审计过程中发现的所有错报,因此,A 审计人员确定 2018 年度明显微小错报的临界值为 0。

(4)甲公司 2018 年末非流动负债余额中包括一年内到期的长期借款 2 500 万元,占非流动负债总额的 50%。A 审计人员认为,该错报对利润表没有影响,不属于重大错报,同意管理层不予调整。

(5)A 审计人员仅发现一笔影响利润表的错报,即管理费用少计 60 万元。A 审计人员认为,该错报金额小于财务报表整体的重要性,不属于重大错报,同意管理层不予调整。

【要求】 针对上述第(1)至(5)项,假定不考虑其他条件,逐项指出 A 审计人员的做法是否恰当;如不恰当,简要说明理由。

4. 审计人员利用风险评估程序和项目组内部讨论的手段来了解被审计单位及其环境,请说明了解被审计单位及其环境的主要内容。

5. 简述在初步计划审计工作时,审计人员确定在被审计单位财务报表中可能存在重大错报风险的重大账户及相关认定的步骤。

五、思考题

1. 简述审计人员评估重大错报风险的程序。

2. 简述对财务报表的可审计性产生疑问的事项,并说明审计人员的应对措施。

3. 什么是特别风险?特别风险通常与哪些因素有关?审计人员从风险的性质确定特别风险时应当考虑哪些事项?

4. 在被审计单位对日常交易采用高度自动化处理的情况下,审计人员应当如何设计进一步的审计程序?

5. 审计人员如果了解到被审计单位对日常交易采用高度自动化处理的情况下,仅通过实质性程序并不能够应对的重大错报风险应当如何考虑?

六、案例分析题

1. 甲公司主要从事小型电子消费品的生产和销售。A 审计人员负责审计甲公司 20×8

年度财务报告。

A审计人员在审计工作底稿中记录了所了解的甲公司情况及其环境，部分内容摘要如下：

(1)甲公司于20×8年年初完成了部分主要产品的更新换代。由于利用现有主要产品(T产品)生产线生产的换代产品(S产品)的市场销售情况良好，甲公司自20×8年2月起大幅减少了T产品的生产所需原材料，S产品与T产品的原材料基本相同，原材料平均价格相比去年上涨了约2%。由于S产品的功能更加齐全且设计新颖，其平均售价比T产品高约10%。

(2)为加快新产品研发进度以应对激烈的市场竞争，甲公司于20×8年6月支付500万元人民币购入一项非专利技术的永久使用权，并将其确认为使用寿命不确定的无形资产。最新行业报告显示，甲公司竞争对手乙公司已于20×8年初推出类似新产品，市场销售良好。同时，乙公司宣布将于20×9年12月推出更新一代的换代产品。

(3)经董事会批准，甲公司于20×8年12月1日与丙公司股东达成协议，以1 800万元受让丙公司20%的股权，并付讫股权受让款。20×9年1月25日，甲公司甲公司向丙公司派出一名董事(丙公司共有5名董事)参与其生产经营决策。

(4)甲公司生产过程中产生的噪音和排放的气体对环境造成一定影响。尽管周围居民要求给予补偿，但甲公司因现行法律并没有相关规定，以前并未对此做出回应。为改善与周围居民的关系，甲公司董事会于20×8年12月26日决定给予居民总额为100万元的一次性补偿，并制订了具体的补偿方案。20×9年1月15日，甲公司向居民公布了上诉补偿决定和具体补偿方案。

【要求】 针对(1)至(4)项，假定不考虑其他条件，逐项指出上述所述事项是否可能表明存在重大错报风险。如果认为存在，简要说明理由，并分别说明该风险主要与哪些财务报表项目(仅限于营业收入、营业成本、存货、长期股权投资、无形资产和预计负债)的哪些认定相关。

2. 接案例一，A审计人员在审计工作底稿中记录了所获取的甲公司财务数据，部分内容摘录见下表。

甲公司部分财务数据

金额单位：人民币万元

是否审计 / 年份 / 产品 / 项目	未审计数			已审计数		
	20×8年			20×7年		
	S产品	T产品	其他产品	S产品	T产品	其他产品
营业收入	32 340	3 000	20 440	0	28 500	18 000
营业成本	27 500	2 920	19 800	0	27 200	15 300
存货账面余额	2 340	180	4 440	0	2 030	4 130
减：存货跌价准备	0	0	0	0	0	0
账面价值	2 340	180	4 440	0	2 030	4 130
长期股权投资——联营公司——丙公司						
年初余额	0			0		
加：增加投资	1 800			0		
加：按权益法调整数	20			0		

续表

项目 \ 年份 \ 是否审计 \ 产品	未审计数 20×8年			已审计数 20×7年		
	S产品	T产品	其他产品	S产品	T产品	其他产品
年末余额		1 820			0	
无形资产						
非专利技术		500			0	
预计负债						
居民环境污染补偿		100				

【要求】 逐项指出上述风险主要与哪些财务报表项目的哪些认定相关。

3. 结合之前的案例一和案例二，A 审计人员在审计工作底稿中记录了已实施的相关实质性程序，部分内容摘录如下：

(1)抽取一定数量的 20×8 年度发运凭证，检查日期、品名、数量、单价、金额等是否与销售发票和记录凭证一致。

(2)计算期末存货的可变现值，与存货账面价值比较，检查存货跌价准备的计提是否充分。

(3)对于外购无形资产，通过核对购买合同等资料，检查其入账价值是否准确。

(4)根据有关合同和文件，确认长期股权投资的股权比例和持有时间，检查股权投资的核算方法是否正确。

(5)根据具体的居民补偿方案，独立估算补偿金额，与公布的补偿金额进行比较。

【要求】 针对(1)至(5)项实质性程序，假定不考虑其他条件，逐项指出上述实质性程序与案例一、案例二识别的重大错报风险是否直接相关。如果直接相关，指出对应的是哪一项(或者哪几项)识别的重大错报风险，并简要说明理由。

第六章

风险应对

一、判断题

1. 如果控制环境比较弱，审计人员应在期中实施更多的审计程序。 （　　）

2. 财务报表层次重大错报风险可能是由于控制环境薄弱。 （　　）

3. 如果评估的财务报表层次重大错报风险属于高风险水平，宜使用综合性方案实施进一步审计程序。 （　　）

4. 应对与收入完整性认定相关的重大错报风险，实质性程序更重要。 （　　）

5. 应对与收入发生认定相关的重大错报风险，控制测试更有效。 （　　）

6. 检查财务报表编制过程中所做的会计调整的审计程序可以在期中实施。 （　　）

7. 进一步审计程序的范围是指审计期间的长短。 （　　）

8. 一般来说，评估的重大错报风险越高，审计程序的范围越大。 （　　）

9. 扩大审计程序的范围并非在任何情况下都有效。 （　　）

10. 控制测试指的是确定控制是否存在并得到执行。 （　　）

二、单项选择题

1. 下列有关针对重大账户余额实施审计程序的说法中，正确的是（　　）。

A. 审计人员应当实施实质性程序

B. 审计人员应当实施细节测试

C. 审计人员应当实施控制测试

D. 审计人员应当实施控制测试和实质性程序

2. 下列有关控制测试目的的说法中，正确的是（　　）。

A. 控制测试旨在评价内部控制在防止或发现并纠正认定层次重大错报方面的运行有效性

B. 控制测试旨在发现认定层次发生错报的金额

C. 控制测试旨在验证实质性程序结果的可靠性

D. 控制测试旨在确定控制是否得到执行

3. 下列有关控制测试程序的说法中，正确的是（　　）。

A. 审计人员应当将观察与其他审计程序结合使用

B. 检查程序适用于所有控制测试

C. 重新执行程序适用于所有控制测试

D. 通常只有当询问、观察和检查程序结合在一起仍无法获得充分的证据时，审计人员才

考虑实施重新执行程序

4. 审计人员实施的下列控制测试程序中，通常能获取最可靠审计证据的是（　　）。

A. 询问　　B. 检查控制执行留下的书面证据

C. 观察　　D. 重新执行

5. 如果审计人员在期中执行了控制测试，并获取了控制在期中运行有效性的审计证据，下列说法中，正确的是（　　）。

A. 如果在期末实施实质性程序未发现某项认定存在错报，说明与该项认定相关的控制是有效的，不需要再对相关控制进行测试

B. 如果某一控制在剩余期间内发生变动，在评价整个期间的控制运行有效性时，无须考虑期中测试的结果

C. 对某些自动化运行的控制，可以通过测试信息系统一般控制的有效性获取控制在剩余期间运行有效的审计证据

D. 如果某一控制在剩余期间内未发生变动，不需要补充剩余期间控制运行有效性的审计证据

6. 在利用以前年度获取的审计证据时，下列说法中，错误的是（　　）。

A. 对于不属于旨在减轻特别风险的控制，如果在本年未发生变化，且上年经测试运行有效，本次审计中无须测试

B. 对于旨在减轻特别风险的控制，如果在本年未发生变化，可以依赖上年的测试结果

C. 如果相关事项未发生重大变化，则上年通过实质性程序获取的审计证据可能可以作为本年的有效审计证据

D. 一般而言，上年通过实质性程序获取的审计证据对本年只有很弱的证据效力或没有证据效力

7. 在对资产存在认定获取审计证据时，正确的测试方向是（　　）。

A. 从财务报表到尚未记录的项目

B. 从尚未记录的项目到财务报表

C. 从会计记录到支持性证据

D. 从支持性证据到会计记录

8. 下列关于实质性程序时间安排的说法中，错误的是（　　）。

A. 审计人员评估的某项认定的重大错报风险越高，越应当考虑将实质性程序集中在期末或接近期末实施

B. 控制环境和其他相关的控制越薄弱，审计人员越不宜在期中实施实质性程序

C. 如果实施实质性程序所需信息在期中之后难以获取，审计人员应考虑在期中实施实质性程序

D. 如果在期中实施了实质性程序，审计人员应当针对剩余期间实施控制测试，以将期中测试得出的结论合理延伸至期末

9. 下列有关实质性程序的时间安排的说法中，正确的是（　　）。

A. 实质性程序应当在控制测试完成后实施

B. 应对舞弊风险的实质性程序应当在资产负债表日后实施

C. 针对账户余额的实质性程序应当在接近资产负债表日实施

D. 实质性程序的时间安排受被审计单位控制环境的影响

10. 如果审计人员已获取有关控制在期中运行有效性的审计证据，下列实施的审计程序中错误的是（ ）。

A. 获取这些控制在剩余期间变化情况的审计证据

B. 仅获取这些控制在期末运行有效性的审计证据

C. 获取信息技术一般控制变化情况的审计证据

D. 确定针对剩余期间还需获取的补充审计证据

三、多项选择题

1. 下列做法中，可以提高审计程序的不可预见性的有（ ）。

A. 针对销售收入和销售退回延长截止测试期间

B. 向以前没有询问过的被审计单位员工询问

C. 对以前通常不测试的金额较小的项目实施实质性程序

D. 对被审计单位银行存款年末余额实施函证

E. 事先告知出纳当天监盘现金

2. 下列有关采用总体审计方案的说法中，错误的有（ ）。

A. 审计人员可以针对不同认定采用不同的审计方案

B. 审计人员可以采用综合性方案或实质性方案应对重大错报风险

C. 审计人员应当采用实质性方案应对特别风险

D. 审计人员应当采用与前期审计一致的审计方案，除非评估的重大错报风险发生重大变化

E. 审计人员应当采用综合性方案应对重大错报风险

3. 进一步审计程序的类型有（ ）。

A. 检查　B. 观察　C. 询问　D. 函证

E. 重新计算

4. 在确定进一步审计程序的时间时，审计人员应当考虑的主要因素有（ ）。

A. 评估的认定层次重大错报风险　B. 审计意见的类型

C. 错报风险的性质　D. 审计证据适用的期间或时点

E. 审计报告的特定使用者

5. 在确定进一步审计程序的范围时，审计人员应当考虑的主要因素有（ ）。

A. 审计程序与特定风险的相关性　B. 评估的认定层次重大错报风险

C. 计划获取的保证程度　D. 可容忍的错报或偏差率

E. 审计报告的特定使用者

6. 在测试内部控制的运行有效性时，审计人员应当获取的审计证据有（ ）。

A. 控制是否存在

B. 控制在所审计期间不同时点是如何运行的

C. 控制是否得到一贯执行

D. 控制由谁执行

E. 控制是否设计合理

7. 在确定控制测试的性质时，审计人员正确的做法有（ ）。

A. 当拟实施的进一步审计程序以控制测试为主时，应当获取有关控制运行有效性的更高的保证水平

B. 根据特定控制的性质选择所需实施审计程序的类型

C. 询问本身不足以测试控制运行的有效性，应当与其他审计程序结合使用

D. 考虑测试与认定直接相关和间接相关的控制

E. 检查程序适用于所有控制测试

8. 在识别出被审计单位的特别风险后，采取的下列应对措施中，正确的有（　　）。

A. 将特别风险所影响的财务报表项目与具体认定相联系

B. 对于管理层应对特别风险的控制，无论是否信赖，都需要进行了解

C. 应当专门针对识别的特别风险实施实质性程序

D. 对于管理层应对特别风险的控制，无论是否信赖，都需要进行测试

E. 需要了解被审计单位的内部控制

9. 如果在期中实施了控制测试，在针对剩余期间获取补充审计证据时，审计人员通常考虑的因素有（　　）。

A. 控制环境

B. 评估的重大错报风险水平

C. 在期中对有关控制有效性获取的审计证据的程度

D. 拟减少实质性程序的范围

E. 审计报告的类型

10. 对于以前审计获取的有关下列控制运行有效性的审计证据，审计人员在本期审计中通常不能直接利用的有（　　）。

A. 信息技术一般控制　　B. 自动化应用控制

C. 自上次测试后已发生变化的控制　　D. 旨在减轻特别风险的控制

E. 信息系统的数据访问权限控制

四、简答题

1. 简述审计人员评估的重大错报风险和总体应对措施对其拟实施的进一步审计程序的影响。

2. 审计人员在期中实施实质性程序时应当考虑哪些因素？

3. 在2018年度财务报表审计中，A审计人员了解的相关情况、实施的部分审计程序及相关结论摘录如下：

序号	甲公司情况概述	实施的审计程序及相关结论（如适用）
(1)	甲公司内部控制制度规定，将销售合同、出库单、客户验收单和销售发票核对一致后记录收入	对该项控制，A审计人员预计控制偏差率为零，并抽取25笔交易作为样本实施控制测试，发现其中两笔交易没有客户验收单。管理层解释客户验收单已遗失，但属于例外情况。A审计人员接受了管理层的解释，认为该控制运行有效
(2)	甲公司与现金销售相关的内部控制设计合理并得到执行	A审计人员对与现金销售相关的内部控制实施控制测试。经询问财务经理，了解到2011年度相关控制运行有效，未发现例外事项。A审计人员认为2011年度与现金销售相关的内部控制运行有效

【要求】 针对资料中所述的审计程序及相关结论（如适用），假定不考虑其他条件，逐项指出其是否恰当，并简要说明理由。

4. 审计人员对于函证的实施过程应如何控制？

5. 华声电子公司销售产品赊销占较大比例，应收账款余额较大，客户较多，审计师对该公司 2018 年会计报表审查时，从会计人员处取得以下有关应收账款的资料：

应收账款明细账数量	余额(万元)	平均余额(万元)	总额(万元)
280	0—10	4.5	1 260
77	10—50	28	2 156
15	50 以上	86	1 290
8	贷方余额	18.5	(148)
合　计			4 558

账龄	1～3 个月	3～6 个月	6 个月～1 年	1 年以上
明细账数量	190	95	76	19
比例	50%	25%	20%	5%

【要求】 根据上述资料，列示对应收账款的实质性测试程序，并说明要证实的相应的具体审计目标。

五、思考题

1. 简述审计人员应当针对评估的财务报表层次重大错报风险确定的总体应对措施。
2. 简述增加审计程序不可预见性的方法。
3. 简述应当实施控制测试的情形。
4. 简述审计人员设计进一步审计程序时应当考虑的因素。
5. 简述审计人员获取控制运行有效证据的内容。

六、案例分析题

1. 甲公司是一家生产和销售家电产品的上市公司，2018 年 4 月，ABC 会计师事务所首次接受委托，审计甲公司 2018 年度财务报表，委派 A 审计人员担任项目合伙人。

审计工作底稿记录了审计计划，部分内容摘录如下：

因被投资单位(联营企业)资不抵债，甲公司于 2017 年度对一项金额重大的长期股权投资全额计提减值准备。2018 年末，该项投资及其减值准备余额未发生变化，审计项目组拟不实施进一步审计程序。

【要求】 假定不考虑其他条件，指出审计项目组的处理是否存在不当之处。如果存在不当之处，简要说明理由。

2. ABC 会计师事务所负责审计甲公司 2018 年度财务报表，审计工作底稿中与函证相关的部分内容摘录如下：

(1)甲公司在乙银行开立了一个用以缴纳税款的专门账户，除此以外，与乙银行没有其他业务关系，审计项目组认为，该账户的重大错报风险很低且余额不重大，未对该账户实施函证程序。

(2)审计项目组评估认为应收账款的重大错报风险较低，对甲公司 2018 年 11 月 30 日的应收账款余额实施了函证程序，未发现差异，2018 年 12 月 31 日的应收账款余额较 11 月 30 日无重大变动。审计项目组据此认为已对年末应收账款余额的存在认定获取了充分、适当的审计证据。

(3)审计项目组负责填写询证函信息，甲公司业务员负责填写询证函信封，审计项目组取得加盖公章的询证函及业务员填写的信封后，直接到邮局将询证函寄出。

(4)客户丙公司的回函并非询证函原件。甲公司财务人员解释，在催收回函时，由于丙公司财务人员表示未收到询证函，因此将其留存的询证函复印件寄送给了丙公司，并要求丙公司财务人员将回函直接寄回至 ABC 会计师事务所，审计项目组认为该解释合理，无须实施进一步审计程序。

(5)审计项目组收到的一份银行询证函回函中标注“本行不保证回函的准确性，接收人不能依赖回函中的信息”，审计项目组致电该银行，银行工作人员表示这是标准条款。审计项目组据此认为该回函可靠，并在工作底稿中记录了与银行的电话沟通内容。

(6)甲公司管理层拒绝审计项目组向客户丁公司寄发询证函。

【要求】

(1)针对上述第(1)至(5)项，逐项指出审计项目组的做法是否恰当。如不恰当，简要说明理由。

(2)针对上述第(6)项，指出审计项目组应当采取的应对措施。

3. A 审计人员负责审计甲公司 2018 年度财务报表。甲公司 2018 年 12 月 31 日应收账款余额为 3 000 万元。A 审计人员认为应收账款存在重大错报风险，决定选取金额较大以及风险较高的应收账款明细账户实施函证程序，选取的应收账款明细账户余额合计为 1 800 万元。相关事项如下：

(1)审计项目组成员要求被询证的甲公司客户将回函直接寄至会计师事务所，但甲公司客户 X 公司将回函寄至甲公司财务部，审计项目组成员取得了该回函，将其归入审计工作底稿。

(2)对于审计项目组以传真件方式收到的回函，审计项目组成员与被询证方取得了电话联系，确认回函信息，并在审计工作底稿中记录了电话内容与时间、对方姓名与职位，以及实施该程序的审计项目组成员姓名。

(3)审计项目组成员根据甲公司财务人员提供的电子邮箱地址，向甲公司境外客户 Y 公司发送了电子邮件，询证应收账款余额，并收到了电子邮件回复。Y 公司确认余额准确无误。审计项目组成员将电子邮件打印后归入审计工作底稿。

(4)甲公司客户 Z 公司的回函确认金额比甲公司账面余额少 150 万元。甲公司销售部人员解释，甲公司于 2018 年 12 月末销售给 Z 公司的一批产品，在 2018 年末尚未开具销售发票，Z 公司因此未入账。A 审计人员认为该解释合理，未实施其他审计程序。

(5)实施函证的 1 800 万元应收账款余额中，审计项目组未收到回函的余额合计 950 万元，审计项目组对此实施了替代程序：对其中的 500 万元查看了期后收款凭证；对没有期后收款记录的 450 万元，检查了与这些余额相关的销售合同和发票，未发现例外事项。

(6)鉴于对 60%应收账款余额实施函证程序未发现错报，A 审计人员推断其余 40%的应收账款余额也不存在错报，无须实施进一步审计程序。

【要求】 针对上述第(1)至(6)项，逐项指出甲公司审计项目组的做法是否恰当。如不恰当，简要说明理由。

第七章

销售与收款循环审计

一、判断题

1. 如果应收账款函证结果表明无审计差异，则审计人员可以合理地推论，全部应收账款总体是合理的。（　）

2. 在通常情况下，审计人员应在核实应收票据明细表实有数与总账余额相符的基础上，函证应收票据余额，以避免不必要的重复审计。（　）

3. 截止测试是控制测试中常用的一种审计技术，被广泛运用于货币资金、往来款项、存货、主营业务收入和期间费用等诸多报表项目的审计中。（　）

4. 审计人员判定客户所计提坏账准备是否恰当的关键是要分析、判断有多少应收账款是属于无法收回的。（　）

5. 审计人员对企业应收账款账龄进行分析的目的在于取得应收账款可回收性及坏账准备充分性等方面的证据。（　）

6. 对于大额应收账款余额，审计人员必须采用积极式函证予以证实。（　）

7. 在销售业务审计中，测试真实性目标时，起点应是发货凭证；测试完整性目标时，起点应是相关明细账。（　）

8. 审计人员在对某年度主营业务收入实施截止测试时，应当以该年度的销售发票为起点，以检查是否高估主营业务收入。（　）

9. 对于需要赊销的销售单，需由销售部门进行审核批准。（　）

10. 审计人员分析应收账款的账龄及余额构成，其目的是选取账龄长、金额大的应收款项向债务人进行函证。（　）

二、单项选择题

1. 审计人员在编制应收账款账龄分析表时，下列做法不恰当的是（　）。

A. 选择重要的顾客及其余额列示，对不重要的或余额较小的不用列示

B. 应收账款账龄分析表可以由被审计单位编制，审计人员测试其计算的准确性

C. 将应收账款账龄分析表中的合计数与应收账款总分类账余额相比较，并调查重大调节项目

D. 检查原始凭证，如销售发票、运输记录等，测试账龄核算的准确性

2. 下列审计程序中不属于应收账款分析程序的是（　）。

A. 复核应收账款借方累计发生额与主营业务收入是否匹配

B. 编制对重要客户的应收账款增减变动表，与上期进行比较分析是否发生变动

C. 计算应收账款周转率、应收账款周转天数等指标，并与被审计单位上年指标、同行业同期相关指标对比分析

D. 检查非记账本位币应收账款的折算汇率及折算是否正确

3. 审计人员在对被审计单位销售交易进行风险评估时，怀疑发票上的金额可能出现计算错误，为此，审计人员应该实施的控制测试不包括（　　）。

A. 检查与发票计算金额正确性相关的人员的签名

B. 重新计算发票金额，检查其是否正确

C. 询问发票生成程序更改的一般控制情况，确定是否经授权以及现有的版本是否在被正确使用

D. 检查有关程序更改的复核审批程序

4. 在对询证函的以下处理方法中，不恰当的是（　　）。

A. 将询证函以被审计单位的名义发出，可交由被审计单位填写，然后由审计人员审核并亲自寄发

B. 应收账款询证函仅为复核账目之用，并非催款结算

C. 审计人员认为对方会认真对待询证函的，应采取消极式询证函的方式

D. 审计人员先根据10封询证函的传真件回函得出相应的审计结论，但要求被询证者将原件盖章后寄至审计人员事务所

5. 为了证实XYZ公司主营业务收入是否正确，执行的下列审计程序中最有效的是（　　）。

A. 将本年各月收入与上年个月收入进行比较

B. 检查收入的计量是否符合企业会计准则

C. 以主营业务收入明细账为起点追查到发票及发运凭证

D. 以发运凭证为起点追查到发票和主营业务收入明细账

6. K公司设置了批准赊销信用的控制，这一控制可降低应收账款（　　）认定的错报风险。

A. 存在　　B. 计价和分摊　　C. 完整性　　D. 准确性

7. 审计人员为了验证被审计单位记录的销售交易是否真实发生和存在，下列最有效的实质性程序是（　　）。

A. 以营业收入明细账为起点追查至销售单、发运凭证等原始凭证

B. 复核销售发票上的数据与发运凭证是否一致

C. 以发运凭证为起点，追查至营业收入明细账

D. 追查销售发票上的详细信息至发运凭证、经批准的商品价目表和顾客订货单

8. 审计人员确定函证应收账款的时间时，不正确的是（　　）。

A. 审计项目组进驻审计现场后，立即进行函证

B. 为减少函证回函差异，审计项目组在执行其他审计程序后实施函证

C. 因被审计单位重大错报风险（固有风险和控制风险）低，可以在财务报表日前实施函证

D. 在年终对存货实施监盘的同时，对应收账款进行函证

9. 为证实所有销售业务均已记录，审计人员选择的最有效的具体审计程序是（　　）。

A. 抽查出库单，并追查至应收账款明细账

B. 抽查销售明细账，并追查至销售发票、发运凭证等

C. 抽查应收账款明细账，并追查至销售发票、发运凭证等

D. 抽查银行对账单，并追查至应收账款明细账

10. 选择以下项目作为函证对象，主要为了验证应收账款的真实性，但其中例外的一项是（　　）。

A. 交易频繁但期末余额为零的项目　　B. 关联方的项目

C. 与债务人发生纠纷的项目　　D. 主要客户项目及异常项目

三、多项选择题

1. 在下列情况下，审计人员提供有关函证回函查阅或使用，其中符合规定的有（　　）。

A. 法院、检察院依法查阅时　　B. 审计人员协会检查执业情况时

C. 被审计单位法律诉讼需要时　　D. 后任审计人员审计需要时

2. 为防止定价或产品摘要不正确，以及订购单或发运凭证或销售发票代码输入错误，可能使销售价格不正确，被审计单位在计算机信息系统中设置的下列针对性程序中，有效的有（　　）。

A. 通过逻辑准入系统控制定价主文档的更改

B. 只有得到授权的员工，才能更改输入代码

C. 通过检查和使用主文档版本序号，确定正确的定价的主文档版本已经上传

D. 系统检查录入的产品代码的合理性

3. 审计人员检查产品销售是否均已入账时，下列控制活动与这一控制目标直接相关的有（　　）。

A. 对销售发票进行顺序编号并复核当月开具的销售发票是否均已登记入账

B. 检查销售发票是否经适当的授权批准

C. 将每月产品发运数量与销售入账数量相核对

D. 定期与客户核对应收账款余额

4. 审计人员应当考虑影响收入交易的重大错报风险保持警觉，收入交易和余额存在的固有风险可能包括（　　）。

A. 管理层对收入造假的偏好和动因

B. 管理层凌驾于控制之上的风险

C. 采用不正确的收入截止

D. 舞弊和盗窃的风险

5. 为保证登记入账的现金收入确实为企业已经实际收到的现金，丙公司应建立的内部控制有（　　）。

A. 定期向客户寄送对账单

B. 定期盘点现金并与账面余额核对

C. 现金折扣必须经过适当的审批手续

D. 现金日记账与总账的登记职责分离

6. 审计人员在确定被审计单位销售金额准确与否的情况时，常用的控制测试有（　　）。

A. 检查尚未开具收款账单的发货和尚未登记入账的销售交易

B. 检查销售发票是否经适当的授权批准

C. 检查销售发票连续编号的完整性

D. 检查有关凭证上的内部核查标记

7. 适当的职责分离有助于防止各种有意或无意的错误，下列表述中未进行适当职责分离的有( )。

A. 负责应收账款记账的职员同时负责登记银行存款日记账

B. 编制销售发票通知单的人员同时开具销售发票

C. 合同订立人员负责就销售价格、发货及收款方式等具体事项与客户进行谈判

D. 应收票据的取得、贴现和保管均由财务主管负责

8. 下列关于实施销售截止测试的说法中，正确的有( )。

A. 选取资产负债表日前后若干天一定金额以上的发运凭证，与应收账款和收入明细账进行核对

B. 从应收账款和收入明细账选取的资产负债表日前后若干天一定金额以上的凭证，与发运凭证核对，以确定销售是否存在跨期现象

C. 复核资产负债表日前后销售和发货水平，确定业务活动水平是否异常，并考虑是否有必要追加实施截止测试程序

D. 取得资产负债日后所有的销售退回记录，检查是否存在提前确认收入的情况

9. 审计人员在实施销售截止测试时，应该注意把握与主营业务收入确认有着密切关系的日期，包括( )。

A. 发票开具日期

B. 记账日期

C. 发货日期(服务业则是提供劳务的日期)

D. 销售截止测试实施日期

10. 被审计单位下列有关收入确认的表述中，正确的有( )。

A. 附有商品退回条件的商品销售可以在退货期满时确认收入

B. 销售回购协议下，应当按销售收入的款项高于购回支出的款项的差额确认收入

C. 为特定客户开发软件的收费，在资产负债日根据开发的完工进度确认收入

D. 托收承付方式下，在商品已经发生、劳务已经提供，并且办妥托收手续时确认收入

四、业务题

1. 审计人员对被审计单位应收账款实施函证程序过程中，在确定应收账款函证数量、范围时，审计人员应当考虑的因素有哪些？

2. ABC股份有限公司是生产经营电子产品的大型工业企业，A会计师事务所对其相关内部控制进行评价。审计人员在检查中发现以下四个方面的情况：

(1)接受客户订单后，由销售部门的甲职员根据订单编制销售单，交给审批赊销的同部门的乙职员，乙职员在职权范围内进行审批，如果超过职权范围内的赊销业务，全部交给销售部门的经理进行审批。

(2)丙职员在核对商品装运凭证和相应的经批准的销售单后，开具销售发票。具体程序为：根据已授权批准的商品价目表填写销售发票的金额，根据商品装运凭证上的数量填写销售发票的数量；销售发票的其中一联交财务部门丁职员据以登记与销售业务相关的总账和明细账。

(3)开具账单部门在收到发运单并与销售单核对无误后，编制预先连续编号的销售发票，

并将其联通发运单和销售单及时交送会计部门，会计部门在核对无误后确认销售收入并登记应收账款账簿，财务部丁职员定期向顾客催收款项并寄送对账单，对顾客提出的异议进行专门追查。

(4)公司的应收账款账龄分析由专门的"应收账款账龄分析计算机系统"完成，该系统由独立的信息部门负责维护管理，会计部门相关人员负责在系统中及时录入所有与应收账款交易相关的基础数据。为了便于及时更正录入的基础数据可能存在的差错，信息部门拥有修改基础数据的权限。

【要求】 假定不考虑其他条件，从内部控制角度，分析、判断并指出以上内部控制中存在哪些薄弱环节，说明理由并提出改进建议。

3. ABC会计师事务所的D审计人员编制对E公司财务报表审计项目的审计计划前，需要研究评价E公司销售业务的内部控制。

资料：E公司为扩大销售渠道，在宁搏地区设立了一家销售网点，委派当地人员B担任该网点的经理，网点的会计则由公司本部直接委派财务人员A前往担任。为满足经营需要，E公司在工商银行宁搏分行开设了专门账户，供该销售网点支付相关费用。

公司规定，销售网点的支票由会计人员A保管，财务章由B掌管。使用支票支付费用须由B和A共同签发，并指定A持签发的支票到银行办理支取手续。作为会计人员，A除登记银行日记账外，每月还必须按时从银行取得对账单进行核对。支票存根、作废支票、银行对账单等均由A保管。A每月必须编制现金支出报告送交公司总部。

经了解相关内部控制后，D审计人员决定将开具销售发票这一环节作为控制测试的重点。这一环节具体包括填制连续编号的销售发票并向顾客寄送。

【要求】

(1)分析E公司现金支出内部控制中存在的一个最严重的缺陷，指出这一缺陷可能导致错报的具体情况，并提出针对性的改进建议。

(2)对于开具销售发票这一环节，审计人员主要应关心哪些问题？这些问题分别与管理层对销售业务的何种认定相对应？

(3)为了降低开具销售发票过程中出现重复、遗漏、错误计价或其他差错，E公司应设立哪些控制程序？

(4)D审计人员如何对这一环节的内部控制实施控制测试？

4. 下表列示了应收账款项目的若干审计目标及可能实施的主要审计程序：

审计项目名称	审计目标	审计程序
应收账款	(1)在资产负债表日，应收账款记录完整 (2)在资产负债表日，被审计单位对所有应收账款均具有法定收款权 (3)资产负债表日应收账款余额正确 (4)财务报表中，应收账款分类反映恰当	A. 分析应收账款同销售收入的关系，并同前期比较 B. 实施销售截止测试，确定销售收入和相应的存货及销货成本记录在恰当的会计期间 C. 按计提坏账准备的范围、标准测算已提坏账准备是否充分准确 D. 检查销售退回和折让是否附有按顺序编号并经主管人员核准的贷项通知单 E. 复核所有贷款协议，确定应收账款是否已作抵押 F. 抽查被审计单位职员及有关部门的暂借款项的记录，确定已记入正确的账户 G. 分析应收账款各月末余额与应付账款各月末余额的非正常比例关系

【要求】 请针对每一审计目标，选出能够实现该审计目标的一项最佳审计程序，将其英文大写字母编号填列在题后表格内，每一项审计程序最多只能被选择一次。

审计目标	(1)	(2)	(3)	(4)
审计程序				

五、思考题

1. 销货业务的真实性与完整性的测试程序有何区别？
2. 实质性分析程序在主营业务收入审计中如何运用？
3. 如何实施销售业务的截止测试？
4. 如何确定应收账款函证的范围？
5. 在审查坏账准备的计提是否正确时应注意哪几个方面？

六、案例分析题

1. ABC会计师事务所的A和B审计人员负责审计XYZ公司2018年度财务报表。2018年12月1日至5日，A和B注册会计师对XYZ公司的内部控制进行了初步了解和测试。

在对XYZ公司销售与收款循环内部控制的了解过程中，A和B审计人员注意到下列情况：

(1)XYZ公司主要生产和销售各种型号的电冰箱。

(2)XYZ公司生产的电冰箱全部发往各地的销售处。XYZ公司在发出产品时，由销售部填制一式四联的出库单，待仓库发出产品后，将第一联留存仓库登记库存商品卡片，第二联交销售部留存，第三、第四联交会计人员李民登记库存商品总账和明细账。

(3)各地批发商将订货单直接发给XYZ公司设在该地的销售处，销售人员在接到批发商的订货单后，按照客户订货的品种、规格和数量，到销售处仓库提取货物。

(4)各销售处由专人负责直接根据已授权批准的商品价目表给顾客开具事先连续编号的销售发票，填写销售发票的价格，记录销售额。

(5)为增强企业竞争力、扩大产品市场销售份额，XYZ公司为批发商提供了优惠的赊销政策，并给予销售人员10万元的赊销权限。此项措施使得XYZ公司在本年度的销售额增加了3 000万元。

(6)各销售处分别设一名会计人员，根据给顾客开具的销售发票副本编制有关记账凭证，并登记销售明细账与总账和应收账款明细账与总账、库存现金、银行存款日记账。各月初，各销售处将上月的销售情况汇总后报XYZ公司财务部门和销售部门。

【要求】

(1)根据上述(2)～(6)项所描述的情况，假定未描述的其他内部控制不存在缺陷，请指出XYZ公司销售与收款循环内部控制在设计与运行方面的缺陷，并提出改进建议。

(2)根据对XYZ公司销售与收款循环内部控制的了解和测试，请分别指出上述内部控制缺陷与哪些交易或事项、账户余额的何种认定相关。

2. ABC会计师事务所正在对正方公司2018年度的财务报表进行审计，A审计人员负责应收账款审计项目，确定应收账款的重要性水平为10万元。正方公司年末应收账款账面总额为6 000 000万元，明细账户50个。应收账款的账簿登记与债务人日常对账由小王负责，通过向小王询问，了解到小王一般3～4个月对账一次，至今小王未发现账款不符的情况。A审计人员查阅了上年度工作底稿，采用积极式询证函和消极式询证函各发函20份，两种回函各收回10份，未发现较大差异。A审计人员拟对10万元以上的应收账款采取积极式询证函的方式，对10万元以下的应收账款采用消极式询证函的方式，本年度A审计人员与上年度一样，拟采用积极式询证函和消极式询证函各发函20份，对金额小于5万元的应收账款，由于金额较小，认为错报的可能性太小，A审计人员不拟函证。

A审计人员根据明细账填制询证函后交小王填写信封地址后发出。其中一封询证函如下：

企业询证函

方圆有限责任公司：

本事务所接受委托对正方公司的财务报表进行审计，按照中国审计人员审计准则的要求，应当询证正方公司与贵公司的往来账项等事项。下列数据出自正方公司账簿记录，如有不符，请在"数据不符"处列明不符金额。回函请寄至正方有限责任公司(通信地址：略)。

(1)正方公司与贵公司的往来账项列示如下：

截止日期	贵公司欠	欠贵公司	备　注
2019年2月28日	400 000		

(2)其他事项

为加快资金周转，请尽快结算该款项。若款项在上述日期之后已经付清，仍请及时函复为盼。

ABC会计师事务所(盖章)

2019年2月28日

结论：

信息不符，请列明不符的详细情况：

方圆有限公司(盖章)

经办人：

年　　月　　日

2019年3月5日，小王交给A审计人员1份方圆公司回函的传真，回函表明购买正方公司400 000元货物属实，但款项已于2017年2月28日用支票支付。

2019年3月5日，小王交给A审计人员1份M公司回函，回函表明2018年12月10收到正方公司委托本公司代销的货物140 000元，尚未销售。

2019年3月5日，小王交给A审计人员1份退回的寄往N公司的询证函(消极式询证函)，邮局注明退回原因为：因地址错误。

2019年3月15日，小王在清理回函，共收到积极式函证的回函和传真件14份，其中表明有差异的4份；消极式函证的回函和传真件12份，其中表明有差异的8份。对未取得回函的，A审计人员要求小王与对方联系尽快回函。3月20日，A审计人员对未回函的积极函证的应收账款，在检查了发运凭证和销售发票后，确认了应收账款的存在。

【要求】

(1)A审计人员在审计计划中采取的函证方式是否恰当,请说明理由。

(2)请指出询证函的不当之处,请改正。

(3)针对2019年3月5日回函的情况,A审计人员应当实施哪些重要审计程序?

(4)请指出在询证函的发送、回收和整理过程中,A审计人员的审计程序有何不当之处。

3. 甲公司主要生产和销售汽车零部件。A审计人员连续三年负责审计甲公司的财务报表。在2018年度财务报表审计中,A审计人员了解的相关情况、实施的部分审计程序及相关结论(如适用)摘录如下:

序号	甲公司情况概述	实施的审计程序及相关结论(如适用)
(1)	甲公司的内部控制制度规定,应当将销售合同、发运凭证、销售单、客户验收单和销售发票核对一致后记录收入	对该项控制,A审计人员预计控制偏差率为零,并抽取25笔交易作为样本实施控制测试,发现其中2笔交易没有客户验收单。管理层解释客户验收单已遗失,但属于例外情况。A审计人员接受了管理层的解释,认为该控制运行有效
(2)	甲公司与现金销售相关的内部控制设计合理并得到执行	A审计人员对与现金销售相关的内部控制实施控制测试,经询问财务经理,了解到2018年度相关控制运行有效,未发现例外事项。A审计人员认为2018年度与现金销售相关的内部控制运行有效
(3)	甲公司与多个关联方发生大量非常规交易	A审计人员认为甲公司的关联方交易存在特别风险,因此不再了解相关内部控制,直接实施实质性程序
(4)	甲公司经营情况、员工结构和员工人数都稳定,各年度职工薪酬费用变化不大	A审计人员认为与职工薪酬相关的财务报表项目不存在特别风险,决定采用综合性方案实施进一步审计程序。A审计人员在审计甲公司2015年度报表时,对与职工薪酬相关的内部控制实施了测试,认为其运行有效。在2016年度至2017年度审计中,通过实施询问等程序未发现相关控制发生变化。因此,A审计人员决定在2018年度财报审计中利用2015年度获取的与职工薪酬相关的控制运行有效的审计证据

【要求】 针对以上资料中所述的审计程序及相关结论(如适用),假定不考虑其他条件,逐项指出其是否恰当,并简要说明理由。

第八章

采购与付款循环审计

一、判断题

1. 因为多数舞弊企业在低估应付账款时，是以漏记赊购业务为主，所以实施函证无益于寻找未入账的应付账款。（　）

2. 审计人员在审计应付账款时，应查实企业所有在年度决算日以前收到的赊购发票均已记入当年应付账款。（　）

3. 如果被审计单位为上市公司，则其财务报表附注中通常还应披露持有3%(含3%)以上股份的股东单位应付票据的内容。（　）

4. 预付账款如果期末金额不大，审计人员可以提请客户冲抵流动资产项目，而并非只能列作流动负债。（　）

5. 对于融资租入的固定资产应登入备查簿。（　）

6. 即使某一应付账款明细账户年末余额为零，审计人员仍然可以将其列为函证对象。（　）

7. 同函证应付账款一样，函证应付票据只能获得被审计单位资产负债表列示数据是否准确的审计证据。（　）

8. 应付账款通常情况下不需要被函证，如函证，最好采用消极式函证。（　）

9. 固定资产的保险不属于企业固定资产的内部控制范围，因此，审计人员在检查、评价企业的内部控制时，不需要了解固定资产的保险情况。（　）

10. 审计人员对固定资产进行实地观察时，可以固定资产明细分类账为起点，重点观察本期新增加的重要固定资产。（　）

二、单项选择题

1. 为了证实采购交易被正确记入"应付账款"和"存货"等明细账中，并已正确汇总(计价和分摊)，审计人员最常用的实质性程序是（　）。

A. 查验付款凭单后是否附有完整的相关单据

B. 检查订货单连续编号的完整性

C. 检查有关凭证上内部核查的标记

D. 通过加计采购明细账，追查过入采购总账和应付账款、存货明细账的数额是否正确，用以测试过账和汇总的正确性

2. 审计人员执行的下列审计程序中与实现采购交易截至目标最相关的是（　）。

A. 追查存货的采购记录至存货永续盘存记录

B. 将验货单和卖方发票上的日期与采购明细账中的日期进行比较

C. 参照卖方发票，比较会计科目表上的分类

D. 从验收单追查至采购明细账

3. 针对被审计单位的下列固定资产，审计人员认为不应计提折旧的是（　　）。

A. 以经营租赁方式租出的固定资产　　B. 未使用的固定资产

C. 提前报废的固定资产　　D. 大修理停用的固定资产

4. 审计人员在验证被审计单位应付账款的截止是否正确时，以下审计程序中不需要考虑的是（　　）。

A. 在实物盘点工作底稿中记录的最后一张存货验收单号码

B. 在对存货实地观察时获得的采购截止资料

C. 区分应付账款中的目的地交货和起运点交货

D. 向与被审计单位有购销来往的债务人寄送询证函

5. 审计人员在制订固定资产的审计计划时，项目合伙人考虑下列审计程序中，能够确定当年新购置固定资产的计价是否正确的是（　　）。

A. 计算固定资产原值与产品产量的比率，并进行分析

B. 检查购置固定资产的授权批准文件

C. 核对购货合同、发票、保险单及发运凭证等文件

D. 检查与在建工程相关的记录，并检查竣工决算、验收报告是否正确

6. 下列有关固定资产的相关内部控制的说法中，不正确的是（　　）。

A. 企业的资本预算只有经过董事会等高层管理机构批准方可生效

B. 所有固定资产的取得和处置均需经企业管理层的书面认可

C. 对固定资产进行定期盘点，验证账面各项固定资产是否真实存在、了解固定资产放置地点和使用状况以及发现是否存在未入账的固定资产

D. 企业可以不制定区分资本性支出和收益性支出的书面标准

7. 下列有关固定资产审计程序的表述中，审计人员认为不恰当的是（　　）。

A. 对已交付使用但尚未办理竣工决算手续的固定资产，审计人员应检查其是否已暂估入账并计提折旧

B. 实施实地观察审计程序时，审计人员可以以固定资产明细账为起点进行追查

C. 审计人员实地观察固定资产的重点应放在当期增加和减少的固定资产

D. 审计固定资产减少的目的在于查明已减少的固定资产是否已作相应的会计处理

8. 固定资产和累计折旧审计工作底稿中显示以下审计策略，其中正确的是（　　）。

A. 由于上年度审计中已索取全部固定资产权属证明，本次审计仅索取新增固定资产权属证明

B. 由于上年度相关内部控制难以信赖，本次审计可不再实施控制测试

C. 由于上年度审计中已全面检查固定资产折旧年限，本次审计仅检查新增固定资产折旧年限

D. 由于上年度审计中已全面观察固定资产，本次审计仅观察新增固定资产

9. 在验证应付账款余额不存在漏报时，审计人员获取的以下审计证据中，证明力最强的是（　　）。

A. 供应商开具的销售发票

B. 供应商提供的月对账单

C. 被审计单位编制的连续编号的验收报告

D. 被审计单位编制的连续编号的订货单

10. 审计人员在查找已提前报废但尚未做出会计处理的固定资产时，以下审计程序中最有可能实施的是(　　)。

A. 以检查固定资产实物为起点，检查固定资产的明细账和投保情况

B. 以检查固定资产明细账为起点，检查固定资产的实物和投保情况

C. 以分析折旧费用为起点，检查固定资产实物

D. 以检查固定资产实物为起点，分析固定资产维修和保养费用

三、多项选择题

1. 为应对"记录和采购价格可能不正确"的错报风险，下列关于审计人员采取的应对措施，说法错误的有(　　)。

A. 询问和检查打印文件，以及解决差异的证据，通过对照发票价格与订货单上的价格，重新执行价格测试

B. 询问、检查授权批准和授权越权的文件

C. 询问检查文件，以证实对未执行订购单的跟进情况

D. 询问和检查打印文件并重新执行截止程序

2. 应付账款审计工作底稿中显示的下列准备实施的审计程序中，恰当的有(　　)。

A. 由于函证应付账款不能保证查出未记录的应付账款，因此决定不实施函证程序

B. 由于应付账款控制风险较高，决定仍实施应付账款的函证程序

C. 某一应付账款明细账户期末余额为零，决定仍然可能将其列为函证对象

D. 由于应付账款容易被漏记，应对其进行函证

3. 下列审计程序中，有助于证实采购交易记录的完整性认定的有(　　)。

A. 从有效的订货单追查至验收单　　　　B. 从验收单追查至采购明细账

C. 从付款凭单追查至购货发票　　　　D. 从卖方发票追查至采购明细账

4. 在了解及实施适当的控制测试后，发现K公司在材料采购业务方面存在以下情况。其中属于内部控制设计缺陷的情况有(　　)。

A. 请购单既有仓库人员填制的，也有车间、管理部门人员填制的

B. 请购单没有连续编号，请购业务的审批人员几乎涉及各个部门

C. 验收人员出差期间，验收业务由采购人员与仓储人员一并代为执行

D. 验收合格后在验收单上填写材料的实际数量，根据卖方发票的单价计算金额，如未接到卖方发票，被验收的不能办理入库手续

5. 审计人员在验证被审计单位应付账款的截止是否正确时，以下审计程序中可以考虑的有(　　)。

A. 在实物盘点工作底稿中记录的最后一张存货验收单号码

B. 在对存货实地观察时获得的采购截止资料

C. 区分应付账款中的目的地交货和起运点交货

D. 向与被审计单位有购销往来的债务人寄送询证函

6. 在对被审计单位计提的固定资产减值准备进行审计时，审计人员应根据确定的审计目标实施的程序得当的有（　　）。

A. 获取闲置固定资产的清单，并观察其实际状况，识别是否存在减值迹象

B. 获取固定资产期末价格清单，对已计提减值但价格已回升的固定资产，检查其减值转回的会计处理是否正确

C. 检查被审计单位处置固定资产时原计提的减值准备是否同时结转，会计处理是否正确

D. 计算本期末固定资产减值准备占期末固定资产原值的比例，并与期初该比例比较，分析固定资产的质量状况

7. 下列各项内部控制制度中，能够防止或发现采购与付款环节发生错误或舞弊的有（　　）。

A. 所有订货单应经采购部门及有关部门批准，其副本应及时提交财会部门

B. 所有订货单应未经采购部门及有关部门批准，其副本应及时提交财会部门

C. 收到采购发票后，应立即送采购部门与订货单、验收单核对相符

D. 采用总价法记录现金折扣，并严格复核是否发生折扣损失

8. 审计人员应根据被审计单位实际情况，对应付账款执行的实质性分析程序有（　　）。

A. 将期末应付账款余额与期初余额进行比较，分析波动原因

B. 分析长期挂账的应付账款，判断被审计单位是否缺乏偿债能力或利用应付账款隐瞒利润

C. 计算应付账款与存货的比率、应付账款与流动负债的比率，并与以前年度相关比率对比分析，评价应付账款整体的合理性

D. 分析存货和营业成本等项目的增减变动，判断应付账款增减变动的合理性

9. 审计人员在审计被审计单位采购与付款交易时，认为影响此类交易的重大错报风险可能包括（　　）。

A. 管理层错报费用支出的偏好和动因

B. 费用支出的复杂性

C. 管理层凌驾于控制之上和员工舞弊的风险

D. 采用不正确的费用截止期

10. 下列表述中，按企业会计准则规定，审计人员认为不正确的有（　　）。

A. 无形资产的出租收入应当确认为其他业务收入

B. 无形资产的成本应自取得当月按直线法摊销

C. 无形资产的后续支出应在发生时予以资本化

D. 无形资产的研究与开发费用应在发生时计入当期损益

四、业务题

1. 审计人员在审计甲公司的应付账款时，发现下列事项：

（1）审计人员在审查甲公司的应付账款明细账时，发现2018年黄河化工厂明细账有贷方余额320万元，经查证有关凭证，发现是甲公司2015年向黄河化工厂购买化工原料的货款，至今未付。

（2）审计人员在对甲公司的应付账款项目进行审计时，根据需要决定对该公司下列四个明细账户的两个进行函证，见下表（金额单位：元）。

供货单位	年末余额	本年度供货总款
A	42 650	66 500
B	0	2 980 000
C	89 000	96 000
D	298 000	3 136 000

【要求】

(1)针对上述资料(1),分析可能存在的问题,确定是否需要实施进一步审计程序,如何审计?

(2)针对上述资料(2),请帮助该审计人员选择两个供货人函证,请说明选择的理由。

2. B股份有限公司(以下简称B公司)产品采购以B公司仓库为交货地点。B公司目前主要采用手工会计系统。C和D审计人员负责于2018年10月25日至11月10日对B公司的内部控制进行了解、测试与评价。

(1)对需要购买的已经列入存货清单的项目由仓库负责填写请购单,对未列入存货清单的由相关需求部门填写请购单。请购单未设置编号,但每张请购单须由对该类采购支出负责预算的主管人员签字批准。

(2)采购部收到经批准的请购单后,由其职员E进行询价并确定供应商,再由其职员F负责编制和发出预先连续编号的订购单。订购单一式四联,经被授权的采购人员签字后,分别送交供应商、负责验收的部门、提交请购单的部门和负责采购业务结算的应付凭单部门。

(3)验收部门根据订购单上的要求对所采购的材料进行验收,完成验收后,将原材料交由仓库人员存入库房,并编制预先连续编号的验收单交仓库人员签字确认。验收单一式三联,其中两联分送应付凭单部门和仓库部门,一联留存验收部门。

(4)应付凭单部门核对供应商发票、验收单和订购单,并编制预先连续编号的付款凭单。会计部门收到附有供应商发票的付款凭单后即应及时编制有关的记账凭证,并登记原材料和应付账款账簿。

【要求】 针对资料中第(1)至第(4)项,判断B公司的内部控制程序在设计上是否存在缺陷。请分别予以指出,并简要说明理由;如果存在缺陷,提出改进建议。

3.(1)检查当年固定资产增加的有关文件;

(2)实地视察固定资产,并查明其产权的归属;

(3)查明有无以固定资产担保或抵押等情况;

(4)审查提取折旧的方法是否适当。

【要求】 分别指出上述固定资产实质性程序所涉及的管理层的认定。

4. 甲审计人员审计ABC公司2018年度财务报表的“固定资产”和“累计折旧”项目时,发现下列情况:

(1)“生产用固定资产”中有固定资产——A设备已于2018年1月份停用,并转入“未使用固定资产”。

(2)ABC公司所使用的单冷空调,当年计提折旧仅按实际使用的月份(5~9月)提取。

(3)5月份购入设备一台,价值65万元,当月达到预定可使用状态,8月份交付使用,ABC公司从9月份起开始计提折旧。

(4)公司对设备B采用平均年限法计提折旧。该设备预计可使用年限10年,预计净残值率为5%,公司确定的该设备的年折旧率为10%。

【要求】 针对上述情况,分别指出审计人员应关注的可能存在或存在的问题。

5. U会计师事务所的A审计人员按照审计小组的分工,专门负责审查X公司2018年度财务报表中的固定资产及累计折旧项目。

资料一:在审计开始时,A审计人员通过实施实质性分析程序,发现X公司的固定资产原值与上年相比有显著上升。根据在其他企业固定资产项目的经验,A审计人员确定了以下两个重要的项目审计目标:

(1)X公司对本年新增的固定资产是否拥有所有权,是否存在,计价是否正确;

(2)本年减少的固定资产是否均已进行会计记录。

资料二:X公司在2018年度发生了以下固定资产增加业务:

(1)从T公司购进的一台A－130机床;

(2)由Y建筑公司新建完工、交付使用的办公大楼;

(3)从U投资公司融资租入的生产流水线;

(4)由V公司投资转入的运输设备。

【要求】

(1)对于以一笔款项同时购入多项没有单独标价的固定资产,A审计人员应当检查哪些文件与凭证,以证实其所有权与存在性?X公司应如何进行会计处理,A审计人员方可确认其计价的正确性?

(2)为检查X公司是否存在未做会计记录的固定资产减少业务,A审计人员应当实施哪些具体的实质性程序?

(3)指出审计人员为证实X公司对上述每项固定资产拥有所有权,应实施何种具体的实质性程序。

五、思考题

1. 购货与付款循环包括哪些会计凭证和科目?
2. 直接向供货方函证应付账款的审计程序是否与函证应收账款一样有用和重要?
3. 审计人员如何查找未入账的应付账款?
4. 固定资产的余额测试主要验证固定资产哪些情况?
5. 对累计折旧的验证重点是什么?

六、案例分析题

A审计人员负责对甲公司2018年度财务报表进行审计。甲公司从事小型机电产品的生产和销售,主要原材料均在国内采购,产品主要自营出口到美国。

资料一:A审计人员在审计工作底稿中记录了所了解的甲公司情况及其环境,部分内容摘录如下:

(1)2018年7月,由于发生重大施工安全事故,甲公司于2018年1月开工建设的X生产线被有关部门勒令停建整顿。2018年年末,有关部门同意甲公司重新开工,但受宏观经济影响,X生产线拟生产产品的市场前景不佳,甲公司董事会决定暂不启动X生产线的建设,并于2018年末按期向银行归还了1年期、年利率为7%的1 000万元专项借款。

(2)2018 年 12 月，甲公司决定淘汰一批账面价值为 98 万元的旧检验设备，并与受让方签订了不可撤销的转让协议，转让价格为 15 万元。2019 年 1 月，甲公司向受让方移交该批检验设备，并收讫转让款。

资料二：A 审计人员在审计工作底稿中记录了所获取的甲公司财务数据，部分内容摘录如下：

项　目	2018 年年初数（已审数）	本年增加（未审数）	本年减少（未审数）	2018 年年末数（未审数）
在建工程——X 生产线	0	962	0	962
减：在建工程减值准备	0	0	0	0
在建工程账面价值	0	962	0	962
其中：利息资本化	0	70	0	70
固定资产原价				
其中：房屋建筑物	5 370	340	217	5 493
机器设备	8 912	160	73	8 999
小计	14 282	500	290	14 492
减：累计折旧				
其中：房屋建筑物	2 933	170	126	2 977
机器设备	3 456	901	65	4 301
小计	6 398	1 071	191	7 278
减：固定资产减值准备	183	65	70	178
固定资产账面价值	7 701		7 036	

资料三：A 审计人员在审计工作底稿中记录了拟实施的实质性程序，部分内容摘录如下：

(1)获取暂时闲置固定资产的相关证明文件，并观察其实际状况，检查是否已按规定计提折旧。

(2)获取持有待售固定资产的相关证明文件，检查对其预计净残值的调整是否恰当、会计处理是否正确。

(3)查阅资本支出预算、公司相关会议决议等，检查本年增加的在建工程是否全部得到记录。

【要求】

(1)针对资料一第(1)项、第(2)项，结合资料二，假定不考虑其他条件，逐项判断资料一所列事项是否可能表明存在重大错报风险。如果认为存在，简要说明理由，分别说明该风险属于财务报表层次还是认定层次。如果认为属于认定层次，指出相关事项主要与哪些账户（仅限于存货、在建工程、固定资产和资产减值损失）的哪些认定相关。

(2)针对资料一第(1)项、第(2)项，结合资料二，假定不考虑其他条件，逐项判断资料三所列实质性程序对发现根据资料一识别出的认定层次重大错报是否直接有效。如果直接有效，指出资料二所列实质性程序与资料一的第几个事项的认定层次重大错报风险直接相关，并简要说明理由。

第九章

生产与存货循环审计

一、判断题

1. 签发预先顺序编号的生产通知单的部门是生产计划部门。（　　）

2. 存货监盘针对的主要是存货的存在认定、完整性认定。（　　）

3. 领料单的授权批准为生产与存货循环的常用控制测试。（　　）

4. 观察被审计单位存货的实地盘存是存货余额的细节测试。（　　）

5. 存货的重大错报风险往往与财务报表其他项目的重大错报风险紧密相关。（　　）

6. 如果只有少数项目构成了存货的主要部分，审计人员可能选择将存货监盘用作实质性程序。（　　）

7. 对于被审计单位委托代销的存货，审计人员应纳入盘点范围，并向受托代销单位获取受托代管的书面确认函。（　　）

8. 监盘程序主要是对存货的结存数量予以确认。（　　）

9. 材料成本差异不需进行进一步分析和核对。（　　）

10. 重新计算存货跌价准备是生产与存货循环应用的实质性程序。（　　）

二、单项选择题

1. 下列各项中，属于生产成本审计实质性测试程序的是（　　）。

A. 询问和观察存货的盘点及接触、审批程序

B. 审查有关凭证是否经过适当审批

C. 审查有关记账凭证是否附有顺序编号的原始凭证

D. 对成本项目进行分析性复核

2. 针对了解被审计单位生产和存货循环的业务活动和相关内部控制，审计人员通常实施的审计程序不包括（　　）。

A. 询问参与生产和存货循环各业务活动的被审计单位人员

B. 观察生产部门如何将完工产品移送入库并办理手续

C. 检查原材料领料单、成本计算表、产成品出入库单等

D. 重新执行制订生产计划、领料生产、成本核算、完工入库的整个过程

3. 被审计单位在内外部经营环境没有改变的情形下，如果营业成本异常增多，则会导致存货项目的（　　）认定存在重大错报。

A. 存在　　B. 完整性　　C. 计价和分摊　　D. 权利和义务

4. 针对审计项目组对存货执行抽盘，下列与测试存货盘点记录的完整性不相关的是（ ）。

A. 在存货盘点过程中关注存货的移动情况

B. 在存货盘点结束前，再次观察盘点现场

C. 从存货实物中选取项目追查至存货盘点记录

D. 从存货盘点记录中选取项目追查至存货实物

5. 审计人员审查存货项目，发现Q原材料数量为零，而金额为红字35万元，可能的原因是（ ）。

A. 计价方法不一致所引起　　B. 存货延期入账

C. 存货提前入账　　D. 多转成本费用

6. 生产与存货循环过程形成的文件按业务顺序依次为（ ）。

A. 材料分配表、领料单、盘点表、成本计算单

B. 生产通知单、领料单、产量记录、费用分配表、成本计算单

C. 存货明细账、生产通知单、费用分配表、领料单

D. 生产计划、费用分配表、工时记录、成本计算单

7. 下列选项中，抽查被审计单位日常盘点记录的目的是为了确定（ ）。

A. 存货价值真实性　　B. 存货内部控制有效性

C. 存货计价方法一致性　　D. 账实是否相符

8. 审计人员在复核被审计单位的盘点计划时，以下考虑不恰当的是（ ）。

A. 盘点时间是否合理

B. 盘点期间存货移动的控制是否合理

C. 盘点表单的设计、使用与控制是否合理

D. 存货计价测试方法是否合适

9. 针对产成品和在产品的单位成本，审计人员需要对成本核算过程实施测试，不包括的是（ ）。

A. 直接材料成本测试

B. 生产成本在当期完工产品与在产品之间分配的测试

C. 直接人工成本测试

D. 销售费用测试

10. 审查材料采购成本构成时，应检查其构成项目是否正确，以下项目中应计入材料采购成本的是（ ）。

A. 招待费　　B. 材料保管费用

C. 入库前整理费用　　D. 加班费

三、多项选择题

1. 领料单通常一式三联，分别用于（ ）。

A. 连同材料交给领料部门

B. 留在仓库登记材料明细账

C. 交会计部门进行材料收发核算和成本核算

D. 交验收部门用于检验材料是否合格

2. 对于成本的完整性认定，审计人员可以采取的控制测试程序有（　　）。

A. 检查生产通知单的顺序编号是否完整

B. 对成本实施实质性分析程序

C. 将制造费用分配表与成本明细账相核对

D. 检查领料单的顺序编号是否完整

3. 针对存货监盘程序，以下审计项目组的做法中，恰当的有（　　）。

A. 由于天气原因导致审计人员无法在存货盘点现场实施监盘，审计项目组应当另择日期进行监盘，并对间隔期内的交易实施审计程序

B. 如果存货盘点日不是资产负债表日，审计项目组应当实施适当的审计程序，确定盘点日与资产负债表日之间存货的变动是否已得到恰当的记录

C. 针对第三方保管的存货，审计项目组利用内部审计人员监盘存货的工作结果

D. 如果存货存放在多个地点，审计项目组可以要求被审计单位提供一份完整的存货存放地点清单，并考虑其完整性，在此基础上，根据不同地点所存放存货的重要性以及对各个地点与存货相关的重大错报风险的评估结果，选择适当的地点进行监盘，并记录选择这些地点的原因

4. 为了证实存货的"计价和分摊"认定，审计人员应实施的实质性程序包括（　　）。

A. 检查费用的归集、分配等流程是否正确

B. 抽查产量及工时记录、材料费用分配表等计算是否正确

C. 对重大的在产品项目进行计价测试

D. 抽查成本计算是否正确

5. 下列选项中，属于存货现场监盘程序的有（　　）。

A. 观察

B. 实物检查

C. 抽盘

D. 评价管理层用以记录和控制存货盘点结果的指令和程序

6. 审计人员在确定存货监盘范围时，应考虑的因素有（　　）。

A. 存货的内容及性质

B. 存货的重大错报风险

C. 审计项目组的人员数量

D. 被审计单位与存货相关的内部控制

7. 被审计单位的债权人拒绝对其控制的被审计单位用作质押的重要存货实施现场监盘，审计人员在对该债权人的诚信和客观性存有疑虑的情况下，不宜实施的程序有（　　）。

A. 向该债权人函证存货的数量和状况

B. 测试存货盘点与保管的内部控制

C. 安排其他审计人员实施现场监盘

D. 要求其他机构或人员进行确认

8. 以下有关存货计价的说法中，恰当的有（　　）。

A. 为验证财务报表上存货余额的真实性，应当对存货的计价进行审计

B. 在对存货的计价实施细节测试之前，审计人员通常先要了解被审计单位本年度的存货计价方法与以前年度是否保持一致。如发生变化，变化的理由是否合理，是否经过适当的审批

C. 存货计价测试包括测试被审计单位所使用的存货单位成本是否正确、是否恰当计提了

存货跌价准备

D. 审计人员可以通过询问管理层和相关部门员工，了解被审计单位如何收集有关滞销、过时、陈旧、毁损、残次存货的信息并为之计提必要的跌价准备

9. 测试存货是否要计提减值时，审计人员需要考虑(　　)。

A. 存货的成本　　B. 估计售价

C. 是否签订了不可撤销的销售合同　　D. 是否用于专门制造其他产品

10. 关于存货的可变现净值的确定，通常考虑的因素或内容包括(　　)。

A. 持有存货的目的　　B. 至完工时估计将要发生的成本

C. 估计的销售费用、税金　　D. 资产负债表日后事项的影响

四、简答题

1. A 审计人员是甲公司 2017 年度财务报表审计业务的项目合伙人。甲公司是一家时装加工企业，存货占其资产总额的比例很大，主营来料加工类业务。A 审计人员计划于 2017 年 12 月 31 日实施存货监盘程序。A 审计人员编制的存货监盘计划和计价测试部分内容摘录如下：

(1)基于存货风险较高的评估结果，针对甲公司存货存放地点较多的情况，拟询问被审计单位的管理层，比较不同时期的存货存放地点的清单，检查存货的出、入库单等。

(2)在到达存货盘点现场后，监盘人员观察来料加工业务的原材料是否已经单独存放并予以标明，确定其未被纳入存货盘点范围。

(3)对盘点过程中收到的存货，纳入盘点和监盘范围。

(4)在与被审计单位沟通存货盘点程序时，对于盘点程序的缺陷，不予指明。

(5)计价测试时，充分关注甲公司对存货可变现净值的确定及存货跌价准备的计提。

【要求】

(1)根据以上审计人员对被审计单位的了解，请评估甲公司与存货相关的经营风险。

(2)针对上述事项(1)至(5)，逐项指出是否存在不当之处。如果存在，简要说明理由。

2. A 审计人员负责对 X 公司 2017 年度财务报表实施审计。审计工作反映的与存货监盘相关的资料如下：

鉴于 X 公司存货存放地点繁多，A 审计人员要求其提供了一份完整的存货存放地点清单，直接据此制订了相关的监盘计划。由于 X 公司盘点期间无法停止部分存货的入库与出库，A 审计人员非常关注管理层采取的控制措施能否确保截止日之前入库的原材料以及截止日期之后出库的产成品都不被纳入盘点范围。

针对 X 公司多处存放存货的情况，A 审计人员除了在金额较大或风险较高的存放地点实施监盘外，还对从无法实施现场监盘的其他存放地点中随机抽取的若干存放地点的存货实施了替代审计程序。

针对监盘过程中发现的部分存货毁损、变质和过时等导致可变现净值降低的情况，A 审计人员要求 X 公司按可变现净值降低的金额计提存货跌价准备。监盘结束时，A 审计人员再次观察盘点现场，确定应纳入盘点范围的存货是否已经适当整理和排列，防止遗漏或重复盘点。

观察结束后，A 审计人员取得并检查已填用、作废及未使用盘点表单的号码记录，确定其是否连续编号，并与存货盘点汇总记录进行核对。对于拟监盘的存放在外地仓库的存货，由于恶劣的天气致使 A 审计人员无法观察存货，实施了相应的替代程序，如询问了保管人员，以及

检查了相关的文件记录等。

【要求】 针对资料所述情况，指出A审计人员制订的监盘计划或在执行监盘的过程中存在的不当之处，简要说明理由。

3. W公司是一家医疗设备生产企业，日常核算采用高度电算化。2018年1月5日委托ABC会计师事务所对其2017年度财务报表进行审计。A审计人员在实施风险评估程序后，对W公司生产、储存及发出产成品的业务流程做了如下记录：

(1)计划和开始生产时，根据销售需求量对生产数量实施计算机化监督，显示相关的订购数量等，生产开始前，获得生产经理对于产品设计和规格的认可。计划和生产进度由生产部门监控，并取得生产经理批准。

(2)产成品入库时，仓库保管员检查并签发预先按顺序编号的产成品验收单，并清点产成品数量，填写预先顺序编号的产成品入库单经质检经理、生产经理和仓储经理签字确认后，由仓库管理员将产成品入库单信息输入计算机系统，计算机系统自动更新产成品明细台账并与采购订购单编号核对。

(3)产成品出库时，由仓库管理员取得发运凭证副联，作为产成品出库单，并将产成品出库单信息输入计算机系统，经销售经理复核并以电子签名方式确认后，计算机系统自动更新产成品明细台账。

(4)产成品装运发出前，由运输经理独立检查出库单和发运通知单。

(5)每月末，生产成本记账员根据计算机系统内状态为“已处理”的订购单数量，编制销售成本结转凭证，结转相应的销售成本，经核对无误后进行账务处理。

(6)产成品仓库分别于每月、每季和年度终了，对产成品存货进行盘点，由会计部门对盘点结果进行复盘，仓库管理员应编写产成品存货盘点明细表，发现差异及时处理，经仓储经理和生产经理复核后调整入账。

【要求】 针对上述第(1)至(6)项内部控制，逐项指出是否存在缺陷。如果存在，简要说明理由。

五、思考题

1. 与生产与存货循环有关的财务报表项目有哪些？生产业务涉及哪些凭证？
2. 生产与存货循环的重大错报风险有哪些？如何评估该循环的重大错报风险？
3. 如何进行存货监盘程序？
4. 生产和存货循环的控制测试和实质性程序有哪些？
5. 材料差异、存货跌价准备等的实质性程序有哪些？

六、案例分析题

B审计人员负责对XYZ公司2017年度财务报表进行审计。XYZ公司为玻璃制造企业，2017年末存货余额占资产总额比重较大。存货包括玻璃、煤炭、烧碱、石英砂，其中60%的玻璃存放在外地公用仓库。XYZ公司对存货核算采用永续盘存制，与存货相关的内部控制比较薄弱。XYZ公司拟于2017年11月25日至27日盘点存货，盘点工作和盘点监督工作分别由熟悉相关业务且具有独立性的人员执行。

存货盘点计划的部分内容摘录如下：

(1)存货盘点范围、地点和时间安排

地点	存货类型	估计占存货总额的比例	盘点时间
A仓库	烧碱、煤炭	烧碱10%、煤炭5%	2017年11月25日
B仓库	烧碱、石英砂	烧碱10%、石英砂10%	2017年11月26日
C仓库	玻璃	玻璃26%	2017年11月27日
外地公用仓库	玻璃	玻璃39%	

(2)存放在外地公用仓库存货的检查

对存放在外地公用仓库的玻璃，检查公用仓库签收单，请公用仓库自行盘点，并提供2017年11月27日的盘点清单。

(3)存货数量的确定方法

对于烧碱、煤炭和石英砂等堆积型存货，采用观察以及检查相关的收、发、存凭证和记录的方法确定存货数量；对于存放在C仓库的玻璃，按照包装箱标明的规格和数量进行盘点，并辅以适当的开箱检查。

(4)盘点标签的设计、使用和控制

对存放在C仓库的玻璃的盘点，设计预先编号的一式两联的盘点标签。使用时，由负责盘点存货的人员将一联粘贴在已盘点的存货上，另一联由其留存；盘点结束后，连同存货盘点表交存财务部门。

(5)盘点结束后

对出现盘盈或盘亏的存货，由仓库保管员将存货实物数量和仓库存货记录调节相符。

【要求】

(1)针对上述存货盘点计划第(1)至第(5)项，逐项判断上述存货盘点计划是否存在缺陷。如果存在缺陷，简要提出改进建议。

(2)基于XYZ公司存货盘点的日期是11月25日至27日，B审计人员还需要采取哪些实质性程序？

第十章

筹资与投资循环审计

一、判断题

1. 证实实收资本真实性是指确认实收资本账户余额是否确实存在、金额是否实际发生。 （ ）

2. 投资审计目标包括证实投资的可行性。 （ ）

3. 筹资与投资循环中内部控制的职责分工包括筹资、投资决策与执行相互独立。 （ ）

4. 借款存在折价或者溢价的，应当按照实际利率确定每一会计期间应摊销的折价或溢价金额。 （ ）

5. 符合资本化条件的资产在购建过程中发生正常中断，且中断时间连续超过 3 个月的，应当暂停资本化。 （ ）

6. 被审计单位应当对投资业务的会计记录、授权、执行、保管等方面有明确的职责分工。 （ ）

7. 审计年度内筹资与投资循环的交易数量较少，所以，漏计或不恰当地对每笔业务进行会计处理对财务报表影响不大。 （ ）

8. 筹资与投资循环交易必须遵守国家法律、法规和相关契约的规定。 （ ）

9. 观察借款业务的职责分工，并将职责分工的有关情况记录于审计工作底稿中是一种实质性程序。 （ ）

10. 投资企业对子公司的长期股权投资应采用权益法核算。 （ ）

二、单项选择题

1. 审计人员在了解 W 公司筹资与投资循环内部控制后，准备对 W 公司投资业务的内部控制进行测试，以验证所有投资账面余额均是存在的，执行的主要程序有（ ）。

A. 获取或编制投资明细表，复核加计并与合计数核对相符

B. 索取投资的授权批准文件，检查权限是否恰当、手续是否齐全

C. 向被投资单位函证投资金额、持股比例及发放股利情况

D. 检查年度内投资增减变动的原始凭证

2. 被审计单位为了达到其对投资业务的完整性控制目标，最好应规定并依据下列控制措施中的（ ）。

A. 明确投资业务的授权、执行、记录、保管等职责分工

B. 与被投资单位签订合同、协议，并获取其出具的投资证明

C. 将记录投资明细账与记录总账的职务实施严格的分离

D. 由内部审计人员或其他独立人员定期盘点证券投资资产

3. 关于筹资与投资循环的审计,下列说法不正确的是( )。

A. 审计年度内筹资与投资循环的交易数量较少,所以,漏计或不恰当地对每笔业务进行会计处理对财务报表影响不大

B. 审计年度内筹资与投资循环每笔交易的金额通常较大

C. 漏计或不恰当地对每笔业务进行会计处理将导致重大错误,从而对企业财务报表的公允反映产生较大的影响

D. 筹资与投资循环交易必须遵守国家法律、法规和相关契约的规定

4. 为了证实 Q 公司是否存在高估利润的情况,在审计人员所列的关于财务费用的以下各项审计目标中,( )不属主要审计目标。

A. 确定所记录的财务费用是否为被审计期间发生的

B. 确定所记录的财务费用是否完整

C. 确定财务费用的计算是否正确

D. 确定财务费用的披露是否恰当

5. 审计人员为了证实对外投资的存在性与所有权,应实施的审计程序是( )。

A. 查阅长期投资和短期投资明细账

B. 查阅投资收益的入账凭证

C. 查阅对外投资的实物证明,如股权登记证、债券或出资证明

D. 查阅关于对外投资决策的会议记录

6. 审查对外投资时应测试其内部控制环节。以下符合对外投资的内部控制要求的做法是( )。

A. 长期投资一般由财会部门出纳员负责,并履行监督控制职责

B. 无形资产对外投资作价,主要由负责投资审批的企业领导负责

C. 实物投资的资产价值评估、作价与投资审批工作分离

D. 股票与债券投资由记账人员负责

7. 在评估投资活动的重大错报风险时,审计人员应当通过实施下列程序获取确证的信息以支持对重大错报风险的评估,下列程序中不恰当的是( )。

A. 询问 B. 检查文件记录

C. 实质性分析程序 D. 观察控制程序的执行情况

8. 对于企业的其他长期投资,审计人员应通过向接受投资单位询证的方法证实其真实性,以核对企业投资明细表或账面反映的其他长期投资是否与( )所反映的实际投资数额相符。

A. 接受投资账面金额 B. 企业董事会决议

C. 投资协议 D. 企业章程

9. 被审计单位为了达到其对投资业务的权利和义务控制目标,最好应规定并依据下列控制措施中的( )。

A. 明确投资业务的授权、执行、记录、保管等职责分工

B. 与被投资单位签订合同、协议,并获取其出具的投资证明

C. 将记录投资明细账与记录总账的职务实施严格的分离

D. 由内部审计人员或其他独立人员定期盘点证券投资资产

10. 在投资活动内部控制良好的前提下,对投资业务具有审批授权的是(　　)。

A. 财务经理　　B. 高层管理机构

C. 股东大会　　D. 证券投资部经理

三、多项选择题

1. 下列审计程序中,可以用于审查长期借款入账完整性的有(　　)。

A. 向债权人询证负债金额

B. 查阅被审计单位管理部门的会议记录和文件资料

C. 审阅账簿记录并与原始凭证核对

D. 分析利息费用账户,验证利息支出的合理性

2. 短期借款入账完整性审查的手续包括(　　)。

A. 还款日期与借款合同内容核对,确定还款的及时性

B. 审查各项借款的日期、利率、还款期限及其他条件,确定有无少记短期借款或将短期借款记入长期负债账户的问题

C. 向开户银行或债权人询证

D. 分析利息费用账户

3. 为审查被审计单位是否存在未入账的长期负债业务,可选用的测试有(　　)。

A. 函证银行存款余额的同时函证银行借款业务

B. 分析财务费用,确定有无付款利息源自未入账的长期负债

C. 向被审计单位索取债务声明书

D. 审查一年内到期的长期负债是否列示在流动负债项目下

4. 在以下关于投资业务内部控制的说法中,符合要求的是(　　)。

A. 单位应当通过投资合同的签订、投资计划的编制与实施等对资产投出业务实施控制

B. 单位应针对不同的投资种类和方式拟定一套共同的管理方法,以加强对持有投资项目的安全完整、会计核算等环节的统一控制

C. 单位应当加强对外投资处置的控制,对投资收回、转让、核销等的授权批准程序作出明确的规定

D. 为确保对外投资决策合理,应当对投资建议的提出、分析、论证、立项、可行性研究、评估、决策等作出明确的规定

5. 为实现筹资交易均已记录的控制目标,实施的下列程序中,属于控制测试的有(　　)。

A. 询问借款业务的职责分工情况及内部对账情况

B. 检查董事会会议记录、借款合同、银行询证函等,确定有无未入账的交易

C. 检查被审计单位是否定期与债权人核对账目

D. 索取借款的授权批准文件,检查审批手续是否齐全

6. 审计人员在了解W公司筹资与投资循环内部控制后,准备对W公司投资业务的内部控制进行测试,以验证投资增减变动及其投资均已经登记入账,执行的主要程序有(　　)。

A. 观察并描述筹资业务职责分工

B. 了解债券持有人明细资料的保管制度,检查被审计单位是否与总账或外部机构核对

C. 检查年度内借款增减变动的原始凭证

D. 检查授权批准手续是否完备，入账是否及时准确

7. 审计人员在实施借款业务的实质性程序时，无论是短期借款还是长期借款，其均应实施的实质性程序有（ ）。

A. 评估被审计单位的信誉状况和融资能力

B. 向银行或其他债权人寄发询证函

C. 检查非记账本位币折合记账本位币采用的汇率是否正确

D. 检查一年内到期的长期借款是否转列为流动负债

8. 下列有关应付债券的内部控制的说法，不正确的有（ ）。

A. 应付债券的发行要有正式的授权程序，每次均要由总经理授权

B. 参与债券发行的会计人员记录应付债券业务

C. 债券的回购要有正式的授权程序

D. 未发行的债券必须由专人负责

9. 以下交易或业务中，通过向银行函证也无法发现的有（ ）。

A. 未向顾客开账单

B. 收到银行付款通知后不入账

C. 对同一卖方发票两次付款

D. 为管理人员私人支出不正当地付款

10. 审计人员了解长期投资的内部控制时，一般应了解的内容包括（ ）。

A. 投资项目是否经授权批准，投资金额是否及时入账

B. 是否与被投资单位签订投资合同、协议，是否获得投资证明

C. 长期投资的核算是否符合规定，收益处理是否正确，手续是否齐全

D. 有价证券的买卖是否经适当授权，是否妥善保管并定期盘点核对

四、简答题

1. 某审计人员和一位助理人员对某公司 2017 年 12 月 31 日的会计报表进行审计。该公司用剩余现金购置了数量较大的长期投资有价证券，存放于当地某银行的保险箱，并规定只有公司总经理或财务部经理可以开启保险箱。由于 12 月 31 日公司的总经理和财务经理不能陪同去银行盘点有价证券，经约定，2018 年 1 月 11 日由助理审计人员和财务经理一同去银行盘点。

【要求】

(1)假定该助理人员以前未进行过有价证券盘点，该审计人员应要求其在盘点时执行哪些审计步骤？

(2)假定该助理人员盘点后得知，公司财务经理于 1 月 4 日曾开启保险箱，并声称，开启保险箱是为了查阅一份文件。由于财务经理的上述行动，该审计人员应增加哪些审计程序？

2. ABC 会计师事务所接受委托，承办某公司 2017 年度财务报表审计业务。A 和 B 审计人员负责确定与交易类别、账户余额、列报相关的实质性测试程序。

【要求】 针对下表列示的各项认定，请代 A 和 B 审计人员列示出为实现各认定的审计目标应实施的最常用的实质性测试程序（请将答案直接填入相应表格内）。

认　定	最常用的实质性程序
长期借款存在	
长期股权投资完整性	
长期股权投资的所有权	
长期借款的列报	
长期投资的计价	

3. A 审计人员接受了某被审计单位的委托，对其筹资和投资方面事项进行审计。A 审计人员在了解被审计单位的筹资和投资环境及评估了重大错报风险后，对投资活动和筹资活动制定了控制测试和实质性分析程序。

【要求】

(1)A 审计人员对投资活动和筹资活动进行审计时的关键内部控制是什么？

(2)在筹资和投资活动中的实质性程序有哪些？

4. 审计人员审查发现，H 公司在注册后不久，其投资方之一 M 公司即有一笔与投资额相等的资金减少额，审计人员怀疑 M 公司存在抽逃资金的情况。对此，审计人员应如何实施进一步审查。

【要求】 审计人员应当如何实施进一步审计程序？

五、思考题

1. 与筹资与投资循环有关的财务报表项目有哪些？生产业务涉及哪些凭证？
2. 筹资与投资循环的重大错报风险有哪些？如何评估该循环的重大错报风险？
3. 如何对借款费用实施审计程序？
4. 筹资与投资循环的控制测试和实质性程序有哪些？
5. 实收资本和资本公积等的实质性程序有哪些？

六、案例分析题

A 审计人员接受了甲企业的委托，对甲企业的 2017 年度财务报表进行审计，在审计过程中，A 审计人员发现甲企业接受其他单位以固定资产进行的投资，该项固定资产原值 600 万元，已提折旧 120 万元，经双方协商确认的价值为 400 万元，甲企业以 480 万元作为固定资产入账价值。且其长期借款所列示的账面价值为 600 万元，但 A 审计人员通过实施审计程序后发现，甲企业可能存在没有入账的长期借款。

【要求】

(1)对于固定资产，审计人员应当如何进行调整以符合会计准则和审计准则。

(2)A 审计人员应当如何实施审计程序以了解未入账的长期借款。

第十一章 货币资金审计

一、判断题

1. 货币资金的支出要有合理、合法的凭据，并要有核准手续。（ ）

2. 库存现金的盘点一般采用突击方式进行。（ ）

3. 如果企业的其他货币资金业务比较少，审计人员可以直接执行其他货币资金的实质性审计程序。（ ）

4. 库存现金的监督盘点一般不能在资产负债表日后进行，因为盘点的目的证实资产负债表日库存现金的实际库存数。（ ）

5. 银行存款的函证一般采用否定式函证。（ ）

6. 被审计单位的一年以上的定期存款或限定用途的存款不属于流动资产，应列示在其他资产项下。（ ）

7. 被审计单位资产负债表上的银行存款余额应以编制的银行存款余额调节表调节后的数额为准。（ ）

8. 存款现金的盘点是针对现金审计的完整性目标而实施的。（ ）

9. 对于货币资金票据（如银行汇票），应在购买、保管、领用、注销等环节加强授权批准和职责分工等控制程序，明确职责权限。（ ）

10. 除了岗位分离和授权批准制度外，现金和银行存款的管理制度以及票据和相关印章的保管制度也是货币资金内部控制的要点。（ ）

二、单项选择题

1. 关于货币资金内部控制的以下情形中，没有违背不相容职务分离控制的是（ ）。

A. 出纳员承担现金收付、银行结算及货币资金的日记账核算工作，但同时兼任了会计档案保管工作

B. 出纳员兼任固定资产卡片的登记工作

C. 出纳员保管签发支票所需的全部印章

D. 出纳员兼任了收入明细账和总账的登记工作

2. 以下情形中，可能表明被审计单位货币资金内部控制存在重大缺陷的是（ ）。

A. 被审计单位指定出纳员每月必须核对银行账户，针对每一银行账户分别编制银行存款余额调节表，使银行存款账面余额与银行对账单调节相符

B. 被审计单位的财务专用章由财务负责人本人或其授权人员保管，出纳员个人名章由其

本人保管

C. 对重要货币资金支付业务，被审计单位实行集体决策授权控制

D. 被审计单位现金收入及时存入银行，特殊情况下，经开户银行审查批准方可坐支现金

3. 假设A审计人员负责审计甲公司2018年度财务报表。2019年1月5日对甲公司全部库存现金进行监盘后，确认实有现金数额为11 000元。截至2019年1月4日，甲公司库存现金账面余额为12 000元，1月5日发生的现金收支全部未登记入账，其中收入金额为33 000元、支出金额为34 000元，2019年1月1日至1月4日库存现金收入总额为165 200元、现金支出总额为165 500元，则A审计人员确认甲公司2018年12月31日的库存现金实有数是（　　）元。

A. 11 300　　B. 12 300　　C. 9 700　　D. 12 700

4. 审计人员在检查被审计单位2018年12月31日的银行存款余额调节表时，发现下列调节事项，其中有迹象表明性质或范围不合理的是（　　）。

A. "银行已收、企业未收"项目包含一项2018年12月31日到账的应收账款，被审计单位尚未收到银行的收款通知

B. "企业已付、银行未付"项目包含一项被审计单位于2018年12月31日提交的转账支付申请，用于支付被审计单位2018年12月份的电费

C. "企业已收、银行未收"项目包含一项2018年12月30日收到的退货款，被审计单位已将供应商提供的支票提交银行

D. "银行已付、企业未付"项目包含一项2018年11月支付的销售返利，该笔付款已经总经理授权，但由于经办人员未提供相关单据，会计部门尚未入账

5. 如果被审计单位某银行账户的银行对账单余额与银行存款日记账余额不符，最有效的审计程序是（　　）。

A. 检查该银行账户的银行存款余额调节表

B. 重新测试相关的内部控制

C. 检查银行存款日记账中记录的资产负债表日前后的收付情况

D. 检查银行对账单中记录的资产负债表日前后的收付情况

6. 如果审计人员要证实被审计单位在临近12月31日签发的支票是否已登记入账，最有效的审计程序是（　　）。

A. 函证当年12月31日的银行存款余额

B. 检查当年12月的支票存根和银行存款日记账

C. 检查当年12月31日的银行对账单

D. 检查当年12月31日的银行存款余额调节表

7. 被审计单位某开户银行的银行对账单余额为1 585 000元，在检查该账户银行存款余额调节表时，审计人员注意到以下事项：在途存款100 000元；未提现支票50 000元；未入账的银行存款利息收入35 000元；未入账的银行代扣水电费25 000元。假定不考虑其他因素，审计人员审计后确认的该银行存款账户余额应是（　　）元。

A. 1 635 000　　B. 1 535 000　　C. 1 595 000　　D. 1 575 000

8. 监盘库存现金是A审计人员证实甲公司资产负债表所列现金是否存在的一项重要程序，甲公司必须参加盘点的人员是（　　）。

A. 出纳员和会计主管人员　　B. 出纳员和单位负责人

C. 现金出纳员和财务经理　　　　　　D. 会计主管人员和内部审计人员

9. 针对被审计单位下列与库存现金相关的内部控制，审计人员应提出改进建议的是（　　）。

A. 每日及时记录现金收入并定期向顾客寄送对账单

B. 担任登记现金日记账的人员负责登记现金总账

C. 现金折扣需经过适当审批

D. 每日盘点库存现金并与账面余额核对

10. 下列关于货币资金审计的说法中正确的是（　　）。

A. 出纳人员可以同时从事银行对账单的获取、银行存款余额调节表的编制等工作

B. 在对银行存款实施函证程序时，通常要对所有存过款的银行都寄发询证函

C. 被审计单位资产负债表上的银行存款余额，应以编制或取得银行存款余额调节表日银行存款账户数额为准

D. 如果现金盘点不是在资产负债表日进行的，审计人员应将资产负债表日至盘点日的收付金额调整至盘点日金额

三、多项选择题

1. 在货币资金的内部控制中，关于印章保管的说法中正确的有（　　）。

A. 财务专用章和个人名章可以由一个人保管

B. 财务专用章和个人名章应该交由银行保管

C. 财务专用章和个人名章严禁由一个人保管

D. 财务专用章应由专人管理，个人名章必须由本人或者其授权人保管

E. 财务专用章和个人名章应由财务管理人员保管

2. 审计人员实施的下列各项审计程序中，能够证实银行存款是否存在的有（　　）。

A. 分析定期存款占银行存款的比例

B. 检查银行存款余额调节表

C. 函证银行存款余额

D. 检查银行存款收支截止的正确性

E. 检查银行存单

3. 一个良好的银行存款内部控制制度应该做到（　　）。

A. 按月编制银行存款余额调节表

B. 加强对银行存款收支业务的内部审计

C. 全部收支及时准确入账，支出要有核准手续

D. 银行存款收支与记账的岗位分离

E. 出纳员定期编制银行存款余额调节表

4. 为证实银行存款是否存在，审计人员取得银行存款余额调节表以后应当（　　）。

A. 核实企业是否按月编制银行存款余额调节表

B. 核实银行存款余额调节表数据计算的正确性

C. 审查大额银行存款的收支情况

D. 调查未达账项的真实性

E. 审查跨期收支情况

5. 审计人员向客户的来往银行进行函证，可以了解(　　)。

A. 资产负债表所列银行存款是否存在　　B. 银行存款收支记录的完整性

C. 是否有欠银行的债务　　D. 是否有未登记的银行借款

E. 是否存在未披露的或有负债

6. 审计人员对库存现金进行突击性盘点，可以实现的审计目标有(　　)。

A. 确定资产负债表上所列示的现金是否确实存在

B. 确定资产负债表上所列示的现金是否确实归被审计单位所有

C. 确定现金的余额是否正确

D. 确定现金在资产负债表上的披露是否恰当

E. 确定现金入账的期间是否正确

7. 一个良好的现金内部控制应该做到(　　)。

A. 控制现金坐支，当日收入现金应及时送存银行

B. 按月盘点现金，做到账实相符

C. 全部收支要有合理、合法的凭证及及时准确入账，支出要有核准手续

D. 现金收支与记账岗位分离

E. 按日盘点现金，做到账实相符

8. 下列关于库存现金盘点程序的说法中正确的有(　　)。

A. 企业各部门经营的现金都应列入盘点范围

B. 是证实资产负债表所列现金是否存在的一项重要程序

C. 对借条、未做报销的原始凭证，可以视同库存现金

D. 对存放在两处或两处以上的现金应同时进行盘点

E. 对未提现的支票应在现金监盘表中注明

9. 按照内部控制的要求，出纳人员不得兼职(　　)。

A. 开具现金收据工作　　B. 债权、债务账簿的登记工作

C. 会计档案保管　　D. 收入、支出、费用账簿的登记工作

E. 银行存款日记账的登记

10. 监督盘点库存现金一般应有下列(　　)参加。

A. 被审计单位的会计师或助理人员　　B. 被审计单位的出纳

C. 被审计单位的副总经理　　D. 被审计单位的主管会计

E. 审计人员

四、简答题

1. 假设A审计人员负责审计甲公司2018年度财务报表。2019年1月5日对甲公司全部库存现金进行监盘后，确认实有现金数额为11 000元。截至2019年1月4日，甲公司库存现金账面余额为12 000元，1月5日发生的现金收支全部未登记入账，其中收入金额为33 000元，支出金额为34 000元；2019年1月1日至1月4日，库存现金收入总额为165 200元，现金支出总额为165 500元。A审计人员确认甲公司2018年12月31日的库存现金实有数是多少元？

2. 被审计单位某开户银行的银行对账单余额为1 585 000元，在检查该账户银行存款余额调节表时，审计人员注意到以下事项：在途存款100 000元；未提现支票50 000元；未入账

的银行存款利息收入 35 000 元;未入账的银行代扣水电费 25 000 元。假定不考虑其他因素,审计人员审计后确认的该银行存款账户余额应是多少元?

3. 被审计单位 2018 年 12 月 31 日的银行调节表包括一笔“企业已付、银行未付”调节项,其内容以支票支付赊购材料款。对此,应该如何实施审计程序,可为该调节事项提供审计证据?

4. 甲审计人员在对 B 公司 2018 年财务报表进行审计时,对 B 公司的银行存款实施的审计程序中,有部分程序如下:

(1)取得 2018 年 12 月 31 日银行存款余额调节表;

(2)向开户银行寄发银行询证函,并直接收取寄回的询证函回函;

(3)取得开户银行 2019 年 1 月 31 日的银行对账单。

【要求】

(1)甲审计人员取得银行存款余额调节表后,应检查哪些内容?

(2)甲审计人员向开户银行询证的作用有哪些?

(3)甲审计人员应采取什么方式才能直接收回开户银行的询证函回函?目的是什么?

(4)甲审计人员索取开户银行 2019 年 1 月 31 日银行对账单,可以证实 2018 年 12 月 31 日银行存款余额调节表中的哪些内容?

5. 在对 A 公司 2018 年度财务报表进行审计时,B 审计人员的做法和被审计单位内部控制存在以下情况:

(1)为顺利监盘库存现金,B 审计人员在监盘前一天通知 A 公司会计主管人员提前做好监盘准备工作;

(2)为统一财务管理,提高会计核算水平,设置内部审计部,与财务部一并由财务总监管理;

(3)考虑到出纳日常工作,对库存现金的监盘时间分别定为上午 10:30 和下午 2:30;

(4)A 公司要求出纳人员在收到现金后进行账务处理;

(5)B 审计人员编写“库存现金监盘表”并签字后,形成审计工作底稿。

【要求】 不考虑其他因素,判断审计人员的做法和被审计单位内部控制是否存在不当之处,并说明理由。

五、思考题

1. 请从函证的目的、范围、方式、内容四个方面考虑函证银行存款与函证应收账款的不同点。

2. 请从监盘内容、程序、时间和要求四方面简述审计人员进行库存现金盘查与存货监盘的区别。

3. A 审计人员负责审计甲公司 2018 年财务报表。在对甲公司 2018 年度财务报表进行审计时,A 审计人员负责审计货币资金项目。甲公司在总公司和营业部均设有出纳部门。为顺利监盘库存现金,A 审计人员在监盘前一天通知甲公司会计主管人员做好监盘准备。考虑到出纳日常工作安排,对总部和营业部库存现金的监盘时间分别定在上午 10 点和下午 3 点。监盘时,出纳把现金放入保险箱,并将已办妥现金手续的交易登入现金日记账,结出现金日记账余额;然后,A 审计人员当场盘点现金,在与现金日记账核对后填写“库存现金监盘表”,并在签字后形成审计工作底稿。

【要求】 假定不考虑其他因素，请指出上述库存现金监盘工作中有哪些不当之处，并提出改进建议。

4. 为什么要对银行存款进行函证？

5. 出纳岗位有哪些职责？

六、案例分析题

1. 审计人员于剑2018年2月11日在对银河公司2017年财务报表进行审计时，其助理人员陈熙与2月13日下午5:30对该单位的库存现金进行了监盘。

当天的库存现金总账余额和库存现金日记账余额都是45 998元。清点结果如下：

(1)现金实数，100元255张，50元200张，20元302张，10元60张，5元10张，2元4张。

(2)在保险柜内发现以下凭证，已经付款尚未制证入账：

职工王伟的借款条一张，日期1月6日，金额1 500元，未经批准，也没有说明用途。

(3)银行核定库存现金限额为30 000元。

(4)2017年12月22日开出转账支票400元付给往来单位，因漏盖负责人图章被退回，后以现金付讫，对此账面未做出处理。

【要求】 指出该公司现金管理中存在的问题。

2. 审计人员在对2018年12月31日的银行存款进行审查时，查得银行存款日记账余额为58 000元，银行对账单余额为60 540元，并发现以下情况：

(1)银行从企业中扣除借款利息980元，企业未入账；

(2)企业12月28日开出转账支票一张4 280元，银行未入账；

(3)银行12月29日收到企业的外地汇款2 500元，企业未入账；

(4)企业12月29日存入转账支票一张3 260元，银行未入账；

(5)银行对账单上发现12月20日和23日收入和付出支票各一张，金额均为12 000元，企业银行存款日记账上无此记录。

【要求】 编制银行存款余额调节表，指出其中可能存在的问题，并提出进一步审查的线索。

3. A审计人员负责对甲公司2018年度的财务报表进行审计。部分与货币资金相关的主要业务流程与控制内容摘录如下：

(1)A审计人员采用询问、分析程序、观察和检查等方法，了解并记录了甲公司货币资金循环的主要业务流程和控制活动。

(2)甲公司建立了对下列职责予以分工的政策和程序：

①货币资金支付与审批；

②货币资金保管与总分类账记录；

③货币资金保管与会计档案保管以及收入、支出、费用、债权债务等账目的记账；

④库存现金、银行存款总账与日记账的登记；

⑤银行存款余额调节表的编制与复核。

(3)根据相关员工的岗位职责说明，甲公司IT部门已经在本公司计算机信息系统(简称Y系统)中设置了其相应的系统访问权限。财务经理可以根据需要修改会计及出纳人员的访问权限。

(4)出纳员每日对库存现金自行盘点，编制现金日报表，计算当日现金收入、支出及结存余额，并将结存余额与实际库存额进行核对，如有差异及时查明原因。会计主管每天检查现金日报表。

(5)每月末，会计主管指定出纳员负责核对银行存款日记账和银行对账单，编制银行存款余额调节表，使银行存款账面余额与银行对账单调节相符。如调节不符，查明原因。会计主管复核银行存款余额调节表，对需要进行账务调整的调节项目及时进行处理。

【要求】

(1)针对事项(1)，审计人员了解内部控制程序是否恰当？请简述理由，并指出应当采用哪些审计程序？请填列下表。

事项序号	了解内部控制程序是否恰当(是/否)	理由	应当采取的了解内部控制程序

(2)针对事项(2)、(3)、(4)、(5)，请分别指出甲公司有关货币资金职责分工、Y系统的设置或访问、现金管理和银行账户管理的内部控制设计是否存在缺陷，如果存在，请分别说明理由，同时提出改进建议。请填列下表。

事项序号	相关内部控制设计是否存在缺陷(是/否)	理由	改进建议
(2)			
(3)			
(4)			
(5)			

第十二章 完成审计和审计报告

一、判断题

1. 审计人员对期后事项负有主动查找并审计的责任。 ( )

2. 如果前任审计人员对期初余额出具了带说明段的审计报告，只要影响没有消除，后任审计人员仍然应当出具相同类型的审计报告。 ( )

3. 在存在控制关系的情况下，关联方如为企业时，只要关联方交易达到一定比例，就要在会计报表附注中披露关联方关系的性质、交易类型及其交易要素。 ( )

4. 强调事项段是指审计报告中位于审计意见段之前用于描述审计人员对财务报表发表保留意见、否定意见或无法表示意见理由的段落。 ( )

5. 当出具无法表示意见的审计报告时，审计人员应当在审计意见段中使用“除……的影响外”等术语。 ( )

6. 若被审计单位在可预见的将来无法持续经营，继续运用持续经营假设编制会计报表将会对会计报表使用者产生严重误导，审计人员应当出具无法表示意见的审计报告。 ( )

7. 如前任审计人员出具了带说明段的审计报告，审计人员应当考虑相关事项对本期财务报表的影响，并在审计报告中予以反映。 ( )

8. 在审计报告日至会计报表公布日期间，审计人员应当主动与被审计单位管理当局沟通，以获知在此期间的期后事项。 ( )

9. 如果审计人员无法取得充分且适当的审计证据，则可视情况发表保留意见、否定意见或拒绝表示意见。 ( )

10. 审计报告可以对审计工作质量和审计人员的审计责任起证明作用。 ( )

11. 审计报告是审计人员对被审计单位与会计报表有关的所有方面发表审计意见。 ( )

12. 如果审计范围受到限制可能产生的影响非常重大和广泛，不能获取充分、适当的审计证据，以至于无法对财务报表发表审计意见，审计人员可以出具否定意见的审计报告，也可以出具无法表示意见的审计报告。 ( )

二、单项选择题

1. 下列有关审计人员对错报进行沟通的说法中，错误的是（ ）。

A. 审计人员应当要求管理层更正审计过程中发现的超过明显微小错报临界值的错报

B. 除非法律法规禁止，审计人员应当与治理层沟通未更正错报

C. 审计人员应当与治理层沟通与以前期间相关的未更正错报对相关类别的交易、账户余额或披露以及财务报表整体的影响

D. 除非法律法规禁止，审计人员应当及时将审计过程中发现的所有错报与适当层级的管理层进行沟通

2. 下列有关项目合伙人复核的说法中，错误的是（　　）。

A. 项目合伙人无须复核所有审计工作

B. 项目合伙人通常需要复核项目组对关键领域所做的判断

C. 项目合伙人应当复核与重大错报风险相关的所有审计工作底稿

D. 项目合伙人应当在审计工作底稿中记录新复核的事项

3. 对于审计过程中各类型的错报，下列做法中，正确的是（　　）

A. 如果错报单独或汇总起来未超过实际执行的重要性，审计人员可以不要求管理层更正

B. 如果错报不影响确定财务报表整体的重要性时选定的基准，审计人员可以不要求管理层更正

C. 如果错报单独或汇总起来未超过财务报表整体的重要性，审计人员可以不要求管理层更正

D. 审计人员应当要求管理层更正审计过程中累积的所有错报

4. 下列有关审计报告日的说法中，错误的是（　　）。

A. 审计报告日可以晚于管理层签署已审计财务报表的日期

B. 审计报告日不应早于管理层书面声明的日期

C. 在特殊情况下，审计人员可以出具双重日期的审计报告

D. 审计报告日应当是审计人员获取充分、适当的审计证据，并在此基础上对财务报表形成审计意见的日期

5. 如果被审计单位对会计报表具有重要影响的关联方及其交易的披露不符合企业会计准则的要求，审计人员应当发表（　　）。

A. 无保留意见加说明段　　B. 保留意见

C. 保留意见或否定意见　　D. 保留意见或无法表示意见

6. 在被审计单位年度会计报表公布日后，如获知审计报告已经存在但尚未发现的期后事项，导致需要修改已审计会计报表，而被审计单位拒绝修改，审计人员应当（　　）。

A. 向被审计单位的主管部门通报

B. 要求被审计单位撤回已公布的年度会计报告

C. 向政府有关部门报告修改后的年度会计报表

D. 考虑是否修改审计报告

7. 审计人员于3月12日完成了对被审计单位的年度审计外勤工作并开始编写审计报告，3月18日完成审计报告初稿，后得知被审计单位于3月16日购买了另一家公司，审计人员于3月20日完成了对这一事项的审核，则最恰当的审计报告日期为（　　）。

A. 3月12日　　B. 3月18日

C. 3月30日　　D. 注明双重日期

8. 如果认为被审计单位在可预见的将来无法持续经营，继续运用持续经营假设编制会计报表将产生严重误导，但被审计单位对此做了充分披露，审计人员应当发表（　　）。

A. 带强调段的无保留意见或保留意见

B. 保留意见或无法表示意见

C. 保留意见或否定意见

D. 不带强调段的无保留意见

9. 管理层对持续经营能力进行评估时，所涵盖的期间应该是(　　)。

A. 自管理层开始评估日起12个月

B. 自资产负债表日起的12个月

C. 自资产负债表日起的1个生产经营周期

D. 自当年财务报告批准报出日起12个月

10. 审计人员对期后事项的专门审计，一般应安排在(　　)进行。

A. 审计的计划阶段　　B. 审计的实施阶段

C. 临近审计工作结束日　　D. 签约时

11. 对于截至审计报告日被审计单位仍未披露的重大或有损失，审计人员应当首先(　　)。

A. 提请被审计单位予以披露

B. 在审计报告中反映

C. 在审计报告中增设说明段予以反映

D. 编制重要事项说明，并作为审计报告附件

12. 审计人员审计或有事项时尤其关注的是或有事项的(　　)。

A. 存在　　B. 完整性

C. 列报　　D. 分类和可理解性

13. 在审查或有事项时，如果认为未决诉讼或未决仲裁案件的结果对财务报表的影响较大且不确定性程度较高，则在下列做法中，审计人员应当选择的是(　　)。

A. 在审计报告的意见段后增加强调事项段予以说明

B. 发表保留意见、否定意见或无法表示意见的审计报告

C. 视被审计单位的披露情况决定是否在审计报告中说明

D. 视被审计单位的披露情况决定怎样在审计报告中进行说明

14. 当出具(　　)的审计报告时，审计人员应当在审计意见段中使用"除……的影响外"等术语。

A. 无保留意见　　B. 保留意见

C. 否定意见　　D. 无法表示意见

15. 审计报告是审计人员在完成审计工作后向委托人提交的最终产品，下列有关审计报告特征的说法中不正确的是(　　)。

A. 审计报告具有特定的要素和格式，审计人员只有以书面形式出具报告，才能清楚表达对财务报表发表的审计意见

B. 对于小型被审计单位，审计人员可以不用执行审计工作，直接出具审计报告

C. 审计人员应当按照《中国审计人员审计准则》的规定执行审计工作

D. 审计人员通过对财务报表发表意见履行业务约定书约定的责任

三、多项选择题

1. 下列有关期后事项审计的说法中，正确的有(　　)。

A. 期后事项是指财务报表日至财务报表报出日之间发生的事项

B. 期后事项是指财务报表日至审计报告日之间发生的事项，以及审计人员在审计报告日后知悉的事实

C. 审计人员仅需主动识别财务报表日至审计报告日之间发生的期后事项

D. 审计报告日后，如果审计人员知悉某项将导致修改审计报告的事实，且管理层已就此修改了财务报表，应当对修改后的财务报表实施必要的审计程序，出具新的或经修改的审计报告

2. 下列各项错报中，通常对财务报表具有广泛影响的有（　　）。

A. 被审计单位没有披露关键管理人员薪酬

B. 信息系统缺陷导致的应收账款、存货等多个财务报表项目的错报

C. 被审计单位没有将年内收购的一家重要子公司纳入合并范围

D. 被审计单位没有按照成本与可变现净值孰低原则对存货进行计量

3. 在评价未更正错报的影响时，下列说法中，审计人员认为正确的有（　　）。

A. 未更正错报的金额不得超过明显微小错报的临界值

B. 审计人员应当从金额和性质两方面确定更正错报是否重大

C. 审计人员应当要求被审计单位更正未更正错报

D. 审计人员应当考虑与以前期间相关的未更正错报对相关类别的交易、账户余额或披露以及财务报表整体的影响

4. 审计人员对关联方及其交易的审计，并不能保证发现关联方及其交易的所有错报或漏报，这是因为（　　）。

A. 关联方及其交易的复杂性　　B. 被审计单位内部控制的局限性

C. 会计师事务所内部控制的局限性　　D. 审计测试的固有限制

5. 关联方及其交易对会计报表反映有重要影响，审计人员进行会计报表审计时应（　　）。

A. 实施必要的审计程序，查明是否存在关联方

B. 实施必要的审计程序，查明被审计单位是否与关联方进行交易

C. 提请被审计单位管理当局就关联方及其交易的披露出具声明

D. 在审计报告中提及重大的关联方及其交易

6. 如果被审计单位的或有负债发生的可能性很大，且数额可以合理估计，审计人员应当（　　）。

A. 要求被审计单位在会计报表附注中披露或有负债产生的原因及可能对会计报表的影响

B. 要求被审计单位根据可能发生的损失数额计提损失准备

C. 要求被审计单位不做调整处理，但需在报表附注中披露

D. 要求被审计单位既不做调整处理，但不必在报表附注中披露

7.（　　）情况表明，被审计单位在经营方面存在持续经营不再合理的迹象，审计人员应当予以高度关注。

A. 关键管理人员离职且无人替代　　B. 主导产品不符合国家产业政策

C. 无法获得供应商的正常商业信用　　D. 人力资源或重要原材料短缺

8. 如果被审计单位存在持续经营假设不再合理的迹象，并计划采取（　　）等缓解措施，

审计人员应当判断这些措施能否缓解对持续经营假设的影响。

A. 售后回租资产　　B. 实施资产重组

C. 获得新的投资　　D. 处置资产

E. 增加产量

9. 下列属于被审计单位在经营方面存在的可能导致对持续经营假设产生重大疑虑的事项有(　　)。

A. 无法偿还到期债务

B. 主导产品不符合国家产业政策

C. 失去主要市场、特许权或主要供应商

D. 因自然灾害、战争等不可抗力因素遭受严重损失

10. 审计人员应对(　　)时段的期后事项承担相应的责任。

A. 被审计年度内　　B. 资产负债表日至审计报告日

C. 审计报告日至财务报表公告日　　D. 财务报表公布日后

11. 在确定有关期初余额的审计证据的充分性和适当性时，审计人员应当考虑(　　)。

A. 被审计单位运用的会计政策

B. 上期财务报表是否经过审计；如果经过审计，审计报告是否为非标准审计报告

C. 账户的性质以及本期财务报表中的重大错报风险

D. 期初余额对本期财务报表的重要程度

12. 对已发现的对财务报表产生重大影响的期后事项，如果被审计单位不接受调整或披露建议，审计人员视其具体情况可能发表的审计意见包括(　　)。

A. 无保留意见　　B. 无保留意见加说明段

C. 保留意见　　D. 否定意见

13. 在对被审计单位的年度财务报表进行审计时，审计人员往往要向被审计单位的法律顾问或律师发函询证，以获取它们对(　　)的确认证据。

A. 或有事项　　B. 期后事项　　C. 审计意见　　D. 会计差错更正

14. 当审计人员出具(　　)的审计报告时，应当在审计人员的责任段之后、审计意见段之前增加说明段，清楚地说明导致所发表该意见的所有原因，并在可能情况下，指出其对财务报表的影响程度。

A. 带强调事项段的无保留意见　　B. 保留意见

C. 否定意见　　D. 无法表示意见

15. 审计人员出具的审计报告类型主要有(　　)。

A. 无保留意见审计报告　　B. 保留意见的审计报告

C. 无法表示意见的审计报告　　D. 否定意见的审计报告

四、名词解释

1. 期后事项　　2. 或有事项

3. 关联方交易　　4. 无法表示意见

5. 否定意见　　6. 无保留意见

7. 保留意见　　8. 强调事项段

五、简答题

1. 期后事项的审计程序包括哪些内容?
2. 或有事项的审计程序包括哪些内容?
3. 关联交易的审计程序包括哪些内容?
4. 什么情形下,审计人员应出具无保留意见类型的审计报告?
5. 什么情形下,审计人员应出具保留意见类型的审计报告?
6. 什么情形下,审计人员应出具否定意见类型的审计报告?
7. 什么情形下,审计人员应出具无法表示意见类型的审计报告?
8. 什么情形下,审计人员应当在审计报告中增加强调事项段?

六、业务题

1. 审计人员李涛审计 H 公司 20×7 年度财务报表,审计报告日为 20×8 年 3 月 5 日,财务报表公布日为 3 月 20 日。H 公司在资产负债表日后有如下事项:

(1)H 公司应收取甲公司一笔金额较大的货款。20×7 年 12 月 31 日,甲公司经营状况良好,并无财务困难的迹象,但在 20×8 年 3 月 10 日,甲公司发生重大火灾,无力偿还 H 公司的货款。

(2)20×7 年 5 月,由于 H 公司未能履行供货合同,使乙公司遭受 4 000 万元损失,乙公司已在 20×7 年 10 月通过法律途径索赔。20×8 年 3 月 16 日,法院一审判决 H 公司赔偿乙公司经济损失 3 000 万元,H 公司决定接受判决。

(3)H 公司内部审计人员于 20×8 年 3 月 21 日发现 20×7 年度已审财务报表存在 100 万元的重大错报,并向公司最高管理层做了汇报。

【要求】

(1)假定审计人员李涛在 20×8 年 3 月 11 日获知甲公司发生火灾,并于当日实施了必要审计程序后,应当提请 H 公司如何处理?

(2)审计人员李涛在 20×8 年 3 月 17 日获知 H 公司需要赔偿乙公司经济损失后,于 3 月 18 日实施了追加审计程序,并已作适当处理。请简要说明审计人员李涛确定的审计报告日期及其理由。

(3)假定审计人员李涛在 20×8 年 3 月 22 日获知 H 公司已审财务报表中存在 100 万元的重大错报,如不改正,将影响报表使用者的判断。请问审计人员李涛应当采取何种最适当的补救措施?

2. K 公司 20×7 年度净利润为 16 万元,审计人员发现该公司账面反映的在建工程——2 号流水线工程,该项目 20×7 年度因与施工方发生了质量纠纷,处于停建状态,该公司 20×7 年度对上述项目利息资本化金额为 900 万元。

【要求】

(1)请问审计人员是否需要提出审计处理建议?若需提出审计调整建议,请直接列示审计调整分录(审计调整分录均不考虑对 K 公司 20×7 年度的企业所得税、期末结转损益及利润分配的影响)。

(2)如果考虑审计重要性水平,假定 K 公司拒不接受审计人员的有关审计处理建议。请指出审计人员应出具何种类型的审计报告,并简要说明理由。

3. S公司20×7年会计报表的资产总额为7 065万元，利润总额为982万元。审计人员对S公司20×7年会计报表审计时发现该公司20×7年对a公司投资2 280万元，占a公司股权比例为33%。到20×7年底，该公司累计投资收益1 940万元，其中20×7年列计1 185万元。但该公司未提供a公司20×3年和20×7年的会计报表，受客观条件限制，审计人员未能对a公司实施审计，因而无法确认该项投资收益。

【要求】 请问审计人员应发表什么意见类型的审计报告？

4. 审计人员对M公司20×7年度的会计报表进行了审计，发现20×7年12月27日，由于A公司状告M公司侵犯其专利权，要求赔偿300万元，截至20×7年12月31日，该诉讼案正在审理中，无法预计其最有可能的赔偿金额。没有其他应调整未调整事项。

【要求】 请问审计人员是否需要提出审计处理建议？如果需要，应做出什么审计处理建议？如果被审单位接受该审计处理建议，审计人员应当在审计报告中如何反映？

第十三章

内部控制审计

一、判断题

1. 企业内部控制审计是指会计师事务所接受委托，对特定基准日内部控制设计与运行的有效性进行审计。（　　）

2. 在内部控制审计中，审计人员应当对整个内部控制的有效性发表审计意见，并对内部控制审计过程中注意到的非财务报告内部控制的重大缺陷，在内部控制审计报告中增加“非财务报告内部控制重大缺陷描述段”予以披露。（　　）

3. 建立健全和有效实施内部控制，评价内部控制的有效性是企业董事会的责任。（　　）

4. 审计人员只有实施了必要的审计程序，才能对内部控制的有效性发表意见。（　　）

5. 在整合审计中，内部控制测试目的之一是获取充分、适当的证据，支持其在财务报表审计中对内部控制有效性发表的意见。（　　）

6. 在内部控制审计中，审计人员应当执行穿行测试，了解潜在错报的可能来源。（　　）

7. 在内部控制审计中，与控制相关的风险越高，审计人员需要获取的证据就越少。（　　）

8. 在内部控制审计中，审计人员在测试所选定控制的有效性时，应当根据与控制相关的风险，确定所需获取的证据。（　　）

9. 在内部控制审计中，审计人员在评价期末财务报告流程时，应当包括期末财务报告流程涉及的经营场所。（　　）

10. 在内部控制审计中，审计人员在评价期末财务报告流程时，不包括管理层和治理层对期末财务报告流程进行监督的性质及范围。（　　）

二、单项选择题

1. 针对企业内部控制审计中控制测试的涵盖期间，以下说法不恰当的是（　　）。

A. 针对所有重要账户和列报的每个相关认定，审计人员应当三年至少测试一次

B. 对控制有效性的测试涵盖的期间越长，提供的控制有效性的审计证据越多

C. 如果已获取有关控制在期中运行有效性的审计证据，审计人员应当确定还需要获取哪些补充审计证据，以证实剩余期间控制的运行情况

D. 在整合审计中，控制测试所涵盖的期间应当尽量与财务报表审计中拟信赖内部控制的期间保持一致

2. 下列有关整合审计的说法中，错误的是（　　）。

A. 审计人员将内部控制审计与财务报表审计整合进行，即整合审计

B. 在整合审计中，内部控制测试目的之一是获取充分、适当的证据，支持其在财务报表审计中对控制风险的评估结果

C. 在整合审计中，内部控制测试目的之一是获取充分、适当的证据，支持其在财务报表审计中对财务报表发表的意见

D. 在整合审计中，内部控制测试目的之一是获取充分、适当的证据，支持其在财务报表审计中对内部控制有效性发表的意见

3. 在内部控制审计中，审计人员应当评价财务报表审计中实施的实质性程序的结果对控制有效性结论的影响。以下不属于审计人员需要评价的内容的是（ ）。

A. 实施审计抽样发现的错报

B. 发现的违反法规行为和关联方交易方面的问题

C. 审计人员做出的、与选择和实施实质性程序相关的风险评估，尤其是与舞弊相关的风险评估

D. 表明管理层在选择会计政策和做出会计估计上存在偏见的情况

4. 关于财务报告内部控制审计与财务报表审计，下列说法中，不正确的是（ ）。

A. 在财务报表审计中，也要求审计人员了解企业的内部控制，并在必要时测试内部控制

B. 在财务报表审计中，审计人员应当了解和测试内部控制

C. 在内部控制审计中，审计人员在对内部控制有效性形成结论时，应当同时考虑财务报表审计中实施的、所有针对控制设计和运行有效性测试的结果

D. 在内部控制审计中，审计人员应当评价财务报表审计中实施的实质性程序的结果对控制有效性结论的影响

5. 在计划审计工作时，审计人员需要评估是否利用他人的工作以及利用的程度，以减少可能本应由审计人员执行的工作。以下不属于审计人员可以利用的人员的是（ ）。

A. 管理层　　B. 内部控制评价人员

C. 企业的内部审计人员　　D. 审计委员会指导下的第三方

6. 计划审计工作时，审计人员需要评估是否利用他人的工作以及利用程度。以下对利用他人工作需要考虑的因素中，不恰当的是（ ）。

A. 评价该人员的专业胜任能力和客观性

B. 评价他人的专业胜任能力时考虑其专业资格、专业经验与技能等相关因素

C. 某项控制相关的风险越高，可利用他人工作的程度将增强

D. 更多利用企业内部负责监督、稽核或合规工作人员的工作

7. 在内部控制审计中，审计人员需要了解的企业层面控制内容中，不包括（ ）。

A. 针对重大经营控制及风险管理实务的政策

B. 对期末财务报告流程的控制

C. 易于发生错报的程度

D. 被审计单位的风险评估过程

8. 在内部控制审计中，审计人员为识别重要账户、列报及其相关认定应当从下列方面评价财务报表项目及附注的错报风险因素，其中不恰当的是（ ）。

A. 潜在错报的可能来源

B. 账户中处理的或列报中反映的交易的业务量、复杂性及同质性

C. 账户发生损失的风险

D. 与账户或列报相关的会计处理及报告的复杂程度

9. 在内部审计中，审计人员应当执行下列工作，了解潜在错报的可能来源以选择拟测试的控制。其中不恰当的是(　　)。

A. 了解与相关认定有关的交易的处理流程，包括这些交易如何生成、批准、处理及记录

B. 穿行测试

C. 验证审计人员已识别出业务流程中可能发生重大错报的环节

D. 识别管理层用于及时防止或发现未经授权的、导致重大错报的资产取得、使用或处置的控制

10. 在内部控制审计中，关于与控制相关的风险的说法中，不恰当的是(　　)。

A. 在测试所选定控制的有效性时，审计人员应当根据与控制相关的风险，确定所需获取的证据

B. 与控制相关的风险包括控制可能无效的风险和因控制无效而导致重大缺陷的风险

C. 与控制相关的风险越高，审计人员需要获取的证据就越少

D. 相关账户、列报及其认定的固有风险

三、多项选择题

1. 在内部控制审计中，审计人员应当对期末财务报告流程进行评价。以下内容属于期末财务报告流程的内容的有(　　)。

A. 编制财务报表的程序

B. 对财务报表进行调整的程序

C. 账户记录中涉及的关联方交易

D. 总分类账中会计分录的编制、批准等处理程序

2. 以下对企业内部控制审计的理解中，正确的有(　　)。

A. 企业内部控制审计是审计人员针对特定基准日内部控制设计与运行有效性发表意见，而不是针对财务报表涵盖的整个期间的内部控制设计与运行有效性发表意见

B. 企业内部控制审计不仅仅只测试特定基准日当天的内部控制设计与运行的有效性，而是需要考察足够长的运行时间，才能得出是否有效的结论

C. 企业内部控制审计是指会计师事务所接受委托，对企业某一期间内部控制设计与运行的有效性进行审计

D. 企业内部控制审计是指会计师事务所接受委托，对特定基准日内部控制设计与运行的有效性进行审计

3. 针对企业内部控制审计，以下关于企业董事会和审计人员的责任的说法中，正确的有(　　)。

A. 按照《企业内部控制审计指引》的要求，在实施审计工作的基础上，对财务报告内部控制的有效性发表审计意见，并对注意到的非财务报告内部控制的重大缺陷进行披露是审计人员的责任

B. 建立健全和有效实施内部控制，评价内部控制的有效性是企业董事会的责任

C. 审计人员应当对整个内部控制的有效性发表审计意见，并对内部控制审计过程中注意到的非财务报告内部控制的重大缺陷，在内部控制审计报告中增加“非财务报告内部

控制重大缺陷描述段"予以披露

D. 审计人员只有实施了必要的审计程序，才能对内部控制的有效性发表意见

4. 在计划审计工作时，审计人员应当评价下列事项对财务报告内部控制的影响。以下事项中，需要审计人员评价的有（　　）。

A. 企业组织结构、经营特点和资本结构等相关重要事项

B. 与企业沟通过的内部控制缺陷

C. 重要性水平

D. 相关法律法规和行业概况

5. 在内部控制审计中，审计人员应当评价期末财务报告流程具体包括（　　）。

A. 期末财务报告流程涉及的经营场所

B. 被审计单位财务报表的编制流程，包括输入、处理及输出

C. 调整分录及合并分录的类型

D. 管理层和治理层对期末财务报告流程进行监督的性质及范围

6. 针对企业内部控制审计，审计人员应当在总体审计策略中体现的内容有（　　）。

A. 根据职业判断，考虑用以指导项目组工作方向的重要因素

B. 确定执行业务所需资源的性质、时间安排和范围

C. 确定审计业务特征，以界定审计范围

D. 明确审计业务的报告目标，以计划审计的时间安排和所需沟通的性质

7. 针对企业内部控制审计，下列属于审计人员具体审计计划内容的有（　　）。

A. 测试控制设计有效性的程序的性质、时间安排和范围

B. 考虑初步业务活动的结果

C. 了解和识别内部控制的程序和性质、时间安排和范围

D. 测试控制运行有效性的程序的性质、时间安排和范围

8. 针对内部控制审计业务中控制测试的时间安排，以下说法恰当的有（　　）。

A. 如果与所测试的控制相关的风险越高，需要获取的证据就越多，审计人员应当取得一部分更接近基准日的证据

B. 如果审计人员认为新的控制能够满足控制的相关目标，而且新控制已运行足够长的时间，足以使审计人员通过实施控制测试评估其设计和运行的有效性，则审计人员不再需要测试被取代的控制的设计和运行有效性

C. 如果被取代的控制的运行有效性对审计人员执行财务报表审计时的控制风险评估具有重要影响，审计人员应当适当地测试这些被取代的控制的设计与运行的有效性

D. 如果与所测试的控制相关的风险越低，审计人员应当取得一部分更接近基准日的证据

9. 针对内部控制审计中的自动化控制测试，以下说法恰当的有（　　）。

A. 如果审计人员认为一个或一个以上重要的信息技术一般控制无效，审计人员需要评估其对总体信息技术环境以及对任何依赖这些信息技术一般控制的自动化控制的持续有效性的影响

B. 如果重要的信息技术一般控制无效，且无法获得其他代替证据以证实关键的自动化控制自其上次被测试后未发生变化，审计人员在执行内部控制审计时，通常就需要获取有关该自动化控制在接近基准日的期间内是否有效运行的证据

C. 如果信息技术一般控制有效且关键的自动化控制未发生任何变化，审计人员应当对该

自动化实施前推测试

D. 如果审计人员在其中对重要的信息技术一般控制实施了测试，则通常还需要对其实施前推程序

10. 以下属于针对凌驾风险采用的控制的有(　　)。

A. 针对关联方的交易

B. 与管理层的重大估计相关的控制

C. 建立内部投诉举报制度

D. 不恰当操纵财务结果的动机及压力的机制

四、业务题

1. W 会计师事务所的李审计人员担任甲公司 20××年财务报表审计和内部控制审计的项目合伙人，李审计人员认为甲公司财务报告内部控制不存在重大缺陷，但存在一项重大事项需要提请内部控制审计报告使用人注意。假定均为独立事项，不考虑其他条件，请问审计人员李应该出具哪种类型的审计报告？简要说明理由。

2. W 会计师事务所的李审计人员担任乙公司 20××年财务报表审计和内部控制审计的项目合伙人。李审计人员在审计过程中发现，某项控制对甲公司经营的效率效果控制目标的实现有重大不利影响，确定该项控制属于非财务报告内部控制缺陷为重大缺陷，假定均为独立事项，不考虑其他条件，请问审计人员李应该如何处理？

3. W 会计师事务所的李审计人员担任丙公司 20××年财务报表审计和内部控制审计的项目合伙人，李审计人员在审计过程中发现审计范围受到丙公司的限制，多次沟通毫无效果，李审计人员应该如何处理？

4. W 会计师事务所的李审计人员担任丁公司 20××年财务报表审计和内部控制审计的项目合伙人，李审计人员在审计过程中知悉丁公司对内部控制自我评价基准日内部控制有效性有重大负面影响的期后事项，因此对本年财务报告内部控制发表保留意见。假定均为独立事项，不考虑其他条件，请指出李审计人员的做法是否恰当，简要说明理由。

5. W 会计师事务所的李审计人员担任立达公司 20××年财务报表审计和内部控制审计的项目合伙人。李审计人员在审计过程中针对内部控制进行审计时，立达公司管理层拒绝提供书面声明，李审计人员应如何处理？

五、思考题

1. 在内部控制审计中，如果已获取有关控制在期中运行有效性的审计证据，审计人员应当确定还需要获取哪些补充证据，以证实剩余期间控制的运行情况？在将期中测试的结果前推至基准日时，审计人员至少应当考虑哪些因素，以确定需获取的补充证据？

2. 针对审计人员完成内部控制审计工作后所出具的内部控制审计报告，以下说法是否恰当："审计人员需要在审计报告中清楚地表达对内部控制有效性的意见，并对内部控制有效性负责。"

3. 在内部控制审计中，审计人员为了形成对内部控制有效性的意见，需要从哪些来源获取审计证据？

第十四章 审计职业道德和独立性

一、判断题

1. 审计人员在签订业务约定书时，应当书面承诺对在执行业务过程中获知的客户信息保密，不能在没有取得客户同意的情况下泄露任何客户的商业秘密。（　）

2. 对于审计客户，要求会计师事务所、鉴证小组成员均独立于审计客户。基于同样的考虑，在向非审计客户提供鉴证业务时，也要求会计师事务所和鉴证小组成员独立于非审计鉴证客户。（　）

3. 承接了主要工作由其他专家完成的业务是不违反职业道德规范的。（　）

4. 会计师事务所对无法胜任或不能按时完成的业务，应寻求专业人士的帮助。（　）

5. 审计人员可以对其能力进行广告宣传，但不得诋毁同行。（　）

6. 会计师事务所和鉴证小组成员应当考虑执业环境、对独立性的威胁和能够消除威胁或将其降至可接受水平的防范措施，并将这一决策过程做出书面文件记录。（　）

7. 审计人员在执业过程中发现自己无法胜任此项工作，应当出具无法表示意见的审计报告。（　）

8. 如果会计师事务所坚持不同意审计客户对某项交易的会计处理，审计客户可能不将计划中的非鉴证服务合同提供给该会计师事务所，该情形将产生外在压力的威胁。（　）

9. 会计师事务所推介审计客户的股份将产生外界压力的威胁。（　）

10. 如果会计师事务所的商业利益或活动可能与客户存在利益冲突，审计人员应该拒绝接受委托或解除业务约定。（　）

二、单项选择题

1. 审计人员不仅在实质上保持独立性，而且还努力在形式上保持独立性，其主要目的是（　）。

A. 以保持确实能够在实质上独立

B. 维护社会公众对审计人员职业的信任

C. 以保持审计人员公正的心理状态

D. 遵守中国审计人员审计准则

2. 下列选项中，不符合专业胜任能力要求的是（　）。

A. 在执行财务报表审计时，对或有事项向相关律师进行咨询

B. 在对特殊存货进行计价测试时，请专业评估师帮助确认存货计价

C. 在执行财务报表审计时，在某特殊审计领域向有经验的其他审计人员寻求帮助

D. 在对某集团合并财务报表进行审计时，由于该会计师事务所从未审计过合并财务报表，向其他会计师事务所有经验的审计人员寻求帮助

3. 下列选项中，会计师事务所违反保密义务的是(　　)。

A. 后任审计人员在取得了被审计单位口头授权后向前任审计人员请求查阅审计工作底稿，前任审计人员向后任审计人员提供了支持

B. 某利害关系人向法院起诉会计师事务所，要求会计师事务所承担民事赔偿责任，会计师事务所未经被审计单位授权，向法院提交相关工作底稿作为抗辩的证据

C. 未经被审计单位授权，向监管机构报告发现的违反法规行为

D. 接受审计人员协会依法进行的质量检查，并提供所要求的工作底稿，但未取得客户授权

4. 审计人员职业道德规范的基本原则中，既要求审计人员具有专业知识、技能和经验，又要求其经济、有效地完成客户委托的业务的是(　　)。

A. 独立客观公正　　B. 专业胜任能力

C. 保密　　D. 职业行为

5. 下列情况中，对审计人员执行审计业务的独立性影响最大的是(　　)。

A. 审计人员的母亲退休后担任被审计单位工会的文艺干事

B. 审计人员的配偶现在是被审计单位开户银行的业务骨干

C. 审计人员的一位朋友拥有被审计单位的股票

D. 审计人员的妹妹大学毕业后在被审计单位担任现金出纳

6. 下列各情况中，不影响会计师事务所和审计人员独立性的是(　　)。

A. 审计人员的父亲拥有被审计单位 1 000 股股票

B. 审计人员的弟弟是被审计单位的副董事长

C. 审计人员的中学同学是被审计单位的一名汽车驾驶员

D. 会计师事务所的办公用房是向被审计单位租用的

7. 如果会计师事务所采取维护独立性的措施不足以消除威胁独立性因素的影响或将其降至可接受水平时，会计师事务所应当(　　)。

A. 以或有收费形式收取审计费用

B. 对该报表发表非标准无保留意见

C. 将威胁独立性的鉴证小组成员调离鉴证小组

D. 拒绝承接业务或解除业务约定

8. 会计师事务所不得为同一家上市公司同时提供(　　)。

A. 审计年报和纳税申报　　B. 审计年报和代编财务报表

C. 审计年报和 IT 系统服务　　D. 审计年报和法律服务

9. 下列不属于审计人员基本原则的是(　　)。

A. 职业行为　　B. 专业胜任能力　　C. 保密　　D. 廉洁

10. 审计人员的下列行为中，不违反职业道德规范的是(　　)。

A. 承接了主要工作需由事务所外专家完成的业务

B. 按服务成果的大小进行收费

C. 不以个人名义承接一切业务

D. 对自己的能力进行广告宣传

三、多项选择题

1. 下列各项中，不符合审计人员职业道德规范的有（　　）。

A. 雇佣正在其他会计师事务所执业的审计人员

B. 对其能力进行广告宣传

C. 允许其他单位以本所的名义承办业务

D. 以降低收费方式招揽业务

2. 审计小组成员李莉的丈夫是甲公司的股东，下列防范措施能够消除威胁独立性情形的有（　　）。

A. 李莉审计甲公司前要求其丈夫出售持有甲公司的全部股份

B. 将李莉调离审计小组

C. 在审计报告意见段后增加强调事项段

D. 请其他审计人员复核李莉的审计工作底稿

3. 下列可能威胁独立性情形的有（　　）。

A. 收费主要来源于某一鉴证客户

B. 与鉴证客户不存在专业服务收费以外的经济利益

C. 为鉴证客户编制属于鉴证业务对象的数据或其他记录

D. 鉴证客户的董事、经理或其他关键管理人员是会计师事务所的前高级管理人员

4. 审计人员为了实现其执业目标，必须遵守的基本原则有（　　）。

A. 独立、客观、公正　　B. 专业胜任能力和应有的关注

C. 保密和职业行为　　D. 技术准则

5. 以下关于独立、客观、公正表达正确的是（　　）。

A. 如果审计人员与客户之间不能保持独立，存在经济利益、关联关系，或屈从外界压力，就很难取信于社会公众

B. 审计人员应当力求公平，不因成见或偏见、利益冲突和他人影响而损害其客观性

C. 审计人员既不得接受，也不得提供可被合理认为对其职业判断或对其业务交往对象产生重大不当影响的礼品或款待，尽量避免使自己专业声誉受损的情况

D. 审计人员在提供专业服务时，应当坦率、诚实，保证公正，无论提供何种服务、担任何种职务，审计人员都应维护其专业服务的公正性，并在判断中保持客观

6. 如果鉴证小组成员与鉴证客户存在雇佣关系则对独立性产生威胁，会计师事务所应当采取的防范措施可能包括（　　）。

A. 考虑修改鉴证业务的鉴证计划的适当性或必要性

B. 委派一个与加入鉴证客户的人员相比有足够经验的鉴证小组执行以后的鉴证业务

C. 请鉴证小组以外的其他审计人员复核已做的工作，或在必要时提供建议

D. 对鉴证业务进行质量控制复核

7. 下列各项中，符合审计人员职业道德规范的有（　　）。

A. 会计师事务所没有以降低收费方式招揽业务

B. 会计师事务所为争取更多的客户对其能力做广告宣传

C. 会计师事务所允许有条件的其他单位以本所名义承办业务

D. 会计师事务所没有雇用正在其他会计师事务所执业的审计人员

8. 下列行为中，审计人员违反保密原则的有（　　）。

A. 与客户发生意见分歧时，诉诸媒体

B. 接受同业复核，提供审计工作底稿

C. 向监管机构报告发现的违反法规行为

D. 利用获知的客户信息买卖客户的股票

9. 如果被要求提供第二次意见，审计人员应当评价威胁的重要程度，并在必要时采取（　　）防范措施消除威胁或将其降至可接受水平。

A. 在与客户的沟通函件中阐述审计人员意见的局限性

B. 征得客户同意，与现任审计人员进行沟通

C. 在审计报告中提及现任审计人员的工作

D. 向现任审计人员提供第二次意见的复印件

10. 以下属于会计师事务所层面的防范措施的有（　　）。

A. 实施和监控项目质量控制的政策和程序

B. 制定有关政策和程序，以防止项目组以外的人员对业务结果产生不当影响

C. 向客户的独立董事、行业监管机构或其他审计人员等独立第三方咨询

D. 向客户治理层披露服务性质和收费金额

四、简答题

1. 什么是审计人员的职业道德？判别下列做法是否违背职业道德，并简要说明理由，如违背职业道德还要说明违背哪方面的规定：

（1）甲会计师事务所雇用了熟悉银行审计业务的乙会计师事务所的审计人员黄小冰参加对本所客户大华银行的审计工作。

（2）甲会计师事务所与某客户签订的审计业务约定书约定：审计费用为 100 万元，客户在甲会计师事务所提交审计报告时支付一半的审计费用，剩余一半视该公司股票能否发行上市再决定是否支付。

（3）某客户要求甲会计师事务所在出具审计报告的同时，提供正式的纳税鉴证意见。为此，双方另行签订了业务约定书。

（4）某客户在 H 国设有分支机构，H 国允许会计师事务所通过广告招揽业务。因此，甲会计师事务所委托其客户在 H 国的分支机构，在该国媒体进行广告宣传以招揽该国在中国设立的企业的审计业务，相关广告费已由甲会计师事务所支付。

2. A 银行拟申请公开发行股票，委托甲会计师事务所审计其 2016 年、2017 年和 2018 年度会计报表，双方于 2018 年底签订审计业务约定书。假定甲事务所及其审计小组成员与 A 银行存在以下情况：

（1）甲事务所与 A 银行签订的审计业务约定书约定：审计费用为 150 万元，A 银行在甲事务所提交审计报告时支付 50%的审计费用，剩余 50%视股票能否发行上市决定是否支付。

（2）2017 年 7 月，甲事务所按照正常借款程序和条件，向 A 银行以抵押贷款方式借款 100 万元，用于购置办公用房。

（3）甲事务所的合伙人 A 审计人员目前担任 A 银行的独立董事。

（4）审计小组负责人 B 审计人员 2016 年曾担任 A 银行的审计部经理。

(5)审计小组成员C审计人员自2017年以来一直协助A银行编制会计报表。

(6)审计小组成员D审计人员的妻子自2015年度起一直担任A银行的统计员。

【要求】 分别判断上述6种情况下,审计人员的独立性是否受到损害,并简要说明理由。

3. ABC会计师事务所接受委托,对甲公司2018年度财务报表进行审计。A审计人员作为项目负责人,根据审计业务的要求,组建了甲公司审计项目组。假定存在下列情形:

(1)A审计人员以市场价格购买甲公司开发的房产一套,并一次性支付房款150万元。

(2)A审计人员的母亲于2017年购买甲公司发行的企业债券,面值2 000元,即将到期。

(3)接受委托后,项目组成员B被甲公司聘为独立董事。为保持独立性,在审计业务开始前,ABC会计师事务所将其调离项目组。

(4)ABC会计师事务所合伙人C不属于项目组成员,其妻子继承父亲遗产,其中包括甲公司内部职工股20 000股。

(5)项目组成员D的堂兄在甲公司担任后勤部副主任。

【要求】 针对上述情形,分别判断是否对审计独立性构成威胁,并简要说明理由。

4. V公司系ABC会计师事务所的常年审计客户。2017年11月,ABC会计师事务所与V公司续签了审计业务约定书,审计V公司2018年度财务报表。假定存在以下情形:

(1)V公司由于财务困难,应付ABC会计师事务所2017年度审计费用100万元一直没有支付。经双方协商,ABC会计师事务所同意V公司延期至2018年底支付。在此期间,V公司按银行同期贷款利率支付资金占用费。

(2)V公司由于财务人员短缺,2018年向ABC会计师事务所借用一名审计人员,由该审计人员将经会计主管审核的记账凭证录入计算机信息系统。ABC会计师事务所未将该审计人员包括在V公司2018年度财务报表审计项目组。

(3)甲审计人员已连续5年担任V公司年度财务报表审计的签字审计人员。根据有关规定,在审计V公司2018年度财务报表时,ABC会计师事务所决定不再由甲审计人员担任签字审计人员。但在成立V公司2018年度财务报表审计项目组时,ABC会计师事务所要求其继续担任外勤审计负责人。

(4)由于V公司降低2018年度财务报表审计费用近1/3,导致ABC会计师事务所审计收入不能弥补审计成本,ABC会计师事务所决定不再对V公司下属的2个重要的销售分公司进行审计,并以审计范围受限为由出具了保留意见的审计报告。

(5)ABC会计师事务所针对审计过程中发现的问题,向V公司提出了会计政策选用和会计处理调整的建议,并协助其解决相关账户调整问题。

【要求】 请根据中国审计人员职业道德守则有关独立性的规定,分别判断上述五种情形是否对ABC会计师事务所的独立性造成损害,并简要说明理由。

五、思考题

1. 什么是职业道德框架?
2. 审计独立性指的是什么?
3. 审计人员应当如何避免违反审计独立性?
4. 会计师事务所应当如何避免违反审计独立性?
5. 会计师事务所如何实施质量控制?

六、案例分析题

X公司为一家上市公司，主要从事小型电子消费品的生产和销售，所有的经营活动以及财务处理都经过计算机系统处理，委托A会计师事务所审计其2017年度财务报表，A会计师事务所委派甲审计人员为该项目负责人，甲审计人员考虑到事务所没有相应计算机知识以及会计电算化审计经验，聘请外部专家加入项目组。甲审计人员在审计过程中，发现数项重大错报，提请X公司调整，X公司拒绝调整，且不签署必要的管理层声明，甲审计人员拟出具保留意见的审计报告。X公司获悉此种情况，以解除业务关系威胁甲审计人员，逼迫其出具标准无保留意见。甲审计人员将该种情况上报给事务所，事务所决定解除业务约定。X公司决定委托B会计师事务所审计其2017年度财务报表，A会计师事务所得知这种情况后，主动将审计X公司时发现的情况提供给B会计师事务所，B会计师事务所不顾A会计师事务所所提供情况对其产生的威胁，与X公司管理层协商后，接受了委托。X公司承诺，如果报告满意，将另外支付审计费用。B会计师事务所得知乙审计人员的妻子是X公司的财务总监，鉴于其对X公司的熟悉，决定任命其为项目负责人，乙审计人员发表了标准无保留意见。

【要求】 请说明上述资料中存在的不足，并简要说明原因。

参考答案

第一章　审计概述

一、判断题

1. √	2. ×	3. ×	4. √	5. ×
6. ×	7. ×	8. √	9. ×	10. ×
11. √	12. √	13. ×	14. √	15. √
16. √	17. ×	18. √	19. √	20. ×

二、单项选择题

1. A	2. D	3. B	4. C	5. A
6. B	7. B	8. B	9. A	10. C
11. B	12. D	13. C	14. C	15. D
16. B	17. B	18. C	19. B	20. B

三、多项选择题

1. ABCD	2. ACD	3. ABC	4. BCD	5. CD
6. AB	7. ABC	8. ABCD	9. CE	10. ABCD
11. ABC	12. AB	13. ABCD	14. ABCD	15. ABC
16. CD	17. CD	18. ABCDE	19. DE	20. ABD

四、简答题

1. 一般认为审计具有三种职能:经济监督、经济鉴证、经济评价。

经济监督职能,是指通过审计,监察和督促被审计单位的经济活动在规定的范围内是否沿着正常轨道健康运行;监察和督促有关经济责任人履行经济责任情况,借以揭露违法违纪、稽查损失浪费,查明错误弊端,判断管理缺陷进而追究经济责任。经济监督是审计的基本职能,不仅国家审计具有经济职能,社会审计和内部审计都具有经济监督职能。

经济鉴证职能,是指审计机构和审计人员对被审计单位会计报表及其他经济资料进行检查和验证,确定其财务状况和经营成果是否真实、公允、合法、合规,并出具书面证明,以便为审计的授权人或委托人提供确切的信息 ,并取信于社会公众的一种职能。审计的经济鉴证职能 ,包括鉴定和证明两个方面。

经济评价职能,是指审计机构和审计人员对被审计单位的经济资料及经济活动进行审查,并依据一定的标准对所查明的事实进行分析和判断,肯定成绩,指出问题,总结经验,寻求改善管理和提高效率、效益的途径。审计的经济评价职能,包括评定和建议两个方面。评价的过程,也是肯定成绩、发现问题的过程,其建议往往是根据存在问题提出的,以利于被审计单位克服缺点、纠正错误、改进工作。

2.

(1)范围和作用的侧重面有所不同。内部审计既要审查会计账目、会计行为和财政财务收支活动,更要注重审查企业的产供销等各项经济活动或行政事业单位的有关业务活动;不仅要实行事后审计,而且更注重实行事前审计;既要查错防弊,起防护性作用,更要注重为改善经营管理和提高经济效益提供建议,起建设性作用。实施内部审计,有利于监督部门、单位遵守政府的制度法令,完善和加强内部控制制度,协助内部人员有效地履行其职责,保护财产安全完整,经济而有效地利用各种资源,并保证经济信息的正确、可靠。

(2)从工作深度上看,内部审计机构是部门、单位常设的专职机构,熟悉部门、单位内部的情况,并有充分时间有针对性地做细致的审查。

外部审计与内部审计相互合作,互为补充,是当代审计的一大特点。健全的内部审计制度,可为外部审计提供可信赖的资料,减少外部审计的工作量。在中国,内部审计不仅是部门、单位内部经济管理的重要组成部分,而且作为国家审计的基础,被纳入审计监督体系。

3. 民间审计人员的职业道德是指在审计实践中应当遵循的行为规范,是对审计人员思想意识、品德修养等方面规定的基本要求。

中国审计人员协会发布的《中国审计人员职业道德基本准则》规定了五个方面职业道德具体的内容:一般原则、专业胜任能力与技术规范、对客户的责任、对同行的责任、其他责任。

4. 按审计的执行地点分类可以分为就地审计和报送审计。

就地审计是指审计人员直接到被审计单位进行的审计。就地审计的优点是可以减少被审计资料往返传递的时间,保证审计资料的安全,并且有助于审计人员深入现场,迅速获取审计证据,保证审计质量。就地审计是一种普遍采用的审计方法。

报送审计是指审计人员在审计组织所在地对被审计单位报送的资料进行的审计。报送审计的优点是省力省时,但难以从报送资料中发现问题。

5.

认定	各类认定的含义	具体审计目标
发生	记录的交易和事项已发生,且与被审计单位有关	已记录的交易是真实的
准确性	与交易和事项有关的金额及其他数据已恰当记录	已记录的交易是按正确金额反映的
截止	交易和事项已记录于正确的会计期间	接近于资产负债表日的交易记录于恰当的期间
存在	记录的资产、负债和所有者权益是存在的	记录的金额确实存在
权利和义务	记录的资产由被审计单位拥有或控制,记录的负债是被审计单位应当履行的偿还义务	已存在的金额均已记录/已发生的交易确实已经记录
完整性	所有应当记录的资产、负债和所有者权益均已记录/所有应当记录的交易和事项均已记录	已存在的金额均已记录/已发生的交易确实已经记录
计价和分摊	资产、负债和所有者权益以恰当的金额包括在财务报表中,与之相关的计价和分摊调整已恰当记录	资产、负债和所有者权益以恰当的金额包括在财务报表中,与之相关的计价和分摊调整已恰当记录

五、业务题

1.

相关认定	审计目标	实质性程序
发生	所记录的采购交易和事项已发生,且与被审计单位有关	FKL
完整性	所有应当记录的采购交易和事项均已记录	HI
准确性	与采购交易和事项有关的金额及其他数据已恰当记录	F
分类	采购交易和事项已记录于恰当的账户	G
截止	采购交易已记录于正确的会计期间	J

2.

应收账款的相关认定	审计目标	审计程序
存在	资产负债表列示的应收账款是否存在	(1)向客户函证 (2)检查销售合同、销售发票和发运凭证
权利和义务	资产负债表列示的应收账款是否归被审计单位所有	(1)检查销售合同、销售发票和发运凭证 (2)以应收账款明细账为起点,检查有关合同,确定是否已经贴现、出售或质押
完整性	应收账款增减变动记录是否完整(或所有应当记录的应收账款是否均已记录)	(1)选取发运凭证,追查至销售发票和银行存款日记账、应收账款明细账 (2)选取销售发票,追查至发运凭证和银行存款日记账、应收账款明细账
计价和分摊	应收账款是否可以收回,计提的坏账准备是否适当	(1)检查期后已收回应收账款情况 (2)分析应收账款账龄,确定坏账准备计提是否适当

第二章　审计方法

一、判断题

1. × 2. √ 3. × 4. × 5. √
6. × 7. √ 8. √ 9. √ 10. ×

二、单项选择题

1. D 2. D 3. A 4. A 5. D
6. A 7. B 8. C 9. A 10. D

三、多项选择题

1. ABC 2. ABCD 3. ABCD 4. ABD 5. ABCD
6. BCD 7. ACD 8. ABCD 9. AB 10. ABC

四、业务题

1.

(1)恰当。

(2)不恰当。仅选取大金额主要供应商实施函证不能应对低估风险,还应选取小额或零余额账户。

(3)不恰当。审计项目组成员应当观察函证的处理过程。审计项目组成员需要在整个过程中保持对询证函的控制。

(4)不恰当。审计项目组应当调查不符事项,以确定是否表明存在错报。

(5)不恰当。审计项目组应当对该情况进行核实。口头解释证据不充分,还应实施其他审计程序。直接与丁公司联系核实,前往丁公司办会地点进行验证。

(6)不恰当。未直接取得回函影响回函的可靠性,应取得戊公司直接寄发的询证函。

2.

事项(1)不正确。应将"去除单独进行函证的应收账款明细账户"作为抽样总体。

事项(2)正确。

事项(3)不正确。在 PPS 抽样中,允许某一个实物单位在样本中出现多次,项目尽管只审计一次,但在统计上仍视为两个样本项目,故样本中项目总数仍然是 500 个。同时,在 PPS 抽样中,抽样单元是货币单元,不是实物单元,调整原定样本规模,将会导致无法正确量化抽样结果。

事项(4)不正确。在 PPS 抽样中,审计人员通过估计预计总体错报而间接地控制误拒风险,不需要特别控制误拒风险。

A 审计人员的说法不正确。PPS 抽样对于低估的小余额样本被选中的几率较低,对于账面余额为零的总体项目没有被选中的机会,所以不能够实现应收账款的完整性认定。

3.

(1)根据题目中所给出的已知条件以及保证系数表,确定的保证系数为 2.0,可容忍错报金额为 20 万元,则样本规模为 400/20×2.0=40(个)。

(2)采用比率法推断的总体错报=(16 800/1 150 000)×4 000 000=58 434.78(元)。推断的总体错报与可容忍错报金额的比率=58 434.78/200 000=29.22%

由于推断的错报总额与可容忍错报 20 万元比较起来小得多,因此应收账款的计价发生重大错报可能性的风险很小,应收账款不存在重大错报。

4.

(1)均值估计抽样审计:

样本平均值=582 000÷200=2 910(元)

总成本=2 910×2 000=5 820 000(元)

(2)比率估计抽样审计:

样本比率=582 000 ÷600 000=97%

总成本=5 900 000×97%=5 723 000(元)

(3)差额估计抽样审计:

样本平均差额=(582 000-600 000)÷200=-90(元)

总体差额=(-90)×2 000=-180 000(元)

总成本=5 900 000-180 000=5 720 000(元)

5.

(1)甲和乙审计人员在实质性程序中运用审计抽样,推断总体误差后,应将推断的总体错报与可容忍错报进行比较。如果推断的总体错报上限<可容忍错报,说明总体可以接受,审计人员对总体做出结论是所测试的交易或账户余额不存在重大错报;如果推断的总体错报上限>或=可容忍错报,说明总体不能接受,所测试的交易或账户余额存在重大错报。在评价财务报表整体是否存在重大错报时,审计人员应将该类交易或账户余额的错报与其他审计证据一起考虑。通常，审计人员会建议被审计单位对错报进行调查，且在必要时调整账面记录。

(2)甲和乙审计人员在分析样本误差时，应首先根据预先确定的构成误差的条件，确定某一有问题的项目是否为一项误差，然后再履行上述程序。

五、思考题(略)

六、案例分析题

1.

(1)错误。测试总体应当包括全年销售单。

(2)正确。

(3)错误。应当查明丢失原因，除非有足够证据证明已经恰当执行控制，否则应该视为控制偏差。

(4)正确。

(5)正确。

2.

(1)选取的 10 张销售发票样本的发票号码分别为 3093 、2905 、4342、5595、2527 、5463、3661、3342、2011、5313。

(2)平均错报＝(100.3－100)/10＝0.003(万元)

估计的总体错报＝0.003×4 000＝12(万元)

估计的总体账面金额＝1 800＋12＝1 812(万元)

3.

(1)总体规模为甲公司本年度银行存款余额，总体规模对样本规模的影响包括：可接受的信赖过度风险，可容忍偏差率，预计总体偏差率。

(2)

①不正确，因为标准差对确定样本规模没有影响，不需要计算标准差。

②不正确，随机抽样应当遵循随机原则选取样本，不能更换样本。

③不正确，出纳员岗位与编制银行存款余额调节表的岗位属于不相容岗位，应当进行职责分离控制，所以属于内部控制的设计缺陷。

④正确。

(3)总体偏差率上限＝风险系数/样本量＝3.9/45＝8.7％。

第三章 审计计划

一、判断题

1.√	2.√	3.×	4.×	5.×
6.√	7.×	8.×	9.√	10.×

二、单项选择题

1.A	2.B	3.D	4.A	5.C
6.D	7.A	8.D	9.C	10.D

三、多项选择题

1. ABD	2. ABCD	3. ACD	4. ABC	5. CD
6. ABCD	7. ABC	8. ABC	9. ABD	10. AC

四、业务题

1. 通过测试样本已经识别出了样本中的100万元的错报，是事实错报；推断的总体错报是400万元，扣除已经识别的事实错报100万元，其余的300万元即是推断错报。

2. 不恰当。计划审计工作并非一个孤立的阶段，而是一个持续的、不断修正的过程。

3. 存在不当之处。审计人员在判断某事项对财务报表是否重大时，是在考虑财务报表使用者整体共同的财务信息需求的基础上做出的，不需要考虑错报对个别报表使用者可能产生的影响。

4. 不正确。在错报性质不严重、错报金额低于重要性的情况下，审计人员还需考虑该错报连同其他错报是否可能影响财务报表使用者依据财务报表做出的经济决策，才能确定该错报是否重要。

5. 不恰当。因为重大错报风险是独立于财务报表审计而存在于财务报表中的，不能通过修改计划实施的实质性程序的性质、时间安排和范围来降低。

6. 应考虑①组成部分审计人员的委托人；②是否对组成部分单独出具审计报告；③与审计委托相关的法律法规的规定；④母公司占组成部分的所有权份额；⑤组成部分管理层相对于母公司的独立程度。

第四章　审计工作底稿

一、判断题

1. √	2. ×	3. ×	4. ×	5. √
6. √	7. √	8. √	9. ×	10. ×

二、单项选择题

1. B	2. A	3. D	4. B	5. A
6. C	7. A	8. D	9. B	10. D

三、多项选择题

1. ABCD	2. CD	3. BCD	4. ABD	5. BC
6. ABCD	7. ABCD	8. ABC	9. ABCD	10. ABD

四、简答题

1. 审计工作底稿的基本要素：

(1)审计工作底稿的标题；

(2)审计过程记录；

(3)审计结论；

(4)审计标识及其说明；

(5)索引号及编号；

(6)编制者姓名及编制日期；

(7)复核者姓名及复核日期；

(8)其他应说明事项。

2. 审计工作底稿的归档期限为审计报告日后60天内，如果审计人员未能完成审计业务，审计工作底稿的归档期限为审计业务中止后的60天内。

审计人员发现有必要修改现有审计工作底稿或增加新的审计工作底稿的情形主要有以下两种：

(1)审计人员已实施了必要的审计程序，取得了充分、适当的审计证据并得出了恰当的审计结论，但审计工作底稿的记录不够充分；

(2)审计报告日后，发现例外情况要求审计人员实施新的或追加审计程序，或导致审计人员得出新的结论。

3. 审计人员编制审计工作底稿应当使得未曾接触该项审计工作的有经验的专业人士清楚地了解以下三个方面的内容：

(1)按照审计准则和相关法律法规的规定实施的审计程序的性质、时间和范围；

(2)实施审计程序的结果和获取的审计证据；

(3)审计中遇到的重大事项和得出的结论，以及在得出结论时做出的重大职业判断。

4.

(1)项目合伙人的责任包括以下几项：

①确定会计师事务所已委派项目质量控制复核人员；

②与项目质量控制复核人员讨论在审计过程中遇到的重大事项，包括项目质量控制复核中识别的重大事项；

③在项目质量控制复核完成后，才能出具审计报告。

(2)项目质量控制复核应当包括客观评价下列事项：

①项目组做出的重大判断；

②在准备审计报告时得出的结论。

5. 在确定审计工作底稿的格式、要素和范围时应当考虑以下因素：

(1)被审计单位的规模和复杂程度；

(2)拟实施审计程序的性质；

(3)识别出的重大错报风险；

(4)已获取审计证据的重要程度；

(5)识别出的例外事项的性质和范围；

(6)当从已执行审计工作获取审计证据的记录中不易确定结论或结论的基础时，记录结论或结论基础的必要性；

(7)审计方法和使用的工具。

6. 在归档期间对审计工作底稿做出的事务性的变动主要包括：

(1)删除或废弃被取代的审计工作底稿；

(2)对审计工作底稿进行分类、整理和交叉索引；

(3)对审计档案归整工作的完成核对表签字认可；

(4)记录在审计报告日前获取的、与项目组相关成员进行讨论并达成一致意见的审计证据。

7.

(1)审计人员发现有必要修改现有审计工作底稿或增加新的审计工作底稿的情形主要有以下两种：一是审计人员已实施了必要的审计程序，取得了充分、适当的审计证据并得出了恰当的审计结论，但审计工作底稿的记录不够充分；二是审计报告日后，发现例外情况要求审计人员实施新的或追加审计程序，或导致审计人员得出新的结论。

(2)在完成最终审计档案的归整工作后，如果发现有必要修改现有审计工作底稿或增加新的审计工作底稿，无论修改或增加的性质如何，审计人员均应当记录下列事项：①修改或增加审计工作底稿的理由；②修改或增加审计工作底稿的时间和人员，以及复核的时间和人员。

第五章 风险评估

一、判断题

1. × 2. √ 3. × 4. × 5. ×
6. × 7. × 8. × 9. √ 10. ×

二、单项选择题

1. C 2. B 3. D 4. B 5. B
6. D 7. C 8. B 9. D 10. C

三、多项选择题

1. ACD 2. ACD 3. ABCD 4. ABC 5. ABCDE
6. AD 7. AB 8. BCDE 9. ABDE 10. ACD

四、简答题

1.

事项序号	是否可能表明存在重大错报风险(是/否)	理由	重大错报风险属于财务报表层次还是认定层次	财务报表项目及相关认定
(1)	是	原负责销售的副总经理由于销售业绩的原因被更换,对新的副总经理会形成很大压力,增加了多计营业收入的风险	认定层次	营业收入(发生) 应收账款(存在)
(2)	是	销售下降约6%,主要原材料成本上涨约5%。毛利却只下降不到6%。可能存在多计营业收入或少计营业成本的风险	认定层次	营业收入(发生) 应收账款(存在) 营业成本(完整性) 存货(存在)
(3)	是	毛利率只有14%,2013年初降价幅度最高达20%。意味着可能有部分产成品的年末结存成本高于其可变现净值,而存货跌价准备余额比上年有所减少。可能存在少计存货跌价准备的风险	认定层次	存货(计价和分摊) 资产减值损失(完整性)
(4)	是	机器及其其他设备的折旧年限为8~10年,但其年折旧率只有9.2%(516/5589=9.2%),可能存在少提折旧的风险	认定层次	固定资产(计价和分摊) 营业成本(完整性、准确性)
(5)	是	使用不久的仓库将被拆除,但没有计提固定资产减值准备,可能存在高估固定资产或低估资产减值损失的风险	认定层次	固定资产(计价和分摊) 资产减值损失(完整性)
(6)	是	更换财务系统、缩短试运行的时间、增大了财务报表产生错报风险	财务报表层次	
(7)	否			

2.

(1)

事项序号	财务报表项目	认　定
(1)	营业收入/应收账户	发生/存在
(2)	营业成本/存货	发生、完整性、准确性/存在、完整性
(3)	存货/资产减值损失	计价和分摊、发生/完整性

(2)

事项序号	是否存在缺陷(是/否)	缺陷描述	理　由	改进建议
(1)	是	会计部门未参与销售部门每月末与仓库核对发货通知单和出货单的流程	由于会计部门未参与,可能难以发现没有及时入账的已发货交易	销售部门每月末与仓库会计部门核对发货通知单、出库单和销售发票,核对结果应一并交会计部门
(2)	否			
(3)	是	将结存成本低于可变现净值的部分确认为存货跌价准备	应将结存成本高于可变现净值的部分确认为存货跌价准备	应将结存成本高于可变现净值的部分确认为存货跌价准备

(3)

事项序号	是否得到有效执行(是/否)	理　由
(1)	是	
(2)	否	自动控制的系统模块存在缺陷;需要手工调整的介入;财务经理有权直接输入,会产生直接篡改数据而凌驾于账户记录控制之上的风险
(3)	否	编制月末产成品成本及可变现净值汇总表所采用的数据与产成品账面余额不一致,控制失败

3.

(1)恰当。

(2)不恰当。2017 年度有多项审计调整,甲公司在 2018 年面临较大市场压力,显示项目总体风险较高,将实际执行的重要性确定为财务报表整体重要性的 75%不恰当。

(3)恰当。

(4)不恰当。该分类错报对其所影响的账户重大(或:很可能影响关键财务指标),应作为重大错报。

(5)不恰当。该错报虽然小于财务报表整体的重要性,但会使甲公司税前利润由盈利转为亏损,属于重大错报。

4. 审计人员应当从下列方面了解被审计单位及其环境:(1)相关行业状况、法律环境和监管环境以及其他外部因素;(2)被审计单位的性质;(3)被审计单位对会计政策的选择和运用;(4)被审计单位的目标、战略以及可能导致重大错报风险的相关经营风险;(5)对被审计单位财务业绩的衡量和评价;(6)被审计单位的内部控制。

5. 在初步计划审计工作时,审计人员需要确定在被审计单位财务报表中可能存在重大错报风险的重大账户及其相关认定。为实现此目的,通常采取下列步骤来了解内部控制:

(1)确定被审计单位的重要业务流程和重要交易类别;

(2)了解重要交易流程,并记录获得的了解;

(3)确定可能发生错报的环节；

(4)识别和了解相关控制；

(5)执行穿行测试，证实对交易流程和相关控制的了解；

(6)进行初步评价和风险评估。

五、思考题

1. 在评估重大错报风险时，审计人员应当实施以下审计程序：

(1)在了解被审计单位及其环境(包括与风险相关的控制)的整个过程中，结合对财务报表中各类交易、账户余额和披露的考虑，识别风险。

(2)结合对拟测试的相关控制的考虑，将识别出的风险与认定层次可能发生错报的领域相联系。

(3)评估识别出的风险，并评价其是否更广泛地与财务报表整体相关，进而潜在地影响多项认定。

(4)考虑发生错报的可能性(包括发生多项错报的可能性)，以及潜在错报的重大程度是否足以导致重大错报。

2. 如果通过对内部控制的了解发现下列情况，审计人员应对财务报表局部或整体的可审计性产生疑问，并应当考虑出具保留意见或无法表示意见的审计报告：

(1)被审计单位会计记录的状况和可靠性存在重大问题，不能获取充分、适当的审计证据以发表无保留意见。

(2)对管理层的诚信存在严重疑虑。必要时，审计人员应当考虑解除业务约定。

3.

(1)特别风险是指审计人员识别和评估的、根据判断认为需要特别考虑的重大错报风险。

(2)特别风险通常与重大的非常规交易和判断事项有关。

(3)在确定哪些风险是特别风险时，审计人员应当考虑识别出的控制对相关风险的抵消效果前，根据风险的性质、潜在错报的重要程度(包括该风险是否可能导致多项错报)和发生的可能性。在确定风险的性质时，审计人员应当考虑下列事项：风险是否属于舞弊风险；风险是否与近期经济环境、会计处理方法或其他方面的重大变化有关因而需要特别关注；交易的复杂程度；风险是否涉及重大的关联方交易；财务信息计量的主观程度，特别是计量结果是否具有高度不确定性；风险是否涉及异常或超出正常经营过程的重大交易。

4. 在被审计单位对日常交易采用高度自动化处理的情况下，审计证据可能仅以电子形式存在，其充分性和适当性通常取决于自动化信息系统相关控制的有效性，审计人员应当考虑仅通过实施实质性程序不能获取充分、适当审计证据的可能性。在这种情况下应当考虑依赖的相关控制的有效性，并对其进行了解、评估和测试。

5. 在被审计单位对日常交易采用高度自动化处理的情况下，审计证据可能仅以电子形式存在，其充分性和适当性通常取决于自动化信息系统相关控制的有效性。审计人员应当考虑仅通过实施实质性程序不能获取充分、适当审计证据的可能性。

六、案例分析题

1.

事项序号	是否可能表明存在重大错报风险(是/否)	理　由	财务报表项目名称	财务报表项目的认定
(3)	是	甲公司以1 800万元受让丙公司以20%股权，并向丙公司派出1名股东(丙公司有5名股东)参与其生产经营决策，仅从这两个条件中，甲公司在20×8年度是否对丙公司具有重大影响存在疑问，因此20×8年度可能存在因为提前采用权益法核算而多记长期股权投资账面价值(和投资收益)的风险	长期股权投资	存在、计价和分摊

2.

事项序号	是否可能表明存在重大错报风险（是/否）	理　由	财务报表项目名称	财务报表项目的认定
(1)	是	①20×7 年 T 产品的销售毛利率为 4.56%，20×8 年 S产品销售毛利率为 14.97%，两者相比，S产品销售毛利率高于 T 产品的毛利率 10.41%，但了解甲公司情况及其环境，发现 S 产品与 T 产品的原材料基本相同，材料价格上涨 2%，同时 S 产品销售价格比 T 产品提高了 10%，所以 S 产品的毛利率高于 T 产品的毛利率不应超过 10%，可能存在高估收入或低估成本的重大错报风险 ②T 产品已经被 S 产品所替代，且甲公司已经停止生产了 T 产品，20×8 年末还有库存，所以 T 产品已经发生了跌价，但甲公司未计提存货跌价准备，存在存货计价的重大错报风险	存货	计价和分摊
(2)	是	甲公司新购入的无形资产由于竞争对手新产品的上市以及更新一代产品的即将推出，已经发生了资产减值，但甲公司尚未针对该无形资产计提减值准备，可能存在无形资产计价方面的重大错报风险	无形资产	计价和分摊
(4)	是	甲公司于 20×9 年 1 月才对相关支付承担义务，但甲公司在 20×8 年预计负债项目下核算，因此在 20×8 年年末可能存在多预计负债的风险	预计负债	存在

3. 实质性程序对应的相关情况

实质性程序序号	是否与根据资料一（结合资料二）识别重大错报风险直接相关（是/否）	与根据资料一（结合资料二）识别的哪一项（或者哪几项）重大错报风险直接相关（是/否）	理　由
(1)	否		
(2)	是	第(1)项	通过计算期末存货的可变现净值，并与存货账面价值进行比较，对 T 产品是否需要计提跌价准备收集审计证据，能够实现对存货的计价和分摊价差
(3)	否		
(4)	是	第(3)项	通过检查股权投资的核算方法是否正确，可以识别股权投资提前采用权益法的问题
(5)	否		

第六章 风险应对

一、判断题

1. × 2. √ 3. × 4. × 5. ×
6. × 7. × 8. √ 9. √ 10. ×

二、单项选择题

1. A 2. A 3. D 4. D 5. C
6. B 7. C 8. D 9. D 10. B

三、多项选择题

1. ABC 2. CDE 3. ABCDE 4. ACD 5. ABCD
6. BCD 7. ABCD 8. ABCE 9. ABCD 10. CD

四、简答题

1.

(1)审计人员评估的财务报表层次的重大错报风险以及采取的总体应对措施，对拟实施进一步审计程序的总体方案，具有重大影响。

(2)拟实施进一步审计程序的总体方案包括实质性方案和综合性方案，其中，实质性方案是指审计人员实施进一步审计程序以实质性程序为主。

(3)当评估的财务报表层次重大错报风险属于高风险水平时，拟实施进一步审计程序的总体方案往往更倾向于实质性方案。

2.

(1)控制环境和其他相关的控制。

(2)实施审计程序所需信息在期中之后的可获取性。

(3)实质性程序的目标。

(4)评估的重大错报风险。

(5)各类交易或账户余额以及相关认定的性质。

(6)针对剩余期间，能否通过实施实质性程序或将实质性程序与控制测试相结合，减低期末存在错报而未被发现的风险。

3.

序号	是否恰当(是/否)	理由
(1)	否	应调查样本偏差的性质和原因，不能仅依赖管理层解释。若是异常误差，应对该偏差对总体不具有代表性获取高度保证
(2)	否	仅通过询问程序不能获取控制运行有效性的证据，还应实施检查或重新执行等程序

4.

(1)将被询证者的名称、地址与被审计单位有关记录核对；

(2)将询证函中列示的账户余额或其他信息与被审计单位有关资料核对；

(3)在询证函中指明直接向接受审计业务委托的会计师事务所回函；

(4)询证函经被审计单位盖章后，由审计人员直接发出；

(5)将发出询证函的情况形成审计工作记录；

(6)将收到的回函形成审计工作记录，并汇总统计函证结果；

(7)审计人员还应当考虑回函是否来自所要求的回函人。

5.

(1)取得或编制应收账款明细表。具体审计目标：准确性

①复核汇总数的正确性，与报表、总账核对；

②抽查部分类别明细账，以确证金额和账龄分类的正确性。

(2)分析程序。具体审计目标：总体合理性

①比较期初期末余额，是否有大幅变动；

②计算应收账款周转率，与上年、同行业比较，是否有异常；

③计算本期重要产品的毛利率，分析比较本期与上期同类产品毛利率变化情况，注意收入与成本是否配比，并查清重大波动和异常情况的原因；

④比较本期各月各种主营业务收入的波动情况，分析其变动趋势是否正常，是否符合被审计单位季节性、周期性的经营规律，并查明异常现象和重大波动的原因；

(3)函证应收账款。具体审计目标：真实性、所有权、价值

①肯定式函证：余额50万元以上、账龄1年以上及贷方余额的账户，详查；

②否定式函证：余额在10万～50万元、账龄在3～6个月的账户，抽查。

(4)审查未函证的应收账款。具体审计目标：真实性、价值

对于未函证的应收账款，应采用其他替代审计程序进行审查。如审查销售合同或客户订单、销售单、发货单、销售发票等原始凭证，审查以后的收款情况，向有关方面或人员调查等。

(5)审查坏账准备计提。具体审计目标：计价

按企业会计政策计提坏账准备，审查是否多提或少提。

(6)审查坏账注销。具体审计目标：计价

坏账注销是否符合条件、是否经过批准。

(7)审计应收账款的贷方余额。具体审计目标：分类

应收账款的贷方余额为预收货款，应将应收账款贷方余额的金额在流动负债的“预收货款”项目中列示。

(8)审查应收账款的报表披露。具体审计目标：披露

五、思考题

1. 审计人员针对评估的财务报表层次的重大错报风险应当采取以下总体应对措施：(1)向项目组强调保持职业怀疑的必要性；(2)指派更有经验或具有特殊技能的审计人员；(3)提供更多督导；(4)在选择拟实施的进一步审计程序时融入更多的不可预见的因素；(5)对拟实施审计程序的性质、时间安排或范围做出总体修改。

2.

(1)对某些未测试的低于设定的重要性水平或风险较小的账户余额和认定实施实质性程序。

(2)调整实施审计程序的时间，使其超出被审计单位的预测。

(3)采取不同的审计抽样方法，使当年抽取的测试样本与以前有所不同。

(4)选取不同的地点实施审计程序，或预先不告知被审计单位所选定的测试地点。

3. 审计人员在以下两种情形中应当实施测试控制：

(1)在评估认定层次重大错报风险时，预期控制的运行是有效的。

(2)仅实施实质性程序并不能够提供认定层次充分、适当的审计证据。

4. 审计人员在设计进一步审计程序时应考虑的因素：

(1)风险的重要性。风险的后果越严重，则越需精心设计进一步审计程序。

(2)重大错报发生的可能性。重大错报发生的可能性越大，则越需精心设计进一步审计程序。

(3)涉及的各类交易、账户余额和披露的特征。审计人员需要针对不同的交易、账户余额和披露来设计针

对性的进一步审计程序。

(4)被审计单位采用的特定控制性质。不同性质的控制对审计人员设计进一步审计程序具有重要影响。

(5)审计人员是否拟获取审计证据,以确定内部控制在防止或发现并纠正重大错报方面的有效性。如果审计人员在风险评估时预期内部控制运行有效,随后拟实施的进一步审计程序就必须包括控制测试,且实质性程序自然会受到之前控制测试结果的影响。

5. 审计人员应当从下列方面获取关于控制运行有效证据:

(1)控制在所审计期间的相关时点是如何运行的。

(2)控制是否得到一贯执行。

(3)控制是由谁执行或以何种方式执行的。

六、案例分析题

1. 存在不当之处,审计人员需要在本期实施审计程序,确定以前针对该项股权投资获取的证据是否具有持续的相关性。

2. 针对要求(1):

第(1)项恰当。

第(2)项不恰当。审计人员应对 2018 年 11 月 30 日和 12 月 31 日之间应收账款的变动情况实施进一步审计程序/实质性程序/将实质性程序和控制测试结合使用。

第(3)项不恰当。审计人员没有将被询证者的名称、地址与被审计单位有关记录/外部记录进行核对。

第(4)项不恰当。审计人员未对询证函的发出保持控制,询证函不应由甲公司财务人员寄发。

第(5)项不恰当。该限制条款影响了回函的可靠性,审计项目组需要实施额外或替代审计程序。

针对要求(2):

审计项目组应当:

(1)询问管理层不允许寄发询证函的原因,并就其原因的合理性、正当性及收集证据;

(2)评价管理层不允许寄发询证函对评估的重大错报风险(包括舞弊风险),以及其他审计程序的性质、时间安排和范围的影响;

(3)实施替代程序,以获取相关、可靠的审计证据。

3.

(1)不恰当。审计人员应当对函证的全过程保持控制,可靠性不足。

(2)恰当。

(3)不恰当。审计人员应当核实被询证者的信息;电子回函的可靠性存在风险,审计人员和回函者要采用一定的程序创造安全环境。

(4)不恰当。函证的差异不能仅以口头解释为证据,应实施其他审计程序核实不符事项。

(5)不恰当。获取的销售合同和发票为内部证据,应检查能够证明交易实际发生的证据。

(6)不恰当。选取特定项目的方法不能以样本的测试结果推断至总体,仍然可能存在重大错报风险。

第七章 销售与收款循环审计

一、判断题

1. √	2. ×	3. ×	4. ×	5. ×
6. ×	7. ×	8. ×	9. ×	10. √

二、单项选择题

1. A	2. D	3. B	4. C	5. D

6. B	7. A	8. B	9. A	10. A

三、多项选择题

1. ABD	2. ABCD	3. AC	4. ABCD	5. BC
6. BD	7. ABCD	8. ABCD	9. ABC	10. ACD

四、业务题

1. 函证的数量、范围是由诸多因素决定的，主要有：

(1)应收账款在全部资产中的重要性。若应收账款在全部资产中所占比重较大，则函证的范围应相应大一些。

(2)被审计单位内部控制的强弱。若内部控制健全，则可以相应减少函证量；反之，则应相应扩大函证范围。

(3)以前期间的函证结果。若以前期间函证中发现过重大差异，或欠款纠纷较多，则函证范围应相应扩大一些。

2.

(1)“如果超过职权范围内的赊销业务，全部交给销售部分的经理进行审批”不恰当。对符合赊销条件的客户，应经审批人批准后方可办理赊销业务；超过销售政策和信用政策规定的赊销业务，应当实行集体决策审批。

(2)“销售发票的其中一联交财务部丁职员据以登记与销售业务相关的总账和明细账”不恰当。登记总账和明细账的属于不相容职务，应当予以分离。

(3)“财务部丁职员定期向顾客催收款项并寄送对账单，对顾客提出的异议进行专门追查”不恰当。将账户余额中出现的所有核对不符的账项，指定一位不掌管货币资金也不记录主营业务收入和应收账款账目的主管人员处理。

(4)“为了便于及时更正录入的基础数据可能存在的差错，信息部门拥有修改基础数据的权限”不恰当。如果信息部门可以更正使用部门送交的数据资料，将增加相关数据资料在使用部门不知情的情况下被人为修改的风险，降低相关数据分析结果的可靠性。

3.

(1)财务人员 A 同时拥有管账(银行存款日记账)、管钱(银行存款的支取)、管物(支票、支票存根、作废支票)以及账实核对(银行存款对单的取得及核对)的职权，严重违反了不相容职务分离的基本控制原则，极易造成贪污银行存款的情况发生。

A 可以利用支付费用时由 B 签发的支票取得银行存款而加以贪污，同时向 B 声称支票作废而另行签发。因作废支票由 A 保管，B 无法察觉此种舞弊行为；银行存款对账单的核对及银行存款余额的调节均由 A 进行，致使这种舞弊不能通过与银行的核对而察觉；交公司总部的支出报告也由 A 编写及呈送，又必然导致公司总部对 A 的失察。可见，由于 A 集各种不相容职务于一身，通常赖以发现舞弊的内部控制，包括日记账与支票存根的核对、日记账与对账单的核对、拨入金额与支付金额的核对等关键内部控制均名存实亡。建议：作废的支票必须由 B 签字，并注以明显的作废标记；银行对账单中列支的每一笔费用均须得到 B 的确认；公司总部财务部门定期核对向该销售网点的拨款金额、由 B 签发的支付金额、该网点银行存款余额进行核对。

(2)D 审计人员主要应关心以下与开具销售发票相关的主要问题：

①是否对所有装运的货物都开具了销售发票？这涉及管理层对销售业务的“完整性”认定。

②是否在货物发出后才开具账单？有无重复开具销售发票或虚构交易？这涉及管理层对销售交易的“存在或发生”认定。

③是否按已授权批准的商品价目表所列价格开具销售发票？这一问题涉及管理层对销货交易的“估价与分摊”认定。

(3)为了降低开具销售发票过程中出现重复、遗漏、错误计价或其他差错，E 公司应设立如下控制程序：

①在开具每张销售发票之前，开票人员应独立检查是否存在装运凭证和相应的经批准的销售单；

②应依据已授权的商品价目表和装运凭证上的商品数量编制销售发票；

③独立检查销售发票的计价和计算的正确性；

④将装运凭证上的商品总数与相对应的销售发票上的商品总数进行比较。

(4)D审计人员应从销售发票中抽取一个适当的样本，进行如下测试：

①检查样本中的每张发票副本是否附有装运凭证和经批准的销售单，装运凭证与销售单的数量、名称时间等是否相吻合；

②核对销售发票副本记载的商品数量与装运凭证的一致性，核对销售发票的单价与商品价目表的一致性；

③检查销售发票副本上有无独立检查人员的签章；

④询问独立检查人员，确证其检查的内容是否包括销售发票与装运凭证的核对以及销售发票与商品价目表的核对。

4.

审计目标	(1)	(2)	(3)	(4)
审计程序	B	E	C	F

五、思考题(略)

六、案例分析题

1.

(1)

第(2)项，XYZ公司会计人员李民同时登记库存商品总账和明细账。不相容职务未进行分离。应建议XYZ公司由不同的会计人员登记库存商品总账和明细账。

第(3)项，XYZ公司销售处销售人员接受顾客订货单后，没有取得经销售主管批准的销售单就直接提货，这样就使仓库管理人员与销售人员串通在未经授权的情况下擅自发货成为可能。应建议XYZ公司在销售处销售人员接受顾客订货单后，由销售主管根据授权决定是否接受该顾客订单。顾客订单经批准之后，需要编制一式四联的销售单，各仓库只有在收到经销售主管批准的销售单时才能供货。

第(4)项，开具销售发票的人员在开具发票前没有进行独立检查。应建议有关人员在开具发票之前，检查是否存在装运凭证和相应的经批准的销售单，并认真核对装运凭证上的货物数量与销售发票上的货物数量是否相符。

第(5)项，XYZ公司没有将赊销信用的批准与销售产品进行不相容职务的适当分离。应建议XYZ公司合理划分工作职责，设专门的信用管理人员来调查了解客户的信用情况，避免销售人员为扩大销售而使企业承受过高的信用风险。

第(6)项，XYZ公司由一名会计人员同时登记销售明细账、总账和应收账款明细账、总账及现金、银行日记账，不相容职务未进行分离。应建议XYZ公司由不同的会计人员登记销售明细账、总账和应收账款明细账、总账及现金、银行存款日记账。

(2)

①不同的会计人员分别登记库存商品总账和明细账与库存商品的“存在”“完整性”“计价和分摊”认定有关；

②编制销售单与销售交易的“发生”认定有关；

③检查销售发票是否与装运凭证核对相符，有无重复开具销售发票或虚构交易与销售交易的“发生”认定有关；

④信用批准控制与应收账款的“计价和分摊”认定有关；

⑤不同的会计人员分别登记销售明细账、应收账款明细账和销售总账、应收账款总账与销货交易的“发生”“完整性”“准确性”认定有关。

2.

(1)对10万元以下的应收账款采用消极式询证函的方式。正方公司由小王负责应收账款的账簿登记和与债务人日常对账工作,属不相容的岗位应分离,3至4个月对账1次,应收账款出现重大错报风险较大;从上年回函结果来看,采用积极式询证函和消极式询证函各发的20份,两种回函各收回10份回函,被询证者有不认真对待函证的可能性存在。同时也不存在涉及大量余额较小的账户,所以采用消极式询证函的方式不妥当,应采用积极式询证函的方式。对审计人员不拟函证小金额的应收账款,应当在工作底稿中说明理由。

(2)画线部分为错误内容,鱼尾号内的为改正或增加部分。

企业询证函

方圆有限责任公司:

【编号:××】

本事务所接受委托对正方公司的财务报表进行审计【本公司聘请的ABC会计师事务所正在对本公司2016年度财务报表进行审计】,按照中国审计人员审计准则的要求,应当询证正方【本公司】与贵公司的往来账项等事项。下列数据出自正方公司【本公司】账簿记录,【如与贵公司记录相符,请在本函下端“信息证明无误”处签章证明;】如有不符,请在“信息不符”处列明不符金额。回函请寄至正方有限责任公司【直接寄至ABC会计师事务所】。

【回函地址:　　　邮编:　　　电话:　　　传真:　　　联系人:　　　】

1. 正方公司【本公司】与贵公司的往来账项列示如下:

截止日期	贵公司欠	欠贵公司	备　注
2017年2月28日 【2016年12月31日】	400 000		

2. 其他事项

为加快资金周转,请尽快结算该款项。【本函仅作为符合账目之用,并非催款结算。】若款项在上述日期之后已经付清,仍请及时函复为盼。

ABC会计师事务所(盖章)【正方股份有限公司】

2017年2月28日

结论:

信息不符,请列明不符的详细情况:

方圆有限公司(盖章)

经办人:　　年　　月　　日

(3)

①A审计人员应当要求方圆公司及时寄回询证函原件。对方圆公司已还款事项,A审计人员还应检查银行存款日记账、收款凭证及银行对账单,查明是否收到该笔金额,以及如何进行会计处理等;

②对M公司的回函,审计人员应检查代销合同和代销清单,查明是否存在编制虚假代销清单、虚增本期收入和应收账款的情况等;

③退回的N公司的回函,A审计人员应考虑与N公司取得联系,并改用积极式询证函的方式。

(4)

①A审计人员应控制信函的发送和回收。A审计人员应对信函审核后自己寄发,不能将信函交小王寄发。回函应由A审计人员亲自接收,回函的催收也不能由小王负责。

②以传真、电子邮件等方式回函的，审计人员应当直接接收，并要求被询证者及时寄回询证函原件，在底稿中应采用询证函回函原件。

③对未回函的不能仅以审查发运凭证和销售发票代替。审计人员应当与被询证者取得联系，如果仍未得到回函，审计人员应实施替代程序，包括检查相关合同协议、订单、销售发票副本、发运凭证等。

④由于消极式回函出现较大的差异，审计人员应对其他未回函的消极式函证和未函证的债务人追加函证，并且应当采用积极式询证函的方式。

3.

审计程序及相关结论（如适用）	是否恰当（是或否）	理由
(1)	否	应调查丢失的原因，如丢失没有合理理由且没有适当的替代程序，应该事项视为两例偏差
(2)	否	仅通过询问程序不能获取控制运行有效性的证据，还应实施检查或重新执行等程序
(3)	否	A审计人员应当了解与特别风险相关的内部控制
(4)	否	A审计人员应每3年至少对相关控制测试一次。2016年需实施控制测试

第八章　采购与付款循环审计

一、判断题

1. √　2. √　3. ×　4. ×　5. ×
6. √　7. ×　8. ×　9. ×　10. √

二、单项选择题

1. D　2. B　3. C　4. D　5. C
6. D　7. C　8. B　9. B　10. B

三、多项选择题

1. BCD　2. ABC　3. BD　4. CD　5. ABC
6. ACD　7. ACD　8. ABCD　9. ABCD　10. BCD

四、业务题

1.

(1)应付账款——黄河化工厂可能存在的问题：甲公司与黄河化工厂在业务上有纠纷拒付货款；甲公司故意拖欠货款，占用黄河化工厂的资金；可能是一方或双方记账错误；利用应付账款隐瞒收入或利润；黄河化工厂是否为关联方或无法支付的情况。要查明事实真相，应该进一步进行审查，方法是采用面询或函询的方法向黄河化工厂调查，并关注账龄超过三年的应付账款。然后，针对不同情况，审计人员应做相应的处理。

(2)应选择B和D公司进行应付账款余额的函证。因为函证应付账款，目的主要在于查实有无入账的负债。本年度公司从B和D两家公司采购了大量商品，存在漏记的可能性更大。

2.

第(1)项没有缺陷。理由：仓库负责对列入清单的货物填写请购单，同时如果没有列入存货清单，则可以由其他部门根据需要填写。但是，每张请购单要由经过该类支出负责预算的主管人员签字批准。

第(2)项有缺陷:由采购部的职员E进行询价并确定供应商。理由:询价与确定供应商是不相容的岗位。建议:询价与确定供应商应该由不同岗位的人员来实施。

第(3)项没有缺陷。理由:对于验收单应当是一式多联,而该单位根据实际情况制定三联是正确的。

第(4)项有缺陷:会计部门根据只附有供应商发票的付款凭单进行账务处理。理由:如果会计部门仅根据付款凭单和供应商发票记录存货和应付账款,而不需同时核对验收单和订购单,会计部门将无法核查材料采购的真实性,从而可能记录错误的存货数量和金额。建议:应付凭单部门应将经批准的付款凭单连同验收单、订购单和供应商发票送会计部门,会计部门应在核对收到的付款结算单以及后附的验收单、订购单和供应商发票后记录存货和应付账款。

3. 下列各固定资产实质性程序所涉及的管理层的认定分别是:

(1)检查当年固定资产增加的有关文件,涉及与期末账户余额相关的"存在"认定和"权利和义务"认定。

(2)实地观察固定资产,并查明其产权的归属,涉及与期末账户余额相关的"存在""完整性"和"权利和义务"三项认定。

(3)查明有无以固定资产担保或抵押等情况,涉及与期末账户余额相关的"权利和义务"和与列报相关的"完整性"认定。

(4)审查提取折旧的方法是否适当,涉及与期末账户余额相关的"计价和分摊"认定。

4.

(1)审计人员应关注ABC公司对A设备在2018年是否继续计提折旧,若已停止计提折旧,则建议其补提折旧。

(2)公司对空调计提折旧不正确。季节性停用的固定资产应照提折旧,所以被审计单位的处理方法是错误的,建议其补提折旧。

(3)ABC公司购入的设备,应在其达到预定可使用状态时转入固定资产,从次月开始计提折旧。被审计单位应从6月份起计提折旧,审计人员应建议ABC公司补提折旧。

(4)ABC公司计算的B设备的折旧率不正确,应该是9.5%,在计算折旧率时未考虑净残值的影响,审计人员应建议ABC公司调整折旧。

5.

(1)为验证外购固定资产的所有权,A审计人员应检查X公司此笔业务的授权审批手续是否齐全,在此基础上核对购货合同、购货发票;为验证这些固定资产的存在性,审计人员应当进行实地观察;对于以一笔款项同时购入多项没有单独标价的固定资产的情况,A审计人员应当检查X公司是否按照各项固定资产公允价值的比例对总成本进行分配,分别确定各项固定资产的入账价值。

(2)为检查X公司是否存在未做会计记录的固定资产减少业务,A审计人员应当实施以下实质性程序:

①结合固定资产清理科目,抽查固定资产账面转销额是否正确;

②检查出售、盘亏、转让、报废或毁损的固定资产是否经授权批准,会计处理是否正确;

③检查因修理、更新改造而停止使用的固定资产的会计处理是否正确;

④检查投资转出固定资产的会计处理是否正确;

⑤检查债务重组或非货币性资产交换转出固定资产的会计处理是否正确;

⑥检查转出的投资性房地产账面价值及会计处理是否正确;

⑦检查其他减少固定资产的会计处理是否正确。

(3)审计人员应当实施以下审计程序:

①对于A—130机床,应审核X公司与T公司签订的购货合同,并检查T公司开具的买方发票,证实付款方的确是T公司。

②对新交付使用的办公大楼,应审阅X公司与Y公司签署的建造合同,获取产权证明文件和财产税单以及抵押贷款的还款凭证。还应获取办公大楼的保险单等书面文件。

③对从U公司融资租入的生产流水线,应验证相关的融资租赁合同。

④对于V公司投资转入的运输设备,应审阅有关的产权转移文件、运营证件等。

五、思考题(略)

六、案例分析题

针对要求(1):

资料一所列事项序号	是否可能表明存在重大错报风险(是/否)	理由	重大错报风险属于报表层次还是认定层次	账户及相关认定
(1)	是	①在建工程因非正常原因中止建造超过3个月,但财务数据反映的资本化利息金额是12个月的专项借款利息,可能存在多计在建工程成本的风险 ②由于x生产线生产的产品的市场前景出现重大不利变化,甲公司监事会决定暂不重新开工,可能存在少计在建工程减值准备的风险	认定层次	在建工程(存在) 资产减值损失(完整性) 在建工程(计价和分摊)
(2)	是	持有待售的相关设备的预计净残值低于账面价值83万元,而当年一共只计提了65万元固定资产减值准备,可能存在少提固定资产减值准备的风险	认定层次	固定资产(计价和分摊) 资产减值损失(完整性)

针对要求(2):

资料一所列事项序号	资料三所列实质性程序对发现根据资料一识别的认定层次重大错报是否直接有效(是/否)	与资料一的第几个认定层次重大错报风险直接相关	理由
(1)	否		
(2)	是	第(2)项	通过检查对持有待售固定资产预计净残值的调整和会计处理,可以识别对持有待售固定资产少计的固定资产减值准备
(3)	否		

第九章 生产与存货循环审计

一、判断题

1. √ 2. × 3. × 4. √ 5. √
6. × 7. √ 8. √ 9. × 10. √

二、单项选择题

1. D 2. D 3. B 4. D 5. D

6. B　　7. D　　8. B　　9. D　　10. C

三、多项选择题

1. ACB　　2. AD　　3. ABD　　4. BCD　　5. ABCD
6. ABD　　7. ABC　　8. ABCD　　9. ABCD　　10. ABCD

四、简答题

1.

针对要求(1)：与时装相关的服装行业，由于服装产品的消费者对服装风格或颜色的偏好容易发生变化，因此，存货是否过时是重要的经营风险。

针对要求(2)：事项(1)中，存在不当之处。应询问被审计单位除管理层和财务部门以外的其他人员，如营销人员、仓库人员等，以了解有关存货存放地点的情况。

事项(2)中，不存在不当之处。

事项(3)中，存在不当之处。应当分析该存货的所有权是否属于被审计单位，如果属于，那么纳入盘点范围；如果不属于，不能够纳入盘点范围。

事项(4)中，存在不当之处。如果认为被审计单位的存货盘点程序存在缺陷，审计人员应当提请被审计单位调整。

事项(5)中，不存在不当之处。

2.

(1)获取存货存放地点清单直接制订监盘计划不妥。需要考虑存货存放地点清单的完整性。

(2)将截止日之前入库的原材料以及截止日期之后装运出库的产成品排除在盘点范围之外不妥。任何在截止日之前入库的原材料以及截止日期以后装运出库的存货项目均应包括在盘点范围内。

(3)从无法实施现场监盘的存放地点中随机选取若干地点实施替代审计程序的做法不妥。对于所有无法实施现场监盘的存放地点的存货，都应当实施替代审计程序，以获取有关存货存在和状况的充分、适当的审计证据。

(4)要求按可变现净值降低的金额计提存货跌价准备不妥。按规定，仅当可变现净值低于账面成本的情况下才可能将两者的差额计提为跌价准备。

(5)监盘结束时观察存货的目的不妥。审计人员在存货监盘结束时再次观察盘点现场的目的是确定所有应纳入盘点范围的存货是否均已盘点。

(6)由于恶劣天气无法观察存货，实施了相应的替代程序不妥。由于不可预见的情况无法在存货盘点现场实施监盘，审计人员应当另择日期实施监盘，并对间隔期内发生的交易实施审计程序。

3.

(1)存在缺陷。生产开始前，获取客户对于产品设计和规格的认可，而非生产经理。

(2)存在缺陷。产成品入库时，验收工作应由独立的质量检验员负责，而不能是仓库保管员。

(3)存在缺陷。出库单应由仓储经理审批，而不能是销售经理审批。

(4)存在缺陷。运输经理除了检查出库单和发运通知单，还要检查经批准的销售单。

(5)存在缺陷。进行账务处理前应经会计主管审核批准。

(6)存在缺陷。发现差异时应经仓储经理、财务经理和生产经理复核后调整入账。

五、思考题(略)

六、案例分析题

(1)

在事项(1)中,即"存货盘点范围、地点和时间安排"的盘点计划中分别存在以下缺陷:

缺陷1:XYZ公司存货盘点时间不恰当。XYZ公司存货相关的内部控制比较薄弱,盘点时间最好接近12月31日,盘点时间与12月31日间隔时间太长。

缺陷2:对烧碱存货盘点时间安排不恰当。对于存放在A、B不同仓库的烧碱应安排在相同的时间盘点。

缺陷3:盘点范围不恰当。对存放在外地的占存货总量39%的玻璃应当纳入盘点范围,制定盘点程序。

在事项(2)中,即"存放在外地公用仓库存货"的盘点计划存在的缺陷:由于XYZ公司存货相关的内部控制比较薄弱,XYZ公司应当列示截至12月31日的清单,纳入盘点计划,因为审计人员对该批重大比例的存货会函证或依赖其他审计人员的工作或考虑实地监盘,盘点计划应当与监盘计划协调。

在事项(3)中,即"存货数量的确定方法"的盘点计划存在的缺陷:对于烧碱、煤炭和石英砂这些堆积型的存货,一般来说,估计存货数量存在困难,XYZ公司应当运用工程估测、几何计算、高空勘测,并依赖详细的存货记录来确定其数量。

在事项(4)中,盘点标签的使用和控制存在缺陷。由负责盘点存货的人员将一套标签粘贴在已盘点的存货上,另一套由其返还给存货盘点监督人员,由监督人员将盘点标签连同存货盘点表交存财务部门。

在事项(5)中,即"由仓库保管员调节盘盈或盘亏"的盘点计划存在的缺陷:盘点结束后,应当由XYZ公司组成调查小组,对盘盈或盘亏的存货进行分析和处理(复核确认),并将存货实物数量和仓库记录调节相符。

(2)

①比较盘点日与财务报表日之间的存货信息以识别异常项目,并对其执行适当的审计程序(例如实地察看等);

②对存货周转率或存货销售周转天数等实施实质性分析程序;

③对盘点日至财务报表日之间的存货采购和存货销售分别实施双向检查;

④测试存货销售和采购在盘点日和财务报表日的截止是否正确。

第十章 筹资与投资循环审计

一、判断题

1. √	2. ×	3. √	4. √	5. ×
6. √	7. ×	8. √	9. ×	10. ×

二、单项选择题

1. B	2. A	3. A	4. A	5. C
6. C	7. C	8. A	9. B	10. B

三、多项选择题

1. ABD	2. BCD	3. ABC	4. ACD	5. ACD
6. AB	7. BC	8. AB	9. ACD	10. ABCD

四、简答题

1.

(1)该助理审计员应至少执行以下审计步骤:①取得保险箱中证券存放明细表副本,以查实证券的存在性,并将副本留作工作底稿;②审核保险箱开启记录,确定有无非授权人士曾经开箱,并查实12月31日至1月11

日间有无开箱记录；③实际盘点证券时，应让公司财务经理自始至终在场，盘点完毕，填制盘点清单，双方共同盖章；④清点时，要仔细核对证券的名称、登记户名、证券种类、编号、利率、付息日、债券本字和所附息票及到期日、债券面值和股票股数等重点内容；⑤将盘点清单与银行保险箱存放证券的明细表副本、公司长期投资明细账和总账相核对，如遇账实不符或证券本身有明显伪造迹象，应予详细记录，并在盘点后函证证券发行机构。

(2)由于1月4日公司财务经理开启保险箱，审计人员应追加以下审计程序：①调节结账日和盘点日银行存款余额；②函证盘点日银行存款余额；③审核结账日至盘点日银行存款日记账中的投资交易记录，以验证结账日的投资额；④如公司库存现金余额变动异常，应突击清点库存现金；⑤复核自结账日起有关流动资产(如应收票据)和流动负债(如应对票据)的记录，以验证有无替代事项。

2.

认 定	最常用的实质性程序
长期借款存在	审查借款合同和有关的原始凭证，确认其真实性，并与会计记录核对
长期股权投资完整性	检查年度内投资增减变动的原始凭证，对于增加项目核实其入账基础是否符合投资合同、协议的有关规定
长期股权投资的所有权	结合银行存款等的检查，了解长期股权投资是否存在质押、担保情况；向被投资单位函证
长期借款的列报	确定是否将一年内到期的长期借款归入一年内到期的非流动负债；确定长期借款的抵押担保是否已在财务报表附注中披露
长期投资的计价	检查投资的入账价值是否符合投资合同、协议的规定，会计处理是否正确；检查长期股权投资的核算是否按规定采用权益法或成本法

3.

(1)筹资活动的关键内部控制：①借款经过授权审批；②签订借款合同或协议等相关法律文件；③负责借款业务的信贷管理员根据综合授信协议或借款合同，逐笔登记借款备查簿，并定期与信贷记账员的借款明细账核对；④定期与债权人核对账目；⑤负责借款业务的信贷管理员根据综合授信协议或借款合同，逐笔登记借款备查簿，并定期与信贷记账员的借款明细账核对；⑥定期与债权人核对账目；⑦会计主管复核。

投资活动的关键内部控制：①投资经过授权审批；②投资管理员根据交易流水单，对每笔投资交易记录进行核对、存档，并在交易结束后一个工作日内将交易凭证交给投资记账员；③投资记账员编制转账凭证，并附相关单据，提交会计主管复核，复核无误后进行账务处理；④每周末，投资管理员与投资记账员就投资类别、资金统计进行核对，并编制核对表，分别由投资管理经理、财务经理复核并签字，如有差异，将立即调查；⑤对所投资的有价证券或金融资产定期盘点，并与账面记录相核对；⑥定期与被投资单位或交易对方核对账目。

(2)筹资活动的实质性程序：①检查支持借款记录的原始凭证；②检查董事会会议记录、借款合同、银行询证函等，确定有无未入账的交易；③将借款记录与所附的原始凭证进行细节比对；④将借款记录与所附的原始凭证进行细节对比。

投资活动的实质性程序：①检查与投资有关的原始凭证，包括投资授权文件、内投资单位出具的股权或债权证明、投资付款记录和相关有价证券等；②检查董事会会议记录、投资合同、交易对方提供的对账单、盘点报告等，确定有无未入账的交易；③将借款记录与所附的原始凭证进行细节比对；④将投资记录与所附的原始凭证进行细节比对。

4. 真实存在的审查目的就是要确定出资者的投资是否确实用到了被投资企业的经营活动中，成为被投资企业的经营资金。审计人员通过审阅银行存款、固定资产、存货、无形资产等账簿，发现有无贷记与出资者投资的一致的资金的记录；通过对固定资产、存货等实物资产的盘查，对收到这些财产的验收手续、法律文书的审阅，确定实收资本的合法性和真实存在；对于发生增减变动的实收资本，则应检查是否有补充合同、股东会决议、协议及有关法律为依据；等等。

五、思考题(略)

六、案例分析题

(1)审计人员应当将甲企业对该固定资产计价错误,正确的固定资产计价应为 400 万元。

(2)审计人员应当实施下列审计程序:①向被审计单位索取债务说明书,了解举债业务;②对利息费用实施分析性复核;③查阅企业管理部门的会议记录、文件资料,了解与举债相关的信息。

第十一章 货币资金审计

一、判断题

1. √	2. √	3. √	4. ×	5. ×
6. √	7. ×	8. ×	9. √	10. √

二、单项选择题

1. B	2. A	3. B	4. D	5. A
6. B	7. A	8. A	9. B	10. B

三、多项选择题

1. CD	2. BCE	3. ABCD	4. BD	5. ACDE
6. AC	7. ABCDE	8. ABDE	9. BCD	10. BDE

四、简答题

1. 审计人员针对 2018 年 12 月 31 日库存现金实存额进行以下追溯调整:资产负债表日实存(2018 年 12 月 31 日)=监盘日实存(2019 年 1 月 5 日)+现金支出数(2019 年 1 月 1 日至 1 月 5 日)-现金收入数(2019 年 1 月 1 日至 1 月 5 日)=11 000+(165 500+34 000)-(165 200 +33 000)=12 300(元)。

2. 甲公司资产负债表日的货币资金项目中的银行存款数额应当以 12 月 31 日的实有数为准,即 1 585 000+100 000-50 000=1 635 000(元)。

3.

(1)就 2018 年 12 月 31 日相关供应商的应付账款余额实施函证;

(2)检查支票开具日期;

(3)检查 2019 年 1 月的银行对账单。

4.

(1)甲审计人员应检查银行存款余额调节表中未达账项的真实性,以及财务报表日后的入账情况。

(2)甲审计人员通过向开户银行函证,不仅可以查明 B 公司的银行存款、借款的存在,还可以发现企业未登记入账的银行存款、借款。另外,还可以发现未披露的或有负债。

(3)在询证函内指明回函请直接寄往甲审计人员所在的会计师事务所。甲审计人员直接收回开户银行询证函回函的目的是为了防止 B 公司截留或更改回函。

(4)甲审计人员索取开户银行 2019 年 1 月 31 日的银行对账单,可以证实列示在银行存款余额调节表上的在途存款和未兑现支票的真实性。

5.

(1)审计人员的做法不当,对库存现金的监盘方式是突击式检查,不能提前通知被审计单位。

(2)被审计单位的内部控制不当,将审计部置于财务部门负责人管理下,不符合财务部相关内部会计控制规范中"独立"稽核的要求。

(3)审计人员做法不当,对库存现金的监盘时间应当在上午上班前或下午下班时。

(4)被审计单位的内部控制不当,出纳人员不能同时记账,违反了岗位职责分离。

(5)审计人员的做法不当,"库存现金监盘表"中应由出纳人员、会计主管部门、审计人员共同签字。

五、思考题

1.

		函证银行存款	函证应收账款
区别	函证目的	证实资产负债表中所列银行存款是否存在,了解企业欠银行的债务和企业未登记的银行借款以及未披露的或有负债	证实应收账款账户余额的真实性、正确性,防止或发现被审计单位及其有关人员在销售交易中发生的错误或舞弊行为,可以比较有效地证明被询证者的存在和被审计单位记录的可靠性
	函证范围	本年度内存过款的所有银行(包括零余额账户和在本期内注销的账户)	①大额或账龄较长项目 ②与债务人发生纠纷项目 ③重大关联方项目 ④主要客户(包括关系密切的客户)项目 ⑤交易频繁但期末余额比较小甚至余额为零的项目 ⑥可能产生重大错报或舞弊的非正常的项目
	函证方式	积极式询证函	积极式询证函或消极式函证,或两者相结合
	函证内容	银行询证函不仅询证X公司在银行的存款,还要函证借款。询证费用可直接从被审计单位存款账户中收取	企业询证不仅询证X公司应收账款,还要询证X公司预收账款,且在询证函中函证仅为复核账目之用,并非催款结算

2. 库存现金监盘与存货盘查的区别主要有:

(1)监盘的内容不同。审计人员进行现金监盘的内容是现金,而进行存货监盘的内容是存货。

(2)监盘的程序有所不同。审计人员进行存货监盘,要检查盘点表是否连续编号,而进行现金监盘则不需要。

(3)监盘的时间不同。现金监盘一般在外勤审计过程中进行,而存货盘点的时间应当尽可能与被审计单位实施盘点的时间相协调。

(4)监盘的要求不同。现金监盘要求实施突击性检查,而存货监盘则仅需避免让被审计单位事先了解抽盘的存货项目。

3.

(1)提前通知甲公司会计主管人员做好监盘准备的做法不当。A审计人员应当实施突击性的检查。

(2)没有同时监盘总部和营业部库存现金的做法不当。A审计人员应当同时监盘总部和营业部的库存现金,若不能同时监盘,则应对后盘存的库存现金实施封存。

(3)甲公司会计主管人员没有参与盘点的做法不当。盘点人员应包括出纳、会计主管人员和审计人员。

(4)"库存现金监盘表"签字人员不当。"库存现金监盘表"应由被审计单位出纳、会计主管人员和审计人员共同签字。

4.

(1)为了获取证据证实资产负债表中所列银行存款是否存在;

(2)了解企业欠银行的债务情况和企业为入账的银行借款以及未披露的或有负债。

5. 出纳员应负担现金收付、银行结算及货币资金的日记账核算等职责,不得兼任稽核、会计档案的保管以及收入、支出、费用、债权债务账目的登记工作。

六、案例分析题

1.

(1)有白条抵库的情况。如,王伟借款 1 500 元。

(2)库存现金超过库存限额 30 000 元的部分没有及时送存银行。

(3)现金短款 3 800 元。因 2017 年 12 月 22 日开出转账支票 400 元付给往来单位,因漏盖负责人图章被退回,后以现金付讫,对此账面未做出处理,应调整为 400 元,其余短款应由出纳赔偿。

2. 银行存款余额调节表

户别:××银行　　币别:人民币

银行对账单余额(2018 年 12 月 31 日)	60 540
①加:企业已收、银行未入账收入	
1. 存入现金	
2. 存入支票	3 260
②减:企业已付、银行未入账支出	
1. 开出现金支票	
2. 开出转账支票	4 280
调整后银行对账单余额	59 520
银行日记账余额(2018 年 12 月 31 日)	58 000
③加:银行已收、企业未入账收入	
1. 外地汇来货款	2 500
2. 收入支票	12 000
④减:银行已付、企业未入账支出	
1. 借款利息	980
2. 开出支票	12 000
调整后银行日记账余额	59 520

可能存在的问题:银行对账单上 12 月 20 日和 23 日收入和支出支票各一张,金额均为 12 000 元,企业银行存款日记账上无此记录,很可能表明企业存在以下问题:

(1)个人贪污、挪用货款;(2)管理当局隐瞒收入、偷漏税收;(3)出借银行账户。

进一步审查:(1)支票存根;(2)向当事人询问;(3)向对方调查;(4)向银行调查。

3.

(1)

事项序号	了解内部控制程序是否恰当(是/否)	理　由	应当采取的了解内部控制程序
(1)	否	分析程序主要适合对财务信息之间或财务信息与非财务信息之间存在预期关系时,用以识别异常或波动,了解内部控制不适合采用分析程序	询问、观察、检查和穿行测试

（2）

事项序号	相关内部控制设计是否存在缺陷(是/否)	理　由	改进建议
（2）	否		
（3）	是	财务经理不能根据需要修改会计及出纳人员的访问权限	财务经理应当有限制地修改会计及出纳人员的访问权限
（4）	是	会计主管不可能每天检查现金日报表	根据内部控制设计的成本与效益原则，会计主管能够定期检查现金日报表即可
（5）	是	出纳员不能核对银行存款日记账和银行存款对账单，也不能编制银行存款余额调节表	每月末，会计主管指定出纳员以外的人员核对银行存款日记账和银行对账单，编制银行存款余额调节表，不能由出纳员来完成该项控制职能，否则无法发挥内部控制"防止、发现并纠正"错报的功能

第十二章　完成审计与审计报告

一、判断题

1. ×　2. ×　3. ×　4. ×　5. ×
6. ×　7. ×　8. ×　9. ×　10. √
11. ×　12. ×

二、单项选择题

1. D　2. C　3. D　4. D　5. C
6. D　7. D　8. C　9. B　10. C
11. A　12. B　13. D　14. B　15. B

三、多项选择题

1. BCD　2. BC　3. BCD　4. ABD　5. ABC
6. AB　7. ABD　8. ABCD　9. BCD　10. BC
11. ABCD　12. CD　13. AB　14. BCD　15. ABCD

四、名词解释

1. 期后事项是指资产负债表日至审计报告日发生的，以及在审计报告日至会计报表公布日发生的对会计报表产生影响的事项。审计人员对其应充分给予关注。

2. 或有事项是指过去的交易或者事项形成的，其结果须由某些未来事项的发生或不发生才能决定的不确定事项。常见的或有事项包括未决诉讼或仲裁、债务担保、产品质量保证、重组义务等。

3. 关联方交易，是指关联方之间转移资源、劳务或义务的行为，而不论是否收取价款。

4. 无法表示意见：无法表示意见是指审计人员由于审计范围受到严重限制，无法对被审计单位的会计报表发表意见，即不能对会计报表发表无保留、保留或否定的审计意见。

5. 否定意见：否定意见是指与无保留意见相反，提出否定会计报表公允地反映被审计单位财务状况、经营成果和现金流量的审计意见。

6. 无保留意见：无保留意见是指审计人员对被审计单位的会计报表，依照审计人员审计准则的要求进行检查后确认：财务报表已经按照适用的会计准则和相关会计制度的规定编制，在所有重大方面公允反映了被审计单位的财务状况、经营成果和现金流量；审计人员已经按照中国审计人员审计准则的规定计划和实施审计工作，在审计过程中未受到限制。

7. 保留意见：保留意见是指审计人员对会计报表的反映有所保留的审计报告。一般是由于某事项的存在，使无保留意见的条件不完全具备，影响了被审计单位会计报表的表达，因而审计人员对该影响事项提出保留意见，并表示对该意见负责。

8. 强调事项段：强调事项段是指审计人员在审计意见段之后增加的对重大事项予以强调的段落。

五、简答题

1. 审计期后事项的程序可分为两类：一是结合对会计报表年末余额进行实质性测试的程序。审计人员通常采用截止测试和估价测试来核实被审计单位管理当局对其年末各账户余额所做的认定。二是专为发现所审会计期间必须弄清楚的事项另行实施的审计程序。这是审计人员专门为获取那些必须并入所审会计期间账户余额、发生额，或需在会计报表附注中说明的事项的有关资料而进行的审计。

2.

(1)向被审计单位管理当局询问其确定、评价与控制或有事项方面的有关方针政策和工作程序。

(2)向被审计单位管理当局索取下列资料，做必要的审核和评价：①被审计单位管理当局的书面声明，保证其已按照企业会计准则和有关财会制度等的规定，对其全部或有事项做了反映。②被审计单位现存的有关或有事项的全部文件和凭证，判断是否应确认为或有负债，损失金额是否可以合理估计；是否存在预期可获得的补偿，相关的会计处理是否正确。③被审计单位与银行之间的往来函件，以查找有关应收账款抵借、通融票据背书和对其他债务的担保。④被审计单位的债务说明书，其中，除其他债务说明外，还应包括对或有事项的说明，即说明已知的或有事项均已在会计报表中做了适当披露。

(3)向被审计单位的法律顾问和律师进行函证，以获取法律顾问和律师对被审计单位资产负债表日业已存在的，以及资产负债日至复函日期间存在的或有事项的确认证据。

(4)复核上期和被审期间税务机构的税收结算报告。从报告中或许能发现被审期间有关纳税方面可能发生的争执之处。如果税款拖延时间较久，发生税务纠纷的可能性就较大。

(5)向与被审计单位有业务往来的银行寄发含有要求银行提供被审计单位或有事项的询证函。

(6)审阅截至审计外勤工作完成日止被审计单位历次董事会纪要和股东大会会议记录，确定是否存在未决诉讼或仲裁、未决索赔、税务纠纷、债务担保、产品质量保证等方面的记录。

(7)复核现存的审计工作底稿，寻找任何可以说明潜在或有事项的资料。

(8)查询被审计单位对未来事项和协议的财务承诺，并向被审计单位管理当局询问。

(9)确定或有事项的确认和计量是否符合确定，会计处理是否正确。

(10)确定或有事项在会计报表的披露是否恰当。

3.

(1)获取、复核被审计单位提供的关联方清单。审计人员应当按照适用的会计准则和相关会计制度的规定，确定被审计单位对关联方关系的披露是否充分。

(2)识别关联方交易。审计人员应当复核由治理层和管理层提供的关联方交易的信息，并对其他重要的关联方交易保持警惕。在了解被审计单位内部控制时，审计人员应当考虑与关联方交易授权和记录相关的控制活动的适当性。

(3)检查已识别的关联方交易。

(4)获取管理层声明。审计人员应当要求管理层书面确认其所提供的识别关联方的资料是否真实、完整，财务报表对关联方及其交易的披露是否充分，以明确界定审计人员与被审计单位管理层各自应负的责任。

4.

(1)财务报表已经按照适用的会计准则和相关会计制度的规定编制，在所有重大方面公允反映了被审计单位的财务状况、经营成果和现金流量；

(2)审计人员已经按照中国审计人员审计准则的规定计划和实施审计工作，在审计过程中未受到限制。

当上述两个条件同时都满足时，审计人员应当出具无保留意见的审计报告。

5.

(1)会计政策的选用、会计估计的做出或财务报表的披露不符合适用的会计准则和相关会计制度的规定，虽影响重大，但不至于出具否定意见的审计报告；

(2)因审计范围受到限制，不能获取充分、适当的审计证据，虽影响重大，但不至于出具无法表示意见的审计报告。

审计人员审计后，认为被审计单位会计报表的反映就其整体而言是恰当的，但还存在上述情形之一时，应出具保留意见的审计报告。

6. 如果认为财务报表没有按照适用的会计准则和相关会计制度的规定编制，未能在所有重大方面公允反映被审计单位的财务状况、经营成果和现金流量，审计人员应当出具否定意见的审计报告。

7. 如果审计范围受到限制可能产生的影响非常重大和广泛，不能获取充分、适当的审计证据，以至于无法对财务报表发表审计意见，审计人员应当出具无法表示意见的审计报告。

8. 当存在可能导致对持续经营能力产生重大疑虑的事项或情况、但不影响已发表的审计意见时，审计人员应当在审计意见段之后增加强调事项段对此予以强调。当存在可能对财务报表产生重大影响的不确定事项(持续经营问题除外)、但不影响已发表的审计意见时，审计人员应当考虑在审计意见段之后增加强调事项段。

六、业务题

1.

(1)该事项于资产负债表日后、审计报告日前发生，不影响20×7年度财务报表的金额，但可能影响对财务报表的正确理解，应提请H公司在财务报表中予以适当披露。

(2)审计人员李涛应当更改审计报告日期，即将原定审计报告日期20×8年3月15日推迟至完成追加审计程序时的报告日期20×8年3月18日。这是因为，审计报告的日期是审计人员完成审计工作的日期，其中就包括"应当实施的审计程序均已实施"这一条件。既然审计人员在3月18日实施了审计程序，审计报告的日期应当改为3月18日。

(3)因为发现的错报影响了20×7年度财务报表，审计人员李涛应要求H公司立即编制一个修改后的财务报表，并解释修改原因，然后根据H公司的反应做进一步决策。

2. 在建工程处于停建状态，仍然把项目利息资本化，这种违反企业会计准则和企业会计制度的错误处理，影响了会计报表的公允反映。审计人员应当提出审计处理建议，建议被审单位调整报表。审计调整分录：

借：财务费用	900	
贷：在建工程		900

如果被审计单位拒绝调整，审计人员发表否定意见。由于K公司20×7年净利润仅为16万元，但20×7年度对处于停建状态的项目利息资本化金额为900万元，如果把停止资本化的利息计入当期损益中，K公司20×7年度不仅没有盈利反而亏损了。这种影响收益趋势的错报，无论金额大小，从性质上考虑都足以影响会计报表总体的公允性。因此，审计人员应当发表否定意见。

3. 该事项中，审计人员无法取得证据的情况具有牵涉性，不仅影响本年度利润增加1 185万元，超过了利润总额，也影响长期股权投资的增减变动，进而使得审计人员从整体上无法判断S公司20×7年度会计报表的公允性。因此，审计人员应该发表无法表示意见的审计报告。

4. 审计人员应当提出审计处理建议，要求被审计单位在附注中说明这一事项。如果被审计单位按照要求在附注中说明了该事项，则审计人员应当在审计报告中增加强调事项段说明该事项，并强调该事项对审计意见没有影响，仅为提醒报告使用者注意。

第十三章　内部控制审计

一、判断题

1. √	2. ×	3. √	4. √	5. √
6. ×	7. ×	8. √	9. ×	10. ×

二、单项选择题

1. A	2. C	3. A	4. B	5. A
6. C	7. C	8. A	9. B	10. C

三、多项选择题

1. ABD	2. ABD	3. ABD	4. ABD	5. BCD
6. ABCCD	7. ACD	8. ABD	9. ABD	10. ABCD

四、业务题

1. 李审计人员应当出具带强调事项段的无保留意见内部控制审计报告。在内部控制审计报告中增加强调事项段予以说明。理由见第八节、四(一)2;具体格式参见第八节、四(三)2。

2. 李审计人员应当以书面形式与丙公司董事会和经理层沟通,提醒丙公司加以改进;同时在内部控制审计报告中增加非财务报告内部控制重大缺陷描述段,对重大缺陷的性质及其对实现相关控制目标的影响程度进行披露,提示内部控制审计报告使用者注意相关风险。

3. 李审计人员应当解除丙公司业务约定或出具无法表示意见的内部控制审计报告。

4. 不恰当。李审计人员应当发表否定意见。

5. 李审计人员应与管理层再次沟通,倘若该公司管理层仍然拒绝提供书面声明,则将其视为审计范围受到限制,解除业务约定或出具无法表示意见的内部控制审计报告。

五、思考题

1. 审计人员至少应当考虑剩余期间的长短、期中获取的有关证据的充分性和适当性、在基准日之前测试的特定控制,包括与控制相关的风险、控制的性质和测试的结果,以确定需获取的补充证据。

2. 不恰当。审计人员需要在审计报告中清楚地表达对内部控制有效性的意见,但不需要对被审计单位内部控制有效性负责。

3. 需要从对控制的测试结果、财务报表审计中发现的错报、已识别的所有控制缺陷等来源获取审计证据。

第十四章　审计职业道德和独立性

一、判断题

1. √	2. √	3. ×	4. ×	5. √
6. √	7. ×	8. √	9. ×	10. ×

二、单项选择题

1. B	2. D	3. A	4. B	5. D

6. C　7. D　8. B　9. D　10. C

三、多项选择题

1. BC　2. ABD　3. ACD　4. ABCD　5. ABCD
6. ABCD　7. AD　8. AD　9. ABD　10. AB

四、简答题

1.

(1)违背。因为会计师事务所不能雇佣正在其他事务所执业的审计人员。

(2)违背。除法律有关的规定外,不得以或有收费的形式向客户提供鉴证业务。而本题中视是否上市支付剩余的审计费用属于或有收费。

(3)不违背。因为纳税鉴证和审计是相容业务,可以同时进行。

(4)违背。在禁止做广告的国家执行业务的审计人员,不应在允许做广告的国家出版的报纸或杂志上做广告。

2.

(1)损害独立性。因为或有收费会产生经济利益威胁,所以损害独立性。

(2)不损害独立性。因为事务所是按照正常借款程序和条件向银行借款,且数额不重大,所以不损害独立性。

(3)损害独立性。因为合伙人担任A的独立董事,会产生自我评价、经济利益威胁,所以影响独立性。

(4)不损害独立性。因为小组负责人虽然担任过审计部经理,但离开X银行已超过2年,所以不损害独立性。

(5)损害独立性。因为在审计的同时编制会计报表,会产生自我评价威胁,所以损害独立性。

(6)不损害独立性。因为D审计人员的妻子虽然是亲密关系,但其妻子担任的只是统计员,不会影响财务报表的编制,所以不损害独立性。

3.

(1)威胁独立性。项目组成员A审计人员购买了甲公司房产,与甲公司发生了直接经济利益,所以威胁独立性。

(2)威胁独立性。A审计人员与其母亲是直系亲属关系,其母亲拥有被审计单位的债券,是审计人员的直系亲属在审计单位拥有直接经济利益,威胁独立性。

(3)威胁独立性。会计师事务所员工成为鉴证客户的经理或者董事,所产生的自我评价、经济利益威胁就会非常重大,以致没有防范措施能够将威胁降至可接受的低水平。

(4)威胁独立性。属于直系亲属在鉴证客户内拥有直接经济利益。

(5)不威胁独立性。项目组成员D与其堂兄是近亲属关系,但其堂兄的职位不对财务报表产生重大影响。

4.

(1)损害独立性。V公司按银行同期贷款利率支付资金占用费相当于向客户贷款,将产生经济利益威胁,损害独立性。

(2)不损害独立性。该审计人员从事的记账凭证输入工作属于机械性的工作,不属于编制鉴证业务对象的数据和其他记录,并且该审计人员不属鉴证小组成员,不产生自我评价对独立性的损害。

(3)损害独立性。甲审计人员仍担任V公司2018年度财务报表审计负责人,从形式上看虽然不再担任签字审计人员,但实质上形成了关联关系威胁。

(4)损害独立性。ABC会计师事务所受降低收费的压力而不恰当地缩小了审计范围,形成了对独立性的损害。

(5)不损害独立性。为V公司提出会计政策选用及会计处理调整的建议等属提供特定技术支持，并不威胁独立性。

五、思考题(略)

六、案例分析题

(1)甲审计人员不具备相应的计算机知识以及会计电算化审计经验，不应当接受委托，违反了专业胜任能力的原则。

(2)“A会计师事务所得知这种情况后，主动将审计X公司时发现的情况提供给B会计师事务所”违反了职业道德守则，未经被审计单位同意不得将被审计单位资料提供给后任审计人员，违反了保密原则。

(3)“X公司承诺，如果报告满意，将另外支付审计费用”，这属于或有收费，违反了职业道德守则。

(4)乙审计人员的妻子是客户财务总监，乙审计人员将受到密切关系威胁，应该调离项目组。

(5)“乙审计人员发表了标准无保留意见”有误，乙审计人员已经得知了X公司存在种种不合法的情况，仍然出具了标准无保留意见，说明其没有保持应有关注，也没有保持独立性。